QUÍMICA GERAL
Caderno de Atividades

3ª edição

JOSÉ RICARDO L. ALMEIDA

NELSON BERGMANN

FRANCO A. L. RAMUNNO

Direção Geral:	Julio E. Emöd
Supervisão Editorial:	Maria Pia Castiglia
Revisão de Texto:	Patrícia Gazza
Revisão de Provas:	Mônica Roberta Suguiyama
Ilustrações:	KLN
	Ana Olívia Justo
Editoração Eletrônica:	AM Produções Gráficas Ltda.
Capa:	Grasiele Lacerda Favatto Cortez
Fotografias da Capa:	Shutterstock: Asharkyu, Epicseurope, Ingrid Prats, Raimundas, Shawn Hempel, Topseller, Tzido Sun, Zebrik
Impressão e Acabamento:	Forma Certa

Dados Internacionais de Catalogação na Publicação (CIP)
(Câmara Brasileira do Livro, SP, Brasil)

Almeida, José Ricardo L.
 Química geral : caderno de atividades / José Ricardo L. Almeida, Nelson Bergmann, Franco A. L. Ramunno - - 3. ed. -- São Paulo : HARBRA, 2015.

 Bibliografia.
 ISBN 978-85-294-0445-5

 1. Química (Ensino médio) I. Bergmann, Nelson. II. Ramunno, Franco A. L. III. Título

14-11674   CDD-540.7

Índices para catálogo sistemático:
1. Química : Ensino médio   540.7

Todos os direitos reservados. Nenhuma parte desta edição pode ser utilizada ou reproduzida – em qualquer meio ou forma, seja mecânico ou eletrônico, fotocópia, gravação etc. – nem apropriada ou estocada em sistema de banco de dados, sem a expressa autorização da editora.

QUÍMICA GERAL – CADERNO DE ATIVIDADES – 3ª edição

Copyright © 2015 por editora HARBRA ltda.
Rua Joaquim Távora, 629
04015-001 São Paulo – SP
Promoção: (0.xx.11) 5084-2482 e 5571-1122. Fax: (0.xx.11) 5575-6876
Vendas: (0.xx.11) 5084-2403, 5571-0276 e 5549-2244. Fax: (0.xx.11) 5571-9777

ISBN 978-85-294-0445-5

Apresentação

"A satisfação da própria curiosidade é uma das grandes fontes de felicidade da vida."
"Satisfaction of one's curiosity is one of the greatest sources of happiness in life."

Linus Pauling
Químico norte-americano, prêmio Nobel de Química (1954) e da Paz (1962).

Já se foi o tempo em que a Química era vista como um conjunto de teorias e suposições sobre algo que não se sabia exatamente o que era, sobre um tipo de "mágica".

Constata-se, hoje, que a Química está presente em todas as atividades humanas, na vida dos seres, nas relações comerciais, na luz que emana da combustão de uma folha de papel.

Os antigos egípcios afirmavam que o significado de Kēme (chem), a Química, era "terra". E estavam certos. A amplitude e abrangência da ciência Química em nossa Terra podem até mesmo nos amedrontar, mas para não deixar que isso aconteça é preciso conhecer essa ciência. Não só o que ela foi e o que ela é, mas também o que ela será.

Química é *transformação* e *conexão*. E o mesmo pode ser afirmado para o objetivo deste trabalho: o *conhecimento*.

Nosso convite tem como origem a pretensão (nada modesta!) de transformar a visão que se tem da Química e inseri-la em um mundo que faça jus às particularidades contemporâneas, sem, contudo, esvaziar sua grandeza. Com esta coleção almeja-se apresentar de forma descontraída e precisa não só os preceitos básicos, mas também discussões mais aprofundadas da ciência central. Deseja-se, enfim, poder partilhar cada uma dessas reflexões com aqueles que agora leem estas palavras, porque só assim fará sentido querer compreendê-las.

Com esse objetivo, os conteúdos de Química passam a ser divididos, a partir desta edição, em quatro volumes, cada um contendo exercícios agrupados em séries em ordem crescente de dificuldade (Séries Prata e Ouro, para o livro de **Química Geral**; Séries Prata, Ouro e Platina para os demais), de modo a guiar os alunos nessa escalada do conhecimento.

No livro **Química Geral**, o aluno percorrerá os conceitos fundamentais da atomística e química geral.

A química orgânica, por sua vez, é tratada com exclusividade pelo livro **Química Orgânica**. Esse volume aborda os diversos tipos de reações até a introdução da bioquímica.

No livro **Físico-Química**, que busca estabelecer o primeiro contato entre a Química e a Física, passa-se pelo estudo das soluções, propriedades coligativas, termoquímica, cinética, equilíbrio molecular e iônico. Essa linha de estudo da físico-química será encerrada e aprofundada pelo livro **Eletroquímica**, que também aborda conceitos como pilhas, pilhas combustíveis e processos de eletrólise, colocando em pauta, do ponto de vista econômico e sustentável, possíveis fontes alternativas de energia.

Além da nova organização dos volumes, nesta nova edição foram inseridos **Exercícios Resolvidos** de modo a auxiliar o estudante no processo de aprendizagem.

E se a sustentabilidade é uma das palavras de ordem da Química do novo milênio, não poderíamos deixar de evoluir também nesse sentido. A partir desta edição, os gabaritos e resoluções dos exercícios encontram-se disponíveis na Internet e podem ser acessados pelos alunos por meio da plataforma da editora HARBRA, responsável pela edição deste material.

Nosso agradecimento especial aos alunos por nos acompanharem na procura por uma visão transformadora da Química, inserindo-a no século XXI, de modo sustentável e limpo, sem perder o foco com as relações do cotidiano.

Um abraço,
Os autores.

Conteúdo

1 O Primeiro Contato com a Ciência Química 11
Ciência 11
Materiais 11
Massa 11
Volume 12
Conceito de Química 13
Substância – mistura 13
Indústria química 14
Exercícios Série Prata 15
Exercícios Série Ouro 17

2 As Propriedades Físicas das Substâncias 19
Introdução 19
Conceito 19
Estado físico ou de agregação – a matéria é particulada 19
Noção de temperatura 20
Previsão do estado físico a partir dos valores de PF (ponto de fusão) e PE (ponto de ebulição) – duas propriedades físicas 20
Massa e volume são grandezas diretamente proporcionais. Densidade 21
Coeficiente de solubilidade 22
Propriedades organolépticas 22
As propriedades físicas são as que identificam as substâncias 22
Critérios de pureza 22
Exercícios Série Prata 23
Exercícios Série Ouro 26

3 As Transformações das Substâncias 33
Introdução 33
Transformação ou fenômeno 33
Conceito de energia 33
Noção de calor 33
Transformação física ou fenômeno físico 34
Transformação química ou fenômeno químico ou reação química 34
Evidências da ocorrência de uma reação química 35
Propriedades químicas 35
Exercícios Série Prata 35
Exercícios Série Ouro 36

4 Aspectos Quantitativos das Reações Químicas 40
Introdução 40
Lei da conservação da massa ou Lei de Lavoisier 40
Lei das proporções constantes ou Lei de Proust 40
Método científico 40
Exercícios Série Prata 42
Exercícios Série Ouro 45

5 Modelo Atômico de Dalton Explicando as Leis das Reações Químicas. Avogadro Introduzindo o Conceito de Molécula. 48
Atomismo na Grécia Antiga 48
A volta do atomismo 48
Dalton explicando a Lei de Lavoisier 49
Dalton explicando a Lei de Proust 49
Modelo atômico de Dalton ou teoria atômica de Dalton 49
Lei volumétrica de Gay-Lussac 49
Classificação das substâncias 50
Mistura 51
Exercícios Série Prata 51
Exercícios Série Ouro 53

6 Evolução dos Modelos Atômicos. Descoberta do Elétron. Modelo Atômico de Thomson. 57
Introdução 57
Raios catódicos: ampola de Crookes 57

Natureza dos raios catódicos. Experiências de Thomson. Descoberta do elétron. 57
Modelo atômico de Thomson ("pudim com ameixas") 58
Exercícios Série Prata 58
Exercícios Série Ouro 59

7 Evolução dos Modelos Atômicos. Descoberta do Núcleo Atômico. Modelo Atômico de Rutherford. Conceitos Provenientes do Modelo Nucleado. 62

Noção de radioatividade. Polônio emissor de radiação alfa. 62
Experiência de Rutherford 62
Interpretação de Rutherford para os resultados da experiência feita por Geiger e Marsden 63
Modelo atômico de Rutherford – modelo planetário 63
Composição dos átomos 63
Conceitos provenientes do modelo nucleado 64
Exercícios Série Prata 65
Exercícios Série Ouro 70

8 Evolução dos Modelos Atômicos. Espectro Atômico do Hidrogênio. Modelo Atômico de Bohr. 73

Introdução 73
Dispersão da luz branca – experiência de Newton – espectro contínuo 73
Dispersão da luz da lâmpada de hidrogênio. Espectro atômico ou de raia ou descontínuo. ... 73
Bohr explicando o espectro atômico do hidrogênio 73
Energia das camadas eletrônicas para o átomo de hidrogênio 74
Modelo atômico de Bohr 75
Camadas eletrônicas ou níveis de energia 75
Distribuição eletrônica nas camadas 75
Teste da cor da chama 76
Exercícios Série Prata 77
Exercícios Série Ouro 79

9 Evolução dos Modelos Atômicos. Subníveis. Modelo Atômico de Sommerfeld. 83

Espectro atômico de átomos com muitos elétrons 83
Modelo atômico de Sommerfeld 83
Organizando a eletrosfera: nível de energia e subnível de energia 83
Número máximo de elétrons em cada subnível 83
Energia do subnível 84
Distribuição dos elétrons nos subníveis 84
Exercícios Série Prata 85
Exercícios Série Ouro 88

10 Surgimento da Tabela Periódica ... 90

Organização dos elementos 90
Döbereiner – primeiro cientista a organizar os elementos 90
Dmitri Mendeleev – pai da Tabela Periódica 90
Moseley – ordenação correta dos elementos na Tabela Periódica 91
Formato da Tabela Periódica 92
Estrutura eletrônica e Tabela Periódica 93
Através da distribuição eletrônica podemos localizar o elemento na Tabela Periódica 94
Classificação dos elementos segundo a IUPAC... 94
Exercícios Série Prata 95
Exercícios Série Ouro 98

11 As Propriedades Periódicas Auxiliando na Compreensão da Estrutura Interna das Substâncias 102

Conceito de propriedades periódicas 102
Previsão do raio atômico para os elementos representativos 102
Energia de ionização (EI) 104
Afinidade eletrônica (AE) ou eletroafinidade 106
Exercícios Série Prata 107
Exercícios Série Ouro 110

12 Teoria do Octeto Explicando a Formação de um Grande Número de Substâncias 117

Introdução 117
Grupo 18 – gases nobres (He, Ne, Ar, Kr, Xe, Rn) 117
Teoria do octeto ou regra do octeto 118
Participação dos metais em uma ligação química 118
Participação dos não metais em uma ligação química 119
Notação de Lewis: notação que auxilia na compreensão de uma ligação química 119

Eletronegatividade: propriedade periódica que explica como são formadas as ligações químicas 119
Exercícios Série Prata 120
Exercícios Série Ouro 122

13 As Substâncias Metálicas 125

Introdução 125
Corrente elétrica explicando a ligação metálica ... 125
Modelo do mar de elétrons 126
O modelo do mar de elétrons explicando as propriedades dos metais 126
A fórmula de uma substância metálica 127
Ligas metálicas 127
Determinação do raio atômico de um metal 127
Exercícios Série Prata 128
Exercícios Série Ouro 129

14 As Substâncias Iônicas 133

Introdução 133
Formação da ligação iônica: transferência de elétrons 133
A fórmula de uma substância iônica 134
Estrutura interna do cloreto de sódio (NaCl) 134
Propriedades dos compostos iônicos 135
Determinação dos raios iônicos 135
Exercícios Série Prata 136
Exercícios Série Ouro 139

15 As Substâncias Moleculares 144

Introdução 144
Formação da ligação covalente ou molecular: compartilhamento de um, dois ou três pares de elétrons 144
A formação do par de elétrons explicada pela origem dos elétrons de valência de cada átomo 144
A formação do par de elétrons explicada pela quantidade de elétrons de valência dos átomos participantes 145
Moléculas em que o átomo central tem menos que 8 elétrons de valência 146
Moléculas em que o átomo central tem mais que 8 elétrons de valência 146
Moléculas ímpares 146
Número de ligações covalentes e dativas 147
Classificação das substâncias com relação à presença ou não de carbono 147
Propriedades das substâncias moleculares 147
Raio covalente 147

Exercícios Série Prata 148
Exercícios Série Ouro 151

16 Fatores que Influem nas Propriedades das Substâncias. Geometria Molecular. 156

Introdução 156
Geometria molecular 156
Teoria da repulsão dos pares de elétrons da camada de valência (VSEPR) 156
Exercícios Série Prata 158
Exercícios Série Ouro 161

17 Fatores que Influem nas Propriedades das Substâncias. Polaridade de Moléculas. 164

Introdução 164
Experiência para verificar se há ou não polaridade de moléculas 164
Moléculas diatômicas com átomos diferentes (AB) são polares 164
Moléculas diatômicas com átomos iguais (A_2) são apolares ou não polares 164
Moléculas poliatômicas 164
Explicação da experiência para verificar se há ou não polaridade de moléculas 166
Ligações iônicas *versus* ligações covalentes 166
Polaridade das moléculas orgânicas 166
Exercícios Série Prata 168
Exercícios Série Ouro 171

18 Fatores que Influem nas Propriedades das Substâncias. Forças ou Ligações Intermoleculares. 176

Introdução 176
Forças intermoleculares e o estado físico 176
Movimento interno dos elétrons em uma molécula 176
Tipos de forças intermoleculares 177
Número de pontes de hidrogênio que rodeiam uma molécula no estado sólido 178
Cristal molecular do gelo 178
Ponte de hidrogênio na estrutura do DNA 179
Viscosidade e tensão superficial 179
Interação íon-dipolo 181
Raio de van der Waals 181
Exercícios Série Prata 182
Exercícios Série Ouro 185

19 Forças Intermoleculares Influindo no Ponto de Ebulição. Curva de Aquecimento. 190

Ponto de ebulição *versus* forças intermoleculares 190
Intensidade das forças intermoleculares para moléculas com tamanhos próximos 190
Comparando pontos de ebulição de substâncias moleculares 191
Diferenciando substâncias de misturas com auxílio das curvas de aquecimento 191
Exercícios Série Prata 193
Exercícios Série Ouro 198

20 Regra de Solubilidade. Separação dos Componentes de uma Mistura. 206

Introdução 206
Regra de solubilidade 206
Exemplos 206
Separação das substâncias em uma mistura. Análise imediata. 207
Cromatografia em papel 211
Exercícios Série Prata 211
Exercícios Série Ouro 216

21 Alotropia. Cristal Covalente. Macromoléculas. 223

Conceito 223
A alotropia do elemento oxigênio 223
A alotropia do elemento carbono 224
A alotropia do elemento enxofre 226
A alotropia do elemento fósforo 227
Cristal covalente do dióxido de silício ou sílica: SiO_2 227
Comparando as diferenças entre os tipos de cristal 228
Exercícios Série Prata 229
Exercícios Série Ouro 233

22 Equação Química: Forma Elegante de Representar uma Reação Química 238

Recordando: o que é uma reação química 238
Equação química 238
Método das tentativas 238
Nomes particulares de algumas reações químicas 239
Exercícios Série Prata 240

23 Ácidos de Arrhenius 243

Vinagre: a solução ácida mais antiga 243
Teorias sobre ácidos até Arrhenius 243
Explicação atual da teoria da dissociação eletrolítica de Arrhenius 244
Nomenclatura dos ácidos 244
Fórmulas estruturais dos oxiácidos 245
Hidrogênio ionizável 246
Usos dos principais ácidos 248
Exercícios Série Prata 248
Exercícios Série Ouro 250

24 Bases de Arrhenius 254

A história do sabão. Soda cáustica (NaOH) 254
Teorias sobre bases até Arrhenius 254
Explicação atual da teoria da dissociação eletrolítica de Arrhenius 255
Amônia (NH_3) é uma base de Arrhenius diferente 255
Tabela dos principais cátions usados no estudo das substâncias inorgânicas 255
Formulação das bases 256
Nomenclatura das bases 256
Fórmula estrutural das bases 256
Usos das principais bases 256
Ácidos *versus* bases 256
Noções sobre os indicadores ácido-base 256
Exercícios Série Prata 257
Exercícios Série Ouro 259

25 Estudo dos Sais 261

Por que a água do mar é salgada? 261
Conceitos de sais 261
Nomenclatura dos ânions 261
Nomenclatura dos sais 262
Formulação dos sais 262
Fórmula estrutural dos sais 262
Dissociação dos sais em água 263
Usos dos principais sais 263
Sais hidratados: sal.x H_2O 263
Dissociação iônica e ionização 263
Exercícios Série Prata 264
Exercícios Série Ouro 267

26 Óxidos 272

Vidro 272
Conceitos de óxidos 272

Nomenclatura dos óxidos 272
Óxidos básicos 273
Óxidos ácidos ou anidridos 274
Óxidos anfóteros 275
Óxidos neutros ou indiferentes 275
Principais óxidos 276
Exercícios Série Prata 276
Exercícios Série Ouro 279

27 Reação de Neutralização 287

Antiácido 287
Reação de neutralização 287
Reação de neutralização total 287
Reação de neutralização parcial do ácido 288
Reação de neutralização parcial da base 288
Reação de neutralização com NH_3 288
Exercícios Série Prata 289
Exercícios Série Ouro 290

28 Reação de Dupla-troca 293

Tratamento de água – ETA 293
Reações de dupla-troca 294
Previsão de ocorrência de uma reação de dupla-troca 294
Regras de solubilidade em água 294
Reações de dupla-troca com precipitação 295
Reação de dupla-troca com formação de substância volátil 295
Reação de dupla-troca com formação de um ácido fraco ou uma base fraca 296
Exercícios Série Prata 297
Exercícios Série Ouro 301

29 Reação de Deslocamento 309

Introdução 309
Reação de deslocamento ou simples troca 309
Reação de deslocamento entre metais 309
Reação de deslocamento entre não metais 310
Reação dos metais com ácidos diluídos 310
Reação de metais com água 310
O que significa deslocar? 311
Exercícios Série Prata 311
Exercícios Série Ouro 313

30 Reação de Oxirredução 317

Origem de oxidação e redução 317
Reação de oxirredução 317
Números de oxidação (Nox) 317
Regras para determinar o número de oxidação ... 317
Cálculo do Nox de um elemento que não se encontra nas regras 318
Conceito de oxidação e redução utilizando o número de oxidação 318
Agentes oxidantes e redutores 319
Significado dos termos de oxirredução 319
Reações de oxirredução 319
Peróxidos 319
Número de oxidação médio 320
Exercícios Série Prata 320
Exercícios Série Ouro 323

31 Balanceamento de uma Equação de Oxirredução 330

Reação de oxirredução 330
Cálculo dos números de elétrons cedidos (agente redutor) e de elétrons recebidos (agente oxidante) 330
Balanceamento de equações de oxirredução pelo método da variação do número de oxidação ... 330
Exercícios Série Prata 331

32 Reações de Oxirredução – Casos Especiais de Balanceamento 333

Produção de gás hidrogênio 333
Introdução 333
Oxidação ou redução parcial 333
Equações de oxirredução na forma iônica 333
Água oxigenada: H_2O_2 334
Auto-oxirredução (desproporcionamento) 334
Oxidações ou reduções múltiplas 334
Exercícios Série Prata 335
Exercícios Série Ouro 336

33 Massa Atômica – Massa Molecular 339

Dalton foi o primeiro cientista a usar nos cálculos químicos a massa atômica 339
Determinação experimental da massa do átomo 339
Unidade unificada de massa atômica (u) 339
Massa atômica de um elemento que não apresenta isótopos (MA) 339
Massa atômica média de um elemento que apresenta isótopos 340
Massa molecular (MM) 340
Exercícios Série Prata 341
Exercícios Série Ouro 343

34 Massa Molar e Mol 345

A unidade da proporção das massas foi mudada de u para g 345
Massa molar (M) 345
Constante de Avogadro: número de partículas (átomos, moléculas ou íons) na massa molar 345
Quantidade de matéria em mol ou quantidade em mol (n) 347
Triângulo do mol 347
Exercícios Série Prata 347
Exercícios Série Ouro 350

35 Determinação de Fórmulas 356

Origem das fórmulas 356
Fórmula percentual ou centesimal 356
Fórmula mínima ou empírica 357
Fórmula molecular 357
Exercícios Série Prata 359
Exercícios Série Ouro 362

36 Introdução ao Estudo dos Gases e Lei Geral dos Gases 365

Balões de ar quente 365
O estado gasoso 365
As leis dos gases 367
Quadro resumo 369
Exercícios Série Prata 369
Exercícios Série Ouro 372

37 Lei Química dos Gases, Hipótese de Avogadro e Lei dos Gases Ideais 373

Air Bags 373
Lei volumétrica de Gay-Lussac 373
Princípio ou hipótese de Avogadro 374
Lei dos gases ideais 374
Exercícios Série Prata 376
Exercícios Série Ouro 378

38 Misturas Gasosas 381

O ar 381
Lei de Dalton das pressões parciais 381
Cálculo das pressões parciais (p) e da pressão total (P) 381
Dois recipientes ligados por uma válvula 382
Massa molecular média de uma mistura gasosa 382
Exercícios Série Prata 383
Exercícios Série Ouro 385

39 Densidade dos Gases, Lei de Graham, Teoria Cinético-molecular e Gases Reais 389

Densidade dos gases 389
Difusão e efusão 390
Aprofundando: teoria cinético-molecular 390
Aprofundando: gases reais 391
Exercícios Série Prata 392
Exercícios Série Ouro 394

40 Estequiometria I: Caso Geral 399

Definição de estequiometria 399
Coeficientes: proporção em massas molares ou proporção em mols 399
Montagem da regra de três 399
Exercícios Série Prata 400
Exercícios Série Ouro 402

41 Estequiometria II: Pureza 407

Pureza 407
Exercícios Série Prata 407
Exercícios Série Ouro 409

42 Estequiometria III: Rendimento 414

Rendimento (R) 414
Exercícios Série Prata 415
Exercícios Série Ouro 417

43 Estequiometria IV: Excesso de Reagente 420

Por que se usa reagente em excesso? 420
Regra prática para descobrir o reagente em excesso 420
Exercícios Série Prata 421
Exercícios Série Ouro 422

44 Estequiometria V: Reações Consecutivas 426

Trajeto perigoso 426
Ácido sulfúrico – H_2SO_4 427
Produção industrial 427
Ácido nítrico 429
Estequiometria de reações consecutivas 429
Exercícios Série Prata 430

45 Estequiometria VI: Volume Molar e PV = nRT 432

Introdução 432
Exercícios Série Prata 432
Exercícios Série Ouro 436

46 Estequiometria VII: Gráficos 438

A importância dos gráficos 438
Exercícios Série Prata 439
Exercícios Série Ouro 445

47 Metalurgia 451

Aço: um termômetro da economia 451
Metalurgia 452
Minérios e minerais 452
Siderurgia – metalurgia do ferro e do aço 452
Outras ligas metálicas 454
Exercícios Série Prata 454
Exercícios Série Ouro 455

Bibliografia 457

Capítulo 1
O Primeiro Contato com a Ciência Química

1. Ciência

A palavra ciência vem do latim *scientia*, que significa "conhecimento".

Ciência é um conjunto de conhecimentos que o homem adquiriu, organizou e acumulou ao longo dos anos; portanto, ciência é uma atividade humana. A pessoa que pratica a ciência é chamada de cientista.

A ciência sempre teve interesse no conhecimento sobre os *materiais*, pois o homem está em contato permanente com eles.

2. Materiais

São os corpos ou objetos com que o homem tem proximidade e contato, como água, vidro, madeira, plástico, cano, computador, ar etc. Qualquer coisa que tenha existência física ou real é *material* ou *matéria*.

Exemplos:

Água.

Pedra.

Ar e nuvem.

Observações: ausência total de material é o *vácuo*; por exemplo, entre a Terra e a Lua temos vácuo.

Corpo é qualquer porção limitada de material.

Exemplos: tábua de madeira, cubo de gelo, barra de ferro, pedra.

Objeto é um corpo fabricado ou elaborado para ter aplicações úteis ao homem.

Exemplos: cadeira, mesa, lápis, estátua, faca, martelo.

Todo material apresenta duas grandezas (é tudo que pode ser medido): *massa* e *volume*.

3. Massa

Uma definição bem simples diz que *massa* indica a quantidade de material de um corpo ou objeto. A massa pode ser medida em aparelhos chamados de balança.

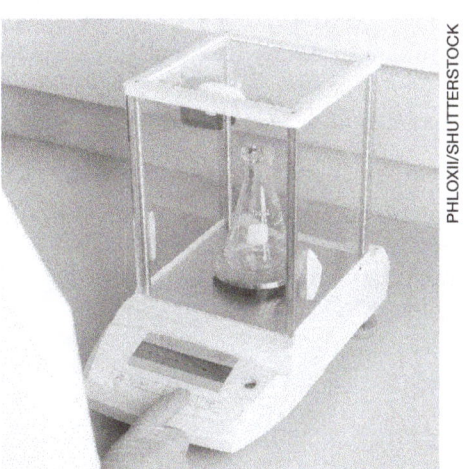

Nos laboratórios modernos existem as balanças digitais.

A massa de um corpo ou objeto é uma grandeza expressa por um número e por uma unidade. A unidade de massa é o *quilograma* (kg). Exemplo: 10 kg.

Temos um múltiplo do quilograma que é a tonelada (t).

$$1 \text{ t} = 1.000 \text{ kg}$$

Temos também dois submúltiplos:

grama (g): 1 kg = 1.000 g

miligrama (mg): 1 g = 1.000 mg

Resumindo, temos:

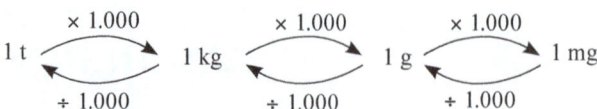

Observação: 1 kg corresponde a um cilindro de platina com irídio com dimensões de 3,9 cm.

Protótipo internacional do quilograma. Esse protótipo é composto por irídio e platina e encontra-se sob custódia do Escritório Internacional de Pesos e Medidas (**BIPM**) em Sèvres, França, desde 1889.

4. Volume

É o espaço ocupado pelo corpo ou objeto. O volume de um corpo ou objeto é uma grandeza expressa por um número e por uma unidade. A unidade de volume é o *metro cúbico* (m^3).

Exemplo: $10\ m^3$.

O metro cúbico é o volume de um cubo de aresta 1 m.

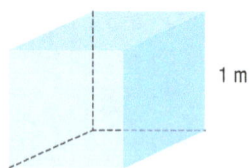

No caso das medidas de volume, também usamos:

- litro (L) ou decímetro cúbico (dm^3): $1\ L = 1\ dm^3$
  $1\ m^3 = 1.000\ L$ ou $1\ m^3 = 1.000\ dm^3$

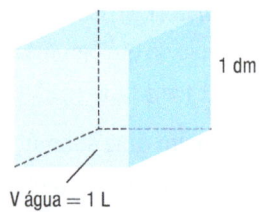

- mililitro (mL) ou centímetro cúbico ($1\ cm^3$):
  $1\ mL = 1\ cm^3$, $1\ L = 1.000\ mL$ ou $1\ L = 1.000\ cm^3$

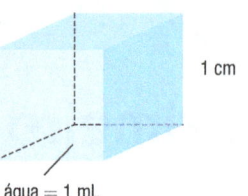

Resumindo, temos:

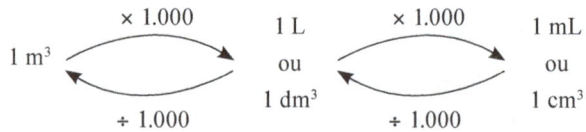

O volume de um líquido é facilmente medido em aparelhos de vidro graduados como *balão volumétrico*, *proveta*, *pipeta* e *bureta*.

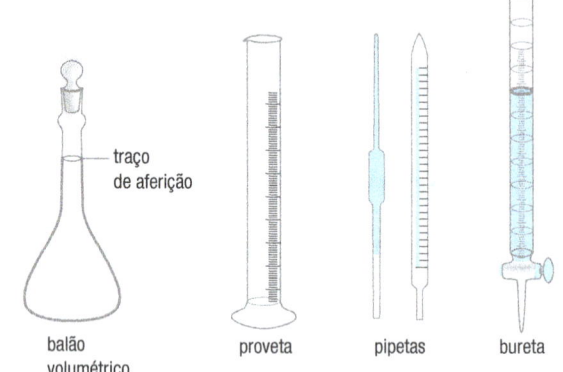

O volume de um gás corresponde ao volume em que ele se encontra confinado.

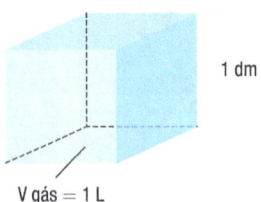

O volume de um sólido pode ser medido pelo volume deslocado de água quando é introduzido o objeto sólido em uma proveta contendo esse líquido.

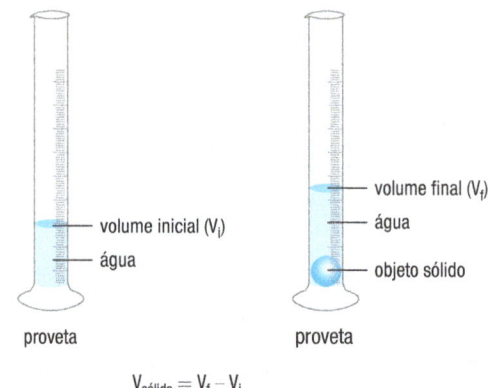

$V_{sólido} = V_f - V_i$

5. Conceito de Química

É a ciência que estuda as estruturas internas, propriedades e transformações dos materiais naturais (água, ar, madeira etc.) e os não naturais (plástico, papel, vidro etc.).

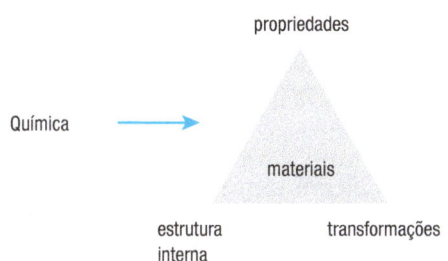

A Química é uma ciência. É uma porção de conhecimentos que, aos poucos, foram descobertos e organizados sobre os materiais.

Química é uma ciência, não é boa e nem má.

Química não é um material.

A Química está em nossa vida. Por exemplo, o pão caseiro. Um anúncio de pão que informasse que esse pão não tem Química poderia ser considerado enganoso. O correto seria dizer que esse pão não contém materiais prejudiciais à saúde.

O pão apresenta vários materiais químicos.

PÃO CASEIRO

Ingredientes:
- 500 mL de água morna
- 1 kg de farinha de trigo
- 1 unidade de ovo
- 20 g de fermento biológico fresco
- 2 colheres de sopa de manteiga
- 2 colheres de sopa de açúcar
- 1 colher de sopa de sal

Linus Pauling.

O químico recebe um diploma único de bacharel em Química depois de cursar uma faculdade que geralmente tem a duração de quatro anos.

Linus Pauling, químico norte-americano, nasceu em 28 de fevereiro de 1901 em Portland, Oregon, EUA, e faleceu em 19 de agosto de 1994, em Palo Alto, Califórnia. Um dos maiores químicos de todos os tempos, Pauling também ficou famoso por suas atividades humanísticas, seu comprometimento civil pela paz e seu posicionamento contra a bomba atômica.

Aos 24 anos, obteve PhD em Química no Caltech, o Instituto de Tecnologia da Califórnia, EUA.

Seus trabalhos mais importantes versam sobre a estrutura atômica, a natureza das ligações covalentes e a estrutura das proteínas. Recebeu o Prêmio Nobel de Química em 1954 e o Prêmio Nobel da Paz em 1962.

O campo da Química organizou-se, tradicionalmente, em três ramos principais:

- **Química orgânica** – o estudo dos compostos de carbono.
- **Química geral e inorgânica** – o estudo dos demais elementos e seus compostos.
- **Físico-química** – o estudo dos princípios da Química.

Nota: a IUPAC (União Internacional de Química Pura e Aplicada) é uma organização científica, internacional e não governamental, destinada à contribuição para os aspectos globais das *Ciências Químicas*, bem como à sua aplicação.

6. Substância – mistura

Os materiais são constituídos de *substâncias químicas* ou *substâncias puras* ou simplesmente de *substâncias*.

As palavras como água, álcool, gás carbônico, metano, oxigênio, amônia, cloreto de sódio, glicose indicam as substâncias que formam determinado material.

A maioria dos materiais com os quais estamos em contato (água potável, álcool hidratado, ar, água do mar) é formada de duas ou mais substâncias. Esses materiais formados de duas ou mais substâncias são chamados de *misturas*.

ANA OLÍVIA JUSTO/acervo da editora

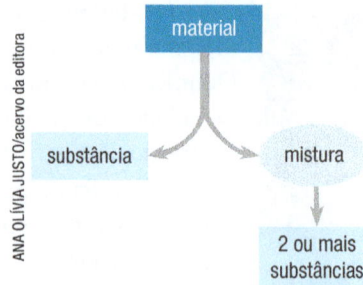

Exemplos:

- *água destilada:* material contendo apenas a substância água;
- *água potável:* material contendo a substância água e outras substâncias dissolvidas nela;
- *ar:* material contendo principalmente as substâncias nitrogênio e oxigênio;
- *álcool anidro:* material contendo apenas a substância álcool;
- *álcool hidratado:* material contendo as substâncias álcool e água.

7. Indústria química

Todas as substâncias são produzidas a partir de alguma coisa extraída da natureza, seja de um minério, de uma planta, do petróleo, da água do mar ou do ar. Isso é feito em uma **indústria química**.

O esquema a seguir ilustra o processo de obtenção do álcool etílico (etanol) e açúcar a partir da cana-de-açúcar.

ANA OLÍVIA JUSTO/acervo da editora

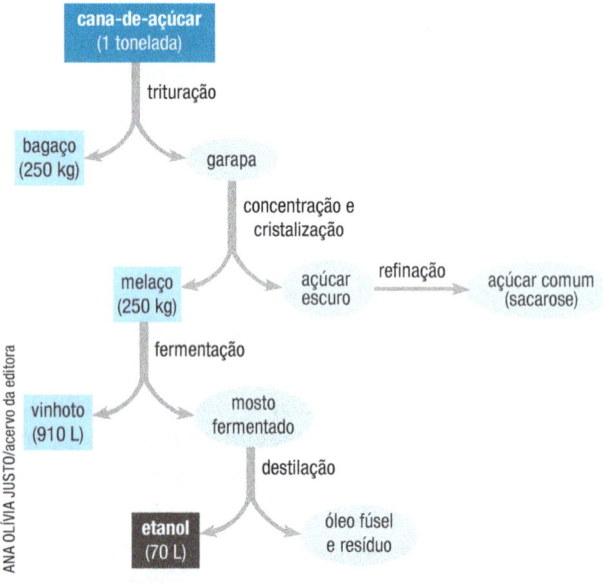

O homem sempre busca o progresso. Para ter mais conforto, maiores facilidades, alimentação melhor, começou a construir indústrias. Com o tempo, o número de indústrias aumentou e a poluição começou a atrapalhar. Rios, mares e ar foram poluídos.

As indústrias começaram a tratar os efluentes, isto é, gases e líquidos, que são jogados fora. Mas esse tratamento é difícil e caro.

Os órgãos governamentais, em conjunto com a sociedade, devem adotar medidas para diminuir a poluição devida à excessiva quantidade de substâncias lançadas para o meio ambiente.

Faturamento Líquido da Indústria Química Brasileira – 2012*

ANA OLÍVIA JUSTO/acervo da editora

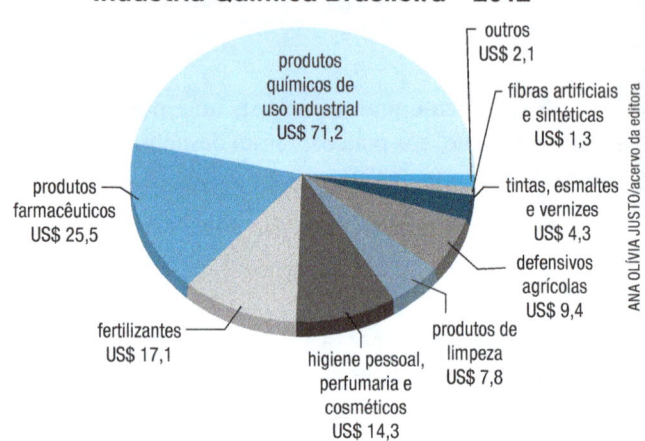

*Dados em bilhões de dólares.

Fonte: Abiquim e associações do segmento.

As dez substâncias mais produzidas pelos países industrializados.

Substância	Principais aplicações
ácido sulfúrico	fertilizantes, corantes, bateria de automóvel, detergentes
nitrogênio	fertilizantes, amônia
oxigênio	siderurgia, combustão
etileno	polímeros (plásticos)
amônia	fertilizantes, ácido nítrico
cal virgem	vidro, papel, cimento
ácido fosfórico	fertilizantes, produtos farmacêuticos
soda cáustica	papel, sabão
propileno	polímeros (plásticos)
cloro	tratamento da água, polímeros

Exercícios Série Prata

1. Complete.
   Qualquer coisa que tenha existência física ou real é _____ ou _____ .

2. Complete com **corpo** ou **objeto**.
   a) pepita (grão) de ouro _____ .
   b) coroa de ouro _____ .

3. Complete.
   Todo material apresenta duas grandezas: _____ e _____ .

4. Complete.
   a) A unidade de massa é o _____ .
   b) 1 kg corresponde a um _____ de platina com irídio cujas dimensões são 3,9 cm.
   c) Uma pessoa que tem massa igual a 70 kg, ela equivale a _____ cilindros de platina com irídio.

5. Complete.
   a) 1 t equivale a _____ kg.
   b) 1 kg equivale a _____ g.
   c) 1 g equivale a _____ mg.

6. Transforme em kg:
   a) 4 t
   b) 4 g
   c) 2,5 mg

7. Transforme em g:
   a) 3 t
   b) 4 kg
   c) 2,5 mg

8. Transforme em mg:
   a) 3 t
   b) 4 kg
   c) 2,5 g

9. Qual é a massa em gramas, de um bebê de 4,270 kg?

10. Em cada comprimido de certo remédio, são colocados 500 mg de determinada substância que atua como medicamento. Quantos comprimidos podem ser produzidos usando 50 kg dessa substância?

11. Complete.
    a) 1 m^3 equivale a _____ L ou dm^3.
    b) 1 L equivale a _____ mL ou cm^3.

12. Transforme em litros os volumes:
    a) 0,15 m^3
    b) 280 cm^3
    c) 40 dm^3
    d) 25 mL

13. Tranforme em mL os volumes:
   a) 0,6 L
   b) 100 cm³
   c) 10 m³
   d) 760 dm³

16. Um caminhão-pipa transporta 30 m³ de água. Esse volume de água permite encher quantas caixas de água de 300 L?

17. Por que o anúncio "Pão sem Química" está errado?

   Resolução:
   Química é uma ciência e não um material que faz mal a saúde humana.

14. Quantos litros de ar estão contidos no interior de uma sala com 5 m de comprimento, 4 m de largura e 3 m de altura?

18. Marque substância ou mistura.
   a) água _____.
   b) álcool _____.
   c) ar _____.
   d) petróleo _____.
   e) água do mar _____.
   f) vinagre _____.
   g) gás carbônico _____.
   h) gás oxigênio _____.

15. Qual é o volume da esfera na ilustração abaixo?

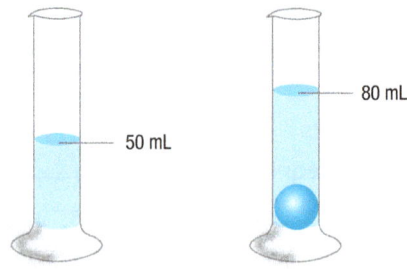

19. Indique o nome de cada aparelho de vidro que é usado para medir o volume de um líquido.

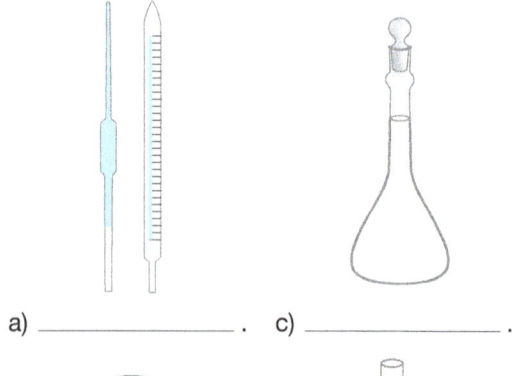

a) _____.   c) _____.

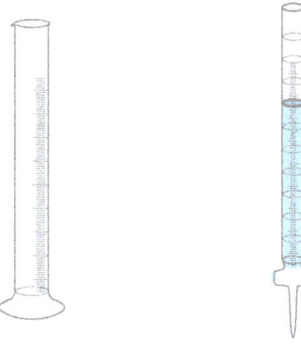

b) _____.   d) _____.

Exercícios Série Ouro

1. Os ingredientes de uma determinada receita de bolo de chocolate são:

- 300 mL leite morno (corresponde a 300 g)
- 3 ovos (cerca de 50 gramas por ovo)
- 100 g de margarina
- 400 g de açúcar
- 200 g de chocolate em pó
- 0,5 kg de farinha
- 100 mg de fermento em pó

Sabendo que essa receita serve 16 pessoas, cada pessoa deverá receber aproximadamente:

a) 700 mg.
b) 200 g.
c) 0,3 kg.
d) 100 g.
e) 500 mg.

Resolução:

Como as massas dos ingredientes são fornecidas em diversas unidades, o primeiro passo para calcular a massa total do bolo é converter todas as medidas para uma mesma unidade, por exemplo, o grama:

Massa total = 300 g + 3 · 50 g + 100 g + 400 g + 200 g + 500 g + 0,1 g

Massa total = 1.650,1 g

A receita serve 16 pessoas. Logo, cada pessoa receberá aproximadamente:

1.650,1 g / 16 = 103,1 g ≈ 100 g

Resposta: alternativa d.

2. O menino Lavoisier foi almoçar em um "restaurante por quilo". O seu prato era bastante balanceado e continha as quantidades discriminadas a seguir:

- 0,125 kg de arroz.
- 75 g de feijão.
- 2 filés de frango, de 60 g cada.
- 75 g de batata frita.
- 30 g de farofa.
- 50 g de salada.

Sabendo que o "quilo" custa R$ 40,00, quanto Lavoisier pagará pelo seu prato?

a) R$ 16,00
b) R$ 17,00.
c) R$ 19,00.
d) R$ 20,00.
e) R$ 23,00.

3. Em uma empresa de reciclagem de garrafas PET, um funcionário quer agilizar o transporte de garrafas da entrada da fábrica até o equipamento responsável por picar as garrafas. Para isso, ele possui um caixote com dimensões de 100 cm × 40 cm × 50 cm. Se a fábrica recebeu 1.000 garrafas PET de 2 L de capacidade, quantas viagens esse funcionário deverá realizar para transportar todas as garrafas?

a) 1 viagem.
b) 5 viagens.
c) 10 viagens.
d) 50 viagens.
e) 100 viagens.

Cap. 1 | O Primeiro Contato com a Ciência Química

4. (UnB – DF – adaptada) A Ciência, sendo uma atividade humana, associa-se a valores éticos, transcendendo, portanto, os fatos, as leis e as teorias científicas. O cientista, dessa forma, ao contrário da visão estereotipada de gênio isolado, pode elaborar propostas de intervenção solidária na realidade social, por meio dos conhecimentos produzidos em sua área de pesquisa ou da destinação de recursos pessoais.

Com relação à natureza do conhecimento científico e considerando o texto acima, julgue os itens a seguir.

1. Por resultarem da utilização do método científico, os conhecimentos científicos não são influenciados pela sociedade.
2. O desenvolvimento da ciência e da tecnologia químicas tem afetado a qualidade de vida da humanidade.
3. Muitas das tecnologias de guerra utilizadas no conflito dos Bálcãs resultaram do desenvolvimento científico.

Estão corretos:

a) o item 1 apenas.
b) o item 2 apenas.
c) o item 3 apenas.
d) os itens 1 e 3 apenas.
e) os itens 2 e 3 apenas.

5. (ENEM – adaptada) A população da Terra, prevista para 2010 era de, aproximadamente, 6,8 bilhões de pessoas. No momento, é possível produzir alimentos para todos, mesmo que estes não sejam distribuídos de forma justa e igualitária. Mas fica a pergunta: como será possível produzir alimentos para toda essa população no futuro? Além disso, mesmo eles sendo produzidos, como conservá-los, de forma a permitir uma distribuição por todo o planeta?

Para a tarefa de alimentar toda a população do planeta, o homem conta com a ajuda de produtos químicos que, adicionados ao solo, na forma de adubos, corrigem sua fertilidade, permitindo uma produção mais eficiente e, tendo em vista o desgaste ocasionado pelo uso intensivo, possibilitam a sua recuperação. Outros produtos químicos permitem que os alimentos sejam protegidos de pragas naturais, com,o os gafanhotos e as lagartas. Considerando que os alimentos, em sua forma natural, em um período de tempo relativamente curto ficam impróprios para o consumo, há a necessidade de conservá-los por mais tempo. Uma forma antiga de conservação e de proteção de alimentos é a salga, que consiste na adição de grande quantidade de sal (cloreto de sódio) a alimentos, como, por exemplo, carnes. Hoje, muitos outros processos são utilizados para esse fim.

A respeito da Química e de conceitos mencionados no texto acima, julgue os seguintes itens.

1. A Química é uma das ciências que estudam a constituição dos solos.
2. Os alimentos naturais também possuem substâncias químicas.
3. O consumo de alimentos naturais sem elementos químicos torna a vida mais saudável.
4. Materiais quimicamente puros são de origem natural.
5. Apesar dos benefícios que os produtos químicos trazem para a indústria, deve-se evitar a ingestão de quaisquer desses produtos.

6. (UFES) Qual é a alternativa em que só aparecem misturas?

a) Grafita, leite, água oxigenada, fósforo vermelho.
b) Ferro, enxofre, mercúrio, ácido muriático.
c) Areia, açúcar, granito, metanol.
d) Vinagre, álcool, água do mar, amônia.
e) Ar, granito, vinagre, água sanitária.

Capítulo 2
As Propriedades Físicas das Substâncias

1. Introdução

Vimos no capítulo 1 que a ciência Química estuda as propriedades das substâncias. Nesse capítulo veremos as principais propriedades físicas que ajudam a identificar as substâncias e verificar se ocorreu uma transformação física ou química (capítulo 3).

2. Conceito

As propriedades físicas são propriedades provenientes da estrutura interna das substâncias, isto é, na sua observação ou medida, a substância continua a mesma. As principais propriedades físicas são: estado físico, pontos de fusão e pontos de ebulição, densidade, coeficiente de solubilidade e as propriedades organolépticas.

3. Estado físico ou de agregação — a matéria é particulada

A Química estuda três estados físicos: **sólido**, **líquido** e **gasoso**.

3.1 Estado sólido

O sólido tem volume constante e forma constante.

Exemplos de sólidos: alumínio, cobre, ouro, sal, aço, enxofre, açúcar.

Para explicar que os sólidos têm volumes e formas constantes, cientistas como Newton, Boyle e Dalton admitiram que a matéria é formada de partículas que vamos representar por esferas maciças.

Sólidos apresentam forma constante e volume constante porque a força de atração entre suas partículas é intensa e elas permanecem em posições praticamente "fixas", tendo pequeno movimento de vibração em relação à posição que ocupam.

3.2 Estado líquido

O líquido tem volume constante e forma variável, isto é, adquire a forma do recipiente.

Exemplos de líquidos: álcool, mercúrio, bromo, petróleo, vinagre.

Líquidos apresentam a forma do recipiente e volume constante, porque as partículas de um líquido, embora consigam movimentar-se umas em relação às outras, ainda se atraem e adquirem a forma do recipiente, mas não o suficiente para se separarem completamente uma das outras.

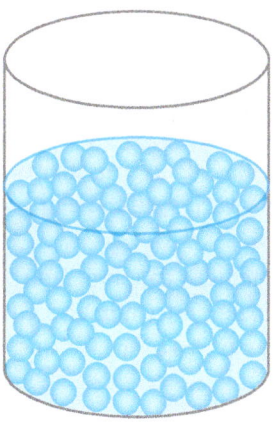

3.3 Estado gasoso

O vapor tem volume variável e forma variável.

Exemplos de gases: ar, hélio, cloro, oxigênio, metano.

Vapores não possuem forma constante e ocupam o volume do recipiente porque a força de atração entre suas partículas é desprezível. Assim, as partículas movimentam-se em todas as direções, ocupando todo o espaço disponível.

Nota:
Forma: configuração espacial (cubo de gelo) de um material.

Volume: espaço ocupado por um material.

4. Noção de temperatura

Temperatura mede o estado de agitação das partículas que formam um material.

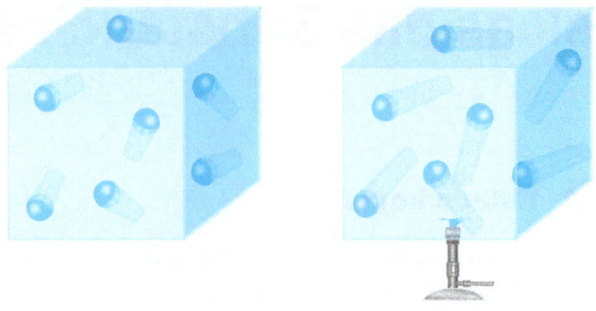

Corpo de maior temperatura: as partículas possuem maior nível de agitação.

O termômetro é um dispositivo usado para a determinção de temperaturas. O mais conhecido dos termômetros é o de **mercúrio**.

Para cada valor de h existe uma única temperatura (Θ) associada.

Exemplo:

h = 30 θ = 30 °C

A escala Celsius é usada, oficialmente, em vários países, entre os quais o Brasil.

Para medidas da temperatura corpórea, utiliza-se preferencialmente o termômetro clínico digital, com os valores expressos em graus Celsius.

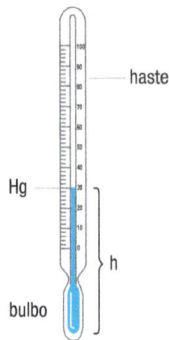

5. Previsão do estado físico a partir dos valores de PF (ponto de fusão) e PE (ponto de ebulição) – duas propriedades físicas

Ponto de fusão (PF) é a temperatura na qual a substância encontra-se simultaneamente no **estado sólido** e no **estado líquido**.

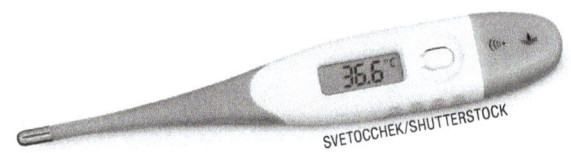

Exemplos:

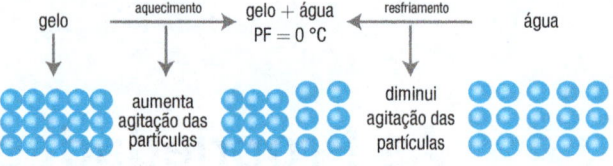

Ao aquecermos um sólido, a agitação das partículas aumenta. Ao atingir o ponto de fusão, as partículas começam a se distanciar, formando o estado líquido.

Ao resfriarmos um líquido, a agitação das partículas diminui. Ao atingir o ponto de fusão, as partículas começam a se aproximar, formando o estado sólido.

Ponto de Ebulição (PE) é a temperatura na qual a substância encontra-se simultaneamente no **estado líquido** e no **estado gasoso ao nível do mar**.

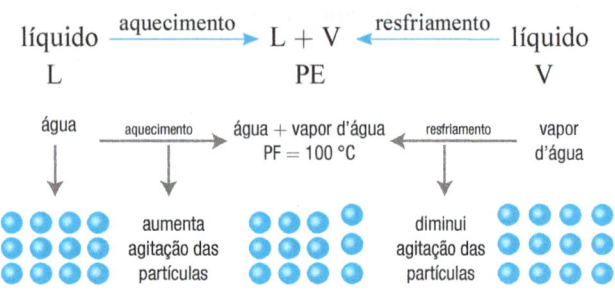

Ao aquecermos um líquido, a agitação das partículas aumenta. Ao atingir o ponto de ebulição, as partículas começam a se distanciar, formando o estado de gasoso.

Ao resfriarmos um vapor, começa a diminuir a agitação das partículas. Ao atingir o ponto de ebulição, as partículas começam a se aproximar, formando o estado líquido.

O ponto de fusão e o ponto de ebulição são **propriedades físicas intensivas**, isto é, não dependem da quantidade da substância.

Exemplo:

10 g de água PF = 0 °C; PE = 100 °C
50 g de água PF = 0 °C; PE = 100 °C

Substância	Ponto de fusão (°C)	Ponto de ebulição (°C)
água	0	100
cálcio	850	1.240
benzeno	5,5	80
cobre	1.083	2.336
oxigênio	–218	–183

Conhecendo os PF e os PE e a temperatura ambiente (Ta) em que se encontra a substância, podemos prever o seu estado físico.

```
sólido    Ta         PF              PE         V
Ta < PF ──•──────────•───────────────•──────────
          S    S + L         L      L + V

líquido            PF        Ta      PE          V
PF < Ta < PE ──────•─────────•───────•───────────
           S    S + L         L      L + V

vapor              PF                PE    Ta   V
PE < Ta ───────────•─────────────────•─────•────
           S    S + L         L      L + V
```

6. Massa e volume são grandezas diretamente proporcionais. Densidade.

A massa de um cubo de ferro de volume igual a 1 cm³ é 7,8 g. A massa de um cubo de ferro de volume igual a 2 cm³ é 15,6 g. Dobrando o volume dobra a massa, portanto, massa e volume são grandezas diretamente proporcionais.

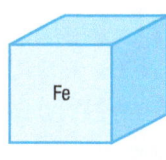

$m = 7,8$ g
$V = 1$ cm³
$\dfrac{m}{V} = 7,8$ g/cm³

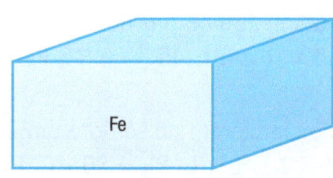

$m = 15,6$ g
$V = 2$ cm³
$\dfrac{m}{V} = 7,8$ g/cm³

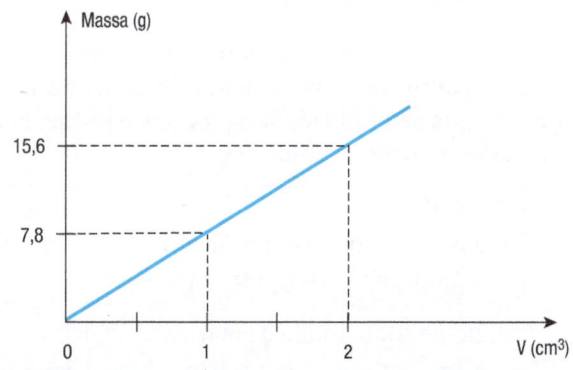

A relação $\dfrac{m}{V}$ foi chamada de **densidade** (d) ou **massa específica**.

$$d = \dfrac{m}{V}$$

A densidade é diretamente proporcional à massa e inversamente proporcional ao volume.

Para líquidos diferentes de mesma massa, o líquido de menor volume terá maior densidade.

maior densidade — menor densidade

A densidade é uma **propriedade física intensiva**, isto é, não depende da quantidade da substância.

Exemplo:

10 g de água: $d = 1$ g/cm³
100 g de água: $d = 1$ g/cm³

A densidade depende dos seguintes fatores:

- **interação das partículas**

Se a interação entre as partículas for elevada, as partículas estarão próximas (volume diminui); portanto, a densidade será elevada. Para uma mesma substância, a densidade do sólido é na maioria dos casos, maior que a do líquido.

A principal exceção é a água ($d_{água} > d_{gelo}$).

Se a interação entre as partículas for baixa, as partículas estarão afastadas (volume aumenta); portanto, a densidade será baixa. Os gases apresentam densidade baixa.

- **temperatura**

A densidade depende da temperatura, pois uma variação da temperatura provoca uma variação no volume.

Exemplos de densidade.

Substância	d (g/cm³)
água	1,0
gelo	0,9
álcool	0,8
ferro	7,8
mercúrio	13,6
chumbo	11,2
ouro	19,3

Cap. 2 | As Propriedades Físicas das Substâncias

Observações:

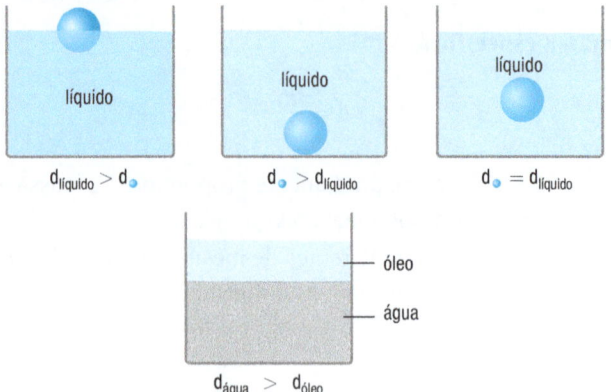

7. Coeficiente de solubilidade

Adicionando uma pequena quantidade de açúcar em um copo d'água, forma-se uma **mistura homogênea**. O açúcar se dissolve na água, "desaparece" na água. Diz-se que o açúcar é solúvel em água. O aspecto da mistura é uniforme, mesmo quando são utilizados intrumentos ópticos de alta resolução na sua observação.

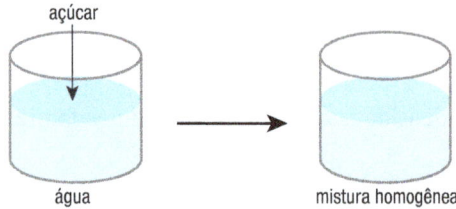

Adicionando uma pequena quantidade de areia em um copo d'água, forma-se uma **mistura heterogênea**. A areia não se dissolve, "não desaparece" na água. Diz-se que a areia é insolúvel na água. A mistura tem aspecto multiforme, que pode ser percebido a olho nu.

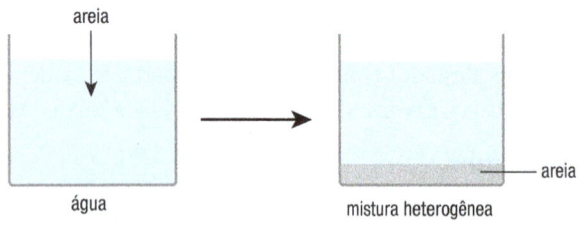

Observações:

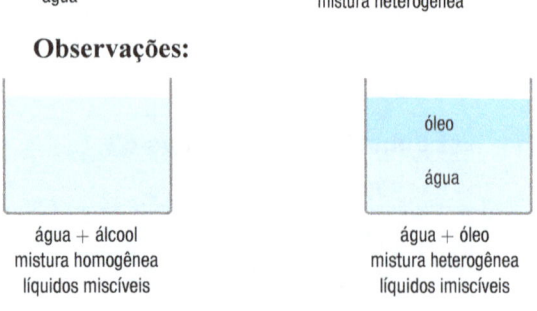

Verifica-se que conseguimos dissolver no máximo 220 g de açúcar em 100 g de água a 30 °C. Adicionando mais de 220 g de açúcar em 100 g de água a 30 °C, dissolvem ("desaparecem") 220 g e o excesso fica sólido no fundo do frasco.

Essa quantidade máxima que pode ser dissolvida é chamada **coeficiente de solubilidade** ou simplesmente **solubilidade**.

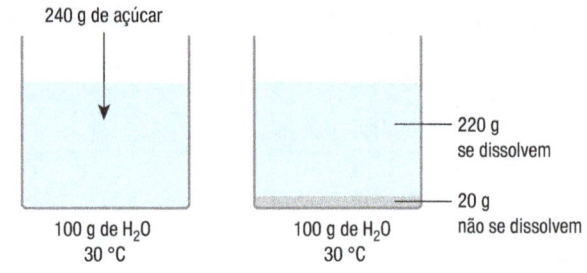

8. Propriedades organolépticas

São as propriedades físicas que podem impressionar os nossos sentidos.

Cor: ouro é amarelo, cobre é vermelho, água é incolor.
Sabor: açúcar é doce, sal é salgado, água é insípida (sem sabor).
Odor: gás sulfídrico tem cheiro de ovo podre; água é inodora.
Textura: lixa de unha é áspera e o vidro polido é liso.

9. As propriedades físicas são as que identificam as substâncias

As substâncias são identificadas pelas suas propriedades físicas, tais como densidade, ponto de fusão, ponto de ebulição, coeficiente de solubilidade, estado físico etc.

A substância água é um líquido incolor, inodoro, insípido, com d = 1 g/mL, PF = 0 °C, PE = 100 °C (no nível do mar).

A substância cloreto de sódio é um sólido branco, salgado, com d = 2,17 g/mL, PF = 801 °C, PE = 1.465 °C.

Duas substâncias diferentes nunca terão um conjunto de propriedades físicas iguais.

10. Critérios de pureza

São testes usando as propriedades físicas como **densidade**, **ponto de fusão** e **ponto de ebulição** para verificar se uma determinada substância não se encontra contaminada com outra substância.

Exemplos:

Água isenta de outras substâncias:

d = 1 g/mL, PF = 0 °C, PE = 100 °C

Cloreto de sódio isento de outras substâncias:

d = 2,17 g/mL, PF = 801 °C, PF = 1.465 °C.

Exercícios Série Prata

1. Complete as lacunas:
a) Os três estados físicos principais da matéria são: _____ , _____ e _____ .
b) Uma substância no estado sólido possui forma _____ e volume _____ .
c) Uma substância no estado líquido possui volume _____ e forma do _____ que a contém.
d) Uma substância no estado gasoso não possui forma _____ e seu volume é igual ao volume do _____ .

2. Complete as lacunas:
a) A matéria é formada de _____ .
b) No estado sólido, as partículas estão presas umas às outras. Isto explica porque o sólido tem forma _____ .
c) No estado líquido, as partículas estão próximas, mas em movimento, e podem deslizar umas sobre as outras. Isso explica porque um líquido adquire a forma do _____ que o contém.
d) No estado gasoso, as partículas estão bastante afastadas umas das outras. O gás ocupa todo o _____ que o contém devido ao intenso movimento das partículas.

3. (FUVEST – SP) O conhecimento do ponto de fusão e do ponto de ebulição de uma substância indica seu estado físico, a uma determinada temperatura. Considere a tabela abaixo, que apresenta essas informações para alguns halogênios:

Substância	Ponto de fusão (°C)	Ponto de ebulição (°C)
cloro	−101,4	−33,9
bromo	−7,2	59,0
iodo	113,9	184,4

A 25 °C, cloro, bromo e iodo encontram-se, respectivamente, nos estados
a) sólido, líquido e gasoso.
b) sólido, líquido e líquido.
c) líquido, líquido e gasoso.
d) gasoso, líquido e líquido.
e) gasoso, líquido e sólido.

Resolução:

Para identificar o estado físico das substâncias acima, é necessário comparar a temperatura de 25 °C com os pontos de fusão e ebulição fornecidos na tabela:

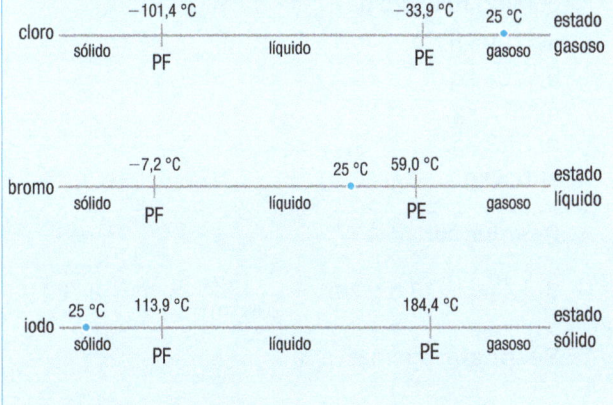

Resposta: alternativa e.

4. (UFF – RJ) "Onda de calor mata mais de 120 pessoas na Ásia. A temperatura mais alta foi registrada no distrito de Sibi, na Província do Baluquistão, no Paquistão, onde o calor chegou a 52 °C..."

Folha Online, ago. 2006.
Disponível em: <http://www1.folha.uol.com.br/folha/mundo/ult94u303366.shtml>.
Acesso em: 4 set. 2007.

A notícia acima ilustra as possíveis consequências do descaso com a natureza. A tabela a seguir indica o ponto de fusão e o ponto de ebulição de algumas substâncias presentes no nosso cotidiano.

	Ponto de fusão (°C) (1 atm)	Ponto de ebulição (°C) (1 atm)
éter etílico	−116	34
álcool	−114	78
naftaleno	80	217

Essas substâncias, quando expostas à mesma temperatura registrada no distrito de Sibi (52 °C), apresentam-se, respectivamente, nos estados

a) líquido, gasoso e líquido.
b) gasoso, líquido e gasoso.
c) líquido, gasoso e sólido.
d) sólido, líquido e sólido.
e) gasoso, líquido e sólido.

8. (FMU/FIAM – SP) O esquema representa três tubos de ensaio de mesmo diâmetro, contendo cada um a mesma massa dos seguintes líquidos incolores: água, acetona e clorofórmio.

São dadas as densidades: $d(H_2O) = 1,00$ g/cm^3; d (acetona) = 0,80 g/cm^3; d (clorofórmio) = 1,5 g/cm^3.

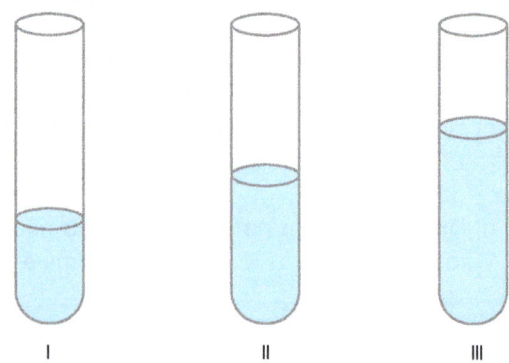

Podemos afirmar que os tubos I, II e III contêm, respectivamente:

a) acetona, água e clorofórmio.
b) acetona, clorofórmio e água.
c) água, clorofórmio e acetona.
d) clorofórmio, água e acetona.
e) clorofórmio, acetona e água.

5. (FMU – SP) Um vidro contém 200 cm^3 de mercúrio de densidade 13,6 g/cm^3. A massa de mercúrio contido no vidro é

a) 0,80 kg.
b) 0,68 kg.
c) 2,72 kg.
d) 27,2 kg.
e) 6,8 kg.

Resolução:

$d = \dfrac{m}{V}$ ∴ $13,6$ g/cm$^3 = \dfrac{m}{200 \text{ cm}^3}$ ∴ m = 2.720 g

Resposta: alternativa c.

6. Um cubo de cobre tem aresta igual a 2,5 cm. Sua massa é igual a 140 g. Qual é a densidade do cobre?
Dado: $V = a^3$.

9. Observe a tabela:

Substância	Densidade
água	1,0 g/cm^3
benzeno	0,90 g/cm^3
clorofórmio	1,53 g/cm^3

Esses três materiais foram colocados em uma proveta, originando um sistema com o seguinte aspecto:

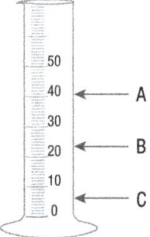

Relacione as substâncias A, B, C com aquelas mencionadas na tabela. Justifique.

7. Um béquer contém 400 cm^3 de um líquido com densidade de 1,85 g/cm^3 e peso 884 g. Qual a massa do béquer vazio?

10. Complete com **homogênea** ou **heterogênea**.

a) Adicionando-se uma pequena quantidade de sal de cozinha em um copo de água, forma-se uma mistura _____ (aspecto uniforme). Conclusão: sal de cozinha é solúvel na água.

b) Adicionando-se uma pequena quantidade de areia em um copo de água, forma-se uma mistura _____ (aspecto multiforme). Conclusão: areia não é solúvel na água.

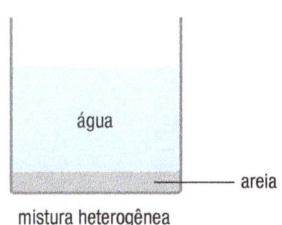

11. O coeficiente de solubilidade do cloreto de potássio é 37 g por 100 g de água a 30 °C. Calcule a massa de água que dissolve 14,8 g de cloreto de potássio.

12. A solubilidade de um sal é de 60 g por 100 g de água a 80 °C. A massa em gramas desse sal, nessa temperatura, necessária para saturar 80 g de água é:
a) 20
b) 48
c) 60
d) 80
e) 140

13. (CESGRANRIO – RJ) A curva de solubilidade de um sal hipotético é:

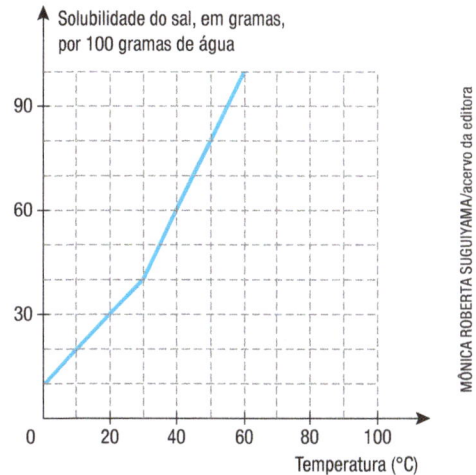

A quantidade de água necessária para dissolver 30 gramas do sal a 35 °C será, em gramas:
a) 45
b) 60
c) 75
d) 90
e) 105

14. (UFMG) Uma amostra de uma substância pura X teve algumas de suas propriedades determinadas. Todas as alternativas apresentam propriedades que são úteis para identificar essa substância, exceto:
a) densidade.
b) massa da amostra.
c) solubilidade em água.
d) temperatura de ebulição.
e) temperatura de fusão.

15. (MACKENZIE – SP) O valor do ponto de ebulição determinado experimentalmente numa amostra de uma certa substância mostrou-se maior do que o valor encontrado em tabelas. Essa diferença pode ser atribuída ao fato de que, no experimento, usou-se:
a) um combustível de alto poder calorífico.
b) uma quantidade de substância muito grande.
c) uma quantidade de substância muito pequena.
d) uma substância composta.
e) uma substância contendo impurezas.

Exercícios Série Ouro

1. (FGV – SP) O conhecimento das propriedades físico-químicas das substâncias é muito útil para avaliar condições adequadas para a sua armazenagem e transporte. Considere os dados das três substâncias seguintes:

Substância		Ponto de fusão (°C)	Ponto de ebulição (°C)
I	estanho	232	2.720
II	flúor	−220	−188
III	césio	28	678

ATKINS, P. W. **Princípios de Química**. 3. ed. Porto Alegre: Bookman, 2006.

É correto afirmar que em um ambiente a 35 °C, sob pressão atmosférica, as substâncias I, II e III apresentam-se, respectivamente, nos estados físicos

a) sólido, gasoso e líquido.
b) sólido, gasoso e gasoso.
c) sólido, líquido e líquido.
d) líquido, gasoso e líquido.
e) líquido, líquido e gasoso.

2. (UNESP) Os compostos orgânicos possuem interações fracas e tendem a apresentar temperaturas de ebulição e fusão menores do que as dos compostos inorgânicos. A tabela apresenta dados sobre as temperaturas de ebulição e fusão de alguns hidrocarbonetos.

Substância	TE (°C)	TF (°C)
metano	−162	−182
propano	−42	−188
eteno	−104	−169
propino	−23	−101

Na temperatura de −114 °C é correto afirmar que os estados físicos em que se encontram os compostos, metano, propano, eteno e propino, são, respectivamente,

a) sólido, gasoso, gasoso e líquido.
b) líquido, sólido, líquido e sólido.
c) líquido, gasoso, sólido e líquido.
d) gasoso, líquido, sólido e gasoso.
e) gasoso, líquido, líquido e sólido.

3. (UNIFOR – CE) Dois copos, **A** e **B**, contendo respectivamente 100 mL e 200 mL de água destilada, são aquecidos uniformemente com a mesma fonte de calor.

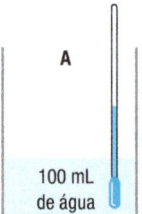
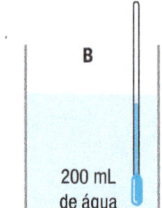

Sendo t_A e t_B os **tempos** gastos para se iniciar a ebulição nos copos **A** e **B**, PE_A e PE_B as temperaturas de ebulição nos copos **A** e **B**, podemos afirmar:

a) $t_A = t_B$; $PE_A = PE_B$
b) $t_A < t_B$; $PE_A < PE_B$
c) $t_A > t_B$; $PE_A > PE_B$
d) $t_A > t_B$; $PE_A = PE_B$
e) $t_A < t_B$; $PE_A = PE_B$

4. (FESP – PE) A figura a seguir mostra um banho-maria feito com água destilada ao nível do mar, onde o líquido X ferve a 120 °C.

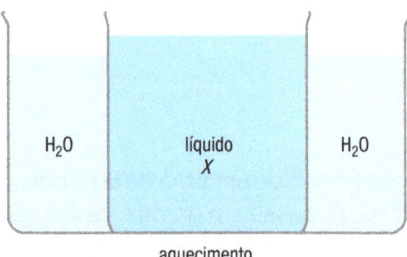

Sobre a temperatura do líquido X pode-se afirmar que:

a) não chegará a 100 °C.
b) ultrapassará 100 °C.
c) o líquido X ferverá a 100 °C.
d) o líquido X nunca entrará em ebulição.
e) a água e o líquido X ferverão a 120 °C.

5. (FATEC – SP) Considere o gráfico seguinte, que relaciona massas e volumes de diferentes amostras de titânio puro.

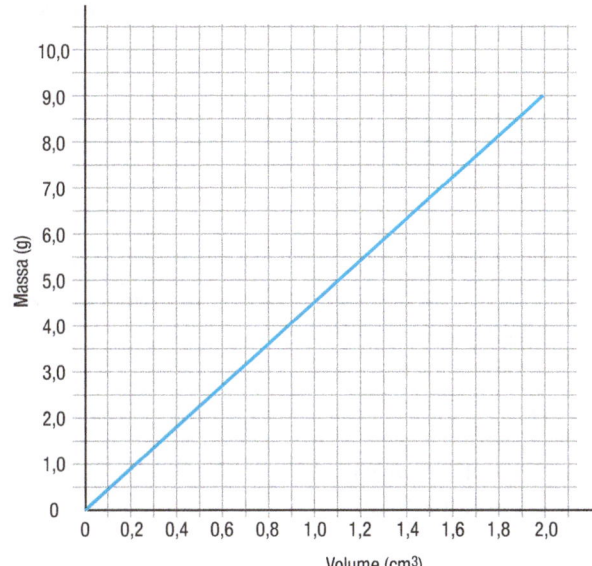

Analisando-se esse gráfico, conclui-se que a densidade do metal em questão é, em g/cm³, igual a aproximadamente

a) 1,5.
b) 2,5.
c) 3,0.
d) 4,5.
e) 6,0.

6. (FATEC – SP) Uma barra de certo metal, de massa igual a 37,8 g, foi introduzida num cilindro graduado contendo água. O nível da água contida no cilindro, antes (1) e após (2) a imersão da barra metálica, é mostrado na figura.

Analisando-se a figura, pode-se afirmar que o metal da barra metálica é provavelmente o

a) Ag, d = 10,50 g/cm³.
b) Al, d = 2,70 g/cm³.
c) Fe, d = 7,87 g/cm³.
d) Mg, d = 1,74 g/cm³.
e) Pb, d = 11,30 g/cm³.

7. (UFPI) Em uma cena de um filme, um indivíduo corre carregando uma maleta tipo 007 (volume de 20 dm³) cheia de barras de um certo metal. Considerando que um adulto de massa média (70 kg) pode deslocar com uma certa velocidade, no máximo, o equivalente a sua própria massa, indique qual o metal contido na maleta, observando os dados da tabela a seguir.

Dado: 1 dm³ = 1 L = 1.000 cm³.

Densidade em g/cm³	
alumínio	2,7
zinco	7,1
prata	10,5
chumbo	11,4
ouro	19,3

a) Alumínio.
b) Zinco.
c) Prata.
d) Chumbo.
e) Ouro.

8. (ETEC – SP) Uma história muito conhecida relata a genial solução dada por Arquimedes ao problema da coroa do rei Hieron. O rei queria uma coroa de ouro e entregou certa massa desse metal a um ourives, para que este confeccionasse o objeto. Quando o ourives entregou a encomenda, com massa igual ao do ouro que Hieron havia fornecido, levantou-se a suspeita de que certa porção de ouro teria sido substituída por prata, e Arquimedes foi encarregado pelo rei de investigar a veracidade dos fatos.

Para resolver esse problema, Arquimedes pegou um vasilhame com água e mergulhou nele um pedaço de ouro, de mesma massa dada ao ourives, registrando o quanto da água transbordara. Depois, fez o mesmo com um pedaço de prata, efetuando o registro e comparando-o com o anterior.

Esses experimentos de Arquimedes podem ser representados pelos esquemas a seguir:

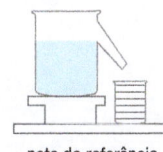
pote de referência

pote com ouro

pote com prata

Diante dos resultados, Arquimedes chegou à conclusão de que a coroa foi confeccionada com uma liga de ouro e prata, pois, ao mergulhá-la no pote de referência, observou o resultado como o indicado na alternativa:

a)
b)
c)
d)
e)

10. (FUVEST – SP)

Material	Densidade (g/cm³) à temperatura ambiente
alumínio	2,7
bambu	0,31 — 0,40
carvão	0,57
osso	1,7 — 1,18

Ao adicionar à água pura, à temperatura ambiente, pedaços de cada um desses materiais, observa-se flutuação apenas de:

a) alumínio.
b) alumínio e osso.
c) bambu.
d) bambu e carvão.
e) carvão e osso.

9. (MACKENZIE – SP) Num recipiente calibrado contendo 485 mL de água (d = 1,00 g/cm³) colocou-se um objeto (feito de um único material) de massa igual a 117 g. Observou-se que o objeto imerge e que o nível da água no recipiente passa a ser de 500 mL. Com esses dados e consultando a tabela abaixo, pode-se afirmar que o objeto pode ser feito de:

Material	Densidade (g/cm³)
chumbo	11,3
ferro	7,8
osso	2,0
cortiça	0,3
pedra	5,0

a) chumbo.
b) ferro.
c) osso.
d) cortiça.
e) pedra.

11. (UNICAMP – SP) Dois frascos idênticos estão esquematizados abaixo. Um deles contém uma certa massa de água (H_2O) e o outro, a mesma massa de álcool (CH_3CH_2OH).

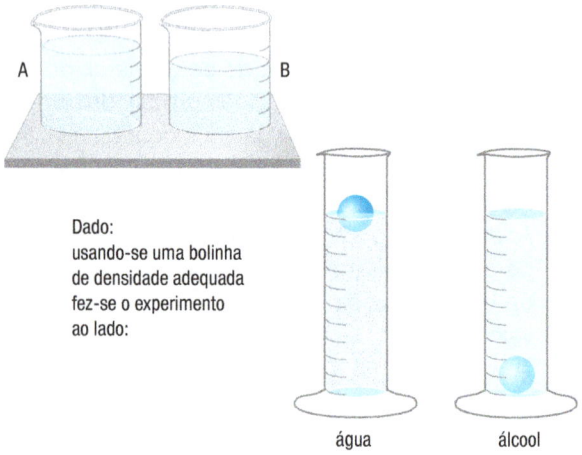

Dado: usando-se uma bolinha de densidade adequada fez-se o experimento ao lado:

Qual das substâncias está no frasco A e qual está no frasco B? Justifique.

12. (ENEM) O controle de qualidade é uma exigência da sociedade moderna na qual os bens de consumo são produzidos em escala industrial. Nesse controle de qualidade são determinados parâmetros que permitem checar a qualidade de cada produto. O álcool combustível é um produto de amplo consumo muito adulterado, pois recebe adição de outros materiais para aumentar a margem de lucro de quem o comercializa. De acordo com a Agência Nacional de Petróleo (ANP), o álcool combustível deve ter densidade entre 0,805 g/cm^3 e 0,811 g/cm^3.

Em algumas bombas de combustível a densidade do álcool pode ser verificada por meio de um densímetro similar ao desenhado a seguir, que consiste em duas bolas com valores de densidade diferentes e verifica quando o álcool está fora da faixa permitida. Na imagem, são apresentadas situações distintas para três amostras de álcool combustível.

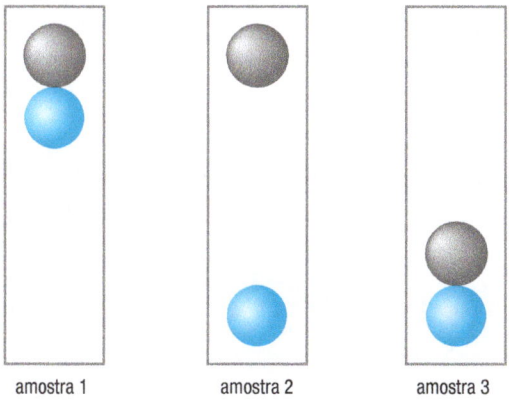

A respeito das amostras ou do densímetro, pode-se afirmar que

a) A densidade da bola escura deve ser igual a 0,811 g/cm^3.
b) a amostra 1 possui densidade menor do que a permitida.
c) a bola clara tem densidade igual à densidade da bola escura.
d) a amostra que está dentro do padrão estabelecido é a de número 2.
e) o sistema poderia ser feito com uma única bola de densidade entre 0,805 g/cm^3 e 0,811 g/cm^3.

13. (UFPB) Nos diversos campeonatos, usualmente, as três melhores equipes são premiadas com medalhas de materiais que refletem a importância da conquista. O terceiro lugar recebe a medalha de bronze, o segundo lugar, a de prata, e o primeiro lugar, a de ouro. Para despertar o interesse dos seus alunos, um professor de Química propôs à turma o desafio de identificar os materiais de três medalhas pintadas da mesma cor. Para tanto, o professor:

• realizou com os alunos um experimento, colocando as três medalhas de mesma massa em provetas, contendo o mesmo volume de água (figura).
• disponibilizou as densidades dos materiais usados no experimento (tabela).

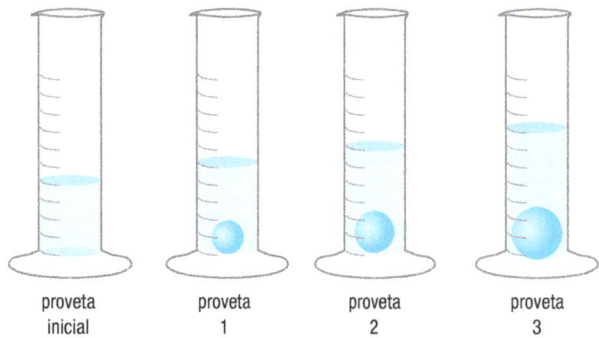

Densidade dos materiais	
metal	Densidade g/mL
bronze	9,0
prata	11,0
ouro	20,0

Com base nessas informações, assinale a alternativa correta.

a) A medalha de ouro está na proveta 3.
b) A medalha de prata está na proveta 2.
c) A medalha de bronze está na proveta 1.
d) A medalha da proveta 2 é mais densa que a medalha da proveta 1.
e) A medalha da proveta 3 é mais densa que a medalha da proveta 2.

14. (UERJ) A relação entre o volume e a massa de quatro substâncias, A, B, C e D, está mostrada no gráfico a seguir.

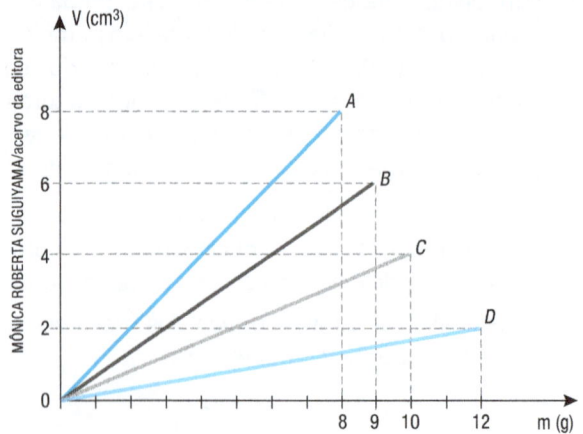

Essas substâncias foram utilizadas para construir quatro cilindros maciços. A massa de cada cilindro e a substância que o constitui estão indicadas na tabela.

Cilindro	Massa (g)	Substância
I	30	A
II	60	B
III	75	C
IV	90	D

Se os cilindros forem mergulhados em um mesmo líquido, cuja densidade é de 0,80 g/cm³, quantos cilindros permanecerão no fundo do recipiente?

a) Nenhum.
b) Todos.
c) Somente III.
d) Somente IV.

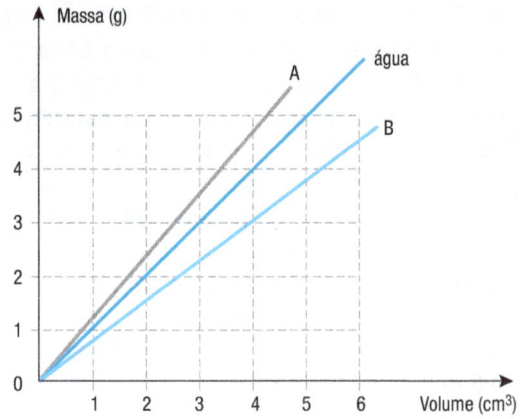

Considerando os dados do gráfico e os de solubilidade fornecidos, uma mistura dos três líquidos num recipiente apresentará o seguinte aspecto:

a)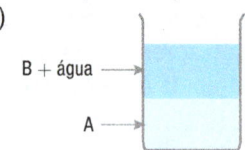

b)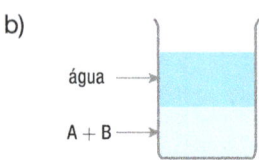

c)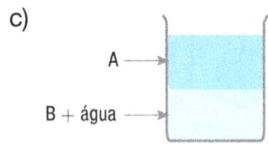

d)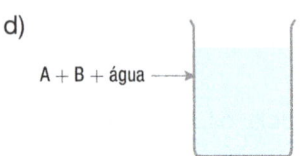

e)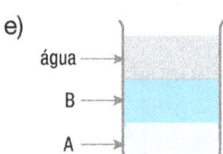

15. (FATEC – SP) No gráfico que se segue, foram projetados dados de massa e volume para três líquidos: A, B e água. Sabe-se que o líquido A é insolúvel tanto em B quanto em água, e que o líquido B é solúvel em água.

16. (UFG – GO) Um químico elaborou uma nova formulação para um refrigerante, nas versões normal e *diet*, conforme a tabela abaixo, para um volume final de 1,0 L.

Componentes	Quantidades (g)	
	Refrigerante normal	Refrigerante *diet*
açúcar	109,7	0,0
aromatizante	10,1	11,1
conservante	20,0	5,2
espessante	10,2	24,0
água	900,0	960,0
adoçante artificial	0,0	1,4

Após a mistura, o químico colocou os refrigerantes em duas garrafas idênticas (massa, volume e forma iguais). Acidentalmente, ele as deixou cair em um tanque contendo uma solução de NaCl com densidade igual a 1,03 g/mL.

a) Calcule as densidades dos refrigerantes.
b) Descreva e explique o comportamento das garrafas ao caírem no tanque.

17. (ACAFE – SC) Analise as afirmações a seguir.
   I. A solução é uma propriedade que uma substância possui de formar com outra substância uma solução.
   II. Soluto é o material que se dispersa no solvente, formando uma mistura homogênea.
   III. A solubilidade é um sistema formado por duas ou mais substâncias que apresenta aspecto uniforme em toda sua extensão.
   IV. Coeficiente de solubilidade é a máxima quantidade de soluto que se dissolve em certa quantidade fixa de solvente a determinada temperatura.

Todas as afirmações corretas estão em:
a) I - II - III
b) II - III - IV
c) II - IV
d) III - IV

18. (UNEMAT – MT) O coeficiente de solubilidade pode ser definido como sendo a quantidade máxima de um soluto capaz de ser dissolvida por uma determinada quantidade de solvente, sob determinadas condições de temperatura e pressão.

Sabendo-se, então, que o coeficiente de solubilidade do $K_2Cr_2O_7$ é de 12,0 gramas em 100 ml de água à T = 20 °C, que tipo de sistema será formado quando forem adicionadas 120 gramas de $K_2Cr_2O_7$ em 600 ml de água à T = 20 °C?

a) Um sistema heterogêneo, com 48 gramas de $K_2Cr_2O_7$ como precipitado (corpo de fundo).
b) Um sistema homogêneo, com 48 gramas de $K_2Cr_2O_7$ dissolvidas completamente.
c) Uma solução insaturada.
d) Um sistema heterogêneo, saturado, com volume final igual a 820 ml.
e) Um sistema homogêneo onde 120 gramas de $K_2Cr_2O_7$ foram completamente dissolvidas.

19. (UNICAMP – SP) Em algumas extrações de ouro, sedimentos de fundo de rio e água são colocados em uma bateia, recipiente cônico que se assemelha a um funil sem o buraco. Movimentos circulares da bateia permitem que o ouro metálico se **deposite sob o material sólido** ali presente. Esse depósito, que contém principalmente ouro, é posto em contato com mercúrio metálico; o amálgama formado é separado e **aquecido com um maçarico, separando-se o ouro líquido do mercúrio gasoso**. Numa região próxima dali, o **mercúrio gasoso se transforma em líquido** e acaba indo para o leito dos rios. Os três segmentos acima grifados se referem, respectivamente, às seguintes propriedades:

a) peso, temperatura de gaseificação e temperatura de liquefação.
b) densidade, temperatura de sublimação e temperatura de fusão.
c) peso, temperatura de ebulição e temperatura de fusão.
d) densidade, temperatura de ebulição e temperatura de liquefação.

20. (FUVEST – SP) Quais das propriedades a seguir são as mais indicadas para verificar se é pura uma certa amostra sólida de uma substância conhecida?

a) cor e densidade.
b) cor e dureza.
c) ponto de fusão e densidade.
d) cor e ponto de fusão.
e) densidade e dureza.

21. (FUVEST – SP) O rótulo de um frasco contendo determinada substância X traz as seguintes informações:

Propriedade	Descrição ou valor
cor	incolor
inflamabilidade	não inflamável
odor	adocicado
ponto de fusão	−23 °C
ponto de ebulição a 1 atm	77 °C
densidade a 25 °C	1,59 g / cm³
solubilidade em água a 25 °C	0,1 g / 100 g de H₂O

a) Considerando as informações apresentadas no rótulo, qual é o estado físico da substância contida no frasco, a 1 atm e 25 °C? Justifique.

b) Em um recipiente, foram adicionados, a 25 °C, 56,0 g da substância X e 200,0 g de água. Determine a massa da substância X que não se dissolveu em água. Mostre os cálculos.

c) Complete o esquema a seguir, representando a aparência visual da mistura formada pela substância X e água quando, decorrido certo tempo, não for mais observada mudança visual. Justifique.

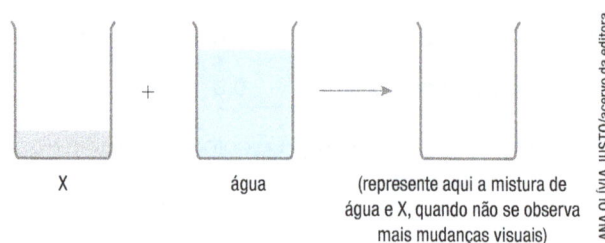

X   água   (represente aqui a mistura de água e X, quando não se observa mais mudanças visuais)

Dado: densidade da água a 25 °C = 1,00 g/cm³.

Capítulo 3
As Transformações das Substâncias

1. Introdução

Vimos, no capítulo 1, que a ciência Química estuda as transformações das substâncias. Este capítulo tem por objetivo mostrar as diferenças entre as transformações físicas e químicas.

2. Transformação ou fenômeno

Transformação é toda alteração ou mudança que ocorre em um sistema (objeto de estudo), isto é, o estado final fica diferente do estado inicial.

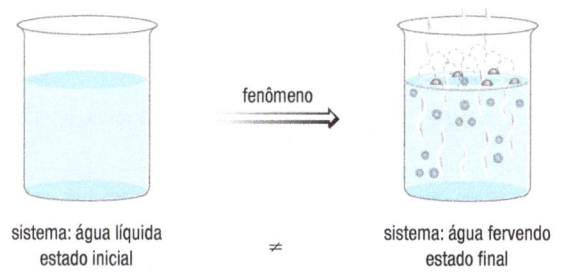

sistema: água líquida ≠ sistema: água fervendo
estado inicial   estado final

As transformações são classificadas em: **físicas** ou **químicas**. Na maioria das transformações está envolvida uma grandeza física chamada **energia**, transferida, em muitos casos, sob a forma de **calor**.

3. Conceito de energia

Devido a sua natureza abstrata, a energia é um conceito mais difícil de compreender que, por exemplo, o número de letras neste parágrafo ou a massa que estamos acostumados a pesar nas balanças.

Esse "abacaxi" deixamos para os físicos. Para os químicos o que interessa é analisar a energia interna das substâncias, isto é, a energia total nas substâncias.

A energia interna depende da velocidade e da distância entre as partículas.

O estado mais energético é o gasoso, pois o movimento das partículas é intenso.

A transformação acima libera grande quantidade de energia, pois a diferença entre a energia interna no estado final e no estado inicial é elevada.

4. Noção de calor

Quando dois corpos em temperaturas diferentes são postos em contato, espontaneamente há transferência de energia do corpo de maior para o de menor temperatura. A energia que passa de A para B recebe, durante a transferência, o nome de **calor**.

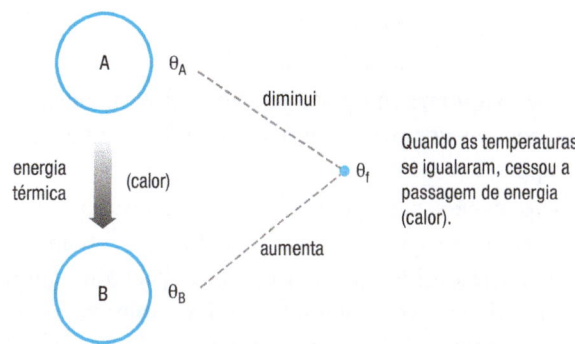

Quando as temperaturas se igualaram, cessou a passagem de energia (calor).

5. Transformação física ou fenômeno físico

Transformação física é toda transformação em que *não ocorre formação de novas substâncias*, isto é, as propriedades físicas não se alteram.

Nesses fenômenos, a forma, o tamanho, a aparência e o estado físico podem mudar, porém a constituição da substância não sofre alterações.

Exemplos:

- Mudanças de forma
  Barra de cobre → Fio de cobre
- Mudanças de tamanho
  Lata → Lata amassada
- Mudanças de aparência
  Ferro → Ferro aquecido
- Mudanças de estado físico

Ao fornecer ou retirar calor de uma amostra de um material à pressão constante, irá ocorrer a mudança de estado físico. Cada mudança de estado recebe um nome particular.

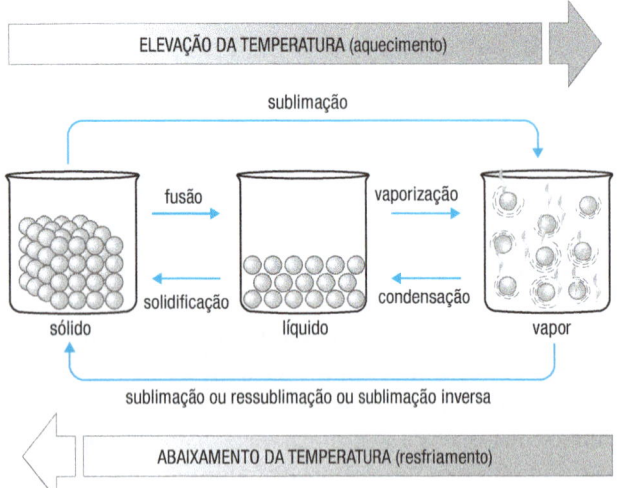

A solidificação é também chamada de congelação e a condensação é também chamada de liquefação.

A **vaporização** pode receber outros nomes, dependendo das condições em que o líquido se transforma em vapor.

- **Evaporação:** passagem lenta do estado líquido para o estado de vapor, que ocorre predominantemente na superfície do líquido, sem causar agitação ou surgimento de bolhas no seu interior. **Exemplo:** vaporização da água dos rios, lagos, mares.

- **Ebulição:** passagem rápida do estado líquido para o estado de vapor, geralmente obtida pelo aquecimento do líquido e percebida devido à ocorrência de bolhas. **Exemplo:** água fervendo.

- **Calefação:** passagem muito rápida do estado líquido para o estado de vapor quando o líquido entra em contato com uma superfície muito quente. **Exemplo:** água em contato com uma chapa quente.

6. Transformação química ou fenômeno químico ou reação química

Transformação química é toda transformação em que ocorre formação de uma ou mais novas substâncias, isto é, as propriedades físicas se alteram.

No estado inicial, as substâncias são chamadas de **reagentes**. No estado final, as substâncias são chamadas de **produtos**.

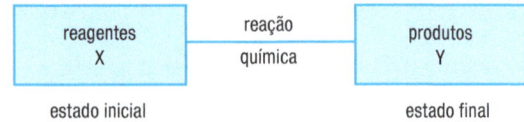

A primeira reação descoberta pelo homem foi a **combustão** (queima de materiais). A substância que sofre combustão é chamada de **combustível** (madeira, papel, álcool, gasolina, gás hidrogênio). A substância que alimenta a combustão é chamada de **comburente** (geralmente é o gás oxigênio).

Esquema da combustão:

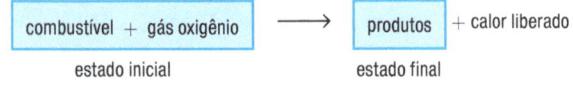

Exemplo: combustão do gás hidrogênio.

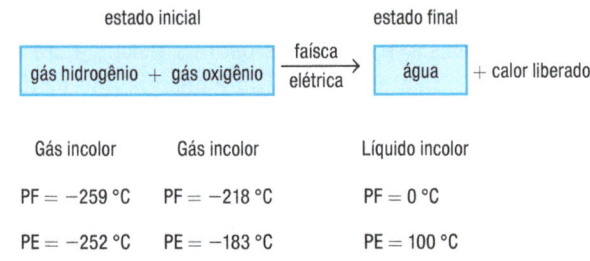

Fazendo-se saltar uma faísca elétrica dentro do sistema inicial, ocorrerá uma reação química entre os dois gases.

O gás hidrogênio e o gás oxigênio foram inteiramente consumidos após a reação química e deram origem à água.

Então, vemos que da reação resultou uma nova substância (água) com propriedades físicas completamente diferentes das dos reagentes.

Outros **exemplos:**

- Formação da ferrugem
  Ferro + gás oxigênio + água → ferrugem
- Fotossíntese
  Gás carbônico + água → glicose + oxigênio
- Combustão do álcool
  Álcool + gás oxigênio → gás carbônico + água

7. Evidências da ocorrência de uma reação química

Fazendo-se a mistura de duas ou mais substâncias, pode ocorrer ou não uma reação química.

Como em uma reação química as propriedades físicas são alteradas, é relativamente fácil evidenciar a ocorrência de reações químicas. Por exemplo:
- formação de substância sólida
- liberação de gás
- mudança de temperatura
- mudança de cor
- mudança de odor

8. Propriedades químicas

Propriedades químicas são um conjunto de reações químicas que uma determinada substância apresenta. Por exemplo, a substância sódio reage com o gás oxigênio, com a água e com os ácidos.

Exercícios Série Prata

1. (UFLA – MG) Os estados físicos da matéria — sólido, líquido e gasoso — são chamados também de estados de agregação da matéria. No esquema abaixo,

gelo ⇌(1/4) água líquida ⇌(2/3) vapor-d'água (5)

marque a alternativa que representa CORRETAMENTE os nomes das mudanças de estado físico.

a) 1 – liquefação, 2 – vaporização, 4 – solidificação e 5 – fusão
b) 1 – fusão, 3 – liquefação, 4 – solidificação e 5 – sublimação
c) 1 – fusão, 2 – vaporização, 3 – liquefação e 4 – condensação
d) 1 – liquefação, 2 – vaporização, 3 – condensação e 5 – sublimação

2. (UNITAU – SP) O gelo seco utilizado em festas para produzir fumaça é um gás solidificado em temperaturas abaixo de −78 °C. Em condições normais de temperatura e pressão, o gelo seco passa direto do estado sólido para o gasoso. Essa transformação de estado físico é conhecida como

a) fusão.
b) sublimação.
c) ebulição.
d) condensação.
e) vaporização.

3. (CEFET – SP) Quando um automóvel é abastecido com álcool ou gasolina em um posto de abastecimento, as pessoas que estão nas proximidades do veículo sentem o cheiro do combustível. Esse fato evidencia a ocorrência da mudança de estado físico conhecida como

a) calefação.
b) liquefação.
c) sublimação.
d) fusão.
e) vaporização.

4. Complete.
a) As transformações ou _____ químicos _____ a _____ do material.
b) Em uma reação química, as substâncias iniciais são chamadas de _____, enquanto as substâncias finais constituem os _____ da reação.

5. Complete.

Álcool + gás oxigênio → gás carbônico + água

a) Reação chamada de: _____.
b) Reagentes: _____.
c) Produto: _____.
d) Combustível: _____.
e) Comburente: _____.

Cap. 3 | As Transformações das Substâncias **35**

6. Complete com **não são alteradas** ou **são alteradas**.
Em uma reação química, as propriedades físicas _____ .

7. (PUC – MG – adaptada) São evidências experimentais que indicam a ocorrência de uma transformação química, EXCETO:

a) Formação de um precipitado quando se misturam duas soluções diferentes.
b) Liberação de gás quando se misturam dois líquidos incolores.
c) Aparecimento de cor quando se misturam duas soluções incolores.
d) Dissolução de um sólido quando ele é colocado em um líquido.

Resolução:

Os fenômenos químicos envolvem a *formação de novas substâncias*, que *alteram a natureza do material* e, portanto, modificam as suas propriedades físicas. Esses fenômenos são também chamados de reações químicas e podem ser identificados a partir de algumas *evidências* (indícios de reações químicas), tais como:

- formação de uma substância sólida (alternativa a),
- liberação de um gás (alternativa b),
- mudança de temperatura,
- mudança de cor (alternativa c),
- mudança de odor.

A dissolução de um sólido em um líquido não forma novas substâncias, sendo classificada como um fenômeno físico.

Resposta: alternativa d.

8. (PUC – Campinas – SP) As reações químicas podem ser identificadas quando se formam substâncias diferentes das originais. Isso acontece quando

a) há formação de neve.
b) se coa café.
c) um palito de fósforo é aceso.
d) se prepara um tempero de salada.
e) seca a roupa no varal.

9. (UEG – GO) As ciências químicas e físicas explicam muitos fenômenos naturais. Entretanto, essas duas áreas das ciência da natureza estudam fenômenos que, em sua essência, são bem distintos entre si, os quais são classificados como fenômenos físicos ou fenômenos químicos. Um exemplo de fenômeno químico é a

a) trituração do calcário.
b) sublimação da naftalina.
c) fusão do ferro.
d) combustão do etanol.

10. (PUC – MG) Considere os experimentos equacionados.

I. Água $\xrightarrow{\text{corrente elétrica}}$ gás hidrogênio + gás oxigênio

II. Gelo $\xrightarrow{\text{calor}}$ água líquida

III. Papel $\xrightarrow{\text{fogo}}$ gás carbônico + água

IV. Iodo(s) $\xrightarrow{\text{calor}}$ iodo(g)

V. Vinho $\longrightarrow$ vinagre

VI. Barra de ferro $\longrightarrow$ ferrugem

Assinale os experimentos que representam fenômenos químicos.

a) I, II, III e IV.
b) I, III, V e VI.
c) II, III, V e VI.
d) I, IV, V e VI.

11. Complete se é **propriedade física** ou **química**.

a) A *cor* normal do bromo é o vermelho alaranjado. _____
b) O ferro se *transforma em ferrugem* na presença de ar e de água. _____
c) A dinamite *pode explodir*. _____
d) A *densidade* do urânio metálico é 19,07 g/cm³. _____

Exercícios Série Ouro

1. (ENEM) O ciclo da água é fundamental para a preservação da vida no planeta. As condições climáticas da Terra permitem que a água sofra mudanças de fase e a compreensão dessas transformações é fundamental para se entender o ciclo hidrológico. Numa dessas mudanças, a água ou a umidade da terra absorve o calor do sol e dos arredores. Quando já foi absorvido calor suficiente, algumas das moléculas do líquido podem ter energia necessária para começar a subir para a atmosfera.

*Disponível em: <http://www.keroagua.blogspot.com>.
Acesso em: 30 mar. 2009 (adaptado).*

A transformação mencionada no texto é a

a) fusão.
b) liquefação.
c) evaporação.
d) solidificação.
e) condensação.

2. (UNICAMP – SP) A figura abaixo representa o ciclo da água na Terra. Nela estão representados processos naturais que a água sofre em seu ciclo.

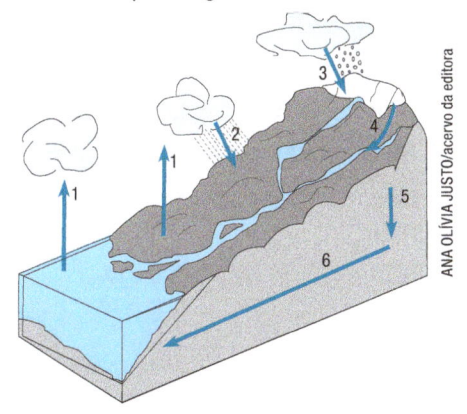

Com base no desenho, faça o que se pede:

a) Considerando que as nuvens são formadas por minúsculas gotículas de água, que mudança(s) de estado físico ocorre(m) no processo 1?

b) Cite pelo menos um desses processos (de 1 a 6) que, apesar de ser de pequena intensidade, ocorre no sul do Brasil. Qual o nome da mudança de estado físico envolvida nesse processo?

3. (UnB – DF) Considere quantidades iguais de água nos três estados físicos (s = sólido; l = líquido; g = gasoso) relacionados no esquema a seguir:

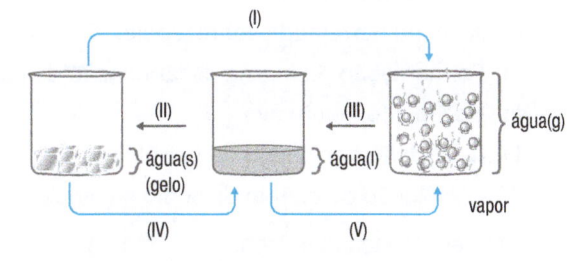

Julgue os itens abaixo:

(1) O processo I é denominado condensação.
(2) O processo II envolve absorção de energia.
(3) O processo III é acompanhado de uma diminuição da densidade.
(4) O processo IV é denominado vaporização.
(5) O vapor-d'água está em estado menos energético do que a água líquida e a água sólida.

4. (UFPB – PB) A manutenção do ciclo da água na natureza, representado na figura abaixo, é imprescindível para garantir a vida na Terra.

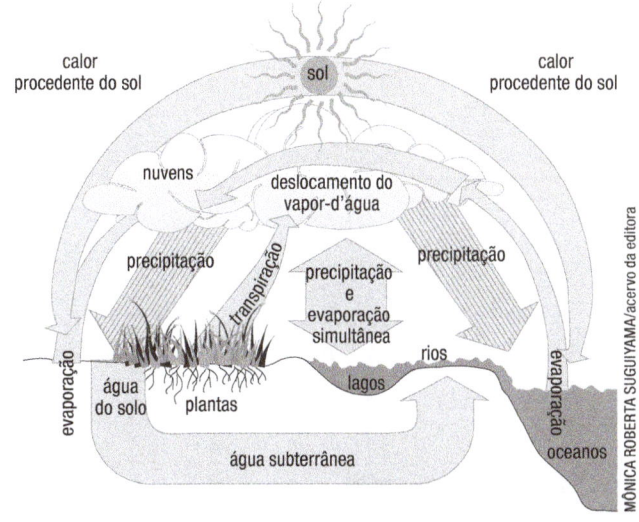

PAULINO, W. R. **Biologia Atual**. v 3.
São Paulo: Ática, 1995. p. 157. (adaptada)

De acordo com a figura, é correto afirmar:

a) O ciclo da água envolve fenômenos físicos e químicos.
b) A formação de nuvens envolve liberação de calor.
c) A precipitação resulta da condensação do vapor-d'água.
d) A precipitação envolve absorção de calor.
e) A evaporação das águas dos rios, lagos e oceanos é um fenômeno químico.

5. (UESPI) Toda ocorrência capaz de transformar a matéria é chamada de fenômeno. Qual dos processos abaixo envolve transformação química?

a) Respiração.
b) Evaporação do álcool.
c) Fusão de uma placa de chumbo.
d) Dissolução de açúcar em água.
e) Sublimação do gelo seco.

6. (CFTMG) Um processo químico ocorre no momento em que há

a) separação dos constituintes do petróleo.
b) liberação de gás quando o gelo seco sublima.
c) solidificação da gordura quando a frigideira esfria.
d) efervescência do comprimido de vitamina C na água.

7. (UNICID – SP) Um grupo de alunos realizou o experimento representado na figura, em que se aquecia uma amostra de iodo sólido. O experimento foi realizado dentro de uma câmara de exaustão (capela), para evitar o contato com os vapores de iodo, que causam irritação na pele, nos olhos e nas vias respiratórias.

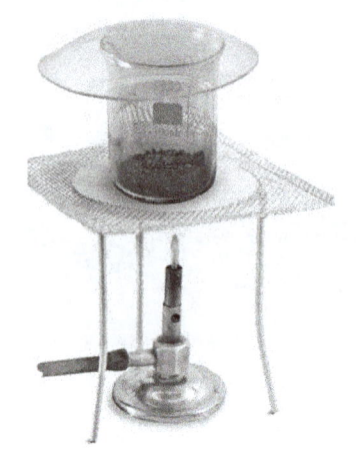

http://revistaescola.abril.com.br

O tipo de fenômeno e a mudança de fase observados com a amostra de iodo são, respectivamente,

a) físico e ebulição.
b) químico e ebulição.
c) físico e sublimação.
d) físico e fusão.
e) químico e fusão.

8. (UFSM – RS) O plástico, material flexível, desempenha importante papel em nossas vidas. É muito utilizado em embalagens, mas também bastante encontrado em bens duráveis, como móveis, e não duráveis, como fraldas e copos. Devido ao tempo que leva para se decompor no meio ambiente, a sua reciclagem, quando possível, é imprescindível e pode envolver até quatro etapas.

Numere os parênteses, associando a etapa de reciclagem dos plásticos ao tipo de fenômeno observado.

1ª coluna

(1) Fenômeno químico.
(2) Fenômeno físico.

2ª coluna

( ) Reciclagem primária — trituração de plásticos.
( ) Reciclagem secundária — separação dos plásticos pela densidade.
( ) Reciclagem terciária — pirólise dos plásticos.
( ) Reciclagem quaternária — incineração dos plásticos.

A sequência correta é

a) 2 – 2 – 1 – 1.
b) 1 – 1 – 2 – 2.
c) 1 – 2 – 1 – 2.
d) 1 – 2 – 2 – 1.
e) 2 – 1 – 2 – 1.

9. (IFSP) Considere os seguintes fenômenos, que envolvem energia solar:

I. Aquecimento de água por meio de coletores solares.
II. Fotossíntese realizada por vegetais.
III. Bronzeamento da pele humana.
IV. Secagem de roupas em um varal.

Desses, os dois fenômenos considerados químicos são:

a) I e II.
b) I e IV.
c) II e III.
d) II e IV.
e) III e IV.

10. (UFSCar – SP) Considere as seguintes situações cotidianas:

1 – Vinagre, azeite de oliva e sal são misturados para temperar uma salada.
2 – Uma churrasqueira é "acesa" com o uso de pastilhas de álcool gel.
3 – O congelador de uma geladeira passa por um processo de degelo.
4 – Uma maçã, depois de cortada, escurece quando exposta ao ar.

É correto afirmar que há evidência de transformações químicas somente nas situações

a) 1 e 2.
b) 1 e 3.
c) 2 e 3.
d) 2 e 4.
e) 3 e 4.

11. (CEFET – SC) Considere as seguintes situações:

I. Acetona derramada sobre a pele.
II. Fermentação da massa na fabricação de pães.
III. Cozimento de um ovo.
IV. Destilação fracionada do petróleo.
V. Dissolução de cloreto de sódio em água.

São fenômenos químicos:

a) II e III, somente.
b) I, II e V, somente.
c) I e III, somente.
d) I, II e IV, somente.
e) III e IV, somente.

12. (PUC – MG) Considere os fatos representados a seguir.

1. Um pedaço de isopor flutuando na água.
2. O açúcar se tornando caramelo quando aquecido acima do seu ponto de fusão.
3. O ferro dissolvendo em ácido clorídrico com liberação de gás.
4. O derretimento do gelo.
5. Um prego sendo atraído por um ímã.

São fenômenos químicos:
a) 3 e 4.
b) 1, 3 e 5.
c) 2 e 3.
d) 2 e 4.

13. (VUNESP) A elevação da temperatura de um sistema produz, geralmente, alterações que podem ser interpretadas como sendo devidas a processos físicos ou químicos.

Medicamentos, em especial na forma de soluções, devem ser mantidos em recipientes fechados e protegidos do calor para que se evite:

I. a evaporação de um ou mais de seus componentes;
II. a decomposição e consequente diminuição da quantidade do composto que constitui o princípio ativo;
III. a formação de compostos indesejáveis ou potencialmente prejudiciais à saúde.

A cada um desses processos — I, II e III — corresponde um tipo de transformação classificada, respectivamente, como:

a) física, física e química.
b) física, química e química.
c) química, física e física.
d) química, física e química.
e) química, química e física.

14. (ENEM) Produtos de limpeza, indevidamente guardados ou manipulados, estão entre as principais causas de acidentes domésticos. Leia o relato de uma pessoa que perdeu o olfato por ter misturado água sanitária, amoníaco e sabão em pó para limpar um banheiro:

"A mistura ferveu e começou a sair uma fumaça asfixiante. Não conseguia respirar e meus olhos, nariz e garganta começaram a arder de maneira insuportável. Saí correndo à procura de uma janela aberta para poder voltar a respirar".

O trecho destacado no texto poderia ser reescrito, em linguagem científica, da seguinte forma:

a) As substâncias químicas presentes nos produtos de limpeza evaporaram.
b) Com a mistura química, houve produção de uma solução aquosa asfixiante.
c) As substâncias sofreram transformações pelo contato com o oxigênio do ar.
d) Com a mistura, houve transformação química que produziu rapidamente gases tóxicos.
e) Com a mistura, houve transformação química, evidenciada pela dissolução de um sólido.

Capítulo 4
Aspectos Quantitativos das Reações Químicas

1. Introdução

As leis das reações químicas, principalmente de Lavoisier e Proust, são leis experimentais ou empíricas, isto é, resultam de experiências ou comprovações feitas em laboratório.

Historicamente, as leis apareceram antes das ideias de átomos, moléculas, íons, fórmulas e equações químicas. Por isso, não usaremos fórmulas e equações químicas na explicação dessas leis.

$$\text{leis} \xrightarrow[\text{ideias}]{\text{originaram}} \text{átomo, molécula, íon, fórmula}$$

2. Lei da conservação da massa ou Lei de Lavoisier

Com a descoberta do gás oxigênio ("ar vital") por Priestley, Lavoisier fez inúmeras experiências de queima de substâncias para verificar o papel do gás oxigênio nas combustões.

Lavoisier fez experiências em sistemas fechados, evitando assim o escape de gases. Uma das experiências foi a combustão do hidrogênio formando água. Lavoisier usou a seguinte aparelhagem:

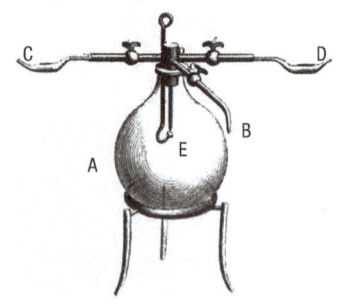

Aparelhagem usada por Lavoisier.

- Retira-se o ar do balão de vidro (A), ligando uma bomba de vácuo ao tubo (B).
- Pelo tubo (C), introduz-se de forma controlada o gás oxigênio (8 g).
- Pelo tubo (D), introduz-se o gás hidrogênio (1 g). Pesa-se o balão (m_1).
- Por um sistema (E), provoca-se uma faísca elétrica que inicia a combustão.

Determina-se a massa do balão (m_2), agora contendo água líquida.

$$m_1 = m_2$$

Podemos escrever:

$$\begin{array}{ccc} \text{hidrogênio} + & \text{oxigênio} \longrightarrow & \text{água} \\ 1\,\text{g} & 8\,\text{g} & 9\,\text{g} \end{array}$$

> Em uma reação química, realizada em recipiente fechado, a soma das massas dos reagentes é igual à soma das massas dos produtos.

$$\begin{array}{ccc} A + & B \longrightarrow & C + D \\ m_A \quad m_B & & m_C \quad m_D \end{array}$$

$$\boxed{m_A + m_B = m_C + m_D}$$ Vale para qualquer reação química.

Observação: em um recipiente aberto, os gases podem entrar ou sair, o que dá a impressão de que a massa do conjunto aumenta ou diminui.

Na queima da madeira, do papel ou do carvão há uma **diminuição de massa sólida**, pois há escape de gases.

$$\begin{array}{c} \text{madeira} + \text{oxigênio} \longrightarrow \text{cinza} + \text{gás} + \text{vapor-} \\ \text{carbônico} \quad \text{-d'água} \\ m \qquad\qquad\qquad\qquad m' \\ m > m' \end{array}$$

Na combustão dos metais há incorporação de oxigênio. **A massa de sólido** aumenta.

$$\begin{array}{c} \text{magnésio} + \text{oxigênio} \longrightarrow \text{óxido de magnésio} \\ m \qquad\qquad\qquad\qquad m' \\ m' > m \end{array}$$

3. Lei das proporções constantes ou Lei de Proust

Proust continuou os trabalhos de Lavoisier. Para uma mesma reação química fez várias experiências. Notou que as massas que participavam eram **diretamente proporcionais**, com a finalidade de manter constante a proporção em massa de reação. Os números mudam, mas a proporção em massa se mantém.

	hidrogênio	+	oxigênio	⟶	água
1ª experiência	1 g		8 g		9 g
2ª experiência	2 g		16 g		18 g

proporção das massas $\quad \dfrac{1}{2} = \dfrac{8}{16} = \dfrac{9}{18}$

A água é sempre formada de hidrogênio e oxigênio e a massa de oxigênio sempre é 8 vezes maior que a massa de hidrogênio.

> Em determinada reação química, realizada em diversas experiências, a proporção entre as massas dos participantes é constante, isto é, as massas participantes são diretamente proporcionais.

	A	+	B	⟶	C	+	D'
1ª experiência	m_A		m_B		m_C		m_D
2ª experiência	m'_A		m'_B		m'_C		m'_D

$$\dfrac{m_A}{m'_A} = \dfrac{m_B}{m'_B} = \dfrac{m_C}{m'_C} = \dfrac{m_D}{m'_D} = \text{constante}$$

A lei de Proust pode também ser traduzida em um gráfico, que é sempre uma **linha reta**. Exemplo:

	magnésio	+	oxigênio	⟶	óxido de magnésio
1ª experiência	12 g		16 g		28 g
2ª experiência	24 g		32 g		56 g
3ª experiência	36 g		48 g		84 g

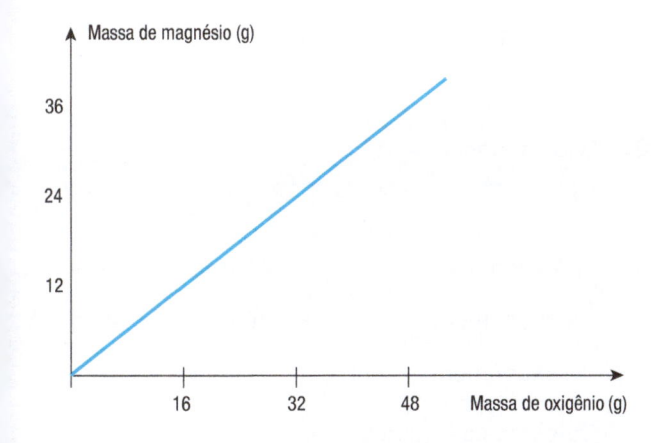

Se juntarmos massas que não obedeçam a proporção em massa da reação, sobrará algum "excesso" de magnésio ou de oxigênio. Por exemplo, na 2ª experiência, em vez de colocar 32 g de oxigênio, se colocarmos 40 g de oxigênio, o resultado da razão será menor, indicando que o oxigênio está em excesso, pois reagem 32 g e não 40 g (sobram 8 g de oxigênio).

magnésio $\qquad$ oxigênio

$\dfrac{12}{24} = 0{,}5 \qquad \dfrac{16}{40} = 0{,}4 \;\;\text{em vez de}\; \dfrac{16}{32} = 0{,}5$

4. Método científico

Lavoisier, para apresentar a sua lei da conservação da massa, seguiu uma sequência que é chamada de **método científico**, que pode ser fundamentada, em um esquema básico:

Fenômeno ou experiência
↓
Coleta de dados
↓
Observação ⟨ qualitativa / quantitativa
↓
Lei
↓
Teoria

> **ACOMPANHE O TRABALHO DE LAVOISIER**
>
> - **Experiência:** reação química em recipiente fechado.
> - **Coleta de dados:** as substâncias e as grandezas que vão participar da experiência (retirada do ar, 1 g de hidrogênio, 8 g de oxigênio).
> - **Observação:** descrição da experiência.
>   Ao passar uma faísca elétrica na mistura dos gases hidrogênio e oxigênio, ocorre a formação de água líquida. Temos uma **observação qualitativa**, pois não envolve dados numéricos. Quando 1 grama de hidrogênio reage com 8 gramas de oxigênio, verifica-se a formação de 9 gramas. Temos uma **observação quantitativa**, pois envolve dados numéricos.
> - **Lei:** generalização baseada em observações, mas não dá uma explicação para a sua ocorrência.
>   Lei de Lavoisier: "Em uma reação química que ocorre em sistema fechado, a massa total antes da reação é igual à massa total após a reação".
> - **Teoria:** explicação de uma lei (ver capítulo 5).

Exercícios Série Prata

1. (CEFET – SP) Os trabalhos de Antoine Laurent Lavoisier são considerados precursores da Química Moderna. Entre esses trabalhos podem ser citados os que investigaram

a) a natureza elétrica da matéria.
b) a relação entre pressão e volume de gases.
c) as relações de massas nas transformações químicas.
d) os processos de obtenção de materiais poliméricos.
e) a influência da luz nas transformações químicas.

Coloque os valores das massas no gráfico a seguir.

(gráfico: Massa de oxigênio (g) vs Massa de carbono (g))

2. (UNICASTELO – SP) Em uma determinação experimental sob condições controladas, 2,4 g de magnésio produziram 4,0 g de um sólido branco, identificado como óxido de magnésio.

A quantidade de oxigênio, em gramas, consumida nessa transformação corresponde a

a) 1,6.
b) 2,4.
c) 3,2.
d) 0,8.
e) 6,4.

3. (UNEMAT – MT) Se 3 g de carbono combinam-se com 8 g de oxigênio para formar gás carbônico, 6 g de carbono combinar-se-ão com 16 g de oxigênio para formar este mesmo composto.

Essa afirmação está baseada na lei de:

a) Lavoisier – conservação da massa.
b) Dalton – proporções definidas.
c) Richter – proporções recíprocas.
d) Gay-Lussac – transformação isobárica.
e) Proust – proporções constantes.

4. Dada a tabela:

Massa de oxigênio	Massa de carbono
4 g	1,5 g
8 g	3 g
16 g	6 g

5. Dada a tabela:

	A +	B ⟶	C
1º experimento	40 g	x	56 g
2º experimento	y	32 g	z

Determine os valores de x, y e z e cite o nome das leis ponderais que permitiram essa determinação.

Resolução:

Lei de Lavoisier: $40\ g + x = 56\ g \therefore x = 16\ g$

Lei de Proust: $\dfrac{40\ g}{y} = \dfrac{16\ g}{32\ g} \therefore y = 80\ g$

Lei de Lavoisier: $80\ g + 32\ g = z \therefore z = 112\ g$

6. Dada a tabela:

	A +	B ⟶	C
1º experimento	12 g	32 g	x
2º experimento	y	16 g	22 g
3º experimento	60 g	a	b

Determine os valores de x, y, a e b.

7. (UFPR) Até antes da elaboração da lei da conservação da massa acreditava-se que as substâncias reagiam sem nenhum tipo de relação, ou seja, as quantidades que reagiam não dependiam de nenhum tipo de proporção. Após a formalização matemática desta lei, por Antoine L. Lavoisier, outras proporções entre substâncias reagentes começaram a aparecer, dentre estas, pode-se citar a lei das proporções definidas (ou também conhecida como lei de Proust). Ao conjunto de leis que retratam o comportamento da matéria em relação às proporções em que elas se combinam dá-se o nome de LEIS PONDERAIS. Com relação às leis ponderais, pode-se afirmar que a alternativa que mostra uma reação química que NÃO está de acordo com a lei de Proust é:

a) 1 g de hidrogênio + 8 g de oxigênio, formando 9 g de água
4 g de hidrogênio + 32 g de oxigênio, formando 36 g de água

b) 2 g de hidrogênio + 16 g de oxigênio, formando 18 g de água
4 g de hidrogênio + 8 g de oxigênio, formando 12 g de água

c) 12 g de carbono + 32 g de oxigênio, formando 44 g de dióxido de carbono
24 g de carbono + 64 g de oxigênio, formando 88 g de dióxido de carbono

d) 3 g de carbono + 8 g de oxigênio, formando 11 g de dióxido de carbono
9 g de carbono + 24 g de oxigênio, formando 33 g de dióxido de carbono

e) 6 g de carbono + 8 g de oxigênio, formando 14 g de dióxido de carbono
12 g de carbono + 16 g de oxigênio, formando 28 g de monóxido de carbono

8. Dada a tabela:

	Carvão +	Hidrogênio	→ Metano	Há excesso
1º experimento	12 g	4 g	16 g	não
2º experimento	140 g	40 g	x	sim

a) Qual o reagente que está em excesso?
b) Determine o valor de x.

9. (FEI – SP – adaptada) Complete a tabela abaixo, sabendo que o ácido, a base e o sal das duas reações são os mesmos.

	Antes da reação		Depois da reação			
	Base	Ácido	Sal	Água	Ácido	Base
1ª reação	40 g	100 g	71 g		51 g	0 g
2ª reação			21,3 g		0 g	6 g

Dada a reação: base + ácido → sal + água

10. (UEA – AM) Um frasco contendo $NaHCO_3$ (s) foi pesado e apresentou o valor de massa inicial indicado pelo bloco contido na figura. O frasco aberto foi aquecido na chama do bico de Bunsen e na decomposição da amostra foram produzidos os compostos Na_2CO_3 (s), H_2O (g) e CO_2 (g). Após o final da reação, a massa do frasco com a amostra decomposta foi determinada e apresentou um valor de massa final.

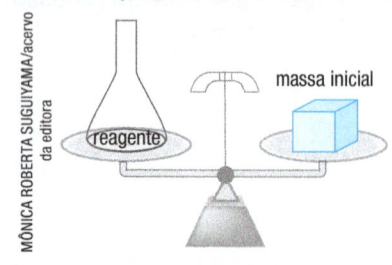

No experimento, o valor da razão massa final/massa inicial e o nome dado à lei da conservação da massa são, respectivamente,

a) > 1 e Proust.
b) > 1 e Lavoisier.
c) < 1 e Proust.
d) 1 e Lavoisier.
e) < 1 e Lavoisier.

11. (FUVEST – SP)

Os pratos A e B de uma balança foram equilibrados com um pedaço de papel em cada prato, efetuando-se a combustão apenas do material contido no prato A.

Esse procedimento foi repetido com palha de aço em lugar de papel. Após cada combustão, observou-se:

	Com papel	Com palha de aço
a)	A e B no mesmo nível	A e B no mesmo nível
b)	A abaixo de B	A abaixo de B
c)	A acima de B	A acima de B
d)	A acima de B	A abaixo de B
e)	A abaixo de B	A e B no mesmo nível

Resolução:
Na combustão do papel, são produzidos gases e a massa do prato A diminui. Assim, A fica acima de B. Já na combustão da palha de aço, gás oxigênio é incorporado ao produto e a massa aumenta. Assim, A fica abaixo de B.

Resposta: alternativa d.

12. (UERJ) Desde o início, Lavoisier adotou uma abordagem moderna da Química. Essa era sintetizada por sua fé na balança. (STRATHERN, Paul. *O sonho de Mendeleiev:* a verdadeira história da química. Rio de Janeiro: Jorge Zahar, 2002.) Do ponto de vista do método científico, essa frase traduz a relevância que Lavoisier atribuía a:

a) teorias.
b) modelos.
c) hipóteses.
d) experimentos.

Dados para as questões **13** e **14**.

A respeito de uma vela queimando, são feitas as afirmações numeradas de I a IV.

I. A vela, ao queimar, emite luz e calor.
II. O pavio é feito de três tiras de barbante retorcidas.
III. A vela queima, produzindo CO_2 e H_2O.
IV. O comprimento da vela diminui de 10 cm por hora.

13. Quais das afirmativas podem ser consideradas observações quantitativas?

a) Apenas II.
b) II e IV.
c) Apenas IV.
d) I, II e III.
e) I e IV.

14. Quais das afirmativas podem ser consideradas teorias e não observações?

a) Apenas IV.
b) Apenas III.
c) II e III.
d) I, II e III.
e) I e IV.

Exercícios Série Ouro

(UNIFOR – CE) Instruções: Para responder às questões de números **1** e **2**, considere o enunciado:

"Experimentalmente, verifica-se que na reação completa de 52 g de crômio com 24 g de oxigênio resulta óxido de crômio (III). Numa segunda experiência, 26 g de crômio são totalmente transformados no óxido".

1. Quantos gramas do produto são obtidos na segunda experiência?

a) 34
b) 38
c) 50
d) 52
e) 56

2. Para o cálculo da massa do produto aplicou-se as leis ponderais de

a) Lavoisier e Proust.
b) Lavoisier e Dalton.
c) Dalton e Proust.
d) Proust e Richter.
e) Dalton e Richter.

3. (UFSCar – SP) O bicarbonato de sódio (fermento em pó) decompõe-se, originando carbonato de sódio, água e gás carbônico, sendo este o responsável pelo crescimento de bolos.

A equação que representa essa decomposição é:

bicarbonato de sódio → carbonato de sódio + água + gás carbônico

Utilizando as Leis de Lavoisier e Proust, determine os valores de **x, a, b, c, d, e, f, g, h** e **i** que completariam corretamente a tabela:

Bicarbonato de sódio	Carbonato de sódio	Água	Gás carbônico
168 g	106 g	18 g	x
a	b	c	22 g
d	e	36 g	f
1.680 g	g	h	i

4. (FUVEST – SP – adaptada) Devido à toxicidade do mercúrio, em caso de derramamento desse metal, costuma-se espalhar enxofre no local para removê-lo. Mercúrio e enxofre reagem, gradativamente, formando sulfeto de mercúrio. Para fins de estudo, a reação pode ocorrer mais rapidamente se as duas substâncias forem misturadas num almofariz. Usando esse procedimento, foram feitos dois experimentos. No primeiro, 5,0 g de mercúrio e 1,0 g de enxofre reagiram, formando 5,8 g do produto, sobrando 0,2 g de enxofre. No segundo experimento, 12,0 g de mercúrio e 1,6 g de enxofre forneceram 11,6 g do produto, restando 2,0 g de mercúrio. Mostre que os dois experimentos estão de acordo com a lei da conservação da massa (Lavoisier) e a lei das proporções definidas (Proust).

5. (UNESP) Aquecendo-se 21 g de ferro com 15 g de enxofre obtêm-se 33 g de sulfeto ferroso, restando 3 g de enxofre. Aquecendo-se 30 g de ferro com 16 g de enxofre obtêm-se 44 g de sulfeto ferroso, restando 2 g de ferro. Demonstre que esses dados obedecem às Leis de Lavoisier (conservação da massa) e de Proust (proporções definidas).

6. (UNESP) Foram analisadas três amostras (I, II e III) de óxidos de enxofre, procedentes de fontes distintas, obtendo-se os seguintes resultados:

Amostra	Massa de enxofre (g)	Massa de oxigênio (g)	Massa de amostra (g)
I	0,32	0,32	0,64
II	0,08	0,08	0,16
III	0,32	0,48	0,80

Esses resultados mostram que:

a) as amostras I, II e III são do mesmo óxido.
b) apenas as amostras I e II são do mesmo óxido.
c) apenas as amostras II e III são do mesmo óxido.
d) apenas as amostras I e III são do mesmo óxido.
e) as amostras I, II e III são de óxidos diferentes.

7. Quando se coloca um comprimido de sal de frutas em um copo com água, observa-se a formação de bolhas. Com base nesse fato, responda às questões.

a) A massa do sistema aumenta, diminui ou permanece constante? Por quê?
b) Por que o experimento não contraria a Lei de Lavoisier?

8. (VUNESP) Quando um objeto de ferro enferruja ao ar, sua massa aumenta. Quando um palito de fósforo é aceso, sua massa diminui. Estas observações violam a lei da conservação das massas? Justifique sua resposta.

9. (UFPE) Dois frascos, A e B, contendo diferentes reagentes, estão hermeticamente fechados e são colocados nos pratos de uma balança, que fica equilibrada como mostra o diagrama abaixo.

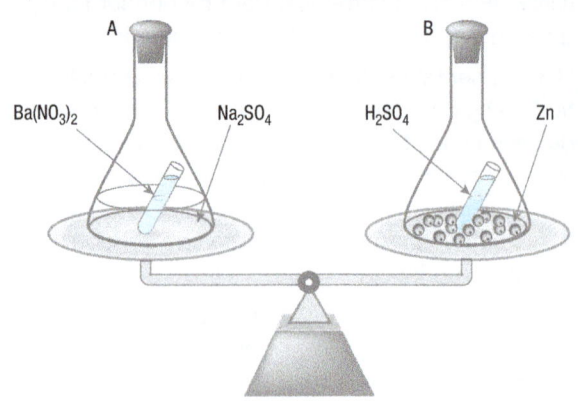

Os frascos são agitados para que os reagentes entrem em contato. As seguintes reações ocorrem:

Frasco A:

$Na_2SO_2 + Ba(NO_3)_2 \longrightarrow 2\ NaNO_3 + BaSO_4$ (precipitado branco)

Frasco B:

$Zn(s) + H_2SO_4 \longrightarrow ZnSO_4 + H_2(g)$

Indique os itens verdadeiros:

I. Com o andamento das reações, o braço da balança pende para o lado do frasco A.
II. Com o andamento das reações, o braço da balança pende para o lado do frasco B.
III. Os pratos da balança permanecem equilibrados.

10. (UNESP) Numa viagem, um carro consome 10 kg de gasolina. Na combustão completa deste combustível, na condição de temperatura do motor, formam-se apenas compostos gasosos. Considerando-se o total de compostos formados, pode-se afirmar que eles

a) não têm massa.
b) pesam exatamente 10 kg.
c) pesam mais que 10 kg.
d) pesam menos que 10 kg.
e) são constituídos por massas iguais de água e gás carbônico.

11. (UTFPR – PR) A figura a seguir mostra os dois pratos de uma balança indicados por E e D (prato esquerdo e prato direito respectivamente).

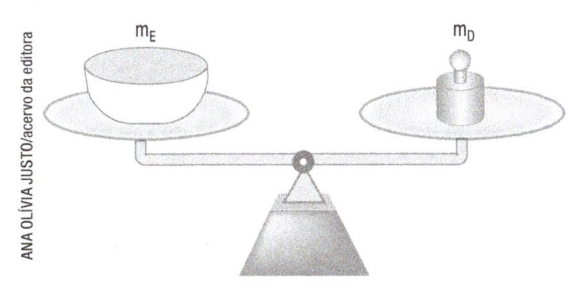

São realizados três experimentos distintos. Inicialmente, coloca-se uma determinada massa de substância no lado esquerdo da balança, sempre mantendo a balança em equilíbrio, como mostra a figura. A seguir, efetua-se a combustão da substância. Considerando que os experimentos foram realizados em um sistema aberto e reagindo-se:

1º experimento: papel;

2º experimento: palha de aço;

3º experimento: álcool;

pode-se afirmar que

a) ao queimar palha de aço, m_E abaixará em relação à posição inicial.
b) ao queimar papel e álcool, m_E abaixará em relação à posição inicial.
c) ao queimar papel e palha de aço, m_E permanecerá na mesma posição.
d) ao queimar papel e álcool, m_E pemanecerá na mesma posição.
e) em todas as reações, m_E subirá em relação à posição inicial.

12. (UERJ) "Na natureza nada se cria, nada se perde, tudo se transforma."

Esse enunciado é conhecido como lei da conservação das massa ou Lei de Lavoisier. Na época em que foi formulado, sua validade foi contestada, já que na queima de diferentes substâncias era possível observar aumento ou diminuição de massa. Para exemplificar esse fenômeno, considere as duas balanças idênticas I e II mostradas na figura a seguir. Nos pratos dessas balanças foram colocadas massas idênticas de carvão e de esponja de aço, assim distribuídas:

— pratos A e C: carvão;
— pratos B e D: esponja de aço.

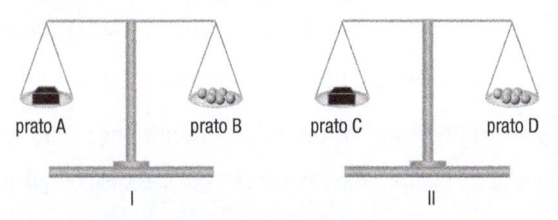

A seguir, nas mesmas condições reacionais, foram queimados os materiais contidos em B e C, o que provocou desequilíbrio nos pratos das balanças.

Para restabelecer o equilíbrio, serão necessários procedimentos de adição e retirada de massas, respectivamente, nos seguintes pratos:

a) A e D
b) B e C
c) C e A
d) D e B

13. (UNISA – SP) Um estudante estava pesquisando um fenômeno e queria seguir corretamente as etapas do método científico. Em qual das sequências abaixo estão citadas em ordem correta, porém não necessariamente consecutiva, quatro etapas que ele teria seguido?

a) Observação, experimentação, formulação de leis e criação de teoria.
b) Criação de teoria, formulação de leis, experimentação e observação.
c) Experimentação, levantamento de hipóteses, criação de teoria e observação.
d) Levantamento de hipóteses, organização de dados, observação e formulação de leis.
e) Observação, criação de teoria, formulação de leis e organização de dados.

Capítulo 5
Modelo Atômico de Dalton Explicando as Leis das Reações Químicas. Avogadro Introduzindo o Conceito de Molécula.

1. Atomismo na Grécia Antiga

Por volta de 400 anos a.C., o filósofo grego Demócrito sugeriu que a matéria não é contínua, isto é, ela é feita de minúsculas partículas indivisíveis e vazios. Essas partículas foram chamadas de **átomos**.

matéria ⟶ átomos e vazios

Demócrito interpretava tudo em termos de átomos. A terra seria formada por **átomos cúbicos**, pois ela é estável e sólida. A água seria formada por **átomos esféricos**, justificando o seu escoamento. O fogo seria constituído por **átomos pontiagudos**, explicando o fato de ele causar ferimentos.

Demócrito baseou seu modelo na **intuição** e na **lógica**. No entanto, foi rejeitado por um dos maiores lógicos de todos os tempos, o filósofo Aristóteles. Aprimorou o modelo de Empédocles (modelo dos quatro elementos), segundo o qual qualquer material era proveniente da combinação: terra, água, ar e fogo. Aristóteles acrescentou quatro qualidades: seco e quente, frio e úmido.

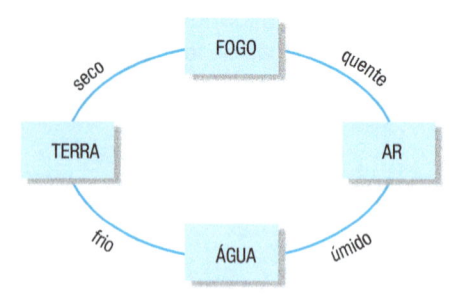

A transmutação do **elemento fogo** (formado pelas qualidades seco e quente) em **elemento terra** (constituído pelas qualidades seco e frio) consiste em alterar a qualidade **quente** para **frio**.

O modelo de Aristóteles prevaleceu até a Idade Média, pois a ideia de transmutação de um elemento em outro era mais lógica do que pensar em partículas indivisíveis.

Conclusão:

Demócrito: matéria descontínua.
Aristóteles: matéria contínua.

2. A volta do atomismo

Newton praticamente derrubou o modelo de Aristóteles quando explicou o comportamento de gases em termos de movimento de **partículas finitas** (átomos).

Em 1803, John Dalton, um professor inglês, para explicar as leis de Lavoisier e de Proust, propôs que as substâncias seriam formadas de elementos e esses elementos seriam formados de partículas esféricas e maciças chamadas de **átomos**. Para Dalton, o átomo seria a *menor unidade de matéria*, isto é, o átomo seria indivisível.

Representação do átomo, segundo modelo de Dalton.

⊙ → representa o átomo do elemento hidrogênio
Ⓘ → representa o átomo do elemento nitrogênio
● → representa o átomo do elemento carbono
○ → representa o átomo do elemento oxigênio
⊘ → representa o átomo do elemento fósforo
⊕ → representa o átomo do elemento enxofre
Ⓘ → representa o átomo do elemento ferro (*iron*)
Ⓩ → representa o átomo do elemento zinco
Ⓒ → representa o átomo do elemento cobre
Ⓛ → representa o átomo do elemento chumbo (*lead*)
Ⓢ → representa o átomo do elemento prata (*silver*)
Ⓖ → representa o átomo do elemento ouro (*gold*)
Ⓟ → representa o átomo do elemento platina
⊛ → representa o átomo do elemento mercúrio

Símbolos de Dalton para o átomo de alguns elementos químicos.

3. Dalton explicando a Lei de Lavoisier

Uma reação química consiste em um **rearranjo de átomos**. É evidente que a massa se conserva, pois o total de átomos no início é igual ao total de átomos no final. Analise a formação de água, de acordo com Dalton.

hidrogênio + oxigênio ⟶ água

4. Dalton explicando a Lei de Proust

A proporção das massas é constante em uma reação química, pois de acordo com Dalton a composição dos átomos numa substância é constante. **Exemplo:**

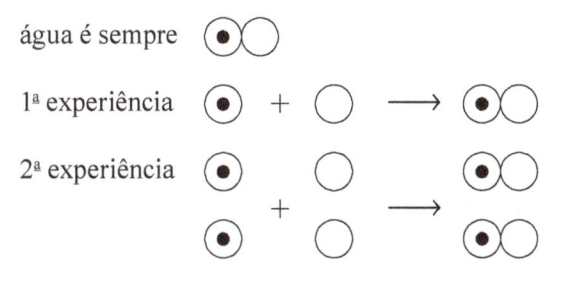

água é sempre

1ª experiência

2ª experiência

Atualmente temos:

hidrogênio:

oxigênio:

água:

5. Modelo atômico de Dalton ou teoria atômica de Dalton

O modelo atômico de Dalton foi publicado em 1808 com as seguintes afirmações:

- Toda matéria é feita de átomos.
- As substâncias são formadas de elementos químicos.
- Os elementos químicos são formados de partículas esféricas e maciças chamadas de <u>átomos</u>.
- Todos os átomos de um dado elemento são idênticos, não só quanto à massa, mas também quanto às outras propriedades. Átomos de elementos diferentes têm massas diferentes e propriedades diferentes.
- Os compostos se formam pela combinação de duas ou mais espécies diferentes de átomos. Os átomos se combinam na razão de números inteiros pequenos, por exemplo, um átomo de A com um átomo de B, dois átomos de A com um de B.
- Os átomos são as unidades das transformações químicas. Uma reação química envolve apenas combinação, separação e rearranjo de átomos, mas os átomos não são criados, nem destruídos, nem divididos ou convertidos em outras espécies durante uma reação química.

Observação: modelo é uma teoria que usa algo conhecido para explicar algo desconhecido. Um exemplo é o modelo de Dalton, que compara o átomo com uma bolinha. Faz-se uso de algo que se conhece (bolinha) para entender aquilo que não se enxerga (átomo).

6. Lei volumétrica de Gay-Lussac

6.1 Introdução

Gay-Lussac era praticante do balonismo (bateu o recorde de altura na época de 6 quilômetros) e se apaixonou pelo estudo dos gases. Em 1808, realizando cuidadosamente a síntese do vapor-d'água, verificou que dois volumes de hidrogênio se combinam com um volume de oxigênio.

6.2 Enunciado da lei volumétrica de Gay-Lussac

Para a síntese do vapor-d'água, vamos utilizar duas experiências:

	hidrogênio +	oxigênio ⟶	vapor-d'água
1ª experiência	100 L	50 L	100 L
2ª experiência	37 L	18,5 L	37 L

1ª experiência: dividindo os volumes por 50 L, temos

$\dfrac{100}{50} = \dfrac{100}{50} = \dfrac{100}{50}$ ∴ 2 : 1 : 2 (proporção volumétrica)

2ª experiência: dividindo os volumes por 18,5 L, temos

$\dfrac{37}{18,5} = \dfrac{37}{18,5} = \dfrac{37}{18,5}$ ∴ 2 : 1 : 2 (proporção volumétrica)

Concluiu que na síntese de vapor-d'água, a proporção volumétrica é constante e de números inteiros e pequenos (2 : 1 : 2).

Nota-se que o volume do vapor-d'água é menor que a soma dos volumes de hidrogênio e oxigênio. Essa reação ocorre com contração de volume. Veja bem: existe lei da **conservação da massa**, mas não da **conservação de volume**.

Esse fato se repetia para outras reações químicas com participação de gases.

Exemplos:

hidrogênio + cloro ⟶ cloreto de hidrogênio
1V   1V   2V

nitrogênio + hidrogênio ⟶ amônia
1V   3V   2V

O modelo de Dalton não explicava a proporção volumétrica da lei de Gay-Lussac.

hidrogênio + oxigênio ⟶ vapor-d'água

Para Dalton, a proporção volumétrica seria 1 : 1 : 1 e não a correta 2 : 1 : 2.

6.3 Avogadro explicando a lei volumétrica de Gay-Lussac

Para explicar essa lei volumétrica, Avogadro introduziu, em 1811, o conceito de **molécula** e uma **hipótese**.

- *Molécula* é uma partícula formada de átomos ligados entre si (bolinhas juntas).

- Proporção volumétrica coincide com a proporção entre as moléculas (hipótese de Avogadro).

hidrogênio + oxigênio ⟶ vapor-d'água
2V   1V   2V
2 moléculas   1 molécula   2 moléculas

Observações:

- Hipótese é uma teoria não confirmada pela comunidade científica, pois faltam dados experimentais para a sua confirmação.

- No mesmo ano em que surgiu a hipótese de Avogadro, o químico sueco Berzelius pela primeira vez passou a representar os átomos dos elementos por letras de seus nomes.

Exemplo:

hidrogênio = H.

① A hipótese de Avogadro auxiliou na determinação das fórmulas corretas das substâncias, por exemplo.

② O caso mais famoso foi mostrar que a água é H_2O e não HO como pensava Dalton.

$2 H_2$ + O_2 ⟶ $2 H_b O_c$
2V   1V   2V
2 moléculas   1 molécula   2 moléculas

H : 4 = 2b ∴ b = 2
O : 2 = 2c ∴ c = 1

$2 H_2$ + $1 O_2$ ⟶ $2 H_2O$

gás hidrogênio é formado por moléculas H_2

gás oxigênio é formado por moléculas O_2

água é formada por moléculas H_2O

Conclusão:

Um grande número de substâncias são formadas por **moléculas**.

7. Classificação das substâncias

7.1 Substâncias simples

Átomos iguais na molécula, isto é, formadas por um só elemento químico.

Exemplos:

gás hidrogênio: H_2 gás oxigênio: O_2 ozônio: O_3

gás nitrogênio: N_2 enxofre: S_8 ou S   fósforo branco: P_4

grafita: C ou C_{gr} diamante: C ou C_d flúor: F_2

cloro: Cl_2 iodo: I_2 bromo: Br_2

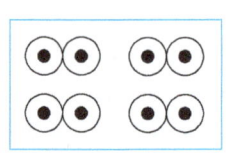

gás hidrogênio

7.2 Substâncias compostas ou compostos químicos

Átomos diferentes na molécula, isto é, formadas por elementos químicos diferentes.

Exemplos:

água: H_2O
cloreto de sódio: NaCl
gás carbônico: CO_2
carbonato de cálcio: $CaCO_3$
glicose: $C_6H_{12}O_6$
cloreto de hidrogênio: HCl
metano: CH_4
amônia: NH_3

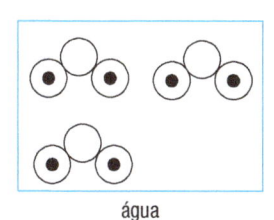

água

Nota: fórmula é a representação gráfica de uma substância simples ou composta.

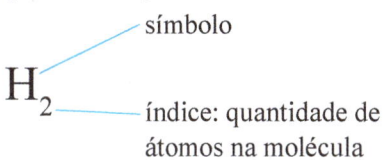

H_2 — símbolo
índice: quantidade de átomos na molécula

8. Mistura

Material formado por **moléculas diferentes**, isto é, apresenta duas ou mais substâncias.

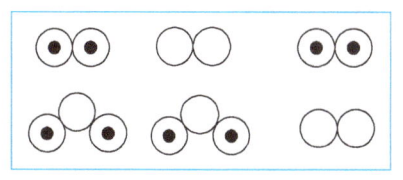

hidrogênio + oxigênio + vapor-d'água

Principais misturas:

- *ar*: mistura em que predominam N_2 e O_2;
- *água do mar*: mistura aquosa em que predomina NaCl;
- *petróleo*: mistura em que predominam hidrocarbonetos (compostos formados de C e H);
- *água potável*: mistura contendo pequena quantidade de sais dissolvidos;
- *aço*: mistura contendo ferro e um pouco de carbono.

Exercícios Série Prata

1. (FACISB – SP – adaptada) O modelo atômico que considera como elemento químico o conjunto de partículas maciças, indestrutíveis, de mesma massa e sem a presença de cargas elétricas é o de
 a) Dalton.
 b) Lavoisier.
 c) Sommerfeld.
 d) Proust.
 e) Thomson.

2. Complete com **elementos** ou **átomos**.

Molécula é uma partícula formada de _____ ligados entre si.

3. Complete com **átomo** ou **molécula**.
 a) ○ : _____ .
 b) ○○ : _____ .

4. Em uma reação química, ocorre formação de novas substâncias, em decorrência do *rearranjo dos átomos*. Analise a reação de formação da água, esquematizada com auxílio do modelo de Dalton, e complete com os números corretos.

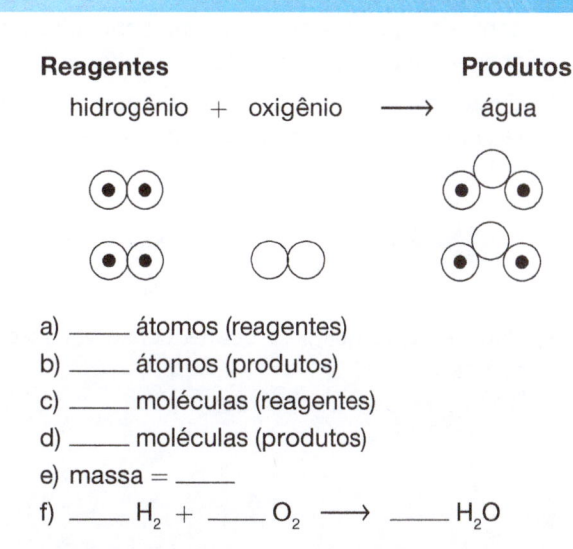

Reagentes **Produtos**
hidrogênio + oxigênio ⟶ água

 a) _____ átomos (reagentes)
 b) _____ átomos (produtos)
 c) _____ moléculas (reagentes)
 d) _____ moléculas (produtos)
 e) massa = _____
 f) _____ H_2 + _____ O_2 ⟶ _____ H_2O

5. Substâncias simples são formadas por apenas um elemento químico. Escreva as fórmulas das seguintes substâncias simples:
 a) gás hidrogênio: _____
 b) gás oxigênio: _____
 c) gás nitrogênio: _____
 d) gás ozônio: _____
 e) gás flúor: _____
 f) gás cloro: _____
 g) bromo: _____
 h) iodo: _____
 i) enxofre: _____

6. **Substâncias compostas** são formadas por dois ou mais elementos. Escreva as fórmulas das seguintes substâncias compostas:

   a) água: _____
   b) cloreto de sódio: _____
   c) amônia: _____
   d) metano: _____
   e) glicose: _____

7. Qual das alternativas a seguir contém apenas substâncias compostas?

   a) N_2, P_4, S_8.
   b) CO, He, NH_3.
   c) CO_2, H_2O, $C_6H_{12}O_6$.
   d) N_2, O_3, H_2O.
   e) H_2O, I_2, Cl_2.

8. (PAS – UnB – DF) Dalton (1766-1844) propôs um modelo atômico que considerava que os elementos químicos são formados por partículas indivisíveis, denominadas átomos. Assinale o item incorreto.

   1) Segundo o modelo proposto por Dalton, em uma reação, nenhum átomo de qualquer elemento desaparece ou é transformado em átomo de outro elemento.

   2) Para Dalton, os átomos de iodo, hidrogênio, carbono e oxigênio poderiam ser reconhecidos por possuírem partículas subatômicas diferentes.

   3) Utilizando-se o modelo de Dalton para simbolizar uma das moléculas de ácido iodídrico (HI), obtém-se, por exemplo, o desenho abaixo.

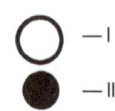

   4) Numa reação química, ocorre conservação da massa.

9. Considere que ● representa H, ⊗ representa C e ○ representa O.

   A respeito do sistema a seguir, responda:

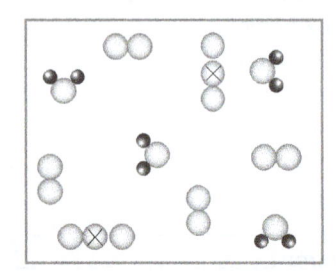

   I. É uma substância pura ou uma mistura?
   II. Escreva a fórmula das substâncias presentes.
   III. Escreva a fórmula das substâncias simples.
   IV. Escreva as fórmulas das substâncias compostas.
   V. Qual o número total de moléculas?
   VI. Qual o número total de átomos?

10. (UCPel – RS) Assinale a alternativa que mostra uma mistura homogênea, uma substância composta, uma mistura heterogênea e uma substância simples, nessa ordem:

    a) gás carbônico; leite; granito; sacarose.
    b) ar atmosférico; gás carbônico; leite; ozônio.
    c) granito; sangue; ozônio; mercúrio.
    d) mercúrio; leite; ozônio; aço.
    e) sangue; água; ar atmosférico; sacarose.

11. (IFPR) Considere as fórmulas: Cl_2, $NaOH$, H_2SO_4, O_2, H_2O, O_3, $Ca(OH)_2$, H_2 e $Al_2(SO_4)_3$. Assinale a alternativa que apresenta, respectivamente, o número de: elementos químicos, átomos, substâncias simples e substâncias compostas.

    a) 7 – 44 – 4 – 5.
    b) 6 – 43 – 5 – 4.
    c) 7 – 44 – 3 – 6.
    d) 6 – 44 – 5 – 4.
    e) 7 – 44 – 4 – 4.

12. (UNICAMP – SP) Na década de 1970, a imprensa veiculava uma propaganda sobre um fertilizante que dizia: "contém N, P, K, mais enxofre". Pode-se afirmar que o fertilizante em questão continha em sua formulação, respectivamente, os elementos químicos

    a) nitrogênio, fósforo, potássio e enxofre, cujo símbolo é S.
    b) níquel, potássio, criptônio e enxofre, cujo símbolo é Ex.
    c) nitrogênio, fósforo, potássio e enxofre, cujo símbolo é Ex.
    d) níquel, potássio, cálcio e enxofre, cujo símbolo é S.

Exercícios Série Ouro

1. (UFG – GO) "... assim, a natureza é formada por quatro elementos: a terra, o ar, a água e o fogo."

Essa é uma frase típica da ciência que precedeu a Química. Sobre essa frase, é correto afirmar que:

(01) esses "quatro elementos" podem ser definidos hoje como elementos químicos;
(02) em uma porção de terra, existem diversas substâncias químicas diferentes;
(04) a água, quando potável, é um tipo de solução;
(08) o ar atmosférico é uma mistura gasosa, na qual predominam nitrogênio e oxigênio;
(16) atualmente são conhecidos mais de 100 elementos químicos diferentes;
(32) o fogo, ou seja, as manifestações de luz e calor, é proveniente de reações químicas de oxidação, entre matérias chamadas combustíveis e o gás oxigênio.

2. (ITA – SP) Em 1803, John Dalton propôs um modelo de teoria atômica. Considere que sobre a base conceitual desse modelo sejam feitas as seguintes afirmações:

I. O átomo apresenta a configuração de uma esfera rígida.
II. Os átomos caracterizam os elementos químicos e somente os átomos de um mesmo elemento são idênticos em todos os aspectos.
III. As transformações químicas consistem de combinação, separação e/ou rearranjo de átomos.
IV. Compostos químicos são formados de átomos de dois ou mais elementos unidos em uma razão fixa.

Qual das opções a seguir se refere a todas as afirmações CORRETAS?

a) I e IV.
b) II e III.
c) II e IV.
d) II, III e IV.
e) I, II, III e IV.

3. (FUVEST – SP) Na obra *O poço do Visconde*, de Monteiro Lobato, há o seguinte diálogo entre o Visconde de Sabugosa e a boneca Emília:

— *Senhora Emília, explique-me o que é hidrocarboneto. A atrapalhadeira não se atrapalhou e respondeu:*

— *São misturinhas de uma coisa chamada hidrogênio com outra coisa chamada carbono. Os carocinhos de um se ligam aos carocinhos de outro.*

Nesse trecho, a personagem Emília usa o vocabulário informal que a caracteriza. Buscando-se uma terminologia mais adequada ao vocabulário utilizado em Química, devem-se substituir as expressões "misturinhas", "coisa" e "carocinhos", respectivamente, por:

a) compostos, elemento, átomos.
b) misturas, substância, moléculas.
c) substâncias compostas, molécula, elementos.
d) misturas, substância, átomos.
e) compostos, misturas, moléculas.

4. (UNIRIO – RJ) Comparando reagentes e produtos da reação:

$$2\,H_2 + O_2 \longrightarrow 2\,H_2O,$$

pode-se dizer que apresentam igual:

I. número de átomos
II. número de moléculas
III. massa

Dessas afirmações, apenas:

a) I é correta.
b) I e III são corretas.
c) III é correta.
d) II é correta.
e) I e II são corretas.

5. (UNESP – SP) A lei da conservação da massa, enunciada por Lavoisier em 1774, é uma das leis mais importantes das transformações químicas. Ela estabelece que, durante uma transformação química, a soma das massas dos reagentes é igual à soma das massas dos produtos. Esta lei pode ser explicada, alguns anos mais tarde, pelo modelo atômico de Dalton. Entre as ideias de Dalton, a que oferece a explicação mais apropriada para a lei da conservação da massa de Lavoisier é a de que:

a) Os átomos não são criados, destruídos ou convertidos em outros átomos durante uma transformação química.
b) Os átomos são constituídos por 3 partículas fundamentais: prótons, nêutrons e elétrons.

c) Todos os átomos de um mesmo elemento são idênticos em todos os aspectos de caracterização.
d) Um elétron em um átomo pode ter somente certas quantidades específicas de energia.
e) Toda a matéria é composta por átomos.

6. (UEMG) Em um recipiente fechado, ocorre a reação representada no modelo a seguir, no qual cada bolinha simboliza um átomo:

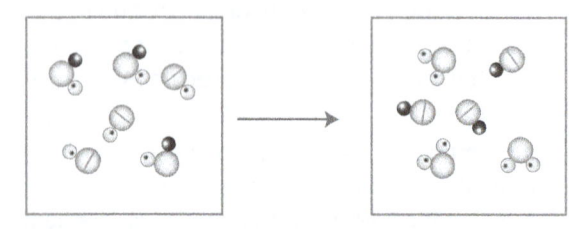

Baseando-se nesses dados, pode-se afirmar corretamente que:

a) O número de moléculas antes da reação é diferente do número de moléculas após a reação.
b) Há cinco elementos químicos participando no processo.
c) A quantidade de átomos no início é maior que a quantidade de átomos no final.
d) Duas substâncias reagem e formam duas novas substâncias.

(ETEC – SP) O texto a seguir refere-se às questões **7** e **8**.

Para Dalton, o símbolo do hidrogênio era ⊙; na notação moderna isto significa H, ou seja, para ele, o átomo de hidrogênio confundia-se com a molécula. A água, ele representava por ⊙○ (quer dizer, HO). Já o álcool era representado por (quer dizer, um átomo de hidrogênio e três átomos de carbono).

THUILLIER, P. **De Arquimedes a Einstein**.
Rio de Janeiro: Jorge Zahar, 1994. Adaptado.

7. Admitindo-se que os símbolos atômicos de Dalton fossem usados, atualmente, para representar moléculas, a molécula de gás carbônico estaria corretamente representada por:

a) ⊙●○
b) ●●○
c) ○●○
d) ⊙●○
e) ⊙○

8. Usando os símbolos de Dalton para representar, atualmente, algumas moléculas como CH_4, H_2 e O_2, é correta a relação que se estabelece em:

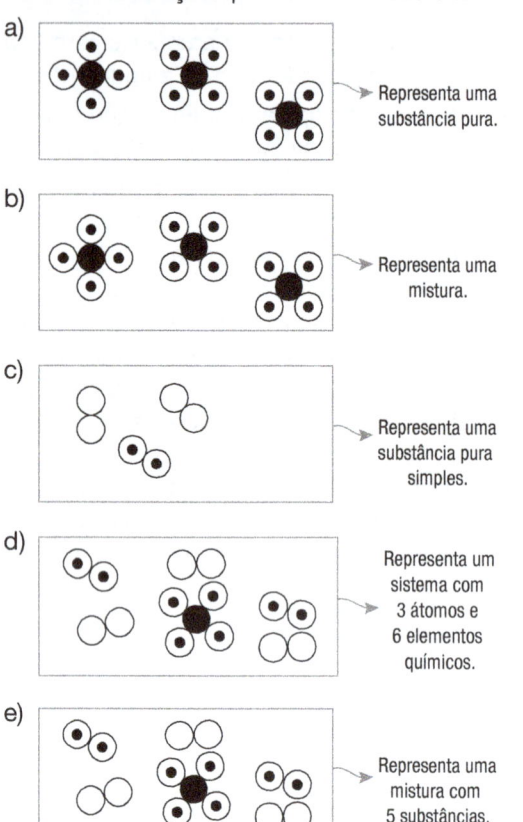

a) → Representa uma substância pura.

b) → Representa uma mistura.

c) → Representa uma substância pura simples.

d) → Representa um sistema com 3 átomos e 6 elementos químicos.

e) → Representa uma mistura com 5 substâncias.

9. (MACKENZIE – SP) O esquema abaixo representa um conjunto de substâncias. É **incorreto** afirmar que esse sistema contém:

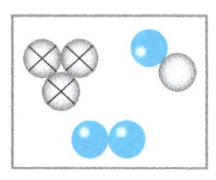

a) sete átomos no total.
b) três substâncias diferentes.
c) duas substâncias puras compostas.
d) átomos de três elementos químicos diferentes.
e) duas substâncias puras simples.

10. (ETEC – SP) A pólvora foi descoberta na China, durante a dinastia Han (206 a.C.-220 d.C.).

A descoberta foi feita, acidentalmente, por alquimistas que procuravam pelo elixir da longa vida. As primeiras referências à pólvora aparecem como avisos em textos de alquimia, orientando para não se misturarem certos materiais, devido ao risco de explosão.

Por volta do século X, a pólvora começou a ser usada, na China, com propósitos militares, sob a forma de foguetes e de bombas explosivas lançadas por catapultas.

A primeira referência de seu uso em canhões surge em 1126, quando foram utilizados tubos feitos de bambu para se lançarem mísseis contra o inimigo.

Os ingredientes que compõem esse explosivo são o salitre (nitrato de potássio), cuja fórmula química é KNO_3, o enxofre e o carbono, na forma de carvão vegetal, que lhe confere a cor preta.

http://darozhistoriamilitar.blogspot.com/2009/11/armas-polvora.htm. *Acesso em:* 11 mar. 2011.

A equação química a seguir nos revela as proporções das substâncias reagentes e as dos produtos obtidos.

$$4\ KNO_3 + 7\ C + S \longrightarrow 3\ CO_2 + 3\ CO + 2\ N_2 + K_2CO_3 + K_2S$$

Considerando as informações, é correto afirmar que

a) a explosão da pólvora é um fenômeno químico.
b) a pólvora é uma substância composta formada por 3 elementos químicos.
c) o principal componente do ar atmosférico é um reagente na equação mencionada.
d) a explosão que ocorre leva à formação de apenas 2 compostos com átomos de carbono.
e) a pólvora é uma mistura formada por 1 substância simples e por 2 substâncias compostas.

11. (UFBA) "Os diferentes tipos de matéria podem ser classificados em dois grupos:

• substâncias puras;
• misturas.

As substâncias puras podem ser simples ou compostas. (...)" (Nabuco, p. 24)

Considerando-se esse modo de classificação, indique a(s) afirmativa(s) correta(s):

a) O ar atmosférico é uma substância pura.
b) A água é uma substância simples.
c) O sangue é uma mistura.
d) Uma solução de açúcar é uma mistura.
e) O oxigênio e o ozônio são substâncias distintas, embora constituídas por átomos de um mesmo elemento químico.
f) A matéria que contém três tipos de molécula é uma substância composta.
g) A matéria que contém apenas um tipo de molécula é uma substância simples, mesmo que cada molécula seja formada por dois átomos diferentes.

12. (MACKENZIE – SP) O número de substâncias simples com atomicidade par entre as substâncias O_3, H_2O_2, P_4, I_2, C_2H_4, CO_2 e He é:

a) 5   d) 2
b) 4   e) 1
c) 3

Resolução:

Substâncias simples com **atomicidade par** apresentam **número par de átomos** (2, 4, 6 etc).

Vamos analisar as substâncias fornecidas:

O_3: substância simples com 3 átomos

H_2O_2: substância composta.

P_4: substância simples com 4 átomos.

I_2: substância simples com 2 átomos.

C_2H_4: substância composta.

CO_2: substância composta.

He: substância simples com 1 átomo.

Total de substâncias simples com atomicidade par = 2.

Resposta: alternativa d.

13. (FGV – SP – adaptada) A química é responsável pela melhora em nossa qualidade de vida e está inserida em nosso cotidiano de muitas formas em substâncias e misturas que constituem diversos materiais. Assinale a alternativa que apresenta, respectivamente, substância simples, substância composta, mistura homogênea e mistura heterogênea.

a) Água, granito, alumínio, álcool hidratado.
b) Água, álcool hidratado, alumínio, granito.
c) Alumínio, álcool hidratado, água, granito.
d) Alumínio, água, álcool hidratado, granito.
e) Alumínio, água, granito, álcool hidratado.

14. (FUVEST – SP) Em um artigo publicado em 1808, Gay-Lussac relatou que dois volumes de hidrogênio reagem com um volume de oxigênio, produzindo dois volumes de vapor-d'água (volumes medidos nas mesmas condições de pressão e temperatura).

Em outro artigo, publicado em 1811, Avogadro afirmou que volumes iguais, de quaisquer gases, sob as mesmas condições de pressão e temperatura, contêm o mesmo número de moléculas. Entre as representações a seguir, a que está de acordo com o exposto e com as fórmulas moleculares atuais do hidrogênio e do oxigênio é

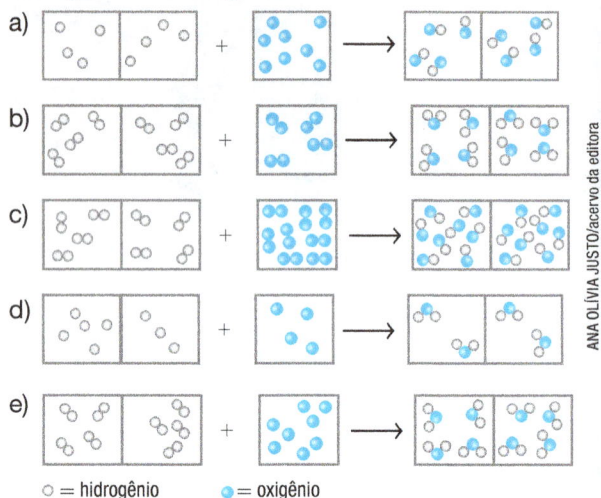

○ = hidrogênio   ● = oxigênio

Capítulo 6
Evolução dos Modelos Atômicos. Descoberta do Elétron. Modelo Atômico de Thomson.

1. Introdução

Em 1887, Arrhenius, para explicar que certas soluções (misturas homogêneas) aquosas acendiam uma lâmpada, admitiu a existência de partículas com carga positiva e partículas com carga negativa.

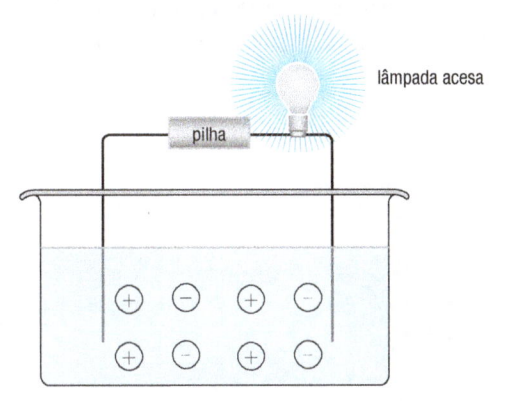

O átomo deveria ter partículas menores, pois um átomo com carga positiva teria um excesso de carga positiva e um átomo com carga negativa teria um excesso de carga negativa. **Essa partícula de carga negativa foi chamada de elétron.**

Outros indícios de os átomos serem compostos de partículas menores apareceram em experiências com tubos de vidro, nos quais se fazia vácuo (pouco gás), e que dispunham de pequenas peças metálicas, os eletrodos, seladas em cada extremidade.

2. Raios catódicos: ampola de Crookes

Em um tubo de vidro denominado de ampola de Crookes são colocados dois eletrodos (lâminas metálicas): o *catodo* ou *cátodo* (polo negativo) e o *anodo* ou *ânodo* (polo positivo) ligados a um aparelho elétrico de alta voltagem (bobina de Runkhorff) e no interior do tubo uma pequena quantidade de gás (gás rarefeito).

Na frente do catodo aparece na parede do tubo uma mancha luminosa verde. Mudando-se a posição do catodo e a do anodo, de todas as maneiras possíveis, ela sempre aparece em frente ao catodo. Concluímos então que a luminescência é produzida por **alguma coisa** que sai do catodo, atravessa o tubo e se choca com a parede de vidro. Quando este fenômeno foi descoberto, deu-se o nome de **raios catódicos** ao que sai do catodo, pois sua natureza ainda era desconhecida.

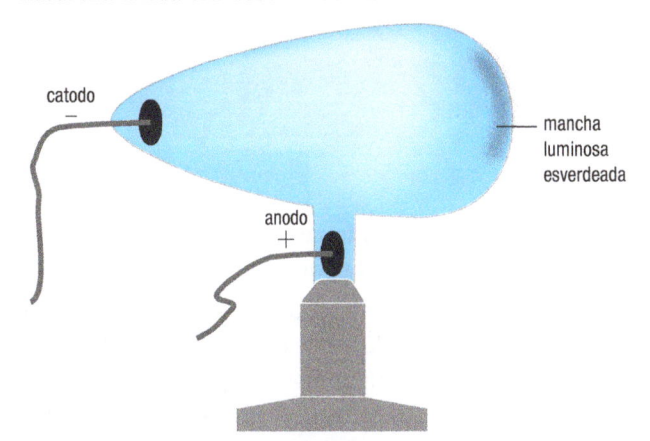

3. Natureza dos raios catódicos. Experiências de Thomson. Descoberta do elétron.

Em 1897, o físico inglês Thomson por meio de várias experiências usando a ampola de Crookes, explicou a natureza dos raios catódicos.

- **Raios catódicos são partículas pequenas**

Os raios catódicos movimentam um molinete ou catavento de mica (material leve), permitindo concluir que são dotados de massa.

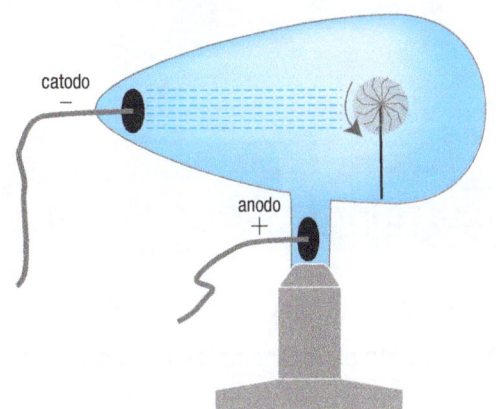

- **Os raios catódicos se propagam em linha reta**

    Os raios catódicos, quando incidem sobre um anteparo (cruz de malta), produzem uma sombra em frente ao anteparo, permitindo concluir que se propagam em **linha reta**. Como os raios catódicos não atravessam a cruz de malta, aparece a sombra desta na parede da ampola.

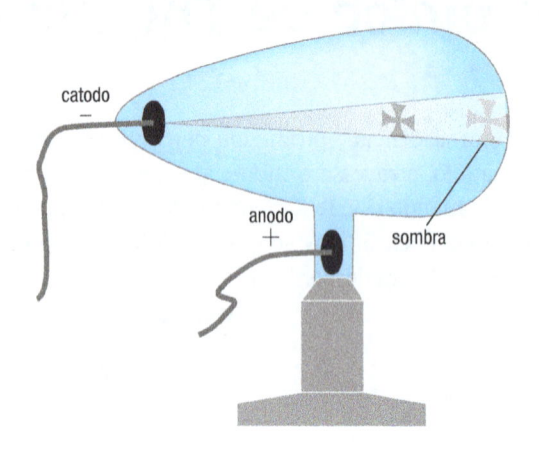

- **Os raios catódicos são feixes de partículas com carga elétrica negativa (elétrons)**

    Os raios catódicos são desviados por uma placa positiva colocada fora do tubo, permitindo concluir que são dotados de carga elétrica negativa, portanto, Thomson concluiu que os raios catódicos eram **feixes de elétrons**.

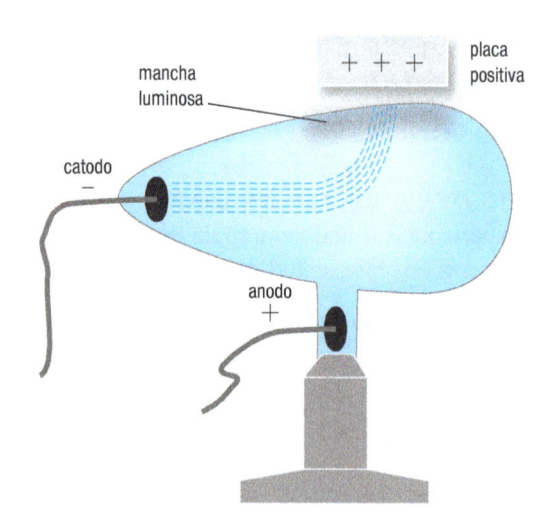

- **A razão entre a carga e a massa dos raios catódicos é constante**

    Thomson conseguiu obter a mesma razão entre a carga e a massa dos raios catódicos utilizando 20 metais diferentes e com diversos gases na ampola. Os resultados sugeriam que os elétrons estavam presentes em todos os átomos de todos os elementos. As experiências de Thomson concluíram que o modelo atômico de Dalton deveria ser substituído por um modelo mais completo.

4. Modelo atômico de Thomson ("pudim com ameixas")

Em 1903, Thomson apresentou o seu modelo atômico: **uma esfera positiva na qual os elétrons estão distribuídos na sua superfície para neutralizar a carga positiva**.

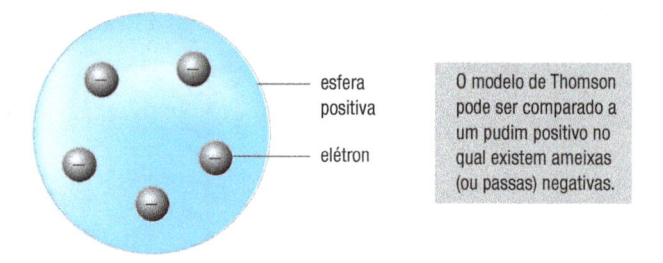

O modelo de Thomson pode ser comparado a um pudim positivo no qual existem ameixas (ou passas) negativas.

Átomo é neutro (carga total é igual a zero).

O modelo atômico de Thomson explicava satisfatoriamente os seguintes fenômenos:

- **Formação de partículas negativas ou positivas**, conforme os átomos tivessem, respectivamente, excesso ou falta de elétrons.

- **Corrente elétrica**, vista como um fluxo de elétrons.

- **Descarga elétrica em gases**, quando os elétrons são arrancados de seus átomos (como na ampola de Crookes).

- **Eletrização por atrito**, transferência de elétrons de um corpo para outro corpo (tubo de vidro atritado com lã, o tubo de vidro fica positivo e a lã fica negativa).

Exercícios Série Prata

1. Complete com **subatômicas** ou **sobreatômicas**.

Por meio de experiências de Arrhenius em 1887, verificou-se que os átomos seriam formados por partículas _____ .

Complete para as questões **2** a **7**.

A figura a seguir representa o experimento de Thomson.

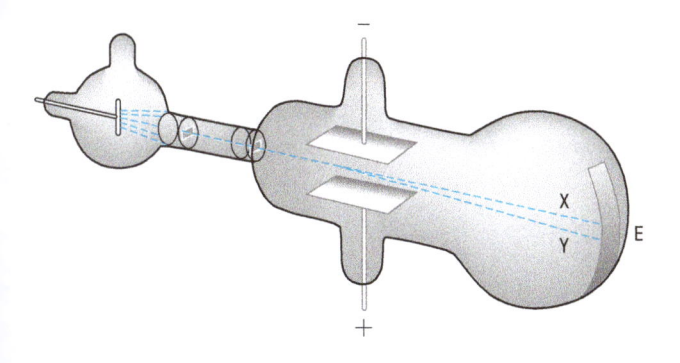

2. Os raios catódicos são provenientes do _____.

3. Os raios catódicos possuem _____, pois movimentam um catavento colocado dentro do tubo.

4. Os raios catódicos se propagam em linha _____ (X).

5. Os raios catódicos são feixes de partículas com carga elétrica _____, pois são atraídos por uma placa positiva (Y).

6. Os raios catódicos são feixes de _____.

7. A razão entre a carga e a massa dos raios catódicos é _____.

8. Complete.

O modelo de Thomson propôs que o átomo seria formado por uma esfera de carga _____, contendo na sua superfície _____ possuidores de carga elétrica _____.

9. Complete com **bola de bilhar** ou **pudim com ameixas**.

a) Modelo de Dalton: _____
b) Modelo de Thomson: _____

10. Complete com **próton** ou **elétron**.

A primeira partícula subatômica descoberta foi o _____.

Exercícios Série Ouro

1. (UFPA) A realização de experiências com descargas elétricas em tubo de vidro fechado, contendo gás a baixa pressão, produz os raios catódicos. Esses raios são constituídos por um feixe de:

a) nêutrons.
b) partículas α (alfa).
c) raios X.
d) prótons.
e) elétrons

Resolução:

Ao trabalhar com a descarga elétrica de gases rarefeitos em uma ampola de Crookes, Thomson verificou que os raios catódicos eram constituídos por elétrons – partículas subatômicas de carga negativa. Assim, com esses experimentos, foi abandonada a teoria de que o átomo seria indivisível.

Resposta: alternativa b.

2. (FUVEST – SP) Há exatos 100 anos, J. J. Thomson determinou, pela primeira vez, a relação entre a massa e a carga do elétron, o que pode ser considerado como a descoberta do elétron. É reconhecida como uma contribuição de Thomson ao modelo atômico

a) o átomo ser indivisível.
b) a existência de partículas subatômicas.
c) os elétrons ocuparem níveis discretos de energia.
d) os elétrons girarem em órbitas circulares ao redor do núcleo.
e) o átomo possuir um núcleo com carga positiva e uma eletrosfera.

3. (UFG – GO) Leia o texto a seguir.

"Há 100 anos, a ciência dividiu o que era então considerado indivisível. Ao anunciar, em 1897, a descoberta de uma nova partícula que habita o interior do átomo, o elétron, o físico inglês Joseph John Thomson mudou dois mil anos de uma história que começou quando filósofos gregos propuseram que a matéria seria formada por diminutas porções indivisíveis, uniformes, duras, sólidas e eternas. Cada um desses corpúsculos foi denominado átomo, o que, em grego, quer dizer "não divisível". A descoberta do elétron inaugurou a era das partículas elementares e foi o primeiro passo do que seria no século seguinte uma viagem fantástica ao microuniverso da matéria."

Ciência Hoje, v. 22, n. 131, 1997, p. 24

A respeito das ideias contidas nesse texto, é correto afirmar que:

a) faz mais de 100 anos que se descobriu que os átomos não são os menores constituintes da matéria.
b) os elétrons são diminutas porções indivisíveis, uniformes, duras, sólidas e eternas e são considerados as partículas fundamentais da matéria.
c) os átomos, apesar de serem indivisíveis, são constituídos por elétrons e nêutrons.
d) com a descoberta do elétron, com carga elétrica negativa, pode-se concluir que deveriam existir outras partículas, os nêutrons, para justificar a neutralidade elétrica do átomo.
e) a partir da descoberta dos elétrons, foi possível determinar as massas dos átomos.

4. (UFSC) Uma das principais partículas atômicas é o elétron. Sua descoberta foi efetuada por J. J. Thomson em uma sala do Laboratório Cavendish, na Inglaterra, ao provocar descargas de elevada voltagem em gases bastantes rarefeitos, contidos no interior de um tubo de vidro.

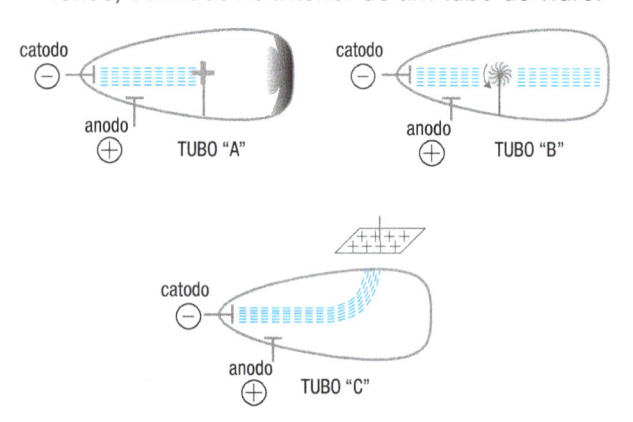

No tubo de vidro "A", observa-se que o fluxo de elétrons (raios catódicos) colide com um anteparo e projeta sua sombra na parede oposta do tubo. No tubo de vidro "B", observa-se que o fluxo de elétrons (raios catódicos) movimenta um catavento de mica. No tubo de vidro "C", observa-se que o fluxo de elétrons (raios catódicos) sofre uma deflexão para o lado onde foi colocada uma placa carregada positivamente. Observando os fenômenos que ocorrem nos tubos, podemos afirmar CORRETAMENTE que:

(01) gases são bons condutores de corrente elétrica.
(02) os elétrons possuem massa – são corpusculares.
(04) os elétrons possuem carga elétrica negativa.
(08) os elétrons partem do catodo.
(16) os elétrons se propagam em linha reta.
(32) o catavento entrou em rotação devido ao impacto dos elétrons na sua superfície.

5. (UFMG) No fim do século XIX, Thomson realizou experimentos em tubos de vidro que continham gases a baixas pressões, em que aplicava uma grande diferença de potencial. Isso provocava a emissão de raios catódicos. Esses raios, produzidos num catodo metálico, deslocavam-se em direção à extremidade do tubo (E). (Na figura, essa trajetória é representada pela linha tracejada X.)

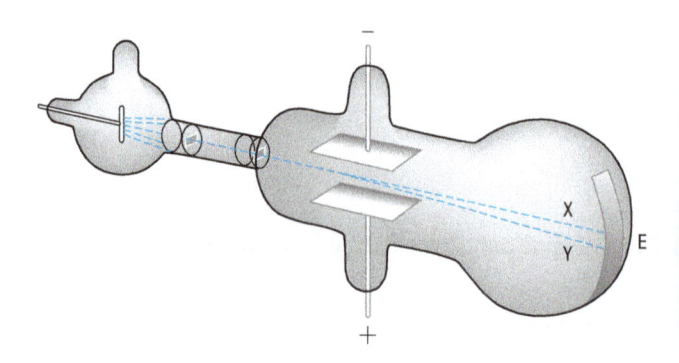

Nesses experimentos, Thomson observou que

I. a razão entre a carga e a massa dos raios catódicos era independente da natureza do metal constituinte do catodo ou do gás existente no tubo; e
II. os raios catódicos, ao passarem entre duas placas carregadas, com cargas de sinal contrário, se desviavam na direção da placa positiva. (Na figura, esse desvio é representado pela linha tracejada Y.)

Considerando-se essas observações, é **CORRETO** afirmar que os raios catódicos são constituídos de:

a) elétrons.   c) prótons.
b) ânions.   d) cátions.

6. (FGV – SP) As figuras representam alguns experimentos de raios catódicos realizados no início do século passado, no estado de estrutura atômica.

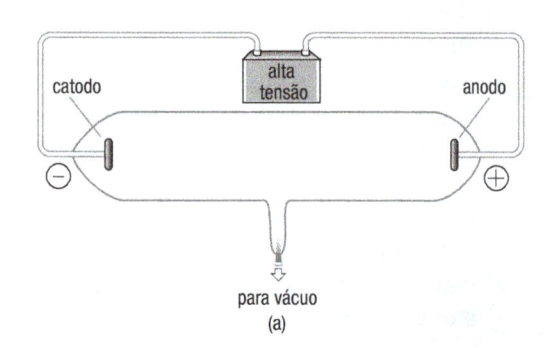

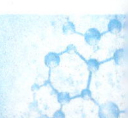

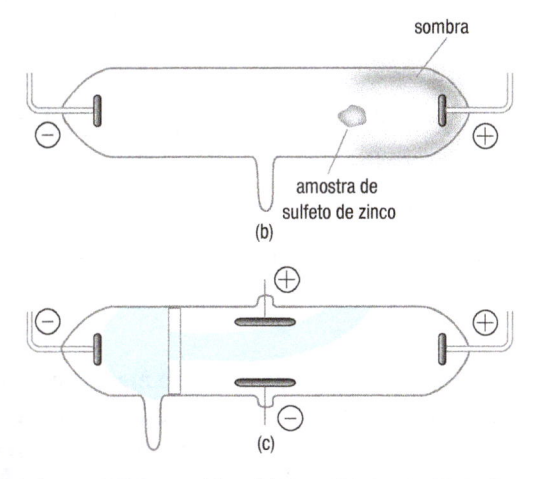

O tubo nas figuras (a) e (b) contém um gás submetido à alta tensão. Figura (a): antes de ser evacuado. Figura (b): a baixas pressões. Quando se reduz a pressão, há surgimento de uma incandescência, cuja cor depende do gás no tubo. A figura (c) apresenta a deflexão dos raios catódicos em um campo elétrico.

Em relação aos experimentos e às teorias atômicas, analise as seguintes afirmações:

I. Na figura (b), fica evidenciado que os raios catódicos se movimentam numa trajetória linear.
II. Na figura (c), verifica-se que os raios catódicos apresentam carga elétrica negativa.
III. Os raios catódicos são constituídos por partículas alfa.
IV. Esses experimentos são aqueles desenvolvidos por Rutherford para propor a sua teoria atômica, conhecido como modelo de Rutherford.

As afirmativas corretas são aquelas contidas apenas em

a) I, II e III.
b) II, III e IV.
c) I e II.
d) II e IV.
e) IV.

Capítulo 7
Evolução dos Modelos Atômicos. Descoberta do Núcleo Atômico. Modelo Atômico de Rutherford. Conceitos Provenientes do Modelo Nucleado.

1. Noção de radioatividade. Polônio emissor de radiação alfa.

Em 1896, o físico Becquerel descobriu que um minério de urânio emitia **raios** que podiam enegrecer uma chapa fotográfica, mesmo que a chapa estivesse envolta em papel negro para proteger-se contra os raios luminosos.

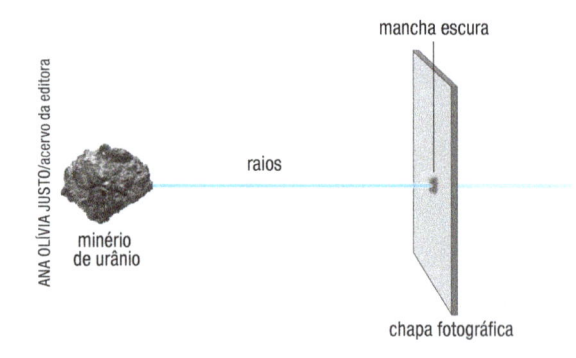

Em 1898, Marie Curie e colaboradores isolaram o **polônio** e o **rádio**, que emitiam a mesma espécie de raios. A radiação que era atraída por uma placa negativa foi chamada de **radiação alfa**. O polônio (assim como o rádio) é um **emissor alfa**.

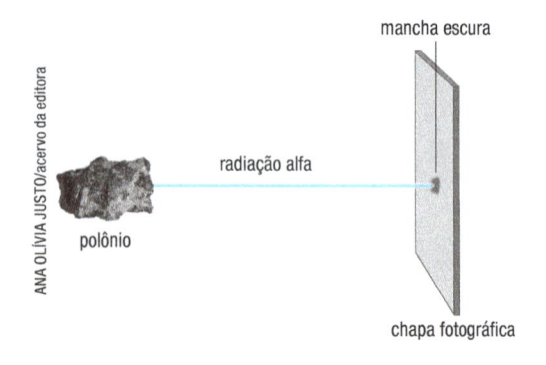

2. Experiência de Rutherford

Em 1911, Rutherford decidiu investigar mais ainda o modelo de Thomson. Rutherford havia descoberto que as radiações alfa eram constituídas por partículas com carga positiva, com a mesma massa que os átomos de hélio. Raciocinou, então, que se o modelo atômico de Thomson fosse correto, um feixe dessas partículas pesadas seria desviado muito pouco ao passar **através dos átomos de uma folha de ouro** muito delgada (espessura de 0,00001 cm).

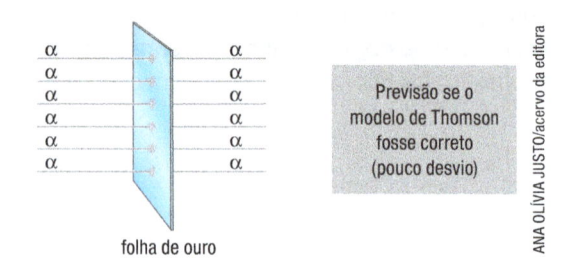

O colaborador de Rutherford, Hans Geiger, e um jovem estudante, Ernst Marsden, montaram o aparelho diagramado a seguir e observaram o que acontecia quando as partículas alfa atingiam a folha de ouro.

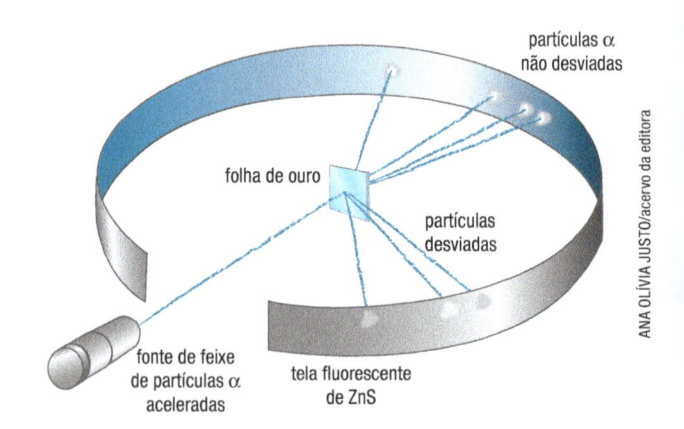

Um feixe de partículas alfa, com carga positiva, incide sobre uma delgada folha de ouro. Uma tela luminescente, revestida por sulfeto de zinco, foi usada para contar as partículas que passavam pela folha ou que eram desviadas. A maior parte das partículas não era desviada. Algumas eram pouco desviadas e um número muito menor era refletido para trás.

Nota: o sulfeto de zinco é uma substância fluorescente, pois ao receber energia devido à colisão da partícula alfa, emite de volta imediatamente luz visível.

3. Interpretação de Rutherford para os resultados da experiência feita por Geiger e Marsden

A única forma de explicar o fenômeno era abandonar o modelo de Thomson e concluir que toda a carga positiva do átomo e a maior parte da massa estavam concentradas em um volume muito pequeno. Rutherford denominou de **núcleo** essa parte central do átomo.

Os elétrons ocupam o resto do espaço (**eletrosfera**) no átomo.

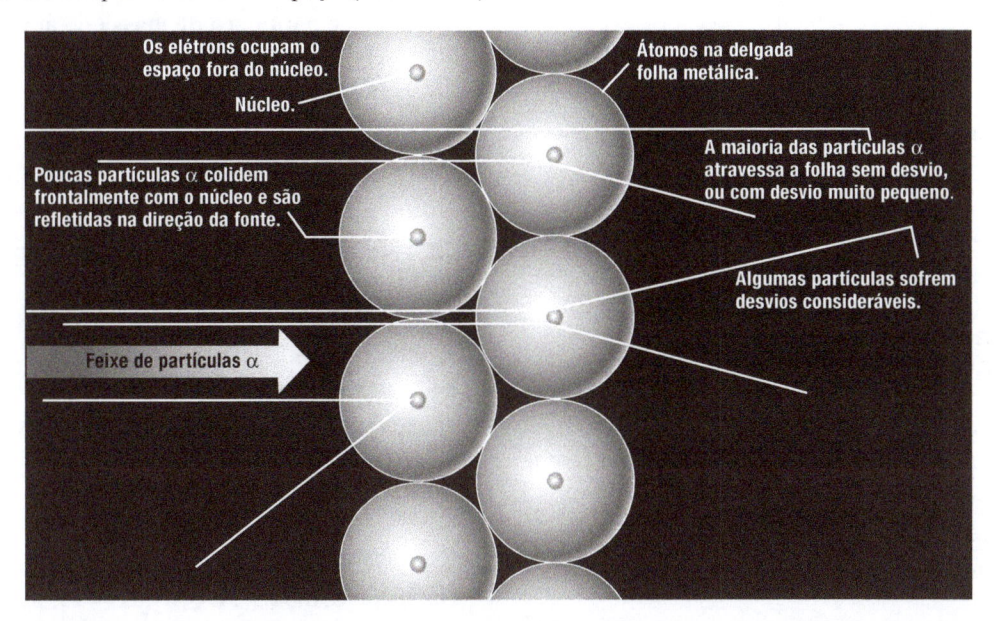

Pelos resultados da experiência (de cada 10.000 partículas alfa, uma era desviada), Rutherford concluiu que o raio do núcleo era aproximadamente 10.000 vezes menor que o raio do átomo.

Raio do átomo $\cong 10^{-10}$ m

Raio do núcleo $\cong 10^{-14}$ m

raio do átomo $\cong$ 10.000 raio do núcleo

4. Modelo atômico de Rutherford – modelo planetário

O modelo de Rutherford é o **modelo planetário do átomo**, no qual os elétrons descrevem um movimento circular ao redor do núcleo positivo, assim como os planetas se movem ao redor do Sol.

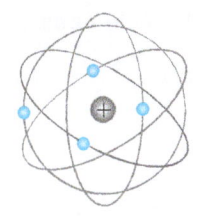

Observações:

- Em 1919, Rutherford isolou o **próton** (partícula de carga positiva) por meio do bombardeamento entre partícula alfa e gás nitrogênio. A existência do próton já era prevista pela experiência de Rutherford.

Carga positiva prevista do ouro em 1911: 100 ± 20

Carga positiva do ouro: 79

- Em 1932, o inglês Chadwick descobriu uma outra partícula subatômica de massa muito próxima à do próton, porém sem carga elétrica. Essa partícula, que passou a ser chamada de **nêutron**, localiza-se no núcleo do átomo, juntamente com os prótons, para justificar a massa do átomo.

5. Composição dos átomos

Os três constituintes primários dos átomos são: **elétrons** (e), **prótons** (p) e **nêutrons** (N). Os elétrons encontram-se no espaço (eletrosfera) em torno do núcleo. Para um átomo, que não tem carga elétrica líquida, o número de elétrons com carga negativa, em torno do núcleo, é igual ao número de prótons com carga positiva no núcleo.

Átomo: nº p = nº e

Átomo de ouro: nº p = 79, nº e = 79

Carga do elétron = −1

Carga do próton = +1

- Estrutura do átomo:

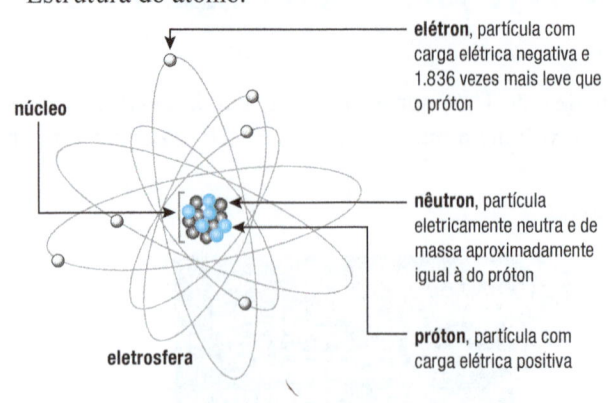

núcleo • **elétron**, partícula com carga elétrica negativa e 1.836 vezes mais leve que o próton
nêutron, partícula eletricamente neutra e de massa aproximadamente igual à do próton
eletrosfera • **próton**, partícula com carga elétrica positiva

O próton e o nêutron têm massas tão próximas que a diferença pode ser, muitas vezes, ignorada. Os elétrons são tão leves que mesmo um grande número deles pouco afeta a massa do átomo.

$$m_p = m_n \qquad m_p = 1.840\, m_e$$

Assim, basta somar o número de prótons com o de nêutrons presentes no átomo para estimar a sua massa. O resultado é o **número de massa** do átomo, que é simbolizado por **A**.

$$A = N + Z$$

Por exemplo, o átomo de sódio tem 11 prótons e 12 nêutrons no seu núcleo, seu número de massa A é 23.

6. Conceitos provenientes do modelo nucleado

6.1 Elemento químico – número atômico (Z)

As substâncias são formadas por *elementos químicos*, por exemplo, a água é formada pelos elementos hidrogênio e oxigênio.

A diferença entre os elementos químicos é o **número de prótons no núcleo**, que é chamado de **número atômico (Z)**.

Os átomos do elemento hidrogênio têm **1 próton** (Z = 1), os átomos do elemento oxigênio têm **8 prótons** (Z = 8). Concluímos que

> Átomos do mesmo elemento químico têm sempre o mesmo número atômico (Z).

São conhecidos atualmente mais de 100 elementos químicos. Cada um deles tem um nome e um símbolo diferente.

O símbolo dos elementos químicos são formados por **uma** ou **duas** letras. A primeira é sempre maiúscula e a segunda, caso exista, é sempre minúscula. Exemplos:

Hidrogênio: H   Oxigênio: O   Ferro: Fe   Fósforo: P
Prata: Ag   Ouro: Au   Sódio: Na   Enxofre: S
Mercúrio: Hg   Potássio: K   Zinco: Zn   Magnésio: Mg

A Tabela Periódica (capítulo 10) fornece os símbolos químicos de todos os elementos químicos conhecidos.

6.2 Número de massa (A) – estimativa da massa do átomo

As massas das partículas atômicas básicas foram determinadas experimentalmente. Os valores são:

m_e = massa do elétron = $9{,}109 \cdot 10^{-28}$ g
m_p = massa do próton = $1{,}672 \cdot 10^{-24}$ g
m_n = masa do nêutron = $1{,}674 \cdot 10^{-24}$ g

6.3 Nuclídeo: composição nuclear

O nuclídeo é composto por:
- símbolo do elemento;
- número de massa (A): índice superior à esquerda;
- número atômico (Z): índice inferior à esquerda.

$$^{A}_{Z}X$$

Exemplos:

$^{23}_{11}$Na: lê-se "sódio 23"; Z = 11, A = 23, p = 11, N = 12

$^{238}_{92}$U: lê-se "urânio 238"; Z = 92, A = 238, p = 92, N = 146

6.4 Isótopos: formas diferentes de um mesmo elemento

O espectrômetro de massa é um aparelho que além de auxiliar na medida das massas dos átomos, consegue separar átomos com números de massa diferentes do mesmo elemento.

O gráfico abaixo, obtido pelo espectrômetro de massa, mostra que o elemento antimônio (Z = 51) pode ter átomos com 70 nêutrons (mais abundante) e outros com 72 nêutrons, isto é, encontramos átomos $^{121}_{51}$Sb e de $^{123}_{51}$Sb que se denominam **isótopos**.

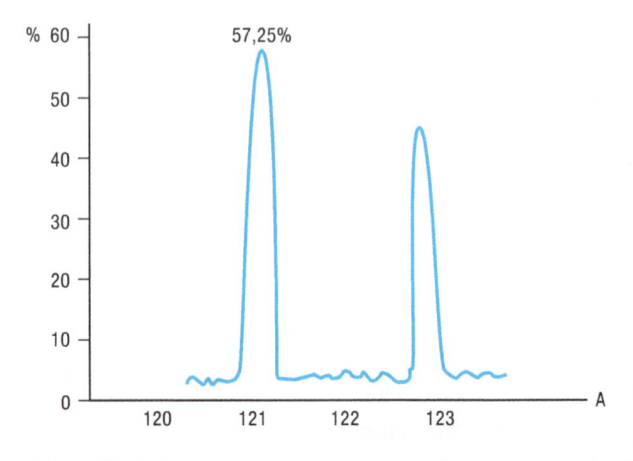

Os **isótopos** são átomos que têm o mesmo número atômico Z, mas diferentes números de massa A, pois têm número de nêutrons diferentes.

O único caso em que isótopos possuem nomes diferentes e podem, eventualmente, ser representados por símbolos diferentes é o elemento hidrogênio:

$_1^1H$: prótio ou hidrogênio leve: N = 0

$_1^2H$: deutério ou hidrogênio pesado (D): N = 1

$_1^3H$: trítio ou tritério (T): N = 2

$_1^1H$: único átomo que não tem nêutron (N = 0)

Há vinte elementos químicos que existem na natureza sem formar isótopos. São eles:

$_4^9Be$, $_9^{19}F$, $_{11}^{23}Na$, $_{13}^{27}Al$, $_{15}^{31}P$, $_{21}^{45}Sc$, $_{25}^{55}Mn$, $_{27}^{59}Co$,
$_{33}^{75}As$, $_{39}^{89}Y$, $_{41}^{93}Nb$, $_{45}^{103}Rh$, $_{53}^{127}I$, $_{55}^{133}Cs$, $_{59}^{141}Pr$,
$_{55}^{159}Tb$, $_{67}^{165}Ho$, $_{69}^{169}Tm$, $_{79}^{197}Au$ e $_{83}^{209}Bi$.

Em uma substância não é necessário especificar os isótopos, pois pertencem ao mesmo elemento químico, e, portanto, possuem as mesmas propriedades químicas.

Observações:

- **Isóbaros** são átomos que possuem mesmo número de massa A e diferentes números atômicos Z.

$$_6^{14}C \text{ e } _7^{14}N$$

- **Isótonos** são átomos que possuem mesmo número de nêutrons N e diferentes números atômicos Z e de massa A.

$$_{17}^{37}Cl \text{ e } _{20}^{40}Ca$$

Exercícios Série Prata

1. (UFSC) Rutherford bombardeou uma fina lâmina de ouro (0,0001 mm de espessura) com partículas "alfa", emitidas pelo polônio (Po) contido no interior de um bloco de chumbo (Pb), provido de uma abertura estreita, para dar passagem às partículas α por ele emitidas.

Envolvendo a lâmina de ouro (Au), foi colocada uma tela protetora revestida de sulfeto de zinco.

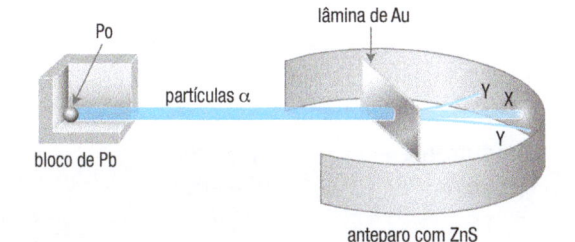

Observando as cintilações na tela revestida de sulfeto de zinco, Rutherford verificou que muitas partículas α atravessavam a lâmina de ouro sem sofrerem desvio (X), e que poucas partículas α sofriam desvio (Y).

Indique a(s) proposição(ões) **CORRETA(S)**.

1. Partículas α possuem carga elétrica negativa.
2. O tamanho do átomo é cerca de 10.000 a 100.000 vezes maior que o seu núcleo.
3. Partículas α sofrem desvio ao colidirem com o núcleo dos átomos de Au.
4. Partículas α sofrem desvio ao colidirem com elétrons nas eletrosferas dos átomos de Au.

2. (PUC – MG) Observe atentamente a representação a seguir sobre um experimento clássico realizado por Rutherford.

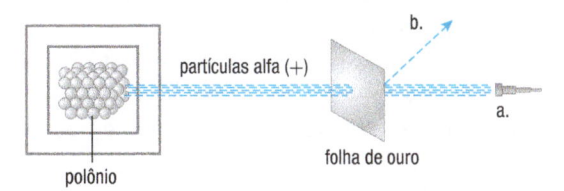

Rutherford concluiu que:

a) o núcleo de um átomo é positivamente carregado.
b) os átomos de ouro são muitos volumosos.
c) os elétrons em um átomo estão dentro do núcleo.
d) a maior parte do volume total do núcleo é constituído de um espaço vazio.

3. (UERJ) Em 1911, o cientista Ernest Rutherford realizou um experimento que consistiu em bombardear uma finíssima lâmina de ouro com partículas α, emitidas por um elemento radioativo, e observou que:

– a grande maioria das partículas α atravessava a lâmina de ouro sem sofrer desvios ou sofrendo desvios muito pequenos;
– uma em cada dez mil partículas α era desviada para um ângulo maior do que 90°.

Com base nas observações acima, Rutherford pode chegar à seguinte conclusão quanto à estrutura do átomo:

a) o átomo é maciço e eletricamente neutro.
b) a carga elétrica do elétron é positiva.

c) o ouro é radioativo e um bom condutor de corrente elétrica.
d) o núcleo do átomo é pequeno e contém a maior parte da massa.

4. (UFPB) Rutherford idealizou um modelo atômico com duas regiões distintas. Esse modelo pode ser comparado a um estádio de futebol com a bola no centro: a proporção entre o tamanho do estádio em relação à bola é comparável ao tamanho do átomo em relação ao núcleo, como mostra a figura a seguir.

Acerca do modelo idealizado por Rutherford e considerando seus conhecimentos sobre o átomo, assinale a alternativa correta.

a) Os prótons e os nêutrons são encontrados na eletrosfera.
b) Os elétrons possuem massa muito grande em relação à massa dos prótons.
c) O núcleo atômico é muito denso e possui partículas de carga positiva.
d) A eletrosfera é uma região onde são encontradas partículas de carga positiva.
e) O núcleo atômico é pouco denso e possui partículas de carga negativa.

5. (UFMG) Na experiência de espalhamento de partículas alfa, conhecida como "experiência de Rutherford", um feixe de partículas alfa foi dirigido contra uma lâmina finíssima de ouro, e os experimentadores (Geiger e Marsden) observaram que um grande número dessas partículas atravessava a lâmina sem sofrer desvios, mas que um pequeno número sofria desvios muito acentuados. Esse resultado levou Rutherford a modificar o modelo atômico de Thomson, propondo a existência de um núcleo de carga positiva, de tamanho reduzido e com, praticamente, toda a massa do átomo.

Assinale a alternativa que apresenta o resultado que era previsto para o experimento de acordo com o modelo de Thomson.

a) A maioria das partículas atravessaria a lâmina de ouro sem sofrer desvios e um pequeno número sofreria desvios muito pequenos.
b) A maioria das partículas sofreria grandes desvios ao atravessar a lâmina.
c) A totalidade das partículas atravessaria a lâmina de ouro sem sofrer nenhum desvio.
d) A totalidade das partículas ricochetearia ao se chocar contra a lâmina de ouro, sem conseguir atravessá-la.

6. (ESPM — SP) O átomo de Rutherford (1911) foi comparado ao sistema planetário.

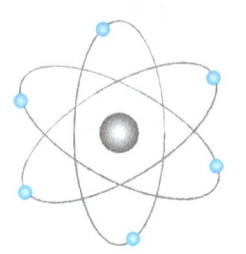

núcleo – Sol
eletrosfera – planetas

Eletrosfera é a região do átomo que:

a) contém as partículas de carga elétrica negativa.
b) contém as partículas de carga elétrica positiva.
c) contém nêutrons.
d) concentra praticamente toda a massa do átomo.
e) contém prótons e nêutrons.

7. (PUC – MG) O modelo atômico de Rutherford NÃO inclui especificamente:

a) nêutrons.   c) próton.
b) núcleo.   d) elétron.

8. (MACKENZIE – SP) Comemora-se, neste ano de 2011, o centenário do modelo atômico proposto pelo físico neozelandês Ernest Rutherford (1871- -1937), prêmio Nobel da Química em 1908. Em 1911, Rutherford, bombardeou uma finíssima lâmina de ouro com partículas alfa, oriundas de uma amostra contendo o elemento químico polônio.

De acordo com o seu experimento, Rutherford concluiu que

a) o átomo é uma partícula maciça e indestrutível.
b) existe, no centro do átomo, um núcleo pequeno, denso e negativamente carregado.

c) os elétrons estão mergulhados em uma massa homogênea de carga positiva.
d) a maioria das partículas alfa sofria um desvio ao atravessar a lâmina de ouro.
e) existem, no átomo, mais espaços vazios do que preenchidos.

9. (ITA – SP) Assinale a opção que apresenta o elemento químico com o número CORRETO de nêutrons.

a) $^{19}_{9}F$ tem zero nêutrons.
b) $^{24}_{12}Mg$ tem 24 nêutrons.
c) $^{197}_{79}Au$ tem 79 nêutrons.
d) $^{75}_{33}As$ tem 108 nêutrons.
e) $^{238}_{92}U$ tem 146 nêutrons.

10. (MACKENZIE — SP) O número de prótons, de elétrons e de nêutrons do átomo $^{35}_{17}Cl$ é, respectivamente:

a) 17, 17, 18.   d) 17, 35, 35.
b) 35, 17, 18.   e) 52, 35, 17.
c) 17, 18, 18.

Resolução:

número de massa (A) → 35
Cl
número atômico (Z) → 17

- Z = 17 = número de prótons
- Como o átomo é eletricamente neutro, número de elétrons = Z = 17.
- A = Z + N ∴ 35 = 17 + N
  ∴ N = 18 = número de nêutrons.

Resposta: alternativa a.

11. (UFV — MG) Um átomo constituído por 56 prótons, 82 nêutrons e 54 elétrons apresenta número atômico e número de massa, respectivamente, iguais a:

a) 56 e 136.   d) 56 e 138.
b) 82 e 110.   e) 54 e 138.
c) 54 e 56.

12. (UFV — MG) Os átomos do elemento químico índio (In), com número atômico igual a 49 e número de massa igual a 115, possuem:

a) 98 nêutrons.   d) 164 nêutrons.
b) 49 nêutrons.   e) 66 nêutrons.
c) 115 nêutrons.

13. (UFPB) Em relação a esses átomos, é INCORRETO afirmar:

a) O número de massa do $^{99}_{43}Tc$ é 99.
b) O número atômico do $^{59}_{26}Fe$ é 26.
c) O número de prótons do $^{131}_{53}I$ é 53.
d) O número de elétrons do $^{24}_{11}Na$ é 11.
e) O número de nêutrons do $^{32}_{15}P$ é 15.

14. (UFF – RJ) Alguns estudantes de Química, avaliando seus conhecimentos relativos a conceitos básicos para o estudo do átomo, analisam as seguintes afirmativas:

I. Átomos isótopos são aqueles que possuem mesmo número atômico e números de massa diferentes.
II. O número atômico de um elemento corresponde à soma do número de prótons com o de nêutrons.
III. O número de massa de um átomo, em particular, é a soma do número de prótons com o de elétrons.
IV. Átomos isóbaros são aqueles que possuem números atômicos diferentes e mesmo número de massa.
V. Átomos isótonos são aqueles que apresentam números atômicos diferentes, números de massa diferentes e mesmo número de nêutrons.

Esses estudantes concluem, corretamente, que as afirmativas verdadeiras são as indicadas por:

a) I, III e V.   d) II, III e V.
b) I, IV e V.   e) II e V.
c) II e III.

15. (FGV) O isótopo de urânio $^{238}_{92}U$ apresenta:
a) 92 prótons, 92 elétrons, 146 nêutrons.
b) 146 prótons, 92 elétrons, número de massa = 238.
c) 92 prótons, número atômico = 238, número de nêutrons = 146.
d) 92 prótons, 92 elétrons, 92 nêutrons, número de massa = 238.
e) 92 nêutrons, número atômico = 92, número de massa = 238.

16. (UFES) O urânio, fonte de energia para usinas nucleares, é um mineral muito importante, encontrado em rochas sedimentares na crosta terrestre. No urânio presente na natureza, são encontrados átomos que têm em seu núcleo 92 prótons e 143 nêutrons (U-235), átomos com 92 prótons e 142 nêutrons (U-234) e outros, ainda, com 92 prótons e 146 nêutrons (U-238). Quanto às características, os átomos de urânio descritos são
a) isóbaros.
b) isótopos.
c) isótonos.
d) alótropos.
e) isômeros.

17. (UNITAU — SP) Dados os átomos: $^{54}_{26}X$, $^{54}_{24}Y$, $^{52}_{26}Z$, $^{55}_{25}W$, $^{52}_{24}T$, são isótopos:
a) X e Z; Y e T.
b) X e Z; Y e W.
c) X e Z; X e Y.
d) Y e T; Z e W.
e) X e Y; Z e W.

18. (CESGRANRIO — RJ) O lixo atômico de uma fábrica de material nuclear contém os elementos radioativos urânio e tório. Considere, a seguir, as representações desses elementos:

I. $^{238}_{92}U$ III. $^{230}_{90}Th$
II. $^{234}_{92}U$ IV. $^{234}_{90}Th$

Constituem um par de isóbaros:
a) I e II.
b) I e III.
c) II e III.
d) II e IV.
e) III e IV.

19. (CESGRANRIO — RJ) Considere os elementos a seguir e assinale a opção correta:
(I) $^{40}_{19}K$ (II) $^{16}_{8}O$ (III) $^{40}_{18}Ar$
(IV) $^{17}_{8}O$ (V) $^{37}_{17}Cl$ (VI) $^{18}_{8}O$
(VII) $^{40}_{20}Ca$

a) I e III são isótopos; II, IV e VI são isóbaros.
b) III e VII são isóbaros; V e VII são isótonos.
c) II, IV e VI são isótopos; III e VII são isótonos.
d) II e III são isótonos; IV e VI são isóbaros.
e) II e IV são isótonos; V e VII são isóbaros.

20. (FGV) O elemento hidrogênio, cujo número atômico é 1, possui 3 isótopos: ^1H (mais abundante), ^2H (deutério), ^3H (trítio). Estes 3 isótopos apresentam entre si:
a) diferente número de prótons, mesmo número de nêutrons e mesmo número de massa.
b) mesmo número de prótons, mesmo número de nêutrons e diferente número de elétrons (^1H = 1 elétron, ^2H = 2 elétrons, ^3H = 3 elétrons).
c) mesmo número de prótons, mesmo número de nêutrons e diferente número de massa.
d) mesmo número de prótons, mesmo número de elétrons e diferente número de nêutrons (^1H = 1 nêutron, ^2H = 2 nêutrons, ^3H = 3 nêutrons).
e) mesmo número de prótons, mesmo número de elétrons e diferente número de nêutrons (^1H = 0 nêutron, ^2H = 1 nêutron, ^3H = 2 nêutrons).

21. Um átomo possui 19 prótons, 20 nêutrons e 19 elétrons. Qual dos seguintes átomos é seu isótono?
a) $^{21}_{19}A$
b) $^{20}_{19}B$
c) $^{38}_{18}C$
d) $^{58}_{39}D$
e) $^{39}_{20}E$

22. (PUC – MG) Considere os seguintes dados:

Átomo	Prótons	Nêutrons	Elétrons
I	40	40	40
II	42	38	42

Os átomos I e II:

a) são isótopos.
b) são do mesmo elemento.
c) são isóbaros.
d) são isótonos.
e) têm o mesmo número atômico.

23. (CEFET — AM) Sabendo que os elementos $^{5x+4}_{x+5}M$ e $^{6x+2}_{x+4}Q$ são isóbaros, podemos concluir que seus números atômicos são, respectivamente:

a) 7 e 6.
b) 14 e 6.
c) 14 e 7.
d) 2 e 2.
e) 28 e 14.

24. (FEI — SP) São dadas as seguintes informações relativas aos átomos X, Y e Z:

I. X é isóbaro de Y e isótono de Z.
II. Y tem número atômico 56, número de massa 137 e é isótopo de Z.
III. O número de massa de Z é 138.

O número atômico de X é:

a) 53
b) 54
c) 55
d) 56
e) 57

25. (CFTMG) São dadas as seguintes informações relativas aos átomos hipotéticos X, Y e W.

— o átomo Y tem número atômico 46, número de massa 127 e é isótono de W;
— o átomo X é isótopo de W e possui número de massa igual a 130;
— o número de massa de W é 128.

Com essas informações é correto concluir que o número atômico de X é igual a

a) 47.
b) 49.
c) 81.
d) 83.

26. (UFF – RJ) A tabela seguinte fornece o número de prótons e o número de nêutrons existentes no núcleo de vários átomos.

Átomo	Nº de prótons	Nº de nêutrons
a	34	45
b	35	44
c	33	42
d	34	44

Considerando os dados da tabela, o átomo isótopo de a e o átomo que tem o mesmo número de massa do átomo a são, respectivamente:

a) d e b
b) c e d
c) b e c
d) b e d
e) c e b

27. Complete com os símbolos dos elementos.

1. Sódio: _____
2. Prata: _____
3. Mercúrio: _____
4. Manganês: _____
5. Magnésio: _____
6. Ouro: _____
7. Ferro: _____
8. Estrôncio: _____
9. Potássio: _____
10. Cobalto: _____
11. Alumínio: _____
12. Cromo: _____
13. Zinco: _____
14. Fósforo: _____
15. Tungstênio _____
16. Cobre: _____
17. Urânio: _____
18. Flúor: _____
19. Cloro: _____
20. Césio: _____

Exercícios Série Ouro

1. (ENCCEJA – EXAME NACIONAL DE CERTIFICAÇÃO DE COMPETÊNCIAS DE JOVENS E ADULTOS) As figuras I e II representam duas diferentes ideias ou modelos para os átomos, constituintes da matéria, surgidos há cerca de um século.

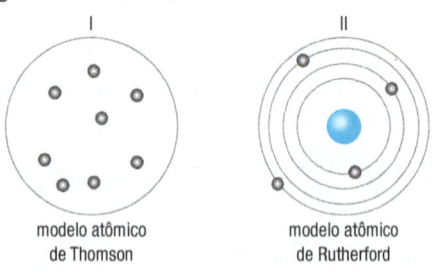

   I — modelo atômico de Thomson
   II — modelo atômico de Rutherford

   A representação hoje aceita para o átomo se parece mais com
   a) o modelo I, sendo constituído por uma massa positiva na qual estão dispersas cargas pontuais negativas.
   b) o modelo I, sendo constituído por um núcleo neutro denso, no qual circulam cargas negativas e positivas.
   c) o modelo II, sendo constituído por um núcleo neutro, com cargas positivas e negativas orbitando a sua volta.
   d) o modelo II, sendo constituído por um núcleo positivo denso, com cargas negativas orbitando à sua volta.

2. (IME – RJ) Os trabalhos de Joseph John Thomson e Ernest Rutherford resultaram em importantes contribuições na história da evolução dos modelos atômicos e no estudo de fenômenos relacionados à matéria. Das alternativas abaixo, aquela que apresenta corretamente o autor e uma de suas contribuições é:
   a) Thomson – Concluiu que o átomo e suas partículas formam um modelo semelhante ao sistema solar.
   b) Thomson – Constatou a indivisibilidade do átomo.
   c) Rutherford – Pela primeira vez, constatou a natureza elétrica da matéria.
   d) Thomson – A partir de experimentos com raios catódicos, comprovou a existência de partículas subatômicas.
   e) Rutherford – Reconheceu a existência das partículas nucleares sem carga elétrica, denominadas nêutrons.

3. (UFG – GO) Leia o poema apresentado a seguir.

   Pudim de passas
   Campo de futebol
   Bolinhas se chocando
   Os planetas do sistema solar
   Átomos
   Às vezes
   São essas coisas
   Em química escolar

   LEAL, M. C. **Soneto de Hidrogênio**.
   São João del Rei: Editora UFSJ, 2011.

   O poema faz parte de um livro publicado em homenagem ao Ano Internacional da Química. A composição metafórica presente nesse poema remete
   a) aos modelos atômicos propostos por Thomson, Dalton e Rutherford.
   b) às teorias explicativas para as leis ponderais de Dalton, Proust e Lavoisier.
   c) aos aspectos dos conteúdos de cinética química no contexto escolar.
   d) às relações de comparação entre núcleo/eletrosfera e bolinha/campo de futebol.
   e) às diferentes dimensões representacionais do sistema solar.

4. (ENEM) Os núcleos dos átomos são constituídos de prótons e nêutrons, sendo ambos os principais responsáveis pela sua massa. Nota-se que, na maioria dos núcleos, essas partículas não estão presentes na mesma proporção. O gráfico mostra a quantidade de nêutrons (N) em função da quantidade de prótons (Z) para os núcleos estáveis conhecidos.

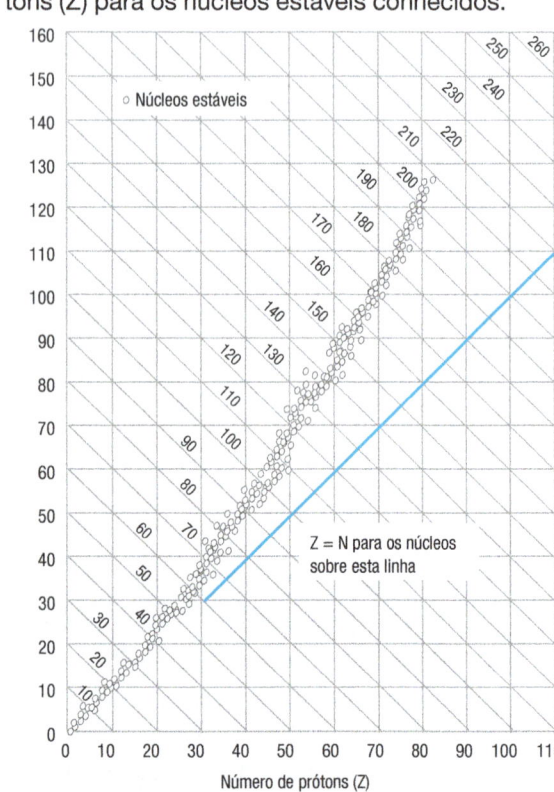

   KAPLAN, I. **Física Nuclear**.
   Rio de Janeiro: Guanabara Dois, 1978 (adaptado).

O antimônio é um elemento químico que possui 50 prótons e possui vários isótopos — átomos que só se diferem pelo número de nêutrons. De acordo com o gráfico, os isótopos estáveis do antimônio possuem

a) entre 12 e 24 nêutrons a menos que o número de prótons.
b) exatamente o mesmo número de prótons e nêutrons.
c) entre 0 e 12 nêutrons a mais que o número de prótons.
d) entre 12 e 24 nêutrons a mais que o número de prótons.
e) entre 0 e 12 nêutrons a menos que o número de prótons.

5. (UNESP) Com a frase "Grupo concebe átomo 'mágico' de silício", a edição de 18.06.2005 da "Folha de S.Paulo" chama a atenção para a notícia da produção de átomos estáveis de silício com duas vezes mais nêutrons do que prótons, por cientistas da Universidade Estadual da Flórida, nos Estados Unidos da América. Na natureza, os átomos estáveis deste elemento químico são: $^{28}_{14}Si$, $^{29}_{14}Si$ e $^{30}_{14}Si$. Quantos nêutrons há em cada átomo "mágico" de silício produzido pelos cientistas da Flórida?

a) 14
b) 16
c) 28
d) 30
e) 44

6. (PUC – Campinas — SP) O silício, elemento químico mais abundante na natureza depois do oxigênio, tem grande aplicação na indústria eletrônica. Por outro lado, o enxofre é de importância fundamental na obtenção do ácido sulfúrico. Sabendo-se que o átomo $^{28}_{14}Si$ é ISÓTONO de uma das variedades isotópicas do enxofre, $_{16}S$, pode-se afirmar que este átomo tem número de massa

a) 14
b) 16
c) 30
d) 32
e) 34

7. (UNESP) O elemento químico B possui 20 nêutrons, é isótopo do elemento químico A, que possui 18 prótons, e isóbaro do elemento químico C, que tem 16 nêutrons. Com base nessas informações, pode-se afirmar que os elementos químicos A, B e C apresentam, respectivamente, números atômicos iguais a

a) 16, 16 e 20.
b) 16, 18 e 20.
c) 16, 20 e 21.
d) 18, 16 e 22.
e) 18, 18 e 22.

8. (UERJ) A maioria dos elementos químicos é constituída por um conjunto de átomos quimicamente idênticos, denominados isótopos.

Observe, a seguir, os isótopos de dois elementos químicos:

— hidrogênio – ^1H, ^2H e ^3H;
— oxigênio – ^{16}O, ^{17}O e ^{18}O.

Combinando-se os isótopos do hidrogênio com os do oxigênio em condições adequadas, obtêm-se diferentes tipos de moléculas de água num total de:

a) 6
b) 9
c) 12
d) 18

9. (FEI — SP) Num exercício escolar, um professor pediu a seus alunos que imaginassem um átomo que tivesse o número atômico igual a seu número de chamada e o número de nêutrons 2 unidades a mais que o número de prótons. O aluno número 15 esqueceu-se de somar 2 para obter o número de nêutrons e, consequentemente, dois alunos imaginaram átomos isóbaros. Isso ocorreu com os alunos cujos números de chamada são:

a) 14 e 15
b) 13 e 15
c) 15 e 16
d) 12 e 15
e) 15 e 17

10. (MACKENZIE – SP) Sabendo-se que dois elementos químicos $^{6x+8}_{3x+3}A$ e $^{3x+20}_{2x+8}B$ são isóbaros, é correto afirmar que o número de nêutrons de A e o número atômico de B são, respectivamente,

a) 15 e 32.
b) 32 e 16.
c) 15 e 17.
d) 20 e 18.
e) 17 e 16.

11. (PUC — SP) Dados três átomos A, B e C, notamos que: A e B são isótopos; A e C são isótonos; B e C são isóbaros. Sabemos ainda que:

— a soma dos números de prótons existentes em A, B e C é 79;

— a soma dos números de nêutrons existentes em A, B e C é 88;

— o número de massa de A é 55.

Consequentemente, podemos concluir que os átomos A, B e C têm, respectivamente:

	Números atômicos	Números de massa
a)	26-26-27	55-56-56
b)	25-25-29	55-59-59
c)	24-24-31	55-62-62
d)	27-27-25	55-53-53
e)	28-28-23	55-50-50

Capítulo 8
Evolução dos Modelos Atômicos. Espectro Atômico do Hidrogênio. Modelo Atômico de Bohr.

1. Introdução

As experiências feitas por Geiger e Marsden no início do século XX esclareceram que os elétrons ocupam o espaço externo ao núcleo atômico, mas a organização desses elétrons era completamente desconhecida por Rutherford e os seus colaboradores. Esta organização é conhecida nos dias de hoje e será investigada neste e no próximo capítulo.

2. Dispersão da luz branca – experiência de Newton – espectro contínuo

Trabalhando no polimento de algumas peças de vidro para estudos de ótica, Newton conseguiu obter um prisma triangular, interessando-se em realizar a famosa experiência da dispersão da luz branca, sobre a qual ele já tinha ouvido falar.

Um feixe de luz branca (luz solar ou de uma lâmpada incandescente), ao atravessar o prisma, decompõe-se originando 7 cores diferentes (vermelho, laranja, amarelo, verde, azul, anil e violeta) que podem ser vistas em um anteparo (pedaço de parede).

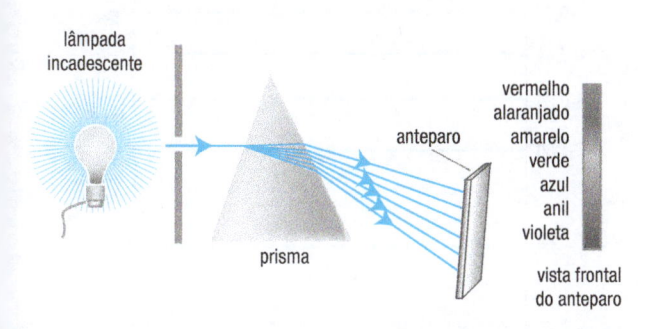

Essa separação de cores é chamada de **espectro**. No caso da luz branca temos um **espectro contínuo**, pois temos uma sequência de cores do vermelho ao violeta.

Newton explicou a experiência admitindo que a luz branca é uma mistura de todas as cores do espectro. Ao passar pelo prisma, a luz branca se decompõe porque cada cor se refrata sob um ângulo diferente.

3. Dispersão da luz da lâmpada de hidrogênio. Espectro atômico ou de raia ou descontínuo.

Se, em vez da luz branca, usássemos uma lâmpada de hidrogênio (tubo contendo um pouco de gás hidrogênio e sob alta tensão elétrica), o fenômeno observado seria bem diferente.

A luz proveniente da lâmpada de hidrogênio, ao atravessar o prisma se decompõe em 4 cores apenas (vermelho, verde, azul, violeta).

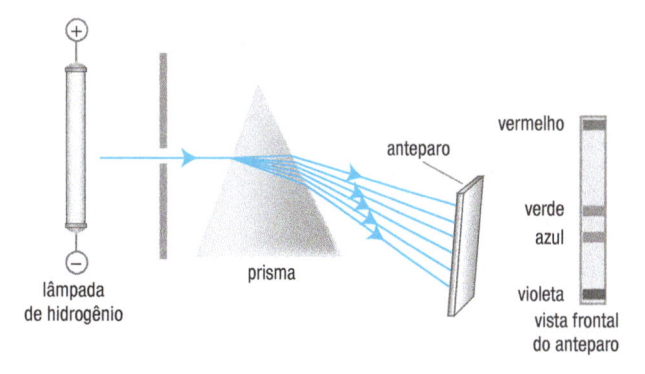

Em lugar do **espectro contínuo** (isto é, contendo as 7 cores), vemos agora no anteparo algumas raias coloridas, permanecendo o restante totalmente escuro. Dizemos então que o espectro é **descontínuo** ou **atômico** e chamamos as linhas luminosas de **raias** ou **bandas do espectro**.

A descontinuidade do espectro não ocorre só com o hidrogênio, mas com todos os elementos químicos. É também muito importante notar que as raias do espectro mudam de um elemento químico para outro, isto é, cada elemento químico tem seu **espectro atômico característico**.

4. Bohr explicando o espectro atômico do hidrogênio

Em 1913, Bohr propôs um modelo atômico que conseguia explicar o espectro de raias. Bohr foi o primeiro cientista a organizar os elétrons na eletrosfera, portanto, Bohr aperfeiçoou o modelo de Rutherford.

Em seu modelo, Bohr incluiu uma série de **postulados** (postulado é uma afirmação aceita como verdadeira, sem demonstração).

- Os elétrons movem-se em órbitas circulares em torno do núcleo chamadas de **camadas eletrônicas** ou **níveis de energia**.

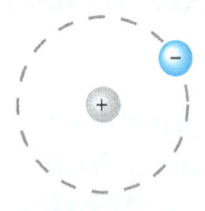

átomo de hidrogênio

- Cada uma dessas camadas possui um valor determinado de energia (energia quantizada).
- Não é permitido a um elétron permanecer entre duas dessas camadas.
- Um elétron pode passar de uma camada para outra mais afastada, desde que **absorva** energia externa (térmica, elétrica ou luminosa). Quando isso acontece, dizemos que o elétron foi excitado.

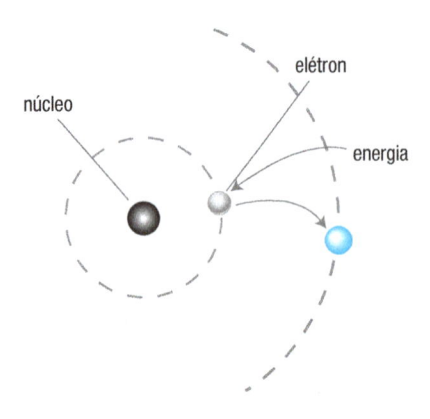

- O retorno do elétron para uma camada mais próxima do núcleo se faz acompanhado da liberação de energia na forma de luz visível (as 7 cores) ou ultravioleta.

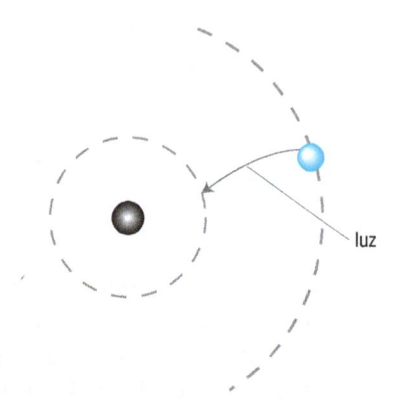

5. Energia das camadas eletrônicas para o átomo de hidrogênio

Bohr mostrou que a energia de cada camada para o átomo de hidrogênio pode ser calculada pela seguinte equação:

$$E = -\frac{13,6}{n^2} \text{ eV}$$ não precisa decorar

n: número da camada: 1, 2, 3, 4,....
eV: elétron-volt (unidade de energia)

A energia de cada camada aumenta à medida que aumenta n (valor menos negativo).

$\oplus$ $\ominus$
n = 1   n = 2

A camada mais próxima do núcleo (n = 1) tem energia mais baixa e mais negativa e o elétron do átomo de hidrogênio está, normalmente, nesta camada.

$$E_1 = -\frac{13,6}{1^2} \text{ eV} \therefore E_1 = -13,6 \text{ eV}$$

É necessário dar energia ao átomo de hidrogênio para o elétron passar para uma camada de maior n, pois o núcleo positivo e o elétron negativo atraem-se mutuamente.

$$E_1 = -\frac{13,6}{2^2} \text{ eV} \therefore E_2 = -3,4 \text{ eV}$$

$E_2 > E_1$

Bohr colocou os valores das energias das camadas em um diagrama.

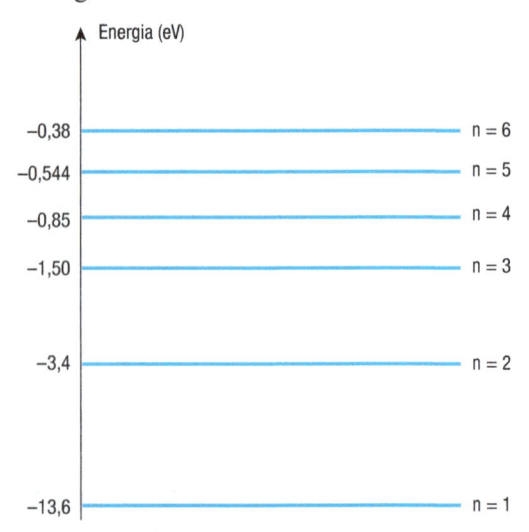

Energia (eV)

−0,38	n = 6
−0,544	n = 5
−0,85	n = 4
−1,50	n = 3
−3,4	n = 2
−13,6	n = 1

Observe como Bohr explicou as 4 cores do espectro do átomo de hidrogênio.

- Elétron da camada n = 6 salta para a camada n = 2; a diferença de energia (3,02 eV) é compatível com a **luz violeta**.

- Elétron da camada n = 5 salta para a camada n = 2; a diferença de energia (2,85 eV) é compatível com a **luz azul**.
- Elétron da camada n = 4 salta para a camada n = 2; a diferença de energia (2,55 eV) é compatível com a **luz verde**.
- Elétron da camada n = 3 salta para a camada n = 2; a diferença de energia (1,9 eV) é compatível com a **luz vermelha**.

Resumindo:

n = 6 —e^-→ n = 2 luz violeta

n = 5 —e^-→ n = 2 luz azul

n = 4 —e^-→ n = 2 luz verde

n = 3 —e^-→ n = 2 luz vermelha

6. Modelo atômico de Bohr

Bohr aperfeiçoou o modelo atômico de Rutherford, admitindo que os elétrons giram em torno do núcleo em órbitas específicas, sem perder energia.

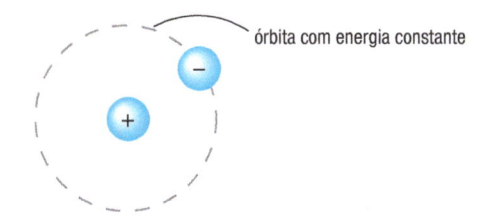

órbita com energia constante

O modelo atômico de Bohr foi muito bem-sucedido quando aplicado ao átomo de hidrogênio (apenas 1 elétron). Para os demais átomos, o modelo de Bohr é aproximado apresentando várias exceções como veremos nos tópicos seguintes. O modelo de Bohr ajudou teoricamente a distribuir os elétrons nas camadas eletrônicas.

7. Camadas eletrônicas ou níveis de energia

Mediante estudos da espectroscopia, o cientista pode determinar quantas camadas eletrônicas existem nos átomos.

Nos átomos dos elementos químicos conhecidos, podem ocorrer **7 camadas eletrônicas** (contendo elétrons) representadas, respectivamente, a partir do núcleo, pelas letras K, L, M, N, O, P e Q ou pelos números 1, 2, 3, 4, 5, 6 e 7.

A primeira camada próxima do núcleo é representada pela letra K, pois em alemão núcleo é **Kern**. As demais letras seguiram a ordem alfabética.

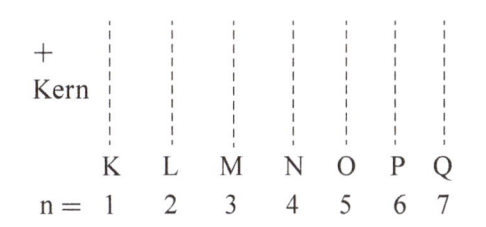

+Kern

	K	L	M	N	O	P	Q
n =	1	2	3	4	5	6	7

Para os elementos químicos conhecidos, o número máximo de elétrons nas respectivas camadas são:

K	L	M	N	O	P	Q
2	8	18	32	32	18	8

8. Distribuição eletrônica nas camadas

Os cientistas, para apresentar uma regra de distribuição, basearam-se no fato de que, experimentalmente, em um átomo o **máximo de elétrons na camada de valência (mais externa)** é 8.

8.1 Regras para a distribuição eletrônica

a) Preencha as camadas na ordem: K, L, M, N ... Nessa ordem, coloque o máximo de elétrons que aceita cada camada. Assim, K – 2, L – 8, M – 18, ... etc., até completar o total de elétrons do átomo.

b) Verifique o número de elétrons na camada mais externa.

Se ela tiver **mais de 8 elétrons** deve-se:

– Cancelar esse número e deixar apenas **8** ou **18** elétrons. (Escreva 8 ou 18, aquele que foi imediatamente inferior ao número a ser cancelado).

10̸ é 8   25̸ é 18

– A diferença entre o **número** cancelado e 8 ou 18 deve ser escrita na camada seguinte.

8 – 2   18 – 7

c) Se ainda a nova camada tem mais de 8 elétrons, deve-se repetir a operação no item b.

Exemplos:

$_{20}$Ca K L M   →   K L M N
       2 8 10̸   2 8 8 2
          8

$_{53}$I   K L M N   →   K L M N O
       2 8 18 25̸   2 8 18 18 7
             18

Como o modelo de Bohr é aproximado para átomos com mais de um elétron, essa distribuição só vale para os **elementos representativos** (grupos 1, 2, 13 ao 18).

8.2 Elementos representativos

ELEMENTOS REPRESENTATIVOS

Grupo	Elementos
1	H, Li, Na, K, Rb, Cs, Fr
2	Be, Mg, Ca, Sr, Ba, Ra
13	B, Al, Ga, In, Tl
14	C, Si, Ge, Sn, Pb
15	N, P, As, Sb, Bi
16	O, S, Se, Te, Po
17	F, Cl, Br, I, At
18	He, Ne, Ar, Kr, Xe, Rn

A distribuição eletrônica em camadas do sódio (e dos demais elementos representativos) é comprovada experimentalmente, pois nos compostos de que participa o elemento sódio fica claro que ele possui 1 elétron na camada de valência.

$$_{11}Na \quad \begin{array}{ccc} K & L & M \\ 2 & 8 & 1 \end{array}$$

9. Teste da cor da chama

Coloca-se na chama do bico de Bunsen um fio de platina com pequena quantidade de um sal. Devido à alta temperatura da chama, os elétrons do metal são excitados, isto é, passam para camadas mais afastadas. Ao voltarem nas camadas iniciais, liberam energia na forma de luz (explicação usando o modelo de Bohr).

Cada metal produz uma cor característica ao ser submetido à chama.

Metal	Cor
sódio	amarelo
lítio	vermelho
potássio	violeta
bário	verde
estrôncio	vermelho-carmim
césio	azul-claro

Exercícios Série Prata

1. (UNIMONTES – MG) O esquema abaixo e as afirmativas 1, 2 e 3 referem-se ao modelo atômico de Bohr.

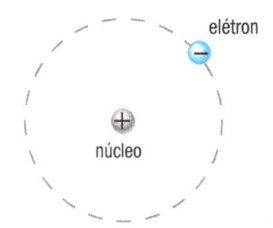

1. Os elétrons nos átomos movimentam-se ao redor do núcleo em trajetórias circulares.
2. Os elétrons em movimento nessas trajetórias não emitem energia espontaneamente.
3. Cada uma dessas trajetórias possui um valor fixo e determinado de energia.

Considerando as informações sobre o modelo atômico de Bohr, assinale a alternativa *incorreta*.

a) O elétron, ao receber quantidades fixas de energia, passa para um nível mais afastado do núcleo.
b) O espectro atômico é obtido das emissões de energia na forma de ondas eletromagnéticas.
c) A energia recebida por um elétron é igual à energia emitida por este ao retornar ao nível inicial.
d) O modelo explica satisfatoriamente o espectro de átomos com muitos elétrons na eletrosfera.

2. Complete com **absorva** ou **liberação**.

a) Um elétron pode passar de uma camada para outra mais afastada, desde que _____ energia externa (térmica, elétrica ou luminosa).

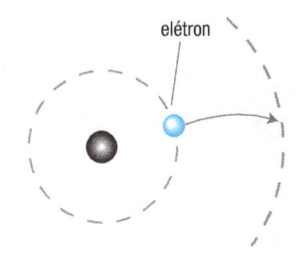

b) O retorno do elétron para uma camada mais próxima do núcleo se faz acompanhado da _____ de energia na forma de luz visível ou ultravioleta.

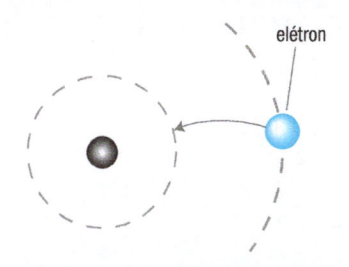

3. (PUC – MG) "As diferentes cores produzidas por distintos elementos são resultado de transições eletrônicas. Ao mudar de camadas, em torno do núcleo atômico, os elétrons emitem energia nos diferentes comprimentos de ondas, as cores."

Fonte: **O Estado de S. Paulo**. São Paulo, 26 dez. 1992. Caderno de Ciências e Tecnologia.

O texto anterior está baseado no modelo atômico proposto por:
a) Niels Bohr
b) Rutherford
c) Heisenberg
d) John Dalton
e) J. J. Thomson

4. (UFRGS – RS) Uma moda atual entre as crianças é colecionar figurinhas que brilham no escuro. Essas figuras apresentam em sua constituição a substância sulfeto de zinco. O fenômeno ocorre porque alguns elétrons que compõem os átomos dessa substância absorvem energia luminosa e saltam para níveis de energia mais externos. No escuro, esses elétrons retornam aos seus níveis de origem, liberando energia luminosa e fazendo a figurinha brilhar. Essa característica pode ser explicada considerando o modelo atômico proposto por

a) Dalton.
b) Thomson.
c) Lavoisier.
d) Rutherford.
e) Bohr.

5. (UFPI) O sulfeto de zinco–ZnS tem a propriedade denominada de fosforescência, capaz de emitir um brilho amarelo-esverdeado depois de exposto à luz. Analise as afirmativas a seguir, todas relativas ao ZsS, e marque a opção correta:

a) salto de núcleos provoca fosforescência.
b) salto de nêutrons provoca fosforescência.
c) salto de elétrons provoca fosforescência.
d) elétrons que absorvem fótons aproximam-se do núcleo.
e) ao apagar a luz, os elétrons adquirem maior conteúdo energético.

6. (UFPI) Luz fornecida por uma lâmpada de vapor de sódio utilizada em iluminação pública é resultado de:

a) transição de elétrons de um dado nível de energia para um outro de maior energia.
b) remoção de elétrons de um átomo para formar cátions.
c) transição de elétrons de um nível de energia mais alto para um mais baixo.
d) adição de elétrons e átomos para formação de ânions.
e) combinação de átomos para formar moléculas.

Cap. 8 | Evolução dos Modelos Atômicos. Espectro Atômico do Hidrogênio. Modelo Atômico de Bohr.

7. (PUC – MG) Considere os nomes dos cientistas (coluna da esquerda) e os modelos atômicos (coluna da direita).

1. Dalton
2. Rutherford
3. Niels Bohr
4. J. J. Thomson

A. Descoberta do núcleo e seu tamanho relativo.
B. Átomos esféricos, maciços, indivisíveis.
C. Modelo semelhante a um "pudim com passas" com cargas positivas e negativas em igual número.
D. Os elétrons giram em torno do núcleo em determinadas órbitas com energia constante.

Quais das sequências faz a associação CORRETA?
a) 1A, 2B, 4C, 3D
b) 1A, 4B, 3C, 2D
c) 2A, 1B, 4C, 3D
d) 3A, 4B, 2C, 1D
e) 4A, 1B, 2C, 3D

8. (ITA – SP) Historicamente, a teoria atômica recebeu várias contribuições de cientistas.

Assinale a opção que apresenta, na ordem cronológica CORRETA, os nomes de cientistas que são apontados como autores de modelos atômicos.
a) Dalton, Thomson, Rutherford e Bohr.
b) Thomson, Millikan, Dalton e Rutherford.
c) Avogadro, Thomson, Bohr e Rutherford.
d) Lavoisier, Proust, Gay-Lussac e Thomson.
e) Rutherford, Dalton, Bohr e Avogadro.

9. (UFMG) Ao resumir as características de cada um dos sucessivos modelos do átomo de hidrogênio, um estudante elaborou o seguinte resumo:

MODELO ATÔMICO: Dalton
CARACTERÍSTICAS: átomos maciços e indivisíveis.
MODELO ATÔMICO: Thomson
CARACTERÍSTICAS: elétron, de carga negativa, incrustado em uma esfera de carga positiva. A carga positiva está distribuída, homogeneamente, por toda a esfera.
MODELO ATÔMICO: Rutherford
CARACTERÍSTICAS: elétrons, de carga negativa, em órbita em torno de um núcleo central, de carga positiva. Não há restrição quanto aos valores dos raios das órbitas e das energias do elétron.
MODELO ATÔMICO: Bohr
CARACTERÍSTICAS: elétron, de carga negativa, em órbita em torno de um núcleo central, de carga positiva. Apenas certos valores dos raios das órbitas e das energias do elétron são possíveis.

O número de ERROS cometidos pelo estudante é:
a) 0
b) 1
c) 2
d) 3

10. Para os elementos químicos conhecidos, preencha cada camada com o número máximo de elétrons.

K	L	M	N	O	P	Q

11. Dar a distribuição eletrônica em camadas dos seguintes elementos químicos.

a) $_1$H K

b) $_6$C K L

c) $_7$N K L

d) $_8$O K L

e) $_9$F K L

f) $_{10}$Ne K L

g) $_{11}$Na K L M

h) $_{12}$Mg K L M

i) $_{13}$Al K L M

j) $_{16}$S K L M

k) $_{17}$Cl K L M

l) $_{19}$K K L M N

m) $_{20}$Ca K L M N

n) $_{54}$Xe K L M N O

12. (UFRN) Considere o seguinte diagrama de níveis de energia para o átomo de hidrogênio:

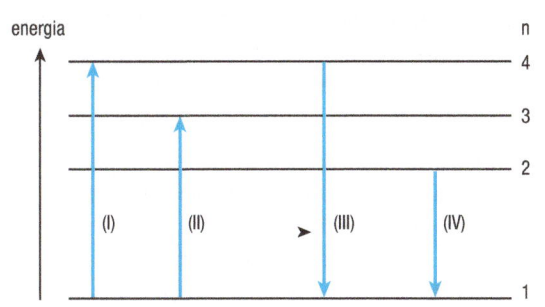

As transições em que ocorre **apenas** absorção de energia são:
a) I, II, III e IV.   c) I e II.
b) III e IV.   d) I e III.

13. A transição eletrônica ocorre principalmente com o elétron do nível eletrônico mais energético. O elétron mais energético do sódio no estado fundamental encontra-se no nível eletrônico igual a
a) 1.   b) 2.   c) 3.   d) 4.   e) 5.
Dado: $_{11}Na$.

(UNCISAL) Leia o texto a seguir para responder às próximas duas questões.

Fogos de artifícios são utilizados em festividades como festas de São João e de Ano Novo. As belas cores observadas no céu devem-se às transições dos elétrons nos níveis de energia (camadas eletrônicas) dos átomos de alguns elementos usados na confecção dos fogos. A cor amarela é obtida quando se usam compostos de sódio, a cor vermelha com estrôncio, a cor púrpura com potássio e a cor branco-prateada com magnésio.

14. De acordo com o texto, os elementos responsáveis pela cor vermelha, púrpura e branco-prateada apresentam, respectivamente, os símbolos químicos
a) Es, P e Mg.   d) Sr, K e Mg.
b) Es, K e Mg.   e) Sr, P e Mn.
c) Es, P e Mn.

Exercícios Série Ouro

1. (UFRGS – RS) Em fogos de artifício, as diferentes colorações são obtidas quando se adicionam sais de diferentes metais às misturas explosivas.

Assim, para que se obtenha a cor azul, é utilizado o cobre, enquanto para a cor vermelha utiliza-se o estrôncio. A emissão de luz com cor característica para cada elemento deve-se

a) aos elétrons destes íons metálicos, que absorvem energia e saltam para níveis mais externos e, ao retornarem para os níveis internos, emitem radiações com coloração característica.
b) às propriedades radioativas destes átomos metálicos.
c) aos átomos desses metais, que são capazes de decompor a luz natural em um espectro contínuo de luz visível.
d) à baixa eletronegatividade dos átomos metálicos.
e) aos elevados valores de energia de ionização dos átomos metálicos.

2. (ITA – SP) Um estudante imergiu a extremidade de um fio de níquel-crômio limpo em uma solução aquosa de ácido clorídrico e, a seguir, colocou esta extremidade em contato com uma amostra de um sal iônico puro. Em seguida, expôs esta extremidade à chama azulada de um bico de Bunsen, observando uma coloração amarela na chama.

Assinale a opção que contém o elemento químico responsável pela coloração amarela observada.
a) Bário.   d) Potássio.
b) Cobre.   e) Sódio.
c) Lítio.

Resolução:

O teste de chama é o aquecimento de um sal iônico puro que emite luz devido a excitação do elétron. O elemento químico sódio é o responsável pela coloração amarela.

Resposta: alternativa e.

3. (UFPR) Segundo o modelo atômico de Niels Bohr, proposto em 1913, é correto afirmar:

a) No átomo, somente é permitido ao elétron estar em certos estados estacionários, e cada um desses estados possui uma energia fixa e definida.
b) Quando um elétron passa de um estado estacionário de baixa energia para um de alta energia, há a emissão de radiação (energia).
c) O elétron pode assumir qualquer estado estacionário permitido sem absorver ou emitir radiação.
d) No átomo, a separação energética entre dois estados estacionários consecutivos é sempre a mesma.
e) No átomo, o elétron pode assumir qualquer valor de energia.

4. (UFG – GO – adaptada) Os modelos atômicos são elaborados no intuito de explicar a constituição da matéria e têm evoluído ao longo do desenvolvimento da ciência, desde o modelo filosófico dos gregos, passando pelos modelos de Dalton, Thomson, Rutherford e Bohr. O modelo de Bohr caracteriza-se pela

a) quantização dos níveis de energia dos elétrons.
b) indivisibilidade do átomo em partículas menores.
c) forma esférica de tamanho microscópico.
d) distribuição dos elétrons em órbitas elípticas em torno do núcleo.
e) distribuição dos elétrons de maneira uniforme na superfície do átomo.

5. (UFRGS – RS) A partir do século XIX, a concepção da ideia de átomo passou a ser analisada sob uma nova perspectiva: a experimentação. Com base nos dados experimentais disponíveis, os cientistas faziam proposições a respeito da estrutura atômica. Cada nova teoria atômica tornava mais clara a compreensão da estrutura do átomo. Assinale, no quadro a seguir, a alternativa que apresenta a correta associação entre o nome do cientista, a fundamentação de sua proposição e a estrutura atômica que propôs.

	Cientistas	Fundamentação	Estrutura atômica
a)	John Dalton	Experimentos com raios catódicos que foram interpretados como um feixe de partículas carregadas negativamente denominadas elétrons, os quais deviam fazer parte de todos os átomos.	O átomo deve ser um fluido homogêneo e quase esférico, com carga positiva, no qual estão dispersos uniformemente os elétrons.
b)	Niels Bohr	Leis ponderais que relacionavam entre si as massas de substâncias participantes de reações.	Os elétrons movimentam-se em torno do núcleo central positivo em órbitas específicas com níveis energéticos bem definidos.
c)	Ernest Rutherford	Experimentos envolvendo o fenômeno da radioatividade.	O átomo é constituído por um núcleo central positivo, muito pequeno em relação ao tamanho total do átomo, porém com grande massa, ao redor do qual orbitam os elétrons com carga negativa.
d)	Joseph Thomson	Princípios da teoria da mecânica quântica.	A matéria é descontínua e formada por minúsculas partículas indivisíveis denominadas átomos.
e)	Demócrito	Experimentos sobre condução de corrente elétrica em meio aquoso.	Os átomos são as unidades elementares da matéria e comportam-se como se fossem esferas maciças, indivisíveis e sem cargas.

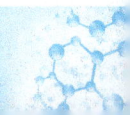

6. (UFRGS – RS) O conhecimento sobre estruturas atômicas evoluiu à medida que determinados fatos experimentais eram observados, gerando a necessidade de proposição de modelos atômicos com características que os explicassem.

Fatos observados:

I. Investigações sobre a natureza elétrica da matéria e descargas elétricas em tubos de gases rarefeitos.
II. Determinação das Leis Ponderais das Combinações Químicas.
III. Análise dos espectros atômicos (emissão de luz com cores características para cada elemento).
IV. Estudos sobre radioatividade e dispersão de partículas alfa.

Características do Modelo Atômico:

1 – Átomos maciços, indivisíveis e indestrutíveis.
2 – Átomos com núcleo denso e positivo, rodeado pelos elétrons negativos.
3 – Átomos como uma esfera positiva onde estão distribuídas, uniformemente, as partículas negativas.
4 – Átomos com elétrons, movimentando-se ao redor do núcleo em trajetória circulares – denominadas níveis – com valor determinado de energia.

A associação correta entre o fato observado e o modelo atômico proposto, a partir deste subsídio, é:

a) I – 3; II – 1; III – 2; IV – 4.
b) I – 1; II – 2; III – 4; IV – 3.
c) I – 3; II – 1; III – 4; IV – 2.
d) I – 4; II – 2; III – 1; IV – 3.
e) I – 1; II – 3; III – 4; IV – 2.

7. (PUC – RS) Para responder à questão, analise o texto a seguir.

Em 2013, comemorou-se o centenário da publicação de um trabalho que marcou época no desenvolvimento da teoria atômica. Intitulado *Sobre a constituição de átomos e moléculas*, o trabalho oferece uma descrição da estrutura atômica na qual os elétrons descrevem órbitas bem definidas e podem saltar de uma órbita a outra mediante a absorção ou emissão de radiação. _____ , o autor desse trabalho, elaborou seu modelo atômico tomando as ideias de Rutherford como ponto de partida. Segundo Rutherford, o átomo contém um núcleo positivo muito pequeno, ao redor do qual se movem os elétrons. Assim surgiu a famosa imagem do átomo como _____ , a qual substituiu a noção de _____ de que o átomo seria semelhante a _____ .

As expressões que completam corretamente o texto são, respectivamente:

a) Bohr; um sistema solar em miniatura; Thomson; um pudim de passas.
b) Bohr; um pudim de passas; Dalton; uma bola de bilhar.
c) Thomson; um sistema solar em miniatura; Dalton; um pudim de passas.
d) Thomson; um pudim de passas; Demócrito; uma bola de bilhar.
e) De Broglie; um sistema solar em miniatura; Thomson; uma bola de bilhar.

8. (UNESP) Considere as seguintes afirmações sobre átomos e moléculas.

I. No modelo proposto por Rutherford, o átomo tem praticamente toda sua massa concentrada num núcleo pequeno e os elétrons estão a uma grande distância do núcleo.
II. No modelo proposto por Bohr para o átomo de hidrogênio, os elétrons se movem em órbitas circulares, cujas energias podem assumir quaisquer valores.
III. Molécula é a menor porção de uma substância molecular que mantém sua composição.

Está(ão) correta(s):

a) apenas I.
b) apenas II.
c) apenas III.
d) apenas I e II.
e) apenas I e III.

9. (UFPI) O diagrama de níveis de energia para o mercúrio mostra as transições de emissão mais importantes para esse elemento. Uma emissão pode ser observada após excitação por uma descarga elétrica como em uma lâmpada de mercúrio. De acordo com esse diagrama e com a tabela abaixo, analise as seguintes afirmativas.

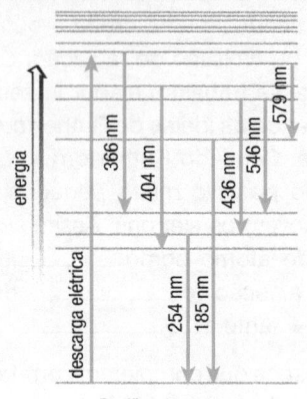

Regiões do espectro	
< 400 nm	ultravioleta
400-700 nm	visível
> 700 nm	infravermelho

I. No espectro atômico do mercúrio, na região do visível, é possível identificarem-se pelo menos 4 raias.

II. Considerando a excitação apresentada, podemos, além das transições de emissão explicitadas, ter a possibilidade de outras 29 transições de emissão.

III. Considerando que a luz na região ultravioleta tem ação germicidas, lâmpadas de mercúrio podem ser utilizadas com essa finalidade.

Analise as afirmativas acima e assinale a opção correta.

a) Apenas I é verdadeira.
b) Apenas I e II são verdadeiras.
c) I, II e III são verdadeiras.
d) Apenas II e III são verdadeiras.
e) Apenas I e III são verdadeiras.

Resolução:

I. Correta.

404 nm, 436 nm, 546 nm, 579 nm.

II. Correta.

A descarga elétrica ocorre até a camada 9.

sai da:	chega na:	quantidade
9	8, 7, 6, 5, 4, 3, 2, 1	8
8	7, 6, 5, 4, 3, 2, 1	7
7	6, 5, 4, 3, 2, 1	6
6	5, 4, 3, 2, 1	5
5	4, 3, 2, 1	4
4	3, 2, 1	3
3	2, 1	2
2	1	1
		36

No diagrama estão representadas sete transições eletrônicas (setas verticais para baixo). Portanto, sobram ainda (36 − 7 =) 29 transições.

III. Correta.

366 nm, 254 nm, 185 nm

Resposta: alternativa c.

Capítulo 9
Evolução dos Modelos Atômicos. Subníveis. Modelo Atômico de Sommerfeld.

1. Espectro atômico de átomos com muitos elétrons

Com a construção de aparelhos mais avançados para obter os espectros, foi possível perceber que algumas raias luminosas eram formada de duas ou mais linhas muito próximas.

Observe o espectro atômico de um átomo com muitos elétrons.

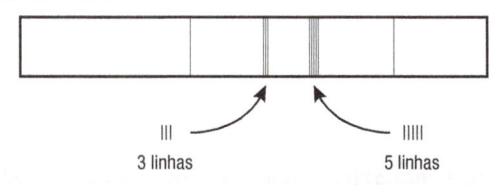

Sommerfeld explicou que essas linhas eram devidas as subdivisões das camadas (níveis de energia), chamadas de **subníveis** (exceto a camada K). Estes são designados pelas letras minúsculas s, p, d, f, g, h etc.

2. Modelo atômico de Sommerfeld

Pelo modelo de Sommerfeld (1916), os elétrons giram em torno do núcleo em órbitas circulares e elípticas (subníveis) formando um nível de energia (camada eletrônica).

Para qualquer nível de energia temos uma órbita circular e (n − 1) órbitas elípticas, onde n é o número do nível de energia (camada eletrônica). **Exemplos:**

n = 1 K   1 órbita circular
n = 2 L   1 órbita circular e 1 órbita elíptica
n = 3 M   1 órbita circular e 2 órbitas elípticas
n = 4 N   1 órbita circular e 3 órbitas elípticas
Camada N (1 órbita circular e 3 órbitas elípticas)

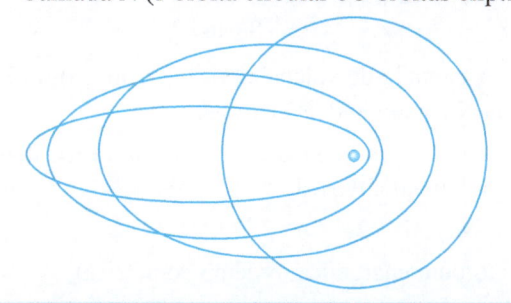

Nota: elipse é o alongamento de uma circunferência.

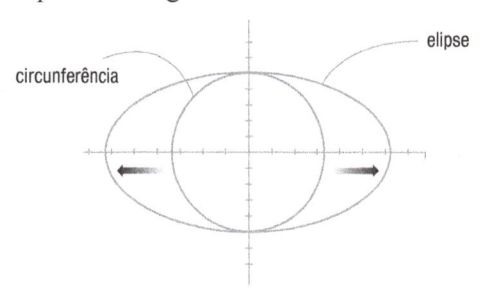

3. Organizando a eletrosfera: nível de energia e subnível de energia

O número de subníveis conhecidos em cada camada é dado pela seguinte tabela.

n	Nível	Subnível
1	K	1s
2	L	2s 2p
3	M	3s 3p 3d
4	N	4s 4p 4d 4f
5	O	5s 5p 5d 5f
6	P	6s 6p 6d
7	Q	7s 7p

4. Número máximo de elétrons em cada subnível

O número máximo de elétrons em cada camada vai indicar o número máximo de elétrons em cada subnível.

K (2) $1s^2$
L (8) $2s^2$ $2p^6$
M (18) $3s^2$ $3p^6$ $3d^{10}$
N (32) $4s^2$ $4p^6$ $4d^{10}$ $4f^{14}$

Subnível	s	p	d	f
Número máximo de elétrons	2	6	10	14

Importante:

camada ou nível ← 3 p⁶ → elétrons / subnível

Sommerfeld introduziu o número do subnível representado pela letra ℓ.

subnível	s	p	d	f
número (ℓ)	0	1	2	3

5. Energia do subnível

5.1 Usando a soma n + ℓ

A energia de um subnível é proporcional à soma (n + ℓ) de seus respectivos números de camadas e subníveis para átomos diferentes do hidrogênio

$$E_{subnível} = n + \ell$$

Exemplos:

1) 3d   4s
   n = 3   n = 4
   ℓ = 2 ℓ = 0
   n + ℓ = 5   n + ℓ = 4

   3d é mais energético que **4s**

2) 3d   4p
   n = 3   n = 4
   ℓ = 2 ℓ = 1
   n + ℓ = 5   n + ℓ = 5

Quando os subníveis apresentarem a mesma soma, o mais afastado (maior n) terá maior energia.

4p é mais energético que **3d**, pois tem maior n.

Subnível	n + ℓ	
1s	1 + 0 = 1	
2s	2 + 0 = 2	
2p	2 + 1 = 3	energia
3s	3 + 0 = 3	aumenta
3p	3 + 1 = 4	
4s	4 + 0 = 4	
3d	3 + 2 = 5	

5.2 Usando o diagrama das diagonais

Dispositivo prático que coloca todos os subníveis conhecidos em ordem crescente de energia.

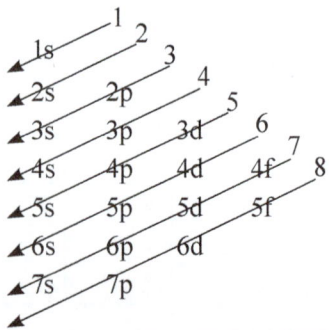

1s
2s 2p
3s 3p 3d
4s 4p 4d 4f
5s 5p 5d 5f
6s 6p 6d
7s 7p

Seguindo as diagonais temos:

1s 2s 2p 3s 3p 4s 3d 4p 5s 4d 5p 6s 4f 5d 6p 7s 5f 6d 7p →

energia crescente

Alguns autores chamam esse diagrama de diagrama de Linus Pauling.

6. Distribuição dos elétrons nos subníveis

Os subníveis são preenchidos com elétrons em ordem crescente de energia (seguindo as diagonais).

Um átomo está no **estado fundamental** quando os elétrons estão nos subníveis de menor energia possível.

Roteiro:

a) Descobrir o número de elétrons: Z = p; p = e.

b) Construir o diagrama das diagonais, os subníveis são preenchidos em ordem crescente de energia (seguir as diagonais).

c) Três respostas possíveis:

ordem energética: subníveis em ordem crescente de energia (igual ao diagrama);

ordem geométrica: subníveis em ordem crescente de distância, isto é, os subníveis nas respectivas camadas. Essa resposta é a mais utilizada, pois mostra os elétrons da camada de valência que vai ser usada nas ligações químicas;

ordem de camadas: camadas e o número de elétrons.

Exemplo: distribuição eletrônica do $_{26}$Fe

a) Z = 26, p = 26, e = 26

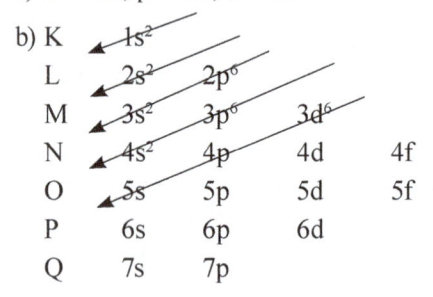

b)
K	1s²			
L	2s²	2p⁶		
M	3s²	3p⁶	3d⁶	
N	4s²	4p	4d	4f
O	5s	5p	5d	5f
P	6s	6p	6d	
Q	7s	7p		

c) **Ordem energética:** 1s² 2s² 2p⁶ 3s² 3p⁶ 4s² 3d⁶

3d⁶: subnível mais energético

ordem geométrica: 1s² 2s² 2p⁶ 3s² 3p⁶ 3d⁶ 4s²

ordem de camadas: K L M N
                        2 8 14 2

A camada de valência (última camada) do Fe é a camada N contendo dois elétrons.

Nota: para certos átomos a ordem energética coincide com a ordem geométrica.

$_{11}$Na   1s² 2s² 2p⁶ 3s¹

(ordem energética, ordem geométrica)

Existem alguns elementos (Cr, Mo, Pd, Pt, Cu, Ag, Au) cujas distribuições eletrônicas não obedecem ao diagrama das diagonais. Lembre-se que os modelos são aproximados para átomos multieletrônicos.

Observações:

- As exceções diminuem, pois o modelo de Sommerfeld, é mais completo que o modelo de Bohr.

- As distribuições eletrônicas podem ser confirmadas em alguns casos usando o conceito de energia de ionização (capítulo 11).

- o modelo atual, os subníveis são regiões chamadas de **orbitais**, que ficam ao redor do núcleo.

O número de elétrons afeta as propriedades do átomo. No átomo de hidrogênio, com um elétron, não ocorre repulsão elétron-elétron. Os subníveis de uma mesma camada têm a mesma energia. Assim, por exemplo, o subnível 2s e o subnível 2p têm a mesma energia. Nos átomos com muitos elétrons, entretanto, o resultado de experimentos espectroscópicos e de cálculos mostra que as repulsões elétron-elétron fazem com que a energia do subnível 2p seja mais alta do que a de um subnível 2s.

Exercícios Série Prata

1. Para cada subnível fornecido indique o número máximo de elétrons.

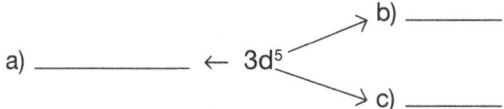

s	p	d	f

2. Complete.

a) _____ ← $3d^5$ → b) _____
　　　　　　　　　　　　　↘ c) _____

3. Construa o diagrama das diagonais.

K

L

M

N

O

P

Q

4. Observe a distribuição eletrônica abaixo e responda ao que se pede.

$$1s^2 \ 2s^2 \ 2p^6 \ 3s^2 \ 3p^6 \ 4s^2 \ 3d^1$$

a) Quantas camadas eletrônicas existem nessa distribuição?
b) Indique o número de elétrons no subnível mais energético.
c) Indique o número de elétrons no subnível mais externo.
d) Indique o número de elétrons por nível.

5. Observe o diagrama abaixo, no qual foi feita a distribuição eletrônica de um átomo, e responda aos itens a seguir:

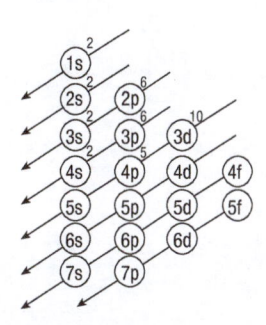

$1s^2$
$2s^2 \ 2p^6$
$3s^2 \ 3p^6 \ 3d^{10}$
$4s^2 \ 4p^5 \ 4d \ 4f$
$5s \ 5p \ 5d \ 5f$
$6s \ 6p \ 6d$
$7s \ 7p$

a) Escreva a distribuição eletrônica em ordem crescente de energia dos subníveis.
b) Escreva a distribuição eletrônica ordenando os subníveis em ordem geométrica.
c) Quantos prótons apresenta o átomo?
d) Indique o número de elétrons por nível.

8. Faça a distribuição eletrônica em subníveis.

I. $_{12}^{24}Mg$

II. $_{15}^{31}P$

III. $_{19}^{39}K$

IV. $_{25}^{55}Mn$

V. $_{35}^{80}Br$

6. (USF – SP) Um elemento cujo átomo possui 20 nêutrons e apresenta distribuição eletrônica no estado fundamental.

$1s^2 \ 2s^2 \ 2p^6 \ 3s^2 \ 3p^6 \ 4s^1$ tem:

a) nº atômico 20 e nº de massa 39.
b) nº atômico 39 e nº de massa 20.
c) nº atômico 19 e nº de massa 20.
d) nº atômico 19 e nº de massa 39.
e) nº atômico 39 e nº de massa 19.

7. (UNIUBE – MG) Um átomo cuja configuração eletrônica é $1s^2, 2s^2, 2p^6, 3s^2, 3p^6, 4s^2$ tem como número atômico:

a) 10.
b) 20.
c) 18.
d) 2.
e) 8.

9. (UNITAU – SP) Um átomo que possui configuração $1s^2, 2s^2, 2p^6, 3s^2, 3p^3$ apresenta na camada mais externa:

a) 2 elétrons.
b) 3 elétrons.
c) 5 elétrons.
d) 12 elétrons.
e) 15 elétrons.

10. (PUC – RJ – adaptada) O subnível de maior energia de um átomo é 4p e nele existem 3 elétrons. Escreva a distribuição eletrônica em camadas para esse átomo.

11. (UEL – PR) Um estudante apresentou a seguinte distribuição eletrônica para o átomo de bromo: (Z = 35)

$1s^2\ 2s^2\ 2p^6\ 3s^2\ 3p^6\ 3d^9\ 4s^2\ 4p^6$

Houve **incorreção** no número de elétrons dos subníveis:

a) 3d e 4p.
b) 3d e 4s.
c) 4s e 4p.
d) 3d, somente.
e) 4p, somente.

12. (UNISA – SP) Sendo o subnível $4s^1$ (com um elétron) o mais energético de um átomo, podemos afirmar que:

I. O número total de elétrons desse átomo é igual a 19.

II. Esse átomo apresenta 4 camadas eletrônicas.

III. Sua configuração eletrônica é:

$1s^2\ 2s^2\ 2p^6\ 3s^2\ 3p^6\ 3d^{10}\ 4s^1$

a) Apenas a afirmação I é correta.
b) Apenas a afirmação II é correta.
c) Apenas a afirmação III é correta.
d) As afirmações I e II são corretas.
e) As afirmações II e III são corretas.

13. (CESGRANRIO – RJ) A distribuição eletrônica correta do átomo $_{26}^{56}Fe$, em camadas, é:

a) $1s^2\ 2s^2\ 2p^6\ 3s^2\ 3p^6\ 4s^2\ 3d^6$
b) $1s^2\ 2s^2\ 2p^6\ 3s^2\ 3p^6\ 4s^2\ 3d^{10}\ 4p^6\ 5s^2\ 4d^{10}\ 5p^6\ 6s^2$
c) K = 2 L = 8 M = 16
d) K = 2 L = 8 M = 14 N = 2
e) K = 2 L = 8 M = 18 N = 18 O = 8 P = 2

14. (UNIRIO – RJ) "Os implantes dentários estão mais seguros no Brasil e já atendem às normas internacionais de qualidade. O grande salto de qualidade aconteceu no processo de confecção dos parafusos e pinos de titânio, que compõem as próteses. Feitas com ligas de titânio, essas próteses são usadas para fixar coroas dentárias, aparelhos ortodônticos e dentaduras, nos ossos da mandíbula e do maxilar."

Jornal do Brasil, out. 1996.

Considerando que o número atômico do titânio é 22, sua configuração eletrônica será:

a) $1s^2\ 2s^2\ 2p^6\ 3s^2\ 3p^3$
b) $1s^2\ 2s^2\ 2p^6\ 3s^2\ 3p^5$
c) $1s^2\ 2s^2\ 2p^6\ 3s^2\ 3p^6\ 4s^2$
d) $1s^2\ 2s^2\ 2p^6\ 3s^2\ 3p^6\ 4s^2\ 3d^2$
e) $1s^2\ 2s^2\ 2p^6\ 3s^2\ 3p^6\ 4s^2\ 3d^{10}\ 4p^6$

15. (VUNESP) Um átomo tem número de massa 31 e 16 nêutrons. Qual é o número de elétrons no seu nível mais externo?

a) 2
b) 4
c) 5
d) 3
e) 8

Exercícios Série Ouro

1. (UFPR – adaptada) Considere as seguintes afirmativas sobre dois elementos genéticos X e Y:

- X tem número de massa igual a 40;
- X é isóbaro de Y;
- Y tem número de nêutrons igual a 20.

Assinale a alternativa que apresenta, respectivamente, o número atômico e a configuração eletrônica para o átomo de Y no estado fundamental:

a) 20 e $1s^2\ 2s^2\ 2p^6\ 3s^2\ 3p^6\ 4s^2$.
b) 18 e $1s^2\ 2s^2\ 2p^6\ 3s^2\ 3p^6\ 4s^2$.
c) 20 e $1s^2\ 2s^2\ 2p^6\ 3s^2\ 3p^6\ 4s^2\ 4p^2$.
d) 20 e $1s^2\ 2s^2\ 2p^6\ 3s^2\ 3p^6$.
e) 18 e $1s^2\ 2s^2\ 2p^6\ 3s^2\ 3p^6$.

2. (UEG – GO) Considere três átomos hipotéticos, X, Y e W, sabendo-se que

I. X tem número atômico igual a 20, sendo isóbaro de Y e isótono de W;

II. Y tem número atômico igual a 21, número de massa igual a 44, sendo isótopo de W.

O elétron mais energético do elemento químico W irá ocupar o subnível

a) 3d   b) 3p   c) 4p   d) 4s

3. Um átomo de certo elemento químico possui 35 nêutrons e uma distribuição eletrônica que termina em $3d^{10}$. Determine o número de massa (A) e o número atômico (Z) desse elemento.

4. (UNIP – SP) O átomo $_{3x+2}^{7x}A$ tem 30 nêutrons. O número de elétrons existente na camada de valência desse átomo é:

a) 1   b) 2   c) 3   d) 4   e) 5

5. (UFPI) De acordo com o "principio de Aufbau" para a distribuição eletrônica em átomos multieletrônicos, diz-se que um átomo encontra-se no seu estado fundamental quando seus elétrons se localizam nos estados de menor energia. Dentre as opções abaixo, aquela coincidente com a de um átomo no seu estado fundamental é:

a) $1s^2\ 2s^1\ 2p^4$.
b) $1s^2\ 2s^2\ 2p^6\ 3s^2\ 3p^5\ 4s^2\ 3d^{10}$.
c) $1s^2\ 2s^2\ 2p^6\ 3s^1\ 3p^5\ 4s^2$.
d) $1s^2\ 2s^2\ 2p^6\ 3s^2\ 3p^6\ 4s^2\ 3d^{10}$.
e) $1s^2\ 2s^2\ 2p^6\ 3s^2\ 3p^6\ 4s^1\ 3d^8\ 4p^2$.

Nota: Aufbau em alemão: construção.

6. (VUNESP) Sejam os elementos $^{150}_{63}$A, B e C, de números atômicos consecutivos e crescentes na ordem dada. Sabendo-se que A e B são isóbaros e que B e C são isótonos, determine

   a) o número de massa do elemento C;
   b) o número de elétrons do subnível mais energético do elemento C.

7. (EFEI – MG) Um átomo no estado fundamental tem somente um nível de energia contendo 32 elétrons e 5 elétrons na camada de valência. Esse átomo apresenta quantos elétrons no quinto nível de energia?

8. (VUNESP) A soma dos elétrons dos subníveis s e f é igual a 16 de um átomo de um certo elemento químico. Determine o número atômico desse elemento.

Capítulo 10
Surgimento da Tabela Periódica

1. Organização dos elementos

Existem mais de cem elementos e, à primeira vista, a ideia de ter de aprender suas propriedades pode parecer impossível. A tarefa se torna mais fácil – e mais interessante – devido a uma das mais importantes descobertas da história da Química. Os químicos descobriram que, ao serem listados na ordem crescente do número atômico e arranjados em linhas contendo um certo número deles, os elementos formam **grupos** cujas propriedades têm tendências regulares.

O arranjo dos elementos que mostra as relações entre grupos é chamado de **Tabela Periódica**.

2. Döbereiner – primeiro cientista a organizar os elementos

À medida que os elementos químicos foram sendo descobertos, observaram-se semelhanças entre as propriedades físicas e químicas em determinados grupos desses elementos.

Em 1829, o cientista Döbereiner chamou a atenção para a existência de diversos **grupos de três elementos** com propriedades químicas semelhantes. Em cada grupo, colocando-se os elementos na ordem crescente de suas **massas atômicas**, observou-se que a massa do elemento intermediário era aproximadamente a média aritmética das outras massas atômicas.

Exemplo:

Li – Na – K
7   23   39 $23 = \dfrac{7 + 39}{2}$

Massa atômica é a massa de um átomo, assunto que será abordado mais adiante em nosso curso.

3. Dmitri Mendeleev – pai da Tabela Periódica

A Tabela Periódica foi desenvolvida exclusivamente a partir das propriedades físicas e químicas dos elementos.

O passo decisivo da classificação foi dado em 1869, quando Mendeleev colocou as propriedades em cartões e depois pregou-os na parede. Exemplo: cartão do elemento eka-silício:

Propriedade	Eka-silício (abaixo do silício)
Massa atômica	72
Densidade	5,5 g/mL
Ponto de fusão	alto
Aparência	cinza escuro
óxido	EO_2

Os cartões foram colocados em ordem crescente de massa atômica e Mendeleev notou que os cartões na mesma vertical tinham propriedades semelhantes. Mendeleev chamou essa observação de **lei periódica**.

"As propriedades físicas e químicas dos elementos são funções periódicas de suas massas atômicas."

Em 1871, Mendeleev apresentou uma 2ª tabela que apresentava 8 colunas verticais denominadas **grupos** e 12 fileiras horizontais denominadas **séries**.

Cada grupo de I a VII ficou subdividido em 2 subgrupos: o da *série par*, abrangendo as séries 2, 4, 6, 8, 10 e 12 (pares), e o da *série ímpar*, abrangendo as séries 1, 3, 5, 7, 9 e 11 (ímpares).

Esta classificação foi preferida porque as propriedades químicas eram mais semelhantes entre os elementos do mesmo subgrupo par ou subgrupo ímpar.

séries	grupo I		grupo II		grupo III		grupo IV		grupo V		grupo VI		grupo VII		grupo VIII
1		H 1													
2	Li 7		Be 9,4		B 11		C 12		N 14		O 16		F 19		
3		Na 23		Mg 24		Al 27,3		Si 28		P 31		S 32		Cl 35,5	
4	K 39		Ca 40		? 44*		Ti 48		V 51		Cr 52		Mn 55		Fe - 56 Co - 59 Ni - 59
5		Cu 63		Zn 65		?** 68		?*** 72		As 75		Se 78		Br 80	
6	Rb 85		Sr 87		? 88		Zr 90		Nb 94		Mo 96		? 100		Ru - 104 Rh - 104 Pd - 106
7		Ag 108		Cd 112		In 113		Sn 118		Sb 122		Te 128		I 127	
8	Ca 133		Ba 137		? 138		? 140								
9															
10		? 178		? 180		Ta 182		W 184							Os - 195 Ir - 197 Pt - 198
11		Au 199		Hg 200		Ti 204		Pb 207		Bi 208					
12								Tb 231				U 240			
	par	ímpar	par	ímpar	par	ímpar	par	ímpar	par	ímpar	par	ímpar	par	ímpar	par

Particularmente brilhantes e ousadas foram duas ideias de Mendeleev:

1º – Deixar algumas lacunas na tabela dizendo que elas seriam preenchidas por elementos futuramente a serem descobertos, já antecipando suas massas atômicas e muitas de suas propriedades.

Por exemplo, entre o cálcio e o titânio, deixou uma lacuna para o elemento eka-boro (abaixo do boro). Mendeleev deixou essa lacuna porque o titânio não apresenta propriedades semelhantes às do boro.

Na tabela estão assinalados com asteriscos (*, **, ***) as três célebres previsões de Mendeleev:

Nome dado por Mendeleev	Nome atual
*eka-boro	escândio (Sc)
**eka-alumínio	gálio (Ga)
***eka-silício	germânio (Ge)

Em particular, foram assombrosas as coincidências das propriedades do germânio (eka-silício) com as que tinham sido previstas por Mendeleev quinze anos antes de seu descobrimento.

Eis a seguir o quadro comparativo:

Propriedade	Eka-silício (E)	Germânio, Ge
massa atômica	72	72,59
densidade	5,5 g/mL	5,32 g/mL
ponto de fusão	alto	973 °C
aparência	cinza escuro	cinza claro
óxido	EO_2	GeO_2

2º – Desrespeitou a ordem de massas atômicas para as posições de telúrio (128) e iodo (127), pois o telúrio é semelhante ao selênio e o iodo é semelhante ao bromo.

Com o passar dos anos, foram sendo descobertos novos elementos químicos e as lacunas da tabela de Mendeleev foram sendo preenchidas.

Nota: na mesma época, Lothar Meyer, trabalhando independentemente, elaborou uma tabela semelhante à de Mendeleev, mas o trabalho deste último foi mais completo.

4. Moseley – ordenação correta dos elementos na Tabela Periódica

Um dos problemas com a tabela de Mendeleev era que alguns elementos pareciam fora do lugar, por exemplo, telúrio e iodo. Essas anomalias levaram os cientistas a questionar o uso das massas atômicas como a base de organização dos elementos.

Em 1913, Moseley mediu experimentalmente o *número atômico* dos elementos. Cedo percebeu-se que os elementos têm a organização uniformemente repetida na Tabela Periódica se forem organizados por *número atômico* e não pela massa atômica.

Na atual tabela existem algumas inversões de massas atômicas, mas os elementos químicos estão exatamente na ordem de seus *números atômicos*.

	Número atômico	Massa atômica
Ar	18	39,9
K	19	39,1
Co	27	58,9
Ni	28	58,7
Te	52	128
I	53	127

Por isso, hoje em dia, a lei da periodicidade é reenunciada e conhecida como lei de Moseley.

"As propriedades físicas e químicas dos elementos são funções periódicas dos seus números atômicos."

5. Formato da Tabela Periódica

Existem diversos formatos de apresentação para a Tabela Periódica porém, todos são equivalentes. Uma das mais usadas é a **forma longa**. Os elementos são colocados em ordem crescente de seus *números atômicos* e em linhas horizontais e verticais.

5.1 Os sete períodos (linhas horizontais)

Os elementos não semelhantes ficam reunidos nas linhas horizontais chamadas de **períodos**. O número de elementos em cada período é variável:

1º período: muito curto: 2 elementos: H e He

2º período: curto: 8 elementos (Z – 3 a 10): Li – Ne

3º período: curto: 8 elementos (Z – 11 a 18): Na – Ar

4º período: longo: 18 elementos (Z – 19 a 36): K – Kr

5º período: longo: 18 elementos (Z – 37 a 54): Rb – Xe

6º período: muito longo: 32 elementos (Z – 55 a 86): Cs – Rn

7º Período: incompleto: (Z – 87 em diante).

Os elementos situados em um período têm o mesmo número de camadas eletrônicas.

$_{11}Na \quad \underbrace{1s^2}_{K} \quad \underbrace{2s^2\,2p^6}_{L} \quad \underbrace{3s^1}_{M}$ 3 camadas, 3º período

5.2 Os dezoito grupos (linhas verticais)

Os elementos semelhantes ficam reunidos nas linhas (colunas) verticais chamadas de **grupos**.

O hidrogênio como possui 1 elétron tem caráter especial, ele não pertence a nenhum grupo. A tabela da IUPAC coloca o hidrogênio no grupo 1.

Verificou-se que os elementos de números atômicos 57 a 71 eram muito semelhantes entre si. Esses 15 elementos deveriam ficar todos na 3ª quadrícula do 6º período, por comodidade, foram escritos numa linha fora da tabela. A esses elementos de números atômicos 57 a 71 foi dado o nome de **lantanoides** ou **metais terras raras**.

| La | Ce | Pr | Nd | Pm | Sm | Eu | Gd | Tb | Dy | Ho | Er | Tm | Yb | Lu |

O mesmo fenômeno ocorre com os elementos de números atômicos 89 a 103. Esses 15 elementos deveriam ficar todos na 3ª quadrícula do 7º período. Por comodidade, foram escritos em uma linha fora da tabela. Esses elementos de números atômicos 89 a 103 são chamados **actinoides**.

| Ac | Th | Pa | U | Np | Pu | Am | Cm | Bk | Cf | Es | Fm | Md | No | Lr |

Do número atômico 93 em diante, os elementos são *radioativos artificiais* e são chamados de **elementos transurânicos**.

Em 1985, a IUPAC numerou as colunas de 1 a 18.

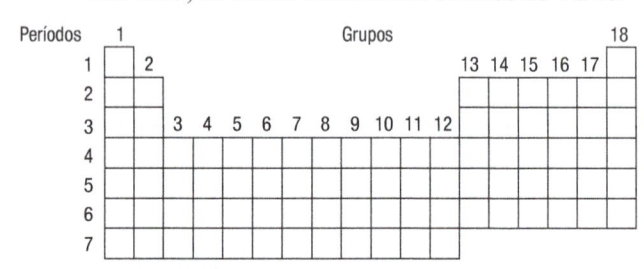

Alguns grupos recebem nomes especiais:

Grupo 1: **metais alcalinos** (Li, Na, K, Rb, Cs, Fr): alcalino é derivado de álcali, que significa cinza de plantas, que é uma referência aos compostos de metais alcalinos nessas cinzas (K_2CO_3).

Grupo 2: **metais alcalinoterrosos** (Be, Mg, Ca, Sr, Ba, Ra): terroso é palavra usada pelos alquimistas quando os compostos resistem bem ao calor.

Grupo 16: **calcogênios** (O, S, Se, Te, Po): calcogênio significa gerador de cobre (CuO, Cu_2S, CuS).

Grupo 17: **halogênios** (F, Cl, Br, I, At): halogênio significa gerador de sal (NaCl, KI).

Grupo 18: **gases nobres** (He, Ne, Ar, Kr, Xe, Rn): nobre significa pequena reatividade química.

6. Estrutura eletrônica e Tabela Periódica

6.1 Introdução

A Tabela Periódica foi construída empiricamente, por meio do relacionamento de dados experimentais, muito antes de serem conhecidas as distribuições eletrônicas dos átomos. Entretanto, para entender a organização da Tabela Periódica, é necessário levar em conta as distribuições eletrônicas. A tabela é dividida em blocos s, p, d e f, nomes dos últimos subníveis, de acordo com o diagrama das diagonais.

6.2 Elementos representativos – blocos s e p

Os blocos s e p formam os grupos principais da Tabela Periódica. As distribuições eletrônicas semelhantes dos elementos do mesmo grupo são a causa das propriedades semelhantes desses elementos. No bloco s, o *subnível* mais energético é o *subnível* s. No bloco p o *subnível* mais energético é o *subnível* p.

A rigor, o hélio está no bloco s, mas é mostrado no bloco p. É um gás cujas propriedades são semelhantes às dos gases nobres do grupo 18, e não às dos metais reativos do grupo 2.

6.3 Elementos de transição – bloco d

A partir do 4º período aparecem os **elementos de transição**. Suas propriedades são intermediárias entre os elementos do bloco s e os do bloco p, o que explica seu nome alternativo, **elementos de transição**. Como os elementos de transição de um mesmo período diferem principalmente no número de **elétrons d**, e estes elétrons estão em camadas internas, suas propriedades são muito semelhantes. Esses elementos têm o **subnível d** mais energético.

1	H $1s^1$								He $1s^2$
2	Li $2s^1$	Be $2s^2$	B $2p^1$	C $2p^2$	N $2p^3$	O $2p^4$	F $2p^5$	Ne $2p^6$	
3	Na $3s^1$	Mg $3s^2$	Al $3p^1$	Si $3p^2$	P $3p^3$	S $3p^4$	Cl $3p^5$	Ar $3p^6$	
4	K $4s^1$	Ca $4s^2$	Ga $4p^1$	Ge $4p^2$	As $4p^3$	Se $4p^4$	Br $4p^5$	Kr $4p^6$	
5	Rb $5s^1$	Sr $5s^2$	In $5p^1$	Sn $5p^2$	Sb $5p^3$	Te $5p^4$	I $5p^5$	Xe $5p^6$	
6	Cs $6s^1$	Ba $6s^2$	Tl $6p^1$	Pb $6p^2$	Bi $6p^3$	Po $6p^4$	At $6p^5$	Rn $6p^6$	
7	Fr $7s^1$	Ra $7s^2$							

3	4	5	6	7	8	9	10	11	12
Sc $3d^1$	Ti $3d^2$	V $3d^3$	Cr $3d^5$	Mn $3d^5$	Fe $3d^6$	Co $3d^7$	Ni $3d^8$	Cu $3d^{10}$	Zn $3d^{10}$
Y $4d^1$	Zr $4d^2$	Nb $4d^3$	Mo $4d^5$	Tc $4d^5$	Ru $4d^7$	Rh $4d^8$	Pd $4d^{10}$	Ag $4d^{10}$	Cd $4d^{10}$
	Hf $5d^2$	Ta $5d^3$	W $5d^4$	Re $5d^5$	Os $5d^6$	Ir $5d^7$	Pt $5d^9$	Au $5d^{10}$	Hg $5d^{10}$
	Rf $6d^2$	Db $6d^3$	Sg $6d^4$	Bh $6d^5$	Hs $6d^6$	Mt $6d^7$	Ds $6d^8$	Rg $6d^9$	Cn $6d^{10}$

6.4 Elementos de transição interna

Os elementos do bloco f têm propriedades químicas muito semelhantes, porque sua distribuição eletrônica difere somente na população dos *subníveis f internos* e estes elétrons participam pouco da formação de ligação.

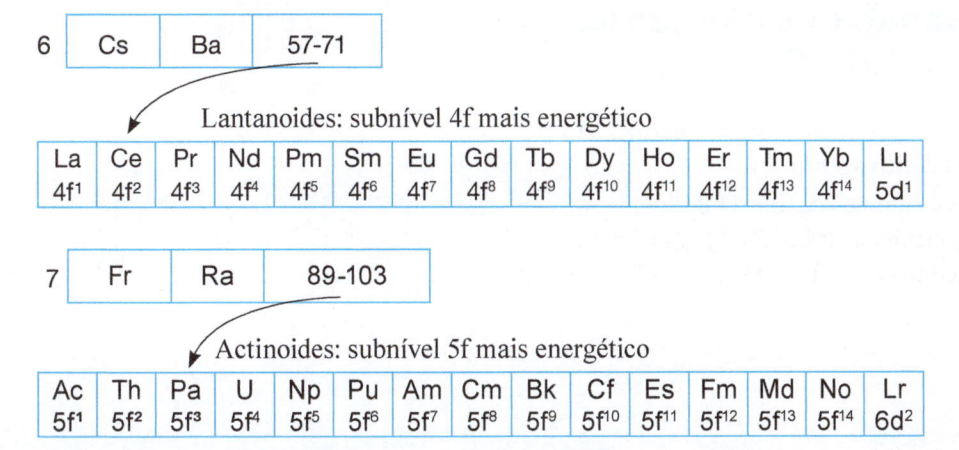

6	Cs	Ba	57-71

Lantanoides: subnível 4f mais energético

La $4f^1$	Ce $4f^2$	Pr $4f^3$	Nd $4f^4$	Pm $4f^5$	Sm $4f^6$	Eu $4f^7$	Gd $4f^8$	Tb $4f^9$	Dy $4f^{10}$	Ho $4f^{11}$	Er $4f^{12}$	Tm $4f^{13}$	Yb $4f^{14}$	Lu $5d^1$

7	Fr	Ra	89-103

Actinoides: subnível 5f mais energético

Ac $5f^1$	Th $5f^2$	Pa $5f^3$	U $5f^4$	Np $5f^5$	Pu $5f^6$	Am $5f^7$	Cm $5f^8$	Bk $5f^9$	Cf $5f^{10}$	Es $5f^{11}$	Fm $5f^{12}$	Md $5f^{13}$	No $5f^{14}$	Lr $6d^2$

7. Através da distribuição eletrônica podemos localizar o elemento na Tabela Periódica

A distribuição eletrônica é feita usando o diagrama das diagonais e a resposta deve ser dada na **ordem geométrica** (os subníveis nas respectivas camadas).

Exemplos:

1) $_{11}Na$ $1s^2|\ 2s^2\ 2p^6|\ 3s^1$

   $3s^1$ corresponde ao 3º período e ao grupo 1

2) $_{12}Mg$ $1s^2|\ 2s^2\ 2p^6|\ 3s^2$

   $3s^2$ corresponde ao 3º período e ao grupo 2

3) $_{17}Cl$ $1s^2|\ 2s^2\ 2p^6|\ \underbrace{3s^2\ 3p^5}_{\text{7 elétrons na camada de valência}}$

   3º período: grupo 17 (7 + 10)

4) $_{32}Ge$ $1s^2|\ 2s^2\ 2p^6|\ 3s^2\ 3p^6\ 3d^{10}|\ \underbrace{4s^2\ 4p^2}_{\text{4 elétrons na camada de valência}}$

   4º período: grupo 14 (4 + 10)

Conclusão: o número do grupo do **bloco p** é a soma dos números de elétrons na camada de valência +10.

5) $_{26}Fe$ $1s^2|\ 2s^2\ 2p^6|\ 3s^2\ 3p^6\ 3d^6|\ 4s^2$

   4º período: grupo 8 (6 + 2)
                            $3d^6\ 4s^2$

Conclusão: o número do grupo do **bloco d** é a soma dos números de elétrons do **subnível d penúltima camada**, e **subnível s, última camada**.

8. Classificação dos elementos segundo a IUPAC

A IUPAC classifica os elementos em: **metais**, **não metais**, **gases nobres** e **hidrogênio**.

A maioria dos elementos da Tabela Periódica são *metais* grupos 1 e 2, metais de transição (grupo 3 a 12), os lantanoides, os actinoides, grupo 13 (exceto B), Ge, Sn, Pb, Sb, Bi, Po (total: 90). As principais propriedades dos *metais* são:

- são sólidos (exceto o mercúrio),
- maioria tem alto ponto de fusão,
- dúcteis (podem ser alongados em fios),
- maleáveis (podem ser martelados até transformarem-se em lâminas ou folhas finas).
- maioria tem poucos elétrons na camada de valência (1, 2 e 3).

Temos 15 *não metais*: B, C, Si, N, P, As, O, S, Se, Te, F, Cl, Br, I, At. As principais propriedades dos *não metais* são:

- sólido (C), líquido (Br), gás (O),
- maioria tem baixo ponto de fusão,
- não são dúcteis,
- não são maleáveis,
- maioria tem bastante elétrons na camada de valência (4, 5, 6 e 7).

Temos 6 gases nobres: He, Ne, Ar, Kr, Xe e Rn. São gases incolores, inodoros e de pequena reatividade química. O Ar é o gás usado na lâmpada incandescente, o Ne é muito usado em letreiros luminosos. Os gases nobres têm 8 elétrons na camada de valência (exceto He, que tem 2 elétrons).

O hidrogênio é um *elemento muito especial* não pertence a nenhum grupo. Ele difere dos demais elementos pois ele apresenta 1 elétron. A IUPAC manda colocá-lo no grupo 1.

Nota: alguns autores norte-americanos chamam de **metaloides** alguns elementos que apresentam propriedades intermediárias entre as dos metais e as dos não metais. Dois metaloides são importantes, o *silício* e o *germânio*, empregados em componentes eletrônicos.

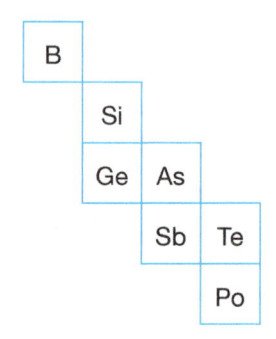

B			
	Si		
	Ge	As	
		Sb	Te
			Po

Exercícios Série Prata

1. Complete com os elementos de cada grupo.

   a) Grupo 1:

   b) Grupo 2:

   c) Grupo 16:

   d) Grupo 17:

   e) Grupo 18:

2. Faça a associação seguinte:

   I. Metais alcalinos   A. P; As; Sb.
   II. Metais alcalinoterrosos   B. Si; Ge.
   III. Calcogênios   C. He; Ne; Ar; Kr; Xe.
   IV. Halogênios   D. Mg; Ca; Sr; Ba.
   V. Grupo do carbono   E. Li; Na; K; Rb; Cs.
   VI. Grupo do nitrogênio   F. O; S; Se; Te.
   VII. Gases nobres   G. F; Cl; Br; I.

3. Indique o período dos seguintes elementos

   a) $_{12}X$
   b) $_{26}Y$
   c) $_{35}W$

4. Classifique os elementos em representativos, transição e transição interna.

   a) $1s^2\ 2s^2\ 2p^5$
   b) $1s^2\ 2s^2\ 2p^6\ 3s^2\ 3p^6\ 4s^2\ 3d^5$
   c) $1s^2\ 2s^2\ 2p^6\ 3s^1$
   d) $1s^2\ 2s^2\ 2p^6\ 3s^2\ 3p^6\ 4s^2\ 3d^{10}\ 4p^6\ 5s^2\ 4d^{10}\ 5p^6\ 6s^2\ 4f^4$

Os exercícios de **5** a **10** referem-se aos elementos cujos símbolos estão destacados na seguinte Tabela Periódica.

5. Qual(is) deles é(são) representativo(s)?

6. Qual(is) deles é(são) de transição?

7. Qual(is) deles é(são) de transição interna?

8. Qual(is) deles pertence(m) a um mesmo grupo?

9. Qual(is) deles pertence(m) a um mesmo período?

10. Dentre os elementos em questão, qual(is) é(são) classificado(s) como:

   a) alcalinos?   d) halogênios?
   b) alcalinoterrosos?   e) gases nobres?
   c) calcogênios?

11. Faça a associação entre os grupos e a configuração eletrônica das respectivas camadas de valência:

   I. Metais alcalinos   A. $ns^2\ np^5$
   II. Metais alcalinoterrosos   B. $ns^2\ np^6$
   III. Grupo do carbono   C. $ns^2\ np^2$
   IV. Grupo do nitrogênio   D. $ns^2\ np^4$
   V. Calcogênios   E. ns^1
   VI. Halogênios   F. $ns^2\ np^3$
   VII. Gases nobres   G. ns^2

12. (UDESC) Os elementos químicos A, B e C apresentam para seu átomo, no estado fundamental, a seguinte configuração eletrônica:

A → $1s^2\ 2s^2\ 2p^6\ 3s^2\ 3p^5$
B → $1s^2\ 2s^2\ 2p^6\ 3s^2\ 3p^6\ 4s^2\ 3d^5$
C → $1s^2\ 2s^2\ 2p^6\ 3s^2\ 3p^6$

De acordo com as configurações eletrônicas desses três elementos químicos, é *correto* classificá-los, respectivamente, como:

a) halogênio, metal de transição e gás nobre.
b) metal alcalinoterroso, metal de transição e gás nobre.
c) halogênio, halogênio e gás nobre.
d) halogênio, metal de transição e halogênio.
e) halogênio, halogênio e calcogênio.

13. Indique o grupo e o período dos seguintes elementos:
a) $_{12}X$
b) $_{26}Y$
c) $_{35}W$

14. Indique o grupo e o período dos seguintes elementos:
a) X [Ar] $4s^1$
b) Y [Ar] $4s^2\ 3d^{10}\ 4p^5$
Dados: [Ar]: $1s^2,\ 2s^2,\ 2p^6,\ 3s^2,\ 3p^6$

15. (FFCLBH – MG) Um elemento químico está colocado no quarto período e na coluna 13 da Tabela Periódica. Na camada de valência de seus átomos, encontra-se a seguinte distribuição eletrônica:

a) $4s^2\ 4p^1$
b) $3s^2\ 3p^1$
c) $3p^3$
d) $4p^3$
e) $4p^4$

16. Determine Z e A do gás nobre pertencente ao 4º período da Tabela Periódica, sabendo que ele apresenta 47 nêutrons.

17. (UNEB – BA) Um átomo apresenta normalmente 2 elétrons na primeira camada, 8 elétrons na segunda, 18 elétrons na terceira camada e 7 na quarta camada. A família e o período em que se encontra esse elemento são, respectivamente:

a) grupo dos halogênios, sétimo período.
b) grupo do carbono, quarto período.
c) grupo dos halogênios, quarto período.
d) grupo dos calcogênios, quarto período.
e) grupo dos calcogênios, sétimo período.

18. O elemento químico cujas propriedades químicas mais se aproximam daquelas apresentadas pelo nitrogênio [Z = 7] será o elemento com número atômico:

a) 13
b) 14
c) 15
d) 16
e) 17

19. (VUNESP) Os elementos I, II e III têm as seguintes configurações eletrônicas em suas camadas de valência:

I. $3s^2\ 3p^3$
II. $4s^2\ 4p^5$
III. $3s^2$

Com base nessas informações, assinale a afirmação errada.

a) O elemento I é um não metal.
b) O elemento II é um halogênio.
c) O elemento III é um metal alcalinoterroso.
d) Os elementos I e III pertencem ao terceiro período da Tabela Periódica.
e) Os três elementos pertencem ao mesmo grupo da Tabela Periódica.

22. (UEM – PR) Três átomos cujos números atômicos são 8, 11 e 17 estão classificados na Tabela Periódica, respectivamente, como:

a) um gás nobre, um metal alcalino e um metal alcalinoterroso.
b) um halogênio, um não metal e um metal alcalinoterroso.
c) um metal alcalino, um halogênio e um gênio.
d) um calcogênio, um metal alcalino e um halogênio.
e) um gás nobre, um metal alcalino e um halogênio.

20. (UNISINOS – RS) Entre as alternativas a seguir, indique aquela que contém afirmações exclusivamente corretas sobre os elementos cujas configurações eletrônicas são apresentadas abaixo:

Elemento	Configuração eletrônica
A	$1s^2\ 2s^2\ 2p^6\ 3s^1$
B	$1s^2\ 2s^2\ 2p^4$
C	$1s^2\ 2s^2\ 2p^6\ 3s^2\ 3p^6\ 4s^2$
D	$1s^2\ 2s^2\ 2p^6\ 3s^2\ 3p^6$
E	$1s^2\ 2s^2\ 2p^6\ 3s^2\ 3p^5$

a) O elemento C é um gás nobre e o elemento B é um halogênio.
b) Os elementos A e C situam-se, respectivamente, no terceiro e quarto período da Tabela Periódica.
c) O elemento E é um calcogênio e situa-se no quinto período da Tabela Periódica.
d) O elemento B é um halogênio do segundo período enquanto o elemento D situa-se no sexto período da Tabela Periódica.
e) O elemento A é um metal alcalinoterroso.

23. (PUC – PR) O subnível mais energético do átomo de um elemento no estado fundamental é $5p^4$. Portanto o seu número atômico e sua posição a Tabela Periódica dica será:

a) 40, 15 e 4º período.
b) 34, 14 e 4º período.
c) 52, 16 e 5º período.
d) 56, 16 e 5º período.
e) 55, 15 e 5º período.

21. (UFV – MG) Associe a segunda coluna de acordo com a primeira e assinale a opção que contém a sequência **CORRETA**:

I. metais alcalinos • F, Br, I
II. metais alcalinosterrosos • Na, K, Cs
III. halogênios • Ca, Sr, Ba
IV. metais de transição • Fe, Co, Ni

a) I, II, III, IV
b) III, I, II, IV
c) III, II, I, IV
d) IV, II, III, I
e) III, I, IV, II

24. UEL – PR – adaptada) Esta questão refere-se ao elemento químico **A**, cujos elétrons mais energéticos têm configuração $3d^{10}\ 4s^2\ 4p^2$.

Qual a localização de **A** na Tabela Periódica?

	Grupo	Período
a)	2	2º
b)	3	4º
c)	14	4º
d)	14	5º
e)	16	3º

Exercícios Série Ouro

1. (UERJ) Em uma das primeiras classificações periódicas, os elementos químicos eram organizados em grupos de três, denominados tríades. Os elementos de cada tríade apresentam propriedades químicas semelhantes, e a massa atômica do elemento central equivale aproximadamente à média aritmética das massas atômicas dos outros dois. Observe as tríades a seguir:

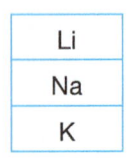

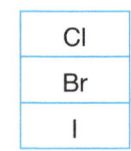

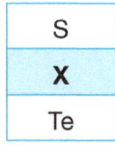

Li		Cl		S
Na		Br		X
K		I		Te

Com base nos critérios desta classificação, a letra X corresponde ao seguinte elemento químico:

a) O
b) As
c) Se
d) Po

2. (FUVEST – SP) Um aluno estava analisando a Tabela Periódica e encontrou vários conjuntos de três elementos químicos que apresentavam propriedades semelhantes.

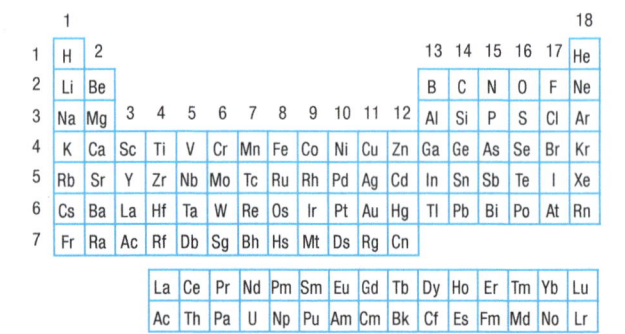

Assinale a alternativa na qual os conjuntos de três elementos ou substâncias elementares estão corretamente associados às propriedades indicadas no quadro abaixo.

	Números atômicos consecutivos	Reatividades semelhantes	Mesmo estado físico à temperatura ambiente
a)	Pt, Au, Hg	H_2, He, Li	Cl_2, Br_2, I_2
b)	Cl, Br, I	O_2, F_2, Ne	Ne, Ar, Kr
c)	Li, Na, K	O_2, F_2, Ne	Pt, Au, Hg
d)	Ne, Ar, Kr	Mg, Ca, Sr	Cl_2, Br_2, I_2
e)	Pt, Au, Hg	Li, Na, K	Ne, Ar, Kr

3. (FUVEST – SP) Um astronauta foi capturado por habitantes de um planeta hostil e aprisonado numa cela, sem seu capacete espacial. Logo começou a sentir falta de ar. Ao mesmo tempo, notou um painel como o da figura, em que cada quadrado era uma tecla.

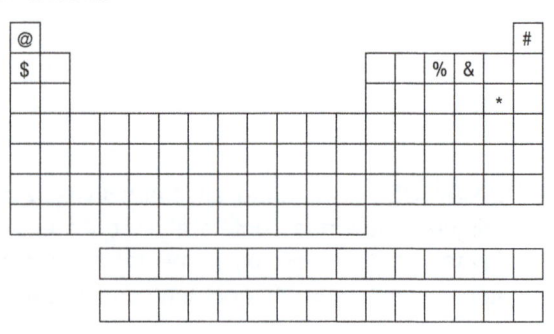

Apertou duas delas, voltando a respirar bem. As teclas apertas foram

a) @ e #
b) # e $
c) $ e %
d) % e &
e) & e *

4. (FUVEST – SP) Cinco amigos resolveram usar a Tabela Periódica como tabuleiro para um jogo. Regras do jogo: para todos os jogadores, sorteia-se o nome de um objeto, cujo constituinte principal é determinado elemento químico. Cada um joga quatro vezes um dado e, a cada jogada, move sua peça somente ao longo de um grupo ou um período, de acordo com o número de pontos obtidos no dado. O início da contagem é pelo elemento de número atômico 1. Numa partida, o objeto sorteado foi "latinha de refrigerante" e os pontos obtidos com os dados foram: Ana (3, 2, 6, 5), Bruno (5, 4, 3, 5), Célia (2, 3, 5, 5), Décio (3, 1, 5, 1) e Elza (4, 6, 6, 1).

Assim, quem conseguiu alcançar o elemento procurado foi

a) Ana
b) Bruno
c) Célia
d) Décio
e) Elza

5. (UNESP) A Tabela Periódica é uma notável realização da ciência. Ela ajuda a organizar o que de outra forma seria um arranjo confuso dos elementos e de suas propriedades. A base da classificação periódica atual e a tabela do químico russo Mendeleev, proposta em 1869, com a diferença de que as propriedades dos elementos variam periodicamente com seus números atômicos e não com os pesos atômicos.

Analisando a classificação periódica, mesmo sem conhecer todos os elementos que ela apresenta, é possível afirmar que

a) os não metais podem ser deformados com golpes de martelo.
b) os metais alcalinoterrosos são mais densos que os metais alcalinos.
c) os halogênios, em condições normais de temperatura e pressão, são líquidos coloridos.
d) o oxigênio e o nitrogênio são gases à temperatura ambiente e seus átomos apresentam seis elétrons na camada mais externa.
e) os elementos de uma mesma família da classificação periódica possuem propriedades semelhantes porque eles ocorrem no mesmo lugar da Terra.

6. (CEFET – PR) Um *hacker* de programas de computador está prestes a violar um arquivo importantíssimo de uma grande multinacional de indústria química. Quando ele violar este arquivo, uma grande quantidade de informações de interesse público poderá ser divulgada. Ao pressionar uma determinada tecla do computador, aparece a figura a seguir e uma mensagem em forma de desafio:

A senha é composta do símbolo de X, seguido do número de elétrons do seu átomo neutro, do símbolo de Y, seguido do seu número atômico, e do símbolo de Z, seguido do seu número de prótons.

Acontece que o *hacker* não entende nada de química. Será que você pode ajudá-lo?

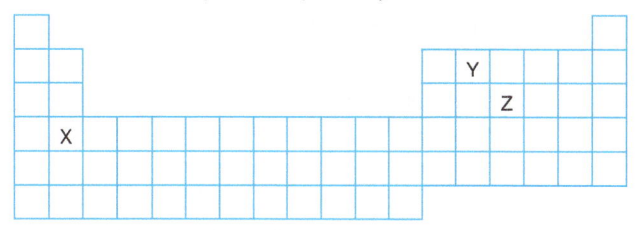

A senha que o *hacker* deve digitar é:

a) Ca40C12F15.
b) Ca20C12F31.
c) Ca20C6F15.
d) Ca40C6P15.
e) Ca20C6P15.

7. (CEFET – PR) Bem-vindo ao Reino Periódico. Este é o reino dos elementos químicos, as substâncias a partir das quais tudo o que é tangível é feito. Não é um país grande, pois consiste apenas em pouco mais de cem regiões (como muitas vezes denotaremos os elementos); ainda assim, ele é responsável por tudo que é material no nosso mundo real. Do alto vemos que ele se estende quase a perder de vista, desde o hidrogênio para além do urânio longínquo. Mesmo desta altura, muito acima do Reino, podemos ver as características principais das suas paisagens (veja figura a seguir).

ATKINS, P. W. **O Reino Periódico**. Adaptado.

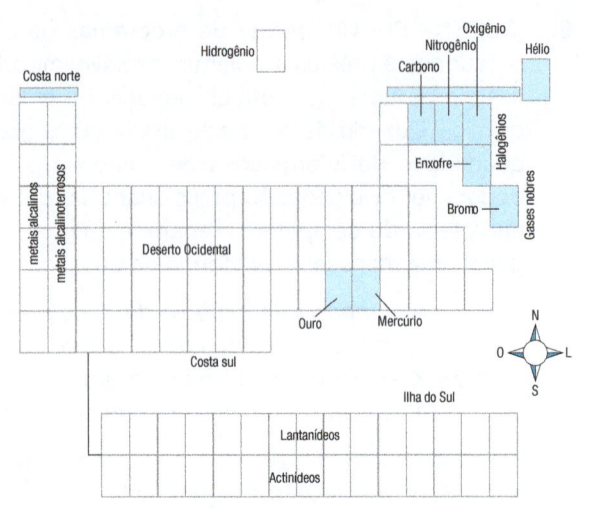

Observando o mapa do Reino, podemos verificar que

a) o Deserto Ocidental é constituído pelos metais representativos e pelos metais de transição.
b) a Ilha do Sul não é constituída por metais.
c) os elementos carbono, nitrogênio, oxigênio, enxofre e bromo estão em destaque por se tratarem dos principais elementos do Deserto Ocidental.
d) a leste, estão as regiões mais amenas por se tratarem dos elementos mais reativos.
e) a leste, um lago pode ser visto. Isso é uma ideia fantasiosa do autor, pois nesta região não há nenhum elemento no estado líquido.

8. (FATEC – SP) Imagine que a tabela periódica seja o mapa de um continente, e que os elementos químicos constituem as diferentes regiões desse território.

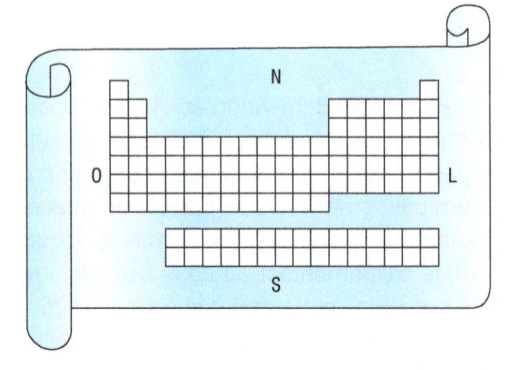

A respeito desse "mapa" são feitas as seguintes afirmações:

I. Os metais constituem a maior parte do território desse continente.

II. As substâncias simples gasosas, não metálicas, são encontradas no nordeste e na costa leste desse continente.
III. Percorrendo-se um meridiano (isto é, uma linha reta no sentido norte-sul), atravessam-se regiões cujos elementos químicos apresentam propriedades químicas semelhantes.

Dessas afirmações:

a) apenas I é a correta.
b) apenas I e II são corretas.
c) apenas I e III são corretas.
d) apenas II e III são corretas.
e) I, II e III são corretas.

9. Dados os isótopos

$$_{[x+7]}^{[4x-12]}A \qquad _{[3x-23]}^{[3x+5]}B$$

foram feitas as seguintes observações:

I. Pertencem a um grupo de elementos representativos da classificação periódica.
II. A distribuição eletrônica fundamental do átomo é: $1s^2\ 2s^2\ 2p^6\ 3s^2\ 3p^6\ 3d^4$.
III. Os isótopos possuem um número total de nêutrons igual a 54.
IV. O isótopo B possui maior massa que o isótopo A.

Estão corretas as observações:

a) I e II.
b) III e IV.
c) II, III e IV.
d) I, III e IV.
e) I e III.

10. (UERJ) Um átomo do elemento químico x, usado como corante para vidros, possui número de massa igual a 79 e número de nêutrons igual a 45. Considere um elemento y, que possua propriedades químicas semelhantes às do elemento x. Na Tabela de Classificação Periódica, o elemento y estará localizado no grupo

a) 7
b) 9
c) 15
d) 16

11. (PUC – Campinas – SP) Os átomos isóbaros **X** e **Y** pertencem a metal alcalino e alcalinoterroso do mesmo período da Classificação Periódica. Sabendo-se que **X** é formado por 37 prótons e 51 nêutrons, pode-se afirmar que os números atômicos e de massa de **Y** são, respectivamente:

a) 36 e 37
b) 37 e 87
c) 38 e 87
d) 38 e 88
e) 39 e 88

12. (CESGRANRIO – RJ) Indique, entre as alternativas abaixo, aquela em que são feitas exclusivamente afirmações corretas sobre os elementos cujas configurações eletrônicas são dadas a seguir:

Elemento	Configuração eletrônica
1	$(1s)^2 (2s)^2 (2p)^6 (3s)^1$
2	$(1s)^2 (2s)^2 (2p)^4$
3	$(1s)^2 (2s)^2 (2p)^6 (3s)^2 (3p)^6 (4s)^2$
4	$(1s)^2 (2s)^2 (2p)^6 (3s)^2 (3p)^6$

a) O elemento 3 é um gás nobre e o elemento 2, um halogênio.
b) Os elementos 2 e 4 situam-se, respectivamente, no segundo e no terceiro período da classificação periódica.
c) O elemento 4 situa-se no terceiro período da classificação periódica e é um metal alcalinoterroso.
d) O elemento 3 é um elemento de transição e o elemento 4, um actinídeo.
e) O elemento 1 é um metal alcalinoterroso e o elemento 2 situa-se no mesmo grupo do nitrogênio (5 A) na classificação periódica.

13. (PUC – MG) Certa família de elementos químicos apresenta os seguintes números atômicos: 9, 17, 35, X e 85. Para esses elementos, foram feitas as afirmações a seguir.

I. O primeiro elemento tem número de massa 9.
II. O terceiro elemento tem um próton a menos que o gás nobre do seu período.
III. O número atômico de X é 53.
IV. O átomo eletricamente neutro do último elemento tem configuração eletrônica de gás nobre.
V. Os átomos de X são classificados como ametais.

São *corretas* as afirmações:

a) I e II apenas.
b) II e III apenas.
c) II, III e V.
d) II, III e IV.

Capítulo 11

As Propriedades Periódicas Auxiliando na Compreensão da Estrutura Interna das Substâncias

1. Conceito de propriedades periódicas

São aquelas cujos valores **crescem** e **decrescem** sucessivamente, aumentando o **número atômico**.

Exemplo: valência dos elementos representativos (número de ligações químicas).

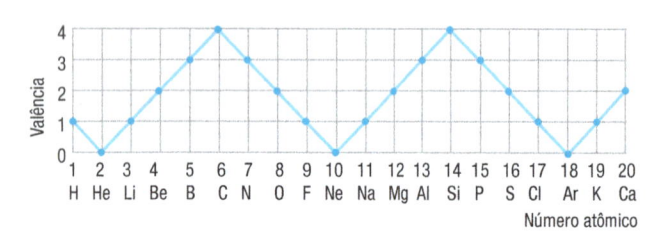

Os elementos de transição não exibem essa variação de forma constante, pois eles têm valências variáveis. Portanto, as propriedades periódicas são mais estudadas para os **elementos representativos**. Nos próximos tópicos veremos as principais propriedades periódicas.

2. Previsão do raio atômico para os elementos representativos

2.1 Conceito

A medida do raio atômico depende do tipo de ligação química que ocorre entre os átomos, portanto, a sua medida veremos nos capítulos seguintes. Por ora, o raio atômico é a distância do elétron mais externo até o núcleo. O raio atômico é medido em picômetro (pm).

$$1 \text{ pm} = 10^{-12} \text{ m}$$

Exemplo: raio atômico do hidrogênio

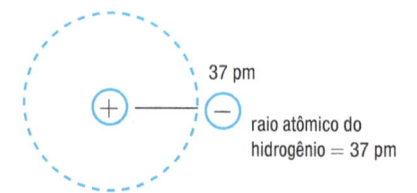

2.2 Fatores que alteram o raio atômico

O raio atômico depende de dois fatores:

a) **Número de camada: fator relevante em um grupo**

Quanto maior o número de camadas, maior o tamanho.

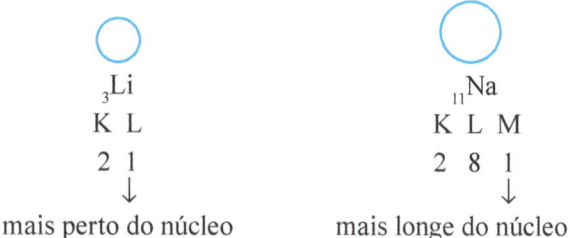

$_3$Li $_{11}$Na
K L   K L M
2 1   2 8 1
↓   ↓
mais perto do núcleo   mais longe do núcleo

b) **Carga nuclear efetiva do elétron de valência: fator relevante em um período**

Os elétrons das camadas mais internas exercem um **efeito isolante** (repulsão dos elétrons internos sobre os externos) entre o núcleo e os elétrons de valência. Com isso, o poder de atração do núcleo diminuiu muito e os elétrons de valência tendem a ficar mais afastados do núcleo.

Exemplo: $_3$Li   K   L
                      2   1

Devido à blindagem dos 2 elétrons da camada K, o elétron da camada L não é atraído por 3 prótons e sim por uma carga igual a +1,3. Essa carga cujo cálculo é complicado é chamada de **carga nuclear efetiva** ou **número atômico efetivo**.

$_3$Li: Z: número atômico ou carga nuclear = 3
Zef: número atômico efetivo ou carga nuclear efetiva = 1,3

Quanto maior a carga nuclear efetiva, menor o raio atômico, pois o elétron de valência é mais atraído pelo núcleo.

2.3 Variação do raio atômico em um grupo

Em um grupo (elementos representativos), o raio atômico aumenta de **cima** para **baixo**, pois aumenta o **número de camadas**.

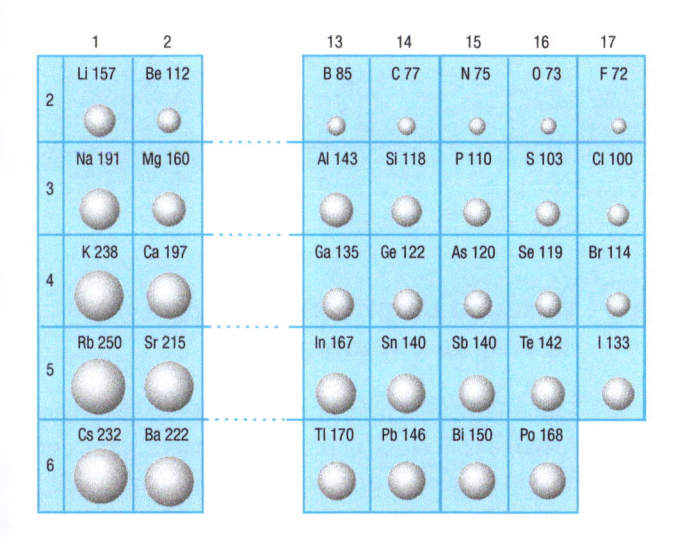

	1	2		13	14	15	16	17
2	Li 157	Be 112		B 85	C 77	N 75	O 73	F 72
3	Na 191	Mg 160		Al 143	Si 118	P 110	S 103	Cl 100
4	K 238	Ca 197		Ga 135	Ge 122	As 120	Se 119	Br 114
5	Rb 250	Sr 215		In 167	Sn 140	Sb 140	Te 142	I 133
6	Cs 232	Ba 222		Tl 170	Pb 146	Bi 150	Po 168	

Exemplo:

2º período

	Li	Be	B	C	N	O	F
Z	3	4	5	6	7	8	9
Zef	1,3	1,95	2,60	3,25	3,90	4,55	5,20
raio atômico pm	157	112	88	77	75	66	64

2.5 Variação do raio atômico na Tabela Periódica

Resumindo, temos:

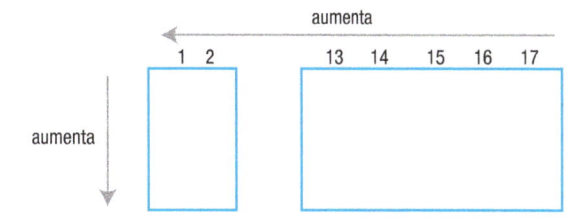

2.4 Variação do raio atômico em um período

Em um período (elementos representativos), o raio atômico aumenta da direita para a esquerda, pois diminui o número atômico ou número atômico efetivo, isto é, o elétron de valência é menos atraído pelo núcleo.

Os elementos Cs e Rb, situados no lado inferior esquerdo da tabela, apresentam os maiores raios atômicos.

2.6 Gráfico raio atômico versus número atômico (Z)

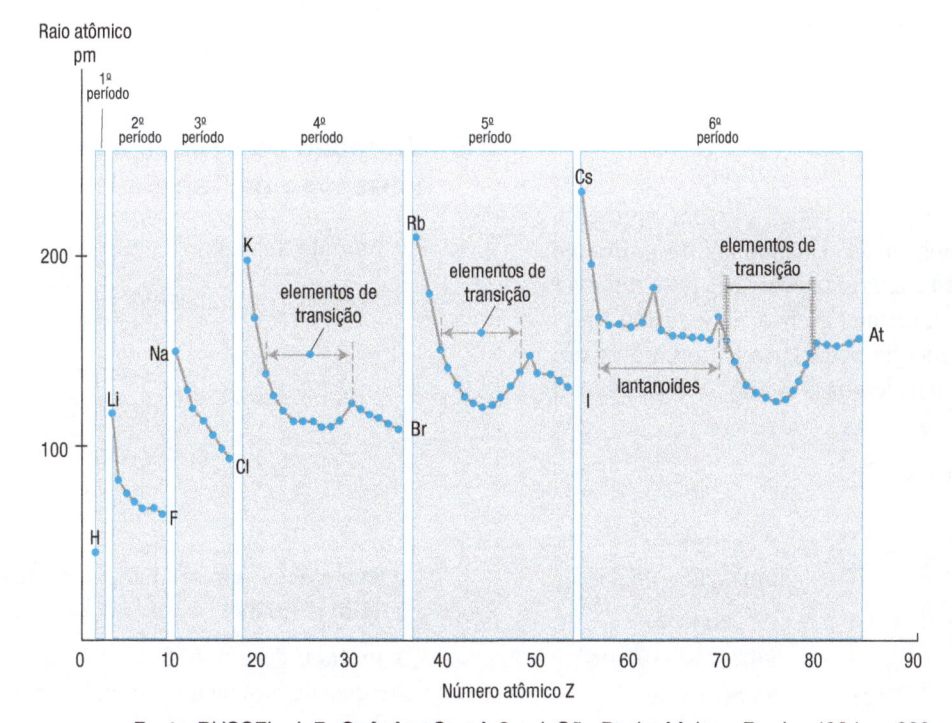

Fonte: RUSSEL, J. B. **Química Geral**. 2. ed. São Paulo: Makron Books, 1994. p. 309.

Nota: os raios atômicos dos gases nobres (grupo 18) geralmente não são citados, pois as suas medidas são difíceis (solidificação ocorre em temperatura baixa), ocasionando valores não precisos.

3. Energia de ionização (EI)

3.1 Introdução

A energia de ionização é uma grandeza que explica a formação de **íons positivos** ou **cátions**, a distribuição eletrônica de alguns elementos e a pequena reatividade dos gases nobres. As energias de ionização são geralmente chamadas **potenciais de ionização**, mas não usaremos esse termo, que pode ser mal interpretado.

3.2 Conceito

Bohr verificou que para retirar o elétron do átomo de hidrogênio são necessários 13,6 eV. Essa energia mínima necessária para remover o elétron foi chamada de **energia de ionização**. A energia de ionização pode ser expressa em **elétron-volt**. A equação do processo é:

$$H(g) + 13,6 \text{ eV} \longrightarrow H^{1+}(g) + e^-$$
$$\text{cátion}$$

Forma-se uma partícula positiva que foi chamada de **íon positivo** ou **cátion**, por isso essa energia é chamada de **energia de ionização**.

Para um átomo com muitos elétrons, o primeiro elétron a sair é o mais externo, pois é o que está mais fracamente ligado ao núcleo.

Exemplo:

$$_{11}Na \quad \begin{matrix} K & L & M \\ 2 & 8 & 1 \\ & & \uparrow \end{matrix}$$

primeiro a sair (mais longe do núcleo)

$$Na(g) + 5,1 \text{ eV} \longrightarrow Na^{1+}(g) + e^-$$
$$\text{cátion}$$

Um átomo que possui vários elétrons apresenta várias energias de ionização. Chamamos de **primeira energia de ionização** a energia necessária para remover um elétron do átomo no estado gasoso, de **segunda energia de ionização** a energia necessária para remover um elétron do cátion monovalente no estado gasoso, e assim sucessivamente.

Exemplo: $_3Li \quad \begin{matrix} K & L \\ 2 & 1 \end{matrix}$

$Li(g) + 5,4 \text{ eV} \rightarrow Li^{1+}(g) + e^-$ 1ª energia de ionização = 5,4 eV

$Li^{1+}(g) + 75,6 \text{ eV} \rightarrow Li^{2+}(g) + e^-$ 2ª energia de ionização = 75,6 eV

$Li^{2+}(g) + 122,4 \text{ eV} \rightarrow Li^{3+}(g) + e^-$ 3ª energia de ionização = 122,4 eV

A energia de ionização vai aumentando porque, à medida que remove o elétron, o raio diminui e o elétron fica mais próximo do núcleo.

$$\begin{matrix} Li(g) & Li^{1+}(g) & Li^{2+}(g) \\ K \; L & K & K \\ 2 \; 1 & 2 & 1 \end{matrix}$$

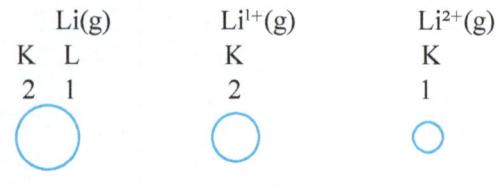

Sempre 1ª EI < 2ª EI < 3ª EI.

3.3 Variação da primeira energia de ionização em um grupo

Em um grupo, a primeira energia de ionização aumenta de **baixo** para **cima**, pois o elétron mais externo está mais próximo do núcleo, isto é, o raio atômico diminui.

Exemplo:

grupo 1

Li	Na	K	Rb	Cs
5,4 eV	5,1 eV	4,3 eV	4,2 eV	3,9 eV

3.4 Variação da primeira energia de ionização em um período

Em um período, a primeira energia de ionização aumenta da **esquerda** para a **direita**, pois o raio atômico está diminuindo.

Exemplo:

2º período

Li	Be	B	C	N	F	Ne
5,4 eV	9,3 eV	8,3 eV	11,3 eV	14,5 eV	17,4 eV	21,6 eV

3.5 Variação da primeira energia de ionização na Tabela Periódica

Resumindo, temos:

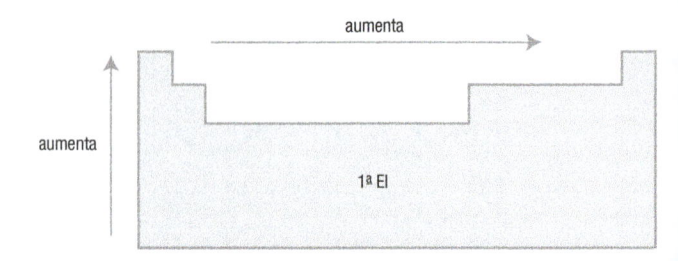

O elemento que apresenta maior 1ª energia de ionização é o **hélio** (24,6 eV).

Os **metais**, de modo geral, possuem baixas primeiras energias de ionização, isto é, têm facilidade para formar **cátions**.

Os **não metais**, de modo geral, possuem altas primeiras energias de ionização, isto é, não têm facilidade para formar **cátions**.

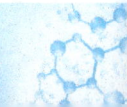

3.6 Gráfico primeira energia de ionização versus número atômico (Z)

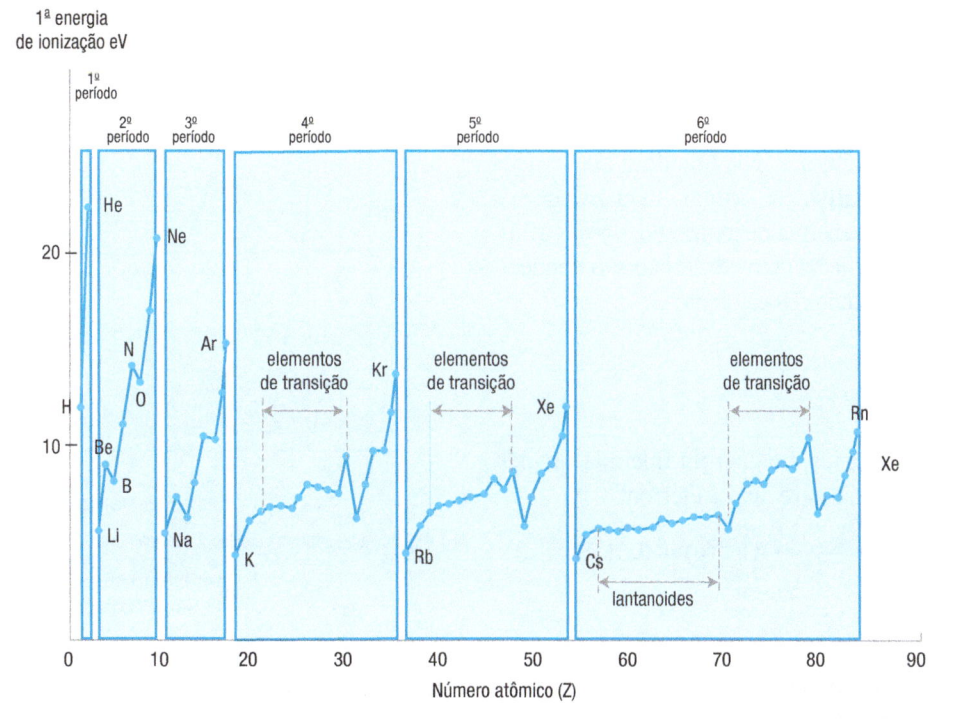

Fonte: RUSSEL, J. B. **Química Geral**. 2. ed. São Paulo: Makron Books, 1994. p. 313.

3.7 A energia de ionização explicando a distribuição eletrônica de alguns elementos

1º Exemplo: $_3$Li   1s² 2s¹
                 K   L
                 2   1 → 1º elétron a sair

	1ª EI	2ª EI	3ª EI
eV	5,4	75,6	122,4

grande diferença

A grande diferença de energia entre a 1ª EI e a 2ª EI comprova que o lítio tem 1 elétron na camada L.

2º Exemplo: $_9$F   1s²   2s²   2p⁵
                K   L
                2   7

	1ª EI	2ª EI	3ª EI	4ª EI	5ª Ei	6ª EI	7ª EI	8ª EI	9ª EI
eV	17,4eV	35,0	62,6	87,2	114,2	157,1	185,1	953,6	1.100

grande diferença

A grande diferença de energia entre a 7ª EI e a 8ª EI comprova que o flúor tem 7 elétrons na camada de valência.

3.8 Carga dos cátions

Grupo 1: como a 2ª EI é elevada, os cátions desses metais têm carga +1.

Na	1ª EI	2ª EI	
eV	5,1	47,3	→ difícil de remover o 2º elétron

Li¹⁺, Na¹⁺, K¹⁺, Rb¹⁺, Cs¹⁺

Grupo 2: como a 3ª EI é elevada, os cátions desses metais têm carga +2.

Mg	1ª EI	2ª EI	3ª EI	
	7,6	15,0	80,1	→ difícil de remover o 3º elétron

Mg²⁺, Ca²⁺, Sr²⁺, Ba²⁺

3.9 Raio do átomo é maior que o raio do cátion

Para elementos representativos, o raio atômico é **maior** que o raio do cátion, pois o número de camadas diminui.

   ○ $_3$Li   K   L   ○ $_3$Li¹⁺   K
              2   1   2

     2 camadas   1 camada
raio atômico = 157 pm   raio iônico = 58 pm

A remoção do elétron faz com que a carga nuclear (Z) atraia mais fortemente os elétrons remanescentes.

4. Afinidade eletrônica (AE) ou eletroafinidade

4.1 Introdução

A afinidade eletrônica é uma grandeza que explica a formação de **íons negativos** ou **ânions**. Essa grandeza é menos importante que a energia de ionização, pois as afinidades eletrônicas são difíceis de medir e não são conhecidos valores exatos para todos os elementos.

4.2 Conceito

Afinidade eletrônica é a energia liberada quando um átomo no estado gasoso recebe 1 elétron.

$$Cl(g) + e^- \longrightarrow Cl^{1-}(g) + 3{,}61 \text{ eV}$$
$$\text{ânion}$$

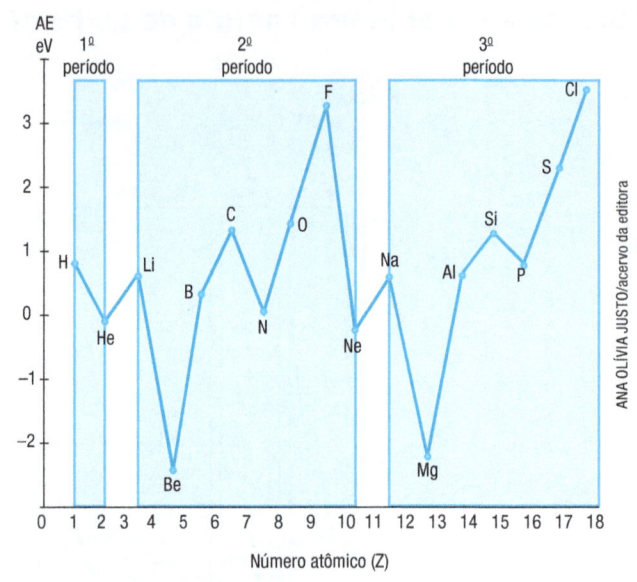

Alguns valores foram calculados teoricamente.

Fonte: RUSSEL, J. B. **Química Geral**. 2. ed. São Paulo: Makron Books, 1994. p. 318.

4.3 Variação da afinidade eletrônica na Tabela Periódica

Se o raio atômico for pequeno, o elétron adicionado ficará fortemente ligado ao núcleo, ocorrendo uma maior liberação de energia (AE).

Exemplo:

Cl — raio = 100 pm — AE = 3,6 eV

Br — raio = 114 pm — AE = 3,53 eV

Em um grupo, a afinidade eletrônica aumenta de **baixo** para **cima**. Em um período, a afinidade eletrônica aumenta da **esquerda** para a **direita**.

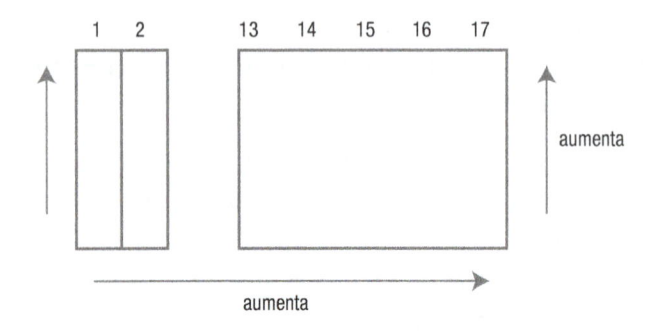

Os não metais, de modo geral, possuem altas afinidades eletrônicas, isto é, têm facilidade para formar **ânions**.

4.4 Raio do ânion é maior que o raio do átomo

O raio do ânion é **maior** que o raio do átomo, pois a entrada de elétrons aumenta a repulsão entre eles.

Exemplo:

$_9F^{1-}$ — e = 10 (maior repulsão) — raio iônico = 133 pm

$_9F$ — e = 9 (menor repulsão) — raio atômico = 64 pm

4.5 Espécies isoeletrônicas

Os átomos e íons que têm o mesmo número de elétrons são chamados de **isoeletrônicos**.

Exemplo:

$_{11}Na^{1+}$ $_9F^{1-}$ $_{12}Mg^{2+}$
e = 10   e = 10   e = 10

O íon Mg^{2+} tem a maior carga nuclear (Z); logo, a atração do núcleo sobre os elétrons é maior e, portanto, ele tem o **menor raio**.

O íon F^- tem a menor carga nuclear (Z) dentre os três íons isoeletrônicos e, como resultado, tem o **maior raio**.

$_{12}Mg^{2+}$ — e = 10 — raio = 72 pm

$_{11}Na^{1+}$ — e = 10 — raio = 102 pm

$_9F^{1-}$ — e = 10 — raio = 133 pm

tamanho aumenta →
Z diminui →

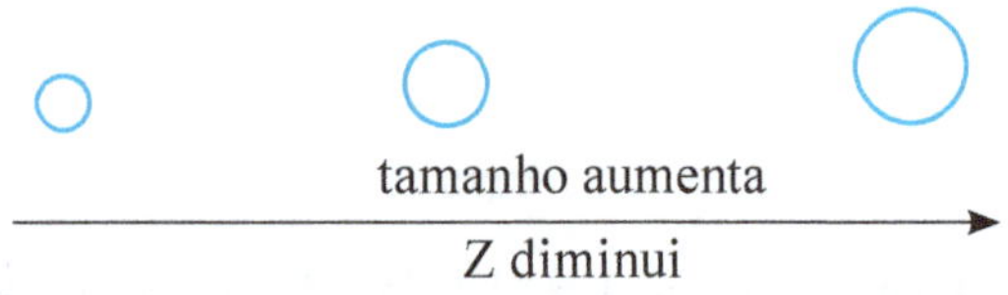

Exercícios Série Prata

1. (CEUB — DF) Examine atentamente o gráfico que mostra a variação de determinada propriedade X com o número atômico Z.

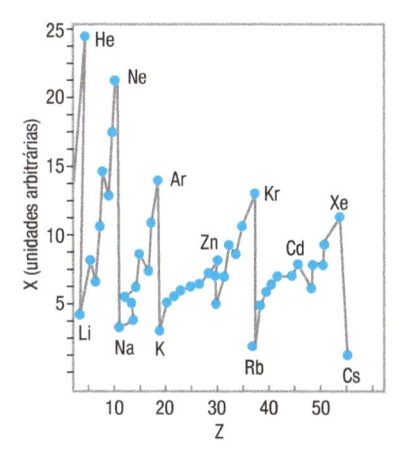

a) A propriedade X é uma propriedade periódica.
b) O valor de X aumenta proporcionalmente com Z.
c) X é uma propriedade aperiódica.
d) Por meio da análise do gráfico, nada se pode dizer quanto à periodicidade de X.

2. Complete com flechas no sentido do aumento do raio atômico.

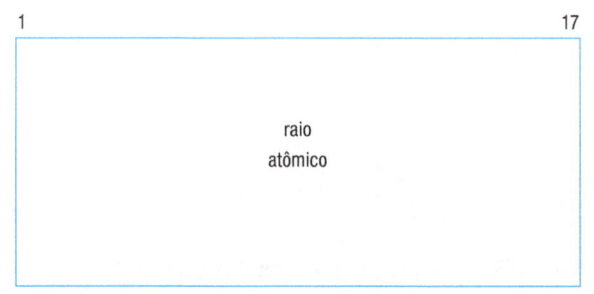

3. Considere as distribuições eletrônicas:
A $1s^2\ 2s^2\ 2p^6\ 3s^2\ 3p^6\ 4s^2\ 3d^{10}\ 4p^6\ 5s^1$
B $1s^2\ 2s^2\ 2p^6\ 3s^2\ 3p^5$
C $1s^2\ 2s^2\ 2p^6\ 3s^1$

Coloque esses elementos em ordem crescente de raio atômico.

4. (UNAERP — SP) Considere os átomos dos seguintes elementos:

I. Átomo de ^6_3Li.
II. Átomo de $^{19}_9F$.
III. Átomo de $^{23}_{11}Na$.

Considere as seguintes bolas:

A. bola de tênis.
B. bola de pingue-pongue.
C. bola de gude.

Para representar com as bolas, os átomos, a melhor sequência seria:

a) I – B; II – A; III – C.
b) I – B; II – C; III – A.
c) I – C; II – A; III – B.
d) I – C; II – B; III – A.
e) I – A; II – C; III – B.

5. (VUNESP) Nesta Tabela Periódica, os algarismos romanos substituem os símbolos dos elementos.

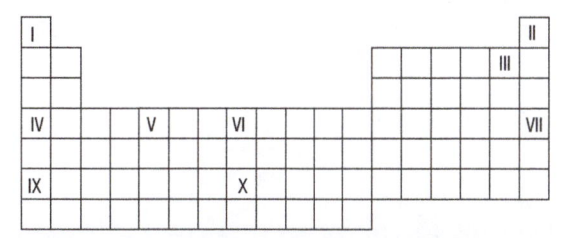

Sobre tais elementos, é **correto** afirmar que:

a) I e II são líquidos à temperatura ambiente.
b) III é um gás nobre.
c) VII é um halogênio.
d) o raio atômico de IV é maior que o de V e menor que o de IX.
e) VI e X apresentam o mesmo número de camadas eletrônicas.

6. Complete com **energia de ionização** ou **afinidade eletrônica**.

$$Na(g) + 5,1\ eV \longrightarrow Na^{1+}(g) + e^-$$

O processo equacionado é chamado de _____ _____ .

7. (UEL — PR) Em qual das transformações a seguir, no sentido indicado, a energia envolvida mede o chamado "potencial de ionização"?

a) $Cl(g) + 1e^- \longrightarrow Cl^-(g)$
b) $2\,Cl(g) \longrightarrow Cl_2(g)$
c) $H^+(aq) + OH^-(aq) \longrightarrow H_2O(l)$
d) $Na(g) \longrightarrow Na^+(g) + 1e^-$
e) $H^+(aq) + 1e^- \longrightarrow \frac{1}{2} H_2(g)$

8. "Em um grupo ou período, quanto menor o átomo, mais ... será a retirada do elétron. Logo, devemos esperar um ... valor para a energia de ionização."

O texto será corretamente preenchido pela alternativa:

a) fácil; maior.
b) fácil; menor.
c) difícil; maior
d) difícil; menor.
e) rápida; baixo.

9. Complete com flechas no sentido do aumento da primeira energia de ionização.

10. (MACKENZIE – SP) Indique a alternativa na qual o átomo citado tem a maior energia de ionização.

a) He (Z = 2)
b) Be (Z = 4)
c) C (Z = 6)
d) O (Z = 8)
e) F (Z = 9)

11. (UFRN) Energia de ionização é a energia mínima necessária para remover o elétron mais fracamente ligado de um átomo gasoso em seu estado fundamental. Indique a opção correspondente ao átomo que apresenta **maior** energia de ionização.

a) $1s^2\,2s^2\,2p^6\,3s^2\,3p^6\,4s^2\,4p^1$
b) $1s^2\,2s^2\,2p^6\,3s^2\,3p^6\,4s^2\,4p^2$
c) $1s^2\,2s^2\,2p^6\,3s^2\,3p^6\,4s^1$
d) $1s^2\,2s^2\,2p^6\,3s^2\,3p^6\,4s^2$

12. (UNIFOR – CE) "A 1ª energia de ionização é medida pela energia **X** quando 1 elétron é retirado de um **Y** isolado. Para um mesmo elemento, a 2ª energia de ionização é **Z** do que a 1."

Completa-se corretamente o texto substituindo-se **X**, **Y** e **Z**, respectivamente, por:

	X	Y	Z
a)	liberada	átomo neutro	maior
b)	absorvida	átomo neutro	maior
c)	absorvida	íon positivo	menor
d)	liberada	íon positivo	menor
e)	absorvida	íon negativo	menor

13. (USF – SP) Qual a afirmação correta?

Quanto menor é a energia de ionização de um elemento químico, maior é a sua tendência para

a) perder elétrons e formar ânion.
b) perder elétrons e formar cátion.
c) ganhar elétrons e formar ânion
d) ganhar elétrons e formar cátion.
e) nenhuma das alternativas está correta.

14. (ITA – SP) Qual dos gráficos representa melhor a variação da energia de ionização (EI) dos átomos em função do número atômico (Z)?

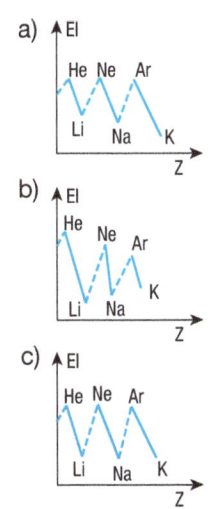

a) EI: He Ne Ar / Li Na K (vs Z)
b) EI: He Ne Ar / Li Na K (vs Z)
c) EI: He Ne Ar / Li Na K (vs Z)
d) EI: He Ne Ar / Li Na K (vs Z)
e) EI: Na K Ar / Li He Ne (vs Z)

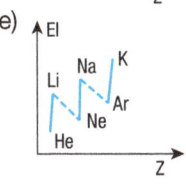

15. (UFSM – RS) Considerando as configurações eletrônicas no estado fundamental para os elementos químicos representados por:

$x = 1s^2\ 2s^2\ 2p^6$

$y = 1s^2\ 2s^2\ 2p^6\ 3s^2$

$z = 1s^2\ 2s^2\ 2p^6\ 3s^2\ 3p^3$,

analise as afirmativas:

I – **x** e **y** são gases nobres.

II – **z** é um elemento representativo metálico.

III – O 1º potencial de ionização de **y** é menor que o 1º potencial de ionização de **z**.

Está(ão) correta(s):

a) apenas I.
b) apenas II.
c) apenas III.
d) apenas I e II.
e) I, II e III.

16. As letras **A, B, C, D** e **E** designam elementos químicos. Seus átomos têm as energias de ionização indicadas na tabela a seguir

elemento	EI				
	1ª	2ª	3ª	4ª	5ª
A	119	1.091	1.652	2.280	3.192
B	191	580	874	5.980	7.843
C	140	273	1.200	1.550	1.946
D	187	376	771	1.041	3.844
E	100	703,6	1.100	1.500	2.296

Analise as informações contidas na tabela e indique os grupos dos elementos **B** e **E**.

17. Complete com **energia de ionização** ou **afinidade eletrônica**.

$$Cl(g) + e^- \longrightarrow Cl^{1-}(g) + 3{,}75\ eV$$

O processo equacionado é chamado de _____ _____ .

18. A equação química que poderá ser associada à afinidade eletrônica do flúor será:

a) $F_2(g) + 2e^- \longrightarrow 2\ F^-(g)$
b) $F_2(l) \longrightarrow 2\ F^+(g) + 2e^-$
c) $F(g) \longrightarrow F^+(g) + e^-$
d) $F(g) + e^- \longrightarrow F^-(g)$
e) $F(s) + e^- \longrightarrow F^-(s)$

19. Complete com flechas no sentido do aumento da afinidade eletrônica.

1 17

afinidade eletrônica

20. Complete com **maior** ou **menor**.

a) O raio do átomo é sempre _____ que o raio do cátion (íon positivo) correspondente.

b) O raio do átomo é sempre _____ que o raio do ânion (íon negativo) correspondente.

21. Determine o número de prótons, nêutrons e elétrons.

a) $_{13}^{27}Al^{3+}$ c) $_{20}^{40}Ca^{2+}$

b) $_{15}^{31}P^{3-}$ d) $_{17}^{35}Cl^{1-}$

22. (FURRN) Considerando-se as espécies químicas:

$_{17}^{35}Cl^-$ $_{20}^{40}Ca$ $_{20}^{42}Ca^{2+}$

$_{27}^{59}Co^{2+}$ $_{28}^{59}Ni^{2+}$ $_{30}^{65}Zn$

Podemos afirmar que as espécies que apresentam o mesmo número de elétrons são:

a) Ca e Ca^{2+}.
b) Ni^{2+} e Zn.
c) Cl^- e Ca^{2+}.
d) Ni^{2+} e Co^{2+}.
e) Co^{2+} e Zn.

23. Qual dos íons terá o maior raio?

a) $_{13}Al^{3+}$ c) $_{11}Na^{1+}$

b) $_{12}Mg^{2+}$ d) $_9F^{1-}$

24. (ITA – SP) Assinalar a alternativa **falsa** com relação ao tamanho das partículas:

a) F^- (Z = 9) > Na^+ (Z = 11)
b) Fe^{2+} (Z = 26) > Fe^{3+}
c) Na^0 > Na^+
d) Cl^- > Cl^0
e) Na^+ (Z = 11) > Cl^- (Z = 17)

Exercícios Série Ouro

1. (UDESC) De acordo com as propriedades periódicas dos elementos químicos, analise as proposições abaixo.

I. O tamanho do raio atômico dos elementos químicos cresce da direita para a esquerda nos períodos e cresce de cima para baixo nos grupos.

II. O tamanho do raio atômico dos elementos químicos cresce da esquerda para direita nos períodicos.

III. O iodo apresenta raio atômico menor do que o cloro.

IV. O nitrogênio apresenta raio atômico maior do que o flúor.

Analise a alternativa correta.

a) Somente a afirmativa I é verdadeira.
b) Somente as afirmativas II e III são verdadeiras.
c) Somente as afirmativas I e III são verdadeiras.
d) Somente as afirmativas I e IV são verdadeiras.
e) Somente as afirmativas II e IV são verdadeiras.

2. (UFOP – MG) O gráfico abaixo mostra a variação da primeira energia de ionização com o número atômico para diferentes átomos:

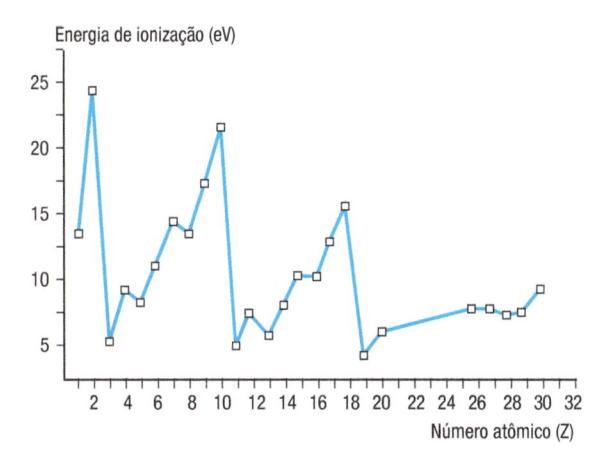

Energia de ionização (eV) vs Número atômico (Z)

Com base nessa ilustração, assinale a afirmativa correta.

a) A primeira energia de ionização do sódio é igual a 7,5 eV.
b) Entre os átomos com maior dificuldade para formar cátions monovalentes, podemos destacar H, Li e Na.
c) No intervalo Z = 13 a Z = 18, observa-se que o aumento da carga nuclear tende a aumentar a força de atração dos elétrons pelo núcleo.
d) Entre os elementos representados, o cálcio é o metal que apresenta o menor potencial de ionização.

3. (FUVEST – SP) Considere os seguintes átomos neutros:

A (18 elétrons), B (17 elétrons), C (11 elétrons) e D (2 elétrons).

a) A que grupos pertencem?
b) Coloque-os em ordem crescente de energia de ionização.

4. (UFPR) Dada a configuração eletrônica dos elementos contidos na tabela a seguir (as letras de A a F não correspondem aos verdadeiros símbolos dos elementos) e os respectivos valores da primeira energia de ionização (ou potencial de ionização – 1ª EI) e da Afinidade Eletrônica (AE), é correto afirmar:

Elemento	Configuração eletrônica	1ª EI (kJ/mol)	AE (kJ/mol)
A	$1s^2\ 2s^2\ 2p^6\ 3s^2\ 3p^6\ 4s^1$	418,8	48,0
B	$1s^2\ 2s^2\ 2p^6\ 3s^2\ 3p^1$	577,5	42,5
C	$1s^2\ 2s^2$	899,5	< 0
D	$1s^2\ 2s^2\ 2p^6\ 3s^2\ 3p^6\ 3s^3\ 4s^2$	650,3	< 0
E	$1s^2\ 2s^2\ 2p^4$	1.313,9	140,97
F	$1s^2\ 2s^2\ 2p^6\ 3s^2\ 3p^5$	1.251,2	349,0

I. A, C e D encontram-se à esquerda da Tabela Periódica; E e F, à direita.
II. Os altos valores da 1ª EI de E e F são típicos de elementos não metálicos.
III. Os elementos C e E estão no 2º período da Tabela Periódica; B e F, no 3º período; A e D, no 4º período.
IV. O elemento A tende a tornar-se ânion e o elemento F tende a tornar-se cátion.
V. A e D são elementos de transição

(MOGI DAS CRUZES – SP) As questões **5** e **6** estão relacionadas com as configurações eletrônicas dos átomos dos elementos A, B, C, D e E, pertencentes ao mesmo período da Tabela Periódica:

A – $1s^2\ 2s^2\ 2p^6\ 3s^1$

B – $1s^2\ 2s^2\ 2p^6\ 3s^2\ 3p^1$

C – $1s^2\ 2s^2\ 2p^6\ 3s^2\ 3p^4$

D – $1s^2\ 2s^2\ 2p^6\ 3s^2\ 3p^5$

E – $1s^2\ 2s^2\ 2p^6\ 3s^2\ 3p^6$

com base nas quais se deve esperar:

5.
a) O raio atômico e o primeiro potencial de ionização crescem de A a E.
b) O raio atômico cresce e o primeiro potencial de ionização decresce de A a E.
c) Ambos decrescem de A a E.
d) O raio atômico decresce e o primeiro potencial de ionização cresce de A a E.
e) Nada se pode afirmar.

6. O elemento que apresenta o segundo potencial de ionização maior é:
a) A
b) B
c) C
d) D
e) E

7. (POUSO ALEGRE – MG) O sódio não é, ordinariamente, observado com a carga +2, por causa de
a) sua alta primeira energia de ionização e baixa segunda energia de ionização.
b) sua baixa primeira energia de ionização e muito elevada segunda energia de ionização.
c) seu elevado raio iônico, que impede a perda de 2 elétrons.
d) sua alta eletronegatividade.
e) seu caráter metálico pronunciado.

8. (UFRGS – RS) X, Y e Z representam três elementos da Tabela Periódica que têm raios x: 80 pm, y: 123 pm e z: 157 pm (1 pm = 10^{-12} m). Esses elementos podem ser, respectivamente:
a) Li, Be e Na.
b) Li, Na e Be.
c) Na, Be e Li.
d) Na, Li e Be.
e) Be, Li e Na.

9. O quadro abaixo fornece dados sobre as quatro primeiras energias de ionização de quatro elementos químicos. Indique os grupos de cada um dos elementos e justifique sua resposta.

Elemento	Energias de ionização			
	1ª	2ª	3ª	4ª
I	496	4.563	6.913	9.541
II	738	1.450	7.731	10.545
III	418	3.069	4.600	5.879
IV	681	3.375	6.045	8.418

10. (CFTMG) A tabela a seguir apresenta todas as energias de ionização de três átomos neutros no estado fundamental.

Átomos	Energias de ionização (eV)							
	1ª	2ª	3ª	4ª	5ª	6ª	7ª	8ª
I	5,4	75,6	122,4					
II	11,3	24,4	47,9	64,5	391,9	489,8		
III	13,6	35,2	54,9	77,4	113,9	138,1	739,1	871,1

Sobre a análise desses valores, é correto concluir que:
a) I e II possuem 2 elétrons de valência.
b) I apresenta raio atômico maior do que III.
c) II tem grande tendência para perder elétrons.
d) III possui a configuração eletrônica $1s^2\ 2s^2\ 2p^6$.

11. (UERJ) O comportamento químico e físico dos elementos tem relação direta com suas propriedades periódicas.
Observe, no gráfico 1, parte das energias de ionização de um elemento representativo do terceiro período da Tabela de Classificação Periódica.

Considere que o elemento de menor número atômico representado pertence ao segundo período da tabela.

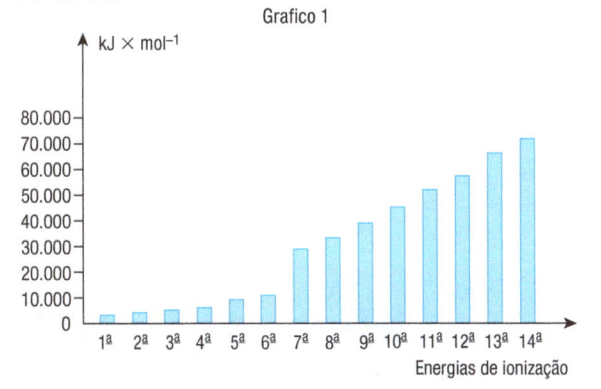

Gráfico 1

Adaptado de: RUSSEL, J. B. **Química Geral**. São Paulo: Makron Books, 1994.

Observe, no gráfico 2, as afinidades eletrônicas de 48 elementos da Tabela de Classificação Periódica.

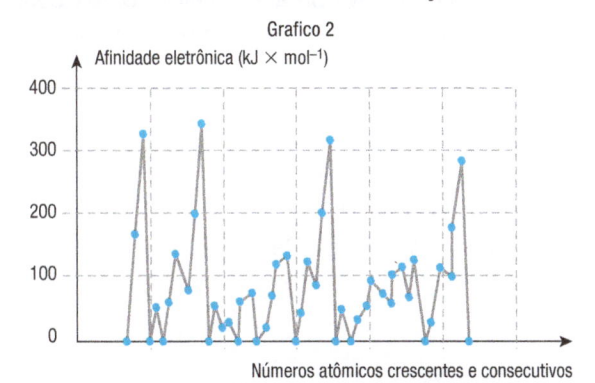

Gráfico 2

Adaptado de: <www.webelements.com>.

Nomeie o elemento que corresponde ao gráfico 1, justificando sua resposta. Em seguida, identifique o grupo da tabela de classificação periódica ao qual pertencem os elementos do gráfico 2 que apresentam as quatro maiores afinidades eletrônicas.

12. (CESGRANRIO – RJ) Os dados X e Y que faltam no quadro são:

a) X = 770; Y = 141.
b) X = 861; Y = 1.430.
c) X = 1.550; Y = 141.
d) X = 770; Y = 1.430.
e) X = 1.550 Y = 251.

	Ponto de fusão (°C)	1ª energia de ionização (kCl/mol)
cálcio	850	y
estrôncio	x	131
bário	700	120

13. (CFTMG) O quadro a seguir apresenta a constituição de algumas espécies da Tabela Periódica.

Átomo	Número atômico	Número de nêutrons	Número de elétrons
A	17	18	17
B	17	20	17
C	9	10	10
D	19	21	18

Com base nesses dados, afirma-se:

I. O átomo D está carregado positivamente.
II. O átomo C está carregado negativamente.
III. Os átomos B e C são eletricamente neutros.
IV. Os átomos A e B são de um mesmo elemento químico.

São corretas apenas as afirmativas

a) I e III.
b) II e IV.
c) I, II e IV.
d) II, III e IV.

14. (FGV – adaptada) Uma nova e promissora classe de materiais supercondutores tem como base o composto diboreto de zircônio e vanádio. Esse composto é sintetizado a partir de um sal de zircônio (IV).

Revista **Pesquisa FAPESP**, junho 2013. Adaptado.

O número de prótons e de elétrons no íon Zr^{4+} e o número de elétrons na camada de valência do elemento boro no estado fundamental são, respectivamente:

a) 36; 40; 5.
b) 36; 40; 3.
c) 40; 44; 3.
d) 40; 36; 5.
e) 40; 36; 3.

Dados: $_5B$; $_{40}Zr$.

15. (UEL – PR) O gráfico a seguir mostra, em ordem aleatória de posição na Tabela Periódica, as primeiras energias de ionização (EI) dos oito elementos representativos do quinto período da Tabela Periódica. Os oito elementos estão denominados genericamente por A, B, C, D, E, G, J e M.

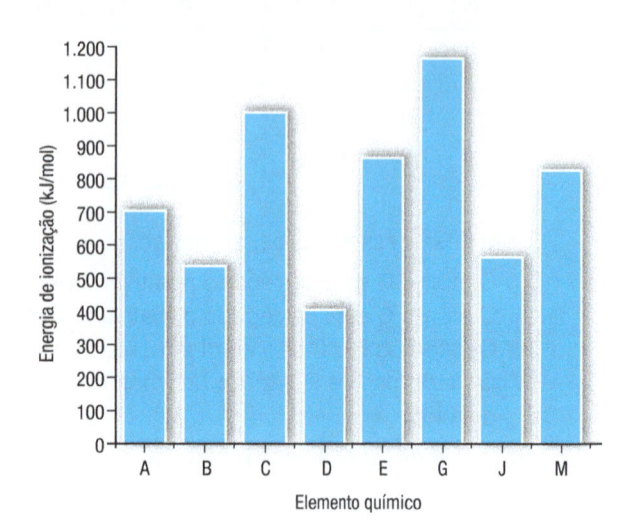

Com base nos dados apresentados no gráfico e nos conhecimentos sobre o tema, analise as afirmativas.

I. O elemento B possui dois elétrons na camada de valência.
II. O elemento D possui apenas 4 camadas eletrônicas.
III. O elemento G possui configuração de valência igual a $5s^2\ 5p^6$.
IV. O elemento C se estabiliza quando perde 1 elétron da camada de valência.

Assinale a alternativa que contém todas as afirmativas corretas.

a) I e II.
b) I e III.
c) III e IV.
d) I, II e IV.
e) II, III e IV.

16. (UNIFESP) O gráfico apresenta as primeiras e segundas energias de ionização (1ª EI e 2ª EI) para os elementos sódio, magnésio e cálcio, indicados como I, II e III, não necessariamente nessa ordem.

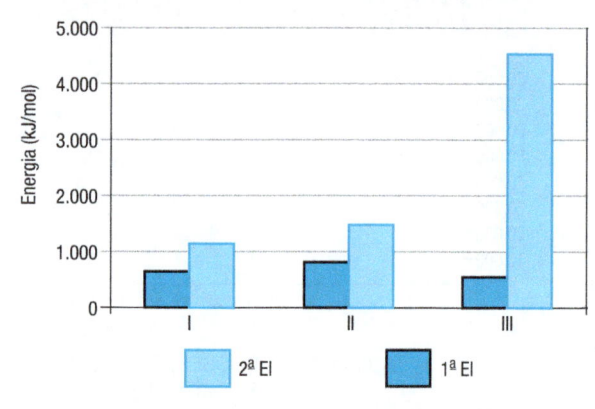

Dentre esses elementos, aqueles que apresentam os maiores valores para a primeira e para a segunda energia de ionização são, respectivamente:

a) cálcio e magnésio.
b) cálcio e sódio.
c) magnésio e cálcio.
d) magnésio e sódio.
e) sódio e magnésio.

Dados: $_{11}Na$, $_{12}Mg$, $_{20}Ca$.

17. (FGV – SP) A figura apresenta uma parte da Tabela Periódica.

14	15	16	17
6 C		8 O	
	15 P		
32 Ge		34 Se	35 Br

Dentre os elementos considerados, aquele que apresenta átomo com maior raio atômico e aquele que apresenta a primeira energia de ionização, mais alta são, respectivamente:

a) Ge e O.
b) Ge e Br.
c) Br e Se.
d) P e C.
e) C e Se.

18. (ENEM) O cádmio, presente nas baterias, pode chegar ao solo quando esses materiais são descartados de maneira irregular no meio ambiente ou quando são incinerados. Diferentemente da forma metálica, os íons Cd^{2+} são extremamente perigosos para o organismo, pois eles podem substituir íons Ca^{2+}, ocasionando uma doença degenerativa nos ossos, tornando-os muito porosos e causando dores intensas nas articulações. Podem ainda inibir enzimas ativadas pelo cátion Zn^{2+}, que são extremamente importantes para o funcionamento dos rins. A figura mostra a variação do raio de alguns metais e seus respectivos cátions.

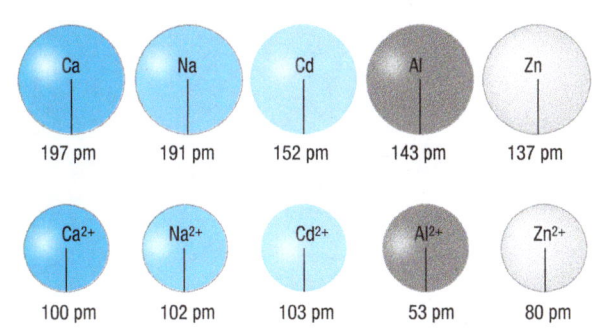

Ca	Na	Cd	Al	Zn
197 pm	191 pm	152 pm	143 pm	137 pm
Ca^{2+}	Na^{2+}	Cd^{2+}	Al^{2+}	Zn^{2+}
100 pm	102 pm	103 pm	53 pm	80 pm

Raios atômicos e iônicos de alguns metais.

ATKINS, P.; JONES, L. **Princípios de Química**: Questionando a vida moderna e o meio ambiente. Porto Alegre: Bookman, 2001 (adaptado).

Com base no texto, a toxicidade do cádmio em sua forma iônica é consequência de esse elemento

a) apresentar baixa energia de ionização, o que favorece a formação do íon e facilita sua ligação a outros compostos.
b) possuir tendência de atuar em processos biológicos mediados por cátions metálicos com cargas que variam de +1 a +3.
c) possuir raio e carga relativamente próximos aos de íons metálicos que atuam nos processos biológicos, causando interferência nesses processos.
d) apresentar raio iônico grande, permitindo que ele cause interferência nos processos biológicos em que, normalmente, íons menores participam.
e) apresentar carga +2, o que permite que ele cause interferência nos processos biológicos em que, normalmente, íons com cargas menores participam.

19. (FGV) A tabela seguinte apresenta dados referentes às espécies K, K^+, Ca^{2+} e S^{2-}.

Espécie	Z	Nêutrons
K	19	22
K^+	19	22
Ca^{2+}	20	22
S^{2-}	16	18

Em relação a essas espécies, são feitas as seguintes afirmações:

I. K^+ e Ca^{2+} são isótonos;
II. K e Ca^{2+} são isóbaros;
III. K^+ tem mais prótons que K;
IV. K^+ e S^{2-} têm o mesmo número de elétrons.

É correto apenas o que se afirma em:

a) I e II.
b) I e III.
c) I e IV.
d) II e III.
e) II e IV.

20. (ITA – SP) Qual das opções abaixo apresenta a comparação errada relativa aos raios de átomos e de íons?

a) raio do Na^+ < raio do Na.
b) raio do Na^+ < raio do F^-.
c) raio do Mg^{2+} < raio do O^{2-}.
d) raio do F^- < raio do O^{2-}.
e) raio do F^- < raio do Mg^{2+}.

Dados: $_8O$, $_9F$, $_{11}Na$, $_{12}Mg$.

21. (IME – RJ) Dados os íons: $_{16}S^{2-}$; $_{19}K^+$; $_{56}Ba^{2+}$, indique qual das relações abaixo apresenta os íons isoeletrônicos em ordem correta de raio iônico.

a) $K^+ > S^{2-}$
b) $Ba^{2+} = S^{2-}$
c) $Ba^{2+} > S^{2-}$
d) $K^+ < S^{2-}$
e) $Ba^{2+} < S^{2-}$

22. (UFRJ) Considere as espécies químicas apresentadas a seguir:

$$S^{2-}; Ar; Fe^{3+}; Ca^{2+}; Al^{3+}; Cl^-$$

a) Identifique, com o auxílio da Tabela Periódica, as espécies isoeletrônicas, apresentando-as em ordem decrescente de raio.

b) Identifique, dentre as espécies químicas cujos elementos pertencem ao terceiro período, aquela que apresenta o menor potencial de ionização. Justifique sua resposta.

23. (UCPel – RS) O átomo Q tem 36 nêutrons e é isóbaro do átomo R. Considerando que R^{+2} é isoeletrônico do átomo Q, identifique o número de nêutrons do átomo R.

a) 40
b) 34
c) 36
d) 38
e) 32

Capítulo 12
Teoria do Octeto Explicando a Formação de um Grande Número de Substâncias

1. Introdução

Para os químicos, os **elétrons da camada de valência** são a parte mais importante do átomo, pois são a primeira parte de um átomo que entra em contato com outro átomo quando os dois se aproximam mutuamente. Os **elétrons da camada de valência** controlam, em grande parte, a ligação química dos átomos. Veja a ilustração a seguir.

| Camada de valência do átomo A | + | camada de valência do átomo B | = | ligação entre A e B |

2. Grupo 18 – gases nobres (He, Ne, Ar, Kr, Xe, Rn)

2.1 Ocorrência

Os elementos do grupo 18 encontram-se na atmosfera como **gases monoatômicos**. Juntos, eles formam aproximadamente 1% da sua massa. O **argônio** é o terceiro gás mais abundante na atmosfera, depois do nitrogênio e do oxigênio.

ar: $N_2 > O_2 > Ar > ....$

gases monoatômicos He Ne Ar Kr Xe Rn

2.2 Aplicação

2.2.1 Hélio

O gás hélio é duas vezes mais denso do que o hidrogênio, nas mesmas condições. Como sua densidade é muito baixa e o gás não é inflamável (não reage com gás oxigênio), ele é usado para fazer flutuar os **dirigíveis**. O hélio também é usado para diluir o oxigênio usado em **hospitais** e em **mergulhos em mar profundo**.

Balão dirigível usando gás hélio.

2.2.2 Neônio

O neônio, que emite cor laranja-avermelhada quando uma corrente elétrica (fluxo de elétrons) passa através dele, é usado em **letreiros de publicação** e **avisos luminosos**.

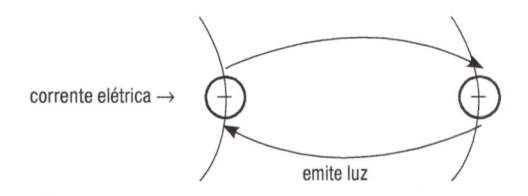

Os elétrons do neônio, devido aos choques com os elétrons da corrente elétrica, saltam para uma camada mais externa. Quando esses elétrons retornam, há a emissão de luz (no neônio predomina a luz laranja-avermelhada).

2.2.3 Argônio

O argônio é usado como enchimento de lâmpadas incandescentes, para resfriar o filamento.

2.2.4 Criptônio

O criptônio produz uma intensa **luz branca** ao ser atravessado por uma descarga elétrica e, por isso, é usado na iluminação de **pistas de aeroportos**.

2.2.5 Xenônio

O xenônio é usado em lâmpadas de halogênio (lâmpada incandescente que incorpora pequenas quantidades de gás halogênio – F_2 ou Cl_2 – para aumentar a luminosidade e a longevidade (**faróis de automóveis**).

2.2.6 Radônio

Os gás radioativo radônio emerge do solo como um produto dos processos radioativos que acontecem nas profundezas da Terra.

Existe certa preocupação pelo seu acúmulo em construções, porque os produtos de seu decaimento nuclear podem levar a perigosos níveis de radiação.

2.3 Gases nobres: baixa reatividade química

Os elementos no grupo 18, os gases nobres, recebem esse nome devido a sua reatividade muito baixa, por isso que eles são encontrados na forma de **gases monoatômicos**.

Por meio de distribuição eletrônica, os químicos, principalmente Lewis (norte-americano) e Kossel (alemão) puderam explicar a baixa reatividade química dos gases nobres. Observe a tabela:

	K	L	M	N	O	P	Q
$_2$He	(2)						
$_{10}$Ne	2	(8)					
$_{18}$Ar	2	8	(8)				
$_{36}$Kr	2	8	18	(8)			
$_{54}$Xe	2	8	18	18	(8)		
$_{86}$Rn	2	8	18	32	18	(8)	

Os gases nobres estão com a camada de valência completa, isto é, com 8 elétrons (exceto o hélio, que tem 2 elétrons na camada K), portanto, os gases nobres só irão conseguir fazer ligações com outros elementos em situação de elevada temperatura e pressão.

As ideias de Lewis e Kossel foram reforçadas com o surgimento da afinidade eletrônica. No caso dos gases nobres, é **necessária energia** para se adicionar elétrons ao átomo, pois o elétron adicionado entra na camada seguinte.

Exemplos:

$_2$He K L $_{10}$Ne K L M
    2   2 8
    1 e⁻   1 e⁻

Nota: a partir de 1962, começaram a ser sintetizados compostos de gases nobres. Como exemplos, podemos citar XeF_4 e XeO_3.

3. Teoria do octeto ou regra do octeto

Os outros elementos não possuem 8 elétrons na camada de valência ou 2 elétrons na camada K. Tudo indica, portanto, que possuir 8 elétrons na camada de valência (ou 2, caso seja a camada K) faz com que o átomo fique com uma **distribuição eletrônica estável**.

Em 1916, Lewis e Kossel propuseram, independentemente, uma regra para explicar a ligação entre os átomos.

> Após a ligação química, os átomos participantes ficam com 8 elétrons na camada de valência ou 2 elétrons na camada K.

Nota: existem substâncias que não obedecem a regra do octeto.

Exemplo:

antes da ligação		após a ligação	
Na	Cl	Na	Cl
grupo 1	grupo 17		
1 elétron na camada de valência	7 elétrons na camada de valência	8 elétrons na camada de valência	8 elétrons na camada de valência
distribuição eletrônica não estável		distribuição eletrônica estável	

4. Participação dos metais em uma ligação química

A maioria dos metais têm de 1 a 3 elétrons na camada de valência e tendem a perder esses elétrons, tornando-se **íons positivos** ou **cátions**, para ficarem com a distribuição eletrônica de um gás nobre.

Exemplos:

Grupo 1 (Li, Na, K, Rb, Cs, Fr)

$_{11}$Na K L M   participando de uma $_{11}$Na^{1+} K L
     2 8 1   ligação de química fica   2 8

Grupo 2 (Be, Mg, Ca, Sr, Ba)

$_{12}$Mg K L M   participando de uma $_{12}$Mg^{2+} K L
     2 8 2   ligação química pode ficar   2 8

$_{13}$Al K L M   participando de uma $_{13}$Al^{3+} K L
     2 8 3   ligação química pode ficar   2 8

5. Participação dos não metais em uma ligação química

A maioria dos não metais tem mais de quatro elétrons em uma camada de valência e tendem a receber elétrons, tornando-se **íons negativos** ou **ânions**, para ficarem com a distribuição eletrônica de um gás nobre.

Exemplos:

Grupo 16 (O, S, Se, Te)

$_8$O K L participando de uma $\longrightarrow$ $_8$O^{2-} K L
     2 6 ligação química pode ficar   2 8

Grupo 15 (N, P, As, Sb)

$_7$N K L participando de uma $\longrightarrow$ $_7$N^{3-} K L
     2 5 ligação química pode ficar   2 8

Grupo 17 (F, Cl, Br, I)

$_9$F K L participando de uma $\longrightarrow$ $_9$F^{1-} K L
     2 7 ligação química pode ficar   2 8

Nota: C é **não metal**, embora tenha 4 elétrons na camada de valência.

$_6$C K L
     2 4

6. Notação de Lewis: notação que auxilia na compreensão de uma ligação química

Os elétrons da camada de valência são representados por **pontinhos ao redor do símbolo do elemento**.

Exemplos:

Grupo 1: Li· Na· K· Rb· Cs·

Grupo 2: Be: Mg: Ca: Sr: Ba:

Grupo 13: ·Àl· Grupo 14: ·C̈· ·S̈i·

Grupo 15: ·N̈· ·P̈· Grupo 16: ·Ö: ·S̈:

Grupo 17: ·F̈: ·C̈l: ·B̈r: ·Ï:

7. Eletronegatividade: propriedade periódica que explica como são formadas as ligações químicas

7.1 Conceito

Em 1932, o químico norte-americano Linus Pauling propôs uma medida quantitativa de distribuição dos elétrons de valência nas ligações.

O poder de atração dos elétrons exercido por um átomo que participa de uma ligação é chamado de **eletronegatividade**.

O átomo do elemento que tem a eletronegatividade mais alta tem maior poder de atrair elétrons e tende a afastá-los do átomo que tem a menor eletronegatividade.

7.2 Escala de eletronegatividade desenvolvida por Pauling

Pauling calculou a eletronegatividade de cada elemento com base na energia de ligação. Assim, encontramos as seguintes eletronegatividades:

     F   O   NCl   Br   ISC   PH ...
    4,0   3,5   3,0   2,8   2,5   2,1

O flúor é o elemento mais eletronegativo, isto é, em uma ligação tem grande poder de atrair elétrons.

H 2,1																	He
Li 1,0	Be 1,5											B 2,0	C 2,5	N 3,0	O 3,5	F 4,0	Ne
Na 0,9	Mg 1,2											Al 1,5	Si 1,8	P 2,1	S 2,5	Cl 3,0	Ar
K 0,8	Ca 1,0	Sc 1,3	Ti 1,6	V 1,6	Cr 1,5	Mn 1,5	Fe 1,8	Co 1,8	Ni 1,8	Cu 1,9	Zn 1,6	Ga 1,6	Ge 1,8	As 2,0	Se 2,4	Br 2,8	Kr
Rb 0,8	Sr 1,0	Y 1,2	Zr 1,4	Nb 1,6	Mo 1,8	Tc 1,9	Ru 2,2	Rh 2,2	Pd 2,2	Ag 1,9	Cd 1,7	In 1,7	Sn 1,8	Sb 1,9	Te 2,1	I 2,5	Xe
Cs 0,7	Ba 0,9	La 1,1	Hf 1,3	Ta 1,5	W 1,7	Re 1,9	Os 2,2	Ir 2,2	Pt 2,2	Au 2,4	Hg 1,9	Tl 1,8	Pb 1,8	Bi 1,9	Po 2,0	At 2,2	Rn
Fr 0,7	Ra 0,9	Ac 1,1															

Escala de eletronegatividade de Pauling.

7.3 Variação da eletronegatividade na Tabela Periódica

Em um grupo: aumenta de **baixo** para **cima**, pois átomos pequenos tendem a apresentar eletronegatividades maiores que os átomos grandes.

F 4,0 — Para o núcleo é mais fácil atrair o elétron.

I 2,5 — Para o núcleo é mais difícil atrair o elétron.

Em um período: aumenta da **esquerda** para a **direita**, pois está aumentando a carga nuclear efetiva.

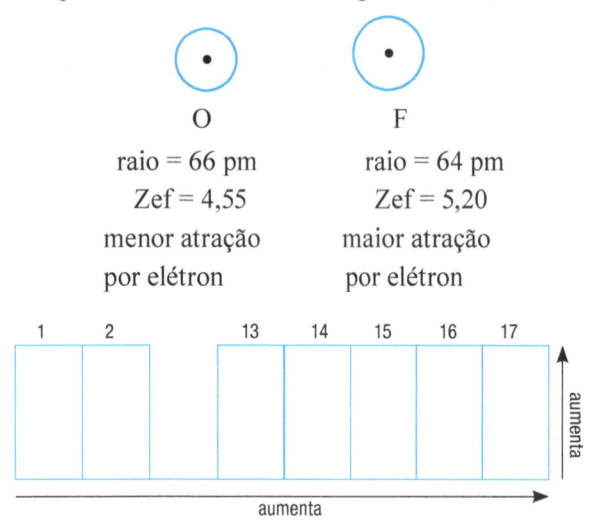

O — raio = 66 pm; Zef = 4,55; menor atração por elétron

F — raio = 64 pm; Zef = 5,20; maior atração por elétron

Elementos com baixas eletronegatividades (como os metais do grupo 1 e 2) são frequentemente chamados de **eletropositivos**.

Resumo:

Maioria dos metais: baixa eletronegatividade
Maioria dos não metais: alta eletronegatividade

7.4 Se a diferença de eletronegatividade entre os dois átomos for maior que 1,7, ocorre transferência de elétrons e a ligação é chamada de ligação iônica

Exemplo:

NaCl (Na – 0,9; Cl – 3,0) diferença = 2,1

Usando a notação de Lewis:

Na· grupo 1, metal, tendência a perder 1 elétron

:Cl· grupo 17, não metal, tendência a receber 1 elétron

Na· + ·Cl: ⟶ [Na^{1+}] [:Cl:$^{1-}$]

7.5 Se a diferença de eletronegatividade entre os dois átomos for menor que 1,7, ocorre formação de par de elétrons e a ligação é chamada de ligação covalente

Exemplo:

HCl (H – 2,1; Cl – 3,0) diferença = 0,9

Usando a notação de Lewis:

H· + ·Cl: ⟶ H : Cl:
↓
par de elétron

Exercícios Série Prata

1. Complete com **8** ou **18**.

A regra do octeto informa que os átomos unem-se com a tendência de adquirir _____ elétrons na última camada ou 2 elétrons na camada K.

2. Complete.

A maioria dos metais têm de _____ elétrons na camada de valência e tendem a _____ esses elétrons, tornando-se íons positivos ou _____, para ficarem com a distribuição eletrônica de um gás _____.

3. Faça a distribuição eletrônica dos cátions indicados a seguir.

a) Li (Z = 3)   Li$^+$ (Z = 3)
b) Na (Z = 11)   Na$^+$ (Z = 11)
c) Al (Z = 13)   Al^{3+} (Z = 13)
d) Mg (Z = 12)   Mg^{2+} (Z = 12)

4. Complete.

A maioria dos não metais têm mais de _____ elétrons na camada de valência e tendem a receber elétrons, tornando-se íons negativos ou _____, para ficarem com a distribuição eletrônica de um gás _____.

5. Faça a distribuição eletrônica dos seguintes ânions.
   a) H (Z = 1)   H$^-$ (Z = 1)
   b) O (Z = 8)   O^{2-} (Z = 8)
   c) N (Z = 7)   N^{3-} (Z = 7)
   d) Cl (Z = 17)   Cl$^-$ (Z = 17)

6. Os elétrons da camada de valência são representados por pontinhos ao redor do símbolo do elemento (notação de Lewis). Coloque os elétrons ao redor dos seguintes símbolos
   a) H   e) F
   b) C   f) Ne
   c) N   g) S
   d) O   h) Cl

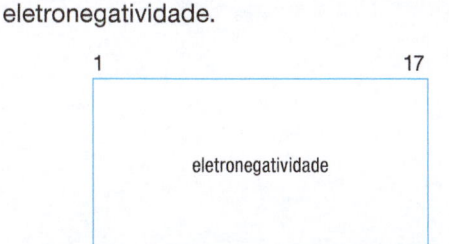

7. Complete com flechas no sentido do aumento da eletronegatividade.

```
  1                           17
 ┌──────────────────────────────┐
 │                              │
 │        eletronegatividade    │
 │                              │
 └──────────────────────────────┘
```

8. Complete com **alta** ou **baixa**.
   a) A maioria dos metais tem _____ eletronegatividade.
   b) A maioria dos não metais tem _____ eletronegatividade.

9. (PUC — MG) Consultando a Tabela Periódica, assinale a opção em que os átomos a seguir estejam apresentados em ordem crescente de eletronegatividade: B, C, N, O, Al.
   a) N < C < B < O < Al.
   b) O < N < C < B < Al.
   c) Al < B < C < N < O.
   d) B < Al < C < O < N.

10. (UFMG) A maioria dos elementos químicos são metais.
Comparando-se as características de metais e de não metais situados em um mesmo período da Tabela Periódica, é correto afirmar que os átomos de metais têm:
   a) menores tamanhos.
   b) maior eletronegatividade.
   c) menor número de elétrons de valência.
   d) maiores energias de ionização.

11. (UFRGS – RS) Considere o desenho a seguir, referente à Tabela Periódica dos elementos.

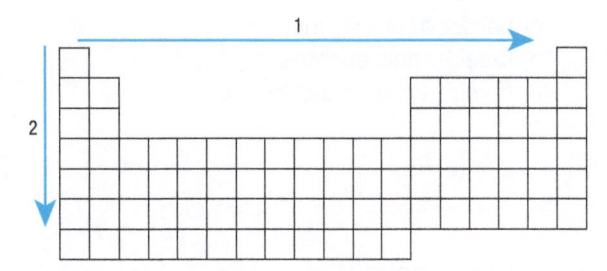

As setas 1 e 2 referem-se, respectivamente, ao aumento de valor das propriedades periódicas:
   a) eletronegatividade e raio atômico.
   b) raio atômico e eletroafinidade.
   c) raio átomo e caráter metálico.
   d) potencial de ionização e eletronegatividade.
   e) potencial de ionização e potencial de ionização.

12. (UCDB – MS) Um elemento de configuração $1s^2\ 2s^2\ 2p^6\ 3s^2\ 3p^5$ possui forte tendência para:

a) perder 5 elétrons.
b) perder 1 elétron.
c) perder 2 elétrons.
d) ganhar 1 elétron.
e) ganhar 2 elétrons.

Exercícios Série Ouro

1. (PUC – MG) Assinale a espécie que NÃO tem a configuração de um gás nobre.

a) S^{2-} b) Se^{2+} c) P^{3-} d) Sr^{2+}

2. (PUC – RJ) Por meio das ligações químicas, a maioria dos átomos adquire estabilidade, pois ficam com o seu dueto ou octeto completo, assemelhando-se aos gases nobres. Átomos de um elemento com número atômico 20 ao fazer uma ligação iônica devem, no total:

a) perder um elétron.
b) receber um elétron.
c) perder dois elétrons.
d) receber dois elétrons.
e) compartilhar dois elétrons.

3. (UFRGS – RS) O íon monoatômico A^{2-} apresenta a configuração eletrônica $3s^2\ 3p^6$ para o último nível. O número atômico do elemento A é igual a:

a) 8.   b) 10.   c) 14.   d) 16.   e) 18.

4. (UNIP — SP) A configuração eletrônica no estado fundamental $1s^2\ 2s^2\ 2p^6\ 3s^2\ 3p^6$ não descreve a espécie:

a) Cl^- (Z = 17).
b) K^+ (Z = 19).
c) S^{2-} (Z = 16).
d) Sc^{3+} (Z = 21).
e) Ar^+ (Z = 18).

5. (MACKENZIE – SP) Abaixo são fornecidas as distribuições eletrônicas das camadas de valência dos átomos neutros X, Y e Z em seus estados fundamentais.

X: $2s^2$; $2p^5$
Y: $6s^1$
Z: $4s^2$; $4p^5$

A partir dessas informações, é correto afirmar que

a) o elemento Y é um metal alcalinoterroso.
b) os elementos X e Z pertencem ao mesmo período, todavia X é mais eletronegativo do que Z.
c) o elemento X apresenta maior afinidade eletrônica do que o elemento Y.
d) o elemento Z apresenta maior raio atômico do que Y.
e) X, Y e Z são elementos de transição.

6. (MACKENZIE – SP) Na Tabela Periódica abaixo, alguns elementos químicos foram representados aleatoriamente por algarismos romanos.

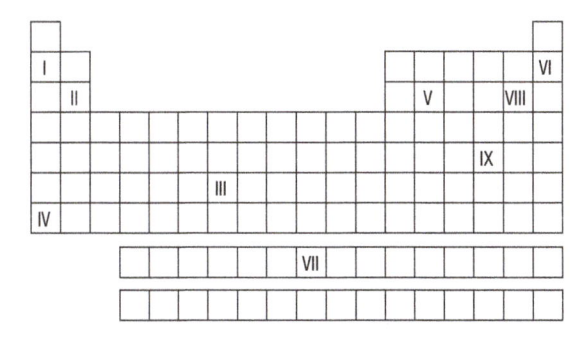

A respeito de tais elementos é correto afirmar que

a) VI é o elemento mais eletronegativo.
b) I, II e IV são líquidos à temperatura ambiente.
c) III e VII são denominados elementos representativos.
d) VIII é um halogênio e IX pertence ao grupo 15.
e) $3s^2\ 3p^2$ é a configuração eletrônica da camada de valência de V.

7. (UFRGS — RS) Considere as seguintes características de um certo elemento químico.

I. Ele é menos eletronegativo que o oxigênio (Z = 8).
II. Ele possui raio atômico menor que o berílio (Z = 4).
III. Ele possui eletroafinidade maior que o boro (Z = 5).

Esse elemento químico pode ser o:

a) carbono (Z = 6).
b) lítio (Z = 3).
c) alumínio (Z = 13).
d) magnésio (Z = 12).
e) flúor (Z = 9).

8. (FGV) A tabela apresenta os valores para duas propriedades atômicas (X e Y) em função do número atômico (Z).

Número atômico (Z)	3	4	5	6	7	8	9
X	157	112	88	77	74	66	64
Y	1,0	1,6	2,0	2,6	3,0	3,4	4,0

As propriedades X e Y são, respectivamente,

a) eletronegatividade e volume atômico.
b) primeira energia de ionização e afinidade eletrônica.
c) raio atômico e volume atômico.
d) eletronegatividade e primeira energia de ionização.
e) raio atômico e eletronegatividade.

9. (UNIFESP) Na tabela a seguir, é reproduzido um trecho da classificação periódica dos elementos.

B	C	N	O	F	Ne
Al	Si	P	S	Cl	Ar
Ga	Ge	As	Se	Br	Kr

A partir da análise das propriedades dos elementos, está correto afirmar que

a) a afinidade eletrônica do neônio é maior que a do flúor.
b) o fósforo apresenta maior condutividade elétrica que o alumínio.
c) o nitrogênio é mais eletronegativo que o fósforo.
d) a primeira energia de ionização do argônio é menor que a do cloro.
e) o raio do íon Al^{3+} é maior que o do íon Se^{2-}.

10. (UFSCar – SP) A Tabela Periódica nem sempre apresentou o atual formato. Em 1862, o geólogo francês Chancourtois (1820-1886) havia organizado os elementos químicos na forma de um parafuso. Tal organização ficaria conhecida como "parafuso telúrico" e encontra-se esquematizada na figura.

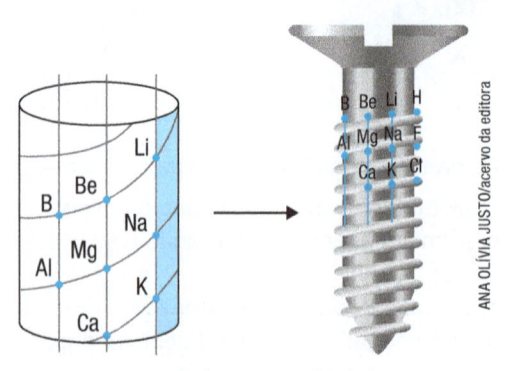

www.mundoeducacao.com. *Adaptado*.

Considerando os três elementos químicos alinhados verticalmente e que estão mais próximos à faixa azul, na figura, o que apresenta maior raio atômico e a carga do seu íon mais estável são, respectivamente,

a) Li e +1.
b) K e +1.
c) K e +2.
d) Na e +1.
e) Na e +2.

Capítulo 13
As Substâncias Metálicas

1. Introdução

É frequente o uso do bronze para a elaboração de estátuas e do ouro para a produção de joias.

Os primeiros metais que o ser humano utilizou foram o **cobre** e o **ouro**, que podiam ser encontrado praticamente na superfície do solo. O martelamento do ouro e do cobre os endurecia e lhes dava a forma desejada.

Entre 3000 e 2000 a.C. foi obtido o bronze (liga de cobre e estanho) pelo aquecimento de substâncias contendo **cobre** e **estanho** com carvão. O bronze é mais duro e mais fundível do que o cobre, permitindo a fabricação de numerosos objetos. Deu-se a essa época o nome de "idade do bronze".

A descoberta do **ferro** ocorreu por volta de 1500 a.C por uma comunidade na Ásia Menor. O **ferro** vinha acompanhado de uma pequena quantidade de carbono (aço).

Lâminas de alta qualidade foram conseguidas, obtendo-se armas superiores às que eram feitas de bronze.

Atualmente os metais continuam a ter um papel importante na sociedade. Por exemplo:
- alumínio: latas de bebidas, antena de TV, esquadrias;
- chumbo: bateria de chumbo, solda eletrônica;
- zinco: bateria, telhados;
- níquel: bateria de celular.

O mercúrio é muito utilizado na produção de lâmpadas fluorescentes, baterias e termômetros.

2. Corrente elétrica explicando a ligação metálica

Os físicos, por meio, de várias experiências, definiram **corrente elétrica** como um **fluxo ordenado de cargas elétricas**. Se for em fio metálico, teremos um **fluxo ordenado de elétrons**.

Observe o seguinte esquema:

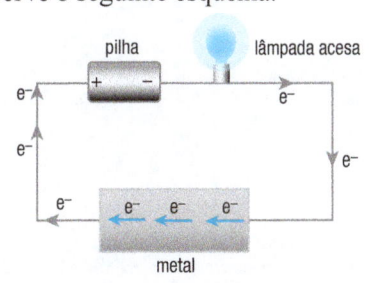

O acendimento da lâmpada evidencia que está havendo passagem de **corrente elétrica** através do circuito formado pelo metal, fios metálicos, a pilha e a lâmpada, isto é, o polo positivo retira os elétrons do metal e o polo negativo envia os elétrons de volta ao metal.

Conclusão: no metal devemos ter a presença de elétrons ligados frouxamente ao átomo e que podem ser movimentados.

3. Modelo do mar de elétrons

A primeira ideia da ligação metálica foi apresentada por **Drude-Lorentz**.

Segundo esse modelo, quando se agrupam muitos átomos de metal, os **elétrons de valência** libertam-se de seus átomos e adquirem uma grande liberdade de movimentação. Isso ocorre porque o elétron de valência é atraído por vários núcleos positivos que estão em sua volta.

Exemplo:

$_{11}$Na K L M
     2 8 1

No átomo de sódio, o elétron da **camada M** se tornaria um **elétron livre** que poderia se locomover de um átomo para o outro com um mínimo de energia.

Em um pedaço de sódio metálico, teríamos muitos íons Na$^+$ mergulhados em um **mar de elétrons**. O resultado é um mar de elétrons ligando um grande número de íons positivos.

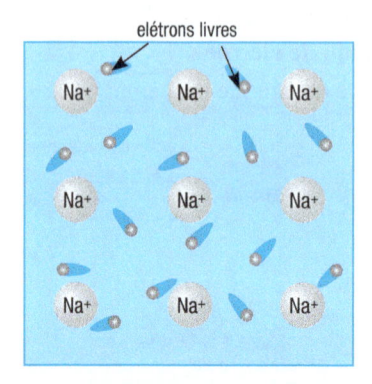

Os cátions de um metal mantêm-se em posição pela interação com o mar de elétrons que os circunda.

Conclusão: os metais são formados por átomos na forma de cátions unidos por um "mar de elétrons", de tal forma que o conjunto é eletricamente neutro.

3.1 Cristais metálicos

Observando uma certa porção de um metal ao microscópio, veremos um grande número de regiões. Cada região é um **cristal**.

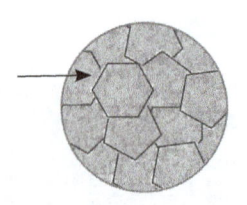

Quando se analisa um desses cristais por meio de raios X, verifica-se que ele é constituído de um empilhamento de átomos perfeitamente ordenados. Esse arranjo ordenado de átomos é chamado de **retículo cristalino**.

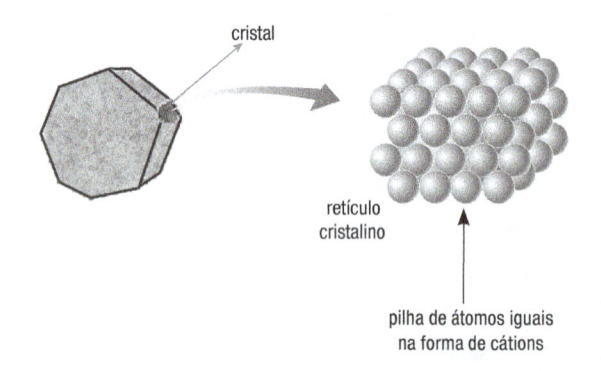

Conclusão: um pedaço de metal é constituído de **cristais** e cada cristal é um **agregado ordenado** de muitos e muitos átomos na forma de cátions.

4. O modelo do mar de elétrons explicando as propriedades dos metais

4.1 Os metais conduzem corrente elétrica no estado sólido e no estado líquido

Os metais conduzem corrente elétrica no estado sólido devido aos seus **elétrons livres**. Quando são aquecidos e passam para o estado líquido, os elétrons continuam livres para conduzir corrente elétrica.

4.2 Brilho metálico

O brilho característicos dos metais se deve à mobilidade de seus elétrons. Quando a luz atinge a superfície metálica, aumenta as oscilações dos elétrons livres (para frente e para trás). Esses elétrons oscilantes emitem luz.

4.3 Maleabilidade e ductilidade

A mobilidade dos elétrons livres explica a **maleabilidade** (transformação em lâminas) e a **ductilidade** (transformação em fios).

Quando os cátions de um metal são deslocados por um golpe de martelo, os elétrons livres respondem imediatamente e seguem para as suas novas posições. Em consequência, o metal é maleável.

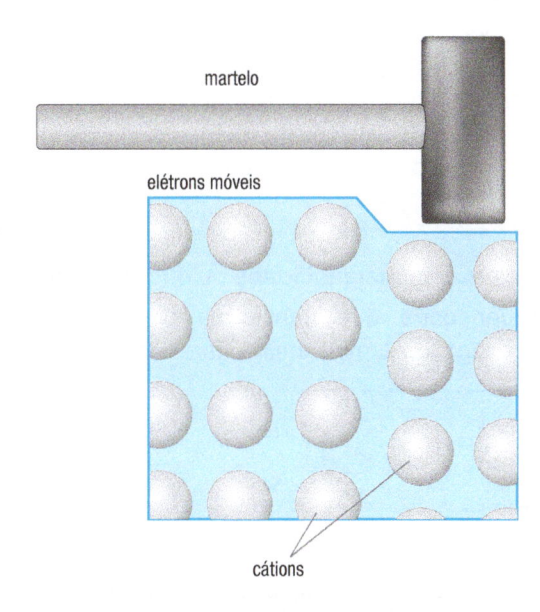

5. A fórmula de uma substância metálica

Um pedaço de metal é constituído por uma grande quantidade de átomos na forma de cátions e o mar de elétrons, tornando o conjunto neutro (carga zero). O correto seria usar o **índice n**, que indica grande quantidade de átomos. Por simplificação o índice dos metais é 1.

Exemplo:

Sódio: fórmula Na em vez de Na_n

Ferro: fórmula Fe em vez de Fe_n

Cobre: fórmula Cu em vez de Cu_n

Alumínio: fórmula Al ao invés de Al_n

6. Ligas metálicas

São **misturas** em que predominam **metais**. Geralmente, uma liga é mais dura e resistente do que o metal puro, mas tem condutividade elétrica menor.

Uma liga pode ser fabricada misturando-se os metais no estado fundido. Por resfriamento, os metais solidificam-se, formando a liga.

Liga metálica	Composição	Usos
latão	Cu + Zn	tubos, radiadores, armas, cartuchos, torneiras
bronze	Cu + Sn	sinos, estátuas, moedas
aço	Fe + C	peças metálicas, construção civil
aço inox	Fe + C + + Cr + Ni	talheres, peças de carros, brocas
solda	Pb + Sn	usada por funileiros e eletricistas
ouro 18k	Au + Cu + Ag	joias
amálgama dental	Hg + Ag	obturações

7. Determinação do raio atômico de um metal

O **raio atômico** de um elemento é definido como sendo a metade da distância entre os núcleos de átomos vizinhos (difração de raios X). Se o elemento é um **metal**, o **raio atômico** é a metade da distância entre os núcleos de átomos vizinhos em uma amostra sólida.

Exemplo:

Cobre

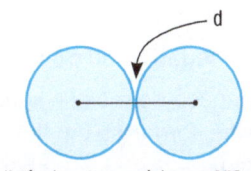

distância entre os núcleos = 256 pm
raio atômico do cobre = 128 pm

Exercícios Série Prata

1. Complete com **elétrons** ou **prótons**.

   Em um fio metálico, a corrente elétrica é um fluxo ordenado de _____ .

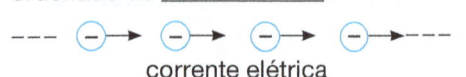

2. Complete com **fracamente** ou **fortemente**.

   Nos metais, os elétrons de valência são _____ _____ ligados aos átomos e podem ser movimentados.

3. Complete com **prótons** ou **elétrons**.

   O primeiro modelo da ligação metálica foi chamado de modelo do mar de _____ .

4. Complete com **metal** ou **não metal**

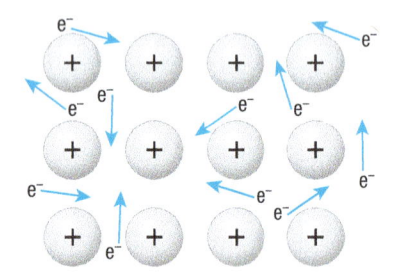

   Temos cátions fixos envolvidos por um mar de elétrons da camada de valência que se movimentam constante e desordenadamente por todo o _____ .

5. Complete com **átomos** ou **moléculas**.

   Cristal metálico é uma pilha de _____ na forma de cátions perfeitamente ordenados (retículo cristalino) no espaço.

6. Complete com **negativo** ou **positivo**.

   Quando um pedaço de metal é ligado aos dois polos de uma pilha, forma-se um fluxo de elétrons no sentido do polo _____ . Esse fluxo ordenado de elétrons é a corrente elétrica.

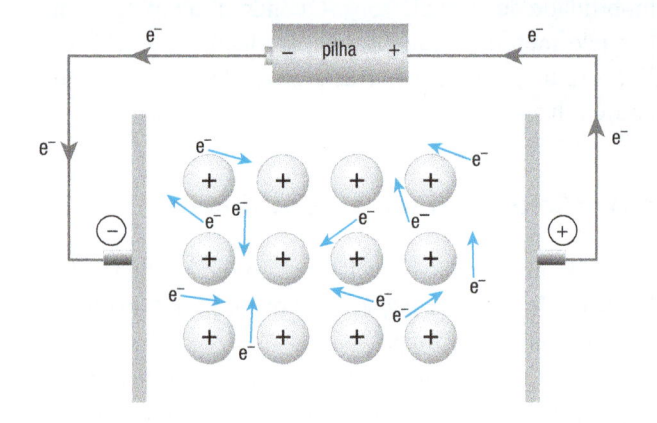

7. (FATEC – SP) A condutibilidade elétrica dos metais é explicada admitindo-se:

   a) ruptura de ligações iônicas.
   b) ruptura de ligações covalentes.
   c) existência de prótons livres.
   d) existência de elétrons livres.
   e) existência de nêutrons livres.

8. Complete com **maleabilidade** ou **ductibilidade**.

   A propriedade que transforma um metal em uma chapa ou lâmina muito fina é chamada de _____ .

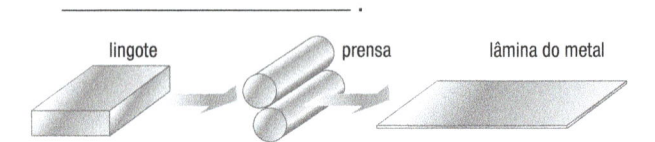

9. Complete com **maleabilidade** ou **ductibilidade**.

   A propriedade que transforma um metal em um fio metálico é chamada de _____ .

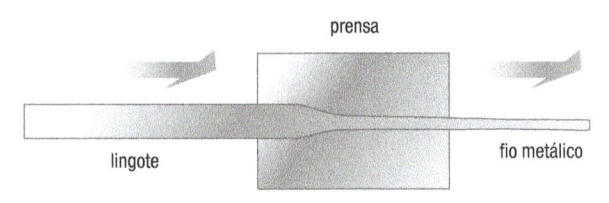

10. Escreva as fórmulas químicas dos seguintes metais:

    a) alumínio _____
    b) zinco _____
    c) ferro _____
    d) magnésio _____
    e) cobre _____
    f) prata _____

11. (UFU – MG) Correlacione os elementos na coluna 1 com as respectivas aplicações listadas na coluna 2.

Coluna 1
I. Zinco
II. Ferro
III. Níquel
IV. Prata
V. Titânio

Coluna 2
- Pinos para fraturas ósseas e motores de avião
- Papel fotográfico e fabricação de espelhos
- Protetor de metais e pigmento branco
- Confecção de moedas e baterias recarregáveis
- Fabricação de aço e parafusos

Marque a alternativa que apresenta a sequência correta.
a) V, IV, I, III, II
b) V, I, II, IV, III
c) II, V, III, I, IV
d) II, III, IV, I, V

12. Complete com os elementos que formam as ligas mencionadas
a) bronze: _____
b) latão: _____
c) aço: _____
d) solda: _____
e) ouro 18 K: _____

13. Classifique as seguintes afirmativas em verdadeiras ou falsas.
a) Um pedaço de metal sólido é constituído por moléculas.
b) Quando átomos de metal se unem por ligação metálica, eles passam a ficar com o octeto completo.
c) Em um retículo cristalino metálico, os átomos podem estar unidos por ligações iônicas ou covalentes.
d) Metais são bons condutores de corrente elétrica, pois apresentam elétrons livres.
e) Metais são bons condutores de calor, pois apresentam elétrons livres.
f) O aço é uma liga que apresenta alta resistência à tração, daí ser usado em cabos de elevadores e em construção civil.

Exercícios Série Ouro

1. (ENEM) Na fabricação de qualquer objeto metálico, seja um parafuso, uma panela, uma joia, um carro ou um foguete, a metalurgia está presente na extração de metais a partir dos minérios correspondentes, na sua transformação e sua moldagem. Muitos dos processos metalúrgicos atuais têm em sua base conhecimentos desenvolvidos há milhares de anos, como mostra o quadro:

Milênio antes de Cristo	Métodos de extração e operação
quinto milênio a.C.	Conhecimento do ouro e do cobre nativos.
quarto milênio a.C	Conhecimento da prata e das ligas de ouro e prata. Obtenção do cobre e chumbo a partir de seus minérios. Técnicas de fundição.
terceiro milênio a.C.	Obtenção do estanho a partir do minério. Uso do bronze.
segundo milênio a.C.	Introdução do fole e aumento da temperatura de queima. Início do uso do ferro.
primeiro milênio a.C	Obtenção do mercúrio e dos amálgamas. Cunhagem de moedas.

Podemos observar que a extração e o uso de diferentes metais ocorreram a partir de diferentes épocas. Uma das razões para que a extração e o uso do ferro tenham ocorrido após a do cobre ou estanho é

a) a inexistência do uso de fogo que permitisse sua moldagem.
b) a necessidade de temperaturas mais elevadas para sua extração e moldagem.
c) o desconhecimento de técnicas para a extração de metais a partir de minérios.
d) a necessidade do uso do cobre na fabricação do ferro.
e) seu emprego na cunhagem de moedas, em substituição ao ouro.

2. (FATEC – SP) Considere uma substância simples constituída por um dos elementos químicos situados na região indicada da Tabela Periódica:

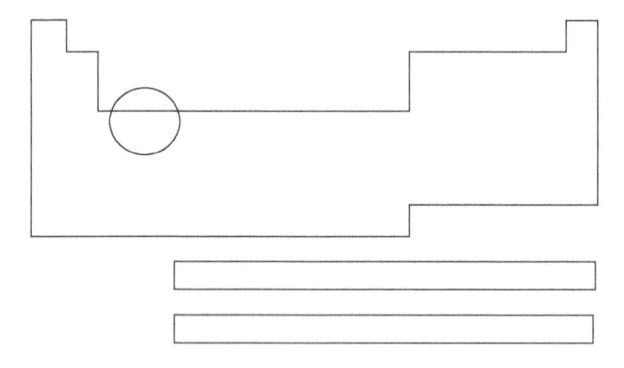

Essa substância simples deve apresentar, nas condições ambientes, a seguinte propriedade:

a) encontra-se no estado gasoso.
b) tem predomínio de ligações covalentes entre seus átomos.
c) é boa condutora de eletricidade.
d) reage vigorosamente com água e com sólido metálico.
e) tende a formar ânions quando reage com metais.

3. (UFLA – MG) O alumínio e o cobre são largamente empregados na produção de fios e cabos elétricos. A condutividade elétrica é uma propriedade comum dos metais. Este fenômeno deve-se:

a) à presença de impurezas de ametais que fazem a transferência de elétrons.
b) ao fato de os elétrons nos metais estarem fracamente atraídos pelo núcleo.
c) à alta afinidade eletrônica destes elementos.
d) à alta energia de ionização dos metais.
e) ao tamanho reduzido dos núcleos dos metais.

4. (UFU – MG) Considere as alternativas a seguir e indique a incorreta.

a) Pode-se obter fios a partir de elementos como ouro e níquel.
b) Metais são, em geral, muito resistentes à tração.
c) Quando polidas, superfícies metálicas refletem muito bem a luz.
d) Em materiais que apresentam ligação metálica, os pontos de fusão são sempre elevados.

5. (UFPR – adaptada) A maioria dos elementos da Tabela Periódica apresenta-se como metais quando cristalizados na sua substância pura.

Suas propriedades químicas são alvos tanto da pesquisa quanto da aplicação industrial. Por pertencerem a uma mesma classe, os metais possuem características similares. Sobre as características dos metais, considere as seguintes afirmativas:

1. Metais apresentam alta condutividade térmica e elétrica.
2. Metais possuem altos valores de eletronegatividade.
3. Metais apresentam baixa energia de ionização.
4. Metais na sua estrutura apresentam elétrons livres.

Assinale a alternativa correta.

a) Somente a afirmativa 3 é verdadeira.
b) Somente as afirmativas 1 e 2 são verdadeiras.
c) Somente as afirmativas 2 e 4 são verdadeiras.
d) Somente as afirmativas 1, 3 e 4 são verdadeiras.
e) As afirmativas 1, 2, 3 e 4 são verdadeiras.

6. (UFCE) Nenhuma teoria convencional de ligação química é capaz de justificar as propriedades dos compostos metálicos. Investigação indicam que os sólidos metálicos são compostos de um arranjo regular de íons positivos, no qual os elétrons das ligações estão apenas parcialmente localizados. Isso significa dizer que se tem um arranjo de íons metálicos distribuídos em um "mar" de elétrons móveis.

Com base nessas informações, é correto afirmar que os metais, geralmente:

a) têm elevada condutividade elétrica e baixa condutividade térmica.
b) são solúveis em solventes apolares e possuem baixas condutividades térmica e elétrica.

c) são insolúveis em água e possuem baixa condutividade elétrica.
d) conduzem com facilidade a corrente elétrica e são solúveis em água.
e) possuem elevados condutividades elétricas e térmicas.

7. (ETEC – SP) "Qual foi a causa da derrocada do maior exército que Napoleão comandou? Por mais surpreendente que pareça, a desintegração do exército napoleônico talvez possa ser atribuída a algo muito pequeno: o botão de estanho que fechava as roupas dos soldados.

Quando a temperatura cai, o reluzente estanho metálico começa a se transformar num pó cinza e não metálico. Será que, com falta de botões, durante aquele rigoroso inverno, os soldados passaram a ter de usar as mãos para prender e segurar as roupas e não mais para carregar as armas?"

LE COUTEUR, P., J. BURRESON; **Os Botões de Napoleão**: as 17 moléculas que mudaram a História. Rio de Janeiro: Jorge Zahar, 2006. Adaptado.

Essa transformação, por resfriamento, só ocorre quando o estanho apresenta elevado grau de pureza. Em latas (recipientes de aço), o estanho é usado como blindagem para a conservação de alimentos, ele também pode ser usado para soldar juntas de tubulações ou de circuitos elétricos e eletrônicos e, na forma de ligas, como o bronze (cobre + estanho), é usado para a fabricação de molas, fusíveis, tubos e peças de fundição.

Devido à grande maleabilidade do estanho, é possível produzir lâminas muito finas que são utilizadas para acondicionar vários produtos como, por exemplo, barras de chocolate.

Sobre os textos e os materiais mencionados, é correto afirmar que
a) o estanho é uma substância composta.
b) as ligas metálicas são substâncias puras.
c) a maleabilidade é propriedade que permite a confecção de lâminas.
d) o banho de estanho é feito, nas latas, porque ele enferruja e causa contaminação nos alimentos.
e) as ligas metálicas com estanho, como o bronze, quando resfriadas tornam-se um pó cinza e não metálico.

8. (UFRRJ) As ligas metálicas são formadas pela união de dois ou mais metais ou, ainda, por uma união entre metais, ametais e semimetais. Relacionando, no quadro a seguir, cada tipo de liga com as composições dadas:

Liga	Composição
(I) aço	(a) Cu 67% Zn 33%
(II) ouro 18 quilates	(b) Cu 90% Sn 10%
(III) bronze	(c) Fe 98,5% C 0,5 a 1,5% Traços Si, S e P
(IV) latão	(d) Au 75% Cu 12,5% Ag 12,5%

Pode-se afirmar que a única correlação correta entre liga e composição encontra-se na opção:
a) I b; II c; III a; IV d.
b) I c; II b; III d; IV a.
c) I a; II b; III c; IV d.
d) I c; II d; III b; IV a.
e) I d; II a; III c; IV b.

9. (UnB – DF) Com o auxílio da Tabela Periódica, julgue os itens a seguir em verdadeiros ou falsos.
1. De acordo com o modelo atômico de Dalton, uma lâmina de aço, ao ser infinitamente dividida, produz elétrons, nêutrons e prótons.
2. O estanho (grupo 14) apresenta dois elétrons na sua camada de valência.
3. Na formação do metal utilizado na fabricação de latas, a estabilidade das ligações entre os átomos de ferro pode ser explicada pela teoria do octeto.
4. Maleabilidade é uma propriedade fundamental dos metais, que justifica a sua aplicação na confecção de embalagens.

10. (CEFET – PR) Analise as afirmações a seguir:

I. O metal X é leve, sofre pouca corrosão e é bastante utilizado na construção civil (portões, esquadrias) e na fabricação de aeronaves (ligas leves).

II. O metal Y forma com o estanho uma liga denominada bronze, muito utilizada na fabricação de monumentos.

III. O metal Z de elevado ponto de fusão é frequentemente utilizado em filamentos de lâmpadas incandescentes.

Tais metais são, na ordem:

a) estanho, cromo, platina.
b) zinco, tungstênio, chumbo.
c) cobre, estanho, ouro.
d) alumínio, cobre, tungstênio.
e) estanho, alumínio, cobre.

Capítulo 14
As Substâncias Iônicas

1. Introdução

Davy verificou que compostos formados por **metais** e **não metais**, ao serem derretidos (forma líquida), conduziam a corrente elétrica. Exemplo: NaCl (Na: metal, Cl: não metal).

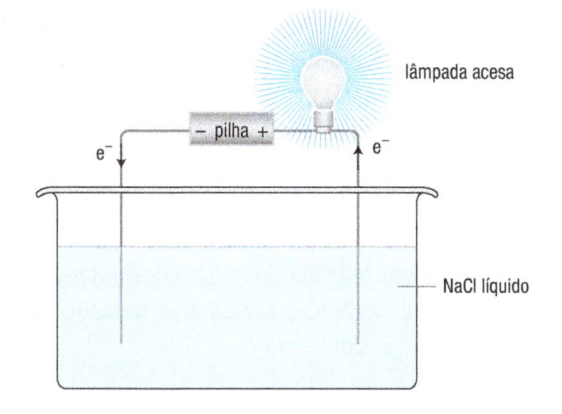

Kossel explicou da seguinte maneira: o NaCl é formado por íons Na^{1+} e Cl^{1-} no estado sólido, o calor fornecido separa esses íons.

$$Na^{1+}Cl^{1-}(s) \xrightarrow{808\ °C} Na^{1+}(l) + Cl^{1-}(l)$$

Os íons Na^{1+} e Cl^{1-} são os responsáveis pela condução da corrente elétrica, tópico que é estudado no capítulo de eletroquímica.

Conclusão: as substâncias formadas por **metais** e **não metais** e raramente por **metais** e **hidrogênio** são **aglomerados de íons**. A ligação que mantém esses íons unidos foi chamada de **ligação iônica** ou **ligação eletrovalente**.

Uma **ligação iônica** é consequência da atração eletrostática entre íons com cargas opostas.

2. Formação da ligação iônica: transferência de elétrons

A transferência de elétrons é devida à grande diferença de eletronegatividade entre os elementos. Isso ocorre principalmente **metal** e **não metal**.

Quando um **metal** participa de uma ligação iônica, ele perde um ou mais elétrons da camada de valência.

- **Metais representativos** (grupos 1, 2, 13 e 14) ficam com octeto completo.

$_{11}$Na $1s^2\ 2s^2\ 2p^6\ 3s^1$ $_{11}$Na^{1+} $1s^2\ 2s^2\ 2p^6$
    K   L   M   K   L
    2   8   1   2   8

$_{20}$Ca $1s^2\ 2s^2\ 2p^6\ 3s^2\ 3p^6\ 4s^2$ $_{20}$Ca^{2+} $1s^2\ 2s^2\ 2p^6\ 3s^2\ 3p^6$
    K   L   M   N   K   L   M
    2   8   8   2   2   8   8

$_{13}$Al $1s^2\ 2s^2\ 2p^6\ 3s^2\ 3p^1$ $_{13}$Al^{3+} $1s^2\ 2s^2\ 2p^6$
    K   L   M   K   L
    2   8   3   2   8

Generalizando:

Grupo 1: Li^{1+}, Na^{1+}, K^{1+}, Rb^{1+}, Cs^{1+}, Fr^{1+}

Grupo 2: Mg^{2+}, Ca^{2+}, Sr^{2+}, Ba^{2+}

Grupo 13: Al^{3+}

- **Metais de transição** (grupo 3 a 12) não ficam com octeto completo.

$_{26}$Fe $1s^2\ 2s^2\ 2p^6\ 3s^2\ 3p^6\ 3d^6\ 4s^2$ $_{26}$Fe^{2+} $1s^2\ 2s^2\ 2p^6\ 3s^2\ 3p^6\ 3d^6$
    K   L   M   N   K   L   M
    2   8   14   2   2   8   14

$_{26}$Fe^{3+} $1s^2\ 2s^2\ 2p^6\ 3s^2\ 3p^6\ 3d^5$
    K   L   M
    2   8   13

Quando um **não metal** participa de uma ligação iônica, ele ganha um ou mais elétrons, ficando com o octeto completo, sem exceção.

$_{7}$N $1s^2\ 2s^2\ 2p^3$ $_{7}$N^{3-} $1s^2\ 2s^2\ 2p^6$
    K   L   K   L
    2   5   2   8

$_{8}$O $1s^2\ 2s^2\ 2p^4$ $_{8}$O^{2-} $1s^2\ 2s^2\ 2p^6$
    K   L   K   L
    2   0   2   8

$_{9}$F $1s^2\ 2s^2\ 2p^5$ $_{9}$F^{1-} $1s^2\ 2s^2\ 2p^6$
    K   L   K   L
    2   7   2   8

Nota: o hidrogênio apresenta apenas 1 elétron. Em cada ligação iônica ele recebe 1 elétron, ficando com um dublete de elétrons (semelhante ao hélio).

$_1H$ $1s^1$ $_1H^{1-}$ $1s^2$
K   K
1   2

Assim, em uma ligação iônica, o hidrogênio apresenta carga negativa.

Concluindo:

metal → não metal   metal → H
   e⁻   e⁻

3. A fórmula de uma substância iônica

A fórmula de uma substância iônica indica a **proporção entre o cátion (íon positivo) e o ânion (íon negativo)**.

Os seguintes procedimentos devem ser obedecidos:

- O cátion é escrito à esquerda e o ânion, à direita.
- Os índices são o inverso das cargas, pois o número de elétrons cedidos é igual ao número de elétrons recebidos.
- Na fórmula final as cargas podem ser omitidas.

Exemplos:

1) Na (grupo 1) e Cl (grupo 17)
   ↓   ↓
   Na^{1+} Cl^{1-}

Os íons Na^{1+} e Cl^{1-} possuem cargas elétricas opostas; portanto, se atraem mutuamente. Essa atração mantém os íons ligados, formando a substância iônica, representada pela fórmula NaCl.

$Na^{1+} Cl^{1-}$ ou   NaCl

Usando a notação de Lewis:

Na· + ·C̈l: ⟶ [Na^{1+}] [:C̈l:$^{1-}$]

2) Mg (grupo 2) e F (grupo 17)
   ↓   ↓
   Mg^{2+} F^{1-}

Como as cargas são diferentes (+2 e −1), a proporção entre os íons é 1 : 2.

$Mg_1^{2+} F_2^{1-}$ ou MgF_2

Usando a notação de Lewis:

Mg: + ·F̈: ⟶ [Mg^{2+}] [:F̈:$^{1-}$]$_2$
     + ·F̈:

3) Al (grupo 13) e O (grupo 16)
   ↓   ↓
   Al^{3+} O^{2-}

Como as cargas são diferentes (+3 e −2), a proporção entre os íons é 2 : 3.

$Al_2^{3+} O_3^{2-}$ ou Al_2O_3

Usando a notação de Lewis:

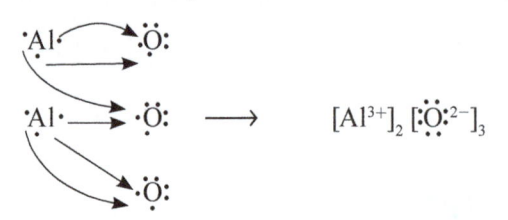

·Al· → ·Ö:
·Al· → ·Ö: ⟶ [Al^{3+}]$_2$ [:Ö:$^{2-}$]$_3$
       → ·Ö:

4. Estrutura interna do cloreto de sódio (NaCl)

Nas condições ambientes, as substâncias iônicas são sólidos formados por **grãos** chamados de **cristais**.

Observando cloreto de sódio (pó branco) ao microscópio, veremos que cada grão é um cubo, ou seja, um cristal: portanto, o NaCl é um **sólido cristalino**.

O NaCl é formado por cristais com a forma de um cubo.

Um cristal de NaCl é um aglomerado de grande número de cátions Na⁺ e ânions Cl⁻ alternando-se no espaço. No cristal de NaCl, cada íon é rodeado por íons com carga de sinal contrário.

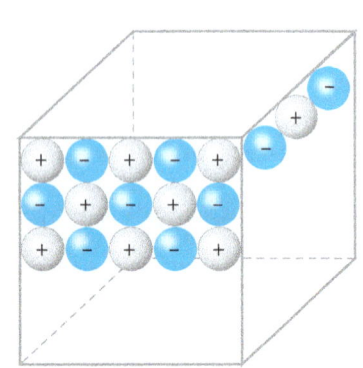

Desenho esquemático do cristal de NaCl.

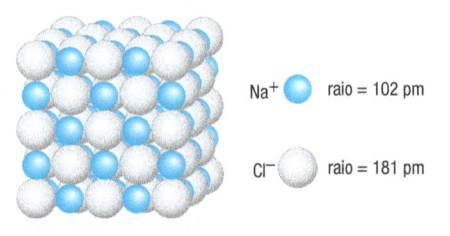

Na^+ ● raio = 102 pm

Cl^- ○ raio = 181 pm

O cristal do NaCl é um grande número de cátions Na^{1+} e ânions Cl^{1-} arranjados em ordem no espaço. No cristal de NaCl, os íons Na^{1+} e Cl^{1-} alternam-se. O arranjo de íons ordenados é chamado de **retículo**.

Na figura a seguir, os íons Na^{1+} e Cl^{1-} estão afastados (o que na realidade não ocorre) para "enxergamos" melhor a sua disposição espacial.

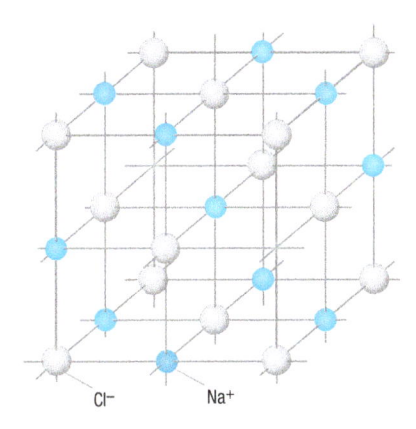

Por meio da figura observamos que cada **íon Na^{1+}** está rodeado por **6 íons Cl^{1-}** e, da mesma forma, cada **íon Cl$^-$** está rodeado por **6 íons Na^{1+}**.

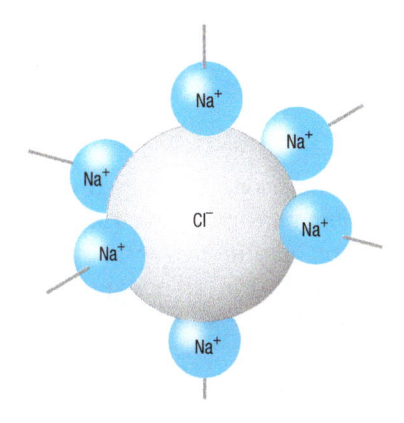

O "número de coordenação" de um sólido iônico é o **número de íons de carga oposta que circundam imediatamente um determinado íon**. Na estrutura no NaCl, os números de coordenação dos cátions e ânions são ambos 6, e a estrutura, no geral, é descrita como tendo coordenação (6,6). Nessa notação, o primeiro número é o número de coordenação do cátion e, o segundo, o do ânion.

Uma ligação iônica é uma característica do cristal como um todo, isto é, todos os cátions interagem mais ou menos com todos os ânions, todos os cátions repelem-se uns aos outros e todos os ânions repelem-se uns aos outros. Portanto, em uma substância iônica não se fala em número de ligação iônica.

5. Propriedades dos compostos iônicos

5.1 Sólido cristalino

5.2 Alto ponto de fusão e alto ponto de ebulição

NaCl: PF = 801 °C PE = 1.413 °C

Isso ocorre porque a atração entre íons de cargas opostas é levada.

5.3 Conduzem a corrente elétrica no estado líquido e dissolvidos na água

$$Na^{1+}Cl^{1-}(s) \xrightarrow{calor} calor\ Na^{1+}(l) + Cl^{1-}(l)$$

No estado líquido, os íons estão livres, propiciando a condução da corrente elétrica. O calor separou os íons que estavam presos no retículo.

$$Na^{1+}Cl^{1-}(s) \xrightarrow{H_2O} Na^{1+}(aq) + Cl^{1-}(aq)$$

Na^{1+}(aq): Na^{1+} dissolvido na água.

Cl^{1-}(aq): Cl^{1-} dissolvido na água.

A presença de íons livres dissolvidos na água propicia a condução da corrente elétrica.

Observação: os compostos iônicos não conduzem a corrente elétrica no estado sólido, pois os íons estão presos no retículo.

5.4 São quebradiços

Um golpe de martelo pode empurrar os íons para posições em que os cátions se aproximam de outros cátions e os ânions, de outros ânions. A proximidade de cargas de mesmo sinal provoca fortes forças repulsivas. Como resultado dessas forças repulsivas, o sólido quebra-se em fragmentos.

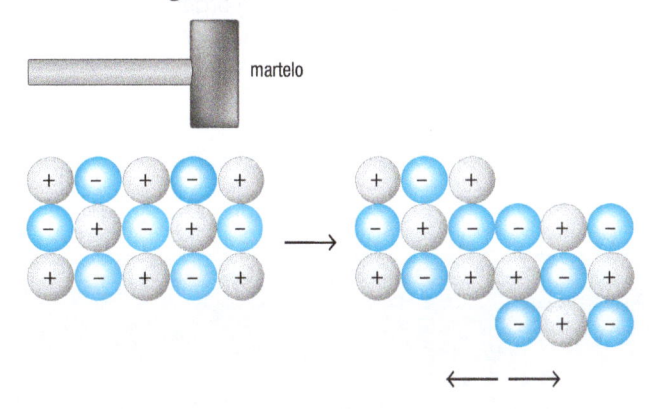

6. Determinação dos raios iônicos

Pela técnica de difração de raios X, podemos medir a distância X, que é o dobro do raio do ânion, e a distância Y, que é a soma do raio do cátion e do raio do ânion.

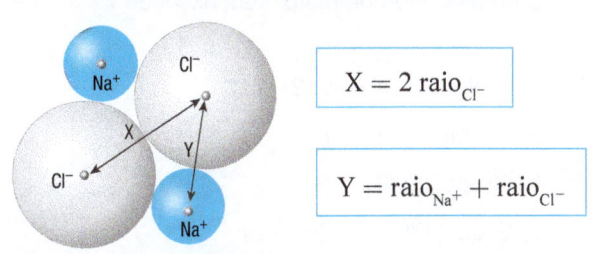

$$X = 2\ raio_{Cl^-}$$

$$Y = raio_{Na^+} + raio_{Cl^-}$$

Exercícios Série Prata

1. Complete com **metal** ou **não metal**.

   Quando um _____ participa de uma ligação iônica, ele perde um ou mais elétrons da camada de valência.

2. Complete com **1⁺**, **2⁺** e **3⁺**.

   a) Grupo 1: Li   Na   K   Rb

   b) Grupo 2: Mg   Ca   Sr   Ba

   c) Grupo 13: Al

3. (UFAL) Na classificação periódica, o grupo formado por elementos que originam cátions exclusivamente bivalentes é:

   a) 17   d) 2
   b) 16   e) 1
   c) 13

4. Faça a distribuição eletrônica em ordem geométrica.

   a) $_{26}Fe$:

   b) $_{26}Fe^{2+}$:

   c) $_{26}Fe^{3+}$:

5. Complete com **metal** e **não metal**.

   Quando um _____ participa de uma ligação iônica, ele ganha um ou mais elétrons, ficando com o octeto completo, sem exceção.

6. Complete com **1⁻** ou **2⁻** ou **3⁻**.

   a) Grupo 15: N   P

   b) Grupo 16: O   S

   c) Grupo 17: F   Cl   Br   I

7. (UCDB – MT) Para adquirir configuração eletrônica de gás nobre, o átomo de número atômico 16 deve:

   a) perder dois elétrons.
   b) receber seis elétrons.
   c) perder quatro elétrons.
   d) receber dois elétrons.
   e) perder seis elétrons.

8. (UFRJ) Quando íons de cargas opostas, formados por elementos do grupo 1 e do grupo 17, são aproximados, ocorre uma forte atração entre eles e grande quantidade de energia é liberada. Essa força de atração é chamada

   a) ligação covalente.
   b) ligação iônica.
   c) ligação dativa.
   d) ligação hidrogênio.
   e) forças de Van der Waals.

9. (CEFET) No Laboratório de Química, um professor disponibilizou as seguintes substâncias:

   I. O_3 V. $Ca(OH)_2$
   II. NaI   VI. HCN
   III. KNO_3 VII. CO_2
   IV. NH_3 VIII. Li_2O

   Os compostos formados somente por ligações iônicas são:

   a) I e VII.
   b) II e VIII.
   c) III e V.
   d) IV e VI.

10. Escreva a fórmula dos compostos iônicos formados pelos seguintes pares de elementos:

a) Li (grupo 1) e O (grupo 16)
b) Na (grupo 1) e Br (grupo 17)
c) Mg (grupo 2) e S (grupo 16)
d) K (grupo 1) e O (grupo 16)
e) Al (grupo 13) e O (grupo 16)
f) Ca (grupo 2) e N (grupo 15)

11. (UFRN) Na ligação química de um átomo X, alcalino-terroso (2), com um átomo Y, pertencente à família dos halogênios (17), deverá haver a formação de cátion e ânion, respectivamente:

a) X^+ e Y^-
b) X^+ e Y^{2-}
c) X^{2+} e Y^-
d) X^{2+} e Y^{7-}
e) X^{7+} e Y^{2-}

12. (FECOLINAS – TO/FUNDEG – MG) Sabendo que o número atômico do cálcio é 20 do cloro é 17, a fórmula de um provável composto entre esses dois elementos será:

a) $CaCl_3$
b) $CaCl$
c) Ca_2Cl_2
d) Ca_3Cl_2
e) $CaCl_2$

13. (UFV – MG) Os compostos formados pelos pares

    Mg e Cl   Ca e O   Li e O   K e Br

possuem fórmulas cujas proporções entre os cátion e os ânions são, respectivamente:

Dados: Números atômicos: Li (Z = 3); O (Z = 8); Mg (Z = 12); Cl (Z = 17); K (Z = 19); Ca (Z = 20); Br (Z = 35).

a) 1 : 1   2 : 2   1 : 1   1 : 2
b) 1 : 2   1 : 2   1 : 1   1 : 1
c) 1 : 1   1 : 2   2 : 1   2 : 1
d) 1 : 2   1 : 1   2 : 1   1 : 1
e) 2 : 2   1 : 1   2 : 1   1 : 1

14. (UFLA – MG) A seguir são dadas as configurações eletrônicas dos átomos A e B.

A: $1s^2\ 2s^2\ 2p^6\ 3s^2\ 3p^6\ 4s^2$

B: $1s^2\ 2s^2\ 2p^6\ 3s^2\ 3p^5$

O cátion, o ânion e o composto formado por A e B são, respectivamente,

a) A^+, B^-, AB
b) B^+, A^{2-}, B_2A
c) B^2, A^-, BA_2
d) A^{2+}, B^-, AB_2
e) B^{2+}, A^{2-}, AB

15. (CEFET – CE) Quando um elemento químico Al (Z = 13) se combina quimicamente com o elemento S (Z = 16), a fórmula e a ligação são, respectivamente:

a) Al_3S_2; iônica.
b) Al_2S_3; iônica.
c) AlS; covalente.
d) AlS_3; metálica.
e) Al_2S; covalente.

16. Complete com **íons** ou **moléculas**.

Um cristal de NaCl é um aglomerado grande de _____ Na^{1+} e Cl^{1-} alternando-se no espaço. No cristal de NaCl, cada íon é rodeado por íons com carga de sinal contrário.

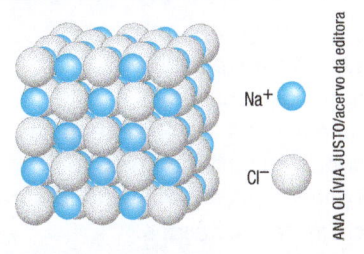

17. Complete com **6** ou **12**.

No cristal do NaCl, cada íon Cl^{1-} está rodeado por _____ íons Na^{1+} e, da mesma forma, cada íon Na^{1+} está rodeado por _____ íons Cl^{1-}.

18. Complete sobre as propriedades dos compostos iônicos

a) _____ ponto de fusão.

b) Conduzem a corrente elétrica no estado _____ _____ e dissolvidos na _____ .

c) Nas condições ambientes são _____ .

19. (UFPB) A obtenção do *cloreto de sódio*, a partir da água do mar, é um processo eficiente e de baixo impacto ambiental, visto que se utiliza da energia solar e dos ventos para evaporação da água.

A respeito do *cloreto de sódio*, identifique as afirmativas corretas:

I. É uma substância iônica formada pela combinação de um metal e um ametal.
II. É uma substância formada por íons que se ligam covalentemente.
III. Tem alto ponto de fusão devido à grande atração entre seus íons.
IV. Apresenta compartilhamento de um conjunto desordenado de elétrons.
V. É condutor de eletricidade, quando fundido.

20. Classifique como verdadeiro ou falso cada item a seguir.

I. Cátion é o íon positivo.
II. Ânion é o íon negativo.
III. Átomos com 1, 2 e 3 elétrons na última camada tendem a ganhar elétrons.
IV. A ligação iônica geralmente ocorre entre 2 elementos não metálicos.

V. Todo composto iônico é sólido em condições ambientes.
VI. Todo composto iônico possui baixo ponto de fusão.

21. (PUC – RS) O elemento A tem número atômico 11 e o elemento B, 8. O composto mais provável formado pelos elementos A e B será

a) líquido nas condições ambientais.
b) um sólido com baixo ponto de fusão.
c) bom condutor de eletricidade quando fundido.
d) um composto de fórmula genérica AB_2.
e) insolúvel em água.

22. (UEMA) Se comparado à água, o cloreto de sódio possui ponto de fusão ■, em consequência da ■ entre ■.

Os termos que preenchem correta e ordenadamente as lacunas acima são:

a) elevado, forte atração, suas moléculas.
b) mais baixo, fraca atração, seus íons.
c) mais elevado, fraca atração, seus átomos.
d) muito baixo, forte atração, seus átomos.
e) elevado, forte atração, seus íons.

Dados: os números atômicos Na = 11 e Cl = 17.

23. Complete com **metálico** ou **iônico**.

a) A figura I representa um cristal _____ .
b) A figura II representa um cristal _____ .

24. (UFPE) Em uma feira de ciências, apresentou-se um vídeo que mostrava, simultaneamente, três experimentos diferentes (I, II e III), conforme indicados a seguir. Em cada recipiente, havia: I – Solução de cloreto de sódio; II – Cloreto de sódio sólido; III – Cloreto de sódio fundido.

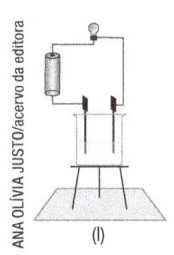

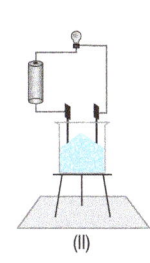

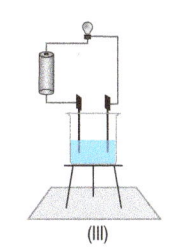

Passados alguns instantes, percebeu-se que se acendeu(ram) apenas a(s) lâmpada(s)

a) I.
b) II.
c) III.
d) I e II.
e) I e III.

Exercícios Série Ouro

1. (UERJ) Apesar da posição contrária de alguns ortodontistas, está sendo lançada no mercado internacional a "chupeta anticárie". Ela contém flúor, um já consagrado agente anticárie, o xylitol, um açúcar que não provoca cárie e estimula a sucção pelo bebê. Considerando que o flúor utilizado para esse fim aparece na forma de fluoreto de sódio, a ligação química existente entre o sódio e o flúor é denominada:

a) iônica
b) metálica
c) dipolo-dipolo
d) covalente apolar

2. (PUC-Campinas – SP) Os átomos de certo elemeto metálico possuem, cada um, 3 prótons, 4 nêutrons e 3 elétrons. A energia de ionização desse elemento está entre as mais baixas dos elementos da Tabela Periódica.

Ao interagir com halogênio, esses átomos têm alterado o seu número de:

a) prótons, transformando-se em cátions.
b) elétrons, transformando-se em ânions.
c) nêutrons, mantendo-se eletricamente nêutrons.
d) prótons, transformando-se em ânions.
e) elétrons, transformando-se em cátions.

3. (UFSCar – SP) Na classificação periódica, a coluna 1 refere-se aos elementos alcalinos e a coluna 17 refere-se aos halogênios. Metais alcalinos como lítio, sódio e césio reagem com gases halogênios como Cl_2. Os produtos das reações dos metais lítio, sódio e césio com o gás Cl_2 são sólidos iônicos cujas fórmulas são, respectivamente,

a) $LiCl_2$, NaCl, CsCl.
b) LiCl, $NaCl_2$, CsCl.
c) $LiCl_2$, $NaCl_2$, $CsCl_2$.
d) $LiCl_3$, $NaCl_3$, $CsCl_3$.
e) LiCl, NaCl, CsCl.

4. (VUNESP) Com base na distribuição eletrônica, o elemento de número atômico 19 combina-se mais facilmente, formando um composto iônico, com o elemento de número atômico:

a) 11   b) 17   c) 18   d) 20   e) 27

5. (UNEMAT – MT) Considere uma ligação química entre os compostos A e B, de números, atômicos 9 e 12, respectivamente, e assinale a afirmativa correta.

a) O elemento B é muito eletronegativo.
b) A ligação entre eles produzirá o composto B_2A.
c) O último elétron do composto A tem configuração $3s^2$.
d) O composto B é um halogênio.
e) A ligação entre eles será do tipo iônica.

6. (CESGRANRIO – RJ) Um elemento E tem, na sua camada de valência, a configuração $4s^2\ 4p^4$. Sobre o elemento E, é falso afirmar que:

a) pertence à família dos calcogênios na Tabela Periódica.
b) está localizado no quarto período, grupo 16 da Tabela Periódica.
c) é um elemento representativo na classificação periódica.
d) tende a receber 2 elétrons e formar o íon E^{2-}.
e) forma com elementos X do grupo 1 compostos iônicos de fórmula XE_2.

7. (PUC – MG) Dois íons apresentam a configuração eletrônica $1s^2,\ 2s^2,\ 2p^6,\ 3s^2,\ 3p^6$.

Indique a opção **incorreta**:

a) originaram-se de elementos de colunas diferentes.
b) os elementos de origem são gases nobres.
c) apresentam números atômicos diferentes.
d) são isoeletrônicos.
e) podem ser de períodos diferentes.

8. (UEG – GO) No final do século XVIII e início XIX, graças ao trabalho de vários cientistas, chegou-se à conclusão de que qualquer tipo de material é formado por partículas extremamente pequenas denominadas átomos.

Sobre um determinado elemento Y, o qual apresenta configuração eletrônica $1s^2\ 2s^2\ 2p^6\ 3s^2\ 3p^5$, considere as seguintes afirmativas:

I. Constitui um elemento representativo na classificação periódica.
II. Pertence à família dos calcogênios.
III. Formam com um elemento X, do grupo 2, compostos iônicos de fórmula XY_2.
IV. Tem tendência a receber 2 elétrons e a formar um íon Y^{2-}.
V. Tem seus elétrons distribuídos em 5 níveis de energia.

Marque a alternativa CORRETA:

a) As afirmativas I e III são verdadeiras.
b) As afirmativas I, III e V são verdadeiras.
c) As afirmativas I, III e IV são verdadeiras.
d) As afirmativas I, IV e V são verdadeiras.
e) Apenas a afirmativa I é verdadeira.

9. (UNIFENAS – MG) Os elementos X e Y, do mesmo período da Tabela Periódica, têm configurações eletrônicas s^2p^5 e s^1, respectivamente, em suas camadas de valência.

a) A que grupos da Tabela Periódica pertencem os elementos X e Y?
b) Qual será a fórmula do composto constituído pelos elementos X e Y? E o tipo de ligação formada? Justifique suas respostas.

10. (UFRO) O composto formado pela combinação do elemento X (número atômico = 20) com o elemento Y (número atômico = 9) provavelmente tem por fórmula mínima:

a) XY.
b) XY_2.
c) X_3Y.
d) XY_3.
e) X_2Y.

11. (MACKENZIE – SP) Em uma substância iônica, o número de elétrons cedidos e recebidos deve ser o mesmo. Assim, em uma fórmula de óxido de alumínio, esse número de elétrons é igual a:

Dado: grupo Al = 13, O = 16

a) 2.   b) 3.   c) 4.   d) 5.   e) 6.

12. (UNIMONTES – MG – adaptada) O cloreto de chumbo (III), $PbCl_2$, constitui um sólido branco, ligeiramente solúvel em água a 25 °C. Considerando que uma amostra desse sólido é colocada em um béquer cheio de água e que as esferas representam o chumbo, e o cloro, dos diagramas que seguem, aquele que melhor representa o resultado é:

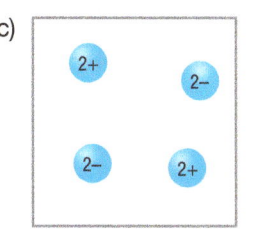

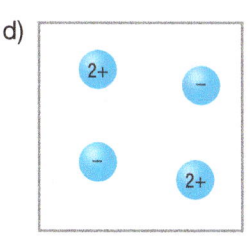

a) [diagrama com esferas marcadas –, 2+, –, 2+, –]
b) [diagrama com esferas marcadas –, +, +, –]
c) [diagrama com esferas marcadas 2+, 2–, 2–, 2+]
d) [diagrama com esferas marcadas 2+, –, –, 2+]

13. (UFMG) Um material sólido tem as seguintes características:
- não apresenta brilho metálico;
- é solúvel em água;
- não se funde quando aquecido a 500 °C;
- não conduz corrente elétrica no estado sólido;
- conduz corrente elétrica em solução aquosa.

Com base nos modelos de ligação química, pode-se concluir que, provavelmente, trata-se de um sólido:

a) iônico.
b) covalente.
c) molecular.
d) metálico.

14. (UNESP) Três substâncias puras, X, Y e Z, tiveram suas condutividades elétricas testadas, tanto no estado sólido como no estado líquido, e os dados obtidos encontram-se resumidos na tabela.

Substância	Conduz corrente elétrica no estado	
	sólido?	líquido?
X	sim	sim
Y	não	sim
Z	não	não

Com base nessas informações, é correto classificar como substância(s) iônica(s)

a) Y e Z, apenas.
b) X, Y e Z.
c) X e Y, apenas.
d) Y, apenas.
e) X, apenas.

15. (UFMG) Certo produto desumidificador, geralmente encontrado à venda em supermercados, é utilizado para evitar a formação de mofo em armários e outros ambientes domésticos.

A embalagem desse produto é dividida, internamente, em dois compartimentos – um superior e um inferior. Na parte superior, há um sólido branco iônico – o cloreto de cálcio, $CaCl_2$.

Algum tempo depois de a embalagem ser aberta e colocada, por exemplo, em um armário em que há umidade, esse sólido branco desaparece e, ao mesmo tempo, forma-se um líquido incolor no compartimento inferior.

As duas situações descritas estão representadas nestas figuras:

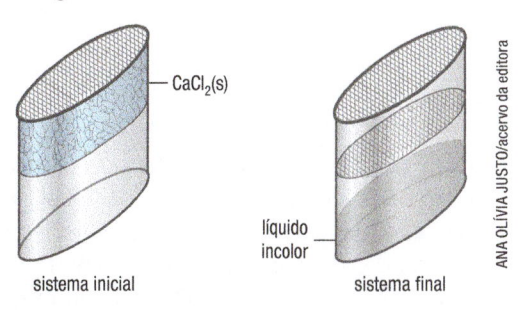

[figura: sistema inicial com $CaCl_2(s)$ e sistema final com líquido incolor]

Considerando essas informações e outros conhecimentos sobre os materiais e os processos envolvidos, é correto afirmar que:

a) O $CaCl_2$ passa por um processo de sublimação.
b) O $CaCl_2$ tem seu retículo cristalino quebrado.
c) O líquido obtido tem massa igual à do $CaCl_2$.
d) O líquido obtido resulta da fusão do $CaCl_2$.

16. (ITA – SP) Uma determinada substância apresenta as seguintes propriedades físico-químicas:

I. O estado físico mais estável a 25 °C e 1 atm é o sólido.
II. No estado sólido apresenta estrutura cristalina.
III. A condutividade elétrica é praticamente nula no estado físico mais estável a 25 °C e 1 atm.
IV. A condutividade elétrica é alta no estado líquido.

Cap. 14 | As Substâncias Iônicas   **141**

A alternativa relativa à substância que apresenta todas as propriedades acima é:

a) poliacetileno – $(C_2H_2)_n$.
b) brometo de sódio – NaBr.
c) iodo – I_2.
d) silício – Si.
e) grafita – C.

17. (PUC – PR) Considere os elementos $_{20}Ca$ e $_{16}S$ e indique a única alternativa correta:

a) O composto resultante terá altos pontos de fusão e de ebulição.
b) Haverá formação de dois pares eletrônicos que serão compartilhados garantindo a estabilidade de ambos.
c) Haverá transferência de elétrons do $_{16}S$ para o $_{20}Ca$.
d) O composto resultante apresenta brilho e maleabilidade.
e) O composto resultante será um gás com odor característico dos processos de putrefação.

18. (VUNESP) Os metais alcalinoterrosos, como o estrôncio, pertencentes ao grupo 2 da Tabela Periódica, têm a tendência de perder dois elétrons para a formação de sais com os halogênios pertencentes ao grupo 17, como o iodo. Considerando o isótopo, $^{88}_{38}Sr$ assinale a alternativa em que todas as informações estão corretas.

	Fórmula do iodeto de estrôncio	Representação do cátion	Número de partículas constituintes do cátion		
			Nêutrons	Prótons	Elétrons
a)	SrI	$^{88}_{38}Sr^+$	88	38	37
b)	SrI	$^{88}_{38}Sr^+$	50	37	37
c)	SrI_2	$^{88}_{38}Sr^+$	88	37	37
d)	SrI_2	$^{88}_{38}Sr^{2+}$	50	38	36
e)	SrI_2	$^{88}_{38}Sr^{2+}$	88	38	36

19. (UFPE) As propriedades periódicas, energia de ionização e afinidade eletrônica, representam uma medida de retenção do elétron no átomo e de atração do átomo por elétrons, respectivamente.

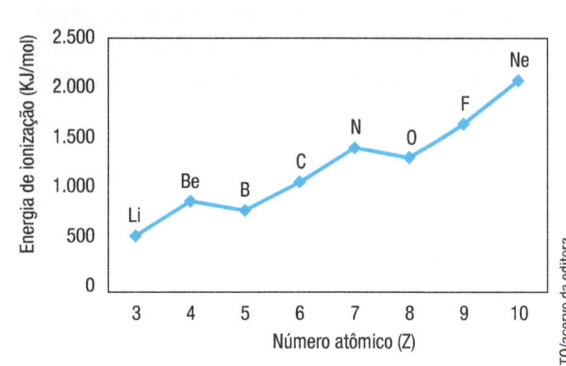

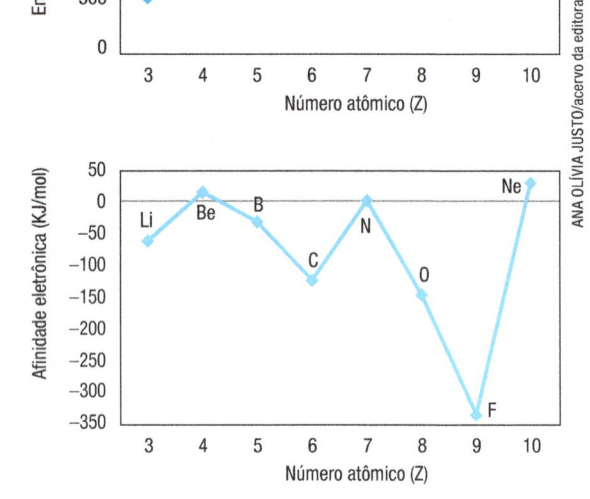

Com base nos dados de energia de ionização e afinidade eletrônica, apresentados nos dois gráficos anteriores, o composto iônico com maior possibilidade de ser formado é o

a) Li_2.
b) LiF.
c) CO.
d) CO_2.
E) NO.

20. (ITA – SP) Em cristais de cloreto de sódio, cada íon de sódio tem como vizinhos mais próximos quantos íons cloreto?

a) 1   b) 2   c) 4   d) 6   e) 8

21. (UERJ) A nanofiltração é um processo de separação que emprega membranas poliméricas cujo diâmetro de poro está na faixa 1 nm.

Considere uma solução aquosa preparada com sais solúveis de cálcio, magnésio, sódio e potássio.

O processo de nanofiltração dessa solução retém os íons divalentes, enquanto permite a passagem da água e dos íons monovalente.

As espécies iônicas retidas são:

a) sódio e potássio.
b) potássio e cálcio.
c) magnésio e sódio.
d) cálcio e magnésio.

22. (UFMG) Nas figuras I e II, estão representados dois sólidos cristalinos, sem defeitos, que exibem dois tipos diferentes de ligação química.

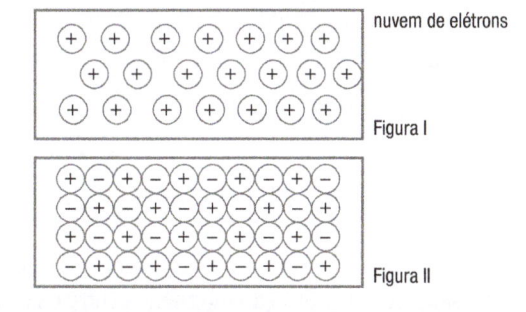

Considerando essas informações, é correto afirmar que:

a) a figura II corresponde a um sólido condutor de eletricidade.
b) a figura I corresponde a um sólido condutor de eletricidade.
c) a figura I corresponde a um material que, no estado líquido, é um isolante elétrico.
d) a figura II corresponde a um material que, no estado líquido, é um isolante elétrico.

23. (UFG – GO)

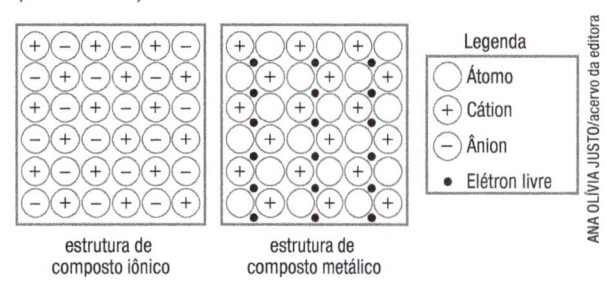

Tendo em vista as estruturas apresentadas,

a) explique a diferença de comportamento entre um composto iônico sólido e um metal sólido quando submetidos a uma diferença de potencial;
b) explique por que o comportamento de uma solução aquosa de substância iônica é semelhante ao comportamento de um metal sólido, quando ambos são submetidos a uma diferença de potencial.

Capítulo 15
As Substâncias Moleculares

1. Introdução

A maioria das substâncias não conduzem a corrente elétrica no estado líquido (álcool) e nem ao serem dissolvidas na água (solução aquosa de açúcar) diferentemente das substâncias iônicas.

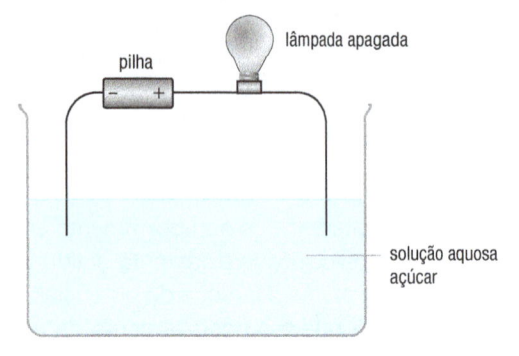

Essas substâncias não poderiam ser aglomerados de íons, e sim formadas de **partículas neutras** que foram chamadas de **moléculas** e as substâncias de **substâncias moleculares**.

Os químicos verificaram que as substâncias moleculares eram uniões de **não metais** e **não metais com hidrogênio**, portanto, não havia a presença de metais que caracteriza uma ligação metálica ou ligação iônica.

2. Formação da ligação covalente ou molecular: compartilhamento de um, dois ou três pares de elétrons

Em 1916, Lewis explicou as ligações nas moléculas, isto é, as ligações entre os **não metais** ou **não metais com hidrogênio**.

Lewis propôs:
- Como a diferença de eletronegatividade é pequena entre esses elementos, não ocorre transferência de elétrons.
- Uma ligação covalente é um par de elétrons compartilhados por dois átomos, isto é, os elétrons de valência interagem com os dois núcleos. Em outras palavras, os dois átomos ficam juntos porque ocorre atração entre os dois elétrons e os núcleos.

Nenhum dos átomos perde totalmente um elétron.

- Os átomos de **não metais** compartilham elétrons até que cada um deles complete o **octeto** e, no caso do hidrogênio, o **dubleto**.
- **Molécula** é uma partícula neutra cujos átomos estão ligados por compartilhamento de elétrons (ligação covalente).

   Exemplo: molécula do gás hidrogênio (H_2)

Quando dois átomos de hidrogênio estão próximos, o núcleo começa também a atrair o elétron do átomo de hidrogênio vizinho.

Usando a notação de Lewis, temos:

$$H\cdot + H\cdot \rightarrow H : H \text{ ou } H \cdot\cdot H$$

fórmula eletrônica de Lewis

O par de elétrons compartilhado pode ser representado por uma **linha**, nesse caso temos a **fórmula estrutural de Lewis** (H — H).

Resumindo, temos:

fórmula molecular	fórmula eletrônica	fórmula estrutural
H_2	H : H	H — H

Nota: no modelo atômico atual, a repulsão entre os elétrons é compensada por uma atração magnética entre os elétrons.

Recipiente de gás hidrogênio.

3. A formação do par de elétrons explicada pela origem dos elétrons de valência de cada átomo

O elétron isolado da camada de valência é mais facilmente atraído pelo núcleo do átomo vizinho do que um par de elétrons.

:Cl̈·
↓
esse elétron é mais fácil de ser atraído

Conclusão:

> O par de elétrons é formado pelos elétrons isolados de cada átomo.

O número de ligações covalentes (valência) que o átomo de um elemento pode fazer é igual ao número de elétrons isolados. Assim, por exemplo, H· e :Cl̈· são **monovalentes**, :Ö· e :S̈· são **bivalentes**, ·N̈· e ·P̈· são **trivalentes** e ·C̈· é **tetravalente.**

Exemplos:

1) Moléculas do HCl
 (ambos monovalentes) H· :Cl̈·

 Fórmula eletrônica
 H :Cl̈:

 Fórmula estrutural
 H — Cl̈: ou H — Cl
 ↓
 Ligação covalente simples

2) Moléculas de O_2
 (bivalentes) :Ö·

 Fórmula eletrônica
 :Ö::Ö:

 Fórmula estrutural
 :Ö = Ö: ou O = O
 ↓
 Ligação covalente dupla

3) Moléculas de N_2
 (trivalentes) ·N̈·

 Fórmula eletrônica
 N̈ :·: N̈

 Fórmula estrutural
 N̈ ≡ N̈ ou N ≡ N
 ↓
 Ligação covalente tripla

4) Moléculas de H_2O
 H· (monovalente) :Ö· (bivalente)

 Fórmula eletrônica
 :Ö ·· H
  ··
  H

 Fórmula estrutural
 :Ö — H ou O — H
  | |
  H   H

5) Moléculas de NH_3
 ·N̈· (trivalente) H·

 Fórmula eletrônica
 H :N̈: H
    ··
    H

 Fórmula estrutural
 H — N̈ — H ou H — N — H
     | |
     H   H

6) Molécula de CH_4
 ·C̈· (tetravalente) H· (monovalente)

 Fórmula eletrônica
     H
 H :C̈: H
     ··
     H

 Fórmula estrutural
     H
     |
 H — C — H
     |
     H

Em certas situações, todos os elétrons isolados já foram usados por um átomo. O núcleo do átomo que não está com o octeto ou dubleto começa a atrair par de elétrons não usado na ligação covalente. A ligação covalente em que ambos os elétrons vieram de um só átomo é chamada de **ligação dativa** ou **ligação coordenada** e representamos por uma seta na fórmula estrutural.

Molécula do CO ·C̈· (tetravalente) :Ö· (bivalente)

·C :: Ö: não pode mais fazer ligação covalente
↓   ↓
sexteto octeto

O núcleo do átomo de carbono começa a atrair um par de elétrons do oxigênio para ficar com octeto.

Fórmula eletrônica   Fórmula estrutural
:C ::: O: :C ≡ O:

Outros exemplos:

O_3

SO_2

SO_3

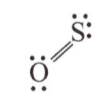

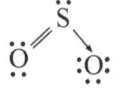

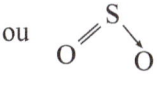

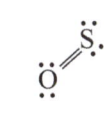

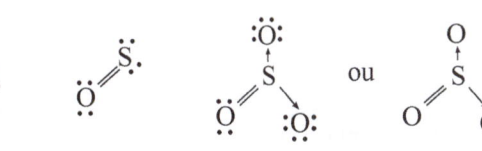

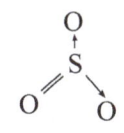

4. A formação do par de elétrons explicada pela quantidade de elétrons de valência dos átomos participantes

Esse método é utilizado para moléculas com estruturas mais complexas, envolvendo até gases nobres e que não obedecem a regra do octeto.

1) Determine o total de elétrons de valência.

2) Dividindo por 2 o total de elétrons de valência, obtemos, o total de pares de elétrons.

3) Coloque um par de elétrons entre o átomo central e cada átomo ligante.

4) Coloque pares isolados (não ligantes) em cada átomo ligante a fim de obter o octeto.

5) Se sobrarem pares de elétrons, coloque-os no átomo central.

Exemplo:
Determinação da estrutura de Lewis do IF_5

Dado: :Ï· , :F̈·

Cap. 15 | As Substâncias Moleculares **145**

1) 7 + 5 · 7 = 42 elétrons de valência

2) pares de elétrons = 21

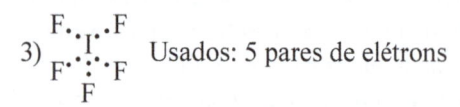

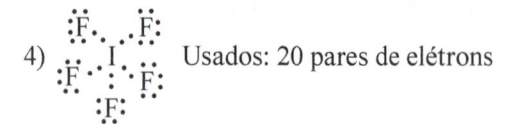

3) F : I : F   Usados: 5 pares de elétrons
    F : F
      F

4) :F: :F:
   :F: I :F: Usados: 20 pares de elétrons
      :F:

5) :F: :F:
   :F: I :F: Usados: 21 pares de elétrons
   :F: :F:

5. Moléculas em que o átomo central tem menos que 8 elétrons de valência

5.1 Cloreto de berílio: $BeCl_2$

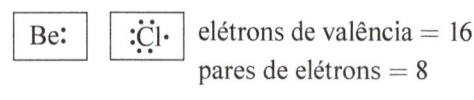

| Be: | | :Cl· |

elétrons de valência = 16
pares de elétrons = 8

:Cl : Be : Cl:

O berílio é frequentemente encontrado nas moléculas com **quatro elétrons de valência**, portanto, não obedecendo a regra do octeto.

5.2 Trifluoreto de boro: BF_3

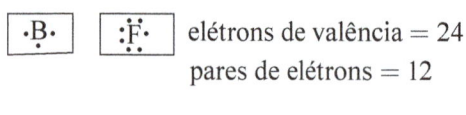

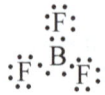

| ·B· | | :F· |

elétrons de valência = 24
pares de elétrons = 12

    :F:
:F· B ·F:

O boro é frequentemente encontrado nas moléculas com **seis elétrons de valência**, portanto, não obedecendo a regra do octeto.

6. Moléculas em que o átomo central tem mais que 8 elétrons de valência

6.1 Pentacloreto de fósforo: PCl_5

| ·P· | | :Cl· |

elétrons de valência = 40
pares de elétrons = 20

     :Cl:
      :
:Cl·· P ··Cl:
      :
     :Cl:

O fósforo pode ser encontrado nas moléculas com **dez elétrons de valência**, portanto, não obedecendo a regra do octeto.

6.2 Hexafluoreto de enxofre: SF_6

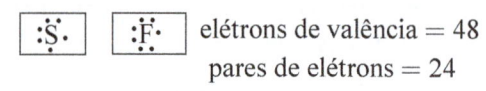

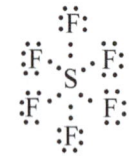

| :S· | | :F· |

elétrons de valência = 48
pares de elétrons = 24

   :F:
:F· S ·F:
:F·   ·F:
   :F:

O enxofre pode ser encontrado nas moléculas com **doze elétrons de valência**, portanto, não obedecendo a regra do octeto.

7. Moléculas ímpares

Algumas moléculas (NO, NO_2, ClO_2) têm número ímpar de elétrons de valência, o que significa que pelo menos um de seus átomos não pode ter um octeto. As espécies que têm **elétrons isolados** são chamadas de **radicais livres**. O N e o Cl, cada um, ficam com 7 elétrons. O elétron isolado é indicado por um **ponto** no átomo de N ou Cl.

NO | ·N· | | :O· | total de elétrons = 11

:N : : O:

NO_2 ·N·   :O·   total de elétrons = 17

:O·· N : : O:

ClO_2 :Cl·   :O·   total de elétrons = 19

:O·· Cl : : O:

O NO_2 dimeriza-se, formando N_2O_4

$O_2N· + ·NO_2 \rightarrow O_2N··NO_2$

Nota: Radicais livres e envelhecimento

Em células eucarióticas, a redução completa de oxigênio leva à formação de água nas mitocôndrias. Mas a redução incompleta do oxigênio origina diversas espécies reativas, como os **radicais livres** hidroxila e íon--radical superóxido $(O_2)^{1-}$.

·Ö··H $[:Ö··Ö:]^{1-}$

Para manter a quantidade de radicais livres sob controle, as células produzem enzimas que os eliminam. Quando esse equilíbrio é rompido, a concentração excessiva desses radicais pode levar a lesões teciduais, *provocando o envelhecimento*.

8. Número de ligações covalentes e dativas

O número de ligações covalentes e dativas depende do número de **elétrons de valência**. A notação de Lewis facilita a contagem: cada **elétron isolado** conta uma **ligação covalente** e cada **par de elétron** conta uma **ligação dativa**.

Vale lembrar que a ligação dativa só aparece quando não houver mais elétrons isolados, isto é, acaba estoque da ligação covalente.

Exemplos:

Monovalentes: H· ou H–, grupo 17 :C̈l· ou ←Cl–

Bivalentes: grupo 16 :Ö· ou ←O–; :S̈· ou ←S–

Trivalentes: grupo 15 ·N̈· ou –N–; ·P̈· ou –P–

Tretavalentes: grupo 14 ·C̈· ou –C–; ·S̈i· ou –Si–

9. Classificação das substâncias com relação à presença ou não de carbono

9.1 Substâncias inorgânicas

Não apresentam o elemento carbono na sua constituição.

Exemplos: H_2O, $NaCl$, H_2SO_4, NH_3

9.2 Sustâncias orgânicas

Apresentam o elemento carbono na sua constituição.

Exemplos: CH_4, $C_6H_{12}O_6$, $CH_3 - CH_2 - OH$

10. Propriedades das substâncias moleculares

- Não conduzem a corrente elétrica nos estados líquido ou sólido, pois as moléculas são partículas neutras.
- Pontos de fusão e ebulição relativamente baixos.

   Exemplo: H_2O PF = 0 °C, PE = 100 °C

- Algumas substâncias moleculares são gasosas (O_2, N_2, CH_4) nas condições ambientes. Outras são líquidas (H_2O, Br_2) e outras sólidas ($C_6H_{12}O_6$, I_2).
- Os sólidos moleculares são conjuntos de moléculas mantidas por forças intermoleculares (capítulo 18).

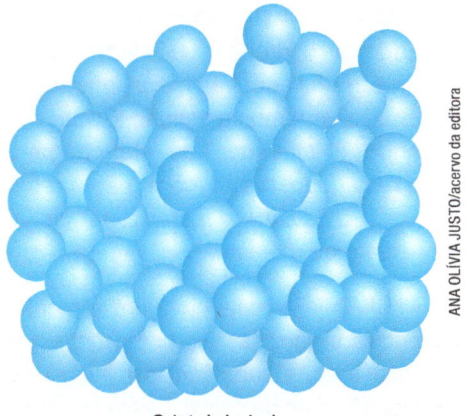

Cristal de iodo.

11. Raio covalente

A distância entre átomos ligados por ligação covalente é a soma de dois raios covalentes.

Quando os átomos são iguais, o raio covalente do átomo é a metade da distância entre os dois núcleos.

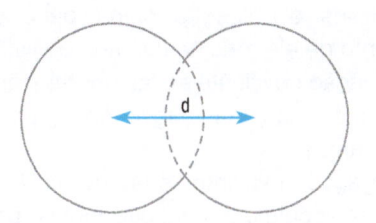

$$\text{raio covalente} = \frac{d}{2}$$

A distância entre os núcleos de uma molécula de Cl_2 é 198 pm; logo, **o raio covalente do cloro é 99 pm**.

Exercícios Série Prata

1. Use o código: substância iônica (**SI**) e substância molecular (**SM**).
   a) NaCl _____.
   b) O_2 _____.
   c) $CaCl_2$ _____.
   d) $C_6H_{12}O_6$ _____.
   e) H_2O _____.
   f) MgO _____.

2. Complete com **transferência de elétrons** ou **compartilhamento de par de elétrons**.
   a) Quando a diferença de eletronegatividade é grande (metal com não metal) ocorre _____ e temos a ligação iônica.
   b) Quando a diferença de eletronegatividade é pequena (não metal com não metal) ocorre _____ temos a ligação covalente ou molecular.

3. (UFF – RJ) O leite materno é um alimento rico em substâncias orgânicas, tais como proteínas, gorduras e açúcares, e substâncias minerais como, por exemplo, o fosfato de cálcio. Esses compostos orgânicos têm como característica principal as ligações covalentes na formação de suas moléculas, enquanto o mineral apresenta também ligação iônica.
   Assinale a alternativa que apresenta corretamente os conceitos de ligações covalentes e iônica, respectivamente.
   a) A ligação covalente só ocorre nos compostos orgânicos.
   b) A ligação covalente se faz por transferência de elétrons, e a ligação iônica, pelo compartilhamento de elétrons na camada de valência.
   c) A ligação covalente se faz por atração de cargas entre átomos, e a ligação iônica, por separação de cargas.
   d) A ligação covalente se faz por união de átomos em moléculas, e a ligação iônica, por união de átomos em complexos químicos.
   e) A ligação covalente se faz pelo compartilhamento de elétrons, e a ligação iônica, por transferência de elétrons.

4. Complete com pontinhos ao redor do símbolo do elemento.
   a) H
   b) grupo 14:   C   Si
   c) grupo 15:   N   P
   d) grupo 16:   O   S
   e) grupo 17:   F   Cl   Br   I

5. Complete com **monovalentes**, **bivalentes**, **trivalentes** e **tetravalentes**.
   a) ·C·, ·Si· _____.
   b) ·N·, ·P· _____.
   c) ·O:, ·S: _____.
   d) H·, ·F:, ·Cl:, ·Br:, ·I: _____.

6. Complete a tabela abaixo.

Fórmula Molecular	Notação de Lewis	Fórmula Eletrônica	Fórmula Estrutural
a) H_2	H·		
b) O_2	·Ö:		
c) N_2	·N·		
d) Cl_2	·Cl:		
e) HF	·F:		
f) H_2O			
g) NH_3			
h) CH_4	·C·		
i) CO_2			

7. Complete com traços de ligação.

   a)   H
       H C H   metano
          H

   b)   H H
       H C C H   ou $CH_3 — CH_3$ etano
        H H

   c) H H H
      H C C C H   ou $CH_3 — CH_2 — CH_3$ propano
        H H H

   d) H H H H
      H C C C C H   ou
        H H H H
      $CH_3 — CH_2 — CH_2 — CH_3$ butano

e) H–C–C–O–H ou CH₃—CH₂—OH etanol
   (H H / H H)   ou álcool etílico

f) H–C–C ou CH₃—CH₂—OH
   (H O H / H O)   ácido acético (vinagre)

g) H–C–C–C–H ou CH₃—C(=O)—CH₃
   propanona (acetona)

8. Dê os nomes.

a) $CH_3-CH_2-CH_2-CH_2-CH_3$

b) $CH_3-CH_2-CH_2-CH_2-CH_2-CH_3$

c) $CH_3-CH_2-CH_2-CH_2-CH_2-CH_2-CH_3$

d) $CH_3-CH_2-CH_2-CH_2-CH_2-CH_2-CH_2-CH_3$

9. Complete com **1, 2** e **3**.

a) ·N̈· ·P̈· ___ covalentes ___ dativa

b) ·Ö: ·S̈: ___ covalentes ___ dativas

c) ·F̈: ·C̈l: ·B̈r: ·Ï: ___ covalente ___ dativas

10. Complete a tabela.

Fórmula Molecular	Notação de Lewis	Fórmula Eletrônica	Fórmula Estrutural
a) CO	·Ċ· ·Ö:		
b) SO₂	·S̈:		
c) SO₃			
d) O₃			

11. (UERJ) Observe a estrutura genérica representada abaixo:

H–O\
       X=O
H–O/

Para que o composto esteja corretamente representado, de acordo com as ligações químicas indicadas na estrutura, X deverá ser substituído pelo seguinte elemento:

a) fósforo (Z = 15)
b) enxofre (Z = 16)
c) carbono (Z = 6)
d) nitrogênio (Z = 7)

12. O monóxido de carbono constitui, quanto à sua estrutura, um exemplo de composto.

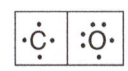

| ·Ċ· | :Ö· |

a) por covalência comum, unicamente;
b) por covalência comum e covalência dativa;
c) por eletrovalência e covalência;
d) por eletrovalência, somente;
e) por covalência dativa, somente.

13. (UFPI) Nas moléculas NH_3 e H_2O, os números de pares de elétrons não ligantes localizados em cada átomo central são, respectivamente:

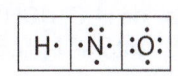

| H· | ·N̈· | :Ö: |

a) 1 e 1   d) 2 e 3
b) 1 e 2   e) 3 e 1
c) 2 e 1

Cap. 15 | As Substâncias Moleculares

14. (FEI – SP) Quais tipos de ligações estão presentes na molécula resultante da combinação entre os átomos de $_{13}^{27}X$ e $_{8}^{16}Y$?

a) Somente ligações covalentes.
b) Somente ligações covalentes coordenadas (dativas).
c) Somente ligações iônicas.
d) Nenhuma, pois um dos elementos é um gás nobre.
e) Ligação covalente e covalente coordenada (dativa).

15. (UCSal – BA) Qual dos seguintes gases, à temperatura e pressão ambientes, é formado por moléculas monoatômicas?

a) ozônio
b) hidrogênio
c) nitrogênio
d) argônio
e) oxigênio

16. (UNIRIO – RJ) O dióxido de carbono (CO_2) é um gás essencial no globo terrestre. Sem a presença desse gás, o globo seria gelado e vazio. Porém, quando ele é inalado em concentração superior a 10%, pode levar o indivíduo à morte por asfixia. Esse gás apresenta em sua molécula um número de ligações covalentes igual a:

a) 4.   b) 1.   c) 2.   d) 3.   e) 0.

17. (UEL – PR) As estruturas representadas a seguir, para as moléculas de H_2O, HCHO, NH_3, CO_2 e C_2H_4, estão corretas, quanto às ligações, EXCETO:

a) O – H
      |
      H

b) H – C $\stackrel{\displaystyle =O}{\diagdown H}$

c) H – N – H
        |
        H

d) O = C = O

e) H – C ≡ C – H

18. (ESAL – MG) O número máximo de ligações coordenadas ou dativas que o cloro pode efetuar é igual a:

a) 1   b) 2   c) 3   d) 4   e) 5

Dado: $:\ddot{Cl}\cdot$ grupo 17.

19. (MACKENZIE – SP) Das substâncias (I) gás hélio, (II) cloreto de sódio, (III) gás nitrogênio e (IV) água, apresentam somente ligações covalentes normais em sua estrutura:

a) I e III.
b) III e IV.
c) I e IV.
d) II e III.
e) I e II.

20. (UFSC) Identifique a(s) proposição(ões) correta(s).

Os compostos formados a partir dos elementos oxigênio, cloro, sódio e cálcio devem apresentar fórmulas, ligações químicas predominantes e estados físicos, em condições ambientes, respectivamente:

(01) $CaCl_2$, iônica, sólido.
(02) NaCl, iônica, líquido.
(04) Cl_2, covalente, gasoso.
(08) Na_2O, covalente, líquido.
(16) O_2, iônica, gasoso.

21. (PUC – MG) O elemento flúor forma compostos com hidrogênio, carbono, potássio e magnésio, respectivamente. Os compostos moleculares ocorrem com:

a) H e Mg.
b) H e K.
c) C e Mg.
d) H e C.
e) K e Mg.

22. Complete com **iônico**, **molecular** e **metálico**.

a) aglomerado de átomos

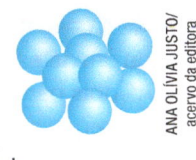

cristal _____ .

b) aglomerado de íons.

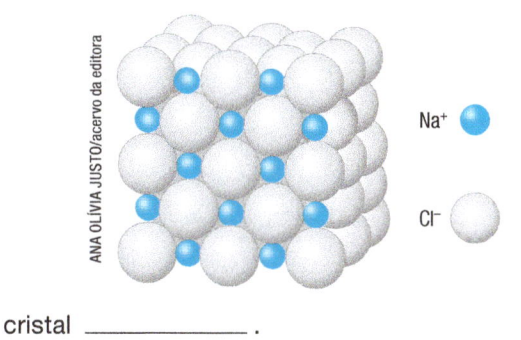

cristal _____ .

c) aglomerado de moléculas

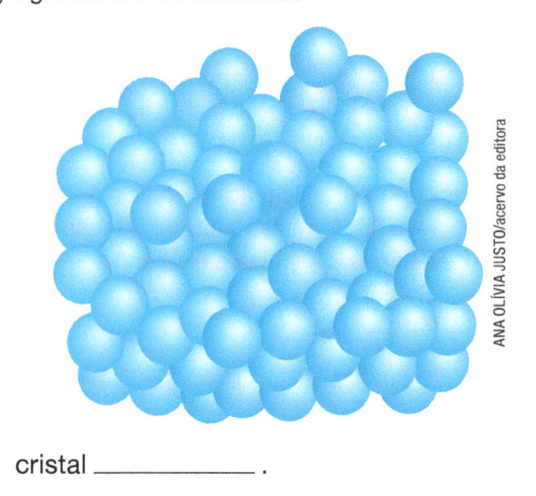

cristal _____ .

Exercícios Série Ouro

1. (UFU – MG) O fosgênio ($COCl_2$), um gás, é preparado industrialmente por meio da reação entre o monóxido de carbono e o cloro. A fórmula estrutural da molécula do fosgênio apresenta:

a) uma ligação dupla e duas ligações simples.
b) uma ligação dupla e três ligações simples.
c) duas ligações duplas e duas ligações simples.
d) uma ligação tripla e duas ligações simples.
e) duas ligações duplas e uma ligação simples.

2. (UNIFOR – CE) Quando se comparam as espécies químicas CH_4, NH_3 e $NaCl$, pode-se afirmar que os átomos estão unidos por ligações covalentes somente no:

a) CH_4 e no NH_3
b) NH_3 e no $NaCl$
c) CH_4 e no $NaCl$
d) CH_4
e) NH_3

3. (FUVEST – SP) Um elemento (E), pertencente ao terceiro período da Tabela Periódica, forma com o hidrogênio um composto de fórmula H_2E e com o sódio um composto de fórmula Na_2E.

a) Represente a configuração eletrônica desse elemento.
b) A que grupo pertence?

4. (UNICAMP – SP) Observe as seguintes fórmulas eletrônicas (fórmulas de Lewis):

H:C:H   H:N:H   :O:H   :F:H
  H   H   H

(com H em cima do C)

Consulte a classificação periódica dos elementos e escreva as fórmulas eletrônicas das moléculas formadas pelos seguintes elementos:

a) Fósforo e hidrogênio
b) Enxofre e hidrogênio
c) Flúor e carbono

5. (FUVEST – SP) Os desenhos são representações de moléculas em que se procura manter proporções corretas entre raios atômicos e distâncias internucleares.

I   II   III

Os desenhos podem representar, respectivamente, moléculas de

a) oxigênio, água e metano.
b) cloreto de hidrogênio, amônia e água.
c) monóxido de carbono, dióxido de carbono e ozônio.
d) cloreto de hidrogênio, dióxido de carbono e amônia.
e) monóxido de carbono, oxigênio e ozônio.

6. (IME – RJ) Escreva as fórmulas das substâncias estáveis, nas CNTP, formadas apenas pelos elementos $_{11}^{23}A$, $_{17}^{34}D$ e $_{10}^{20}E$, especificando os tipos de ligações químicas envolvidas.

7. (UNICAMP – SP) A fórmula estrutural da água oxigenada, H — Ö — Ö — H fornece as seguintes informações: a molécula possui dois átomos de oxigênio ligados entre si e cada um deles está ligado a um átomo de hidrogênio; há dois pares de elétrons isolados em cada átomo de oxigênio.

Com as informações dadas a seguir, escreva a fórmula estrutural de uma molécula com as seguintes características: possui dois átomos de nitrogênio ligados entre si e cada um deles está ligado a dois átomos de hidrogênio; há um par de elétrons isolado em cada átomo de nitrogênio.

8. (VUNESP) Um professor de Química, ao mostrar determinado composto a seus alunos, afirmou:

O alto ponto de fusão deste sólido pode ser explicado pela forte atração de natureza eletrostática entre as unidades constituintes do cristal.

Um aluno que compreendera os conceitos envolvidos, apesar de não ter conseguido entender o que o professor escrevera na lousa, consultou a classificação periódica e deduziu que a fórmula da substância a que ele se referia era

a) CCl_2
b) CCl_4
c) Cl_2
d) SCl_2
e) $CaCl_2$

9. (UNICAMP – SP) A ureia (CH_4N_2O) é o produto mais importante de excreção do nitrogênio pelo organismo humano.

Na molécula da ureia, formada por oito átomos, o carbono apresenta duas ligações simples e uma dupla; o oxigênio, uma ligação dupla; cada átomo de nitrogênio, três ligações simples, e cada átomo de hidrogênio, uma ligação simples. Átomos iguais não se ligam entre si. Baseando-se nessas informações, escreva a fórmula estrutural da ureia, representando ligações simples por um traço (—) e ligações duplas por dois traços (=).

- A substância X conduz corrente elétrica no estado líquido, mas não no estado sólido.
- A substância Y não conduz corrente elétrica em nenhum estado.

Considerando-se essas informações, é CORRETO afirmar que:

a) a substância X é molecular e a substância Y é iônica.
b) a substância X é iônica e a substância Y é metálica.
c) a substância X é iônica e a substância Y é molecular.
d) as substâncias X e Y são moleculares.

10. (FUVEST – SP) Reescreva as seguintes equações químicas, utilizando estruturas de Lewis (fórmulas eletrônicas em que os elétrons de valência são representados pelos símbolos · ou × tanto para os reagentes quanto para os produtos).

	H	N	O	F	Na
Número atômico	1	7	8	9	11
Número de elétrons de valência	1	5	6	7	1

a) $H_2 + F_2 \rightarrow 2\ HF$
b) $HF + H_2O \rightarrow H_3O^+ + F^-$
c) $2\ Na^0 + F_2 \rightarrow 2\ Na^+\ F^-$
d) $HF + NH_3 \rightarrow NH_4^+\ F^-$

11. (PUC – MG) Para o estudo das relações entre o tipo de ligação química e as propriedades físicas das substâncias X e Y, sólidas à temperatura ambiente, foram realizados experimentos que permitiram concluir que:

12. (FUVEST – SP) As figuras abaixo representam, esquematicamente, estruturas de diferentes substância, a temperatura ambiente.

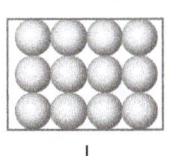

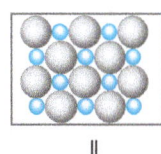

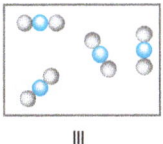

Sendo assim, as figuras I, II e III podem representar, respectivamente,

a) cloreto de sódio, dióxido de carbono e ferro.
b) cloreto de sódio, ferro e dióxido de carbono.
c) dióxido de carbono, ferro e cloreto de sódio.
d) ferro, cloreto de sódio e dióxido de carbono.
e) ferro, dióxido de carbono e cloreto de sódio.

13. (UPE) Numa comunidade do Facebook, estava se debatendo sobre as propriedades macroscópicas de três substâncias químicas A, B e C e suas relações com o tipo predominante de ligação química encontrada em cada uma delas, conforme o quadro a seguir:

Substância	Aspecto físico	Temperatura (°C) de fusão	Condutividade térmica	Solubilidade em água
A	dura	800	não apresenta	solúvel
B	brilhante, dúctil	1.500	alta	insolúvel
C	escura, mole	3.500	apresenta	insolúvel

Cap. 15 | As Substâncias Moleculares **153**

Após várias discussões, chegou-se à conclusão de que as propriedades das substâncias A, B e C podem ser explicadas, pois apresentam, respectivamente, estruturas químicas com ligação

a) covalente, iônica e metálica.
b) covalente, metálica e iônica.
c) iônica, metálica e covalente.
d) metálica, iônica e covalente.
e) metálica, covalente e iônica.

a) Escreva em seu caderno a fórmula molecular do *dissulfiram*.
b) Quantos pares de elétrons não compartilhados existem nessa molécula?
c) Seria possível preparar um composto com a mesma estrutura do *dissulfiram*, no qual os átomos de nitrogênio fossem substituídos por átomos de oxigênio?
Responda sim ou não e justifique.

14. (UNESP) O dióxido de carbono (CO_2) e o dióxido de nitrogênio (NO_2) são dois gases de propriedades bem diferentes. Por exemplo: no primeiro, as moléculas são sempre monoméricas, no segundo, em temperatura adequada, as moléculas combinam-se duas a duas, originando dímeros. Com base nas fórmulas de Lewis, explique esta diferença de comportamento entre o dióxido de carbono e o dióxido de nitrogênio.

Números atômicos: C = 6; N = 7; O = 8.

15. (UNICAMP – SP) O medicamento *dissulfiram*, cuja fórmula estrutural está representada abaixo, tem grande importância terapêutica social, pois é usado no tratamento do alcoolismo. A administração de dosagem adequada provoca no indivíduo grande intolerância a bebidas que contenham etanol.

dissulfiram

16. (UNCISAL) Na primavera, a combinação de chuva e calor favorece a proliferação do *Aedes aegypti*, mosquito transmissor da dengue. Em 2010, os casos de dengue em Alagoas cresceram mais de 400% em relação a 2009. Preventivamente, o governo local alerta a população para que também faça a sua parte, adotando medidas como manter fechadas as caixas d'água, colocar o lixo em sacos plásticos, manter lixeiras bem fechadas, não deixar a água da chuva acumular sobre lajes de residências e nem em pneus e latas vazias. Não existe um tratamento específico para a doença, recomenda-se a reidratação oral, repouso e uso de analgésicos e antitérmicos para alívio de dores e febres. Em caso de suspeita de dengue, não é indicado o uso da aspirina; o paracetamol pode ser indicado, porém desde que seja com acompanhamento médico.

paracetamol

O número de átomos de hidrogênio presentes na molécula do paracetamol é

a) 10.   b) 9.   c) 8.   d) 7.   e) 6.

17. (PUC – SP) A primeira energia de ionização de um elemento (1ª EI) informa a energia necessária para retirar um elétron do átomo no estado gasoso, conforme indica a equação:

$$X(g) \rightarrow X^+(g) + e^- \quad EI = 7,6 \text{ eV}$$

A segunda energia de ionização de um elemento (2ª EI) informa a energia necessária para retirar um elétron do cátion de carga +1 no estado gasoso, conforme indica a equação:

$$X^+(g) \rightarrow X^{2+}(g) + e^- \quad EI = 15,0 \text{ eV}$$

A tabela a seguir apresenta os valores das dez primeiras energias de ionização de dois elementos pertencentes ao 3º período da Tabela Periódica.

Elemento	1ª EI (eV)	2ª EI (eV)	3ª EI (eV)	4ª EI (eV)	5ª EI (eV)	6ª EI (eV)	7ª EI (eV)	8ª EI (eV)	9ª EI (eV)	10ª EI (eV)
X	7,6	15,0	80,1	109,3	141,2	186,7	225,3	266,0	328,2	367,0
Z	13,0	23,8	39,9	53,5	67,8	96,7	114,3	348,3	398,8	453,0

Analisando os dados da tabela é possível afirmar que o tipo de ligação que ocorre entre os elementos X e Z e a fórmula do composto binário formado por esses elementos são, respectivamente,

a) ligação covalente, $SiCl_4$.
b) ligação iônica, $MgCl_2$.
c) ligação metálica, Mg_3Al_2.
d) ligação covalente, SCl_2.
e) ligação iônica, Na_2S.

Capítulo 16
Fatores que Influem nas Propriedades das Substâncias. Geometria Molecular.

1. Introdução

A forma das moléculas determina seus odores, seus sabores e sua ação como fármacos. A forma da molécula governa as reações que ocorrem em nosso organismo e contribui para nos manter vivos. Ela também afeta as propriedades dos materiais que nos rodeiam, incluindo seus estados físicos e suas solubilidades.

As estruturas de Lewis que encontramos no capítulo 15 são representações em duas dimensões das ligações entre os átomos, não traduzem o arranjo dos núcleos dos átomos no espaço.

2. Geometria molecular

A forma de uma molécula (geometria) é dada pelo **arranjo dos núcleos dos átomos**, que é determinada por meio de técnicas avançadas.

Toda **molécula diatômica** (H_2, O_2, N_2, HCl) é **linear**, pois apresenta apenas **dois núcleos**.

$$H-H \quad O=O \quad N\equiv N \quad H-Cl$$

Observe que a geometria não depende da quantidade de pares de elétrons.

Para prever a geometria molecular das moléculas do tipo AX_n, utilizaremos a **teoria da repulsão dos pares de elétrons da camada de valência**, idealizada pelos químicos ingleses Nevil Sidgwick e Herbet Powell e desenvolvida pelo químico canadense Ronald Gillespie.

$$\begin{array}{c} X-A-X \\ | \\ X \end{array}$$

A: átomo central (geralmente o menos eletronegativo)
X: ligante

3. Teoria de repulsão dos pares de elétrons da camada de valência (VSEPR)

3.1 Introdução

A posição dos núcleos dos átomos (geometria molecular) é influenciada pela repulsão dos pares de elétrons da camada de valência que rodeiam o átomo central da molécula. Os pares de elétrons (um, dois ou três) são regiões negativas ⊖ que se repelem, isto é, regiões de repulsão. Concluímos que:

> Os pares de elétrons arranjar-se-ão de modo a ficarem o mais possível afastados um do outro para que a repulsão entre eles seja mínima.

3.2 Moléculas sem pares de elétrons isolados no átomo central

Para se determinar a geometria molecular basta seguir duas regras simples:
1) escrever a fórmula estrutural,
2) substituir a ligação covalente pela região de repulsão ⊖, se a molécula tiver.

Duas regiões de repulsão: geometria linear
Três regiões de repulsão: geometria trigonal plana
Quatro regiões de repulsão: geometria tetraédrica

Essa teoria também indica os **ângulos de ligação**, isto é, os ângulos entre as linhas retas que unem os núcleos ao átomo central.

Exemplos:
- **Molécula linear: 2 regiões de repulsão**

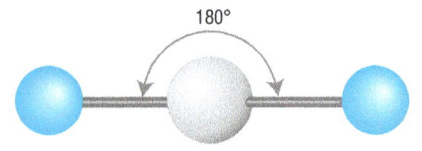

180°

Disposição geométrica linear.
Os átomos se posicionam em linha.
ângulo de ligação = 180°

$BeCl_2$
1) :C̈l—Be—C̈l: 2) Cl ⊖ Be ⊖ Cl linear

CO_2
1) :Ö=C=Ö: 2) O ⊖ C ⊖ O linear

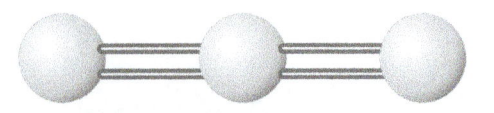

Representação esquemática da molécula de dióxido de carbono, que apresenta geometria linear.

- **Molécula trigonal plana: 3 regiões de repulsão**

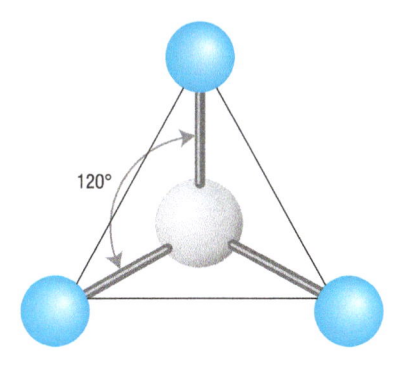

Disposição geométrica triangular plana.
Os átomos formam um triângulo equilátero.
ângulo de ligação = 120°

BF$_3$

1) :F̈—B̈—F̈: (com F̈ abaixo)

2) B com três F ao redor — trigonal plana

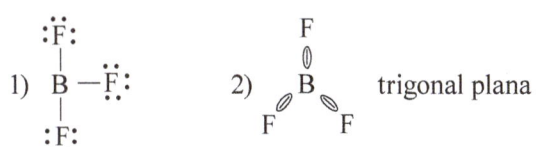

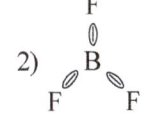

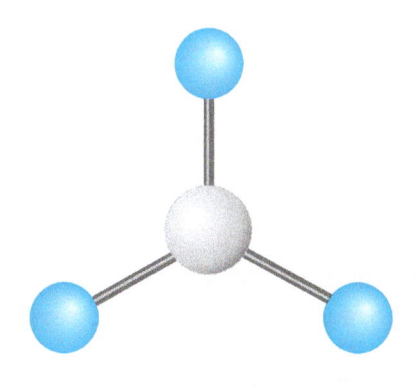

Representação esquemática da geometria triangular plana do trifluoreto de boro (BF$_3$).

H$_2$CO

1) H—C(=O)—H

2) C com O (dupla) e dois H — trigonal plana

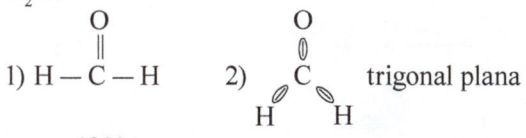

120°

- **Molécula tetraédrica: 4 regiões de repulsão**

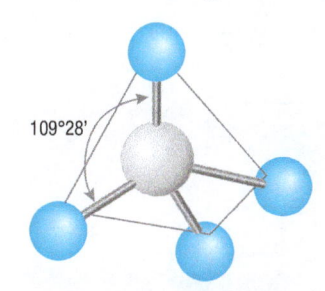

109°28'

Disposição geométrica tetraédrica,
formato de tetraedro (pirâmide triangular).
ângulo de ligação = 109°28'

CH$_4$

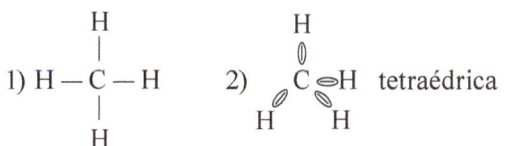

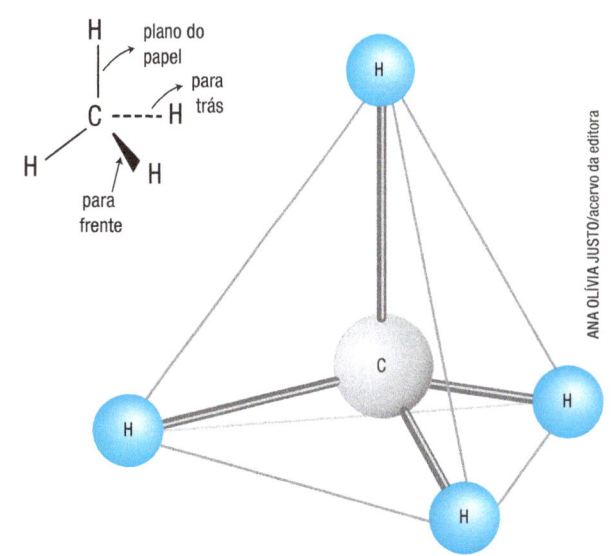

1) H—C(H)(H)—H

2) C com quatro H — tetraédrica

plano do papel
para trás
para frente

Representação esquemática da molécula metano, de geometria tetraédrica.

3.3 Moléculas com pares de elétrons isolados no átomo central

Temos nesse caso dois tipos de geometria molecular: **angular** e **piramidal**.

Molécula piramidal:

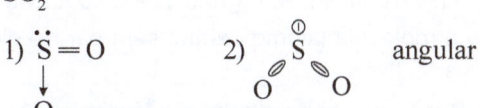

- 1 região de repulsão sem ligação (maior)
- 3 regiões de repulsão com ligação (menores)

NH$_3$

1) H—N̈(H)—H

2) N com três H — piramidal

ângulo experimental: 107°

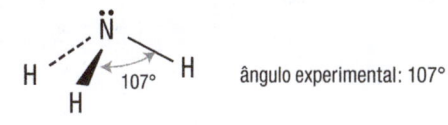

Molécula angular

1º caso: 1 região de repulsão sem ligação (maior)
2 regiões de repulsão com ligação (menores)

SO$_2$

1) S̈=O, S—O

2) S com dois O — angular

2º caso: 2 regiões de repulsão sem ligação (maiores)
2 regiões de repulsão com ligação (menores)

H_2O

1) :Ö — H
   |
   H

2) O (com H H) — angular

ângulo experimental = 105°   H — Ö — H   105°

Quanto maior o número de regiões de repulsão sem ligação, menor o ângulo.

Nota: molécula bipirâmide trigonal: 5 regiões de repulsão

PCl_5

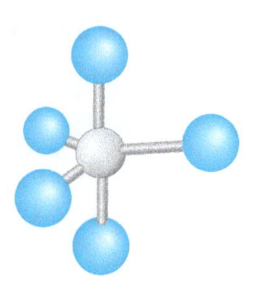

1) :Cl — P — Cl: (com :Cl: acima e :Cl: abaixo)

2) Cl — P — Cl (bipirâmide)

Molécula octaédrica: 6 regiões de repulsão

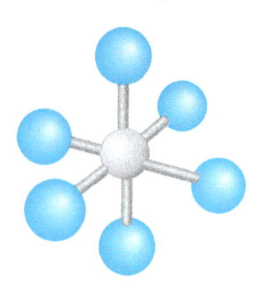

SF_6

1) estrutura de Lewis com F ao redor de S
2) modelo octaédrico F—S—F

Exercícios Série Prata

1. Complete com **linear, trigonal plana** ou **tetraédrica**.
Para moléculas em que o átomo central não tem par de elétrons não ligado, as principais geometrias são:

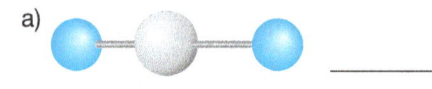

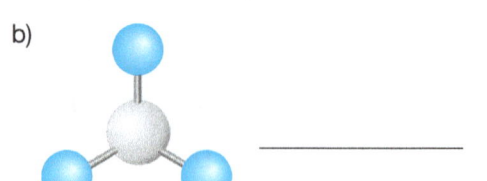

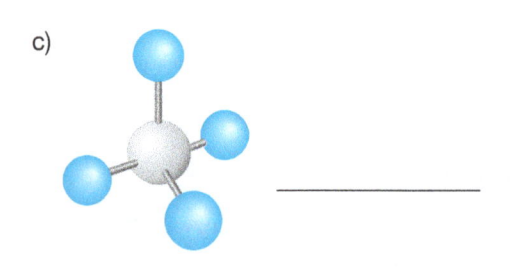

a) _____

b) _____

c) _____

2. Complete com **linear, trigonal plana** ou **tetraédrica**.
Se a molécula (átomo central sem par de elétrons isolado) tiver:

a) Duas regiões de repulsão: geometria _____ .

b) Três regiões de repulsão: geometria _____ .

c) Quatro regiões de repulsão: geometria _____ .

3. Complete com **109°28'**, **120°** ou **180°**.

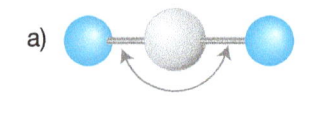

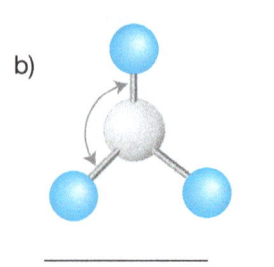

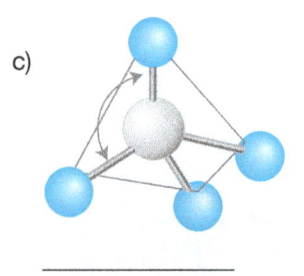

a) _____

b) _____

c) _____

4. Complete a tabela.

	Fórmula molecular	Fórmula estrutural	Região de repulsão	Geometria
a)	H_2			
b)	O_2			
c)	CH_4			
d)	BF_3			
e)	CO_2			
f)	CCl_4			
g)	$COCl_2$			
h)	SiH_4			
i)	$CHCl_3$			
j)	HF			

5. Complete com **angular** ou **piramidal**.

Para moléculas em que o átomo central tem par de elétrons não ligados, as principais geometrias são:

a) 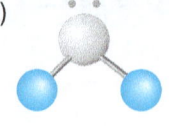 _____   b)  _____   c) _____

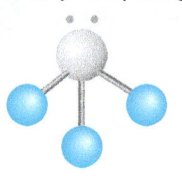

6. Complete a tabela.

	Fórmula molecular	Fórmula estrutural	Região de repulsão	Geometria
a)	H_2O			
b)	NH_3			
c)	PCl_3			

7. (UFRGS – RS) Associe as fórmulas das substâncias abaixo com as geometrias moleculares correspondentes.

- SO_3
- CO_2
- H_2S

1 – linear
2 – angular
3 – piramidal
4 – trigonal plana

A sequência correta do preenchimento da coluna da esquerda, de cima para baixo, é:

a) 1 – 2 – 3
b) 3 – 1 – 2
c) 3 – 2 – 1
d) 4 – 2 – 1
e) 4 – 1 – 2

Coluna A
1. Angular
2. Piramidal
3. Tetraédrica
4. Trigonal Plana

Coluna B
( ) SO_2
( ) CH_2O
( ) PF_3
( ) SiH_4

A sequência correta dos números da coluna B, de cima para baixo, é

a) 1 – 4 – 3 – 2.
b) 2 – 1 – 4 – 3.
c) 1 – 2 – 4 – 3.
d) 3 – 4 – 1 – 2.
e) 1 – 4 – 2 – 3.

Dados: H (Z = 1); C (Z = 6); O (Z = 8); F (Z = 9); Si (Z = 14); P (Z = 15) e S (Z = 16).

8. (MACKENZIE – SP) A geometria molecular descreve a maneira pela qual os núcleos atômicos que constituem uma molécula estão posicionados uns em relação aos outros. Assim, numere a coluna B, que contém certas substâncias químicas, associando-as com a coluna A, de acordo com o tipo de geometria molecular que cada substância apresenta.

Exercícios Série Ouro

1. (UNIFESP) Na figura, são apresentados os desenhos de algumas geometrias moleculares.

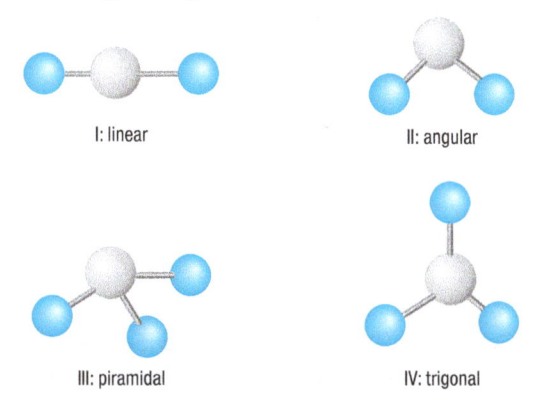

I: linear
II: angular
III: piramidal
IV: trigonal

SO_3, H_2S e $BeCl_2$ apresentam, respectivamente, as geometrias moleculares

a) III, I e II.
b) III, I e IV.
c) III, II e I.
d) IV, I e II.
e) IV, II e I.

Dados os números atômicos: H: 1; Be: 4; O: 8; S: 16; Cl: 17.

2. (UNIP – SP) Com relação à geometria das moléculas:

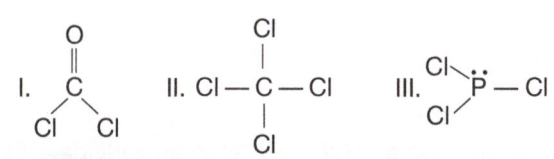

I. $Cl_2C=O$ (Cl−C(=O)−Cl)
II. $Cl−C(Cl)(Cl)−Cl$
III. $Cl_3P−Cl$ with Cl substituents

Pode-se afirmar que:

a) todas são planas.
b) todas são piramidais.
c) I e II são planas.
d) apenas I é plana.
e) apenas II é espacial.

3. (UEG – GO) Umas das teorias sobre a origem da vida supõe que a atmosfera primitiva seria composta por metano, amônia, hidrogênio e vapor-d'água. Considere essas moléculas mencionadas e

a) desenhe as estruturas de Lewis.
b) atribua a geometria molecular.

4. (ESAM – RN) Considere as seguintes fórmulas e ângulos de ligações.

Fórmula	Ângulo
H_2O	105°
NH_3	107°
CH_4	109°28'
BeH_2	180°

As formas geométricas dessas moléculas são, respectivamente:

a) angular, piramidal, tetraédrica, linear.
b) angular, piramidal, tetraédrica, angular.
c) angular, angular, piramidal, trigonal.
d) trigonal, trigonal, piramidal, angular
e) tetraédrica, tetraédrica, tetraédrica, angular.

5. (CEFET – PI) A molécula que apresenta menor ângulo entre suas ligações é:

a) $:\ddot{O}::C::\ddot{O}:$

b) $:\ddot{O}:H$ / H

c) $:\ddot{F}:B:\ddot{F}:$ / $:\ddot{F}:$

d) $H:\overset{..}{C}:H$ / H / H

e) $:\ddot{Cl}:$ / $:\ddot{Cl}:C:\ddot{Cl}:$ / $:\ddot{Cl}:$

Cap. 16 | Fatores que Influem nas Propriedades das Substâncias. Geometria Molecular.

6. (UNIP – SP) Baseando-se na teoria da repulsão de pares de elétrons na camada de valência, assinale a molécula que tem a geometria de uma pirâmide trigonal:

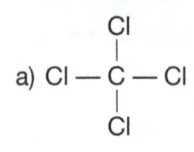

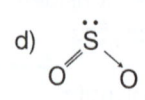

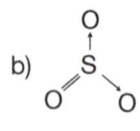

a) $Cl-C(Cl)(Cl)-Cl$ (tetracloreto)

b) SO_3 (S com O, O, O)

c) SF_6

d) SO_2

e) AsH_3 (H—As—H com H)

7. (UNIP – SP) Baseando-se na teoria da repulsão dos pares de elétrons da camada de valência, assinale a substância cuja geometria molecular está indicada de maneira **incorreta**.

a) $H:\ddot{P}:H$ com H — pirâmide trigonal

b) Cl_2CO — plana trigonal

c) SO_2 — angular

d) SiH_4 — tetraédrica

e) SO_3 — tetraédrica

8. Com base no número de pares de elétrons, escreva as geometrias das espécies:

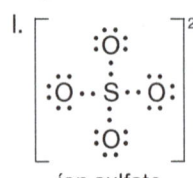

I. $[SO_4]^{2-}$ — íon sulfato

II. $[NO_3]^{1-}$ — íon nitrato

III. $[NO_2]^{1-}$ — íon nitrito

9. (UFC – CE) Selecione as alternativas em que há exata correspondência entre a molécula e sua forma geométrica:

a) N_2 – linear.
b) CO_2 – linear.
c) H_2O – angular.
d) CCl_4 – tetraédrica.
e) PCl_5 – plana trigonal.
f) BF_3 – pirâmide trigonal.

10. (VUNESP) A partir das configurações eletrônicas dos átomos constituintes e das estruturas de Lewis:

a) determine as fórmulas dos compostos mais simples que se formam entre os elementos
   I. hidrogênio e carbono
   II. hidrogênio e fósforo
b) qual é a geometria de cada uma das moléculas formadas, considerando-se o número de pares de elétrons?

Dados: números atômicos: H = 1; C = 6; P = 15.

11. Considere as espécies químicas:
- Hipoclorito = ClO^- ⇒ ação bactericida.
- Ozônio = O_3 ⇒ ação bactericida.
- Nitrato = NO_3^- ⇒ fertilizante.

A respeito dessas espécies, podemos afirmar que suas geometrias são:

	ClO^-	O_3	NO_3^-
a)	Linear,	linear,	trigonal.
b)	Linear,	angular,	piramidal.
c)	Linear,	angular,	trigonal.
d)	Angular,	piramidal,	angular.
e)	Angular,	trigonal,	tetraédrica.

Dados: famílias: O = 16; Cl = 17; N = 15.

12. (UFES) A molécula da água tem geometria molecular angular e o ângulo formado é de ±105° e não ±109° como previsto. Esta diferença se deve:

a) aos dois pares de elétrons não ligantes no átomo de oxigênio.
b) à repulsão entre os átomos de hidrogênio, muito próximos.
c) à atração entre os átomos de hidrogênio, muito próximos.
d) ao tamanho do átomo de oxigênio.
e) ao tamanho do átomo de hidrogênio.

13. (UFRN) O nitrogênio forma vários óxidos binários apresentando diferentes números de oxidação: NO (gás toxico), N_2O (gás anestésico – hilariante), NO_2 (gás avermelhado, irritante), N_2O_3 (sólido azul) etc. Esses óxidos são instáveis e se decompõem para formar os gases nitrogênio (N_2) e oxigênio (O_2).

O oxido binário (NO_2) é um dos principais poluentes ambientais, reagindo com o ozônio atmosférico (O_3) – gás azul, instável – responsável pela filtração da radiação ultravioleta emitida pelo Sol.

Analisando a estrutura do oxido binário NO_2, pode-se afirmar que a geometria da molécula e a última camada eletrônica do átomo central são, respectivamente:

a) angular e completa.
b) linear e incompleta.
c) angular e incompleta.
d) linear e completa.

Capítulo 17

Fatores que Influem nas Propriedades das Substâncias. Polaridade de Moléculas.

1. Introdução

Em 1932, Linus Pauling apresentou a sua escala de eletronegatividade (capacidade de um átomo para atrair os elétrons da ligação covalente), que podemos resumir assim:

F > O > N, Cl > Br > I, S, C > P, H > metais
4   3,5   3,0   2,8   2,5   2,1

O conceito de eletronegatividade pode explicar:

1) se ocorre ou não transferência de elétrons entre dois átomos;

2) ocorrência de região com acúmulo de carga negativa (polo negativo) e de região com acúmulo de carga positiva (polo positivo) na molécula, isto é, a molécula pode ter polaridade.

2. Experiência para verificar se há ou não polaridade de moléculas

O experimento utiliza uma bureta onde coloca-se um líquido que vai ser analisado e um bastão de vidro carregado positivamente (atritado com um pedaço de lã, os elétrons passam para a lã). Abrindo um pouco a torneira teremos um filete líquido.

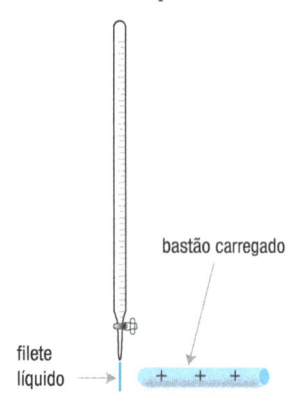

- Filete líquido sofre desvio em direção ao bastão: as moléculas do líquido têm polaridades.
- Filete líquido não sofre desvio em direção ao bastão: as moléculas do líquido não têm polaridades.

3. Moléculas diatômicas com átomos diferentes (AB) são polares

Seja a molécula HCl. Como o Cl é mais eletronegativo que o H, ele atrai mais o par de elétrons; como resultado, o Cl retém a maior parte do par de elétrons da ligação covalente.

H $:\ddot{\underset{..}{Cl}}:$ compartilhamento desigual
par de elétrons foi deslocado para o lado do Cl.

Na região do Cl temos um aumento parcial de elétrons (polo negativo). Dizemos que no Cl aparece uma carga parcial negativa (simbolizada por δ^-).

Na região do H temos uma diminuição parcial de elétrons (polo positivo). Dizemos que no H aparece uma carga parcial positiva (simbolizada por δ^+).

$$\overset{\delta^+}{H} - \overset{\delta^-}{Cl}$$

O elemento mais eletronegativo é sempre o polo negativo e o elemento menos eletronegativo é sempre o polo positivo.

A ligação entre H e Cl é chamada de **ligação covalente polar**, pois nela existem 2 polos elétricos, um negativo e outro positivo (dipolo elétrico).

$\overset{\delta^+}{H} - \overset{\delta^-}{Cl}$ molécula polar, dipolo elétrico

Ligação covalente polar: átomos com eletronegatividades diferentes.

Quando dois átomos de uma ligação têm uma pequena diferença de eletronegatividade, as **cargas parciais são muito pequenas**. Quando a diferença de eletronegatividade aumenta, **também crescem as cargas parciais**.

Exemplo:

$\overset{\delta^+}{H} - \overset{\delta^-}{F}$ $\qquad$ $\overset{\delta'^+}{H} - \overset{\delta'^-}{Cl}$

4,0 − 2,1 = 1,9 $\qquad$ 3,0 − 2,1 = 0,9

mais polar $\qquad$ menos polar

$$|\delta| > |\delta'|$$

4. Moléculas diatômicas com átomos iguais (A_2) são apolares ou não polares

Seja a molécula H_2. Como a eletronegatividade é igual, não haverá deslocamento do par de elétrons, portanto, não se formam 2 polos. Como resultado a molécula do H_2 não tem polos, portanto, é **não polar** ou **apolar**.

H : H compartilhamento igual

A ligação entre H e H é chamada de **ligação covalente apolar** ou **não polar**, pois os 2 átomos têm a mesma eletronegatividade.

5. Moléculas poliatômicas

5.1 Introdução

Moléculas poliatômicas são moléculas que possuem mais de 2 átomos, por exemplo, O_3, H_2O, NH_3, CH_4.

Para saber a polaridade das moléculas poliatômicas, veremos dois métodos:
- método da simetria elétrica
- método do momento dipolar

5.2 Método da simetria elétrica

Lembrando AB_x:

A: átomo central

B: ligante

Uma **molécula polar** é eletricamente assimétrica (centro das cargas positivas não coincide com o centro das cargas negativas), isto é, **apresenta ligantes diferentes ao redor do átomo central ou par de elétrons isolados no átomo central**.

Exemplos:

$COCl_2$ $\qquad$ CH_2Cl_2 $\qquad$ H_2O

$\overset{Cl}{\underset{Cl}{>}} C = O$ $\qquad$ $H - \overset{\overset{H}{|}}{\underset{\underset{Cl}{|}}{C}} - Cl$ $\qquad$ $\ddot{\underset{H}{\overset{}{O}}} - H$

NH_3 $\qquad$ O_3

$H - \overset{\overset{\ddot{}}{N}}{\underset{H}{|}} - H$ $\qquad$ $\overset{\ddot{O}}{\underset{O \nwarrow O}{\diagdown}}$

Uma **molécula não polar** é eletricamente simétrica (os dois centros de cargas coincidem), isto é, **apresenta ligantes iguais ao redor do átomo central**.

Exemplos:

$BeCl_2$ $\qquad$ BF_3

$Cl - Be - Cl$ $\qquad$ $F - \underset{\underset{F}{|}}{B} - F$

CO_2 $\qquad$ CH_4

$O = C = O$ $\qquad$ $H - \overset{\overset{H}{|}}{\underset{\underset{H}{|}}{C}} - H$

5.3 Método do momento dipolar (μ)

O momento dipolar (μ) mede a intensidade de polarização das moléculas.

O momento dipolar (μ) é um **vetor**. Um **vetor** é uma entidade matemática caracterizada por **direção**, **sentido** e **módulo**.

- **direção**: reta entre os 2 núcleos

- **sentido**: do polo positivo para o polo negativo

$H \xrightarrow{\mu} Cl \qquad H \xrightarrow{\mu} F$

- **módulo**: $\mu = \delta \cdot d$ unidade: Debye (D)

δ: carga parcial

d: distância entre os 2 núcleos

Exemplos:

$H_2 \; \mu = 0$ $\quad$ HCl $\mu = 1,08$ D $\quad$ HF $\mu = 1,91$ D $\quad$ $CO_2 \; \mu = 0$

$H_2O \; \mu = 1,85$ D $\quad$ $NH_3 \; \mu = 1,47$ D $\quad$ $CH_4 \; \mu = 0$

Pelos exemplos, podemos deduzir:

> Molécula polar: $\mu_R \neq 0$
> Molécula apolar: $\mu_R = 0$

μ_R = momento dipolar resultante

Para achar o μ_R:

1) escrever a geometria molecular da molécula;
2) substituir as ligações covalentes por μ;
3) somar os μ de cada ligação.

Exemplos:

1) CO_2

linear $O=C=O$ $O \xleftarrow{\mu} C \xrightarrow{\mu} O$

$\mu_R = 0$ apolar

Como resultado, CO_2 é uma **molécula apolar**, mesmo com duas ligações polares.

2) H_2O angular

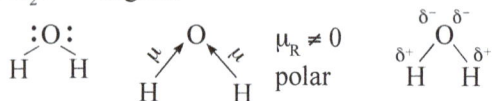

$\mu_R \neq 0$ polar

duplo dipolo elétrico

3) NH_3 piramidal

$\mu_R \neq 0$ polar

triplo dipolo elétrico

4) CH_4 tetraédrica

$\mu_R = 0$ apolar

$\mu_R \neq 0$ apolar

5) CH_2Cl_2 tetraédrica

$\mu_R \neq 0$ polar

Conclusão:

> Um molécula diatômica será polar se a ligação for polar. Uma molécula poliatômica será polar se tiver ligações polares orientadas no espaço, de maneira que os momentos dipolares associados às ligações não se cancelem.

6. Explicação da experiência para verificar se há ou não polaridade de moléculas

O experimento a seguir mostra o desvio ocorrido em um filete de água quando esta é escoada por uma bureta.

A ocorrência do fenômeno deve-se à propriedade da água de possuir moléculas polares.

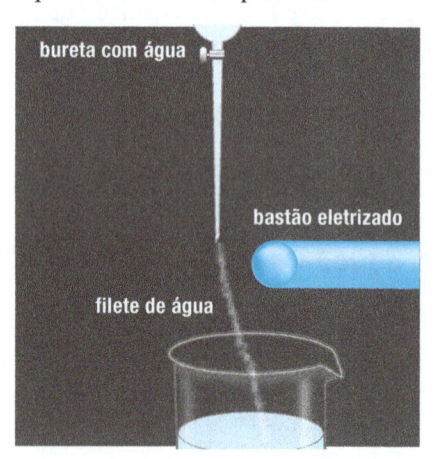

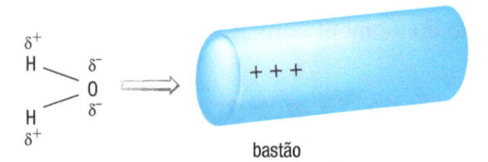

O polo negativo da água é atraído pelo bastão eletrizado positivamente.

7. Ligações iônicas *versus* ligações covalentes

As ligações iônicas e covalentes são dois modelos extremos da ligação química. A maior parte das **ligações reais tem caráter duplo, parte iônica e parte covalente.**

Quando descrevemos as ligações entre **não metais**, a ligação covalente é um bom modelo.

Quando um **metal** e um **não metal** estão presentes em um composto, a ligação iônica é um bom modelo.

A diferença de eletronegatividade (ΔE) prediz se prevalece o **caráter iônico** ou **caráter covalente**.

ΔE ≥ 1,7 prevalece caráter iônico
ΔE < 1,7 prevalece caráter covalente

O caráter iônico aumenta à medida que ΔE aumenta. Observe a tabela a seguir.

ΔE	0	0,5	1,0	1,6	1,7	2,0	2,5	3,0
% de caráter iônico	0	6%	22%	47%	51%	63%	79%	89%

Exemplos:

H H   ΔE = 0 covalente apolar
:Br: :Cl: ΔE = 0,2 covalente polar
:I: :Cl: ΔE = 0,5 covalente polar
H   :Cl: ΔE = 0,9 covalente polar
Na^{1+} :Cl:$^{1-}$ ΔE = 2 iônica

8. Polaridade das moléculas orgânicas

8.1 Os hidrocarbonetos (compostos de C e H) são apolares

C_8H_{18} (componente da gasolina)

$$H-\underset{\underset{H}{|}}{\overset{\overset{H}{|}}{C}}-\underset{\underset{H}{|}}{\overset{\overset{H}{|}}{C}}-\underset{\underset{H}{|}}{\overset{\overset{H}{|}}{C}}-\underset{\underset{H}{|}}{\overset{\overset{H}{|}}{C}}-\underset{\underset{H}{|}}{\overset{\overset{H}{|}}{C}}-\underset{\underset{H}{|}}{\overset{\overset{H}{|}}{C}}-\underset{\underset{H}{|}}{\overset{\overset{H}{|}}{C}}-\underset{\underset{H}{|}}{\overset{\overset{H}{|}}{C}}-H$$

ou

$$CH_3-CH_2-CH_2-CH_2-CH_2-CH_2-CH_3$$

Os hidrocarbonetos são apolares, pois as ligações C — C são apolares e as ligações C — H são pouco polares.

8.2 O etanol (álcool comum) é polar

$$H-\underset{\underset{H}{|}}{\overset{\overset{H}{|}}{C}}-\underset{\underset{H}{|}}{\overset{\overset{H}{|}}{C}}-\overset{\delta^-}{O}-\overset{\delta^+}{H} \text{ ou } CH_3-CH_2-\overset{\delta^-\ \delta^+}{OH}$$

O etanol é polar, pois a ligação OH é polar.

8.3 O óleo ou azeite é apolar

O óleo é uma mistura de molécula do tipo:

$$H_2C-O-\overset{\overset{O}{\|}}{C}-CH_2-CH_2-CH_2-CH_2-CH_2-CH_2-CH=CH-CH_2-CH_2-CH_2-CH_2-CH_2-CH_3$$
$$|O$$
$$HC-O-\overset{\overset{\|}{}}{C}-CH_2-CH_2-CH_2-CH_2-CH_2-CH_2-CH_2-CH=CH-CH_2-CH=CH-CH_2-CH_2-CH_3$$
$$|O$$
$$H_2C-O-\overset{\overset{\|}{}}{C}-CH_2-CH_2-CH_2-CH_2-CH_2-CH_2-CH=CH-CH_2-CH=CH-CH_2-CH_2-CH_3$$

O óleo é apolar devido à grande quantidade de ligação C — C e C — H (pouco polar).

8.4 Sabão: uma parte polar e outra parte apolar

O sabão é um sal orgânico de cadeia longa:

$$CH_3-CH_2-CH_2-CH_2-CH_2-CH_2-CH_2-CH_2-CH_2-CH_2-CH_2-C\begin{matrix}\diagup O \\ \diagdown O^-Na^+\end{matrix}$$

parte apolar ─ parte polar

Exercícios Série Prata

1. Complete com **mais** ou **menos**.

   Quanto maior a diferença de eletronegatividade entre os dois átomos, _____ polar será a molécula.

   F > O > N, Cl > Br > I, S, C > P, H > ---

   ⎯⎯⎯⎯⎯⎯⎯⎯⎯⎯⎯⎯⎯⎯⎯⎯⎯⎯⎯→
   eletronegatividade
   crescente

2. Complete com δ^+ e δ^- em cima do símbolo dos elementos.

   a) H — Cl
   b) H — F
   c) Br — Cl

3. Complete com **mais** ou **menos**.

   a) H — Cl _____ polar
   b) H — F _____ polar

4. Complete com **simétrica** ou **assimétrica**.

   a) Molécula poliatômica polar é eletricamente _____, isto é, apresenta ligantes diferentes ao redor do átomo central ou par de elétrons isolado no átomo central.

   Exemplos:

   H—C(H)(H)—Cl, :Ö—H, H—N(H)—H

   b) A molécula poliatômica apolar é eletricamente _____, isto é, apresenta ligantes iguais ao redor do átomo central.

   Exemplo: F—B(H)—F , O=C=O.

5. Preencha a tabela.

	Fórmula molecular	Fórmula estrutural	Polaridade da molécula
a)	H_2		
b)	HF		
c)	CH_4		
d)	CO_2		
e)	H_2O		
f)	NH_3		
g)	$CHCl_3$		

6. Complete com **apolares** ou **polares**.

   Os hidrocarbonetos são _____, pois as ligações C – C são _____ e as ligações C — H são pouco _____.
   CH_3—CH_2—CH_2—CH_2—CH_2—CH_2—CH_2—CH_3: componente da gasolina.

7. Complete com **apolar** ou **polar**.

   O etanol é _____ , pois a ligação OH é _____ .

   CH_3 — CH_2 — $\overset{\delta^-\,\delta^+}{OH}$

8. (UFRGS – RS) O quadro a seguir apresenta a estrutura geométrica e a polaridade de várias moléculas, segundo a "Teoria da repulsão dos pares de elétrons de valência". Assinale a alternativa em que a relação proposta está incorreta.

	Molécula	Geometria	Polaridade
a)	SO_2	angular	polar
b)	CO_2	linear	apolar
c)	NH_3	piramidal	polar
d)	NO_2	angular	polar
e)	CH_3F	piramidal	apolar

9. (UNIFOR – CE) Dentre as seguintes substâncias, qual apresenta molécula mais polar?

a) H — H
b) H — F
c) H — Cl
d) H — Br
e) H — I

10. (VUNESP) Entre as substâncias: gás amoníaco (NH_3), metano (CH_4), cloreto de hidrogênio (HCl), nitrogênio (N_2) e água (H_2O), indique qual apresenta molécula do tipo:

a) tetraédrica e apolar.
b) angular e polar.

11. (MACKENZIE – SP) O aumento da diferença de eletronegatividade entre os elementos ocasiona a seguinte ordem no caráter das ligações:

a) covalente polar, covalente apolar, iônica;
b) iônica, covalente polar, covalente apolar;
c) covalente apolar, iônica, covalente polar;
d) covalente apolar, covalente polar, iônica;
e) iônica, covalente apolar, covalente polar.

12. (FAMECA – SP) A substância abaixo que apresenta maior caráter covalente é:

a) HCl
b) ICl
c) F_2
d) HCN
e) $HCCl_3$

13. (UFG – GO) A molécula BCl_3, quanto à sua estrutura e polaridade, é (números atômicos: B (5), Cl (17)):

a) angular e apolar.
b) plana trigonal e apolar.
c) piramidal e apolar.
d) linear e polar.
e) tetraédrica e polar.

14. (UNIP – SP) Em qual das alternativas abaixo, em que os átomos de A e B têm diferentes eletronegatividades, está representada uma molécula polar?

a) A — A

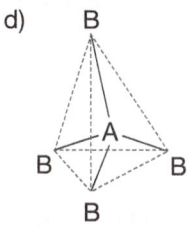

d) (tetraédrica) — B central com 4 A? — B no topo, A no centro, B, B, B nos vértices (tetraédrica)

b) B—A—B, B (plana)

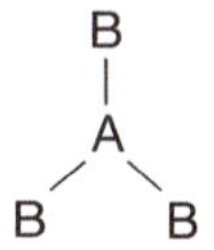

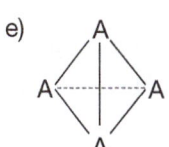

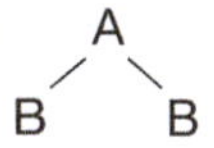

c) A, B, B (angular)

e) (tetraédrica) — A nos vértices

15. (UFPI) Qual o item que apresenta exemplos de ligação iônica, ligação covalente polar, ligação covalente apolar, nesta ordem?

a) HBr, H_2, Na_2SO_4.
b) HI, O_2, AlF_3.
c) Na_3PO_4, P_4, HF.
d) $CaCl_2$, HCl, N_2.
e) S_8, N_2, HCl.

16. (UDESC) Nas moléculas apresentadas abaixo, indique quais apresentam ligações covalentes polares, quais apresentam ligações covalentes apolares e qual a polaridade das moléculas.

I. CO_2
II. H_2O
III. O_2

17. (UFF – RJ) A capacidade que um átomo tem de atrair elétrons de outro átomo, quando os dois formam uma ligação química, é denominada eletronegatividade.

Essa é uma das propriedades químicas consideradas no estudo da polaridade das ligações.

Assinale a opção que apresenta, corretamente, os compostos H_2O, H_2S e H_2Se em ordem crescente de polaridade.

a) $H_2Se < H_2O < H_2S$
b) $H_2S < H_2Se < H_2O$
c) $H_2S < H_2O < H_2Se$
d) $H_2O < H_2Se < H_2S$
e) $H_2Se < H_2S < H_2O$

18. (UNEB – BA) Das estruturas abaixo:

I. Cl—C(Cl)(Cl)—Cl

II. S=C=S

III. Te(H)(H)

IV. Br—Cl

representam substâncias apolares:

a) I e II.
b) I e III.
c) II e III.
d) II e IV.
e) III e IV.

19. (UFES) Analise as fórmulas de Lewis para as substâncias apresentadas:

H:N:H com H
:F:B:F: com :F:
:O::C::O:
:Cl:As:Cl: com :Cl:
H:Be:H

	Número total de moléculas apolares	Moléculas apolares
a)	2	BeH_2, CO_2
b)	2	NH_3, $AsCl_3$
c)	3	NH_3, $AsCl_3$, BF_3
d)	3	NH_3, $AsCl_3$, CO_2
e)	3	BF_3, BeH_2, CO_2

20. (UNIFOR – CE) Dadas as fórmulas P_4, KF, N_2, HCl e H_2Se, representam substâncias de molécula apolar:

a) P_4 e HCl
b) N_2 e P_4
c) KF e P_4
d) HCl e H_2Se
e) KF e H_2S

21. (UFPE) A respeito das moléculas de dissulfeto de carbono (CS_2) e gás sulfídrico (H_2S), é incorreto afirmar que:

a) CS_2 é linear.
b) CS_2 é polar.
c) H_2S é polar.
d) H_2S tem geometria angular similar ao H_2O.
e) CS_2 tem a mesma geometria que o CO_2.

Exercícios Série Ouro

1. (FATEC – SP) As propriedades específicas da água a tornam uma substância química indispensável à vida na Terra. Essas propriedades decorrem das características de sua molécula H_2O, na qual os dois átomos de hidrogênio estão unidos ao átomo de oxigênio por ligações

   a) iônicas, resultando em um arranjo linear e apolar.
   b) iônicas, resultando em um arranjo angular e polar.
   c) covalentes, resultando em um arranjo linear e apolar.
   d) covalentes, resultando em um arranjo angular e apolar.
   e) covalentes, resultando em um arranjo angular e polar.

Elemento	Eletronegatividade
Li	1,0
Si	1,9
C	2,6
N	3,0
O	3,4

Com esses dados, conclui-se que a substância cujas ligações apresentam maior caráter iônico é:

a) SiO_2.
b) CO.
c) Li_2O.
d) NO.
e) O_2.

2. (FGV – SP) O uso dos combustíveis fósseis, gasolina e diesel, para fins veiculares resulta em emissão de gases para a atmosfera, que geram os seguintes prejuízos ambientais: aquecimento global e chuva ácida. Como resultado da combustão, detecta-se na atmosfera aumento da concentração dos gases CO_2, NO_2 e SO_2.

   Sobre as moléculas desses gases, é correto afirmar que

   a) CO_2 é apolar e NO_2 e SO_2 são polares.
   b) CO_2 é polar e NO_2 e SO_2 são apolares.
   c) CO_2 e NO_2 são apolares e SO_2 é polar.
   d) CO_2 e NO_2 são polares e SO_2 é apolar.
   e) CO_2 e SO_2 são apolares e NO_2 é polar.

3. (UFS – SE) A eletronegatividade de um elemento indica o poder de atração que um átomo desse elemento exerce sobre o par eletrônico da ligação da qual participa.

   As diferenças de eletronegatividade entre os átomos indicam o tipo de ligação entre tais átomos.

4. (FUVEST – SP) A figura mostra modelos de algumas moléculas com ligações covalentes entre seus átomos.

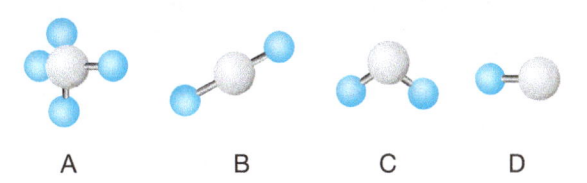

   A   B   C   D

   Analise a polaridade dessas moléculas, sabendo que tal propriedade depende da

   - diferença de eletronegatividade entre os átomos que estão diretamente ligados (nas moléculas apresentadas, átomos de elementos diferentes têm eletronegatividades diferentes),
   - forma geométrica das moléculas.

   Entre essas moléculas, pode-se afirmar que são polares apenas

   a) A e B
   b) A e C
   c) A, C e D
   d) B, C e D
   e) C e D

5. (PUC – RS) A molécula de NF_3 é polar e a de BCl_3 é apolar, apesar de ambas apresentarem moléculas formadas pela combinação de quatro átomos: três ligantes iguais e um átomo central. A explicação para isso está associada ao fato de que:

a) a molécula de NF_3 apresenta ligações polarizadas, enquanto na molécula de BCl_3 as ligações são apolares.
b) a diferença de eletronegatividade entre os átomos que formam a molécula NF_3 é maior do que a existente entre os átomos que formam a molécula de BCl_3.
c) ambas têm a mesma geometria molecular, mas na molécula de NF_3 existe um par isolado de elétrons.
d) a molécula de NF_3 apresenta simetria molecular, enquanto a molécula de BCl_3 é assimétrica.
e) a molécula de NF_3 apresenta geometria piramidal trigonal, enquanto a molécula de BCl_3 é trigonal plana.

6. (FUNDAÇÃO CARLOS CHAGAS) Para exemplificar moléculas polares, foram citadas as de

I. Metano — CH_4
II. Monoclorometano — CH_3Cl
III. Diclorometano — CH_2Cl_2
IV. Triclorometano — $CHCl_3$
V. Tetraclorometano — CCl_4

Na realidade, são polares apenas as moléculas designadas por:

a) I e IV
b) II e IV
c) III e V
d) I, III e V
e) II, III e IV

7. (UFG – GO) Observe o seguinte esquema de um experimento no qual se utilizam princípios do eletromagnetismo para observar a polaridade de moléculas.

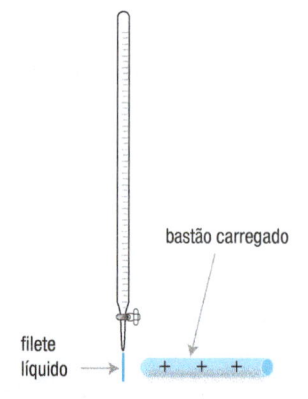

Experimento	Carga do bastão	Líquido
1	+	C_6H_{14}
2	+	CCl_4
3	+	$CHCl_3$
4	–	$CHCl_3$
5	–	CCl_4

De acordo com o exposto, ocorrerá a atração do filete líquido pelo bastão em quais experimentos?

a) 1 e 3
b) 2 e 5
c) 3 e 4
d) 1 e 5
e) 2 e 4

8. (UNIV. SÃO JUDAS – SP) Um estudante realizou, em casa, o seguinte experimento:

1. Abriu uma torneira até obter um fino fio de água.
2. Atritou uma régua de plástico num tecido.
3. Aproximou a régua o mais próximo do fio de água sem tocá-lo.

Observação: a água sofreu um pequeno desvio, ou seja, a água foi atraída pela régua.

Qual a **interpretação** correta encontrada pelo estudante?

a) A molécula de água é polar porque os centros das cargas coincidem.
b) A molécula de água é apolar, pois os centros das cargas não coincidem.
c) A molécula de água é polar, pois os centros das cargas não coincidem.
d) A molécula de água é apolar, pois os centros das cargas coincidem.
e) Moléculas de água apresentam ligações por pontes de hidrogênio com elevada tensão superficial.

9. (UFU – MG) A molécula apolar que possui ligações polares é:

a) CH_3Cl.
b) $CHCl_3$.
c) Cl_2.
d) CCl_4.

10. (PUC – SP) Sabendo-se que:

- a amônia (NH_3) é constituída por moléculas solúveis em água;
- o diclorometano (CH_2Cl_2) não possui isômeros. Sua molécula apresenta polaridade, devido à sua geometria e à alta eletronegatividade do elemento Cl;
- o dissulfeto de carbono (CS_2) é um solvente apolar de baixa temperatura de ebulição,

as fórmulas estruturais que melhor representam essas três substâncias são, respectivamente:

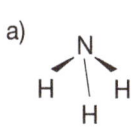

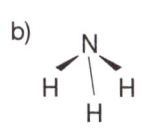

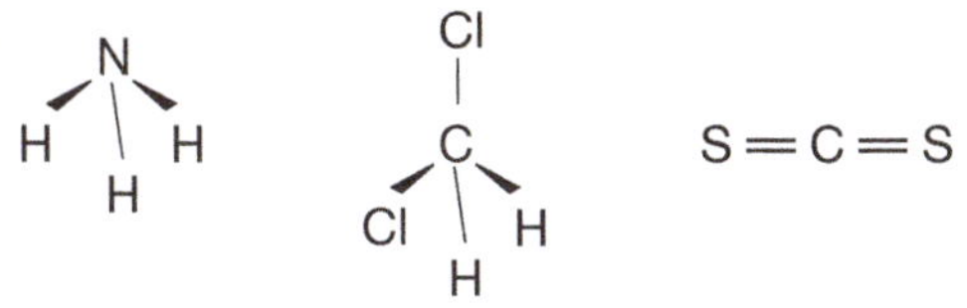

a) [estruturas: NH₃ piramidal; H–CCl₂–H tetraédrico; C=S / C=S angular]

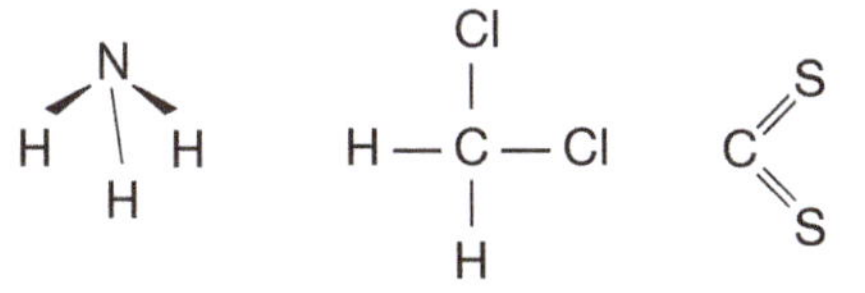

b) [NH₃ piramidal; CH₂Cl₂ tetraédrico; S=C=S linear]

c) [NH₂ angular; CH₂Cl₂ tetraédrico; C=S / C=S angular]

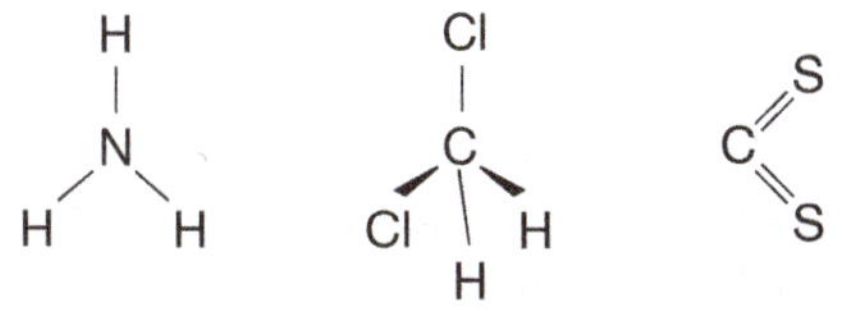

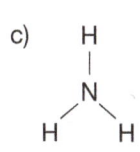

d) [NH₃ piramidal; H–CCl₂–H tetraédrico; S–C–S linear]

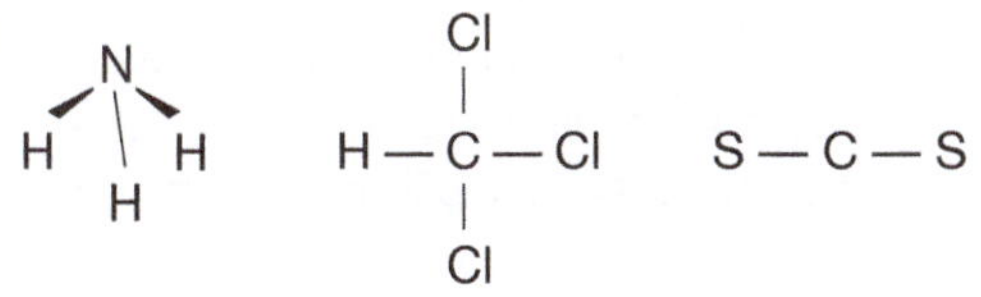

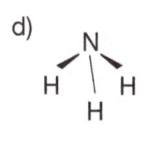

e) [NH₂ angular; H–CCl₂–H tetraédrico; S=C=S linear]

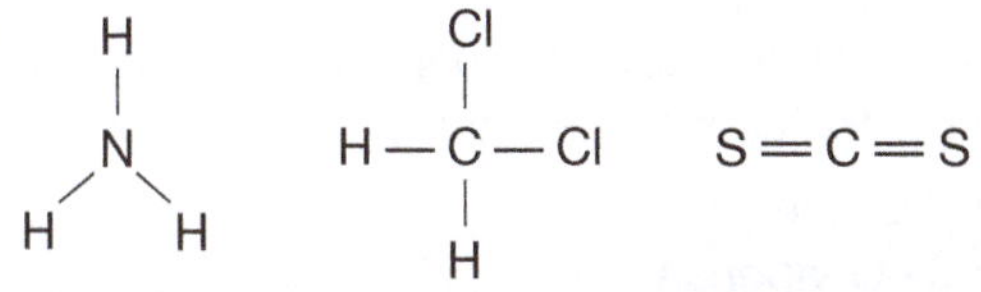

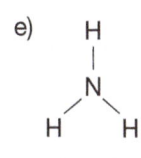

11. (PUC – MG) Leia atentamente os seguintes itens:

I. HCl, HI, O_2
II. CH_4, NH_3, SiF_4
III. H_2O, CO_2, BF_3
IV. N_2, I_2, SO_2
V. CS_2, CO, CH_4

As substâncias mais polares, em cada item indicado, são:

a) HI, NH_3, CO_2, SO_2, CH_4
b) HCl, SiF_4, BF_3, I_2, CO
c) HCl, NH_3, H_2O, SO_2, CO
d) O_2, SiF_4, H_2O, N_2, CS_2
e) HI, CH_4, H_2O, I_2, CS_2

12. (PUC – MG) Relacione a fórmula, a forma geométrica e a polaridade a seguir, assinalando a opção CORRETA:

a) fórmula – CO_2; forma geométrica – linear; polaridade – polar.
b) fórmula – CCl_4; forma geométrica – tetraédrica; polaridade – polar.
c) fórmula – NH_3; forma geométrica – piramidal; polaridade – apolar.
d) fórmula – BeH_2; forma geométrica – linear, polaridade – apolar.

13. (UEPG – PR) Com base nos números atômicos dos átomos a seguir, H (Z = 1); C (Z = 6); O (Z = 8), assinale o que for correto quanto às ligações e compostos formados.

(01) A molécula de CO_2 tem maior polaridade que a molécula de H_2O.
(02) Na estrutura do composto CO_2 ocorre ligação covalente polar.
(04) Os compostos de fórmula CH_4 são moleculares.
(08) Os gases O_2 e CO_2 apresentam moléculas apolares.
(16) O composto de fórmula molecular O_2 apresenta dupla ligação covalente apolar.

14. (UFJF – MG) Nos pântanos e cemitérios, é comum ocorrer a formação de gás metano (CH_4), proveniente da decomposição de matéria orgânica. O metano pode reagir com o oxigênio do ar espontaneamente e formar luzes bruxuleantes, conhecidas como fogo-fátuo. Assinale a alternativa CORRETA.

a) O CH_4 é uma substância composta que contém ligações iônicas, e o oxigênio do ar é uma substância composta que contém ligações covalentes polares.

Cap. 17 | Fatores que Influem nas Propriedades das Substâncias. Polaridade de Moléculas.

b) O CH_4 é uma substância composta que contém ligações covalentes, e o oxigênio do ar é uma substância simples que contém ligações covalentes apolares.

c) O CH_4 é uma substância simples que contém ligações iônicas, e o oxigênio do ar é uma substância simples que contém ligações covalentes polares.

d) O CH_4 é uma substância composta que contém ligações covalentes, e o oxigênio do ar é uma substância composta que contém ligações covalentes polares.

e) O CH_4 é uma substância simples que contém ligações covalentes, e o oxigênio do ar é uma substância composta que contém ligações iônicas.

a) O elemento ⊠, que aparece no balão II, está localizado no 2º período, grupo 14. Um de seus isótopos apresenta 8 nêutrons. Calcule o número de massa desse isótopo.

b) Identifique, no balão II, as moléculas que apresentam ligações do tipo polar e as moléculas que apresentam ligações do tipo apolar.

15. (PUC – RS) Sabe-se que a interação entre átomos que se ligam, na formação de novas substâncias, é feita através de seus elétrons mais externos. Uma combinação possível entre o elemento A com a configuração eletrônica $1s^2\ 2s^2\ 2p^6\ 3s^2\ 3p^6\ 4s^1$ e outro B (Z = 16) terá fórmula e ligação, respectivamente:

a) AB e ligação covalente apolar.
b) A_2B e ligação iônica.
c) A_2B_3 e ligação covalente polar.
d) AB_2 e ligação iônica.
e) A_2B e ligação covalente polar.

17. (VUNESP) O efeito estufa resulta principalmente da observação da radiação infravermelha, proveniente da radiação solar, por moléculas presentes na atmosfera terrestre. A energia absorvida é armazenada na forma de energia de vibração das moléculas. Uma das condições para que uma molécula seja capaz de absorver radiação infravermelha é que ela seja polar.

Com base apenas nesse critério, dentre as moléculas O_2, N_2 e H_2O, geralmente presentes na atmosfera terrestre, contribuem para o efeito estufa:

a) O_2, apenas.
b) H_2O, apenas.
c) O_2 e N_2, apenas.
d) H_2O e N_2, apenas.
e) N_2, apenas.

16. (UFRJ) Uma festa de aniversário foi decorada com dois tipos de balões. Diferentes componentes gasosos foram usados para encher cada tipo de balão. As figuras observadas representam as substâncias presentes no interior de cada balão.

balão I   balão II

18. (UFLA – MG) Responda os itens *a* e *b* considerando as diferentes características das ligações iônicas e covalentes e a teoria de repulsão dos pares eletrônicos.

a) Dado o composto AB_2, e sabendo-se que:
  I. as eletronegatividades de A e B são, respectivamente, 2,55 e 2,58;
  II. o composto é apolar;
  III. A tem 4 elétrons de valência e B tem 6; escreva a fórmula eletrônica, a geometria e o tipo de ligação envolvida.

b) Dadas as representações de Lewis para as três moléculas a seguir, preveja a geometria de cada uma.

X:Ÿ:X   X:Ÿ:X   X:Y:X
            X̤   X̤

19. (UFRRJ) "Conferência confirma que Plutão deixa de ser planeta...".

Publicidade. **Folha On-line**. *Disponível em*: <http://www1.folha.uol.com.br/folha/ciencia/ult306u15073.shtml>. *Acesso em*: 19 ago. 2007.

Plutão, descoberto em 1930, foi considerado, durante um longo tempo, como um planeta do Sistema Solar. Entretanto, a União Astronômica Internacional, em sua 26ª Assembleia Geral, realizada em Praga, no ano passado, excluiu Plutão dessa categoria. Considera-se um planeta aquele que tem massa suficiente para ficar isolado em sua órbita, o que não é o caso de Plutão, que possui, em torno da sua orbita, vários outros corpos.

A atmosfera de Plutão é composta por nitrogênio, metano e monóxido de carbono. Em relação às estruturas moleculares desses gases, atenda às seguintes solicitações:

a) represente a fórmula eletrônica (fórmula de Lewis) da molécula de maior caráter polar.
b) represente a fórmula estrutural plana das moléculas apolares, indicado as respectivas geometrias.

20. (FGV – SP) O conhecimento das estruturas das moléculas é um assunto bastante relevante, já que as formas das moléculas determinam propriedades das substâncias como odor, sabor, coloração e solubilidade. As figuras apresentam as estruturas das moléculas CO_2, H_2O, NH_3, CH_4 e H_2S.

Quanto à polaridade das moléculas consideradas, as moléculas apolares são

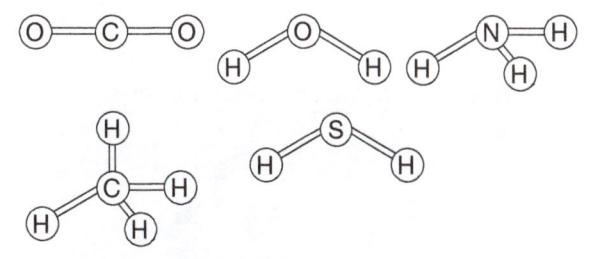

a) H_2O e CH_4.
b) CH_4 e CO_2.
c) H_2S e H_2O.
d) NH_3 e CO_2.
e) H_2S e NH_3.

Capítulo 18
Fatores que Influem nas Propriedades das Substâncias. Forças ou Ligações Intermoleculares.

1. Introdução

No **cristal metálico**, o aglomerado de átomos é mantido unido pela **ligação metálica**.

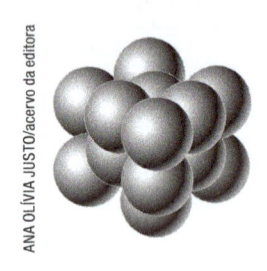

No **cristal iônico**, o aglomerado de íons é mantido unido pela **ligação iônica**.

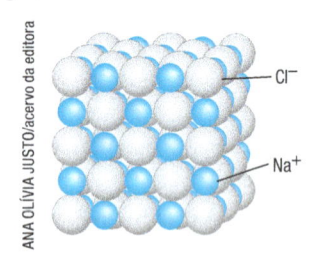

No **cristal molecular**, o aglomerado de moléculas é mantido unida pela **ligação ou força intermolecular**.

Exemplo: cristal molecular do iodo sólido

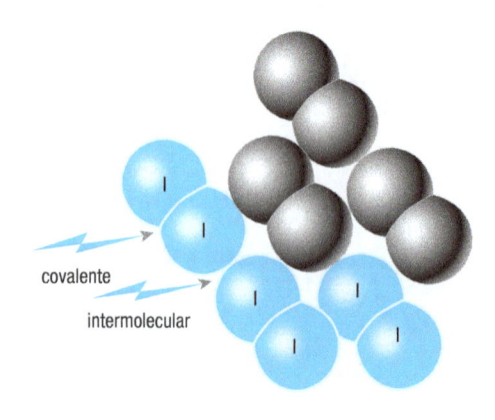

A ligação que une I – I para formar a molécula é a **ligação covalente**.

A ligação que mantém unidas as moléculas de iodo é a **ligação ou força intermolecular**.

2. Forças intermoleculares e o estado físico

As forças intermoleculares diminuem com o aumento da agitação molecular.

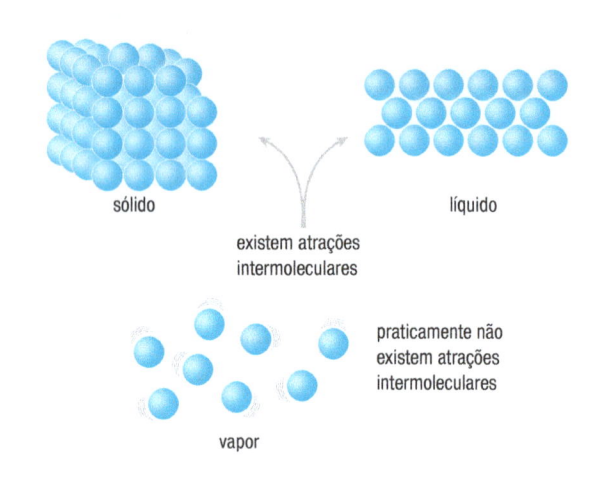

sólido → líquido: existem atrações intermoleculares

vapor: praticamente não existem atrações intermoleculares

Conclusão:

> Forças intermoleculares são forças de atração que aproximam as moléculas no estado sólido ou líquido.

3. Movimento interno dos elétrons em uma molécula

Considere a fórmula estrutural de Lewis da molécula do Cl_2.

$$:\!\ddot{\text{C}}\text{l}:\ddot{\text{C}}\text{l}\!:$$

Cada átomo de Cl tem 17 elétrons, portanto, a molécula de Cl_2 terá 34 elétrons. O par eletrônico que liga os 2 átomos de Cl fica mais tempo entre os 2 núcleos e os elétrons restantes (32) ficam em volta dos 2 núcleos.

Devido ao movimento dos elétrons é muito difícil ter simetria elétrica, isto é, ter a mesma quantidade de elétrons em cada lado da molécula.

4. Tipos de forças intermoleculares

4.1 Forças de London ou forças de van der Waals ou forças entre dipolo instantâneo-dipolo induzido

Ocorrem entre **moléculas apolares**, por meio da atração entre polos contrários instantâneos e induzidos.

Fritz London foi o primeiro cientista a explicar a força entre **moléculas apolares**.

Mesmo sendo apolar, em geral a molécula é formada por muitos elétrons, que se movimentam rapidamente. Pode acontecer, em um dado instante, de uma molécula apolar estar com mais elétrons de um lado que do outro (assimétrica elétrica); essa molécula estará, momentaneamente polarizada (**dipolo instantâneo**).

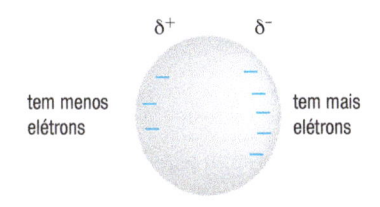

No estado sólido ou líquido essa molécula polarizada irá provocar a polarização de uma molécula vizinha (**dipolo induzido**), resultando em uma atração fraca entre ambas, que constitui exatamente a **força de London**.

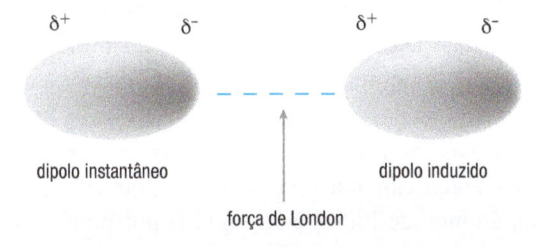

A distribuição dos elétrons na molécula sempre estará mudando, mas a segunda molécula o segue fielmente e, em decorrência, existe atração permanente entre as duas moléculas.

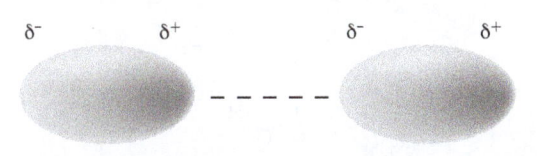

A força de London age entre todas as moléculas e é a única força que age entre as **moléculas apolares**.

Exemplo:

$I_2(s)$, $CO_2(s)$; $CCl_4(l)$, hidrocarbonetos (compostos de C e H), gases nobres (estado sólido ou líquido).

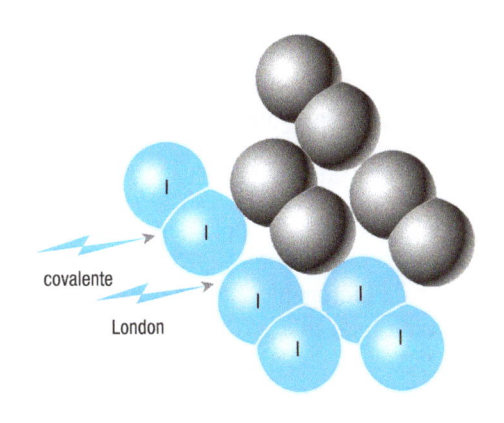

Devido às fracas forças de London, o iodo, ao ser aquecido, sublima, isto é, vira vapor.

$$I_2(s) \rightarrow I_2(v)$$

4.2 Forças dipolo-dipolo ou forças dipolo permanente-dipolo permanente

Ocorrem em certas **moléculas polares**, através da atração entre polos contrários permanentes (sempre existe devido à diferença de eletronegatividade).

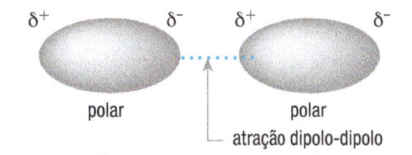

Exemplos:

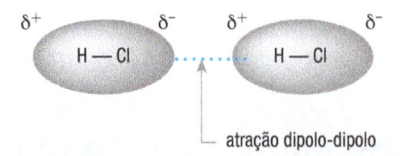

$$H_3C - \overset{\delta+}{C} \equiv \overset{\delta-}{N} \rightarrow \text{atração dipolo-dipolo}$$
$$\overset{\delta-}{N} \equiv \overset{\delta+}{C} - CH_3$$

4.3 Ligação de hidrogênio ou ponte de hidrogênio

Uma força intermolecular de interação dipolo-dipolo exageradamente alta é a famosa **ponte de hidrogênio**.

> Para aparecer esta força, é necessário um átomo pequeno e fortemente eletronegativo (F, O, N) com pares eletrônicos não compartilhados e um átomo de hidrogênio ligado a esse átomo.

Conclusão:

> Ocorre entre **moléculas polares** que apresentam ligações H — F, H — O ou H — N.

polo positivo: H   polo negativo: F, O, N

A ponte de hidrogênio é estabelecida entre o átomo de H de uma molécula e o par de elétrons de outra molécula (FON).

Assim, a ponte de hidrogênio aparece nos compostos seguintes:

H — F   H₂O   H — N — H
                              |
                              H

$CH_3 — CH_2 — O — H$ $CH_3 — C(=O) — OH$

Exemplo:

$\overset{\delta^+}{H} : \overset{\delta^-}{F} : \quad \overset{\delta^+}{H} : \overset{\delta^-}{F} : \quad \overset{\delta^+}{H} : \overset{\delta^-}{F} :$

A ponte de hidrogênio é uma interação dipolo-dipolo mais forte, pois a diferença de eletronegatividade entre H — F, H — O e H — N é elevada, isto é, as cargas parciais (δ^+, δ^-) são maiores e, por consequência, aumenta a atração.

5. Número de pontes de hidrogênio que rodeiam uma molécula no estado sólido

Cada conjunto de 1 átomo de hidrogênio com 1 par de elétrons corresponde a 2 pontes de hidrogênio por molécula.

Exemplos:

H — F: 2 pontes de hidrogênio por molécula

H — F: H — F: H — F:

NH₃ 2 pontes de hidrogênio por molécula

H — N(H)(H):   H — N(H)(H):   H — N(H)(H):

$CH_3 — CH_2 — \ddot{O}H$ 2 pontes de hidrogênio por molécula

$CH_3 — CH_2 — \ddot{O}H \quad CH_3 — CH_2 — \ddot{O}H \quad CH_3 — CH_2 — \ddot{O}:$

4 pontes de hidrogênio por molécula   :Ö:
                                         H   H

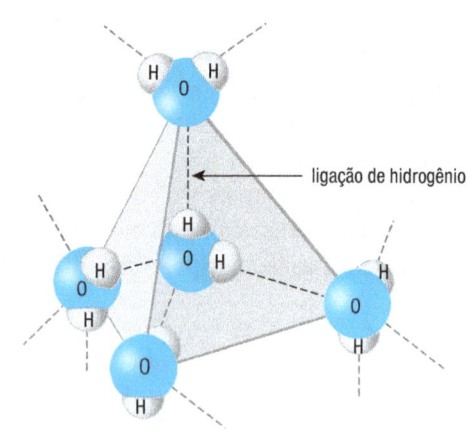

Estrutura tetraédrica.

6. Cristal molecular do gelo

No gelo, cada molécula de água está cercada por quatro outras, formando um arranjo tetraédrico. Este arranjo provoca o aparecimento de muitos "vazios" entre as moléculas. Daí o fenômeno da expansão de volume quando a água líquida transforma-se em gelo.

As moléculas de água, no gelo, formam **hexágonos reversos** (os átomos de hidrogênio ligados por ligação covalente ficam mais próximos do átomo de oxigênio que os átomos de hidrogênio ligados por pontes de hidrogênio). É por esse motivo que, ao analisar neve ao microscópio, encontra-se sempre cristais com 6 pontes.

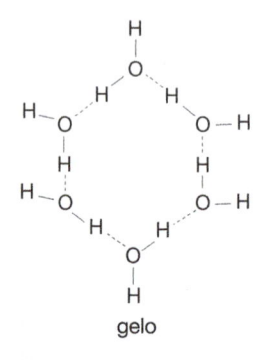

gelo

Nota: quando ocorre a fusão do gelo, esse arranjo tetraédrico é destruído. As moléculas de água preenchem os espaços vazios, **o volume diminui** e a **densidade aumenta**. As pontes de hidrogênio mantêm as moléculas unidas, mas, a todo instante, algumas dessas ligações se quebram e se formam em função da movimentação molecular.

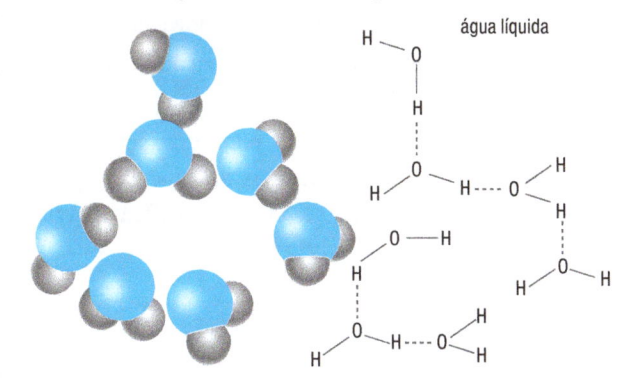

Conclusão: o gelo flutua na água líquida, pois ele tem densidade menor.

O vapor-d'água não possui pontes de hidrogênio.

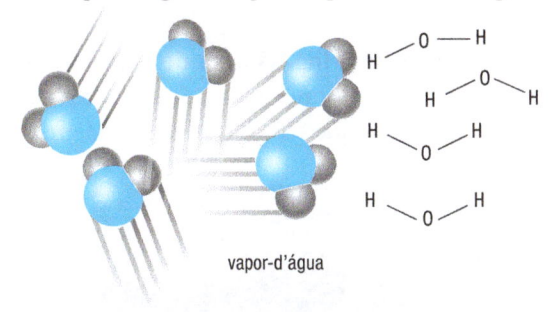

7. Ponte de hidrogênio na estrutura do DNA

Em 1953, Watson e Crick propuseram um modelo para a molécula do DNA. A molécula do DNA tem a estrutura básica de uma **escada de corda**, cujos corrimãos são constituídos por uma sucessão de moléculas intercaladas de açúcar e ácido fosfórico. Os degraus de escada são representados por pares de bases nitrogenadas. A união entre as bases é feita com **duas pontes de hidrogênio** entre **adenina** e **timina** e **três** entre **citosina** e **guanina**.

A organização molecular do DNA lembrando uma escada aparece esquematizada na figura a seguir.

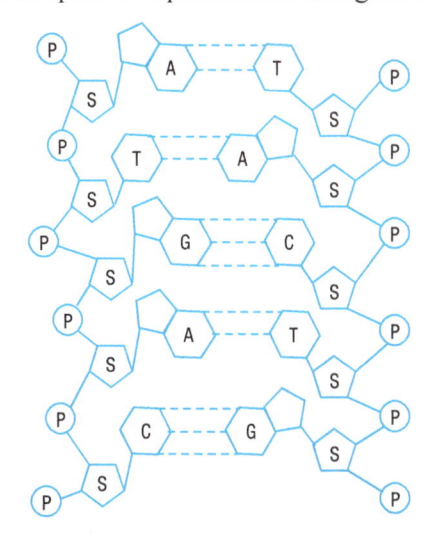

P = fosfato; S = açúcar; A = adenina; C = citosina; G = guanina; T = timina.
Estrutura do DNA.

8. Viscosidade e tensão superficial

A viscosidade e a tensão superficial de um líquido permitem avaliar a energia das forças intermoleculares.

8.1 Viscosidade

A viscosidade é a resistência ao escoamento. Quanto maior for a viscosidade do líquido, mais lento será o escoamento.

Os líquidos formados por moléculas que não participam de ligações de hidrogênio são geralmente menos viscosos do que os que podem formar ligações de hidrogênio.

A viscosidade de um líquido surge das forças entre as moléculas quando as interações intermoleculares são fortes; elas mantêm as moléculas unidas e restringem seus movimentos.

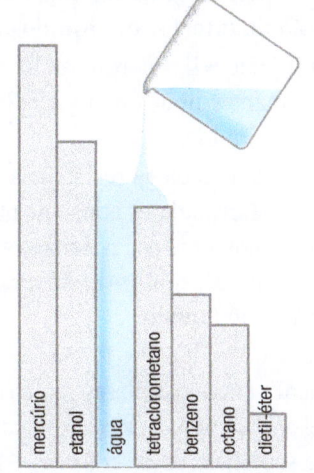

Viscosidade de vários líquidos.

Cap. 18 | Fatores que Influem nas Propriedades das Substâncias. Forças ou Ligações Intermoleculares.

As moléculas compridas dos óleos de motor formados por hidrocarbonetos pesados tendem a emaranhar-se, como espaguete cozido. Como resultado, as moléculas não deslizam facilmente umas sobre as outras e o líquido é muito viscoso.

A alta viscosidade do mercúrio é devido à forte ligação metálica entre os átomos de mercúrio.

8.2 Tensão superficial

As moléculas situadas no interior de um líquido são atraídas em todas as direções pelas moléculas vizinhas e, portanto, a resultante das forças que atuam sobre cada molécula é nula.

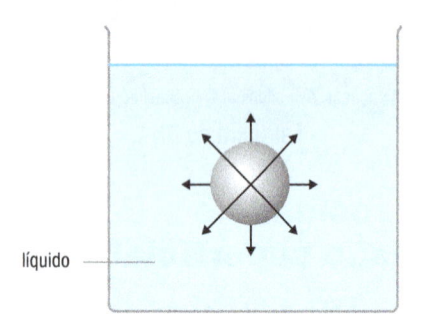

As moléculas da superfície do líquido sofrem apenas atração lateral e inferior, pois a atração entre as moléculas do ar e do líquido são desprezíveis.

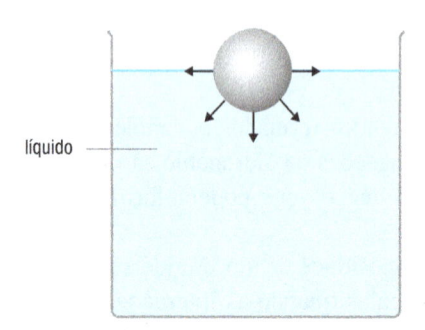

Uma molécula da superfície experimenta uma **força resultante na direção do interior do líquido**.

A superfície de um líquido é lisa porque as forças intermoleculares tendem a manter juntas as moléculas, puxando-as para o interior do líquido.

A **tensão superficial** é a medida da resistência da superfície do líquido de ser deformada e, consequentemente, atravessada por pequenos objetos. A tensão superficial é uma consequência do desequilíbrio de forças intermoleculares na superfície do líquido.

Mais uma vez, espera-se que os líquidos formados por moléculas em que as interações intermoleculares são fortes tenham tensão superficial elevada, porque a força resultante para o interior do líquido, na superfície, deve ser forte.

A tensão superficial da água, por exemplo, é aproximadamente três vezes maior do que a da maior parte dos líquidos comuns, devido às ligações de hidrogênio fortes.

A tensão superficial explica vários fenômenos rotineiros.

- **uma gota de água é esférica** porque as forças intermoleculares atraem as moléculas da superfície para o interior da gota resultando em uma superfície esférica.

- **certos objetos (agulha, lâmina de barbear, moeda)** flutuam na água, porque a tensão superficial da água é elevada impede que certos objetos afundem.

Devido à alta tensão superficial da água, isto é, elevada resistência da superfície a ser deformada, a moeda não afunda, embora ela seja mais densa que a água.

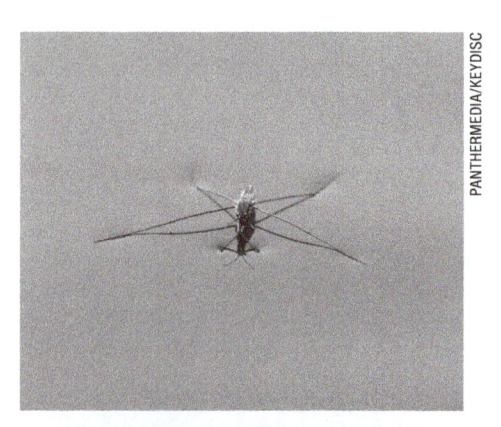

Insetos caminhando na água devido à elevada tensão superficial.

9. Interação íon-dipolo

Quando uma substância iônica (NaCl) é dissolvida em água, ocorrem dois fenômenos:

9.1 Dissociação iônica

Separação dos íons, pois as forças de atração entre os íons Na^{1+} e Cl^{1-} são bastante diminuídas.

$$NaCl(s) \longrightarrow Na^{1+} + Cl^{1-}$$

9.2 Hidratação

Ligação dos íons Na^{1+} e Cl^{1-} com as moléculas da água (polar). Essa ligação é chamada **íon-dipolo**.

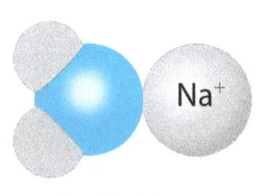

cátion hidratado — representação esquemática

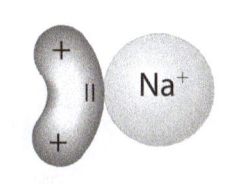

ânion hidratado — representação esquemática

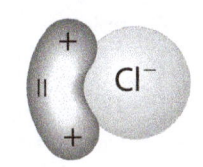

Cada íon hidrata-se com determinado número de moléculas, dependendo do tamanho e da carga desse íon. Esse número é chamado de **número de coordenação de hidratação** e, no caso da água, é geralmente 4 ou 6.

O cátion Na^{1+} está rodeado por moléculas de água com os átomos de oxigênio próximo dele. O Na^{1+} hidrata-se com 6 moléculas de água e diremos que se trata de uma **hidratação octaédrica**.

O ânion Cl^{1-} está rodeado por moléculas de água que dirigem seus hidrogênios para o Cl^{1-}. O Cl^{1-} (maior); hidrata-se com 4 moléculas de água e teremos uma **hidratação tetraédrica**.

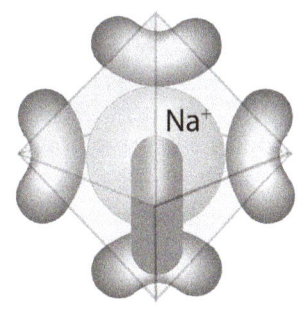

número de coordenação 6 (octaédrica)

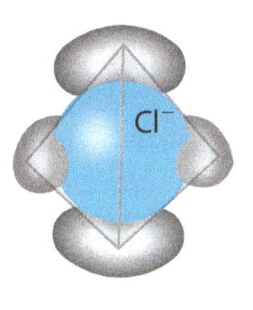

número de coordenação 4 (tetraédrica)

Em cada vértice ficará uma molécula de água.

Esse processo pode ser representado pela equação geral:

$$NaCl(s) + (x + y)H_2O \longrightarrow Na^{1+}(H_2O)_x + Cl^{1-}(H_2O)_y$$

ou

$$NaCl(s) \xrightarrow{H_2O} Na^{1+}(aq) + Cl^{1-}(aq) \quad aq = aquoso$$

10. Raio de van der Waals

Experimentalmente, em um cristal molecular pode ser medido o **raio covalente** e o **raio de van der Waals**.

Exemplo: cristal molecular do I_2

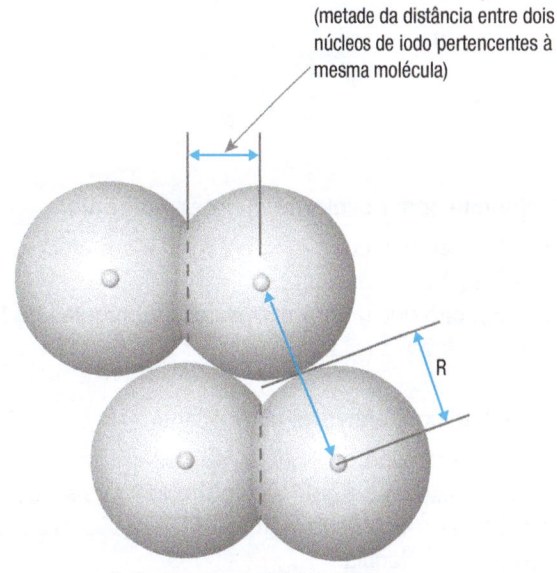

raio covalente = 133 pm (metade da distância entre dois núcleos de iodo pertencentes à mesma molécula)

R = raio de van der Waals = 215 pm (metade da distância entre dois núcleos de iodo não pertencentes à mesma molécula)

Exercícios Série Prata

1. Complete com **metálica**, **iônica** e **intermolecular**.

   a) A ilustração a seguir representa um pedaço de um cristal metálico que é um aglomerado de átomos mantidos pela ligação _____ .

   b) A ilustração a seguir representa um pedaço de um cristal iônico que é um aglomerado de íons mantidos pela ligação _____ .

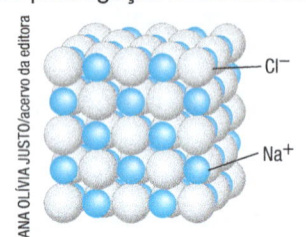

   c) A ilustração a seguir representa um pedaço de um cristal molecular do I_2, que é um aglomerado de moléculas mantidas pela ligação ou força _____ .

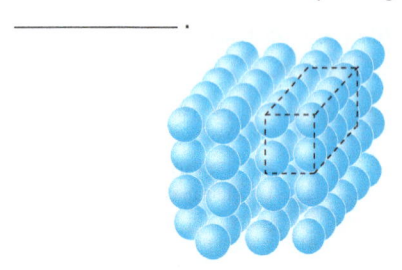

2. Complete com **covalente** ou **intermolecular**.

   a) A ligação que une I — I para formar a molécula é a ligação _____ .

   b) A ligação que mantém unidas as moléculas do I_2 é a ligação _____ .

3. Complete com **elétrons** ou **prótons**.

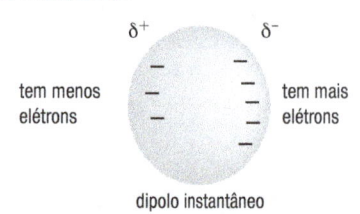

   No estado sólido ou líquido, aparecem nas moléculas apolares os dipolos instantâneos que surgem devido ao movimento natural dos _____ dentro da molécula.

4. Complete com **induzido** ou **permanente**.

   O dipolo instantâneo vai provocar em uma molécula vizinha a formação do dipolo _____ .

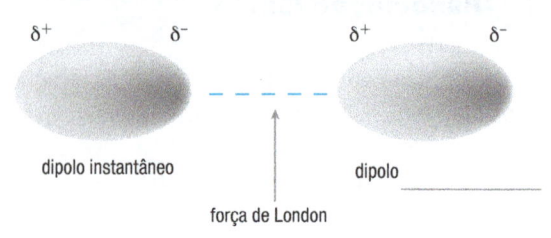

5. Complete com **apolares** ou **polares**.

   As forças dipolo-dipolo ou dipolo permanente-dipolo permanente ocorrem em certas moléculas _____ , por meio da atração entre polos contrários permanentes (sempre existe devido a diferença de eletronegatividade).

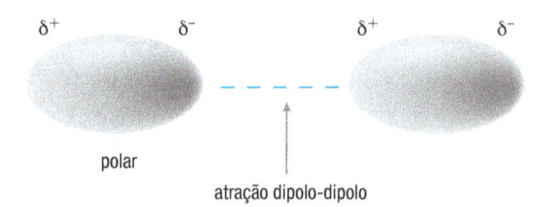

6. Complete.

   A ligação de hidrogênio é estabelecida entre o átomo de _____ de uma molécula e o par de _____ de outra molécula (F O N).

7. Indique qual é o tipo de interação intermolecular predominante que mantém unidas as moléculas das seguintes substâncias, nos estados sólido e líquido.

   a) HCl
   b) H_2O
   c) CO_2
   d) NH_3
   e) H_2S
   f) CCl_4

8. Que tipo de interação molecular existe no oxigênio (O_2) líquido?

9. (UFPA) O gás carbônico (CO_2), quando congelado, é conhecido como gelo-seco, muito utilizado nos carrinhos de sorvete e em efeitos especiais em cinema e televisão.

Nessas condições, suas moléculas estão unidas por:
a) pontes de hidrogênio.
b) ligações covalentes.
c) forças de van der Waals.
d) ligações dipolo-dipolo.
e) ligações iônicas.

10. O que mantém as moléculas de cloreto de hidrogênio (HCl) unidas, no estado líquido, são:
a) ligações covalentes.
b) ligações iônicas.
c) interações tipo ligações de hidrogênio.
d) interações tipo dipolo-dipolo.
e) interações tipo dipolo instantâneo-dipolo induzido.

11. (UFA – SE) Na seguinte estrutura

estão representadas moléculas de água unidas entre si por ligações:
a) covalentes.
b) iônicas.
c) por pontes de hidrogênio.
d) por pontes de oxigênio.
e) peptídicas.

12. (CESGRANRIO – RJ) Correlacione as substâncias da 1ª coluna com os tipos de ligação da 2ª coluna e assinale a opção que apresenta somente associação corretas.

1) HCl(l)   5) Iônica
2) Brometo de bário (s)   6) London
3) Amônia líquida   7) Covalente polar
4) CCl_4(l)   8) Pontes de hidrogênio
     9) Covalente apolar

a) 1–7; 2-5; 3-8; 4-6.
b) 1-5; 2-9; 3-8; 4-6.
c) 1-6; 2-7; 3-6; 4-9.
d) 1-7; 2-5; 3-9; 4-5.
e) 1-7; 2-9; 3-6; 4-5.

13. (UMESP – SP) Na molécula de ácido desoxirribonucleico, DNA, as bases nitrogenadas de cada fita da dupla hélice da molécula estão associadas sempre pelo mesmo tipo de interação e, desta forma, adenina está associada à timina, citosina à guanina. As ligações estão representadas a seguir:

timina   adenina

As associações são feitas por
a) ligações covalentes.
b) ligações iônicas.
c) forças de van der Waals.
d) dispersões de London.
e) ligações de hidrogênio.

14. O que mantém as moléculas de fluoreto de hidrogênio (HF) unidas, no estado líquido, são:
a) ligações covalentes.
b) ligações iônicas.
c) interações tipo ligações de hidrogênio.
d) interações tipo dipolo-dipolo.
e) interações tipo dipolo instantâneo-dipolo induzido.

15. Complete com **2** ou **4**.

No gelo, cada molécula de água está cercada por _____ outras, formando um arranjo tetraédrico. Este arranjo provoca o aparecimento de muitos vazios entre as moléculas.

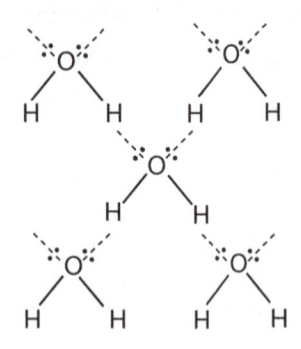

16. Complete com **regulares** ou **reversos**.

As moléculas de água, no gelo, formam hexágonos _____ .

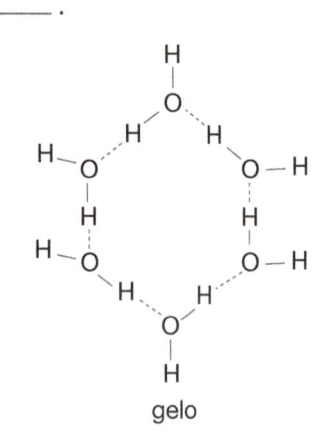

gelo

17. Complete com **aumenta** ou **diminui**.

Quando ocorre a fusão do gelo, esse arranjo tetraédrico é destruído. As moléculas de água preenchem os espaços vazios, o volume _____ e a densidade _____ . O gelo flutua na água líquida, pois ele tem densidade menor.

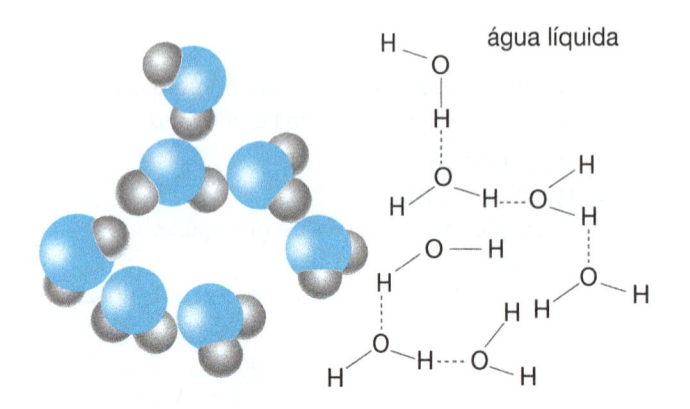

água líquida

18. Não pode formar ponte de hidrogênio entre suas moléculas:

a) H_3COH
b) NH_3
c) H_2O
d) $H_3C — O — CH_3$
e) $H_3C — COOH$

19. (PUC – MG) Observe as duas colunas a seguir:

Substância	Ligação
1. Ne	A. iônica
2. Fe	B. covalente polar
3. NH_3	C. covalente apolar
4. KF	D. metálica
5. O_2	E. van der Waals

Considerando os tipos de ligações para as espécies químicas, qual das alternativas traz a associação correta?

a) 4A — 3B — 2C — 5D — 1E
b) 3A — 4B — 5C — 1D — 2E
c) 5A — 2B — 1C — 4D — 3E
d) 4A — 3B — 5C — 2D — 1E
e) 4A — 5B — 3C — 1D — 2E

20. (FEI – SP) A tensão superficial dos líquidos depende diretamente de processos de interação entre as moléculas, como, por exemplo, pontes de hidrogênio. Qual das substâncias abaixo tem maior tensão superficial?

a) benzeno
b) hexano
c) tetracloreto de carbono
d) éter etílico
e) água

Nota do autor: benzeno (C_6H_6) e éter etílico ($CH_3 — CH_2 — O — CH_2 — CH_3$)

21. Complete com **covalente** ou **íon-dipolo**.

A interação entre os íons com as moléculas polares da água em uma solução é chamada de _____ .

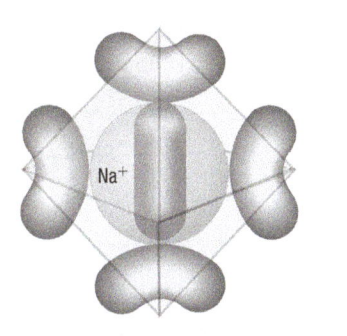

número de coordenação 6 (octaédrica)

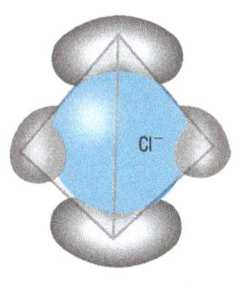

número de coordenação 4 (tetraédrica)

22. (CEFET – MG) A água, no estado sólido, tem sua densidade diminuída, o que pode ser verificado na superfície congelada dos lagos. Tal fenômeno é explicado por meio da _____ e pelas _____ formadas entre as moléculas de modo a aumentar o volume da água.

Os termos que completam, corretamente, as lacunas são, respectivamente

a) geometria angular e ligações de hidrogênio.
b) capacidade de dissolução e ligações polares.
c) dispersão eletrônica e interações dipolo-dipolo.
d) polaridade da molécula e interações dipolo induzido.

Exercícios Série Ouro

1. (IME – RJ) Indique a característica apresentada pela molécula do composto BF_3, para as propriedade abaixo.

a) geometria molecular
b) ângulo de ligação
c) polaridade de ligação
d) polaridade de molécula
e) ligação intermolecular

2. (FATEC – SP) Para os compostos HF e HCl, as forças de atração entre as suas moléculas ocorrem por:

a) ligações de hidrogênio para ambos.
b) dipolo-dipolo para ambos.
c) ligações de van der Waals para HF e ligações de hidrogênio para HCl.
d) ligações de hidrogênio para HF dipolo-dipolo para HCl.
e) ligações eletrostáticas para HF e dipolo induzido para HCl.

3. (FUNDAÇÃO CARLOS CHAGAS) A seguir, estão esquematizadas, por linhas pontilhadas, ligações entre moléculas. Qual delas tem maior possibilidade de ocorrer?

a) F — H ······ F — H

b) F — H ······ H — F

c) H₂O ······ F — H

d) H₂O ······ OH₂

e) H₂O ······ H — F

4. (UFU – MG) As substâncias SO_2, NH_3, HCl e Br_2 apresentam as seguintes interações intermoleculares, respectivamente:

a) forças de London, dipolo-dipolo, ligação de hidrogênio e dipolo induzido-dipolo induzido.
b) dipolo-dipolo, ligação de hidrogênio, dipolo-dipolo e dipolo induzido-dipolo induzido,
c) dipolo-dipolo, ligação de hidrogênio, ligação de hidrogênio e dipolo-dipolo.
d) dipolo instantâneo-dipolo induzido, dipolo-dipolo, ligação de hidrogênio, dipolo-dipolo.

5. (CEETEPS – SP) Um *iceberg* é composto por moléculas de água que se mantêm fortemente unidas por meio de interação do tipo:

a) dipolo induzido-dipolo permanente.
b) dipolo instantâneo-dipolo induzido.
c) ligações covalentes dativas.
d) ligações covalentes.
e) ligações de hidrogênio.

6. (UNICAMP – SP) As pontes de hidrogênio formadas entre moléculas de água HÖH podem ser representadas conforme modelo abaixo.

Com base nesse modelo, represente as pontes de hidrogênio que existem entre moléculas de amônia, NH_3.

7. (PUC – PR) As festas e eventos têm sido incrementados com o efeito de névoa intensa do gelo-seco, o qual é constituído de gás carbônico solidificado. A respeito do fato, pode-se afirmar:

a) A névoa nada mais é que a liquefação do gás carbônico pela formação das forças intermoleculares.
b) O gelo-seco é uma substância composta e encontra-se na natureza no estado líquido.
c) O gelo-seco é uma mistura de substâncias adicionadas ao gás carbônico e, por essa razão, a mistura se solidifica.
d) Na solidificação do gás carbônico ocorre a formação de forças intermoleculares dipolo-dipolo. Sendo a molécula de CO_2 apolar, a atração entre as moléculas se dá por dipolo instantâneo-dipolo induzido.
e) Sendo a molécula de CO_2 apolar, a atração entre as moléculas se dá por dipolo instantâneo-dipolo induzido.

8. (UFCE) O cabelo humano é composto principalmente de queratina, cuja estrutura proteica varia em função das interações entre os resíduos aminoácidos terminais, conferindo diferentes formas ao cabelo (liso, ondulado etc.). As estruturas relacionadas adiante ilustram algumas dessas interações específicas entre pares de resíduos aminoácidos da queratina.

Indique a alternativa que relaciona corretamente as interações específicas entre os resíduos 1-2, 3-4 e 5-6, respectivamente.

a) Ligação iônica, ligação covalente e ligação de hidrogênio.
b) Ligação iônica, ligação dipolo-dipolo e ligação covalente.
c) Ligação covalente, interação íon-dipolo e ligação de hidrogênio.

d) Interação dipolo-dipolo induzido, ligação covalente e ligação iônica.
e) Ligação de hidrogênio, interação dipolo induzido-dipolo e ligação covalente.

Com base nessas informações, é *correto* afirmar que o adesivo descrito deve funcionar melhor para colar:

a) celulose.
b) cloreto de polivinila.
c) polietileno.
d) poliestireno.

9. (UFPI) Estudos recentes indicam que lagartixas podem andar pelo teto e em superfícies lisas utilizando forças intermoleculares entre essas superfícies e os filamentos microscópicos que têm nos pés (meio milhão em cada pé). O tipo de interação correspondente nesse caso é:

a) iônica.
b) metálica.
c) covalente.
d) van der Waals.
e) nuclear.

10. (UFMG) Um adesivo tem como base um polímero do tipo álcool polivinílico, que pode ser representado pela estrutura da figura 1.

OH OH OH

A ação adesiva desse polímero envolve, principalmente, a formação de ligações de hidrogênio entre o adesivo e a superfície do material a que é aplicado.

Considere a estrutura destes quatro materiais:

polietileno

poliestireno

cloreto de polivinila

Cl Cl Cl

celulose

11. (UFG – GO) Têm-se dois sistemas homogêneos, cloreto de sódio e água, que, ao serem misturados, formam um terceiro sistema homogêneo, conforme esquema abaixo.

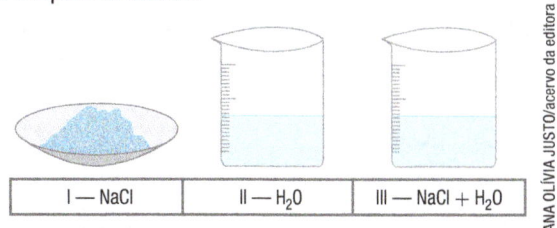

| I — NaCl | II — H_2O | III — NaCl + H_2O |

Os tipos de ligação ou interação entre as entidades formadoras dos sistemas I, II e III são, respectivamente,

a) I – ligação iônica; II – ligação covalente e ligação de hidrogênio; III – interação íon-dipolo, ligação covalente e ligação de hidrogênio.
b) I – ligação iônica; II – ligação iônica, ligação covalente e ligação de hidrogênio; III – ligação de hidrogênio, ligação covalente e interação íon-dipolo.
c) I – ligação covalente; II – ligação covalente e ligação de hidrogênio; III – ligação covalente, ligação iônica e ligação de hidrogênio.
d) I – ligação metálica; II – ligação metálica, ligação covalente e ligação de hidrogênio; III – interação íon-dipolo, ligação covalente e ligação de hidrogênio.
e) I – ligação covalente; II – ligação de hidrogênio e ligação covalente; III – ligação covalente, interação íon-dipolo e ligação de hidrogênio.

12. (UFPI) Moléculas polares são responsáveis pela absorção de energia de micro-ondas. Identifique abaixo a substância que mais provavelmente absorverá nesta região.
a) $BeCl_2$
b) H_2O
c) CCl_4
d) CO_2
e) BF_3

13. (UFBA) Dos compostos abaixo, o que apresenta pontes de hidrogênio com maior intensidade é:
a) HF
b) $H_3C—OH$
c) HCl
d) CH_4
e) NH_3

14. (UPF – RS) A alta tensão superficial apresentada pela água é explicada por fortes interações que ocorrem entre as moléculas dessa substância. No caso específico da água, a tensão superficial é tão alta que permite que alguns insetos, como o mosquito da Dengue, consigam "andar" sobre ela. Com base na tensão superficial característica da água, $H_2O(l)$, avalie as afirmativas como verdadeiras (V) ou falsas (F).

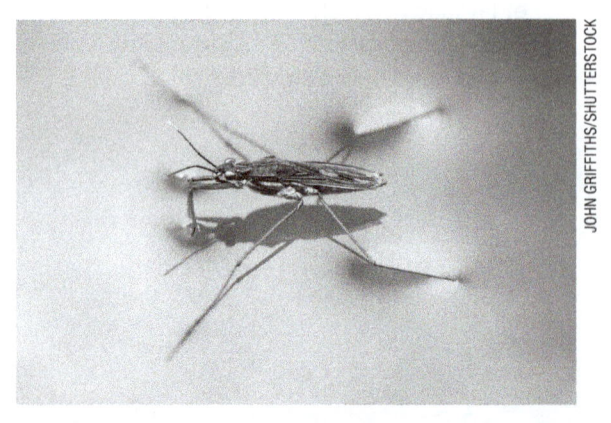

( ) A elevada tensão superficial da $H_2O(l)$ é explicada em função das ligações de hidrogênio que ocorrem entre moléculas vizinhas e que representam as mais intensas interações intermoleculares.

( ) A interação de grande intensidade que ocorre entre os átomos de hidrogênio e de oxigênio de moléculas distintas de água pode ser explicada pela diferença de eletronegatividade entre esses átomos.

( ) Interações do tipo dipolo induzido-dipolo induzido ocorrem com moléculas de água e dependem da existência de polaridade permanente nas moléculas.

( ) O fato de as moléculas de água serem apolares favorece para que suas interações intermoleculares sejam estabelecidas com grande intensidade.

A opção que contém a ordem correta das assertivas, de cima para baixo, é:
a) V – F – F – F.
b) V – V – F – F.
c) F – V – V – F.
d) V – F – V – F.
e) F – F – V – V.

15. A resistência de um líquido para fluir é chamada viscosidade. Quanto maior a viscosidade, mais lentamente o fluido flui. A viscosidade pode ser medida determinando-se quanto tempo certa quantidade de líquido leva para fluir por um tubo fino sob a força gravitacional. A SAE (*Society of Automotive Engineers*) estabeleceu números para indicar a viscosidade de óleos de motor. Quanto maior o número, maior a viscosidade a qualquer temperatura. A figura mostra um teste com dois óleos de motor: SAE 10 e SAE 40.

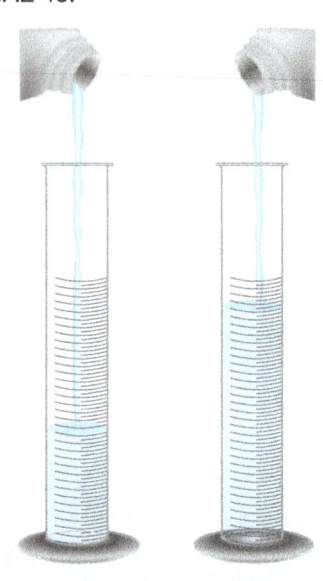

De acordo com as informações contidas no texto e na figura, conclui-se que

a) o óleo de motor SAE 40 está à esquerda na figura e as forças atrativas entre as suas moléculas são mais intensas do que as forças intermoleculares no óleo de motor SAE 10.
b) o óleo de motor SAE 40 está à direita e as forças atrativas entre suas moléculas são menos intensas do que as forças intermoleculares no óleo de motor SAE 10.
c) a viscosidade não depende das forças atrativas entre as moléculas.
d) o melaço e o óleo de motor são líquidos de menor viscosidade que a água e a gasolina.
e) o óleo de motor SAE 40 flui mais rapidamente que o óleo de motor SAE 10.

16. (UNESP) As bases nucleicas na dupla hélice do DNA ajustam-se em virtude das ligações de hidrogênio que elas podem formar. Esse arranjo entre as bases ocorre obedecendo a seguinte ordem: a timina (T) sempre estará pareada com a adenina (A), enquanto a guanina (G) sempre estará pareada com a citosina (C). Os pares T-A e G-C irão formar o maior número de ligações de hidrogênio possível.

timina (T)   adenina (A)

guanina (G)   citosina (C)

a) Represente todas as ligações de hidrogênio no par de bases T-A.
b) Represente todas as ligações de hidrogênio no par de bases G-C.

17. (UFG – GO) Superfícies de vidro podem ser modificadas pelo tratamento com clorotrimetilsilano, como representado a seguir:

Em qual superfície, se utilizada como janelas, a água escoaria mais rapidamente? Justifique.

Capítulo 19
Forças Intermoleculares Influindo no Ponto de Ebulição. Curva de Aquecimento.

1. Ponto de ebulição *versus* forças intermoleculares

Uma diferença entre os três estados físicos é a distância que separa as partículas constituintes da substância.

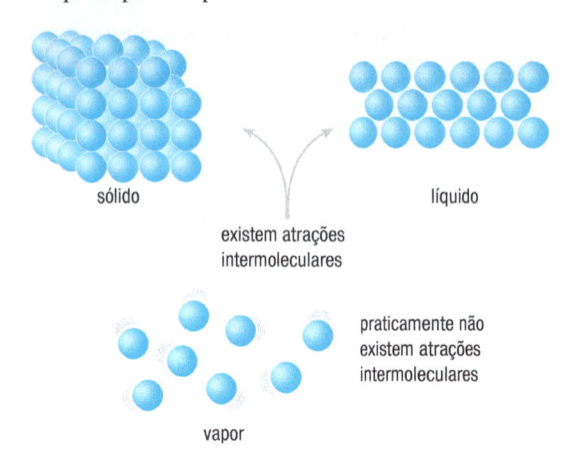

sólido
líquido
existem atrações intermoleculares
praticamente não existem atrações intermoleculares
vapor

Na **fusão**, o calor fornecido ao sólido quebra um determinado número de ligações intermoleculares para originar o estado líquido. **Exemplo:**

$H_2O(s) \longrightarrow H_2O(l)$ 80 cal derretem 1 g de gelo

Na fusão do gelo são quebradas parcialmente as *ligações de hidrogênio* para originar água líquida.

Na **ebulição**, o calor fornecido ao líquido quebra todas as ligações intermoleculares para originar o estado gasoso. **Exemplo:**

$H_2O(l) \longrightarrow H_2O(v)$ 540 cal vaporizam 1 g de água

Na ebulição da água todas as ligações de hidrogênio são quebradas para originar vapor-d'água.

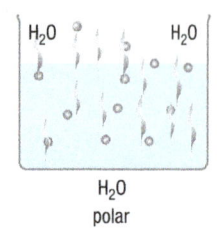

H_2O
polar

O calor quebra as ligações de hidrogênio.

Outros exemplos:

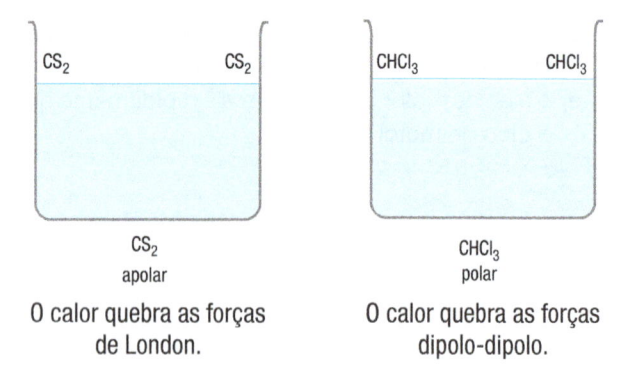

CS_2
apolar

O calor quebra as forças de London.

$CHCl_3$
polar

O calor quebra as forças dipolo-dipolo.

Em última análise, ferver um líquido consiste em aumentar a distância que separa as partículas. Para isso, é necessário fornecer calor para vencer as forças intermoleculares.

Conclusão:

Quanto maior a força intermolecular, maior o ponto de ebulição, ou seja, é mais difícil separar as moléculas.

2. Intensidade das forças intermoleculares para moléculas com tamanhos próximos

Observe os exemplos:

$CH_3 - CH_3$
apolar
London
PE = −88 °C

$CH_3 - \overset{\overset{O}{\|}}{C} - H$
polar
dipolo-dipolo
PE = 21 °C

$CH_3 - CH_2 - OH$
polar
ponte de hidrogênio
PE = 78,5 °C

→ aumenta o PE
aumenta a força intermolecular

Conclusão:

London < dipolo-dipolo < ponte de hidrogênio

3. Comparando pontos de ebulição de substâncias moleculares

3.1 Substâncias com o mesmo tipo de força intermolecular

> Quanto maior o número de elétrons na molécula (ou o tamanho), maior o ponto de ebulição.

Motivo: quanto maior o número de elétrons na molécula, mais fácil formar o dipolo instantâneo.

Exemplos:

1.

Substância	Elétrons por molécula	PE	Força
F_2	18	$-188\ °C$	London
Cl_2	34	$-34\ °C$	London
Br_2	70	$59\ °C$	London
I_2	106	$184\ °C$	London

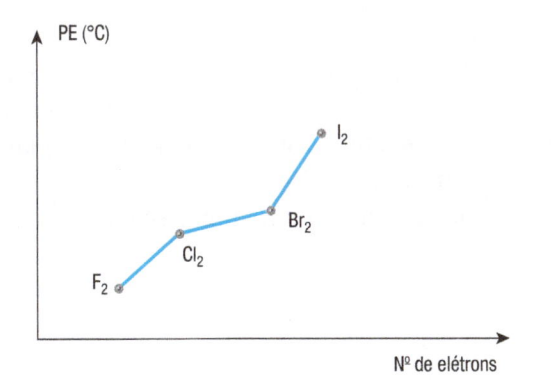

2. H_3C-OH H_3C-CH_2-OH $H_3C-CH_2-CH_2-OH$
   e = 18   e = 26   e = 34
   PE = 66 °C   PE = 78,5 °C   PE = 98 °C

   → maior tamanho / maior PE

Os três compostos apresentam ligações de hidrogênio.

3. Quanto maior o número de pontes de hidrogênio, maior o ponto de ebulição.

HF	H_2O
faz 2 pontes	faz 4 pontes
PE = 20 °C	PE = 100 °C

Nota: o tamanho de uma molécula pode ser avaliado pela massa molecular.

3.2 Substâncias com tipos diferentes de forças intermoleculares

As substâncias que apresentam ponte de hidrogênio têm ponto de ebulição anormalmente elevado. Lembrando:

London < dipolo-dipolo < ponte de hidrogênio

Exemplos:

1. H_3C-CH_2-OH $H_3C-O-CH_3$
   e = 24   e = 24
   ponte de hidrogênio   dipolo-dipolo
   PE = 78,5 °C   PE = $-24\ °C$

2.

HF	HCl	HBr	HI
e = 10	e = 18	e = 36	e = 54
ponte de hidrogênio	dipolo-dipolo	dipolo-dipolo	dipolo-dipolo
PE = 20 °C	PE = $-85\ °C$	PE = $-66\ °C$	PE = $-36\ °C$

Dos quatro haletos de hidrogênio, somente o HF estabelece pontes de hidrogênio, explicando o seu ponto de ebulição anormal em relação aos outros três. Do HCl ao HI, o PE cresce devido ao aumento do número de elétrons.

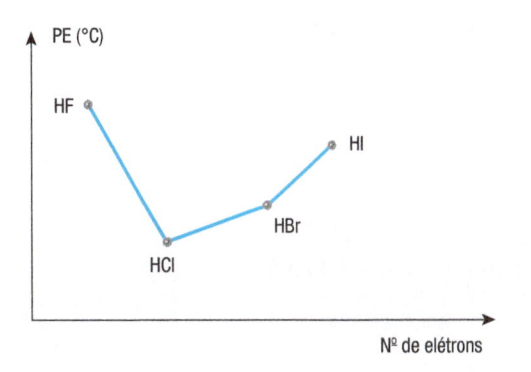

4. Diferenciando substâncias de misturas com auxílio das curvas de aquecimento

4.1 Introdução

Quando aquecemos uma amostra, podemos medir durante o experimento a temperatura da amostra e o tempo transcorrido. Com os dados, pode-se elaborar um gráfico de temperatura da amostra e o tempo transcorrido no aquecimento. Tal gráfico é conhecido como **curva de aquecimento**.

Temos quatro tipos de curvas de aquecimento diferentes. Acompanhe o quadro abaixo.

Amostra	PF	PE	Curva de aquecimento
substância	constante	constante	(gráfico Temperatura (°C) × Tempo)
mistura homogênea	variável	variável	(gráfico Temperatura (°C) × Tempo)
mistura eutética	constante	variável	(gráfico Temperatura (°C) × Tempo)
mistura azeotrópica	variável	constante	(gráfico Temperatura (°C) × Tempo)

4.2 Curva de aquecimento de uma substância

Verifica-se experimentalmente que durante a fusão e a ebulição a temperatura permanece constante, isto é, ponto de fusão (PF) constante e ponto de ebulição (PE) constante.

Vamos exemplificar com a água (PF = 0 °C e PE = 100 °C ao nível do mar).

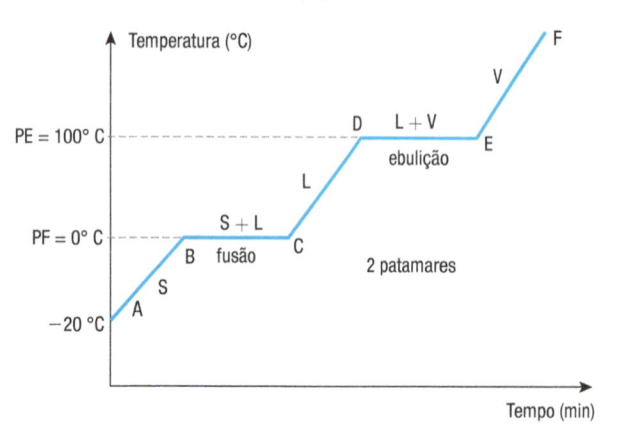

No trecho AB a temperatura aumenta, pois o calor fornecido aumenta a agitação das moléculas de água (energia cinética aumenta) sem quebrar as pontes de hidrogênio do gelo.

No trecho BC a temperatura fica constante (PF = 0 °C), pois o calor fornecido quebra parcialmente as pontes de hidrogênio da água sem alterar a agitação das moléculas (energia cinética constante).

No trecho CD a temperatura aumenta, pois o calor fornecido aumenta a agitação das moléculas de água (energia cinética aumenta) sem praticamente quebrar as pontes de hidrogênio da água líquida.

No trecho DE a temperatura fica constante (PE = 100 °C), pois o calor fornecido quebra totalmente as pontes de hidrogênio da água sem alterar a agitação das moléculas (energia cinética constante).

No trecho EF a temperatura aumenta, pois o calor fornecido aumenta a agitação das moléculas de vapor-d'água (energia cinética aumenta).

4.3 Curva de aquecimento de uma mistura homogênea ou solução

As soluções mais comuns são as *soluções aquosas*, isto é, a água é o solvente. A água é que sofre a mudança de estado, isto é, derrete e vaporiza quando essas soluções são aquecidas.

Verifica-se experimentalmente que durante a fusão e a ebulição da água, a temperatura não permanece constante, isto é, o **ponto de fusão** é **variável** e o **ponto de ebulição** é **variável**.

Vamos exemplificar com uma solução aquosa de açúcar.

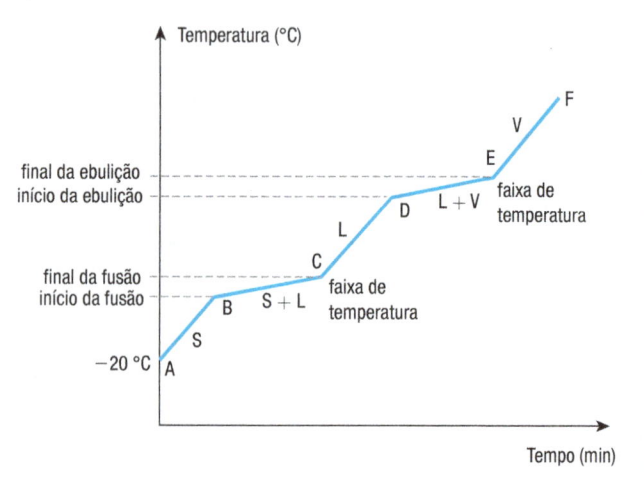

No trecho BC a temperatura aumenta suavemente, pois o calor, além de quebrar parcialmente as pontes de hidrogênio da água, também aumenta um pouco a agitação das moléculas do açúcar.

No trecho DE a temperatura aumenta suavemente, pois o calor, além de quebrar totalmente as pontes de hidrogênio da água, também aumenta um pouco a agitação das moléculas do açúcar.

4.4 Curva de aquecimento de uma mistura eutética

Algumas misturas de sólidos denominados *eutéticos* fundem-se à temperatura constante, isto é, comportam-se como substância pura na fusão (PF constante).

Uma **mistura eutética** apresenta temperatura de fusão mais baixa que seus componentes, tem composição fixa e esta varia com a pressão.

Exemplo:

Solda eletrônica é uma mistura eutética: chumbo (37%) e estanho (63%) (porcentagem em massa).

Sn puro: PF = 232 °C
Pb puro: PF = 427 °C
Eutético: PF = 183 °C

Se aquecermos 63% de Sn e 37% de Pb em massa, ao atingir 183 °C, a mistura começará a derreter. Acima de 183 °C teremos uma mistura líquida de 63% de Sn e 37% de Pb.

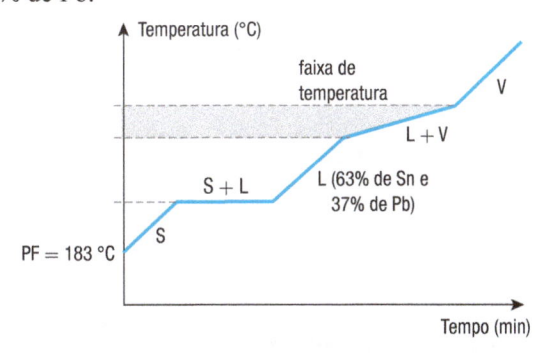

Se a quantidade de Sn for maior que 63%, ao atingir 183 °C vai derreter 63% de Sn e 37% de Pb, sobrando Sn em excesso.

Se a quantidade de Pb for maior que 37%, ao atingir 183 °C vai derreter 63% de Sn e 37% de Pb, sobrando Pb em excesso.

Observação: *fabricação de sorvetes,* o tambor contendo o sorvete a ser fabricado gira dentro de uma solução aquosa de sal (22% em massa), que permanece no estado líquido a uma temperatura em torno de −21 °C (mistura eutética).

4.5. Curva de aquecimento de uma mistura azeotrópica

Algumas misturas de líquidos denominadas **azeotrópicas** fervem à temperatura constante, isto é, comportam-se como substância pura na ebulição (PE constante).

Exemplo:

Álcool de supermercado é uma mistura azeotrópica:

Álcool (96%) e água (4%)   % em volume
Álcool puro: PE = 78,5 °C
Água pura: PE = 100 °C
Azeotrópico: PE = 78,1 °C

Se aquecermos 96% de álcool e 4% de água em volume, ao atingir 78,1 °C, a mistura começa a ferver. Acima de 78,1 °C teremos uma mistura gasosa de 96% de álcool e 4% de água.

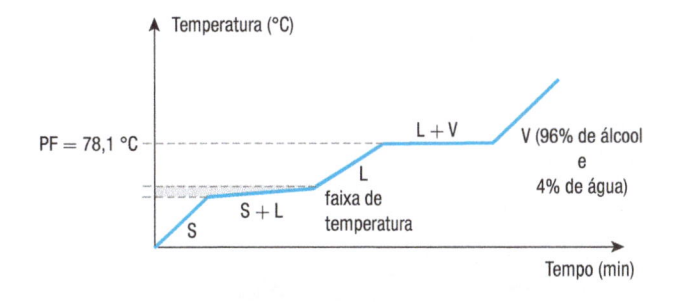

Se a quantidade de água for maior que 4%, ao atingir 78,1 °C vai ferver 96% de álcool e 4% de água, sobrando água líquida.

Exercícios Série Prata

1. Complete com **dipolo-dipolo, dipolo instantâneo-dipolo induzido** e **ligações de hidrogênio**.

   a) Durante a ebulição da água são rompidas as interações do tipo _____.

   b) Durante a ebulição do CCl_4 são rompidas as interações do tipo _____.

   c) Durante a ebulição do $CHCl_3$ são rompidas as interações do tipo _____.

2. (UNICAMP – SP) Considere os processos I e II representados pelas equações:

$$H_2O(l) \xrightarrow{I} H_2O(g) \xrightarrow{II} 2\,H(g) + O(g)$$

Indique quais ligações são rompidas em cada um desses processos.

3. (UFMG) A figura que melhor representa a evaporação do metanol (CH₃OH) é:

a) [figura com OH, CH₃, CH₃OH soltos acima do recipiente contendo CH₃OH]

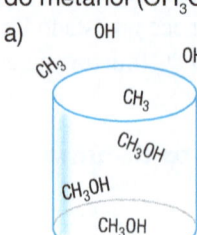

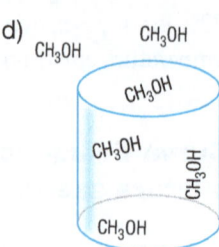

b) [figura com CH₃, O, H separados acima do recipiente contendo CH₃OH]

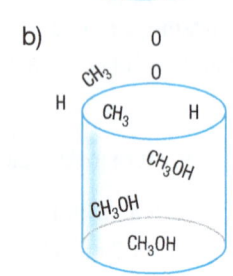

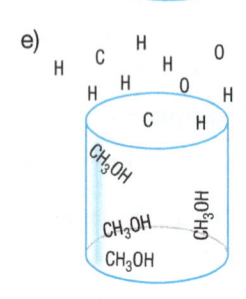

c) [figura com CH₃⁺, OH⁻ acima do recipiente contendo CH₃OH]

d) [figura com moléculas CH₃OH inteiras evaporando do recipiente contendo CH₃OH]

e) [figura com H, C, O, H separados acima do recipiente contendo CH₃OH]

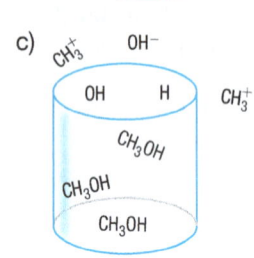

4. (VUNESP) Considere as afirmações.

I. Comparando duas substâncias com o mesmo tipo de interação intermolecular, a que possuir maior massa molecular possuirá maior ponto de ebulição.

II. Comparando duas substâncias com massas molares próximas, a que possuir forças intermoleculares mais intensas possuirá maior ponto de ebulição.

III. O ponto de ebulição é propriedade específica de uma substância.

Está correto o contido em:

a) I apenas
b) II apenas
c) III apenas
d) I e II apenas
e) I, II e III

Nota dos autores: o tamanho pode ser avaliado pela massa molecular.

5. (UNITAU – SP) Considere as afirmativas:

I. As pontes de hidrogênio apresentam maior intensidade que as forças dipolo permanente-dipolo permanente.

II. Em duas substâncias com o mesmo tipo de interação intermolecular, a que possuir maior massa molecular possuirá maior ponto de ebulição.

III. Em duas substâncias com massas moleculares próximas, a que possuir forças intermoleculares mais intensas possuirá maior ponto de ebulição.

Pode-se afirmar que

a) somente a afirmativa I está correta.
b) estão corretas apenas as afirmativas II e III.
c) somente a afirmativa II está incorreta.
d) somente a afirmativa III está incorreta.
e) todas as afirmativas estão corretas.

6. Qual o álcool que apresenta maior ponto de ebulição?

$H_3C － OH$ $H_3C － CH_2 － OH$
    I   II

7. Complete com F_2, Cl_2, Br_2 e I_2.

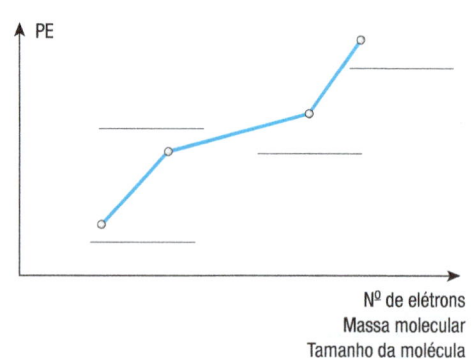

[gráfico de PE vs Nº de elétrons / Massa molecular / Tamanho da molécula]

8. (EEM – SP) As substâncias dadas pelas suas fórmulas moleculares CH_4, H_2S e H_2O estão em ordem crescente de seus pontos de ebulição. Explique por que, do ponto de vista estrutural, esses compostos estão nessa ordem.

9. Qual a substância que apresenta maior ponto de ebulição?

    HF H_2O
     I   II

10. Complete com **HF**, **HCl**, **HBr** e **HI**.

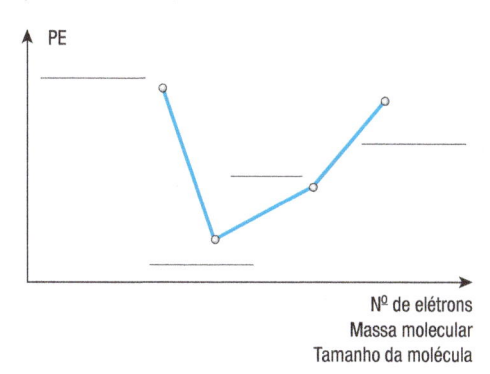

(gráfico: PE × Nº de elétrons / Massa molecular / Tamanho da molécula)

11. (CESGRANRIO – RJ) Analise o tipo de ligação química existente nas diferentes substâncias Cl_2, HI, H_2O e NaCl. A alternativa que as relaciona em ordem crescente de seu respectivo ponto de fusão é:

a) Cl_2 < HI < H_2O < NaCl
b) Cl_2 < NaCl < HI < H_2O
c) NaCl < Cl_2 < H_2O < HI
d) NaCl < H_2O < I < Cl_2
e) HI < H_2O < NaCl < Cl_2

12. As propriedades das substâncias dependem muito das ligações atômicas e forças intermoleculares. A afirmação correta sobre esse assunto é:

a) As interações dipolo-dipolo entre moléculas são mais intensas se as moléculas possuírem apenas dipolos temporários ou induzidos.
b) Todas as moléculas que contêm átomos de hidrogênio estabelecem ponte de hidrogênio.
c) Para dissociar F_2 em átomos de flúor (F) é necessário romper a ligação covalente.
d) O metano (CH_4, massa molar = 16 g/mol) apresenta ponto de ebulição maior do que o cloro (Cl_2, massa molar = 71 g/mol).
e) Fosfina (PH_3, massa molar = 34 g/mol) tem ponto de ebulição maior do que a amônia (NH_3, massa molar = 17 g/mol).

13. (UFC – CE) Os agregados moleculares são mantidos por interações físicas (forças intermoleculares) distintas daquelas que originam as ligações químicas.

Por exemplo, as moléculas de água são mantidas em um agregado molecular através das ligações de hidrogênio, que são originadas das interações entre as extremidades opostas dos dipolos da água. Sobre as pontes de hidrogênio, é correto afirmar que:

a) Ocorrem frequentemente entre moléculas apolares, em baixas temperaturas.
b) São mais fortes do que as ligações iônicas ou eletrovalentes.
c) Contribuem decisivamente para a ocorrência da água no estado líquido, a 25 °C e 1 atm.
d) São forças intermoleculares originadas da interação entre dois átomos de hidrogênio.
e) Somente ocorrem nos agregados moleculares de água, a 25 °C e 1 atm.

14. (UCDB – MS) O CO_2 no estado sólido (gelo-seco) passa diretamente para o estado gasoso em condições ambiente; por outro lado, o gelo comum derrete nas mesmas condições em água líquida, a qual passa para o estado gasoso numa temperatura próxima a 100 °C. Nas três mudanças de estados físicos são rompidas, respectivamente:

a) Ligações covalentes; pontes de hidrogênio; pontes de hidrogênio.
b) Interações de London; ligações iônicas; ligações iônicas.
c) Interações de London; pontes de hidrogênio; ligações covalentes.
d) Interações de London; pontes de hidrogênio; pontes de hidrogênio.
e) Interações de London; pontes de hidrogênio; interações de London.

15. Complete com **mistura azeotrópica**, **mistura eutética**, **mistura homogênea** e **substância**.

Amostra	PF	PE	Curva de aquecimento
a) _____	constante	constante	
b) _____	variável	variável	
c) _____	constante	variável	
d) _____	variável	constante	

16. (ITA – SP) A figura representa a curva de aquecimento de uma amostra, em que S, L e G significam, respectivamente, sólido, líquido e gasoso.

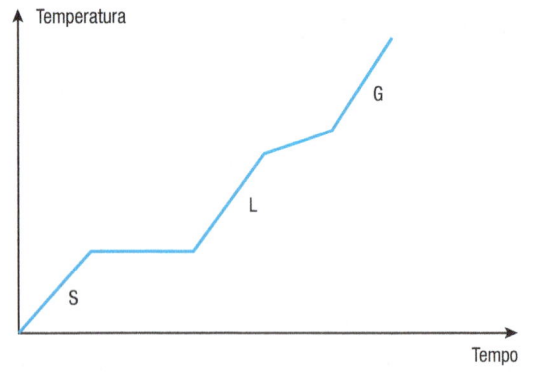

Com base nas informações da figura é CORRETO afirmar que a amostra consiste em uma

a) substância pura.
b) mistura coloidal.
c) mistura heterogênea.
d) mistura homogênea azeotrópica.
e) mistura homogênea eutética.

17. (UEA – AM) A venda de álcool hidratado (95,5% de etanol + 4,5% de água) é controlada por motivo de segurança, já que muitas pessoas acidentalmente tiveram queimaduras no corpo por seu manuseio incorreto. A seguir, o gráfico representa a curva de aquecimento dessa mistura à pressão de 1 atm.

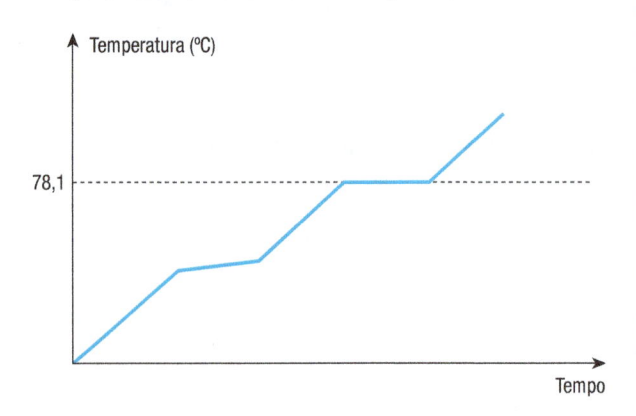

Pela análise do gráfico, observa-se que o álcool hidratado, a 85 °C e 1 atm, se encontra no estado _____ e a temperatura da mistura durante a fusão _____ .

Assinale a alternativa que preenche, correta e respectivamente, as lacunas do texto.

a) sólido – permanece constante
b) gasoso – varia
c) líquido – varia
d) gasoso – permanece constante
e) líquido – permanece constante

18. (CESGRANRIO – RJ)

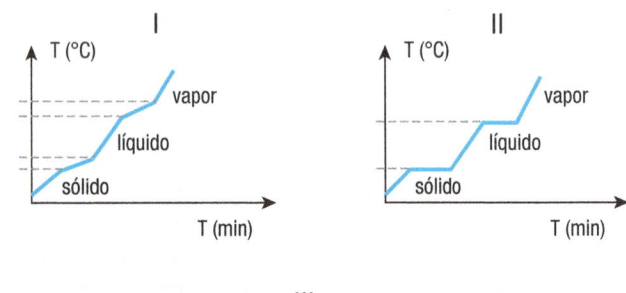

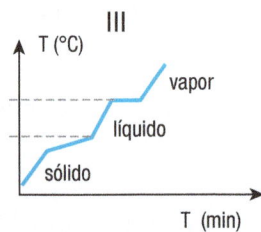

De acordo com os gráficos de mudanças de estado, podemos afirmar corretamente que I, II e III correspondem, respectivamente, a

a) mistura azeotrópica, substância pura e mistura eutética.
b) mistura, substância pura e mistura azeotrópica.
c) mistura, mistura azeotrópica e substância pura.
d) substância pura, mistura eutética e mistura azeotrópica.
e) substância pura, mistura e mistura eutética.

19. Em um laboratório foram elaboradas as curvas de aquecimento de dois líquidos incolores A e B. Sabe-se que um deles é benzeno puro e o outro é uma mistura de benzeno e fenol. As curvas estão mostradas a seguir. Qual dos líquidos é o benzeno puro? Justifique sua escolha.

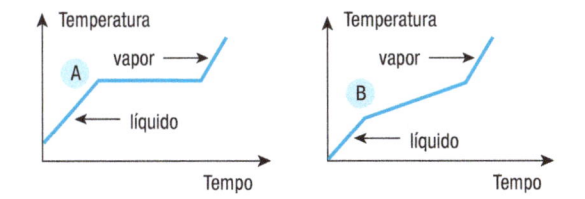

20. Observe os gráficos a seguir, que mostram as mudanças de estado físico da substância pura chumbo quando submetida a:

I. aquecimento

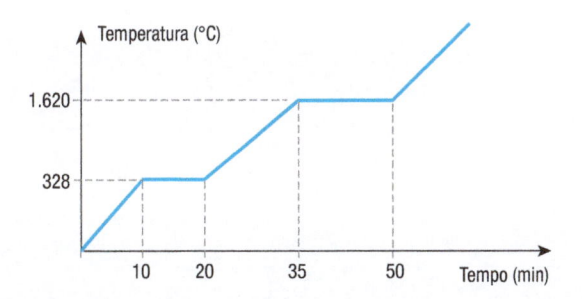

II. resfriamento

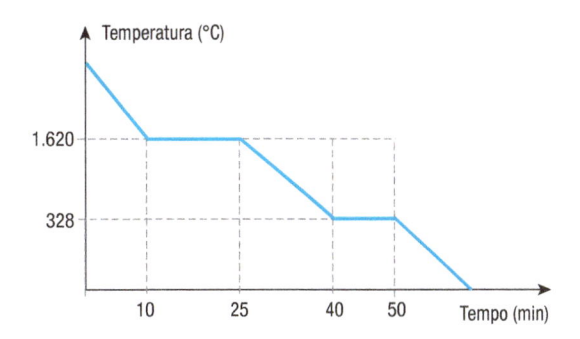

Indique:

I. durante o aquecimento:
  a) a temperatura de fusão (TF);
  b) a temperatura de ebulição (TE);
  c) o estado físico aos 5 min;
  d) o estado físico aos 15 min;
  e) o estado físico aos 30 min;
  f) o estado físico aos 40 min;
  g) o estado físico aos 55 min.

II. durante o resfriamento:
  a) temperatura de liquefação;
  b) temperatura de solidificação.

21. Uma mistura eutética muito importante na metalurgia é a mistura formada por zinco (20%) e estanho (80%). Sabe-se que o zinco funde-se a 418 °C e o estanho, a 232 °C. No entanto, o eutético formado por eles funde-se a 192 °C. Represente em um gráfico Θ (°C) · t (min) o aquecimento dessa importante liga desde o estado sólido até o estado gasoso.

22. Durante a ebulição de um líquido homogêneo, sob pressão constante, a temperatura varia conforme indica o gráfico abaixo:

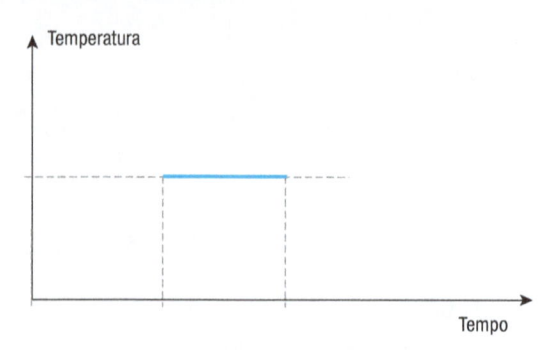

Pergunta-se:
a) Trata-se de uma substância pura?
b) Por quê?

23. (PUC – MG) Composição química fixa, densidade, temperatura constante durante as mudanças de estado físico, pontos de fusão e ebulição são constantes que caracterizam:

a) mistura azeotrópica
b) mistura heterogênea.
c) mistura homogênea.
d) substância pura.
e) mistura eutética.

24. Dadas as substâncias:

I – CH_4 II – C_3H_8 III – C_5H_{10} IV – C_2H_6

podemos afirmar que apresenta o maior ponto de ebulição:

a) I.   b) II.   c) III.   d) IV.
e) Todas têm o mesmo ponto de ebulição.

Exercícios Série Ouro

1. (ESPM – SP) O butano (C_4H_{10}) tem massa molecular 58, e o etanol (C_2H_5OH), 46. O butano é um gás em condições ambientes, sendo utilizado como gás de cozinha, ao passo que o etanol é um líquido usado como combustível.

Apesar de o etanol ter massa molecular menor que o butano, ele se encontra no estado líquido devido a forças de atração intermoleculares intensas que têm origem nas hidroxilas (OH). Qual o nome dessa ligação intermolecular?

2. (UNICAMP – SP) Os pontos de ebulição da água, da amônia e do metano seguem a ordem

$$H_2O > NH_3 > CH_4.$$

Explique essa sequência considerando os tipos de forças intermoleculares e suas intensidades.

3. (UNIFESP) A geometria molecular e a polaridade das moléculas são conceitos importantes para predizer o tipo de força de interação entre elas. Dentre os compostos moleculares nitrogênio, dióxido de enxofre, amônia, sulfeto de hidrogênio e água, aqueles que apresentam o menor e o maior ponto de ebulição são, respectivamente:

a) SO_2 e H_2S.
b) N_2 e H_2O.
c) NH_3 e H_2O.
d) N_2 e H_2S.
e) SO_2 e NH_3.

4. (PUC – MG) Considere os compostos:
1. CH_3NH_2
2. CH_3OH
3. CH_3F

A ordem crescente de seus pontos de ebulição é:

a) 3 < 1 < 2
b) 2 < 1 < 3
c) 1 < 2 < 3
d) 1 < 3 < 2

5. (UFPE) A compreensão das interações intermoleculares é importante para a racionalização das propriedades físico-químicas macroscópicas, bem como para o entendimento dos processos de reconhecimento molecular que ocorrem nos sistemas biológicos. A tabela abaixo apresenta as temperaturas de ebulição (TE) para três líquidos à pressão atmosférica.

Líquido	Fórmula química	TE (°C)
acetona	$(CH_3)_2CO$	56
água	H_2O	100
etanol	CH_3CH_2OH	78

Com relação aos dados apresentados na tabela acima podemos afirmar que:

a) As interações intermoleculares presentes na acetona são mais fortes que aquelas presentes na água.
b) As interações intermoleculares presentes no etanol são mais fracas que aquelas presentes na acetona.
c) Dos três líquidos, a acetona é o que apresenta ligações de hidrogênio mais fortes.
d) A magnitude das interações intermoleculares é a mesma para os três líquidos.
e) As interações intermoleculares presentes no etanol são mais fracas que aquelas presentes na água.

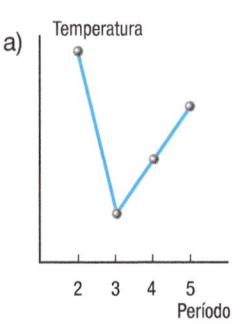

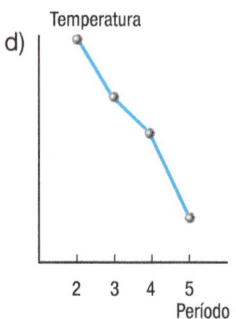

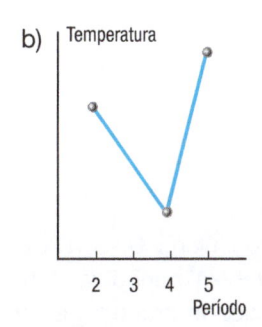

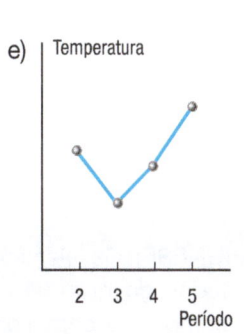

6. (UNIFESP) Assinale a alternativa que apresenta o gráfico dos pontos de ebulição dos compostos formados entre o hidrogênio e os elementos do grupo 17, do 2º ao 5º período.

Cap. 19 | Forças Intermoleculares Influindo no Ponto de Ebulição. Curva de Aquecimento.

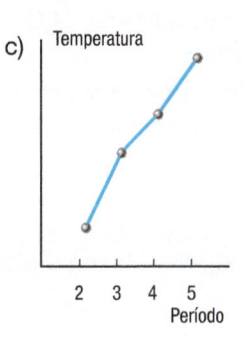

7. (ITA – SP) A tabela adiante apresenta os valores das temperaturas de fusão (Tf) e de ebulição (Te) de halogênios e haletos de hidrogênio.

	Tf (°C)	Te (°C)
F_2	–220	–188
Cl_2	–101	–35
Br_2	–7	59
I_2	114	184
HF	–83	20
HCl	–115	–85
HBr	–89	–67
HI	–51	–35

a) Justifique a escala crescente das temperaturas Tf e Te do F_2 ao I_2.
b) Justifique a escala decrescente das temperaturas Tf e Te do HF ao HCl.
c) Justifique a escala crescente das temperaturas Tf e Te do HCl ao HI.

8. (UNESP) Os elementos químicos O, S, Se e Te, todos do grupo 16 da tabela periódica, formam compostos com hidrogênio, do grupo 1 da Tabela Periódica, com as fórmulas químicas H_2O, H_2S, H_2Se e H_2Te, respectivamente.

As temperaturas de ebulição dos compostos H_2S, H_2Se e H_2Te variam na ordem mostrada na tabela.

A água apresenta temperatura de ebulição muito mais alta que os demais.

Composto	$T_{ebulição}$ (°C)	Massa molar
H_2O	100	18,0
H_2S	–50	34,0
H_2Se	–35	81,0
H_2Te	–20	129,6

Essas observações podem ser explicadas, respectivamente:

a) Pela diminuição das massas molares e aumento nas forças das interações intermoleculares.
b) Pela diminuição das massas molares e diminuição nas forças das interações intermoleculares.
c) Pela diminuição das massas molares e pela formação de ligações de hidrogênio.
d) Pelo aumento das massas molares e aumento nas forças das interações intramoleculares.
e) Pelo aumento das massas molares e pela formação de pontes de hidrogênio.

9. (UFSCar – SP) A tabela apresenta os valores de ponto de ebulição (PE) de alguns compostos de hidrogênio com elementos dos grupos 14, 15 e 16 da Tabela Periódica.

	Grupo 14 compostos PE (°C)		Grupo 15 compostos PE (°C)		Grupo 16 compostos PE (°C)	
2º período	CH_4	X	NH_3	Y	H_2O	+100
3º período	SiH_4	–111	PH_3	–88	H_2S	–60
4º período	GeH_4	–88	AsH_3	–62	H_2Se	Z

Os compostos do grupo 14 são formados por moléculas apolares, enquanto os compostos dos grupos 15 e 16 são formados por moléculas polares. Considerando as forças intermoleculares existentes nestes compostos, as faixas estimadas para os valores de X, Y e Z são, respectivamente,

a) > –111, > –88 e > –60.
b) > –111, > –88 e < –60.
c) < –111, < –88 e > –60.
d) < –111, < –88 e < –60.
e) < –111, > –88 e > –60.

10. (UNESP) O gráfico a seguir foi construído com dados dos hidretos dos elementos do grupo 16. Com base neste gráfico, são feitas as afirmações seguintes.

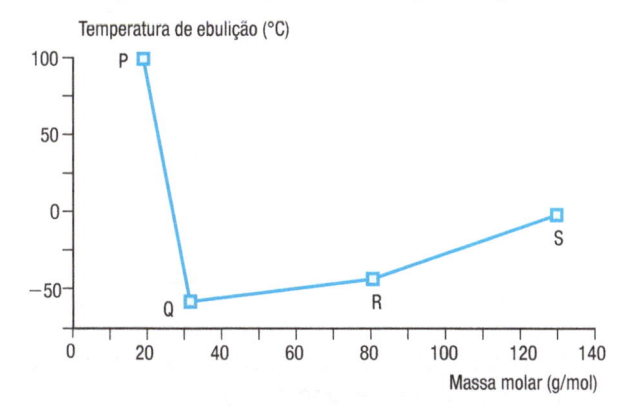

I. Os pontos P, Q, R e S no gráfico correspondem aos compostos H_2Te, H_2S, H_2Se e H_2O, respectivamente.
II. Todos estes hidretos são gases à temperatura ambiente, exceto a água, que é líquida.
III. Quando a água ferve, as ligações covalentes se rompem antes das intermoleculares.

Das três afirmações apresentadas,

a) apenas I é verdadeira.
b) apenas I e II são verdadeiras.
c) apenas II é verdadeira.
d) apenas I e III são verdadeiras.
e) apenas III é verdadeira.

11. (MACKENZIE – SP) Relativamente às substâncias HF e NaF, fazem-se as seguintes afirmações.

I. HF tem maior ponto de ebulição que NaF.
II. Somente o HF forma pontes de hidrogênio.
III. O HF é molecular, enquanto o NaF é uma substância iônica.
IV. Apresentam o mesmo tipo de ligação em sua estrutura.

São corretas apenas:

a) I e IV.
b) II e III.
c) II e IV.
d) I e II.
e) I e III.

Dados: H (Z = 1); Na (1A) e F (7A).

12. (UFSC) O ponto de ebulição das substâncias químicas pode ser utilizado para se estimar a força de atração entre as moléculas. O gráfico abaixo relaciona as temperaturas de ebulição, na pressão de 1 atmosfera, considerando o equilíbrio líquido-vapor dos hidretos das famílias 16 e 17 da Tabela Periódica, em função do período do elemento que se liga ao hidrogênio. Com base nele, julgue os itens como verdadeiros ou falsos:

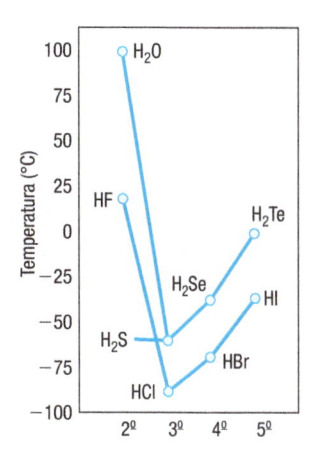

(01) A partir do 3º período, as moléculas dos hidretos se tornam maiores e os seus pontos de ebulição aumentam.
(02) A água e o fluoreto de hidrogênio têm pontos de ebulição mais altos do que os previsíveis em relação ao tamanho de suas moléculas.
(04) A 25 °C e 1 atm, todas as substâncias representadas estão no estado físico gasoso, com exceção da água.
(08) O HF e a H_2O apresentam forças de atração intermoleculares características de moléculas polares, contendo átomos de hidrogênio ligados a átomos muito eletronegativos.
(16) A −50 °C e 1 atm, o H_2Se está no estado físico líquido.

13. (VUNESP) O gráfico representa a curva de resfriamento, temperatura em função do tempo, de uma substância pura utilizada como combustível, à pressão de 1 atm.

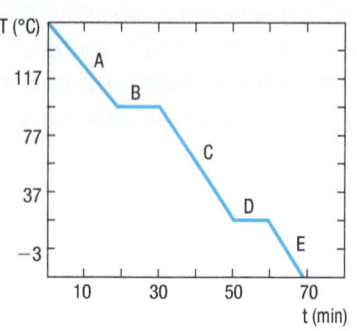

a) Explique o fenômeno que ocorre em cada região da curva indicada pelas letras A, B, C, D e E.
b) Quais são os pontos de fusão e de ebulição, em °C, dessa substância pura?

14. (FUVEST – SP) Faça um esboço da curva de aquecimento (temperatura em função do calor absorvido) para água pura, partindo do estado sólido até o estado de vapor. Identifique nesse gráfico as etapas correspondentes às mudanças de fase, bem como as temperaturas associadas, sob pressão normal.

15. (FATEC – SP) O gráfico representa a curva de aquecimento, temperatura em função do tempo, do álcool de supermercado, à pressão de 1 atm.

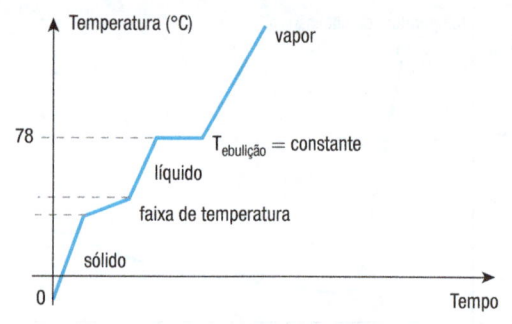

Após a análise do gráfico, pode-se afirmar que o álcool de supermercado é

a) uma substância pura.
b) uma mistura heterogênea.
c) uma mistura azeotrópica.
d) uma mistura eutética.
e) uma mistura bifásica.

16. (UNICAMP – SP) As curvas de fusão das substâncias A e B estão representadas no gráfico abaixo.

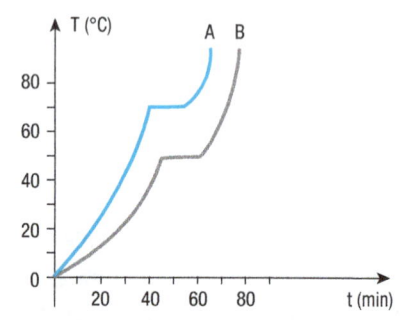

a) Quais as temperaturas de fusão de A e B?
b) A e B misturadas em certa proporção formam uma solução sólida (eutética), que funde em temperatura menor às de A e B puras. Em que intervalo estará o ponto de fusão do eutético?

17. (UNESP) No campo da metalurgia, é crescente o interesse nos processos de recuperação de metais, pois é considerável a economia de energia entre os processos de produção e de reciclagem, além da redução significativa do lixo metálico. E este é o caso de uma microempresa de reciclagem, na qual desejava-se desenvolver um método para separar os metais de uma sucata, composta de aproximadamente 63% de estanho e 37% de chumbo, usando aquecimento. Entretanto, não se obteve êxito nesse procedimento de separação. Para investigar o problema, foram comparadas as curvas de aquecimento para cada um dos metais isoladamente com aquela da mistura, todas obtidas sob as mesmas condições de trabalho.

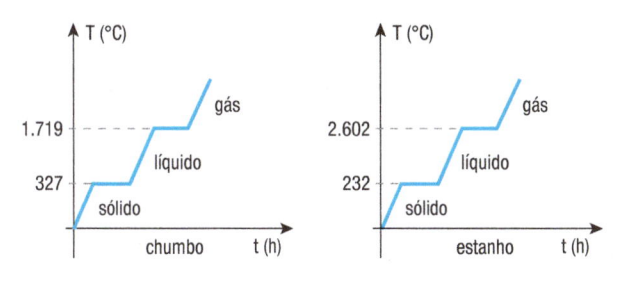

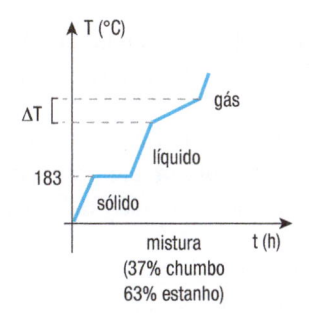

Considerando as informações das figuras, é correto afirmar que a sucata é constituída por uma

a) mistura eutética, pois funde a temperatura constante.
b) mistura azeotrópica, pois funde a temperatura constante.
c) substância pura, pois funde a temperatura constante.
d) suspensão coloidal que se decompõe pelo aquecimento.
e) substância contendo impurezas e com temperatura de ebulição constante.

18. (FATEC – SP) Com base no diagrama abaixo, que representa as curvas de aquecimento de duas amostras sólidas, ao longo do tempo, é correto afirmar que:

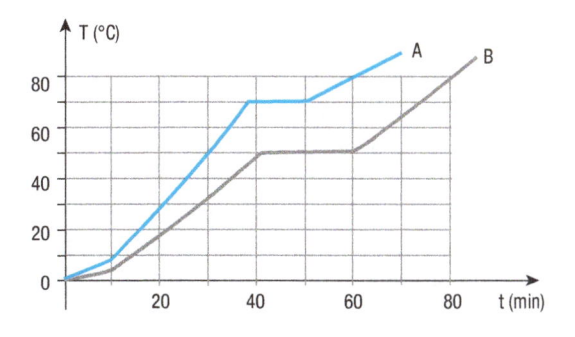

a) Sob pressão de 1 atm, a amostra A poderia ser a água pura.
b) As amostras A e B são substâncias puras.
c) O ponto de ebulição das amostras A e B é igual.
d) Nas temperaturas de fusão de A ou de B temos misturas de sólido e líquido.
e) O ponto de fusão da substância A é superior a 75 °C.

19. (ITA – SP) Num experimento, um estudante verificou ser a mesma a temperatura de fusão de várias amostras de um mesmo material no estado sólido e também que esta temperatura se manteve constante até a fusão completa. Considere que o material sólido tenha sido classificado como:

 I. Substância simples pura
 II. Substância composta pura
 III. Mistura homogênea eutética
 IV. Mistura heterogênea

Então, das classificações acima, está(ão) **errada(s)**

a) apenas I e II.
b) apenas II e III.
c) apenas III.
d) apenas III e IV.
e) apenas IV.

20. (UNESP) Na indústria farmacêutica, substâncias específicas são utilizadas para revestir pílulas e comprimidos. Em um experimento, uma das substâncias sólidas foi retirada de uma formulação e purificada. Para verificar a eficiência da purificação, um termômetro foi colocado em um tubo de ensaio contendo uma amostra da substância derretida, a 1 atm. Durante o resfriamento e até que a amostra tenha se solidificado completamente, foram lidas as temperaturas em intervalos regulares. Com esses dados, foi traçada a curva de resfriamento, um gráfico que mostra a variação de temperatura em função do tempo, a 1 atm. O gráfico que corresponde à curva de resfriamento da substância pura está representado por

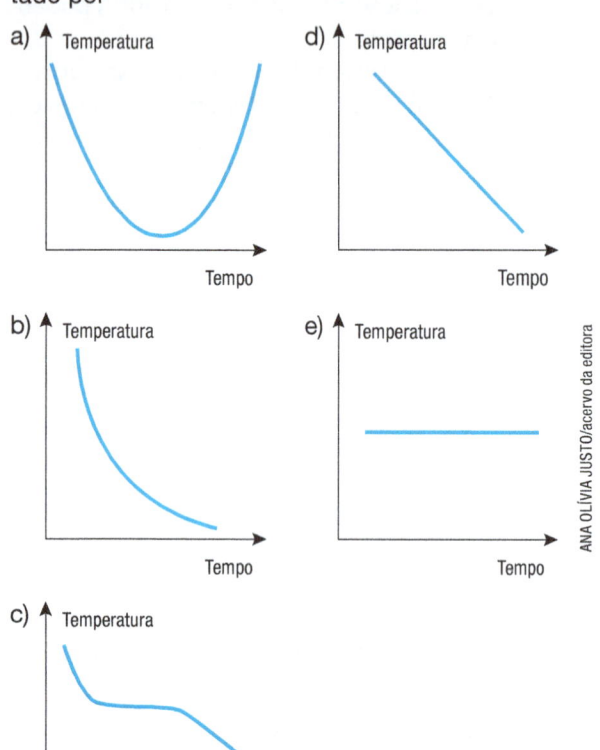

21. (UFLA – MG) Os gráficos A e B abaixo correspondem a duas experiências de aquecimento controlado de uma substância pura hipotética.

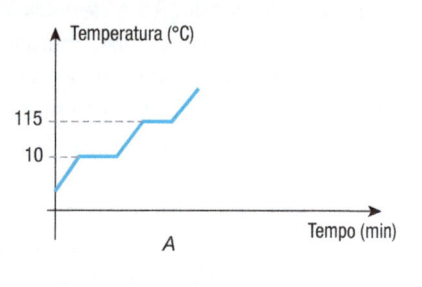

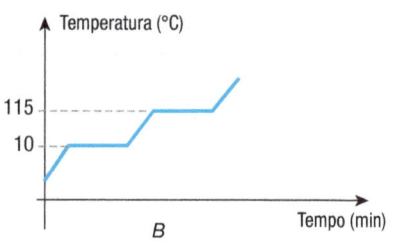

Considerando-se que o aquecimento foi feito sob as mesmas condições em ambas as experiências, é *correto* afirmar que:

a) as temperaturas correspondentes à fusão da substância são diferentes em A e B.
b) a substância não pode ser fundida.
c) a substância não sofre mudança de fase no intervalo de temperatura de 0 °C a 115 °C.
d) a massa da substância utilizada na experiência B é maior que a massa da substância utilizada em A.
e) a ebulição da substância na experiência A ocorre a uma temperatura inferior à da experiência B.

22. (UNICAP – PE) Observe o gráfico:

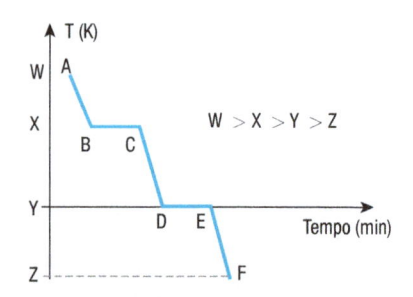

Indique quais dos itens são verdadeiros.

a) O gráfico apresenta o resfriamento de uma solução de sulfato de sódio.
b) No trecho DE, temos a liquefação da substância.
c) De A para B, temos o resfriamento de $(W - X)K$ da substância.
d) Não poderemos resfriar a substância à temperatura inferior a ZK, desde que $Z > 0$ K.
e) No trecho AB, a substância está no estado físico mais organizado.

A numeração correta dos parênteses, de cima para baixo, é:

a) 4 – 3 – 1 – 2 – 5
b) 5 – 1 – 4 – 3 – 2
c) 3 – 5 – 1 – 2 – 4
d) 4 – 3 – 2 – 1 – 5
e) 5 – 4 – 3 – 2 – 1

23. (PUC – RS) Durante as mudanças de estado ocorrem somente afastamentos e aproximações entre as moléculas, ou seja, as forças intermoleculares são rompidas ou formadas, influenciando no estado físico da substância.

Relacione as substâncias da coluna A aos respectivos pontos de ebulição, em °C, da coluna B, numerando os parênteses abaixo.

Coluna A

1. metanol	$H_3C - OH$
2. etanol	$H_3C - CH_2 - OH$
3. etanal	$H_3C - C(=O)H$
4. etano	$H_3C - CH_3$
5. propan-1-ol	$H_2C(OH) - CH_2 - CH_3$

Coluna B

( ) –88,4
( ) 20,0
( ) 64,0
( ) 78,5
( ) 97,0

24. (UFRRJ) As duas substâncias mostradas na tabela a seguir apresentam grande diferença entre seus pontos de ebulição (PE), apesar de possuírem a mesma massa molecular:

$H_3C - CH_2 - C(=O)OH$

$H_3C - C(=O)O - CH_3$

Substâncias ($C_3H_6O_2$)	PE (°C)
$CH_3CH_2CO_2H$ (ácido propiônico)	141
$CH_3CO_2CH_3$ (acetato de metila)	57,5

Justifique a diferença entre os pontos de ebulição, considerando as interações intermoleculares existentes.

Capítulo 20
Regra de Solubilidade. Separação dos Componentes de uma Mistura.

1. Introdução

As forças intermoleculares também influenciam a solubilidade. Embora não seja possível prever com precisão absoluta quando uma substância é solúvel em outra, podemos estabelecer genericamente que:

> A solubilidade ocorre com facilidade quando as forças intermoleculares entre as moléculas do solvente, de um lado, e entre as moléculas do soluto, de outro, são do mesmo tipo e magnitude, pois haverá forte interação das moléculas, formando uma solução.

Exemplos:

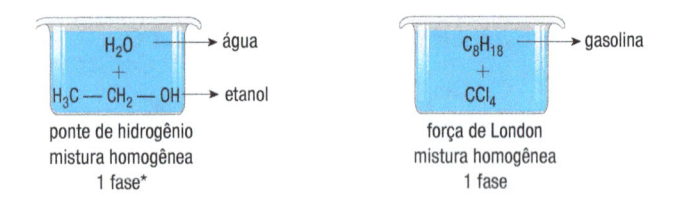

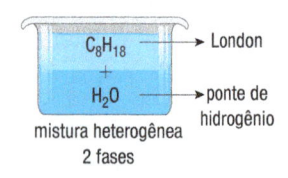

H_2O → água
+
H_3C-CH_2-OH → etanol
ponte de hidrogênio
mistura homogênea
1 fase*

C_8H_{18} → gasolina
+
CCl_4
força de London
mistura homogênea
1 fase

C_8H_{18} → London
+
H_2O → ponte de hidrogênio
mistura heterogênea
2 fases

* Fase é cada porção homogênea de um material.

2. Regra de solubilidade

As observações práticas de solubilidade são a base útil e antigo provérbio de laboratório – **semelhante dissolve semelhante**.

Isso significa que **moléculas polares** têm mais probabilidade de se dissolverem em **solventes polares**, e as **apolares**, nos **solventes apolares**. O contrário também é verdadeiro, isto é, a probabilidade de moléculas polares se dissolverem em solventes apolares é pequena, bem como a de moléculas apolares se dissolverem em solventes polares.

O etilenoglicol ($HOCH_2CH_2OH$) é uma substância polar (grupos OH) e dissolve-se facilmente em água (polar).

3. Exemplos

3.1 Mistura homogênea água-etanol

A água, por exemplo, se dissolve facilmente no C_2H_5OH (etanol), formando uma mistura homogênea (solução) em quaisquer proporções, pois as duas moléculas são polares.

As interações água-etanol são suficientemente fortes (pontes de hidrogênio), de modo que a energia liberada devido a essa interação é suficiente para separar as moléculas de água.

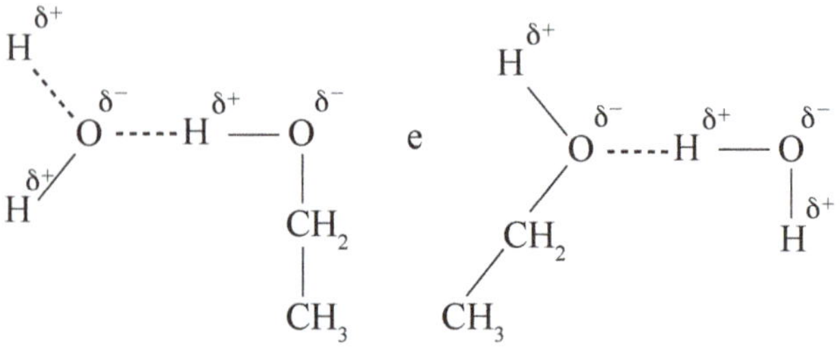

3.2 Mistura heterogênea água-gasolina

A água não se dissolve na gasolina, pois as moléculas de hidrocarbonetos (como as de octano, C_8H_{18}), que constituem a gasolina, não são polares. As atrações água-hidrocarboneto são tão fracas que não podem superar as fortes forças de atração água-água.

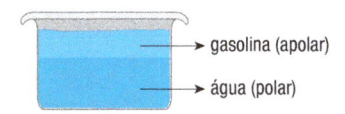

3.3 Mistura homogênea álcool-gasolina

O álcool se dissolve na gasolina, pois ocorre atração entre as cadeias hidrocarbônicas através das forças de London.

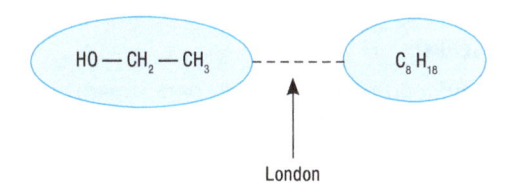

3.4 Mistura homogênea açúcar-água

O açúcar comum (sacarose) é facilmente solúvel em água, pois na sua estrutura há grupos OH que vão formar pontes de hidrogênio com as moléculas de água.

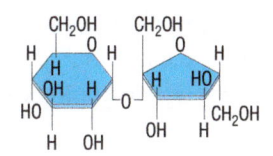

3.5 Mistura homogênea iodo (I_2)-tetracloreto de carbono (CCl_4)

O iodo (I_2) é um sólido apolar, portanto, se dissolve mais no líquido CCl_4 (apolar) e pouco na água (polar).

A água (uma molécula polar) e o CCl_4 (uma molécula apolar) são imiscíveis, e a água, menos densa, fica na camada por cima da camada de CCl_4, mais densa. Adicionando I_2 e agitando. O I_2 (apolar) é mais solúvel no CCl_4 (apolar), o que fica evidente pelo fato de o I_2 se dissolver preferencialmente no CCl_4, dando uma solução púrpura característica.

Neste exemplo, o I_2 foi extraído da água pelo CCl_4. A extração por solventes é um dos métodos que os químicos dispõem para separar substâncias.

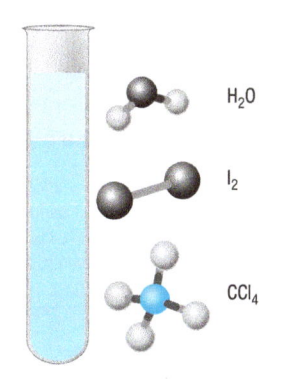

4. Separação das substâncias em uma mistura. Análise imediata.

4.1 Introdução

Na natureza e nas reações químicas predomina a mistura. O método para separar as substâncias vai depender se a mistura é *homogênea* ou *heterogênea*.

4.2 Principais métodos de separação de misturas heterogêneas

4.2.1 Preparando o famoso cafezinho. Filtração.

Adiciona-se no pó de café água quente. Esta vai dissolver as substâncias solúveis, formando a solução do café. Como resultado temos duas fases (porções do material): pó de café (sólido) e solução do café (líquido).

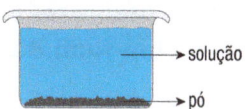

A mistura é colocada em um coador contendo um papel de filtro. A fase sólida fica retida no papel e a solução de café atravessa o papel de filtro, sendo recolhida em um recipiente apropriado.

A figura ao lado mostra uma filtração sendo realizada em um laboratório.

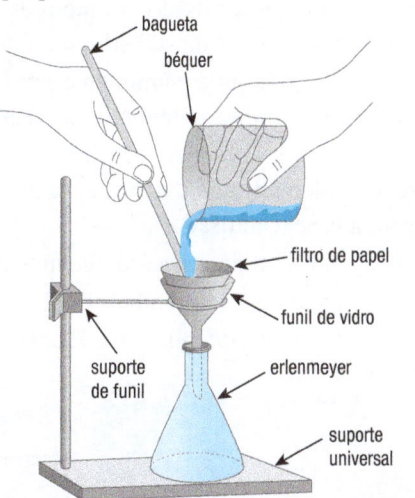

Observações:

- Às vezes, a filtração simples é muito lenta, como no caso da mistura água e farinha. Para acelerar esse tipo de filtração, utiliza-se a **filtração a vácuo ou a pressão reduzida**.

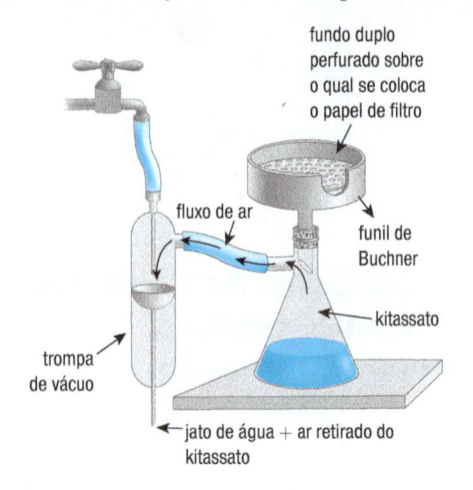

- A filtração também é utilizada para separar os componentes de uma mistura sólido-gás.

    Exemplo:
    aspirador de pó.

Conclusão:

> **Filtração** é usada principalmente para separar as substâncias de uma mistura *heterogênea sólida-líquida*. A fase sólida fica retida em uma superfície porosa chamada de **filtro**.

4.2.2 Separação do biodiesel da glicerina. Decantação com funil de separação.

O **biodiesel** é um combustível para ser utilizado nos automotivos, feito a partir de plantas (óleos vegetais) ou de animais (gordura animal).

Atualmente o biodiesel vendido nos postos pelo Brasil possui 5% de biodiesel e 95% de diesel. O biodiesel só pode ser usado em motores a diesel, portanto, este combustível é um substituto do diesel.

O biodiesel é comumente produzido por meio de uma *reação química* denominada **transesterificação**.

Para se produzir biodiesel (líquido de cor amarela), o óleo retirado das plantas é misturado com etanol e uma base (catalisador).

No final do processo obtemos duas fases:
Fase superior: biodiesel
Fase inferior: glicerina, excesso de óleo e de base

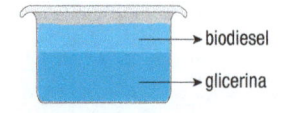

Essa mistura é colocada em um funil de separação. Ao abrir a torneira, a fase glicerina vai cair em recipiente adequado.

A figura a seguir mostra uma decantação com funil de separação ou de bromo realizada em laboratório.

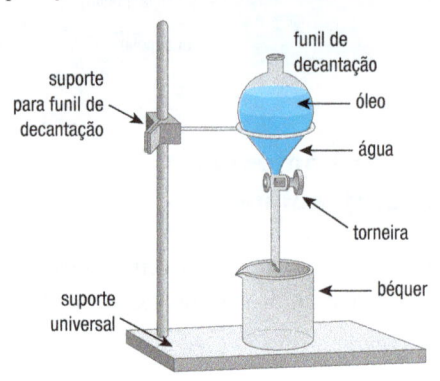

Observações:

- A *decantação* pode ser usada para separar uma mistura heterogênea sólido + líquido. Deixa-se a mistura em repouso até que o componente sólido se tenha depositado completamente. Remove-se, em seguida, o líquido, entornando-se cuidadosamente o frasco ou com auxílio de um sifão.

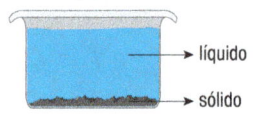

A **centrifugação** é um processo de separação utilizado para acelerar a decantação. Esse processo ocorre em um aparelho chamado **centrífuga**, que gira em alta velocidade, fazendo com que a fase mais densa seja forçada a sedimentar (decantar) devido à ação da *força centrífuga*.

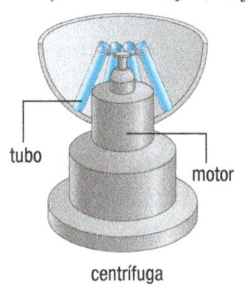

- A nata é separada do leite com o uso de grandes centrífugas. Neles, a mistura gira a uma grande velocidade, e o leite, mais denso, deposita-se no fundo do recipiente, enquanto a nata, menos densa, concentra-se na parte superior.

Conclusão:

> A **decantação** é usada principalmente para separar substâncias em uma **mistura heterogênea líquido-líquido** (líquidos imiscíveis), com o auxílio do funil de decantação.

4.2.3 Separação do ouro da areia. Dissolução fracionada.

Em garimpos onde o ouro é encontrado em pó, para separá-lo de areia, acrescenta-se mercúrio líquido, que dissolve o ouro formando uma liga metálica (Hg – Au). Para separar os metais, a liga é aquecida até a evaporação completa do mercúrio.

O mercúrio é um metal muito perigoso quando em contato com o organismo do homem, seja pela via aérea, cutânea ou por ingestão. Os danos causados pelo mercúrio são graves e em grande parte dos casos permanentes. Vemos em nosso país trabalhadores literalmente mutilados devido à contaminação pelo mercúrio.

Para separar esses dois metais, minimizando os riscos ambientais, seria interessante que os garimpeiros utilizassem uma retorta, como representado, esquematicamente, nesta figura:

Conclusão:

> **Dissolução fracionada** é usada para separar as substâncias de uma **mistura heterogênea sólida**, onde apenas uma substância é solúvel em um determinado líquido.

4.3 Principais métodos de separação de misturas homogêneas

4.3.1 Evaporação do solvente: Obtenção do NaCl a partir da água do mar

O sal de cozinha é uma mistura de alguns sais: NaCl (o constituinte principal, acima de 99%), KI (iodeto de potássio – responsável pela presença de iodo no sal), ferrocianeto de sódio e alumínio silicato de sódio (responsáveis pela diminuição da umidade do produto, evitam que o sal empedre).

O NaCl, constituinte principal do sal de cozinha, pode ser obtido de minas naturais de um sal chamado *sal gema*, a céu aberto, nas quais ele é chamado de *halita*. No Brasil, a maior parte do sal consumido na cozinha é obtida da água do mar, por evaporação da água. A água do mar entra em tanques que são chamados de salinas.

O Rio Grande do Norte é o maior produtor de sal de cozinha do Brasil. A área de produção potiguar, de mil metros quadrados, conta com temperatura mínima de 34 °C e ventos de até 22 km/h, o que facilita a evaporação da água.

Depois de alguns dias, a água evapora, deixando livres os cristais de NaCl, que são limpos, secos, triturados e peneirados; em seguida são adicionados KI e umectantes.

Observações: *qual a diferença entre o sal grosso e o sal refinado?*

Quimicamente nenhuma, o que diferencia é o tamanho do grão do sal, que é estipulado pela empresa responsável pela sua extração, que pode escolher triturá-lo na forma de pó fino, como o *sal refinado de cozinha*, ou deixá-lo em grãos maiores, como o *sal grosso*.

E o sal light, o que é?

O *sal light* é uma mistura meio a meio de NaCl e KCl. O KCl tem a característica de ficar menos tempo no organismo que o NaCl, daí a sua vantagem em reter água no organismo por menos tempo.

Conclusão:

> **Evaporação do solvente** é usada para separar as substâncias de uma **mistura homogênea de um sólido dissolvido em um solvente**; por aquecimento da mistura, o solvente evapora.

4.3.2 Teor de álcool na gasolina. Extração com solvente.

Adicionando água na gasolina (líquidos imiscíveis), todo o álcool é transferido para a água, pois o álcool é mais solúvel na água do que na gasolina, devido às fortes pontes de hidrogênio entre as moléculas da água e do álcool.

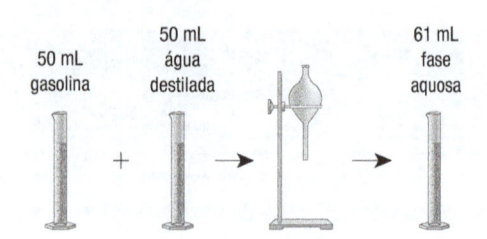

Como a fase aquosa passou de 50 mL para 61 mL, portanto, temos 11 mL de álcool em 50 mL de gasolina.

50 mL ——————— 100%
11 mL ——————— x ∴ x = 22%

Essa gasolina tem um teor de 22% de álcool

Conclusão:

> **Extração com solvente** é a transferência de uma substância X, dissolvida inicialmente em um solvente A, para um outro solvente B (imiscível em A) no qual X deve ser mais solúvel.

4.3.3 Água pura a partir da água do mar. Destilação simples.

O princípio do processo consiste em aquecer a água do mar colocada em um *balão de destilação* até a ebulição; com isso, a água separa-se na forma de vapor, que a seguir é resfriado no *condensador*. A água líquida é recolhida em outro recipiente (béquer). Observe a aparelhagem usada na *destilação simples*.

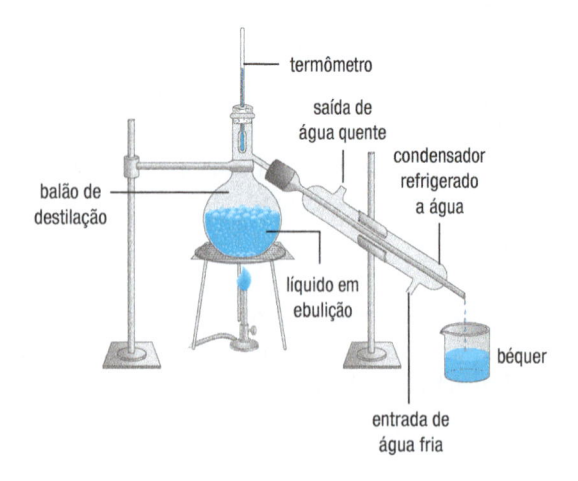

Conclusão:

> **Destilação simples** é usada para separar as substâncias de uma **mistura homogênea de um sólido dissolvido em um líquido**.

4.3.4 Destilação fracionada cuja coluna de fracionamento consta de um tubo de vidro relativamente longo, cheio de bolinhas de vidro

Esse método é usado para separar **líquidos miscíveis** (mistura homogênea) de pontos de ebulição diferentes cuja diferença é maior que 20 °C.

A coluna de fracionamento é colocada entre o balão de destilação e o condensador. Exemplo: água (PE = 100 °C) + acetona (PE = 56 °C).

Quando a temperatura do termômetro atinge 56 °C, o vapor fica mais rico em acetona. A mistura de vapor subindo pela coluna sofre sucessivas condensações seguidas de vaporizações e vai enriquecendo no componente de menor PE (acetona). Ao sair da coluna de fracionamento é constituído praticamente de 100% do componente de menor PE (acetona). Os obstáculos (bolinhas de vidro) permitem que a acetona, de menor ponto de ebulição, chegue mais rapidamente ao condensador e destile primeiro.

Quando a temperatura não for mais 56 °C devemos parar a destilação.

Balão de destilação: ficou água (maior PE)
Erlenmeyer: ficou acetona (menor PE)

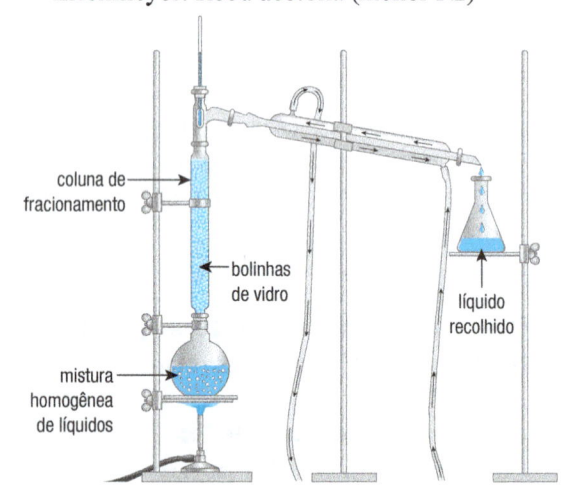

Conclusão:

> **Destilação fracionada** é usada para separar as substâncias de uma **mistura homogênea líquido-líquido** de PE diferentes.

4.3.5 Destilação fracionada cuja coluna de fracionamento consta de pratos ou bandejas

Essa técnica é usada para obter as frações do petróleo (gasolina, querosene, diesel) e separar os gases componentes do ar atmosférico.

Exemplo 1:

O petróleo (mistura em que predomina hidrocarbonetos) é aquecido e a parte que vaporiza entra na coluna de fracionamento. Os vapores vão condensando à medida que sobem pela coluna de fracionamento.

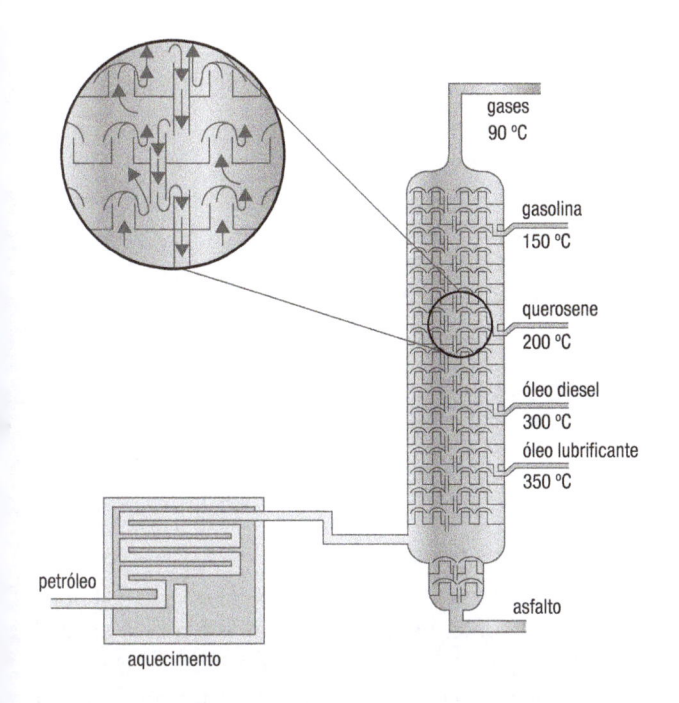

Exemplo 2:

Primeiramente o ar seco é convertido em ar líquido através do resfriamento a −200 °C.

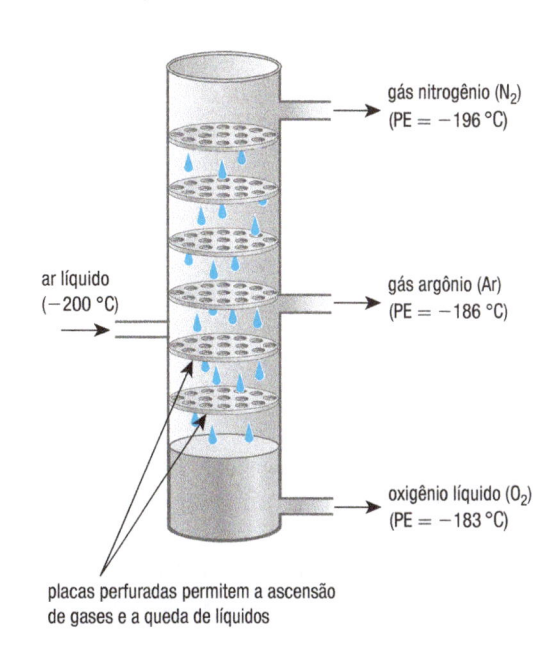

5. Cromatografia em papel

A mistura é colocada no papel (fase estacionária). Ao se umedecer a extremidade inferior do papel, o solvente (fase móvel) começa a subir e arrastar as substâncias da mistura. A substância mais solúvel no solvente terá um deslocamento maior.

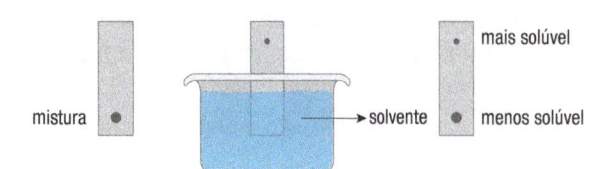

Exercícios Série Prata

1. Identifique o número de fases e componentes nos sistemas a seguir:

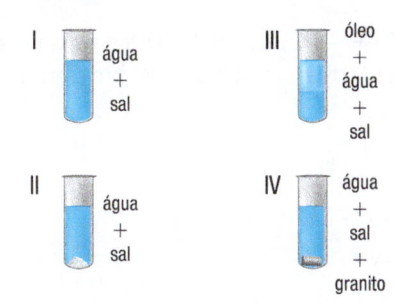

I — água + sal
II — água + sal
III — óleo + água + sal
IV — água + sal + granito

2. Considere um sistema constituído por uma solução aquosa de cloreto de sódio, cloreto de sódio sólido (não dissolvido) e dois cubos de gelo.

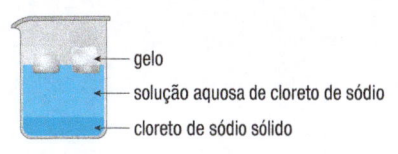

Qual o número de fases e de componentes do sistema?

Cap. 20 | Regra de Solubilidade. Separação dos Componentes de uma Mistura.

3. (FGV – SP) Uma mistura de açúcar, areia e sal de cozinha é tratada com água em excesso. Quantas fases existirão no sistema final resultante?

a) 5   b) 4   c) 3   d) 2   e) 1

4. Complete as lacunas:

a) Uma substância é solúvel em outra quando ambas apresentam o mesmo tipo de força _____ .

b) Substância polar dissolve substância _____ .

c) Substância apolar dissolve substância _____ _____ .

d) As substâncias que estabelecem ponte de hidrogênio são bastante solúveis em _____ (água/gasolina).

5. Óleo de soja praticamente não se dissolve em água. A partir dessa informação, qual das deduções é mais cabível?

a) As moléculas de óleo são menores do que as de água.

b) Os elementos químicos presentes nas moléculas de óleo são totalmente diferentes dos presentes nas moléculas de água.

c) As moléculas do óleo de soja devem ser apolares.

d) Óleo de soja possui moléculas extremamente polares.

e) O número de átomos nas moléculas de óleo dever ser 3.

6. Um tecido branco ficou manchado com iodo (I_2), que apresenta uma coloração escura. Para remover essa mancha é melhor usar H_2O ou CCl_4? Por quê?

7. (UNIRIO – RJ – adaptada) A mãe de Joãozinho, ao lavar a roupa do filho após uma festa, encontrou duas manchas na camisa: uma de gordura e outra de açúcar. Ao lavar apenas com água, ela verificou que somente a mancha de açúcar desaparecera completamente. De acordo com a regra segundo a qual "semelhante dissolve semelhante", assinale a opção que contém a força intermolecular responsável pela remoção do açúcar ($C_{12}H_{22}O_{11}$) na camisa de Joãozinho.

a) Ligação iônica.
b) Ligação metálica.
c) Ligação covalente polar.
d) Forças de London.
e) Ligação de hidrogênio.

8. Explique os fatos:

I. O ar é uma mistura de N_2 (78%) e O_2 (21%) principalmente. Verifica-se que o ar é pouco solúvel em água.

II. É difícil lavar as mãos impregnadas de graxa ou óleo com água da torneira.

III. O enxofre (S_8) não se dissolve em água, mas é solúvel em sulfeto de carbono (CS_2).

9. (UNICAP – PE) Assinale, entre os gases abaixo representados, o mais solúvel em água.

a) NH_3 (estrutura com N e 3 H)
b) $H — H$
c) $O = O$
d) $N \equiv N$
e) $O = C = O$

10. Hidocarbonetos são compostos apolares de formula geral C_xH_y. O ciclo-hexano (C_6H_{12}) e o benzeno (C_6H_6) são líquidos, enquanto o naftaleno ou naftalina ($C_{10}H_8$) é sólido. Qual das afirmações seguintes é **falsa**?

a) C_6H_6 é pouco solúvel (praticamente insolúvel) em H_2O.
b) Naftaleno é bastante solúvel em benzeno.
c) NH_3 é extremamente solúvel em H_2O.
d) HCl é praticamente insolúvel em H_2O.
e) NH_3 é uma substância molecular polar.

11. (UFPE) O iodo elementar, em condições ambientes, é um sólido marrom, pouco solúvel em água, porém bastante solúvel em hexano. Isso se deve ao fato de que:

a) a água somente dissolve compostos iônicos.
b) hexano é apolar como o iodo.
c) iodo é uma substância composta, assim como o hexano.
d) a água não dissolve compostos covalentes.
e) hexano é mais polar que a água.

12. (UFV – MG) O equipamento esquematizado a seguir pode ser utilizado para separar os componentes de:

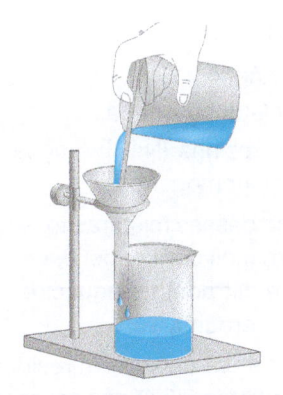

a) um sistema homogêneo líquido/líquido.
b) qualquer sistema heterogêneo.
c) uma mistura de álcool e água.
d) uma mistura de limalha de ferro e areia.
e) um sistema heterogêneo sólido/líquido.

13. Uma das etapas do preparo do café de coador é a:

a) filtração.
b) decantação.
c) sedimentação.
d) sifonação e a decantação.
e) sifonação e a filtração.

14. Uma das etapas do funcionamento de um aspirador de pó, utilizado na limpeza doméstica, é a:

a) filtração.   d) centrifugação.
b) decantação.   e) sifonação.
c) sedimentação.

15. O "funil de bromo", também chamado de funil de decantação, é útil para separarmos uma mistura de:

a) água e glicose dissolvida.
b) água e álcool.
c) água e gasolina, dois líquidos imiscíveis.
d) água e areia.
e) areia e pó de ferro.

16. (MACKENZIE – SP) A aparelhagem mais apropriada para separar dois líquidos imiscíveis é:

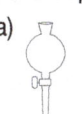

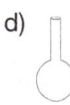

17. (FEI – SP) Os sistemas água-óleo e água-areia podem ser separados, respectivamente, por

a) filtração e decantação.
b) imantação e decantação.
c) decantação e filtração.
d) sedimentação fracionada e destilação.
e) destilação e filtração.

18. Nos laboratórios, um procedimento para obter água destilada (água pura) a partir da água potável pode ser facilmente realizado pela aparelhagem ilustrada abaixo. Esse procedimento denomina-se

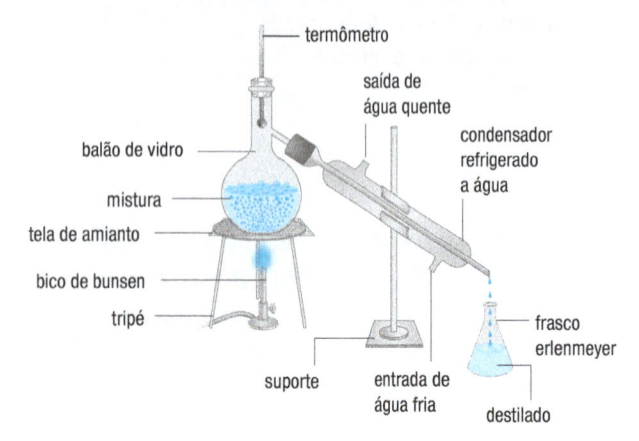

a) fusão.
b) destilação simples.
c) destilação fracionada.
d) centrifugação.
e) solidificação.

19. (UNIFOR – CE) Um sólido **A** está totalmente dissolvido num líquido **B**. É possível separar o solvente **B** da mistura por meio de uma:

a) centrifugação.   d) filtração.
b) sifonação.   e) destilação.
c) decantação.

20. Para se obter água pura a partir da água do mar, faz-se uma:

a) evaporação.   d) filtração.
b) destilação.   e) sedimentação.
c) liquefação

21. (UNICAMP – SP) Em um acampamento, um estudante deixou cair na areia todo o sal de cozinha disponível. Entretanto, tendo conhecimento sobre separação de misturas, conseguiu recuperar praticamente todo o sal. Que operações este estudante pode ter realizado?

22. Associe de cima para baixo:

1. Água+óleo   ( ) sublimação
2. Água+areia   ( ) separação magnética
3. Limalha de   ( ) decantação
   ferro + enxofre   com funil de bromo
4. Areia + sal   ( ) filtração
5. Areia + iodo   ( ) dissolução fracionada

23. (UFRGS – RS) A dissolução fracionada é um processo de separação de substâncias baseado na diferença de:

a) pressões de vapor.
b) temperatura de ebulição.
c) índices de refração.
d) solubilidades.
e) temperaturas de fusão.

24. (PUC – MG) O conjunto abaixo é adequado para:

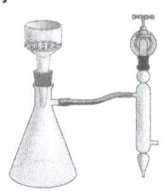

a) lavagem de material em mistura.
b) separação de mistura sólido/líquido.
c) obstrução da passagem de gases ou líquidos.
d) separação de líquidos de densidades diferentes.
e) liquefação de vapores.

25. (UNICAMP – SP) Tem-se as seguintes misturas:

I. Areia e água
II. Álcool (etanol) e água
III. Sal de cozinha (NaCl) e água, nesse caso uma mistura homogênea

Cada uma dessas misturas foi submetida a uma filtração em funil com papel e, em seguida, o líquido resultante (filtrado) foi aquecido até sua total evaporação. Pergunta-se:

a) Qual mistura deixou um resíduo sólido no papel após a filtração? O que era esse resíduo?
b) Em qual caso apareceu um resíduo sólido após a evaporação do líquido? O que era esse resíduo?

26. (UERJ) São preparadas três misturas binárias em um laboratório, descritas da seguinte maneira:

1ª mistura → heterogênea, formada por um sólido e um líquido

2ª mistura → heterogênea, formada por dois líquidos

3ª mistura → homogênea, formada por um sólido e um líquido

Os processos de separação que melhor permitem recuperar as substâncias originais são, respectivamente:

a) filtração, decantação, destilação simples.
b) decantação, filtração, destilação simples.
c) destilação simples, filtração, decantação.
d) decantação, destilação simples, filtração.

27. (UFPE) Associe as atividades diárias contidas na primeira coluna com as operações básicas de laboratório e fenômenos contidos na segunda coluna.

(1) Preparar um refresco de cajá a partir do suco concentrado.
(2) Adoçar o leite.
(3) Preparar chá de canela.
(4) Usar naftalina na gaveta.
(5) Coar a nata do leite.

• Dissolução
• Sublimação
• Diluição
• Filtração
• Extração

Os números da segunda coluna, lidos de cima para baixo, são:

a) 3, 2, 5, 4, 1
b) 1, 3, 4, 5, 2
c) 4, 1, 5, 3, 2
d) 3, 2, 4, 5, 1
e) 4, 3, 2, 1, 5

28. (UFMG) Este quadro apresenta misturas heterogêneas que foram submetidas aos processos de separação especificados.

Misturas	Componentes	Processo de separação
I	água e areia	decantação
II	sucata de ferro e alumínio	separação magnética
III	grafita e iodo	sublimação
IV	água e óleo	filtração

Assinale a alternativa que corresponde a uma mistura cujo processo de separação especificado é inadequado.

a) I   c) III
b) II   d) IV

29. (FUVEST – SP) Para a separação das misturas gasolina/água e nitrogênio/oxigênio, os processos mais adequados são, respectivamente,

a) decantação e liquefação.
b) sedimentação e destilação.
c) filtração e sublimação.
d) destilação e condensação.
e) decantação e evaporação.

30. (UEBA) Sabendo que água e óleo são imiscíveis e que o NaCl (sal de cozinha) não é solúvel em óleo, assinale a alternativa que apresenta, na ordem, os dois procedimentos mais viáveis para separar uma mistura formada pelas três substâncias acima, segundo o esquema:

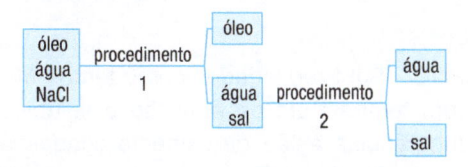

	Procedimento 1	Procedimento 2
a)	Filtração	decantação
b)	Destilação simples	decantação
c)	Destilação simples	destilação simples
d)	Centrifugação	filtração
e)	Decantação	destilação simples

Exercícios Série Ouro

1. (UFSM – RS) A qualidade da superfície gramada das áreas desportivas, como campos de futebol, é fundamental para que o evento seja corretamente realizado. Assim, é imperativo que o sistema de drenagem mantenha a área gramada suficientemente seca. A figura a seguir ilustra o sistema de drenagem em ação.

OS SISTEMAS DE DRENAGEM EM AÇÃO

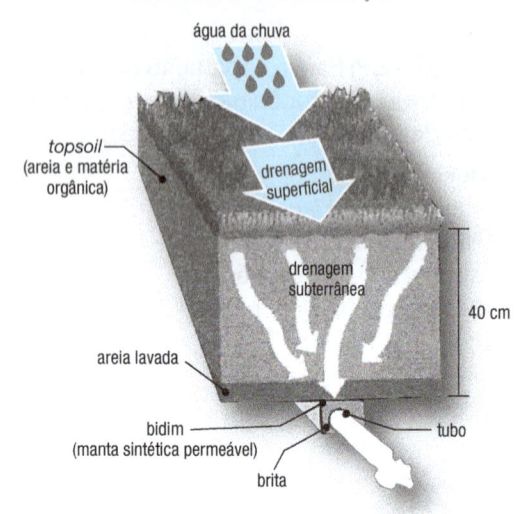

http://www.google.com/imagens

O *topsoil* tem uma composição ideal que contém entre 80 e 90% de areia e 10 a 20% de matéria orgânica. Assinale a alternativa correta em relação ao *topsoil*.

a) É uma mistura homogênea.
b) Contém uma fase e dois componentes.
c) É uma substância composta.
d) É uma mistura heterogênea.
e) Contém duas fases e um componente.

2. (PUC – RJ) Propriedades como temperatura de fusão, temperatura de ebulição e solubilidade das substâncias estão diretamente ligadas às forças intermoleculares. Tomando-se como princípio essas forças, indique a substância (presente na tabela a seguir) que é solúvel em água e encontra-se no estado líquido à temperatura ambiente.

Substância	Ponto de fusão (°C)	Ponto de ebulição (°C)
H_2	−259,1	−252,9
N_2	−209,9	−195,8
C_6H_6	5,5	80,1
C_2H_5OH	−115,0	78,4
KI	681,0	1.330,0

a) H_2
b) N_2
c) C_6H_6
d) C_2H_5OH
e) KI

3. (UFRGS – RS) Considere as seguintes propriedades de três substâncias líquidas:

Substância	Densidade (g/mL a 20 °C)	Solubilidade em água
hexano	0,659	insolúvel
tetracloreto de carbono	1,595	insolúvel
água	0,998	—

Misturando-se volumes iguais de hexano, tetracloreto de carbono e água, será obtido um sistema

a) monofásico.
b) bifásico, no qual a fase sobrenadante é o hexano.
c) bifásico, no qual a fase sobrenadante é o tetracloreto de carbono.
d) trifásico, no qual a fase intermediária é o tetracloreto de carbono.
e) bifásico ou trifásico, dependendo da ordem de colocação das substâncias durante a preparação da mistura.

4. (MACKENZIE – SP) Observando-se o comportamento das substâncias nos sistemas a seguir, é incorreto afirmar que:

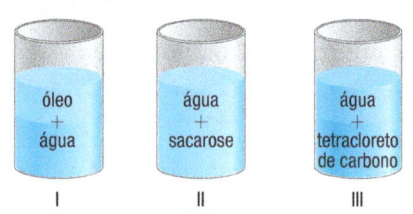

I – óleo + água
II – água + sacarose
III – água + tetracloreto de carbono

a) o óleo deve ser solúvel em tetracloreto de carbono.
b) a água e o óleo não são miscíveis, por serem ambos apolares.

c) juntando-se os conteúdos dos sistemas I, II e II, obtém-se uma mistura heterogênea.
d) a sacarose é um composto polar.
e) o óleo é menos denso que a água.

5. (UEA – AM) Em uma aula experimental para determinação do teor de etanol na gasolina, foi utilizada uma proveta de 100 mL com tampa. Inicialmente, foram transferidos para a proveta 50 mL de gasolina e, na sequência, o volume da proveta foi completado até 100 mL com água destilada contendo NaCl dissolvido. Após a agitação dos líquidos, a proveta foi deixada em repouso, conforme indicação na figura.

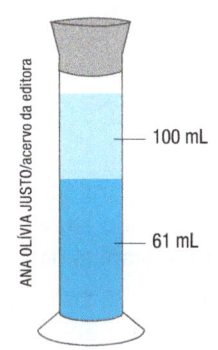

www.mundoeducação.com.br. Adaptado.

O teor percentual de álcool na gasolina testada é
a) 61%.
b) 39%.
c) 28%.
d) 22%.
e) 11%.

6. (UFMT) Um professor de Química entregou a um aluno uma amostra líquida bifásica para análise de sua composição. O aluno separou devidamente as duas fases, determinando as temperaturas de fusão e de ebulição de cada uma e obteve os seguintes dados:

Material	Temperatura de fusão	Temperatura de ebulição
fase 1	−10 °C a −5 °C	64 °C a 89 °C
fase 2	5 °C	80 °C

Considerando os dados descritos, assinale a afirmativa correta.
a) Foi utilizada a destilação fracionada para separar devidamente a fase 1 da fase 2.
b) Na curva de aquecimento da fase 2, entre 30 °C e 100 °C, não haverá qualquer estabilidade na temperatura desse material.
c) A fase 1 é constituída por uma única substância.
d) A −18 °C o material da fase 1 é líquido.
e) Existem nessa amostra, no mínimo, três substâncias.

7. (FGV – SP) O conhecimento das estruturas das moléculas é um assunto relevante, já que as formas das moléculas determinam propriedades das substâncias como odor, sabor, coloração e solubilidade.

As figuras apresentam as estruturas das moléculas CO_2, H_2O, NH_3, CH_4, H_2S e PH_3.

Quanto às forças intermoleculares, a molécula que forma ligações de hidrogênio (pontes de hidrogênio) com a água é
a) H_2S.
b) CH_4.
c) NH_3.
d) PH_3.
e) CO_2.

8. (UFSCar – SP) A sacarose (açúcar comum), cuja estrutura é mostrada na figura, é um dissacarídeo constituído por uma unidade de glicose ligada à frutose.

A solubilidade da sacarose em água deve-se

a) ao rompimento da ligação entre as unidades de glicose e frutose.
b) às ligações de hidrogênio, resultantes da interação da água com a sacarose.
c) às forças de van der Waals, resultantes da interação da água com a unidade de glicose desmembrada.
d) às forças de dipolo-dipolo, resultantes da interação da água com a unidade de frutose desmembrada.
e) às forças de natureza íon-dipolo, resultantes da interação do dipolo da água com a sacarose.

9. (UFJF – MG) Misturaram-se, em 3 provetas, água e tetracloreto de carbono. Na primeira, nada foi adicionado e, após agitação, observou-se a separação da mistura em duas fases incolores, sendo a superior de água. Na segunda, foi adicionado sulfato de cobre, de coloração azul e, após agitação, uma das fases tornou-se azul. Na terceira, foi adicionado bromo (Br_2) e uma das fases tornou-se alaranjada, após agitação.

Leia, com atenção, as afirmativas que se seguem:

I. A densidade do tetracloreto de carbono é menor do que a da água.
II. A coloração azul ficou na fase superior, e a alaranjada, na fase inferior.
III. O sulfato de cobre é iônico e, portanto, ficou na fase aquosa.
IV. O bromo se dissolve em água, porque sua molécula é apolar.

Com base no experimento apresentado e nas afirmativas anteriores, assinale a alternativa **correta**:

a) I e IV estão corretas.
b) III e IV estão corretas.
c) II e III estão corretas.
d) I, II e III estão corretas.
e) I, III e IV estão corretas.

Dado: $CuSO_4$ composto iônico solúvel em água.

10. (FUVEST – SP) Proponha um procedimento de separação dos componentes de uma mistura de três substâncias **A**, **B** e **C** cujas solubilidades em água e acetona são indicadas na tabela abaixo:

Substância	Solubilidade em água	Solubilidade em acetona
A	solúvel	solúvel
B	insolúvel	solúvel
C	insolúvel	insolúvel

11. Numa das etapas do tratamento de água para as comunidades, o líquido atravessa espessas camadas de areia. Esta etapa é uma:

a) decantação.
b) filtração.
c) destilação.
d) flotação.
e) levigação.

12. (FUVEST – SP) Uma mistura sólida é constituída de cloreto de prata (AgCl), cloreto de sódio (NaCl) e cloreto de chumbo ($PbCl_2$). A solubilidade desses sais, em água, está resumida na tabela a seguir:

Sal	Água fria	Água quente
AgCl	insolúvel	insolúvel
NaCl	solúvel	solúvel
$PbCl_2$	insolúvel	solúvel

Baseando-se nestes dados de solubilidade, esquematize uma separação desses três sais que constituem a mistura.

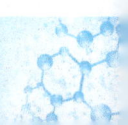

13. (MACKENZIE – SP) *Um documentário transmitido pela TV mostrou como nativos africanos "purificam" água retirada de poças quase secas e "imundas", para matar a sede. Molhando, nas poças, feixes de gramíneas muito enraizadas e colocando-os em posição vertical, a água escorre limpa.*

Esse procedimento pode ser comparado com o processo de separação chamado de

a) ventilação.
b) destilação.
c) catação.
d) filtração.
e) sifonação.

14. (FUVEST – SP) O ciclo da água na natureza, relativo à formação de nuvens, seguida de precipitação da água na forma de chuva, pode ser comparado, em termos das mudanças de estado físico que ocorrem e do processo de purificação envolvido, à seguinte operação de laboratório:

a) sublimação.
b) filtração.
c) decantação.
d) dissolução.
e) destilação.

15. (MACKENZIE – SP)

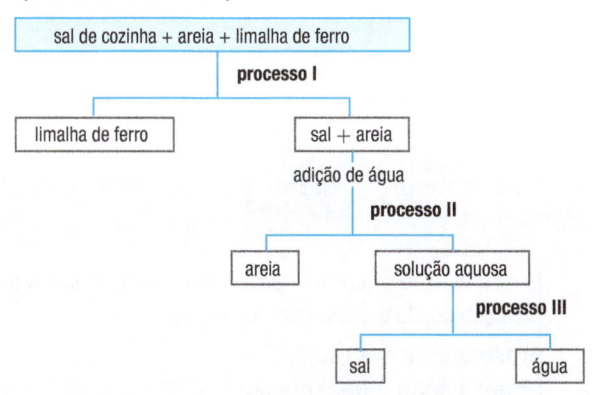

```
sal de cozinha + areia + limalha de ferro
              |
          processo I
         /         \
  limalha de ferro   sal + areia
                        |
                   adição de água
                        |
                    processo II
                   /          \
                areia       solução aquosa
                                |
                           processo III
                           /         \
                         sal         água
```

Os nomes dos processos I, II e III, representados pelo fluxograma anterior e referentes à separação dos componentes da mistura, são, respectivamente,

a) decantação, centrifugação e filtração.
b) separação magnética, filtração e destilação.
c) filtração, separação magnética e destilação.
d) cristalização, decantação e centrifugação.
e) separação magnética, decantação e filtração.

16. (UFMG) Considere as misturas da tabela.

Mistura	Componentes
I	água e sal dissolvido
II	água e azeite
III	oxigênio + cloro

Os componentes dessas misturas podem ser separados, respectivamente, pelos processos:

a) I – eletrólise; II – filtração; III – decantação.
b) I – destilação; II – decantação; III – liquefação.
c) I – decantação; II – decantação; III – destilação.
d) I – filtração; II – decantação; III – destilação.

17. (E. CIÊNCIAS MÉDICAS – AL)

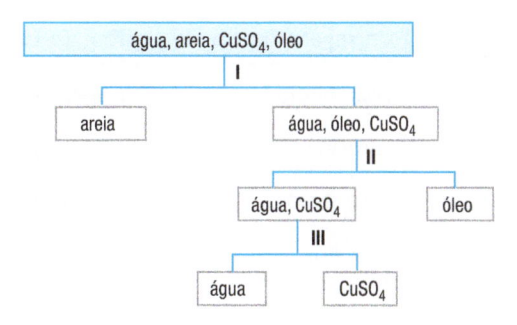

```
       água, areia, CuSO₄, óleo
                 |
                 I
             /       \
          areia    água, óleo, CuSO₄
                        |
                        II
                   /         \
              água, CuSO₄     óleo
                   |
                   III
                /       \
             água      CuSO₄
```

O fluxograma anterior representa o processo de separação da mistura de água, óleo, areia e sulfato de cobre.

Sabe-se que o sulfato de cobre não é solúvel em óleo e está completamente dissolvido na água.

Com base nessas informações e nos conhecimentos sobre misturas, a alternativa que melhor representa, na ordem dada, as opções I, II e III de separação dos componentes dessa mistura é

(01) destilação, filtração e decantação.
(02) filtração, decantação e destilação.
(03) decantação, destilação e cristalização.
(04) filtração, centrifugação e decantação.
(05) destilação, cristalização e filtração.

18. (UCMG) Durante a preparação do popular cafezinho brasileiro, são utilizados alguns procedimentos de separação de misturas.

A alternativa que apresenta corretamente a sequência de operações utilizadas é

a) vaporização e decantação.
b) vaporização e filtração.
c) extração e decantação.
d) extração e filtração.

19. (UNICAMP – SP) Os gases nitrogênio, oxigênio e argônio, principais componentes do ar, são obtidos industrialmente através da destilação fracionada do ar liquefeito. Indique a sequência de obtenção dessas substâncias nesse processo de destilação fracionada. Justifique sua resposta.

| Temperaturas de ebulição a 1 atm ||
Substância	Temperatura (°C)
argônio	–186
nitrogênio	–196
oxigênio	–183

20. (VUNESP) Um sistema heterogêneo, S, é constituído por uma solução colorida e um sólido branco.

O sistema foi submetido ao seguinte esquema de separação:

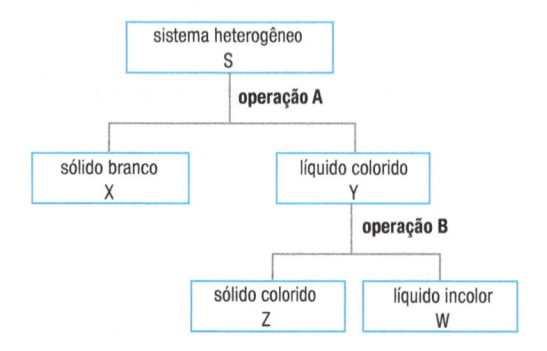

```
sistema heterogêneo S
        |
    operação A
    /        \
sólido branco   líquido colorido
     X              Y
                    |
                operação B
                /        \
          sólido colorido   líquido incolor
               Z                  W
```

Ao se destilar o líquido W, sob pressão constante de 1 atmosfera, verifica-se que sua temperatura de ebulição variou entre 80 °C e 100 °C. Indique qual das seguintes afirmações é correta.

a) A operação A é uma destilação simples.
b) A operação B é uma decantação.
c) O líquido colorido Y é uma substância pura.
d) O líquido incolor W é uma substância pura.
e) O sistema heterogêneo S tem, no mínimo, 4 componentes.

21. (PUC – Campinas – SP) A obtenção do álcool etílico hidratado, a partir da cana-de-açúcar, pode ser representada pelo esquema a seguir.

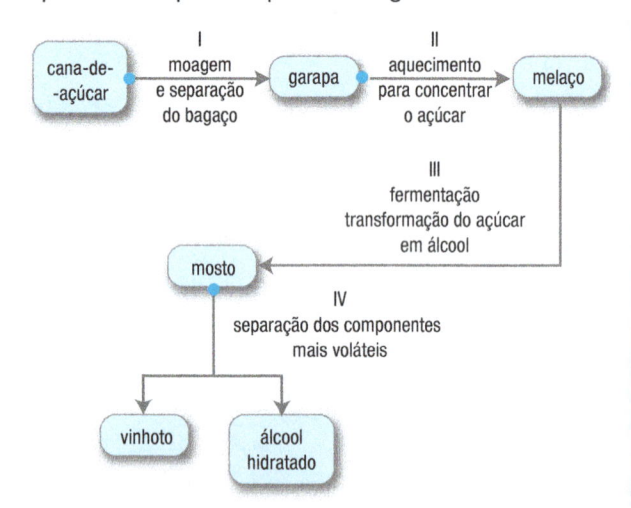

```
cana-de-açúcar --I moagem e separação do bagaço--> garapa --II aquecimento para concentrar o açúcar--> melaço
                                                                                                           |
                                                                                                           III fermentação transformação do açúcar em álcool
                                                                                                           |
                                                                                                           v
                                                                                                         mosto
                                                                                                           |
                                                                                                  IV separação dos componentes mais voláteis
                                                                                                          / \
                                                                                                    vinhoto   álcool hidratado
```

Em I e IV, que envolvem processos de fracionamento, são realizadas, respectivamente:

a) filtração e destilação.
b) destilação e decantação.
c) filtração e decantação.
d) destilação e filtração.
e) decantação e decantação.

22. (FUVEST – SP) Os confeitos de chocolate de determinada marca são apresentados em seis cores. Com eles, foi feito o seguinte experimento, destinado a separar os corantes utilizados em sua fabricação: confeitos de cada uma das seis diferentes cores foram umedecidos com água e pressionados contra uma folha de papel especial, de modo a deixar amostras dos corantes em pontos igualmente espaçados, sempre a 2 cm da base da folha. A seguir, a folha foi colocada em um recipiente com água, de forma a mergulhar somente a base da folha de papel na água, sem que o líquido tocasse os pontos coloridos. Após algum tempo, quando a água havia atingido o topo da folha, observou-se a formação de manchas de diferentes cores, aqui simbolizadas por diferentes formas e tamanhos:

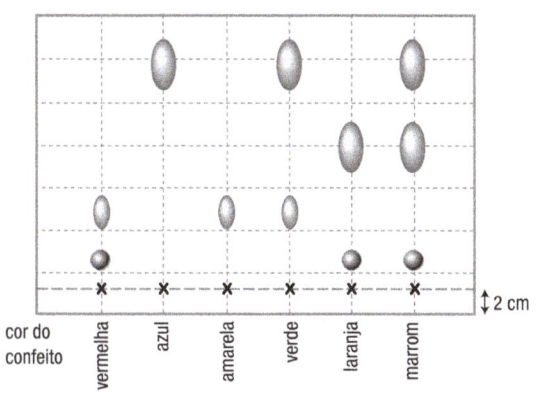

x indica o ponto de aplicação de cada amostra

Os confeitos em cuja fabricação é empregado um corante amarelo são os de cor

a) vermelha, amarela e marrom.
b) amarela, verde e laranja.
c) verde, azul e marrom.
d) vermelha, amarela e verde.
e) vermelha, laranja e marrom.

23. (ENEM) Em visita a uma usina sucroalcooleira, um grupo de alunos pôde observar a série de processos de beneficiamento da cana-de-açúcar, entre os quais se destacam:

1. A cana chega cortada da lavoura por meio de caminhões e é despejada em mesas alimentadoras que a conduzem para as moendas. Antes de ser esmagada para a retirada do caldo açucarado, toda a cana é transportada por esteiras e passada por um eletroímã para a retirada de materiais metálicos.

2. Após se esmagar a cana, o bagaço segue para as caldeiras, que geram vapor e energia para toda a usina.

3. O caldo primário, resultante do esmagamento, é passado por filtros e sofre tratamento para transformar-se em açúcar refinado e etanol.

Com base nos destaques da observação dos alunos, quais operações físicas de separação de materiais foram realizadas nas etapas de beneficiamento da cana-de-açúcar?

a) Separação mecânica, extração, decantação.
b) Separação magnética, combustão, filtração.
c) Separação magnética, extração, filtração.
d) Imantação, combustão, peneiração.
e) Imantação, destilação, filtração.

24. (MACKENZIE – SP) Durante a realização de uma aula prática, a respeito da separação de misturas, o professor trouxe aos alunos três frascos **A**, **B** e **C**, contendo as seguintes misturas binárias:

A: Líquida homogênea, cujos pontos de ebulição diferem em 25°C.

B: Sólida heterogênea, composta por naftalina (naftaleno) moída e areia.

C: Sólido-líquida homogênea, composta por NaCl e água.

Assinale a alternativa que contém, respectivamente, os processos utilizados para a separação inequívoca dos componentes das misturas **A**, **B** e **C**.

a) destilação simples, sublimação e filtração.
b) evaporação, catação e destilação fracionada.
c) destilação fracionada, separação magnética e destilação simples.
d) destilação fracionada, sublimação e destilação simples.
e) destilação simples, evaporação e destilação fracionada.

25. (IME – RJ) Uma mistura "A", cuja composição percentual volumétrica é de 95% de água e 5% de álcool etílico, está contida no bécher 1. Uma mistura "B", cuja composição percentual volumétrica é de 95% de água e 5% de gasolina, está contida no bécher 2. Essas misturas são postas em repouso a 25 °C e 1 atm, tempo suficiente para se estabelecer, em cada bécher, a situação de equilíbrio. Em seguida, aproximam-se chamas sobre as superfícies de ambas as misturas. O que ocorrerá?

a) Nada, ou seja, não ocorrerá combustão em nenhuma das superfícies devido à grande similaridade de polaridade e densidade entre os líquidos.

b) Nada, ou seja, não ocorrerá combustão em nenhuma das superfícies devido à grande diferença de polaridade e densidade entre os líquidos.

c) Ambas as superfícies entrarão em combustão, simultaneamente, devido à elevada diferença de polaridade e densidade entre os três líquidos.

d) Ocorrerá combustão somente sobre a superfície líquida no bécher 1, devido à diferença de polaridade e densidade entre os líquidos.

e) Ocorrerá combustão somente sobre a superfície líquida no bécher 2, devido à diferença de polaridade e densidade entre os líquidos.

Capítulo 21
Alotropia. Cristal Covalente. Macromoléculas.

1. Conceito

Através do conhecimento das fórmulas das substâncias, os químicos perceberam que certas substâncias simples diferentes são formadas pelo mesmo elemento químico. Exemplo: O_2 (gás oxigênio), O_3 (ozônio).

Esse fenômeno foi chamado de **alotropia** e as substâncias simples diferentes foram denominadas de *formas* ou *variedades alotrópicas*.

Conclusão:

> **Alotropia** é o fenômeno que ocorre quando um elemento químico forma duas ou mais substâncias simples diferentes (variedades ou formas alotrópicas).

2. A alotropia do elemento oxigênio

2.1 A descoberta do gás oxigênio (O_2)

Scheele (suéco), Priestley (inglês) e Lavoisier (francês), nessa ordem, obtiveram o gás oxigênio através do aquecimento de substâncias oxigenadas. No mesmo recipiente de reação foi colocada uma vela acesa ou um ratinho.

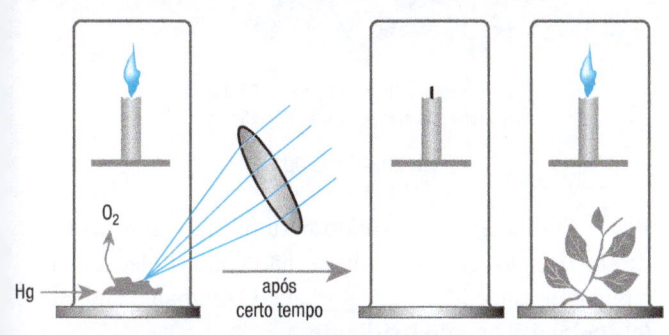

A explicação de Lavoisier sobre a experiência foi a mais correta.

O ar atmosférico não é um gás único, mas uma mistura de dois ou mais gases. 20% do ar normal é formado por um gás que sustenta a chama da vela (ou pode ser respirado pelo ratinho). A combustão (ou a respiração) consome o gás respirável, formando um gás diferente que vai gradualmente enchendo a campânula. Quando todo o gás respirável é consumido e transformado no outro gás, a vela apaga ou o ratinho morre. O aquecimento do mercúrio calcinado ou a presença de uma planta na campânula produzem o gás respirável, mantendo a vela acesa ou o ratinho vivo. Esse gás respirável, que equivale a 20% do ar normal, é o gás oxigênio.

O cientista francês deu a esse componente do ar o nome de oxigênio (do grego "produzir um ácido"), porque acreditava que o oxigênio estava presente em todos os ácidos.

Aplicações: comburente (alimenta a combustão), balão de oxigênio (hospitais), balão de mergulho misturado com hélio.

2.2 A camada de ozônio (O_3)

O Sol emite, para a Terra, partículas como prótons, elétrons, nêutrons etc. e também muita energia.

Do total de energia que nos chega do Sol, cerca de 46% correspondem à luz visível; 45%, à radiação infravermelha (emitida por corpos aquecidos); e 9%, a radiação ultravioleta (prejudicial a quase todas as formas de vida, ela pode romper ligações C — H nos compostos orgânicos, causando alterações fisiológicas nos organismos, responsável pelas queimaduras de praia, pois consegue dissociar moléculas de água).

Na estratosfera (camada atmosférica situada entre 15 e 50 km de altura), o ozônio forma-se a partir do O_2, em duas etapas:

I. $O_2(g) \xrightarrow{UV} O(g) + O(g)$ UV = radiação ultravioleta

II. $O(g) + O_2(g) \longrightarrow O_3(g)$.

Equação global (obtida pela soma da equação I com a equação II multiplicada por 2):

$$3\ O_2(g) \longrightarrow 2\ O_3(g)$$

Essa quantidade de O_3 formada na estratosfera foi chamada de **camada de ozônio.**

O O_3, sob a ação da UV, decompõe-se regenerando o O_2.

$$O_3(g) \xrightarrow{UV} O(g) + O_2(g)$$

Na estratosfera, a formação e a decomposição do O_3 ocorrem aproximadamente com a mesma velocidade, de tal forma que a quantidade de O_3 nessa região permanece constante.

A presença de O_3 na estratosfera impede que cerca de 95% da radiação ultravioleta atinja a superfície.

A decomposição do O_3 pode ser acelerada na presença de NO (produzido naturalmente na atmosfera por relâmpagos e na combustão em motores de jato) e por átomos de Cl provenientes de compostos chamados de clorofluorocarbonetos (CFC) ou freons que eram usados como propelentes de aerossóis e como líquidos de refrigeração nas geladeiras e condicionadores de ar.

$$Cl-\underset{\underset{F}{|}}{\overset{\overset{Cl}{|}}{C}}-F \quad \text{diclorodifluorometano}$$

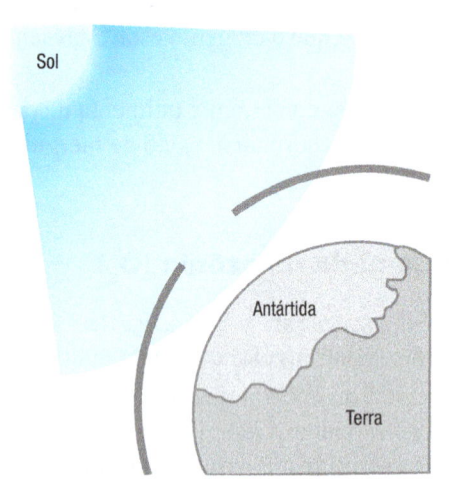

Diminuição da camada de ozônio.

Essa diminuição da camada de ozônio pode causar:
- aumento do número de casos de câncer de pele
- aumento do número de catarata e cegueira
- alterações genéticas em muitas espécies vegetais
- diminuição da quantidade de fitoplâncton (organismos microscópicos vegetais) existentes na água do mar e água doce.

O ozônio na troposfera (baixa atmosfera, próximo à superfície da Terra) é um poluente. O ozônio provoca problemas pulmonares, irritação nos olhos, queima das folhas, corrosão da borracha etc.

Aplicação: desinfecção de água, processos de branqueamento, descontaminação do ar nos hospitais e velórios, processos de síntese etc.

As formas alotrópicas do oxigênio diferem na **atomocidade**, isto é, número de átomos igual a 2 (O_2) e 3 (O_3), respectivamente.

3. A alotropia do elemento carbono

Atualmente, o elemento carbono apresenta cinco formas alotrópicas: **diamante**, **grafita**, **fulerenos**, **nanotubos** e **grafeno**.

3.1 Cristal covalente do diamante

Verifica-se experimentalmente que, no cristal do diamante, **cada átomo de carbono está ligado a 4 outros átomos de carbono através da ligação covalente.**

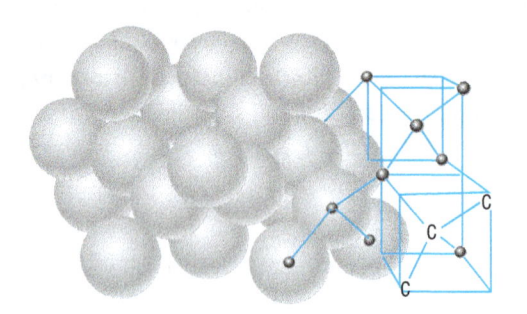

Cristal de diamante.

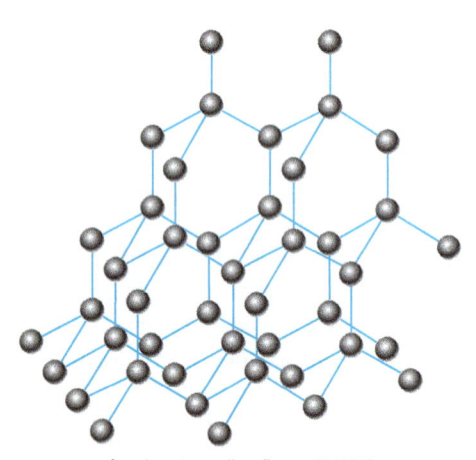

ângulo entre as ligações = 109°28'
comprimento entre C — C = 154 pm

Diamante: C ou C_n.

O diamante é o sólido natural mais duro (difícil de ser riscado) que se conhece; não conduz eletricidade e tem densidade igual a 2,34 g/cm³. O diamante lapidado (cortado) é chamado **brilhante**.

O **diamante sintético** é normalmente produzido quando se submete a grafita a temperaturas e pressões elevadas. Além da confecção de joias, é usado em ferramentas de corte e perfuração para achar petróleo.

O diamante é um **cristal covalente**, pois é a própria macromolécula com os átomos ligados por covalência (C_n ou C).

3.2 Cristal covalente da grafita

Verifica-se experimentalmente que, na grafita, cada **átomo de carbono possui 3 carbonos vizinhos**, sendo 2 ligações simples e uma dupla em determinada camada hexagonal de átomos. Em cada camada, os átomos se unem muito fortemente (covalente), formando uma macromolécula.

As camadas ficam acumuladas umas sobre as outras, já mais distanciadas e a atração entre essas camadas já é bastante fraca (London).

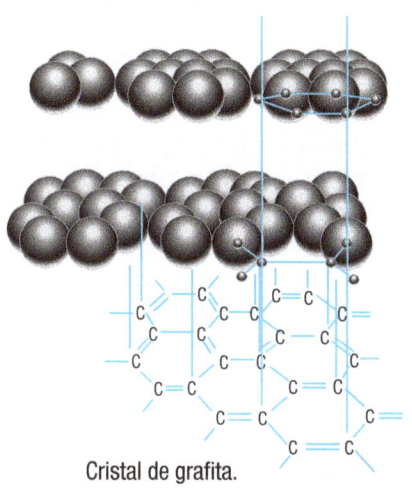

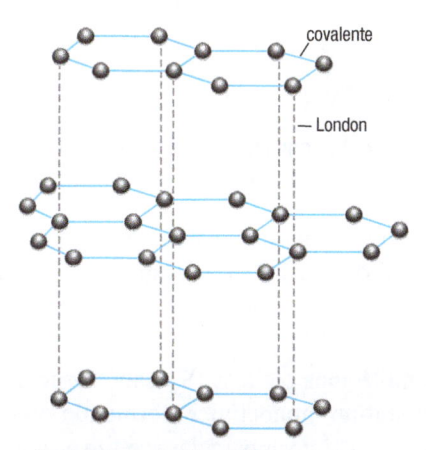

Cristal de grafita.

ângulo entre as ligações: 120°
comprimento C – C nas camadas: 141 pm
comprimento C – C entre as camadas: 335 pm

A grafita é um sólido mole (usado nos lápis e como lubrificante seco), pois as camadas podem deslizar-se umas sobre as outras.

A grafita conduz a eletricidade (usada como eletrodo), pois os elétrons nas camadas podem mover-se livremente. A densidade é igual a 2,25 g/cm³.

A grafita é um **cristal covalente** pois as camadas hexagonais formam a macromolécula (C_n ou C).

3.3 Química dos fulerenos

Em 1985, Curl, Smalley e Kroto, ao vaporizar grafita por meio de um feixe de radiação laser como produto principal, obtiveram uma molécula que continha 60 átomos de carbono, C_{60}, e outros produtos como C_{70}, C_{120}, C_{240}.

O C_{60} é uma molécula tridimensional, na qual 60 átomos formam uma esfera com **12 pentágonos** e **20 hexágonos**, como uma bola de futebol. O C_{60} foi chamado de *buckyball* ou futeboleno.

Os químicos usam o nome de **fulerenos** (homenagem ao engenheiro R. Fuller) para essas novas formas alotrópicas do carbono.

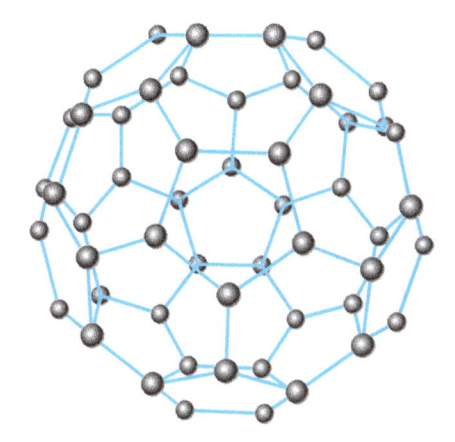

Estrutura do C_{60}: 12 pentágonos e 20 hexágonos.

A molécula do C_{60} foi recentemente ligada a uma molécula de nicotina para produzir um composto que é ativo contra muitos organismos patogênicos.

3.4 Química dos nanotubos

Pouco depois da descoberta das moléculas de C_{60}, descobriu-se tubos longos de átomos de carbono nas aparas (pontas) da descarga entre eletrodos de carbono. Devido as suas dimensões minúsculas, eles passaram a ser chamados de nanotubos.

O nanotubo é formado por átomos de carbono ligados, formando hexágonos. Compare o nanotubo com uma tela de galinheiro, formada por hexágonos e enrolada, formando um cilindro, mantendo-se as devidas proporções. Para fechar a estrutura nas extremidades, é necessário que os átomos de carbono formem alguns pentágonos.

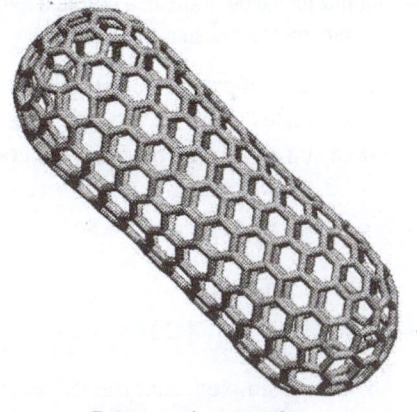

Estrutura do nanotubo.

A nanotecnologia é a ciência dedicada a projetos em escalas de nanômetro, ou seja, 10^{-9} m.

As pesquisas, nessa área, têm levado ao desenvolvimento de novos materiais nanoestruturados, que podem ser aplicados em eletrônica molecular, bioengenharia, computação quântica, nanorrobótica, nanoquímica etc.

Os nanotubos misturados com polímeros (ou plásticos) têm grande dureza e condutividade elétrica. Assim, tais nanotubos comportam-se como metais.

3.5 Química dos grafenos

Em 2004, um grupo da Universidade de Manchester conseguiu obter **uma única camada de grafita** ao esfregar grafita numa placa de vidro. Essa pilha foi chamada de grafeno.

O **grafeno** é uma camada de átomos de carbono com espessura de apenas um átomo, reunidos em uma estrutura cristalina hexagonal (o material mais fino).

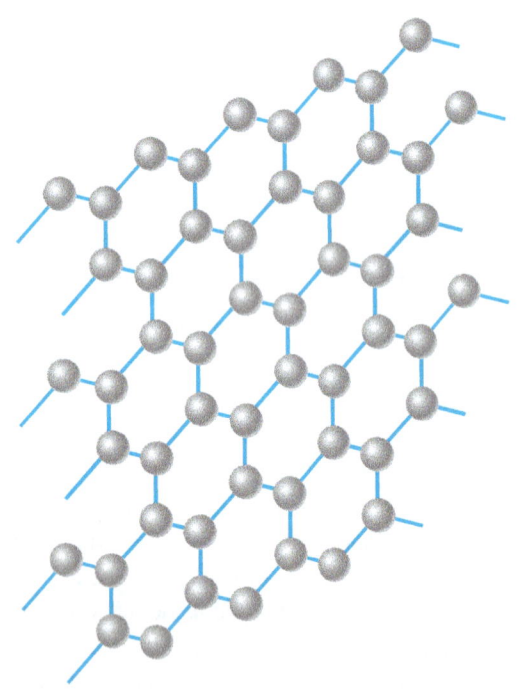

Estrutura hexagonal do grafeno; a grafita é feita de camadas empilhadas de grafeno.

Recentemente, empresas de semicondutores estiveram realizando testes a fim de substituir o silício pelo grafeno devido à sua altíssima eficiência em comparação ao silício.

4. A alotropia do elemento enxofre

A substância simples enxofre (S) é encontrada em vastos leitos subterrâneos, inclusive no petróleo. O enxofre é um sólido amarelo conhecido como **enxofre rômbico** e é solúvel em solventes não polares, como CS_2 e CCl_4.

A molécula é cíclica, isto é, consiste em um anel de oito átomos de enxofre com forma de coroa (S_8). Os químicos usam S em vez de S_8 por comodidade.

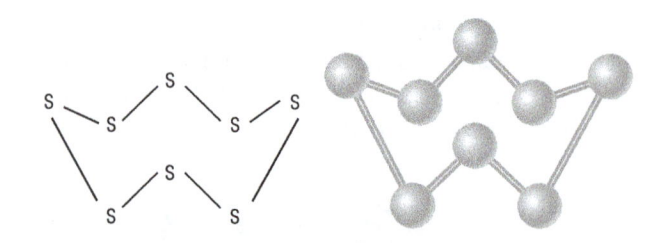

As moléculas cíclicas (S_8) são empacotadas num **retículo cristalino ortorrômbico**, formando o cristal molecular. As forças intermoleculares entre as moléculas S_8 (apolar) são as forças de London.

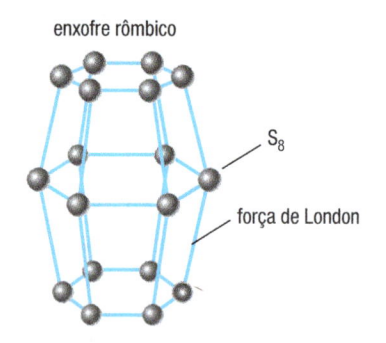

enxofre rômbico

O cristal molecular é formado por uma grande quantidade de romboedros.

Quando o **enxofre rômbico** é aquecido lentamente, transforma-se no **enxofre monoclínico** a 96 °C.

$$S_{rômbico} \xrightarrow{96\,°C} S_{monoclínico}$$

As moléculas cíclicas (S_8) são empacotadas num retículo cristalino monoclínico, formando o cristal molecular. As forças intermoleculares entre as moléculas S_8 (apolar) são as forças de London.

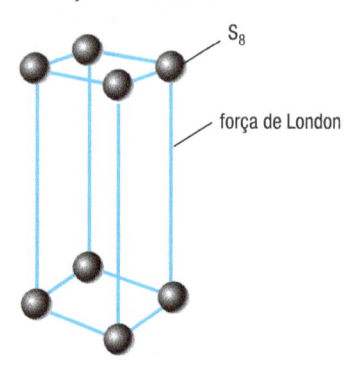

Essa estrutura se repete em todo o cristal molecular.

O uso maior do enxofre é na produção do ácido sulfúrico, H_2SO_4, composto líder da indústria química.

5. A alotropia do elemento fósforo

O elemento fósforo é encontrado na natureza na forma de fosfatos, por exemplo, $Ca_3(PO_4)_2$ (rocha de fosfato) e $Ca_5F(PO_4)_3$ (apatita). O fósforo também é essencial à vida, como constituinte dos ossos e dentes.

O elemento fósforo apresenta vários alótropos, sendo os mais importantes o **fósforo branco** e o **fósforo vermelho**.

O **fósforo branco** é uma substância muito reativa, venenosa, volátil, branco-amarelada. É muito solúvel em solventes não polares como o benzeno, C_6H_6, e dissulfeto de carbono, CS_2.

A molécula do **fósforo branco** consiste em quatro átomos de fósforo, P_4, organizados de modo que os átomos de fósforo estão localizados nos vértices de um tetraedro.

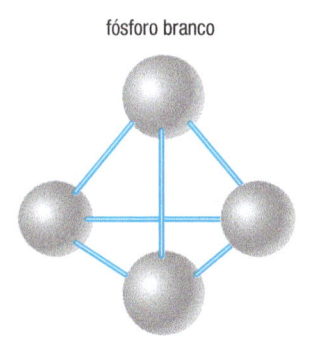

fósforo branco

No cristal molecular temos uma grande quantidade de tetraedros unidos pelas forças de London.

O **fósforo branco** deve ser guardado debaixo de água para impedir que se inflame espontaneamente ao ar, emitindo luz, fenômeno chamado de **fosforescência**.

$$P_4 + 5\ O_2 \longrightarrow P_4O_{10} + luz$$

Uma outra variedade alotrópica é o **fósforo vermelho**, que é obtido através do aquecimento do fósforo branco.

$$P_{branco} \xrightarrow{\Delta} P_{vermelho}$$

O **fósforo vermelho (Pn)** é uma macromolécula, pois as unidades tetraédricas P_4 estão ligadas covalentemente umas às outras, formando o **cristal covalente**.

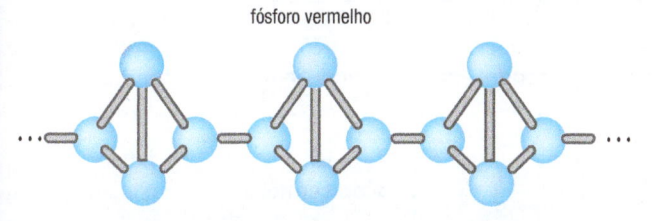

fósforo vermelho

Cristal covalente: várias unidades tetraédricas.

Ambas as formas do fósforo são usadas comercialmente. O fósforo branco é oxidado para formar P_4O_{10}, que por sua vez reage com água dando ácido fosfórico (H_3PO_4) puro. Este ácido é então usado em produtos alimentícios, como, por exemplo, em refrigerantes. O fósforo vermelho é usado na indústria de fósforos de segurança, pois ao ser atritado transforma-se em fósforo branco, o qual, em contato com ar, inflama-se; o calor liberado inicia a queima do palito de fósforo.

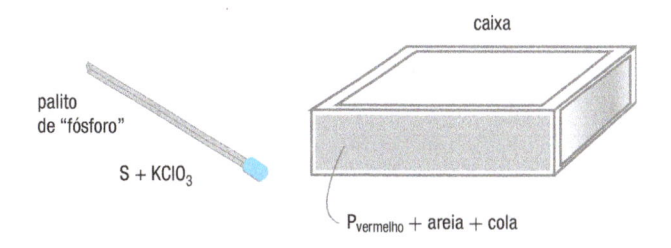

palito de "fósforo"
$S + KClO_3$
caixa
$P_{vermelho}$ + areia + cola

$$2\ KClO_3 \xrightarrow{calor} 2\ KCl + 3\ O_2$$
$$S + O_2 \longrightarrow SO_2$$

6. Cristal covalente do dióxido de silício ou sílica: SiO_2

O silício existe na natureza principalmente como dióxido de silício, SiO_2, na forma de **quartzo** (cristal) e **areia** (sólido em pó). Os químicos usam SiO_2 em vez de $(SiO_2)_n$, pois é uma macromolécula.

Cristal de quartzo.

Cada átomo de silício liga-se a 4 átomos de oxigênio; cada átomo de oxigênio liga-se a 2 átomos de silício.

No cristal covalente da sílica, os átomos de silício e de oxigênio estão na proporção de 1 : 2, ligados tridimensionalmente por ligações covalentes. Os átomos de silício estão localizados nos centros de tetraedros e os átomos de oxigênio nos seus vértices. O retículo cristalino de sílica é semelhante ao do diamante.

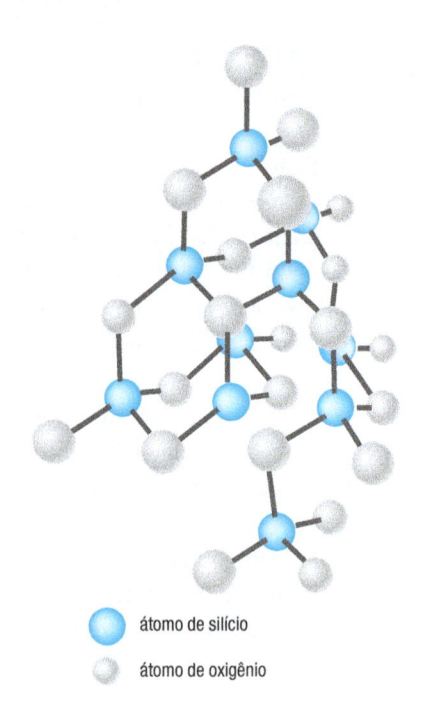

átomo de silício
átomo de oxigênio

7. Comparando as diferenças entre os tipos de cristal

	Cristais metálicos	Cristais iônicos	Cristais covalentes	Cristais moleculares		
partículas formadoras	cátions e elétrons livres	íons	átomos	moléculas		
ligação	metálica	iônica	covalente	covalente dentro das moléculas		
forças Intermoleculares	–	–	–	apolar London	polar dipolo-dipolo	polar ligações de hidrogênio
PF, PE	variáveis	altos	muito altos	baixos	baixos	baixos (porém os mais altos entre os moleculares)
solubilidade em solventes apolares	insolúveis	insolúveis	insolúveis	solúvel	insolúvel	insolúvel
solubilidade em solventes polares	insolúveis	solúveis ou pouco solúveis	insolúveis	insolúveis	solúveis	solúveis
condutividade elétrica no estado sólido	ótimos condutores	não conduzem	não conduzem (exceto grafita)	não conduzem	não conduzem	não conduzem
condutividade elétrica no estado fundido	ótimos condutores	bons condutores	não conduzem	não conduzem	não conduzem	não conduzem
exemplos	metais (Na, Ag, Cu, ...)	NaCl, KCl	diamante grafita sílica	I_2	ICl sólido vermelho	gelo glicose

Exercícios Série Prata

1. (UFS – SE) Alotropia é o fenômeno que envolve diferentes substâncias:
   a) simples, formadas pelo mesmo elemento químico.
   b) compostas, formadas por diferentes elementos químicos.
   c) simples, com a mesma atomicidade.
   d) compostas, com a mesma fórmula molecular.
   e) compostas, formadas pelos mesmos elementos químicos.

2. (COL. NAVAL) Dos elementos abaixo, qual pode formar duas substâncias simples diferentes?
   a) Oxigênio.
   b) Nitrogênio.
   c) Hélio.
   d) Flúor.
   e) Hidrogênio.

3. (FUNDAÇÃO CARLOS CHAGAS) Sobre substâncias simples são formuladas as seguintes proposições:
   I. são formadas por um único elemento químico;
   II. suas fórmulas são representadas por dois símbolos químicos;
   III. podem ocorrer na forma de variedades alotrópicas;
   IV. não podem formar misturas com substâncias compostas.

   São corretas:
   a) I e II.
   b) I e III.
   c) II e III.
   d) II e IV.
   e) III e IV.

4. (UNESP) Constituem variedades alotrópicas de um mesmo elemento:
   a) sódio e potássio.
   b) selênio e telúrio.
   c) oxigênio e enxofre.
   d) fósforo branco e fósforo vermelho.
   e) acetileno e etileno.

5. (UNICAP – PE) A camada de ozônio (O_3) que protege a vida na Terra da incidência dos raios ultravioleta é produzida na atmosfera superior pela ação de radiação solar de alta energia sobre moléculas de oxigênio, O_2. Assinale a alternativa correta:
   a) O ozônio e o oxigênio são alótropos.
   b) O ozônio é uma mistura.
   c) O ozônio e o oxigênio são substâncias compostas.
   d) O ozônio é mais estável que o oxigênio.
   e) Na atmosfera, há 21% de ozônio em volume.

6. (CFTMG) "No Brasil, o câncer mais frequente é o de pele, sendo que o seu maior agente etiológico é a radiação ultravioleta (UV) proveniente do sol. Em decorrência da destruição da camada de ozônio, os raios UV têm aumentado progressivamente sua incidência sobre a Terra."

Texto adaptado do INCA, 2009.

Em relação ao ozônio, afirma-se, corretamente, que é
   a) alótropo do O_2, por ser formado pelo mesmo elemento químico.
   b) isóbaro do monóxido de enxofre, porque possuem a mesma massa.
   c) isótopo do gás oxigênio, pois ambos têm o mesmo número atômico.
   d) substância pura composta, uma vez que se constitui de 3 átomos de oxigênio.

7. (PUC – MG) São elementos que apresentam formas alotrópicas:
   a) hidrogênio e oxigênio.
   b) fósforo e enxofre.
   c) carbono e nitrogênio.
   d) cálcio e silício.

8. (UFF – RJ) O oxigênio, fundamental à respiração dos animais, e o ozônio, gás que protege a Terra dos efeitos dos raios ultravioletas da luz solar, diferem quanto:

a) ao número de prótons dos átomos que entram em suas composições.
b) ao número atômico dos elementos químicos que os formam.
c) à configuração eletrônica dos átomos que os compõem.
d) à natureza dos elementos químicos que os originaram.
e) ao número de átomos que compõem suas moléculas.

9. (UFPel – RS – adaptada) O enxofre é uma substância simples cujas moléculas são formadas pela união de 8 átomos; logo, sua fórmula é S_8. Quando no estado sólido, forma cristais do sistema rômbico ou monoclínico, conforme figura a seguir.

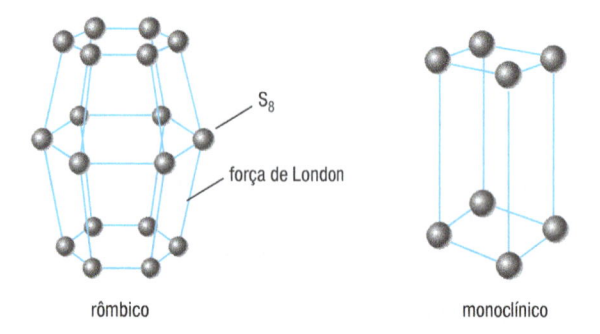

rômbico   monoclínico

A respeito do enxofre rômbico e do enxofre monoclínico é correto afirmar que eles se constituem em:

a) formas alotrópicas do elemento químico enxofre, cuja fórmula é S_8.
b) átomos isótopos do elemento químico enxofre, cujo símbolo é S.
c) átomos isótopos do elemento químico enxofre, cujo símbolo é S_8.
d) formas isobáricas do elemento químico enxofre, cujo símbolo é S.

10. Complete com **átomos**, **íons** e **moléculas**:

a) No cristal metálico temos um aglomerado de _____ na forma de cátions envoltos por um mar de elétrons.

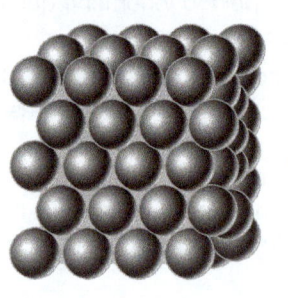

retículo cristalino do Al(s)

b) No cristal iônico temos um aglomerado de _____ .

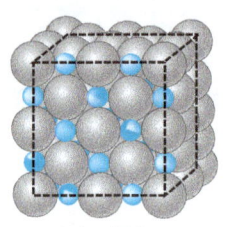

retículo cristalino do NaCl(s)

c) No cristal molecular temos um aglomerado de _____ ligados por forças intermoleculares.

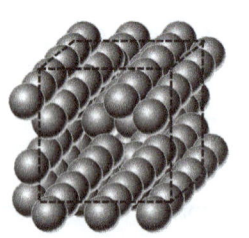

retículo cristalino do I_2(s)

d) No cristal covalente temos um aglomerado de _____ . ligados covalentemente formando uma macromolécula.

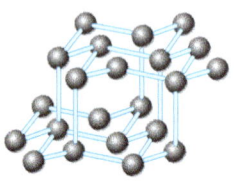

retículo cristalino do C (diamante)

11. Complete com **branco** ou **vermelho**.

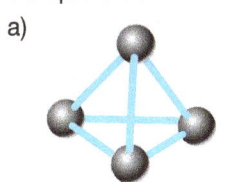

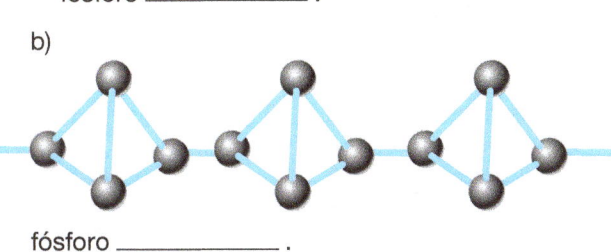

a) fósforo _____ .

b) fósforo _____ .

12. Complete com **3** ou **4**.

a) No diamante, cada átomo de carbono está ligado a _____ outros átomos de carbono através da ligação covalente, formando uma macromolécula.

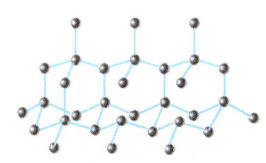

b) Na grafita, cada átomo de carbono está ligado a _____ outros átomos de carbono através da ligação covalente, formando uma camada de hexágonos (macromolécula).

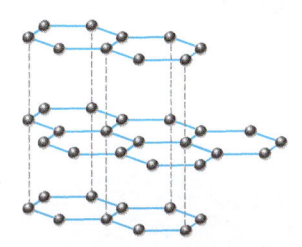

13. Complete com **grafita** ou **futeboleno**.

A molécula representada a seguir representa a substância simples _____ .

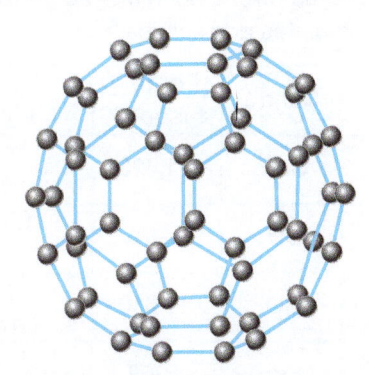

14. (UFPB) Em 1996, o Prêmio Nobel de Química foi concedido aos cientistas que descobriram uma molécula com a forma de uma bola de futebol, denominada fulereno (C_{60}). Além dessa substância, o grafite e o diamante também são constituídos de carbono. Os modelos moleculares dessas substâncias encontram-se representados a seguir.

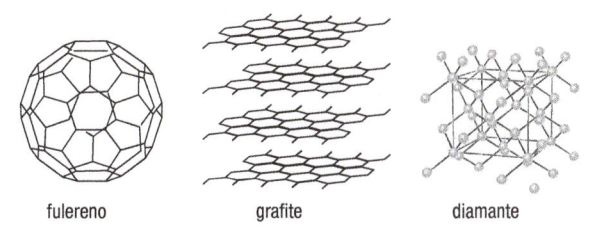

fulereno   grafite   diamante

A respeito dessas subtâncias, é correto afirmar que:

a) o grafite e o diamante apresentam propriedades físicas idênticas.
b) o fulereno, o grafite e o diamante são substâncias compostas.
c) o fulereno, o grafite e o diamante são isótopos.
d) o fulereno, o grafite e o diamante são alótropos.
e) o fulereno é uma mistura homogênea de átomos de carbono.

15. Complete com **covalente** ou **iônica**.

Conforme noticiado pela imprensa, "uma substância comum, mas em um formato incomum" rendeu aos cientistas de origem russa, Andre Geim e Konstantim Novoselov, o Prêmio Nobel de Física de 2010. A substância denominada grafeno, uma folha super-resistente de carbono isolada do grafite, de apenas um átomo de espessura, na qual os átomos estão arranjados em uma sucessão de hexágonos microscópicos, constitui o mais fino e forte material conhecido, sendo um excelente condutor de eletricidade e calor.

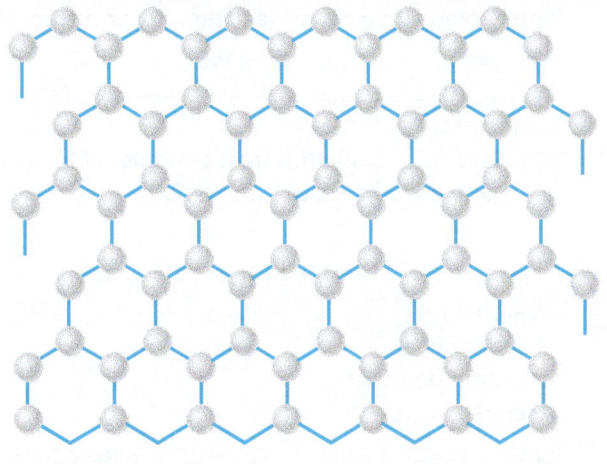

O Globo, 6 out. 2010.

A ligação entre os átomos de carbono no grafeno é _____ .

16. (CEFET – MG) Estudos relacionados ao grafeno concederam aos físicos *Andre Geim* e *Konstantin Novoselov* o Prêmio Nobel de Física de 2010. Esse material consiste de uma estrutura hexagonal de átomos de carbono, sendo duzentas vezes mais forte que o aço estrutural. NÃO é alótropo do grafeno a(o)

a) ozônio. c) fulereno.
b) grafite. d) diamante.

17. Complete com **do diamante** ou **da grafita**.

O cristal covalente da sílica é semelhante ao cristal _____

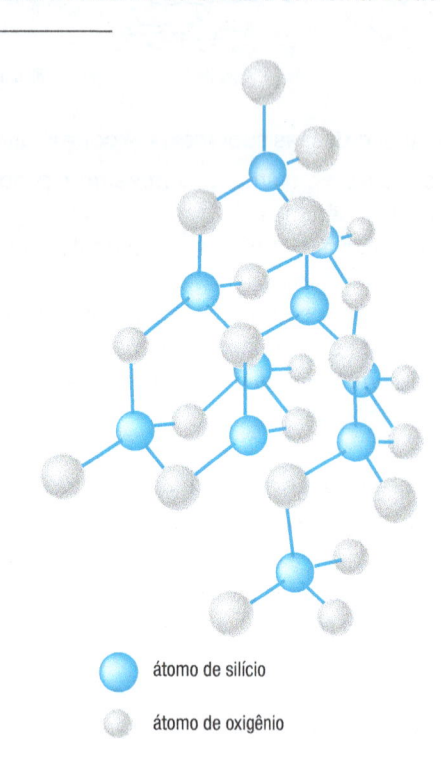

- átomo de silício
- átomo de oxigênio

18. Complete com **baixos** ou **altos**, **solúveis** ou **insolúveis**, **sim** ou **não**.

As substâncias que formam cristais covalentes apresentam em geral as seguintes propriedades.

a) Muito _____ PF e PE.
b) _____ nos solventes polares ou apolares.
c) _____ conduzem a corrente elétrica no estado sólido ou líquido (fundido).

19. (FUVEST – SP) Considere as substâncias:

I. argônio
II. diamante
III. cloreto de sódio
IV. água

Entre elas, apresentam ligações covalentes apenas:

a) I e II   d) II e IV
b) I e III   e) III e IV
c) II e III

20. (ENG. SANTOS – SP) As grades cristalinas das três substâncias cloreto de sódio, enxofre e zinco apresentam, respectivamente, em seus nós:

a) íons, moléculas e átomos;
b) íons, átomos e moléculas;
c) moléculas, átomos e íons;
d) átomos, moléculas e íons;
e) moléculas, moléculas e átomos.

21. A tabela abaixo apresenta algumas características dos cristais sólidos A, B, C e D, que podem ser classificados, respectivamente, como:

Cristais	Força de ligação	Condutibilidade	Ponto de fusão
A	van der Waals	isolante	baixo (volátil)
B	atração eletrostática	isolante	regularmente alto
C	elétrons	não condutor	muito alto
D	atração elétrica entre íons positivos e elétrons	bom condutor	de moderado a muito alto

a) metal, covalente, molecular, iônico.
b) iônico, molecular, covalente, metal.
c) molecular, iônico, covalente, metal.
d) molecular, iônico, metal, covalente.
e) covalente, iônico, molecular, metal.

22. (UFRG – RS) Analise os dados da tabela seguinte em relação às forças de interação entre as unidades constituintes dos sólidos.

Sólido		Ponto de fusão (°C)	Tipo de interação
1	CaF_2	1.423	ligações iônicas
2	CH_4	–182	forças de London
3	SiO_2	1.610	ligações covalentes
4	Ag	962	ligações metálicas

A ordem crescente das forças de interação, nesses sólidos, é:

a) 1, 3, 2, 4.
b) 2, 3, 1, 4.
c) 2, 4, 1, 3.
d) 3, 1, 4, 2.
e) 4, 2, 3, 1.

23. (EEM – SP) Uma substância A conduz a corrente elétrica quando fundida ou quando em solução aquosa. Outra substância, B, só a conduz em solução de solvente apropriada. E uma terceira, C, a conduz no estado sólido. Qual o tipo de ligação existente em cada uma das substâncias A, B e C?

24. (UFMG) Um estudante fez testes para conhecer algumas propriedades físicas, no estado sólido, de cloreto de sódio, diamante, gelo e iodo.

Qual a alternativa que indica corretamente os resultados encontrados pelo estudante?

a) Cloreto de sódio: conduz corrente elétrica e decompõe-se sob aquecimento em bico de gás.
b) Diamante: é isolante elétrico e sublima-se sob aquecimento em bico de gás.
c) Gelo: conduz corrente elétrica e funde-se sob aquecimento em bico de gás.
d) Iodo: é isolante elétrico e sublima-se sob aquecimento em bico de gás.

Exercícios Série Ouro

1. (VUNESP) Os recém-descobertos fulerenos são formas alotrópicas do elemento químico carbono. Outras formas alotrópicas do carbono são:

a) isótopos de carbono-13.
b) calcário e mármore.
c) silício e germânico.
d) monóxido e dióxido de carbono.
e) diamante e grafite.

2. (UESPI) O elemento químico fósforo pode ser encontrado na forma de duas substâncias simples: o fósforo branco, que é usado na produção de bombas de fumaça e cuja inalação provoca necrose dos ossos; e o fósforo vermelho, que é utilizado na fabricação de fósforo de segurança e se encontra na tarja da caixa e, não no palito. Sobre o fósforo, assinale a alternativa correta.

a) Estas duas formas de apresentação do fósforo são chamadas de alotrópicas.
b) Estas duas formas de apresentação do fósforo são chamadas de isotérmicas.
c) A diferença entre as duas formas de fósforo reside somente no estado físico.
d) O fósforo se apresenta na natureza em duas formas, chamadas de isobáricas.
e) Estas duas formas de apresentação do fósforo são chamadas de isotópicas.

3. (MACKENZIE – SP – adaptada) Uma ferramenta originalmente desenvolvida para computadores quânticos agora é capaz de mapear mudanças de temperatura dentro de uma célula viva. A técnica explora efeitos quânticos em minúsculos cristais de diamante, ou "nanodiamantes", para detectar alterações de alguns milésimos de grau. Além disso, os pesquisadores conseguiram aquecer partes selecionadas da célula com um laser. O diamante revelou ser um material útil para lidar com informações quânticas, armazenando qubits (bit quântico) em sua estrutura de cristais de carbono como se fossem elétrons de impurezas. Tipicamente, as impurezas compreendem um átomo de nitrogênio que substituiu um dos átomos de carbono e uma lacuna, ou "vaga", de um único átomo ao lado do nitrogênio.

Os pesquisadores manipularam com sucesso esses "ocos" de nitrogênio — o que foi um passo para usá-los para realizar cálculos quânticos. Como os elétrons do nitrogênio são extremamente sensíveis a campos magnéticos, os cristais de diamante também se mostraram promissores para o imageamento por ressonância magnética.

http://www2.uol.com.br/sciam/noticias/nanotermometro_mede_temperatura_de_celulas_vivas.html

Como base nos seus conhecimentos, é INCORRETO afirmar que o diamante

a) é formado por átomos de carbono.
b) é uma variedade alotrópica do elemento carbono.
c) é um isótopo do átomo de carbono-12.
d) tem sua disposição estrutural geométrica diferente da estrutura geométrica do grafite.
e) apresenta propriedades físico-químicas diferentes das propriedades do grafite.

4. (FEI – SP) Uma das preocupações com a qualidade de vida do nosso planeta é a diminuição da camada de ozônio, substância que filtra os raios ultravioleta do Sol, que são nocivos à nossa saúde. Assinale a única alternativa falsa referente ao ozônio.

a) É uma mólecula triatômica.
b) É uma forma alotrópica do gás oxigênio.
c) É uma substância molecular.
d) É um isótopo do elemento oxigênio.
e) Possui ligações covalentes.

5. (MACKENZIE – SP)

I. Carbono diamante e carbono grafite.
II. Dióxido de nitrogênio e monóxido de dinitrogênio.
III. Enxofre rômbico e enxofre monoclínico.

Alotropia é o fenômeno observado quando um elemento químico forma substâncias simples diferentes. Nos conjuntos acima, são observadas variedades alotrópicas em:

a) I, II e III.
b) I e III, somente.
c) I e II, somente.
d) I, somente.
e) II e III, somente.

6. (UFMT) Em 1974, Mário J. Molina e F. Sherwood Rowland lançaram uma ideia explosiva: baseados em cálculos teóricos, levantaram a hipótese de que o cloro proveniente de clorofluorcarbonos (compostos gasosos de carbono contendo cloro flúor) poderia destruir o ozônio estratosférico. Esses gases, conhecidos como Freons ou pela sigla CFC, são utilizados principalmente como substâncias refrigerantes em geladeiras, condicionadores de ar etc. e, na época, eram empregados como propelentes em frascos de aerossóis.

Julgue os itens como verdadeiros ou falsos:

0. O oxigênio é um exemplo de substância simples.
1. O ozônio tem fórmula molecular O_2.
2. O ozônio é um gás que protege a Terra dos efeitos dos raios ultravioleta da luz solar.
3. O oxigênio e o ozônio diferem quanto ao número atômico dos elementos químicos que os formam.

7. (UNICAMP – SP) Há poucos anos, cientistas descobriram que está ocorrendo um fenômeno que pode afetar muito o equilíbrio da biosfera da Terra. Por esta contribuição, os químicos Mário Molina, Paul Crutzen e F. Sherwood Rowland receberam o Prêmio Nobel de Química em 1995.

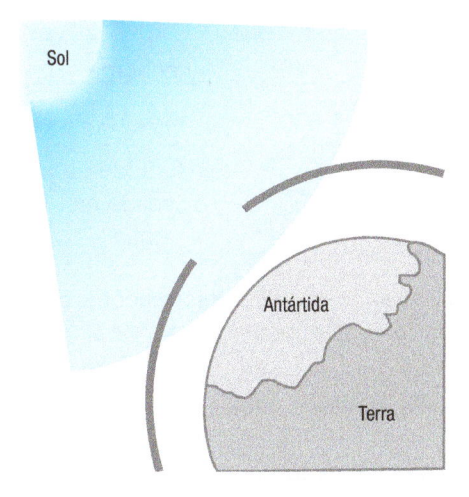

Este fenômeno está esquematizado na figura e, em termos químicos, pode ser representado de maneira simples pelas seguintes equações químicas:

I. $CF_2Cl_2(g) \rightarrow Cl(g) + CF_2Cl(g)$
II. $Cl_2(g) + O_3(g) \rightarrow ClO(g) + O_2(g)$
III. $ClO(g) + O(g) \rightarrow Cl(g) + O_2(g)$

a) Que fenômeno é este?
b) Considerando as equações químicas acima, qual é a substância, resultante da atividade humana, que provoca este fenômeno?
c) Pode-se dizer que esses fenômenos levam à formação de um alótropo para outro? Justifique.

8. Considere o seguinte modelo molecular, em que as esferas correspondem a átomos de carbono:

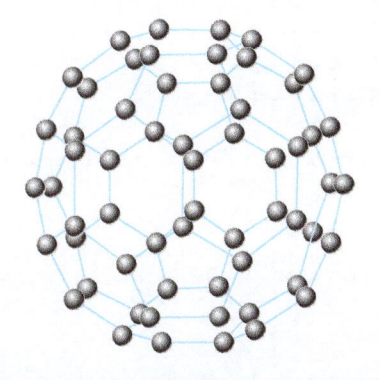

Sobre ele, foram feitas cinco afirmações:

I. Representa um fulereno.
II. Representa uma *buckyball*.
III. Representa um alótropo do carbono.
IV. Representa uma substância simples.
V. Representa uma substância descoberta antes dos nanotubos de carbono.

Estão corretas:

a) apenas I e II.
b) apenas I e III.
c) apenas II e V.
d) apenas III, IV e V.
e) todas.

9. (PUC – RS) Para responder à questão, analise o texto a seguir.

O diamante é uma conhecida forma do carbono, um _____ químico, notável pela sua beleza e muito valorizado em joalheria. Na sua forma mais conhecida, os diamantes apresentam-se como cristais brilhantes, transparentes e incolores, mas também existem diamantes de cores variadas, como amarelos, azuis, rosados e mesmo pretos, cuja cor decorre da presença de impurezas no retículo cristalino. Outra característica notável do diamante é sua elevada dureza, que decorre de fortes ligações _____ entre seus átomos. Há um ditado que diz que os diamantes são eternos. Nada mais longe da verdade: quando um diamante é aquecido, ele reage com o oxigênio do ar e produz _____ .

A alternativa que preenche correta e respectivamente as lacunas do texto é:

a) elemento – covalentes polares – monóxido de carbono
b) composto – iônicas – grafeno
c) elemento – covalentes apolares – metano
d) composto – covalentes polares – gás carbônico
e) elemento – covalentes apolares – dióxido de carbono

10. (FGV – SP) Abaixo, são fornecidas as células unitárias de três sólidos, I, II e III.

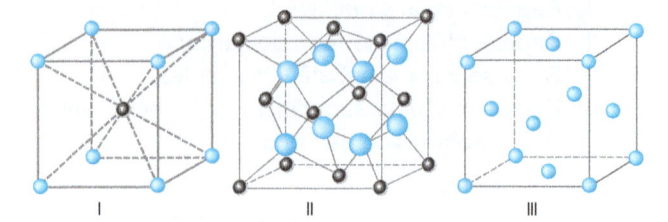

A temperatura de fusão do sólido III é 1.722 °C e a do sólido II é bem superior ao do sólido I. Quando dissolvido em água, o sólido I apresenta condutividade. Pode-se concluir que os sólidos I, II e III são, respectivamente, sólidos

a) covalente, iônico e metálico.
b) iônico, covalente e metálico.
c) iônico, molecular e metálico.
d) molecular, covalente e iônico.
e) molecular, iônico e covalente.

11. (FUVEST – SP) A figura abaixo traz um modelo da estrutura microscópica de determinada substância no estado sólido, estendendo-se pelas três dimensões do espaço. Nesse modelo, cada esfera representa um átomo e cada bastão, uma ligação química entre dois átomos.

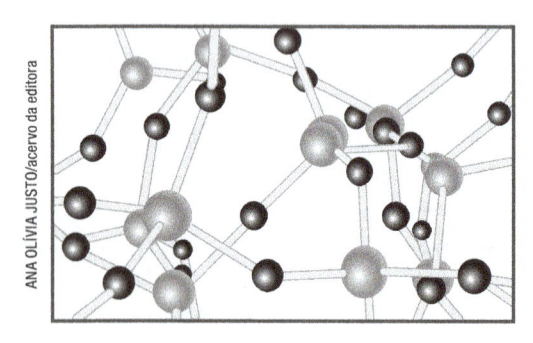

A substância representada por esse modelo tridimensional pode ser

a) sílica, $(SiO_2)_n$.
b) diamante, C.
c) cloreto de sódio, NaCl.
d) zinco metálico, Zn.
e) celulose, $(C_6H_{10}O_5)_n$.

12. (PUC – MG) Analise a tabela, que mostra propriedades de três substâncias X, Y e Z, em condições ambientes.

Substância	Temperatura de fusão (°C)	Condutibilidade elétrica	Solubilidade na água
X	146	nenhuma	solúvel
Y	1.600	elevada	insolúvel
Z	800	só fundido ou dissolvido na água	solúvel

Considerando-se essas informações, é **CORRETO** afirmar que as substâncias X, Y e Z são respectivamente:

a) iônica, metálica, molecular.
b) molecular, iônica, metálica.
c) molecular, metálica, iônica.
d) iônica, molecular, metálica.

13. (UFRGS – RS) A coluna I, a seguir, apresenta quatro tipos de substâncias sólidas; a coluna II, cinco exemplos dessas substâncias.

Associe adequadamente todos os itens da coluna I aos respectivos itens da coluna II.

COLUNA I   COLUNA II
1- metálica   ( ) fluoreto de sódio
2- iônica   ( ) sílica
3- molecular   ( ) glicose
4- covalente   ( ) cromo
                        ( ) grafite

A sequência **CORRETA** de preenchimento dos parênteses, de cima para baixo, é

a) 1 – 1 – 2 – 4 – 3.
b) 2 – 1 – 4 – 3 – 1.
c) 2 – 4 – 3 – 1 – 4.
d) 3 – 1 – 4 – 1 – 2.
e) 4 – 3 – 1 – 4 – 1.

14. (UFRGS – RS) Nas substâncias CO_2, CaO, C e CsF, os tipos de ligações químicas predominantes são respectivamente,

a) a covalente, a iônica, a covalente e a iônica.
b) a covalente, a covalente, a metálica e a iônica.
c) a iônica, a covalente, a covalente e a covalente.
d) a iônica, a iônica, a metálica e a covalente.
e) a covalente, a covalente, a covalente e a iônica.

15. (UNIFESP) A tabela apresenta algumas propriedades medidas, sob condições experimentais adequadas, dos compostos X, Y e Z.

Composto	Dureza	Ponto de fusão (°C)	Condutibilidade elétrica	
			Fase sólida	Fase líquida
X	macio	115	não conduz	não conduz
Y	muito duro	1.600	não conduz	não conduz
Z	duro	800	não conduz	conduz

A partir desses resultados, podem-se classificar os compostos X, Y e Z, respectivamente, como sólidos:

a) molecular, covalente e metálico.
b) molecular, covalente e iônico.
c) covalente, molecular e iônico.
d) covalente, metálico e iônico.
e) iônico, covalente e molecular.

16. (PUC – SP) Analise as propriedades físicas na tabela abaixo:

Amostra	Ponto de fusão	Ponto de ebulição	Condução de corrente elétrica	
			a 25 °C	a 1.000 °C
A	801 °C	1.413 °C	isolante	condutor
B	43 °C	182 °C	isolante	–
C	1.535 °C	2.780 °C	condutor	condutor
D	1.248 °C	2.250 °C	isolante	isolante

Segundo os modelos de ligação química, A, B, C e D podem ser classificados, respectivamente, como:

a) composto iônico, metal, substância molecular, metal.
b) metal, composto iônico, composto iônico, substância molecular.
c) composto iônico, substância molecular, metal, metal.
d) substância molecular, composto iônico, composto iônico, metal.
e) composto iônico, substância molecular, metal, composto iônico.

17. (ITA – SP) Na tabela a seguir são mostrados os valores de temperatura de fusão de algumas substâncias

Substância	Temperatura de fusão (°C)
bromo	–7
água	0
sódio	98
brometo de sódio	747
sílica	1.414

Em termos dos tipos de interação presentes em cada substância, justifique a ordem crescente de temperatura de fusão das substâncias listadas.

Capítulo 22

Equação Química: Forma Elegante de Representar uma Reação Química

1. Recordando: o que é uma reação química

Os átomos dos elementos permanecem inalterados nas reações químicas; nestes há apenas um rearranjo dos átomos.

Exemplo: Síntese da água

Hidrogênio e oxigênio produzindo água
   reagentes   produto

2. Equação química

É a representação gráfica de uma reação química
$aA + bB \longrightarrow cC + dD$
A, B = reagentes
C, D = produtos
a, b, c, d = coeficientes
$H_2 + O_2 \longrightarrow H_2O$

A equação acima está *incompleta*, pois mostra apenas as fórmulas das substâncias iniciais e finais. Falta indicar a conservação do número de átomos, conforme veremos a seguir:

$2 H_2 + 1 O_2 \longrightarrow 2 H_2O$

4 átomos de H   4 átomos de H
2 átomos de O   2 átomos de O

Os números assinalados, 2, 1 e 2, são os **coeficientes da equação** e se tornam necessários para que se iguale o número de átomos de cada elemento químico em ambos os membros da equação química. O coeficiente 1 costuma não ser indicado.

$2 H_2 + O_2 \longrightarrow 2 H_2O$

Em uma equação química são escritos:
a) as fórmulas dos reagentes e produtos;
b) os coeficientes da equação;
c) alguns símbolos.

Símbolos	Significado
$\longrightarrow$	produz (aponta para os produtos)
$+$	colocado entre as substâncias
Δ	calor (escrito sobre a seta)
(s)	sólido (escrito após a substância)
(l)	líquido (escrito após a substância)
(g)	gasoso (escrito após a substância)
(aq)	substância dissolvida em água (escrito após a substância)
λ	luz
i	corrente elétrica

$2 H_2(g) + O_2(g) \longrightarrow 2 H_2O(l)$

Os coeficientes fornecem a **proporção** entre os números de partículas que reagem e os números de partículas que se formam, utilizando os *menores inteiros possíveis*.

$2 H_2$	$+$	O_2	$\longrightarrow$	$2 H_2O$
2		1		2
200		100		200
$2 \cdot 10^6$		$1 \cdot 10^6$		$2 \cdot 10^6$
$2 \cdot 10^9$		$1 \cdot 10^9$		$2 \cdot 10^9$

3. Método das tentativas

Quando a equação é relativamente simples, ela pode ser balanceada pelo **método das tentativas**, que se baseia na igualdade entre o número de átomos nos reagentes e nos produtos.

Para balancear uma equação pelo *método das tentativas*, aplique as regras:

Dar o coeficiente 1 (um) para a fórmula de maior atomicidade (número de átomos). Continuar o balaceamento, considerando a conservação dos átomos:
- igualar os átomos dos *metais*
- igualar os átomos dos *não metais*
- igualar os átomos de *hidrogênio*
- igualar os átomos do *oxigênio*

1º exemplo:

$Al + O_2 \longrightarrow Al_2O_3$

Sequência

$Al + O_2 \longrightarrow 1\ Al_2O_3$

$2\ Al + O_2 \longrightarrow 1\ Al_2O_3$

$2\ Al + \dfrac{3}{2}\ O_2 \longrightarrow 1\ Al_2O_3 \quad \times 2$

$4\ Al + 3\ O_2 \longrightarrow 2\ Al_2O_3$

2º exemplo:

$Al(OH)_3 + H_2SO_4 \longrightarrow Al_2(SO_4)_3 + H_2O$

Sequência

$Al(OH)_3 + H_2SO_4 \longrightarrow 1\ Al_2(SO_4)_3 + H_2O$

$2\ Al(OH)_3 + H_2SO_4 \longrightarrow 1\ Al_2(SO_4)_3 + H_2O$

$2\ Al(OH)_3 + 3\ H_2SO_4 \longrightarrow 1\ Al_2(SO_4)_3 + H_2O$

$2\ Al(OH)_3 + 3\ H_2SO_4 \longrightarrow 1\ Al_2(SO_4)_3 + 6\ H_2O$

3º exemplo:

$FeS_2 + O_2 \longrightarrow Fe_2O_3 + SO_2$

Sequência

$FeS_2 + O_2 \longrightarrow 1\ Fe_2O_3 + SO_2$

$2\ FeS_2 + O_2 \longrightarrow 1\ Fe_2O_3 + SO_2$

$2\ FeS_2 + O_2 \longrightarrow 1\ Fe_2O_3 + 4\ SO_2$

$2\ FeS_2 + \dfrac{11}{2}\ O_2 \longrightarrow 1\ Fe_2O_3 + 4\ SO_2$

Multiplicar por 2 para eliminar o coeficiente fracionário:

$4\ FeS_2 + 11\ O_2 \longrightarrow 2\ Fe_2O_3 + 8\ SO_2$

4. Nomes particulares de algumas reações químicas

4.1 Reação de síntese ou de adição

Dois ou mais reagentes formando um único produto.

Exemplo: síntese da amônia

$N_2 + 3\ H_2 \longrightarrow 2\ NH_3$

4.2 Reação de análise ou decomposição

Um único reagente produzindo dois ou mais produtos. Tipos de reações de análise.

4.2.1 Pirólise ou calcinação

A decomposição é devida a um forte aquecimento:

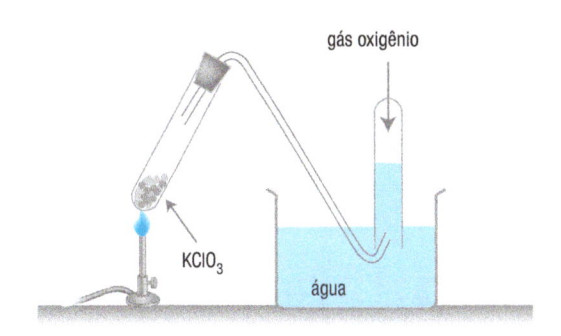

$2\ KClO_3 \xrightarrow{\Delta} 2\ KCl + 3\ O_2$

$CaCO_3 \xrightarrow{\Delta} CaO + CO_2$

4.2.2 Eletrólise

A decomposição é devida à corrente elétrica.

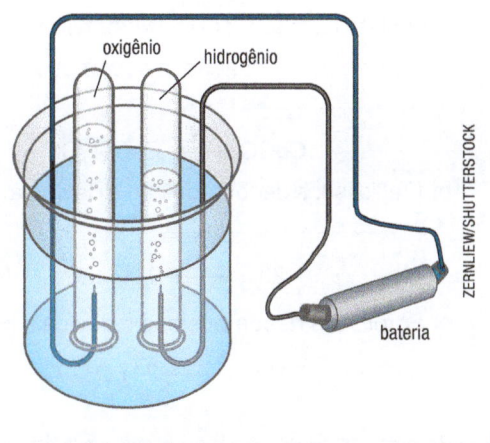

$2\ H_2O \xrightarrow{i} 2\ H_2 + O_2$

4.2.3 Fotólise

A decomposição é devida à luz.

$2\ H_2O \xrightarrow{\lambda} 2\ H_2O + O_2$

Exercícios Série Prata

1. Complete com **reagentes**, **produtos** ou **coeficientes**.

   $$2\,H_2 + O_2 \longrightarrow 2\,H_2O$$

   a) $H_2, O_2 =$ _____
   b) $H_2O =$ _____
   c) 2, 1, 2 = _____

2. Complete com **números**, na correta proporção.

   $$2\,H_2 + O_2 \longrightarrow 2\,H_2O$$

   a) 200 _____ _____
   b) $4 \cdot 10^6$ _____ _____

3. Classifique em síntese (**S**) ou análise (**A**).

   a) $NH_3 + HCl \longrightarrow NH_4Cl$ _____
   b) $2\,HgO \xrightarrow{\Delta} 2\,Hg + O_2$ _____
   c) $N_2 + 3\,H_2 \longrightarrow 2\,NH_3$ _____
   d) $CaCO_3 \xrightarrow{\Delta} CaO + CO_2$ _____

4. Complete com **luz**, **corrente elétrica** ou **calor**.

   a) Pirólise ou calcinação: a decomposição é devida ao _____ .

   $$CaCO_3 \xrightarrow{\Delta} CaO + CO_2$$

   b) Eletrólise: a decomposição é devida à _____ _____ .

   $$2\,H_2 \xrightarrow{i} 2\,H_2 + O_2$$

   c) Fotólise: a decomposição é devida a _____ .

   $$2\,H_2O_2 \xrightarrow{\lambda} 2\,H_2O + O_2$$

5. Balancear as equações químicas pelo método das tentativas usando os menores números inteiros possíveis.

   a) ___N_2 + ___H_2 $\longrightarrow$ ___NH_3

   b) ___N_2 + ___O_2 $\longrightarrow$ ___NO

   c) ___Fe + ___O_2 $\longrightarrow$ ___Fe_2O_3

   d) ___H_2O_2 $\longrightarrow$ ___H_2O + ___O_2

   e) ___$KClO_3$ $\longrightarrow$ ___KCl + ___O_2

   f) ___Fe + ___H_2SO_4 $\longrightarrow$ ___$Fe_2(SO_4)_3$ + ___H_2

   g) ___$C_{12}H_{22}O_{11}$ $\longrightarrow$ ___C + ___H_2O

   h) ___CH_4 + ___O_2 $\longrightarrow$ ___CO_2 + ___H_2O

   i) ___C_2H_6O + ___O_2 $\longrightarrow$ ___CO_2 + ___H_2O

   j) ___C_8H_{18} + ___O_2 $\longrightarrow$ ___CO_2 + ___H_2O

   k) ___$Ca(OH)_2$ + ___H_3PO_4 $\longrightarrow$ ___$Ca_3(PO_4)_2$ + ___H_2O

   l) ___H_2SO_4 + ___$NaOH$ $\longrightarrow$ ___Na_2SO_4 + ___H_2O

   m) ___$NaHCO_3$ $\longrightarrow$ ___Na_2CO_3 + ___CO_2 + ___H_2O

   n) ___FeS_2 + ___O_2 $\longrightarrow$ ___Fe_2O_3 + ___SO_2

   o) ___$(NH_4)_2Cr_2O_7$ $\longrightarrow$ ___N_2 + ___Cr_2O_3 + ___H_2O

6. (FGV) Assim como o ferro, o alumínio também pode sofrer corrosão. Devido à sua aplicação cada vez maior em nosso cotidiano, o estudo deste processo e métodos de como evitá-lo são importantes economicamente. A adição de uma solução "limpa piso" — contendo HCl — em uma latinha de alumínio pode iniciar este processo, de acordo com a equação:

   $$x\,Al(s) + y\,HCl(aq) \longrightarrow w\,AlCl_3(aq) + 3\,H_2(g).$$

Para que a equação esteja corretamente balanceada, os valores de x, y e w são, respectivamente,

a) 1, 6 e 1.
b) 1, 3 e 1.
c) 2, 2 e 6.
d) 2, 6 e 1.
e) 2, 6 e 2.

7. (FUVEST – SP) Hidrogênio reage com nitrogênio formando amônia. A equação não balanceada que representa essa transformação é:

$$H_2(g) + N_2(g) \longrightarrow NH_3(g)$$

Outra maneira de escrever essa equação química, mas agora balanceando-a e representando as moléculas dos três gases, é:

a)
b)
c)
d)
e)

Observação: ○ e ◯ representam átomos.

8. (UFPI) A reação de X com Y é representada abaixo. Indique qual das equações melhor representa a equação química balanceada.

● = átomo X
○ = átomo Y

a) $2X + Y_2 \longrightarrow 2XY$
b) $6X + 8Y \longrightarrow 6XY + 2Y$
c) $3X + Y_2 \longrightarrow 3XY + Y$
d) $X + Y \longrightarrow XY$
e) $3X = 2Y_2 \longrightarrow 3XY + Y_2$

9. (UNICAMP – SP) Sob condições adequadas, uma mistura de nitrogênio gasoso, $N_2(g)$, e de oxigênio gasoso, $O_2(g)$, reage para formar diferentes óxidos de nitrogênio. Se representarmos o elemento nitrogênio por ● e o elemento oxigênio por ○, duas dessas reações químicas podem ser esquematizadas como:

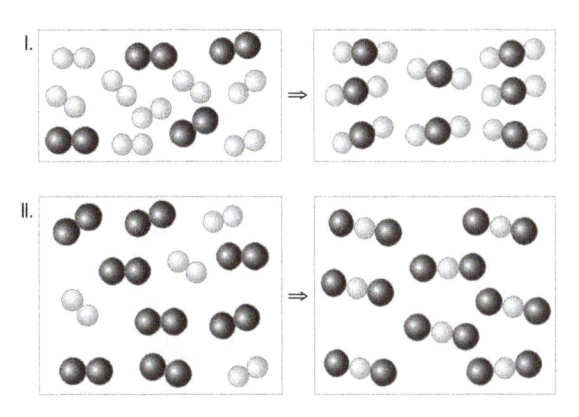

I.

II.

a) Dê a fórmula química do composto formado na reação esquematizada em I.
b) Escreva a equação química balanceada representada no esquema II.

10. (FGV) A produção de fertilizantes desempenha um papel muito importante na economia do país, pois movimenta a indústria química de produção de insumos e a agricultura. Os fertilizantes superfosfatos são produzidos por meio da acidulação de rochas fosfáticas com ácido sulfúrico de acordo com a reação

$$Ca_3(PO_4)_2(s) + H_2SO_4(l) + H_2O(l) \longrightarrow$$
$$\longrightarrow Ca(H_2PO_4)_2(s) + CaSO_4 \cdot 2 H_2O(s)$$

A soma dos coeficientes estequiométricos mínimos inteiros da reação é igual a

a) 8.
b) 9.
c) 10.
d) 11.
e) 12.

11. (UFC – CE) Alguns compostos químicos são tão instáveis que sua reação de decomposição é explosiva. Por exemplo, a nitroglicerina se decompõe segundo a equação química a seguir:

$$x\ C_3H_5(NO_3)_3(l) \longrightarrow y\ CO_2(g) + z\ H_2O(l) + w\ N_2(g) + k\ O_2(g)$$

A partir da equação, a soma dos coeficientes $x + y + z + w + k$ é igual a:
a) 11.
b) 22.
c) 33.
d) 44.
e) 55.

12. (FASM – SP) O cádmio é extremamente tóxico, portanto, efluentes contendo esse metal devem ser devidamente tratados. Uma solução de nitrato de cádmio foi misturada com solução de metassilicato de sódio e o pH da mistura foi ajustado para 7,0 com adição de ácido sulfúrico. Após aquecimento, resfriamento e repouso, formou-se um sólido insolúvel no fundo do recipiente, o metassilicato de cádmio, removido através de um processo físico. A principal reação envolvida nesse tratamento é representada na equação química não balanceada:

$$Cd(NO_3)_2(aq) + Na_2SiO_3(aq) \longrightarrow CdSiO_3(s) + NaNO_3(aq)$$

A somatória dos menores valores inteiros dos coeficientes da equação química, corretamente balanceada, é
a) 5.   b) 6.   c) 7.   d) 8.   e) 4.

Capítulo 23
Ácidos de Arrhenius

1. Vinagre: a solução ácida mais antiga

O vinagre é um produto (proveniente do vinho) conhecido há muito tempo, sendo que as primeiras referências datam de 8000 a.C. Há até uma análise teológica sobre o simbolismo de Jesus ter bebido *vinagre* na cruz. Na realidade existia uma situação desfavorável de extremo desgaste físico de Jesus e naquele momento lhe foi oferecido *vinagre* exatamente para que ele revigorasse, permitindo, assim, que o ritual se prolongasse por mais tempo. Existem também relatos de soldados persas e romanos que nas grandes campanhas marchavam por meses seguidos e, às vezes, por anos em território inóspito, consumindo, muitas vezes, água e alimentos em condições precárias. Por isso, todos carregavam um recipiente com *vinagre* para que nas horas de necessidade esse *vinagre* fosse misturado à água (diluído) e também nos alimentos para assepsia e combate, por exemplo, ao vibrião da cólera.

O vinagre é uma mistura homogênea contendo água e ácido acético.

2. Teorias sobre ácidos até Arrhenius

2.1 Teoria de Boyle (1665)

Para Boyle, os *ácidos* eram substâncias que apresentavam *sabor azedo*, e que tinham a propriedade de mudar a coloração de certos corantes vegetais, como, por exemplo, mudar para rósea a coloração azul da tintura de tornassol (extraído de vegetais).

2.2 Teoria de Gay-Lussac (1814)

Para Gay-Lussac, *ácidos* são substâncias que reagem com as bases dando origem a compostos chamados *sais*. Gay-Lussac foi o primeiro a chamar de *reação de neutralização* a reação estre um ácido e uma base.

Nota: os químicos descobriram que os *ácidos são substâncias hidrogenadas*, pois quando reagem com metal, por exemplo, Zn, liberam gás hidrogênio (H_2), portanto, o elemento hidrogênio veio do ácido.

$$Zn + \text{ácido} \longrightarrow \text{composto} + H_2$$

Exemplos: HCl, HBr, HI, HF, HCN, HNO_3, H_2SO_4, H_3PO_4, H_2CO_3

2.3 Teoria da dissociação eletrolítica de Arrhenius (1887)

Os ácidos, quando puros, são partículas neutras, pois não conduzem a corrente elétrica. Ao serem dissolvidos em água, a solução aquosa ácida conduz a corrente elétrica, evidenciando a presença de íons. Observe a figura a seguir.

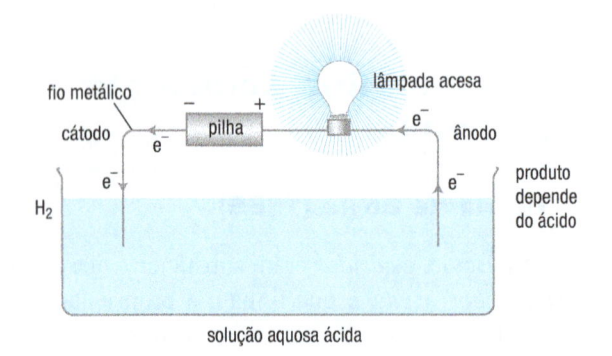

No cátodo sempre se forma gás hidrogênio (H_2) quando temos uma solução aquosa ácida.

Arrhenius explicou a formação do gás hidrogênio no cátodo da seguinte maneira.

Quando um ácido é dissolvido na água, ocorre uma *dissociação* (divisão) da molécula do ácido, formando H^+, que se dirige ao cátodo (polo negativo), formando H_2 e um íon negativo (ânion) que se dirige ao ânodo, cujo produto depende do ácido.

$$\text{Ácido} \xrightarrow[\text{dissociação}]{H_2O} H^+ + \text{ânion}$$

Exemplo: HCl

$$HCl(g) \xrightarrow{H_2O} HCl(aq) \xrightarrow{H_2O} H^+(aq) + Cl^-(aq)$$

Nota: formação do gás hidrogênio no polo negativo (cátodo).

$$2H^+ + 2e^- \longrightarrow H_2$$

Ácido de Arrhenius é toda substância hidrogenada que, dissolvida em água, origina H^+ como único tipo de cátion (o ânion varia de ácido para ácido) devido à dissociação da molécula do ácido.

Observação:

$$CH_4 \xrightarrow{H_2O} \text{não libera } H^+, \text{portanto, não é ácido.}$$

$$NH_3 \xrightarrow{H_2O} \text{não libera } H^+, \text{portanto, não é ácido.}$$

3. Explicação atual da teoria da dissociação eletrolítica de Arrhenius

Os ácidos são substâncias moleculares. As ligações entre os átomos na molécula são covalentes, isto é, há compartilhamento de pares eletrônicos.

Ao dissolver HCl na água, devido às colisões entre as moléculas do HCl e da água, ocorre a quebra da ligação covalente do HCl.

$$H \!:\! \ddot{\underset{..}{Cl}} \!:\! \xrightarrow{H_2O} H^{1+} + \!:\! \ddot{\underset{..}{Cl}} \!:\!^{1-}$$

Na dissociação ocorrida, o Cl ganhou o elétron do H, pois é mais eletronegativo que o H, e o H perdeu seu elétron, pois é menos eletronegativo que o Cl.

O cátion H^{1+} é um cátion contendo apenas 1 próton, por isso ele pode ser chamado também de **próton**.

4. Nomenclatura dos ácidos

4.1 Ácidos sem oxigênio: hidrácidos

O nome dos hidrácidos é feito com o sufixo (terminação) *ídrico*.

Ácido .... ídrico
(nome do elemento)

HF: ácido fluorídrico

HBr: ácido bromídrico

HCN: ácido cianídrico

HCl: ácido clorídrico

HI: ácido iodídrico

H_2S: ácido sulfídrico

Para os hidrácidos, é muito comum usarmos um nome para indicar a substância pura e outro para indicar sua solução aquosa. Por exemplo, HCl puro é um gás que é chamado cloreto de hidrogênio; sua solução aquosa é que, na verdade, recebe o nome de *ácido clorídrico*.

4.2 Ácidos com oxigênio: oxiácidos

Uma das maneiras mais fácil de dar nome aos oxiácidos é a partir do nome e da fórmula dos ácidos-padrão de cada grupo.

Grupo 13	Grupo 14
H_3BO_3	H_2CO_3
ácido bórico	ácido carbônico

Grupo 15	
HNO₃	H₃PO₄
ácido nítrico	ácido fosfórico

Exemplos:

Grupo 15
HNO_3 ácido nítrico
HNO_2 ácido nitroso

Grupo 16
H_2SO_4
ácido sulfúrico

Grupo 15
H_3PO_4 ácido fosfórico
H_3PO_3 ácido fosforoso
H_3PO_2 ácido hipofosforoso

Grupo 17
$HClO_3$
ácido clórico

Grupo 16
H_2SO_4: ácido sulfúrico
H_2SO_3: ácido sulfuroso

A partir desses ácidos-padrão e de acordo com a variação do número de átomos de oxigênio, determinam-se as fórmulas e os nomes de outros ácidos, com o uso de *prefixos* (hipo, per) e sufixos (oso, ico).

Grupo 17
$HClO_4$: ácido perclórico
$HClO_3$: ácido clórico
$HClO_2$: ácido cloroso
$HClO$: ácido hipocloroso

Observe:

ácido-padrão

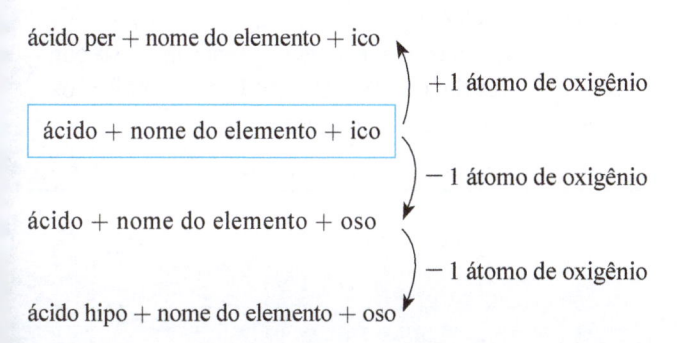

ácido per + nome do elemento + ico
　　+1 átomo de oxigênio
ácido + nome do elemento + ico
　　−1 átomo de oxigênio
ácido + nome do elemento + oso
　　−1 átomo de oxigênio
ácido hipo + nome do elemento + oso

Alguns ácidos de um mesmo elemento têm os prefixos (meta e piro) de seus nomes atribuídos em função da quantidade de água (grau de hidratação):

Exemplos:

ácido metafosfórico: HPO_3

$$\begin{array}{r}H_3PO_4\\ -\ H_2O\\\hline HPO_3\end{array}$$

ácido pirofosfórico: $H_4P_2O_7$

$$2 \cdot H_3PO_4: \begin{array}{r}H_6P_2O_8\\ -\ H_2O\\\hline H_4P_2O_7\end{array}$$

5. Fórmulas estruturais dos oxiácidos

As principais regras para os *oxiácidos* são:

1. Rodear o átomo central por átomos de O.

```
  H₂CO₃           HNO₃            H₂SO₄           H₃PO₄
    O                               O   O             O
  O C           O N O             S               O P O
    O               O               O   O             O
```

2. Ligar os átomos de H nos átomos de O.

```
  H₂CO₃           HNO₃            H₂SO₄           H₃PO₄
    O H                           O   O H             O H
  O C           O N O H           S               O P O H
    O H             O             O   O H             O H
```

Cap. 23 | Ácidos de Arrhenius

3. A sequência de ligação é: H, O e átomo central. Quando acabar o estoque de ligação covalente do átomo central, usar a ligação dativa (→ O).

H_2CO_3

$$O=C\begin{array}{c}O-H\\O-H\end{array}$$

HNO_3

$$O=N-O-H\\\downarrow\\O$$

H_2SO_4

$$\begin{array}{c}O\nwarrow\\O\swarrow\end{array}S\begin{array}{c}O-H\\O-H\end{array}$$

H_3PO_4

$$O\leftarrow P\begin{array}{c}O-H\\O-H\\O-H\end{array}$$

Nota: existem dois ácidos (H_3PO_3, H_3PO_2) em que temos átomos de H ligados no átomo central (P).

H_3PO_3

$$O\leftarrow P\begin{array}{c}O-H\\O-H\\|\\H\end{array}$$

H_3PO_2

$$O\leftarrow P\begin{array}{c}O-H\\H\\H\end{array}$$

Nota: oxiácidos do enxofre e do fósforo

O enxofre e o fósforo apresentam três camadas eletrônicas:

S (Z = 16): K L M   P (Z = 15) K L M
             2 8 6   2 8 5

Para o ácido sulfúrico (H_2SO_4) e para os ácidos do fósforo, há duas fórmulas estruturais.

1. *Modelo de ligação dativa* (já visto)

$$H-O\searrow\quad\nearrow O\\\quad\quad S\\H-O\nearrow\quad\searrow O$$

$$O\leftarrow P\begin{array}{c}O-H\\O-H\\O-H\end{array}$$

Nesse modelo, o enxofre e o fósforo ficam com oito elétrons na camada de valência.

2. *Modelo de ligação dupla*

Como o enxofre e o fósforo apresentam os seus elétrons de valência na camada M, existe a possibilidade de colocar mais de *oito elétrons* na camada de valência, pois a camada M pode conter até 18 elétrons (expansão do octeto).

Nesse modelo, o enxofre e o fósforo estabelecem ligação dupla, em vez de ligação dativa.

$$H-O\searrow\quad\nearrow O\\\quad\quad S\\H-O\nearrow\quad\searrow O$$

$$O=P\begin{array}{c}O-H\\O-H\\O-H\end{array}$$

Nesse modelo, o enxofre fica com *doze* elétrons na camada de valência e o fósforo, com *dez* elétrons na camada de valência.

Evidências experimentais mostram que o comprimento das ligações S e O e P e O estão mais próximos do comprimento da ligação dupla.

---

6. Hidrogênio ionizável

6.1 Conceito

Hidrogênio ionizável é todo átomo de hidrogênio capaz de se transformar em íon H^+ quando um ácido é dissolvido na água.

6.2 Hidrácidos

Através de dados experimentais, todos os hidrogênios presentes nas moléculas dos hidrácidos são ionizáveis.

Exemplos:

$H\{:\ddot{Br}:$ $HBr(g)\xrightarrow{H_2O}HBr(aq)\xrightarrow{H_2O}H^{1+}(aq)+Br^{1-}(aq)$

$H\{C::\ddot{N}$ $HCN(g)\xrightarrow{H_2O}HCN(aq)\xrightarrow{H_2O}H^{1+}(aq)+CN^{1-}(aq)$

O HBr e o HCN são classificados como **monoácidos**, pois liberam 1 H^+ por molécula.

Através da análise química, quando dissolvemos H₂S em água, obtemos dois ânions: HS^{1-} (maior quantidade) e S^{2-} (menor quantidade). Podemos concluir que, quando um ácido libera mais de um H⁺, na verdade ele o faz em etapas, liberando um por vez. A primeira etapa é sempre a mais intensa, pois o H⁺ está saindo de uma molécula neutra.

$$H_2S(g) \xrightarrow{H_2O} H_2S(aq) \xrightarrow{H_2O} H^{1+}(aq) + HS^{1-}(aq) \quad \text{1}^{\text{a}} \text{ etapa}$$

$$HS^{1-}(aq) \xrightarrow{H_2O} H^{1+}(aq) + S^{2-}(aq) \quad \text{2}^{\text{a}} \text{ etapa}$$

$$H_2S(aq) \xrightarrow{H_2O} 2\,H^{1+}(aq) + S^{2-}(aq) \quad \text{soma das etapas}$$

6.3 Oxiácidos

Através de cálculos químicos, somente os átomos de hidrogênio ligados diretamente aos átomos de oxigênio são hidrogênios ionizáveis.

A ligação OH é bastante polar, portanto, a carga parcial positiva do hidrogênio é elevada. Teremos atração forte entre o H^{1+} e o átomo de oxigênio (polo negativo da água). Essa atração é tão intensa que a água consegue separar os hidrogênios das moléculas do ácido, originando o íon de H^{1+}.

Exemplos:

$HNO_3(aq) \longrightarrow H^{1+}(aq) + NO_3^{1-}(aq)$

$CH_3COOH(aq) \longrightarrow H^{1+}(aq) + CH_3COO^{-}(aq)$
ácido acético (vinagre)

$H_3PO_4(aq) \longrightarrow H^{1+}(aq) + H_2PO_4^{1-}(aq) \quad \text{1}^{\text{a}} \text{ etapa}$

$H_2PO_4^{1-}(aq) \longrightarrow H^{1+}(aq) + HPO_4^{2-}(aq) \quad \text{2}^{\text{a}} \text{ etapa}$

$HPO_4^{2-}(aq) \longrightarrow H^{1+}(aq) + PO_4^{3-}(aq) \quad \text{3}^{\text{a}} \text{ etapa}$

$H_3PO_4(aq) \longrightarrow 3\,H^{1+}(aq) + PO_4^{3-}(aq) \quad \text{soma das etapas}$

Nota: H_2S é **diácido**, pois libera 2 H^{1+}. H_3PO_4 é **triácido** pois libera 3 H^{1+}.

Conclusão: As propriedades dos ácidos, por exemplo, sabor azedo, mudança de cor dos indicadores, reação com as bases são devidas à presença dos íons H^{1+}.

7. Usos dos principais ácidos

Ácido	Ocorrência, uso e características
H_2SO_4	principal ácido, fabricação de fertilizantes, ácido da bateria, desidratante (absorve água), responsável pela chuva ácida
HNO_3	fabricação de explosivos, fertilizantes, responsável pela chuva ácida
HCl	componente do suco gástrico, limpeza de pisos e metais, ácido muriático (comercial)
H_2CO_3	água da chuva, água com gás, refrigerantes e certas bebidas
H_3PO_4	acidulante e conservante
H_3CCOOH	ácido acético, componente do vinagre
HF	gravação de vidros
H_2S	tóxico, tem cheiro de ovo podre
HCN	tóxico, usado em câmaras de gás

Exercícios Série Prata

1. Dar os nomes dos seguintes hidrácidos.

a) HF:

b) HCl:

c) HBr:

d) HI:

e) HCN:

f) H_2S:

2. Dê os nomes dos ácidos-padrão:

a) grupo 13 H_3BO_3

b) grupo 14 H_2CO_3

c) grupo 15 HNO_3
              H_3PO_4

d) grupo 16 H_2SO_4

e) grupo 17 $HClO_3$

3. Dê os nomes dos seguintes ácidos:

a) grupo 15 $\begin{cases} HNO_3 \text{ ácido nítrico} \\ HNO_2 \end{cases}$

b) grupo 15 $\begin{cases} H_3PO_4 \text{ ácido fosfórico} \\ H_3PO_3 \\ H_3PO_2 \end{cases}$

c) grupo 16 — H₂SO₄ ácido sulfúrico
       — H₂SO₃

d) grupo 17 — HClO₄
            — HClO₃ ácido clórico
            — HClO₂
            — HClO

b) grupo 14
   H₂CO₃

   O   C   O   H
           O   H

c) grupo 15
   HNO₃   HNO₂
   O   N   O   H   O   N   O   H
       O

d) grupo 15
   H₃PO₄
           O   H
   O   P   O   H
           O   H

e) grupo 16
   H₂SO₄   H₂SO₃
   O   O   H   O   H
       S   O   S
   O   O   H   O   H

f) grupo 17
   HClO₄   HClO₃
           O
   O   Cl O   H   O
           O   O   Cl O   H

   HClO₂   HClO
   O   Cl O   H   Cl O   H

4. Dê a fórmula estrutural dos hidrácidos:

a) H   F   d) H   I
b) H   Cl   e) H   C   N
c) H   Br   f) H   S

| H· | ·F̈: | ·C̈l: | ·B̈r: | ·Ï: | ·Ċ· | ·N̈· |

5. Dê a fórmula estrutural dos oxiácidos:

a) grupo 13
   H₃BO₃
              O   H
   H   O   B
              O   H

6. Complete as equações de dissociação dos hidrácidos.

a) HF $\xrightarrow{H_2O}$

b) HCl $\xrightarrow{H_2O}$

c) HBr $\xrightarrow{H_2O}$

d) HI $\xrightarrow{H_2O}$

e) HCN $\xrightarrow{H_2O}$

f) H₂S $\xrightarrow{H_2O}$

Cap. 23 | Ácidos de Arrhenius

7. Complete as equações de dissociação dos oxiácidos.

a) $HNO_3 \xrightarrow{H_2O}$

b) $HNO_2 \xrightarrow{H_2O}$

c) $HClO_4 \xrightarrow{H_2O}$

d) $HClO_3 \xrightarrow{H_2O}$

e) $HClO_2 \xrightarrow{H_2O}$

f) $HClO \xrightarrow{H_2O}$

g) $CH_3COOH \xrightarrow{H_2O}$
   ácido acético

b) $H_2SO_4 \xrightarrow{H_2O}$

$HSO_4^- \xrightarrow{H_2O}$

$H_2SO_4 \xrightarrow{H_2O}$

c) $H_2SO_3 \xrightarrow{H_2O}$

$HSO_3^- \xrightarrow{H_2O}$

$H_2SO_3 \xrightarrow{H_2O}$

d) $H_3PO_4 \xrightarrow{H_2O}$

$H_2PO_4^- \xrightarrow{H_2O}$

$HPO_4^{2-} \xrightarrow{H_2O}$

$H_3PO_4 \xrightarrow{H_2O}$

8. Escreva as equações parciais e totais das dissociações dos oxiácidos:

a) $H_2CO_3 \xrightarrow{H_2O}$

$HCO_3^- \xrightarrow{H_2O}$

$H_2CO_3 \xrightarrow{H_2O}$

Exercícios Série Ouro

1. (UEPB) Sabe-se que toda bebida gaseificada contém *ácido carbônico* (1) que, a partir do momento em que a garrafa que o contém é aberta, passa a se decompor em água e gás carbônico, manifestado pelas bolhas observadas na massa líquida; ácido muriático é o nome comercial do *ácido clorídrico* (2) impuro; baterias de automóvel contêm *ácido sulfúrico* (3); refrigerante do tipo "cola" apresentam *ácido fosfórico* (4) além do ácido carbônico, na sua composição. Os ácidos 1, 2, 3 e 4, citados acima, possuem, respectivamente, fórmulas:

a) H_2CO_3 HCl H_2SO_4 H_3PO_4
b) CO_2 HClO H_2S H_2PO_4
c) CO_2 HCl H_2SO_4 H_3PO_4
d) CO   HClO H_2S H_2PO_3
e) CO_2 NaHClO H_2SO_3 HPO_2

2. (UFPB) Os ácidos são substâncias químicas sempre presentes no cotidiano do homem. Por exemplo, durante a amamentação, era comum usar-se água boricada (solução aquosa que contém *ácido bórico*) para fazer a assepsia do seio da mãe; para limpezas mais fortes da casa, emprega-se ácido muriático (solução aquosa de *ácido clorídrico*); nos refrigerantes, encontra-se o *ácido carbônico*; e, no ovo podre, o mau cheiro é devido à presença do *ácido sulfídrico*.

Esses ácidos podem ser representados, respectivamente, pelas fórmulas moleculares:

a) H_3BO_3, HCl, H_2CO_2 e H_2SO_4.
b) H_3BO_3, HCl, H_2CO_3 e H_2S.
c) H_3BO_3, $HClO_3$, H_2CO_3 e H_2CO_2.
d) H_3BO_3, $HClO_4$, H_2S e H_2CO_3.
e) H_3BO_3, HCl, H_2CO_3 e H_2S.

3. (PUC – MG) A tabela apresenta características e aplicações de alguns ácidos.

Nome do ácido	Aplicações e características
ácido muriático	limpeza doméstica e de peças metálicas (decapagem)
ácido fosfórico	usado como acidulante em refrigerantes, balas e goma de mascar
ácido sulfúrico	desidratante, solução de bateria
ácido nítrico	indústria de explosivos e corantes

As fórmulas dos ácidos da tabela são, respectivamente:

a) $HCl, H_3PO_4, H_2SO_4, HNO_3$.
b) $HClO, H_3PO_3, H_2SO_4, HNO_2$.
c) $HCl, H_3PO_3, H_2SO_4, HNO_3$.
d) $HClO_2, H_4P_2O_7, H_2SO_3, HNO_2$.
e) $HClO, H_3PO_4, H_2SO_3, HNO_3$.

4. (MACKENZIE – SP) O ácido que é classificado como oxiácido, diácido e é formado por átomos de três elementos químicos diferentes é:

a) H_2S
b) $H_4P_2O_7$
c) HCN
d) H_2SO_3
e) HNO_3

5. (UNIVALI – SC) A chuva ácida é um fenômeno químico resultante do contato entre o vapor-d'água existente no ar, o dióxido de enxofre e os óxidos de nitrogênio. O enxofre é liberado, principalmente, por indústrias de veículos e usinas termoelétricas movidas a carvão e a óleo; os óxidos de nitrogênio por automóveis e fertilizantes.
Ambos reagem com o vapor-d'água, originando, respectivamente, os ácidos sulfuroso, sulfídrico e sulfúrico, e o ácido nítrico. Esses elementos se precipitam, então, na forma de chuva, neve, orvalho ou geada, na chamada chuva ácida.

Dentre os efeitos da chuva ácida estão a corrosão de equipamentos e a degradação das plantas, solos e lagos. O contato com os ácidos é prejudicial, podendo causar, por exemplo, doenças respiratórias.

As fórmulas dos ácidos citados no texto acima, respectivamente, são:

a) $H_2S, H_2SO_4, H_2SO_3, HNO_3$.
b) $H_2SO_3, H_2SO_4, H_2S, HNO_3$.
c) $HSO_4, HS, H_2SO_4, HNO_3$.
d) $HNO_3, H_2SO_4, H_2S, H_2SO_3$.
e) $H_2SO_3, H_2S, H_2SO_4, HNO_3$.

6. (FEI – SP) Os nomes dos ácidos oxigenados abaixo são, respectivamente:

$HNO_2(aq), HClO_3(aq), H_2SO_3(aq), H_3PO_4(aq)$

a) Nitroso, clórico, sulfuroso e fosfórico
b) Nítrico, clorídrico, sulfúrico, e fosfórico
c) Nítrico, hipocloroso, sulfuroso e fosforoso
d) Nitroso, perclórico, sulfúrico e fosfórico
e) Nítrico, cloroso, sulfídrico e hipofosforoso

7. (UFV – MG) Observe a estrutura química abaixo.

$$\begin{array}{c} O-H \\ | \\ H-O-P-O-H \\ \| \\ O \end{array}$$

O nome do composto representado é:

a) peróxido de fósforo
b) hidrácido fosforoso
c) hidróxido de fósforo
d) óxido hidrofosfórico
e) ácido fosfórico

8. (UNIVALI – SC) A respeito da substância HCl observa-se, experimentalmente, que:

- é um gás incolor.
- está presente no suco gástrico do estômago humano.
- aparece no comércio com o nome de ácido muriático.
- a maioria de suas moléculas sofre dissociação em solução aquosa.

Desse modo, pode-se concluir que:

a) o HCl é uma substância iônica.
b) o HCl é um ácido fraco.
c) o HCl é um gás não tóxico.
d) a dissociação pode ser resumida pela equação:

$$HCl(aq) \xrightarrow{\text{água}} H^+(aq) + Cl^-(aq)$$

e) o suco gástrico não é ácido.

9. (MACKENZIE – SP – adaptada) O gambá, ao sentir-se acuado, libera uma mistura de substâncias de odor desagradável, entre elas o gás sulfídrico. Desse gás, é **INCORRETO** afirmar que:

a) possui fórmula molecular HS.
b) H — S é sua fórmula estrutural.
  |
  H
c) em água, produz uma solução ácida.
d) apresenta cheiro de ovo podre.
e) geometria angular.

Dados: número atômico H = 1, S = 16; massas molares (g/mol): H = 1, S = 32.

10. (UEPB) As fórmulas moleculares dos ácidos periódico, iodoso, iódico e hipoiodoso são, respectivamente:

a) HIO_4, HIO_2, HIO_3 e HIO
b) HIO, HIO_2, HIO_3 e HIO_4
c) HIO_4, HIO_3, HIO_2 e HIO
d) HIO, HIO_4, HIO_3 e HIO_2
e) HIO_2, HIO, HIO_4 e HIO_3

11. (UNICAMP – SP) Num dia que você faltou à aula, a professora explicou que o HCl gasoso é muitíssimo solúvel em água. A seguir, montou um experimento para ilustrar essa propriedade do HCl(g) e pediu para alguém dar início à experiência. Na aparelhagem mostrada, o HCl(g) e a água não estão inicialmente em contato. Um colega foi à frente e executou o primeiro passo do procedimento.

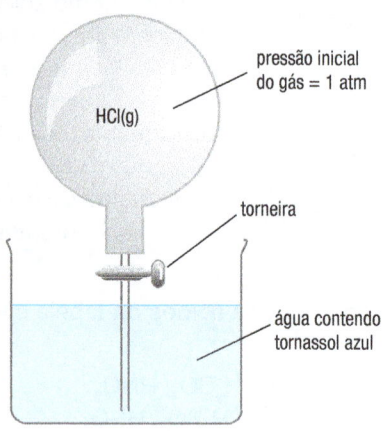

a) O que foi que o colega fez no equipamento para dar início ao experimento?
b) A seguir, o que foi observado no experimento?

12. (MACKENZIE – SP) Certo informe publicitário alerta para o fato de que, se o indivíduo tem azia ou pirose com grande frequência, deve procurar um médico, pois pode estar ocorrendo refluxo gastroesofágico, isto é, o retorno do conteúdo ácido do estômago.

A fórmula e o nome do ácido que, nesse caso, provoca a queimação, no estômago, a rouquidão e mesmo dor torácica são:

a) HCl e ácido clórico.
b) $HClO_2$ e ácido cloroso.
c) $HClO_3$ e ácido clorídrico.
d) $HClO_3$ e ácido clórico.
e) HCl e ácido clorídrico.

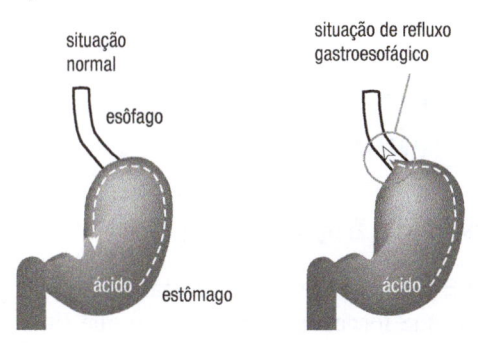

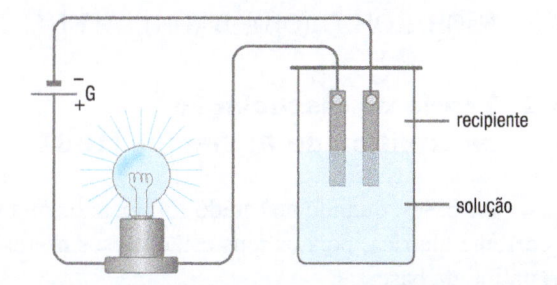

A lâmpada acenderá quando no recipiente é presente a seguinte solução:

a) $O_2(l)$
b) $H_2O(l)$
c) HCl(aq)
d) $C_6H_{12}O_6$(aq)

13. (FUVEST – SP)

a) Qual o nome do produto de uso doméstico que contém ácido acético?
b) Indique quatro espécies químicas (íons, moléculas) que existem em uma solução aquosa de ácido acético (H_3CCOOH).

14. (UERJ) A experiência a seguir é largamente utilizada para diferenciar soluções eletrolíticas de soluções não eletrolíticas. O teste está baseado na conduvidade elétrica e tem como consequência o acendimento da lâmpada.

15. (FUVEST – SP) Observa-se que uma solução aquosa saturada de HCl libera uma substância gasosa. Uma estudante de química procurou representar, por meio de uma figura, os tipos de partículas que predominam nas fases aquosa e gasosa desse sistema — sem representar as partículas de água. A figura com a representação mais adequada seria

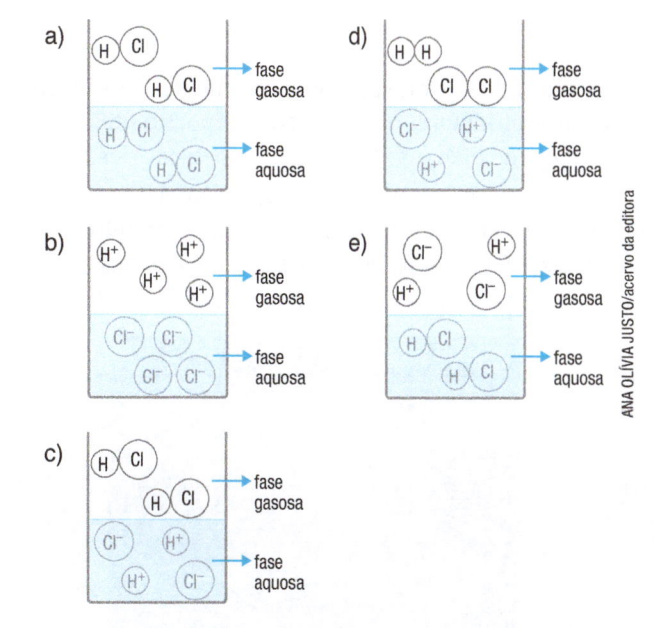

Capítulo 24
Bases de Arrhenius

1. A história do sabão. Soda cáustica (NaOH)

O sabão foi fabricado no ano 600 a.C. pelos fenícios, que usavam terra argilosa contendo calcário ou cinzas de madeira; era um sabão pastoso. Foi usado em Roma no século IV, apenas para lavar os cabelos.

O sabão sólido apareceu no século XIII quando os árabes descobriram o processo de saponificação – mistura de óleos naturais, gordura animal e soda cáustica que depois de fervida endurece. Os espanhóis, tendo aprendido a lição com os árabes, acrescentaram-lhe óleo de oliva, para dar ao sabão um cheiro mais suave. Nos séculos XV e XVI, várias cidades europeias tornaram-se centros produtores de sabão. Nessa época o sabão era um produto de luxo, usado apenas por pessoas ricas.

Em 1792, o químico francês Nicoles Leblanc conseguiu obter soda cáustica (NaOH) do sal de cozinha e, pouco depois, criou-se o processo de saponificação das gorduras, o que deu um grande avanço na fabricação do sabão.

Pastilhas de NaOH.

O nome comercial do *hidróxido de sódio* (*NaOH*) é *soda cáustica*. O NaOH é a base mais importante fabricada pela indústria química.

Muitos produtos de limpeza que nós usamos diariamente contêm NaOH (soda cáustica), para remover gorduras e óleos. Esses produtos são perigosos, por isso devem ser usados com cuidado. A palavra cáustica significa *queima*, e este é o efeito que eles têm sobre a pele.

O NaOH é muito importante na indústria química. É usado em grande quantidade para fabricar, por exemplo, detergente, papel e alumínio.

2. Teorias sobre bases até Arrhenius

2.1 Teoria de Boyle (1665)

Para Boyle, as *bases* eram substâncias com *sabor adstringente* que tornavam a pele lisa, e que tinham a propriedade de mudar a coloração de certos corantes vegetais, como, por exemplo, mudar para azul a coloração da tintura vermelha de tornassol.

Nota: as bases, antigamente, eram chamadas de **álcalis**. Essa palavra vem do árabe *al-qalî*, que significa "cinza", pois encontramos bases (como KOH) nas cinzas da madeira.

Dessa palavra resulta também a expressão "águas alcalinas", empregada para designar as águas minerais com características básicas. A palavra **base** surgiu no século XVIII.

2.2 Teoria de Gay-Lussac (1814)

Para Gay-Lussac, *ácidos* e *bases* eram substâncias que, além de apresentar as propriedades mencionadas por Boyle, tinham a propriedade de se neutralizar mutuamente, dando origem a compostos chamados *sais*.

$$\text{ácido} + \text{base} \longrightarrow \text{sal} + \text{água}$$

Nota: por meio da análise química, as bases são **substâncias iônicas** cujo *cátion* é um *metal* e o *ânion* é o *ânion hidróxido*:

$$OH^{1-}$$

Exemplos:

NaOH, KOH, $Ca(OH)_2$, $Ba(OH)_2$, $Al(OH)_3$.

2.3 Teoria da dissociação eletrolítica de Arrhenius (1887)

As bases, quando no estado sólido, não conduzem a corrente elétrica, pois os íons estão presos no retículo cristalino da base.

As bases, ao serem dissolvidas em água, conduzem corrente elétrica, e o polo positivo (ânodo) libera gás oxigênio. Observe a figura a seguir.

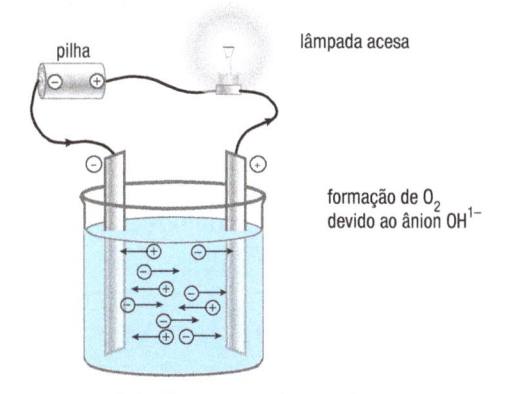

Solução aquosa de uma base.

Arrhenius explicou da seguinte maneira esse fenômeno: as bases, ao serem dissolvidas em água, sofrem uma separação (divisão) que libera os íons.

$$\text{base} \xrightarrow{H_2O} \text{cátion} + OH^{1-}$$

Exemplo: NaOH

$$NaOH(s) \xrightarrow{H_2O} NaOH(aq) \xrightarrow{H_2O} Na^{1+}(aq) + OH^{1-}(aq)$$

Base de Arrhenius é toda substância que, dissolvida em água, libera OH^{1-} (ânion hidróxido) como o único tipo de ânion (o cátion varia de base para base).

3. Explicação atual da teoria de dissociação eletrolítica de Arrhenius

As bases dos metais são compostos iônicos e, em solução aquosa, sofrem **dissociação iônica**, isto é, a água separa os íons, destruindo o retículo cristalino da base. Os íons ficam rodeados pelas moléculas polares de água.

Esquema da dissociação iônica do NaOH:

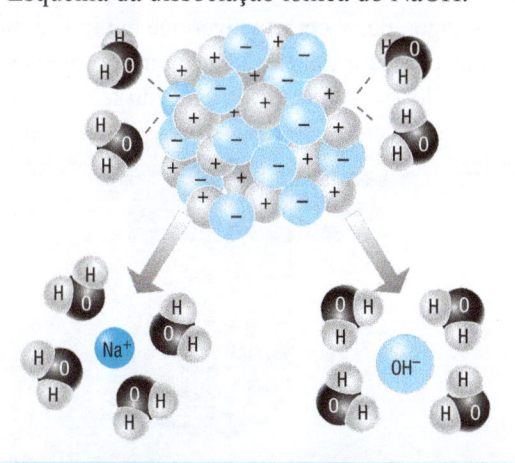

Atenção:

$$NaOH(s) \xrightarrow{H_2O} NaOH(aq) \xrightarrow{H_2O} Na^{1+} + OH^{1-}(aq)$$

ou

$$NaOH(aq) + (x+y)H_2O(l) \longrightarrow Na^{1+}(H_2O)x + OH^{1-}(H_2O)y$$

4. Amônia (NH_3) é uma base de Arrhenius diferente

O hidróxido de amônio (NH_4OH), que não é uma base de metal, resulta da *ionização* em água da amônia (NH_3), isto é, ocorre uma reação entre (NH_3) e (H_2O) com formação de íons NH_4^+ e OH^{1-}.

$$NH_3(g) \xrightarrow{H_2O} NH_3(aq)$$

$$\underset{\text{amônia}}{NH_3(aq)} + H_2O(l) \longrightarrow NH_4OH \longrightarrow \underset{\text{cátion amônio}}{NH_4^{1+}(aq)} + OH^{1-}(aq)$$

Essa solução aquosa recebe o nome comercial de *amoníaco*.

O NH_4OH só existe em solução aquosa, isto é, é uma solução aquosa de NH_3.

Importante:

Dissociação iônica: separação de íons.
Ionização: reação que produz íons.

5. Tabela dos principais cátions usados no estudo das substâncias inorgânicas

carga = +1	grupo 1 (Li^{1+}, Na^{1+}, K^{1+}), Ag^{1+}, NH_4^{1+} (amônio)
carga = +2	grupo 2 (Mg^{2+}, Ca^{2+}, Ba^{2+}, Sr^{2+}), Zn^{2+}, Cd^{2+}
carga = +3	Al^{3+}
carga = +1 ou +2	Cu^{1+} ou Cu^{2+}, Hg^{1+} ou Hg^{2+}
carga = +2 ou +3	Fe^{2+} ou Fe^{3+}, Co^{2+} ou Co^{3+}, Ni^{2+} ou Ni^{3+}
carga = +2 ou +4	Sn^{2+} ou Sn^{4+}, Pb^{2+} ou Pb^{4+}

Essa tabela apresentada é muito importante no estudo das bases e dos sais (próximo capítulo).

Os químicos, por simplicidade, em vez de usar Hg_2^{2+}, utilizam Hg^{1+}.

6. Formulação das bases

A fórmula de uma base é prevista pelo **princípio da neutralidade elétrica** (a carga total do cátion é igual à carga total do ânion). **Exemplo:**

Na^{1+} e OH^{1-}: NaOH $\qquad$ Al^{3+} e OH^{1-}: $Al(OH)_3$

Ca^{2+} e OH^{1-}: $Ca(OH)_2$ $\qquad$ Pb^{4+} e OH^{1-}: $Pb(OH)_4$

7. Nomenclatura das bases

Para a nomenclatura das bases, pode-se utilizar a seguinte regra:

Hidróxido de (nome do cátion)

Quando um cátion apresenta mais de uma carga (Fe^{2+} e Fe^{3+}), acrescenta-se, ao final do nome, em algarismos romanos e entre parênteses, o número da carga do cátion.

Exemplos:

NaOH – hidróxido de sódio

$Al(OH)_3$ – hidróxido de alumínio

$Fe(OH)_2$ – hidróxido de ferro (II)

$Mg(OH)_2$ – hidróxido de magnésio

NH_4OH – hidróxido de amônio

$Fe(OH)_3$ – hidróxido de ferro (III)

8. Fórmula estrutural das bases

A ligação entre O e H é feita pelo compartilhamento de um par de elétrons e o O ficando com 7 elétrons de valência.

·Ö: H

A ligação entre o metal e o OH é *iônica*, pois o metal fornece um elétron ao O para ficar com o *octeto*.

Exemplos:

Na· ↷ ·Ö: H ⟶ $[Na^{1+}][:Ö:H^{1-}]$ ou $Na^{1+}[:Ö—H]^{1-}$

Ca: ↷ ·Ö: H ⟶ $[Ca^{2+}][:Ö:H^{1-}]_2$ ou $Ca^{2+}[:Ö—H]_2^{1-}$
↳ ·Ö: H

As bases são **substâncias iônicas** (embora a ligação entre O e H seja covalente), pois, nesse caso, a ligação iônica prevalece sobre a ligação covalente, isto é, as bases têm as mesmas propriedades das substâncias iônicas.

9. Usos das principais bases

NaOH – *soda cáustica*: principal base, produção de papel, sabão e detergente; limpa-forno (desentupir pias e ralos).

$Mg(OH)_2$ – *leite de magnésia*: antiácido estomacal.

$Ca(OH)_2$ – *cal hidratada*: pintura a cal, preparação de argamassa (massa que fica entre os tijolos); adição aos solos para diminuir a acidez.

NH_4OH – *amoníaco*: produtos de limpeza.

($NH_3 + H_2O$)

10. Ácidos *versus* bases

As propriedades dos ácidos para Arrhenius são devidas aos íons H^{1+} que estão dispersos na água (sabor azedo, avermelham o papel de tornassol azul; os ácidos conduzem a corrente elétrica em solução aquosa e no polo negativo (cátodo) há liberação de gás hidrogênio).

As propriedades das bases para Arrhenius são devidas aos íons OH^{1-} que estão dispersos na água (sabor adstringente, isto é, que prende a língua, como acontece ao se comer uma fruta verde; as bases azulam o papel de tornassol vermelho, conduzem a corrente elétrica em solução aquosa e no polo positivo liberam gás oxigênio).

11. Noções sobre os indicadores ácido-base

Existem substâncias que têm a propriedade de apresentar colorações diferentes em solução ácida e em solução básica. Essas substâncias foram chamadas de **indicadores ácido-base**. Os mais comuns são o *tornassol*, a *fenolftaleína* e *o alaranjado de metila*. As colorações desses indicadores em solução ácida e em solução básica são:

Indicador	Ácido	Base
tornassol	rosa	azul
fenolftaleína	incolor	vermelho
alaranjado de metila	vermelho	amarelo

A rigor, não é correto dizer que um indicador apresenta uma cor x em solução ácida e uma cor y em solução básica; a coloração depende da concentração dos íons H^{1+} e OH^{1-} na solução. Esse assunto é estudado em físico-química.

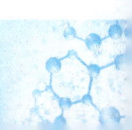

Exercícios Série Prata

1. Complete as equações de dissociação das bases.

a) $NaOH(s) \xrightarrow{H_2O} NaOH(aq) \xrightarrow{H_2O}$

b) $KOH(s) \xrightarrow{H_2O} KOH(aq) \xrightarrow{H_2O}$

c) $Ca(OH)_2(s) \xrightarrow{H_2O} Ca(OH)_2(aq) \xrightarrow{H_2O}$

d) $Ba(OH)_2(s) \xrightarrow{H_2O} Ba(OH)_2(aq) \xrightarrow{H_2O}$

2. Complete a equação de ionização.

$NH_3(g) \xrightarrow{H_2O} NH_3(aq)$

$NH_3(aq) + H_2O(l) \longrightarrow$

$NH_4OH(aq) \longrightarrow \quad +$

3. Complete com **dissociação iônica** ou **ionização**.

a) _____ : processo em que ocorre separação de íons por meio de uma substância iônica dissolvida em água.

b) _____ : reação que produz íons.

4. Complete com as cargas 1^+, 2^+, 3^+ e 4^+.

a) Li, Na, K, Ag, NH_4

b) Mg, Ca, Ba, Sr, Zn, Cd

c) Al

d) Cu ou Cu

e) Fe ou Fe, Ni ou Ni, Co ou Co

f) Sn ou Sn, Pb ou Pb

5. Escreva as fórmulas estruturais das bases.

a) [Na] [O   H]

b) [Ca] [O   H]$_2$

c) [Al] [O   H]$_3$

6. Escreva as fórmulas das bases.

a) hidróxido de sódio:

b) hidróxido de potássio:

c) hidróxido de prata:

d) hidróxido de amônio:

e) hidróxido de magnésio:

f) hidróxido de cálcio:

g) hidróxido de bário:

h) hidróxido de estrôncio:

i) hidróxido de zinco:

j) hidróxido de alumínio:

k) hidróxido de cobre (I):

l) hidróxido de cobre (II):

m) hidróxido de ferro (II):

n) hidróxido de ferro (III):

o) hidróxido de níquel (II):

p) hidróxido de níquel (III):

q) hidróxido de estanho (II):

r) hidróxido de estanho (IV):

s) hidróxido de chumbo (II):

7. Complete com **incolor, azul, vermelho, amarelo** ou **rosa**.

Indicador	Ácido	Base
a) Tornassol	_____	_____
b) Fenolftaleína	_____	_____
c) Alaranjado de metila	_____	_____

8. (ENEM) O suco extraído do repolho roxo pode ser utilizado como indicador do caráter ácido (pH entre 0 e 7) ou básico (pH entre 7 e 14) de diferentes soluções. Misturando-se um pouco de suco de repolho a uma solução, a mistura passa a apresentar diferentes cores, segundo sua natureza ácida ou básica, de acordo com a escala a seguir.

Vermelho	Rosa	Roxo	Azul	Verde	Amarelo
1 2	3 4	5 6	7 8 9	10 11 12	13 14

Algumas soluções foram testadas com esse indicador, produzindo os seguintes resultados:

Material	Cor
I. amoníaco	verde
II. leite de magnésia	azul
III. vinagre	rosa
IV. leite de vaca	rosa

De acordo com esses resultados, as soluções I, II, III e IV têm, respectivamente, caráter:

a) ácido – básico – básico – ácido
b) ácido – básico – ácido – básico
c) básico – ácido – básico – ácido
d) ácido – ácido – básico – básico
e) básico – básico – ácido – ácido

9. Estabeleça a relação correta entre as bases dadas a seguir:

I. NaOH   III. $Ca(OH)_2$
II. $Mg(OH)_2$ IV. NH_4OH

e os usos de cada uma.

a) Antiácido estomacal.
b) Produto de limpeza à base de amoníaco.
c) Fabricação de sabão.
d) Utilizada pelos pedreiros.

10. A substância formada exclusivamente por ligações covalentes é representada por:

a) NaCl   c) NaOH
b) H_2S d) BaH_2

11. (FAEE – GO) O hidróxido de magnésio, $Mg(OH)_2$, que é um componente do "leite de magnésia", é

a) um ácido de Arrhenius.
b) uma base de Arrhenius.
c) um sal.
d) um óxido.
e) um hidreto.

Exercícios Série Ouro

1. (PUC – MG) A dissolução de uma certa substância em água é representada pela equação

$$M(OH)_3(s) \xrightarrow{H_2O} M^{3+}(aq) + 3\,OH^-(aq)$$

que pode representar a dissolução de

a) amônia.
b) hidróxido de cálcio.
c) hidróxido de sódio.
d) hidróxido de alumínio.
e) brometo de hidrogênio.

2. (MACKENZIE – SP) O hidróxido de sódio, conhecido no comércio como soda cáustica, é um dos produtos que contaminaram o rio Pomba, em Minas Gerais, causando um dos piores desastres ecológicos do Brasil.

Desta substância é **incorreto** afirmar que

a) tem fórmula NaOH.
b) é um composto iônico.
c) em água dissocia.
d) é usada na produção de sabões.
e) é uma molécula insolúvel em água.

Dados: número atômico Na = 11; O = 8; H = 1.

3. (USJT – SP) Sabor adstringente é o que percebemos quando comemos uma banana verde (não madura). Que substância a seguir teria sabor adstringente?

a) CH_3COOH
b) $NaCl$
c) $Al(OH)_3$
d) $C_{12}H_{22}O_{11}$
e) H_3PO_4

4. (PUC – MG) Urtiga é o nome genérico dado a diversas plantas da família das urticáceas; cujas folhas são cobertas de pelos finos, os quais liberam ácido fórmico (H_2CO_2) que, em contato com a pele, produz uma irritação.

Dos produtos de uso doméstico a seguir, o que você utilizaria para diminuir essa irritação é:

a) vinagre.
b) sal de cozinha.
c) óleos.
d) coalhada.
e) leite de magnésia.

5. (UNIUBE – MG) "Na natureza, não são encontradas jazidas de ácido sulfúrico, de ácido nítrico, de ácido clorídrico, de soda cáustica, de cal extinta etc. Todos são fabricados industrialmente."

As fórmulas das substâncias mencionadas no texto são, respectivamente,

a) H_2SO_3, HNO_3, $HClO_2$, $Ca(OH)_2$, CaO
b) H_2SO_4, HNO_2, $HClO_4$, $Na(OH)$, $Ca(OH)_2$
c) H_2SO_4, HNO_2, HCl, $Ca(OH)_2$, CaO
d) H_2SO_3, HNO_2, $HClO_4$, $NaOH$, CaO
e) H_2SO_4, HNO_3, HCl, $NaOH$, $Ca(OH)_2$

6. (FUVEST – SP) Identifique a alternativa que apresenta dois produtos caseiros com propriedades alcalinas (básicas):

a) detergente e vinagre.
b) sal e coalhada.
c) leite de magnésia e sabão.
d) bicarbonato e açúcar.
e) Coca-Cola e água de cal.

7. (FUVEST – SP) Nas condições ambientes, pastilhas de hidróxido de sódio, expostas ao ar durante várias horas, transformaram-se em um líquido claro. Este fenômeno ocorre porque o hidróxido de sódio:

a) absorve a água da atmosfera.
b) reage com o oxigênio do ar.
c) combina-se com o hidrogênio do ar.
d) reage com nitrogênio do ar.
e) produz água ao decompor-se.

8. (UNISINOS – RS) Um aluno, trabalhando no laboratório de sua escola, deixou cair uma certa quantidade de solução alcoólica de fenolftaleína sobre um balcão que estava sendo limpo com sapólio. O local onde caiu a fenolftaleína adquiriu, quase que imediatamente, uma coloração rósea. Este aluno, observando a mancha violácea, concluiu que:

a) o sapólio deve ser um meio ácido.
b) o sapólio deve ser um meio alcalino.
c) o sapólio deve ser um meio neutro.
d) o sapólio tem características de um sal.
e) a fenolftaleína removeu o sapólio do local.

9. (MACKENZIE – SP) A base que na dissociação iônica total produz um número de OH^- igual ao número de cátions obtidos na dissociação total do ácido sulfúrico é:

a) $Mg(OH)_2$
b) $NaOH$
c) NH_4OH
d) $Al(OH)_3$
e) $Pb(OH)_4$

10. (MACKENZIE – SP) O nitrogênio, que no estado líquido é usado na conservação de embriões e em criocirurgias, reage com o hidrogênio em presença de catalisador, formando amônia. Esta, em solução aquosa, recebe o nome comercial de amoníaco. Dentre as fórmulas abaixo, a única que não se encaixa na descrição feita é:

a) N_2O
b) H_2
c) H_2O
d) NH_3
e) NH_4OH

11. O corante tornassol fica azul na presença de uma solução de base e vermelho quando adicionado em solução de um ácido.

Considere os seguintes materiais:

I. solução de soda cáustica
II. produtos de limpeza do tipo Ajax, Fúria, Furacão Branco etc.
III. vinagre
IV. líquido contido na bateria do automóvel
V. leite de magnésia

Quais tornam azul o papel vermelho de tornassol?

a) Somente I e II.
b) Somente II e V.
c) Somente III e IV.
d) Somente I, II e V.
e) Somente I, II, IV e V.

12. (UFRGS – RS) Aos frascos **A**, **B** e **C**, contendo soluções aquosas incolores de substâncias diferentes, foram adicionadas gotas de fenolftaleína.

Observou-se que só o frasco **A** passou a apresentar coloração rósea. Identifique a alternativa que indica substâncias que podem estar presentes em **B** e **C**.

a) $NaOH$ e $NaCl$
b) H_2SO_4 e HCl
c) $NaOH$ e $Ca(OH)_2$
d) H_2SO_4 e $NaOH$
e) $NaCl$ e $Mg(OH)_2$

13. (FUVEST – SP) "Sangue de diabo" é um líquido vermelho que logo se descora ao ser aspergido sobre roupa branca. Para preparar sangue de diabo adiciona-se fenolftaleína a uma solução do gás NH_3 em água.

a) Por que o sangue de diabo é vermelho?
b) Explique por que a cor desaparece.

Capítulo 25
Estudo dos Sais

1. Por que a água do mar é salgada?

A água do mar é uma solução rica em *sais*, em que predomina o *cloreto de sódio* ($NaCl$), também conhecido como *sal de cozinha*.

Os *íons* mais abundantes dissolvidos na água do mar são:

- Cl^{1-} (cloreto) 56%
- Na^{1+} (sódio) 28%
- SO_4^{2-} (sulfato) 8%
- Mg^{2+} (magnésio) 4%
- Ca^{2+} (cálcio) 1,5 %
- K^{1+} (potássio) 1%
- HCO_3^{1-} (bicarbonato) 0,5 %

$Cl^{1-} > Na^{1+} > SO_4^{2-} > Mg^{2+} > Ca^{2+} > K^{1+} > HCO_3^{1-} > Br^{1-}$

Há duas hipóteses para explicar a presença de sais na água do mar. A primeira, a mais conhecida e que por muito tempo acreditou-se ser a única, era de que eles teriam origem na *dissolução das rochas da superfície terrestre* (contendo sais) e seu transporte pelos rios até os oceanos. Porém, uma simples análise comparativa entre os sais dissolvidos pelos rios e a composição da água do mar demonstra que nem todo sal existente poderia ter-se originado apenas por esse processo.

A segunda hipótese está relacionada aos *processos vulcânicos* que ocorrem nos fundos oceânicos. A água expelida pelas erupções vulcânicas contém, em solução, constituintes químicos, como cloretos, sulfatos, brometos, iodetos, compostos de carbono, boro, nitrogênio e outros.

Existem sais coloridos.

Exemplos:

$Ni(NO_3)_2$: nitrato de níquel (II) (verde)

$K_2Cr_2O_7$: dicromato de potássio (laranja)

$CuSO_4 \cdot 5\,H_2O$: sulfato de cobre (III) penta-hidratado (azul)

2. Conceitos de sais

Para Gay-Lussac (1814), **sal** é uma substância formada na reação entre uma *base* e um *ácido* ao lado da água.

$$\text{base} + \text{ácido} \longrightarrow \text{sal} + \text{água}$$

Exemplo:

$NaOH + HCl \longrightarrow NaCl + HOH$

Sal é uma substância iônica em que o *cátion* é proveniente de uma *base* e o *ânion* é proveniente de um *ácido* (Arrhenius).

$Na^{1+}Cl^{1-}$ — $NaOH$ / HCl

3. Nomenclatura dos ânions

A nomenclatura de um ânion é proveniente de um ácido, pois a sua dissociação em água produz um ânion.

$$\text{ácido} \xrightarrow{H_2O} H^+ + \text{ânion}$$

A nomenclatura dos ânions é feita substituindo-se a terminação do nome do *ácido* pela terminação do nome do *ânion*, conforme a seguinte regra:

Ácido	Ânion
ídrico	eto
ico	ato
oso	ito

Exemplos:

$HCl \longrightarrow H^{1+} + Cl^{1-}$

ácido clorídrico — ânion cloreto

$HNO_3 \longrightarrow H^{1+} + NO_3^{1-}$
ácido nítrico   ânion nitrato

$HNO_2 \longrightarrow H^{1+} + NO_2^{1-}$
ácido nitroso   ânion nitrito

$H_3PO_4 \longrightarrow 3\,H^{1+} + PO_4^{3-}$
ácido fosfórico   ânion fosfato

$H_3PO_3 \longrightarrow 2\,H^{1+} + HPO_3^{2-}$
ácido fosforoso   ânion fosfito

$H_3PO_2 \longrightarrow H^{1+} + H_2PO_2^{1-}$
ácido hipofosforoso   ânion hipofosfito

Outros ânions importantes:

SO_4^{2-}: ânion sulfato SO_3^{2-}: ânion sulfito

CO_3^{2-}: ânion carbonato HCO_3^{1-}: ânion hidrogeno carbonato ou ânion bicarbonato

ClO_4^{1-}: ânion perclorato ClO_3^{1-}: ânion clorato

ClO_2^{1-}: ânion clorito ClO^{1-}: ânion hipoclorito

CrO_4^{2-}: ânion cromato $Cr_2O_7^{2-}$: ânion dicromato

MnO_4^{1-}: ânion permanganato BO_3^{3-}: ânion borato

F^{1-}: ânion fluoreto Br^{1-}: ânion brometo

I^{1-}: ânion iodeto CN^{1-}: ânion cianeto

S^{2-}: ânion sulfeto

4. Nomenclatura dos sais

A nomenclatura dos sais é feita escrevendo-se o nome do *ânion*, a palavra *"de"* e o nome do *cátion*.

(nome do ânion) de (nome do cátion)

Quando um cátion apresenta mais de uma carga (Fe^{2+} e Fe^{3+}), acrescenta-se ao final do nome, em algarismos romanos e entre parênteses, o número da carga do cátion.

Exemplos:

NaCl: cloreto de sódio $CaCO_3$: carbonato de cálcio

$Ca_3(PO_4)_2$: fosfato de cálcio $KMnO_4$: permanganato de potássio

$FeSO_4$: sulfato de ferro (II) $Fe_2(SO_4)_3$: sulfato de ferro (III)

5. Formulação dos sais

A fórmula de um sal é prevista pelo **princípio de neutralidade elétrica** (carga total do cátion é igual a carga total do ânion).

Exemplos:

Fe^{2+} e Cl^{1-}: $FeCl_2$ Fe^{3+} e Cl^{1-}: $FeCl_3$

Ca^{2+} e CO_3^{2-}: $CaCO_3$ Al^{3+} e SO_4^{2-}: $Al_2(SO_4)_3$

6. Fórmula estrutural dos sais

A fórmula estrutural do ânion é proveniente do ácido de origem com a retirada do H que está ligado no O (tornando O negativo), como acontece na dissociação do ácido na água.

O cátion vai se ligar ionicamente com O negativo, portanto, um sal é um composto iônico.

Exemplos:

1) $NaNO_3$ — HNO_3

$$\cancel{H}-O-N=O \longrightarrow O^--N=O$$
$$\hspace{3em}\downarrow \hspace{6em} \downarrow$$
$$\hspace{3em}O \hspace{6em} O$$

$$Na^+ \left[O^- - \underset{\underset{O}{\downarrow}}{N} = O \right]$$

2) $CaCO_3$ — H_2CO_3

$$\begin{array}{c}\cancel{H}-O\\ \hspace{2em}\diagdown\\ \hspace{3em}C=O\\ \hspace{2em}\diagup\\ \cancel{H}-O\end{array} \quad \left[\begin{array}{c}O^-\\ \diagdown\\ C=O\\ \diagup\\ O^-\end{array}\right]$$

$$Ca^{2+}\left[\begin{array}{c}O^-\\ \diagdown\\ C=O\\ \diagup\\ O^-\end{array}\right] \quad ou \quad Ca^{2+}\left[\begin{array}{c}O\\ \diagdown\\ C=O\\ \diagup\\ O\end{array}\right]^{2-}$$

3) K_2SO_4 — H_2SO_4

$$\begin{array}{c}H-O\\ \hspace{2em}\diagdown\hspace{1em}\diagup O\\ \hspace{3em}S\\ \hspace{2em}\diagup\hspace{1em}\diagdown O\\ H-O\end{array} \quad \begin{array}{c}O^-\\ \hspace{1em}\diagdown\hspace{1em}\diagup O\\ \hspace{2em}S\\ \hspace{1em}\diagup\hspace{1em}\diagdown O\\ O^-\end{array}$$

ou

$$\begin{array}{c}K^+\\ \\ K^+\end{array}\left[\begin{array}{c}O^-\hspace{1em}O\\ \diagdown\hspace{0.5em}\diagup\\ S\\ \diagup\hspace{0.5em}\diagdown\\ O^-\hspace{1em}O\end{array}\right] \quad ou \quad K_2^+\left[\begin{array}{c}O\hspace{1em}O\\ \diagdown\hspace{0.5em}\diagup\\ S\\ \diagup\hspace{0.5em}\diagdown\\ O\hspace{1em}O\end{array}\right]^{2-}$$

7. Dissociação dos sais em água

Quando um sal é dissolvido em água, ocorre a separação do *cátion* e do *ânion*.

Exemplos:

$Na^{1+}Cl^{1-}(s) \xrightarrow{H_2O} Na^{1+}Cl^{1-}(aq) \xrightarrow{H_2O}$

$\xrightarrow{H_2O} Na^{1+}(aq) + Cl^{1-}(aq)$

$K_2SO_4(s) \xrightarrow{H_2O} K_2SO_4(aq) \xrightarrow{H_2O} 2\,K^{1+}(aq) + SO_4^{2-}(aq)$

8. Usos dos principais sais

Sais	Aplicações
NaCl	alimentação, soro fisiológico (0,9% de NaCl); conservação de carnes e peixes.
$CaCO_3$	**calcário, mármore;** obtenção da cal (CaO); adição aos solos para diminuir a acidez; fabricação de vidro e cimento, formação de cavernas.
$NaNO_3$	**salitre do Chile;** fertilizante e componente da pólvora ($NaNO_3$ + C + S).
$NaHCO_3$	**bicarbonato de sódio;** antiácido estomacal; extintor de incêndio tipo espuma; fermento de bolos, pães etc.; componente dos talcos desodorantes.
Na_2CO_3	**barrilha ou soda,** fabricação de vidro; tratamento da água.

9. Sais hidratados: sal.x H_2O

Quando os sais se cristalizam a partir de uma solução aquosa, os íons podem reter algumas das moléculas de **água de hidratação** pela interação íon-dipolo e formar **sais hidratados**.

Exemplos:

$Na_2CO_3.10\,H_2O$: carbonato de sódio deca-hidratado

$CuSO_4.5\,H_2O$: sulfato de cobre (II) penta-hidratado

O ponto que aparece na fórmula é usado para separar a água de hidratação do resto da fórmula.

As interações íon-dipolo são fortes para íons pequenos com carga elevada. Em consequência, os cátions pequenos com carga elevada formam, frequentemente, sais hidratados.

Grupo 1: $\underbrace{Li^+ \quad Na^+}_{\text{formam sais hidratados}} \quad \underbrace{K^+ \quad Rb^+ \quad Cs^+}_{\text{não formam sais hidratados}}$

Não há maneira simples de prever a quantidade de água presente em um sal hidratado, de modo que a determinação deve ser *experimental*. A experiência envolve o aquecimento do material hidratado de modo a expulsar toda a água do sólido e provocar sua evaporação. O resíduo é o **sal anidro**.

$\underset{\substack{\text{sal hidratado}\\\text{azul}}}{CuSO_4.5\,H_2O} \xrightarrow{\Delta} \underset{\substack{\text{sal anidro}\\\text{branco}}}{CuSO_4} + 5\,H_2O$

Com o aquecimento, há desprendimento da água de cristalização.

Fórmula estrutural do $CuSO_4.5\,H_2O$:

íon-dipolo   ponte de hidrogênio

10. Dissociação iônica e ionização

- **Dissociação iônica** é a separação dos íons de uma substância iônica (base e sal), que acontece quando ela se dissolve em água.

Exemplos:

NaOH(s) ⟶ Na⁺(aq) + OH⁻(aq)

Na **dissolução** do NaOH em água ocorre **dissociação iônica**.

NaCl(s) ⟶ Na⁺(aq) + Cl⁻(aq)

Na dissolução do NaCl em água ocorre **dissociação iônica**.

- **Ionização** é a formação de íons que acontece quando algumas substâncias moleculares (ácidos) se dissolvem em água.

Exemplo:

HCl(g) ⟶ HCl(aq) ⟶ H⁺(aq) + Cl⁻(aq)

Na dissolução do HCl em água ocorre **ionização**, pois o HCl é uma substância molecular, portanto, não é formada de íons H⁺ e Cl⁻.

Conclusão: a dissociação é apenas a **separação de partículas**, enquanto na ionização há **formação de íons**.

Exercícios Série Prata

1. Complete com **ato**, **eto** ou **ito**.

Ácido	Ânion
ídrico	
ico	
oso	

2. Dê os nomes dos ânions:

a)   HF ⟶ H⁺ + F⁻
    ácido fluorídrico   ânion _____

b)   HCl ⟶ H⁺ + Cl⁻
    ácido clorídrico   ânion _____

c)   HBr ⟶ H⁺ + Br⁻
    ácido bromídrico   ânion _____

d)   HI ⟶ H⁺ + I⁻
    ácido iodídrico   ânion _____

e)   HCN ⟶ H⁺ + CN⁻
    ácido cianídrico   ânion _____

f)   H₂S ⟶ 2 H⁺ + S²⁻
    ácido sulfídrico   ânion _____

g)   H₃BO₃ ⟶ 3 H⁺ + BO₃³⁻
    ácido bórico   ânion _____

h)   H₂CO₃ ⟶ 2 H⁺ + CO₃²⁻
    ácido carbônico   ânion _____

i)   H₂CO₃ ⟶ H⁺ + HCO₃⁻
    ácido carbônico   ânion _____
                              ou _____

j)   HNO₃ ⟶ H⁺ + NO₃⁻
    ácido nítrico   ânion _____

k)   HNO₂ ⟶ H⁺ + NO₂⁻
    ácido nitroso   ânion _____

l)   H₃PO₄ ⟶ 3 H⁺ + PO₄³⁻
    ácido fosfórico   ânion _____

m)   H₃PO₃ ⟶ 2 H⁺ + HPO₃²⁻
    ácido fosforoso   ânion _____

n)   H₂SO₄ ⟶ 2 H⁺ + SO₄²⁻
    ácido sulfúrico   ânion _____

o)   H₂SO₃ ⟶ 2 H⁺ + SO₃²⁻
    ácido sulfuroso   ânion _____

p) HClO$_4$ $\longrightarrow$ H$^+$ + ClO$_4^-$
ácido perclórico   ânion _____

q) HClO$_3$ $\longrightarrow$ H$^+$ + ClO$_3^-$
ácido clórico   ânion _____

r) HClO$_2$ $\longrightarrow$ H$^+$ + ClO$_2^-$
ácido cloroso   ânion _____

s) HClO $\longrightarrow$ H$^+$ + ClO$^-$
ácido hipocloroso   ânion _____

t) HMnO$_4$ $\longrightarrow$ H$^+$ + MnO$_4^-$
ácido permongânico   ânion _____

u) H$_2$CrO$_4$ $\longrightarrow$ 2 H$^+$ + CrO$_4^{2-}$
ácido crômico   ânion _____

v) H$_2$Cr$_2$O$_7$ $\longrightarrow$ 2 H$^+$ + Cr$_2$O$_7^{2-}$
ácido dicrômico   ânion _____

3. Dê o nome dos sais:
a) NaF _____

b) NaCl _____

c) AgBr _____

d) PbI$_2$ _____

e) KCN _____

f) CaS _____

g) CaCO$_3$ _____

h) NaHCO$_3$ _____

i) AgNO$_3$ _____

j) NaNO$_2$ _____

k) AlBO$_3$ _____

l) Ca$_3$(PO$_4$)$_2$ _____

m) BaSO$_4$ _____

n) MgSO$_3$ _____

o) KClO$_4$ _____

p) Fe(ClO$_3$)$_2$ _____

q) Fe(ClO$_2$)$_3$ _____

r) NaClO _____

s) KMnO$_4$ _____

t) K$_2$CrO$_4$ _____

u) Cr$_2$(Cr$_2$O$_7$)$_3$ _____

4. Complete o quadro abaixo colocando a fórmula dos sais:

	Na^+	$(NH_4)^+$	Ba^{2+}	Ca^{2+}	Fe^{3+}	Al^{3+}
1. nitrato de						
2. nitrito de						
3. sulfato de						
4. sulfito de						
5. sulfeto de						
6. carbonato de						
7. fosfato de						
8. fosfito de						
9. iodeto de						
10. brometo de						
11. fluoreto de						
12. cloreto de						
13. hipoclorito de						
14. clorito de						
15. clorato de						
16. perclorato de						

5. Escreva as fórmulas estruturais dos sais.

a) KNO_3

$$H \; O \; N \; O \qquad \begin{bmatrix} O \; N \; O \\ \; \; \; \; O \end{bmatrix}^-$$
$$\quad \; O$$

$$K \begin{bmatrix} O \; N \; O \\ \; \; \; \; O \end{bmatrix}$$

b) $BaSO_4$

$$\begin{matrix} H \; O & O & \; & O \; O \\ \; \; \; \; S & & & \; \; S \\ H \; O & O & \; & O \; O \end{matrix}$$

$$Ba \begin{bmatrix} O \; \; O \\ \; S \\ O \; \; O \end{bmatrix}$$

c) $CaCO_3$

$$\begin{matrix} H \; O & & & O \\ \; \; \; \; \; C \; O & & \; \; \; \; \; C \; O \\ H \; O & & & O \end{matrix}$$

$$Ca \begin{bmatrix} O \\ \; \; C \; O \\ O \end{bmatrix}$$

6. Dê os nomes dos seguintes sais hidratados:
a) $CuSO_4 \cdot 5\,H_2O$
b) $Na_2CO_3 \cdot 10\,H_2O$

7. Complete as equações de dissociação.

a) $NaCl(s) \xrightarrow{H_2O} NaCl(aq) \xrightarrow{H_2O}$

b) $K_2SO_4(s) \xrightarrow{H_2O} K_2SO_4(aq) \xrightarrow{H_2O}$

8. Complete a equação química.

$CuSO_4 \cdot 5H_2O \xrightarrow{\Delta}$

Exercícios Série Ouro

1. (PUC – RS) A substância formada exclusivamente por ligações covalentes é representada por:
a) K_2SO_4
b) NaCl
c) H_2S
d) NaOH
e) BaH_2

2. (FUVEST – SP) Um elemento metálico M forma um cloreto de fórmula MCl_3. A fórmula de seu sulfato é:
a) M_2SO_4
b) MSO_4
c) $M_2(SO_4)_3$
d) $M(SO_4)_2$
e) $M(SO_4)_3$

3. (CESGRANRIO – RJ) Um metal M forma um nitrato de fórmula $M(NO_3)_2$. O sulfeto desse metal terá a fórmula:
a) MS
b) M_2S
c) MSO_3
d) M_2SO_3
e) MSO_4

4. (UFRRJ) Os derivados do potássio são amplamente utilizados na fabricação de explosivos, fogos de artifício, além de outras aplicações. As fórmulas que correspondem ao nitrato de potássio, perclorato de potássio, sulfato de potássio e dicromato de potássio são, respectivamente:
a) KNO_2, $KClO_4$, K_2SO_4, $K_2Cr_2O_7$
b) KNO_3, $KClO_4$, K_2SO_4, $K_2Cr_2O_7$
c) KNO_4, $KClO_3$, K_2SO_4, $K_2Cr_2O_7$
d) KNO_2, $KClO_4$, K_2SO_4, K_2CrO_4
e) KNO_3, $KClO_3$, K_2SO_4, $K_2Cr_2O_7$

5. (PUC – PR) Muitos produtos químicos estão presentes no nosso cotidiano, como, por exemplo, o leite de magnésia, o vinagre, o calcário, a soda cáustica, dentre outros. Essas substâncias citadas pertencem, respectivamente, às seguintes funções químicas:
a) ácido, base, base e sal.
b) sal, ácido, sal e base.
c) ácido, base, sal e base.
d) base, sal, ácido e base.
e) base, ácido, sal e base.

6. (UNIFOR – CE) As espécies químicas Fe^{3+} e S^{2-} compõem o sulfeto férrico de fórmula:

a) FeS
b) Fe_2S
c) Fe_2S_3
d) Fe_3S_2
e) Fe_4S

7. (PUC – RS) No mar existem vários sais dissolvidos, tais como *cloreto de sódio*, *cloreto de magnésio*, *sulfato de magnésio* e outros. Também se encontram sais pouco solúveis na água, como o *carbonato de cálcio*, que forma os corais e as conchas. As fórmulas químicas das substâncias destacadas estão reunidas, respectivamente, em:

a) $NaCl$, $MgCl_2$, MgS e $CaCO_3$.
b) $NaCl_2$, $MgCl_2$, $MgSO_4$ e Ca_2C.
c) $NaCl_2$, $MgCl$, Mg_2SO_4 e $Ca(CO_3)_2$.
d) $NaCl$, $MgCl_2$, $MgSO_4$ e $CaCO_3$.
e) $NaCl$, Mg_2Cl, MgS e Ca_2CO_3.

8. (FUVEST – SP) A seguir aparecem os nomes alquímicos e os nomes modernos de três compostos químicos:

natro = carbonato de sódio;
sal de Epson = sulfato de magnésio;
sal de Glauber = sulfato de sódio.

O elemento químico comum às três substâncias é:

a) H
b) Na
c) S
d) C
e) O

9. (UNIEVANGÉLICA – GO) Os compostos $NaNO_3$; NH_4OH; H_2SO_4 pertencem, respectivamente, às funções:

a) sal, base, ácido
b) ácido, base, sal
c) base, sal, ácido
d) sal, ácido, base
e) ácido, sal, ácido

10. (UFRJ) Os fertilizantes com potássio são muito utilizados na agricultura. As formas mais comuns de fertilizantes são o cloreto, o sulfato, o nitrato e o fosfato de potássio. Suas fórmulas moleculares são representadas respectivamente por:

a) KCl, K_2SO_3, KNO_3, K_3PO_4.
b) KCl, K_2SO_3, KNO_2, K_2PO_3.
c) KCl, K_2SO_4, KNO_3, K_3PO_4.
d) $KClO$, K_2SO_3, KNO_2, K_2PO_3.
e) $KClO$, K_2SO_4, KNO_3, K_3PO_4.

11. (UEL – PR) Considere as soluções aquosas abaixo.

Solução	Cor
$CuSO_4$	azul
KNO_3	incolor
Na_2SO_4	incolor
K_2CrO_4	amarela

A partir dessa tabela, é possível concluir que os íons responsáveis pelas cores azul e amarela são:

a) Cu^{2+} e SO_4^{2-}
b) K^+ e CrO_4^{2-}
c) K^+ e SO_4^{2-}
d) Na^+ e NO_3^-
e) Cu^{2+} e CrO_4^{2-}

12. A água do mar pode ser fonte de sais usados na fabricação de fermento em pó, de água sanitária e de soro fisiológico. Os principais constituintes ativos desses materiais são, respectivamente:

a) Na_2CO_3, HCl e $NaCl$.
b) $NaHCO_3$, Cl_2 e $CaCl_2$.
c) $NaHCO_3$, $NaOCl$ e $NaCl$.
d) Na_2CO_3, $NaCl$ e KCl.
e) $NaOCl$, $NaHCO_3$ e $NaCl$.

13. Faça as associações corretas:

a) soro fisiológico I. NaNO$_3$
b) fertilizante II. NaHCO$_3$
c) componente de vidro III. NaCl
d) fermento de pães, bolos, etc. IV. NaF
e) componente de cremes dentais V. Na$_2$CO$_3$

14. (UFS – SE) Assinale qual dos compostos abaixo está com sua fórmula **errada**.

a) NaSO$_3$
b) KNO$_3$
c) Na$_2$SO$_4$
d) Li$_2$CO$_3$
e) KNO$_2$

15. (UFAL) Uma importante substância fertilizante é representada pela fórmula (NH$_4$)$_2$SO$_4$. Seu nome é:

a) hidrogenossulfato de amônio.
b) sulfito de amônio.
c) sulfato de amônio.
d) sulfato de amônio e hidrogênio.
e) amoniato de enxofre e oxigênio.

16. (CESGRANRIO – RJ) Em uma bancada de laboratório, estão quatro balões volumétricos (frascos de vidro com calibrações únicas) utilizados para o preparo de soluções de concentração conhecida, rotulados com as seguintes fórmulas, conforme mostra a figura abaixo.

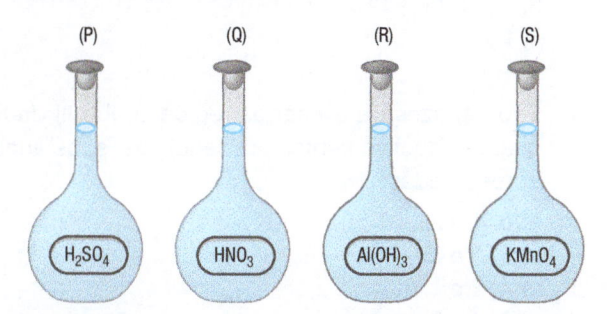

(P) H$_2$SO$_4$ (Q) HNO$_3$ (R) Al(OH)$_3$ (S) KMnO$_4$

Em relação às substâncias contidas nos frascos, analise as afirmativas a seguir.

I. Os balões P e R indicam, respectivamente, as funções ácido e sal.
II. Os balões Q e S indicam, respectivamente, as funções ácido e sal.
III. Os balões P e Q correspondem, respectivamente, a ácido sulfúrico e ácido nitroso.
IV. Os balões R e S indicam, respectivamente, as funções base e sal.
V. Os balões R e S correspondem, respectivamente, a hidróxido de alumínio e permanganato de potássio.

São corretas **apenas** as afirmativas

a) I e II.
b) II e III.
c) I, II e III.
d) II, III e IV.
e) II, IV e V.

17. (FUVEST – SP) Bromato de potássio, sulfito de amônio, iodeto de sódio e nitrito de bário são representados, respectivamente, pelas seguintes fórmulas:

a) KBrO$_3$, (NH$_4$)$_2$SO$_3$, NaI, Ba(NO$_2$)$_2$
b) KBrO$_4$, (NH$_4$)$_2$SO$_3$, NaI, Ba(NO$_2$)$_2$
c) KBrO$_3$, (NH$_4$)$_2$SO$_3$, NaI, Ba(NO$_3$)$_2$
d) KBrO$_2$, (NH$_4$)$_2$SO$_3$, NaIO$_3$, Ba(NO$_2$)$_2$
e) KBrO$_3$, (NH$_4$)$_2$SO$_4$, NaI, Ba(NO$_2$)$_2$

18. (FUVEST – SP) Considere as seguintes espécies químicas: H$^+$, NH$_3$, NH$_4^+$ e SO$_4^{2-}$. Qual das fórmulas abaixo é correta?

a) NH$_3$SO$_4$
b) (NH$_3$)$_2$SO$_4$
c) (NH$_3$)HSO$_4$
d) (NH$_4$)SO$_4$
e) (NH$_4$)HSO$_4$

19. (MACKENZIE – SP – adaptada) A pedra-ume é formada por sulfatos duplos de potássio e alumínio cristalizados com vinte e quatro moléculas de água. A fórmula da pedra-ume é:

a) $K_2SO_4 \cdot AlSO_4 \cdot 24\ H_2O$
b) $KSO_4 \cdot AlSO_4 \cdot 24\ H_2O$
c) $K_2SO_4 \cdot Al(SO_4)_3 \cdot 24\ H_2O$
d) $KSO_4 \cdot Al_2(SO_4)_3 \cdot 24\ H_2O$
e) $K_2SO_4 \cdot Al_2(SO_4)_3 \cdot 24\ H_2O$

20. (UFSCar – SP) O dióxido de silício, SiO_2, é utilizado no laboratório na forma de esferas contendo sais de cobalto, sílica gel, para a preservação de substâncias químicas higroscópicas. Com a mesma finalidade, o fosfato de cálcio, $Ca_3(PO_4)_2$, é utilizado como aditivo em preparos sólidos para bebidas. Quando utilizadas com esta finalidade, tais substâncias são classificadas como:

a) acidulantes
b) antioxidantes
c) antiumectantes
d) aromatizantes
e) corantes

21. (FGV – SP) Alguns compostos, quando solubilizados em água, geram uma solução aquosa que conduz eletricidade. Dos compostos abaixo,

I. Na_2SO_4
II. O_2
III. $C_{12}H_{22}O_{11}$ (açúcar)
IV. KNO_3
V. CH_3COOH
VI. $NaCl$

formam solução aquosa que conduz eletricidade:

a) apenas I, IV e VI
b) apenas I, IV, V e VI
c) todos
d) apenas I e IV
e) apenas VI

22. (UFRGS – RS) Considerando-se que o elemento ferro pode formar diferentes compostos nos quais apresenta valores de número de oxidação +2 ou +3, as fórmulas dos possíveis sulfatos e hidróxidos de ferro são:

a) Fe_2SO_4, Fe_3SO_4, Fe_2OH, Fe_3OH.
b) $FeSO_4$, $Fe_2(SO_4)_3$, $Fe(OH)_2$, $Fe(OH)_3$.
c) $Fe(SO_4)_2$, $Fe(SO_4)_3$, FeO, Fe_2O_3.
d) $FeSO_3$, $Fe_2(SO_3)_3$, $FeOH$, $Fe(OH)_3$.
e) FeS, Fe_2S_3, Fe_2O_3, Fe_3O_4.

23. (UFG – GO) O esquema apresentado a seguir mostra as regiões da língua que respondem mais intensamente aos diferentes sabores.

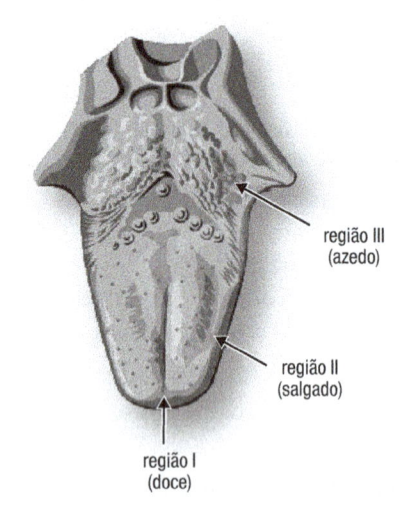

região III (azedo)
região II (salgado)
região I (doce)

Considere as seguintes substâncias representadas quimicamente:

1. $NaCl$
2. H_3CCOOH
3. $C_{12}H_{22}O_{11}$
4. Fe
5. H_2O

São capazes de excitar as regiões I, II e III da língua, respectivamente, as seguintes substâncias apresentadas:

a) 5, 1 e 2.
b) 3, 1 e 2.
c) 4, 2 e 1.
d) 5, 4 e 3.
e) 2, 3 e 5.

24. (UNIFOR – CE) Os íons Ca^{2+}, ClO^-, Cl^- compõem o sal de fórmula:

a) $Ca(ClO)Cl$.
b) $Ca(ClO)Cl_2$.
c) $Ca(ClO)_2Cl$.
d) $Ca_2(ClO)_2Cl$.
e) $Ca_2(ClO)Cl_2$.

25. (MACKENZIE – SP) *O cientista Wim L. Noorduin, da Escola de Engenharia e Ciências Aplicadas (SEAS, na sigla em inglês) em Harvard, nos EUA, aprendeu a manipular gradientes químicos para criar estruturas microscópicas semelhantes a flores. Nas suas experiências, Noorduin aprendeu a controlar minúsculos cristais, em placas de vidro e lâminas de metal, para criar estruturas específicas. Noorduin e a sua equipe dissolveram <u>cloreto de bário</u> e <u>silicato de sódio</u> numa solução de água. O <u>dióxido de carbono</u> do ar naturalmente dissolve-se na água, dando início a uma reação que deriva em cristais de <u>carbonato de bário</u>. O processo químico também baixa o pH da solução ao redor dos cristais, os quais, por sua vez, reagem com o silicato de sódio dissolvido. Com o pH ácido é adicionada uma camada de sílica às estruturas, usando o ácido da solução, permitindo a continuidade da formação de cristais de carbonato de bário. "Ao longo de pelo menos 200 anos, as pessoas têm questionado como formas complexas conseguem evoluir na natureza", declara Noorduin. "Este trabalho ajuda a demonstrar o que é possível (fazer) apenas com mudanças químicas e ambientais."*

http://diariodigital.sapo.pt/news.asp?id_news=641134.

A respeito das substâncias inorgânicas sublinhadas no texto, pode-se afirmar que suas fórmulas químicas são, respectivamente,

a) $BaCl_2$, Na_2SiO_3, CO_2 e $BaCO_3$.
b) $BaCl$, Na_2SiO_3, CO_2 e $BaCO_3$.
c) $BaCl_2$, Na_2SiO, CO_2 e Ba_2CO_3.
d) $BaCl$, Na_2SiO, CO e Ba_2CO_3.
e) $BaCl$, Na_2SiO_3, CO e Ba_2CO_3.

Dados: números atômicos (Z): C = 6, O = 8, Na = 11, Si = 14, Cl = 17 e Ba = 56

Capítulo 26
Óxidos

1. Vidro

Acredita-se que o vidro já era conhecido desde 2500 a.C. pelos egípcios. Atualmente, o vidro é produzido pela mistura de *soda* ou *barrilha* (Na_2CO_3), *calcário* ($CaCO_3$) e *areia* (SiO_2), que é aquecida em fornos especiais, a cerca de 1.500 °C, de acordo com a equação química:

$$x\ Na_2CO_3 + y\ CaCO_3 + z\ SiO_2 \xrightarrow{\Delta}$$

$$\xrightarrow{\Delta} \underbrace{(Na_2O)_x \cdot (CaO)_y \cdot (SiO_2)_z}_{\text{vidro}} + (x+y)CO_2$$

Os produtos obtidos são compostos binários oxigenados e que os químicos chamaram de **óxidos**.

A mistura é esfriada, originando o vidro incolor. Os vidros coloridos são fabricados adicionando-se, à mistura inicial, pequenas quantidades de **óxidos metálicos**, por exemplo, CoO (cor azul). O vidro fabricado com 10 a 15% de Pb_3O_4 é conhecido como **cristal** e usado na fabricação de vasos e taças.

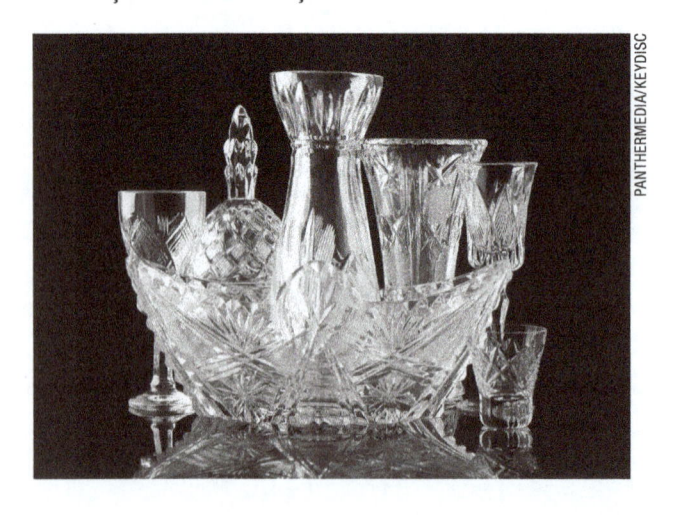

O vidro não tem composição química nem forma cristalina definidas, é considerado um **sólido amorfo**, ou, como dizem alguns autores, um **líquido de alta viscosidade (estado vítreo)**. Os átomos no vidro, embora apresentem um arranjo desordenado, apresentam uma posição fixa.

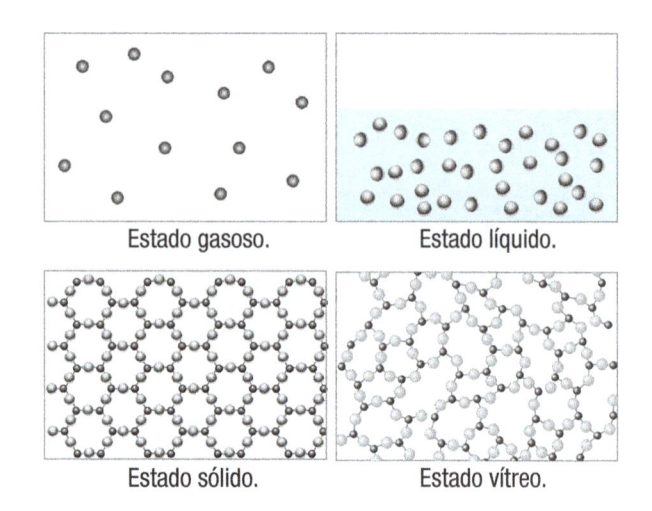

Estado gasoso. Estado líquido.

Estado sólido. Estado vítreo.

2. Conceito de óxidos

> **Óxidos** são substâncias binárias (dois elementos) nos quais o oxigênio é o elemento mais eletronegativo.

Na_2O, MgO, CO_2, SO_3, NO_2 etc.

Os principais elementos que não formam óxidos são: *flúor, ouro, hélio* e *neônio*.

3. Nomenclatura dos óxidos

3.1 Introdução

Há fundamentalmente dois modos para dar nome aos *óxidos*. Um deles é mais utilizado para os *óxidos iônicos* e o outro para os *óxidos moleculares*. Vejamos cada caso.

3.2 Óxidos iônicos

Todos os *óxidos iônicos* são *óxidos de metais*, apresentam PF e PE elevados; há inúmeros óxidos iônicos que fundem somente acima de 2.000 °C, tais como CaO, Al_2O_3.

O nome de um óxido iônico é dado pela regra a seguir:

Óxido de (nome do cátion metálico)

Quando um cátion apresenta mais de uma carga (Fe^{2+} e Fe^{3+}) acrescenta-se ao final do nome, em algarismos romanos e entre parênteses, o número da carga do cátion.

Exemplos:

K_2O: óxido de potássio

MgO: óxido de magnésio

FeO: óxido de ferro (II)

Na_2O: óxido de sódio

Al_2O_3: óxido de alumínio

Fe_2O_3: óxido de ferro (III)

3.3 Óxidos moleculares

Os não metais formam unicamente **óxidos moleculares**.

Exemplos:

CO, SO_2, NO

Utiliza prefixos para indicar a quantidade do *não metal e do oxigênio*. O prefixo *mono* pode ser omitido quando usado na frente do *não metal*.

$$\begin{bmatrix} mono \\ di \\ tri \\ --- \end{bmatrix} + \text{óxido de} \begin{bmatrix} di \\ tri \\ --- \end{bmatrix} + \text{nome do não metal}$$

Lembrando:

mono = um   di = dois   tri = três   tetra = quatro
penta = cinco   hexa = seis   hepta = sete

Exemplos:

CO_2: dióxido de carbono (gás carbônico)

NO_2: dióxido de nitrogênio

SO_3: trióxido de enxofre

N_2O_5: pentóxido de dinitrogênio

4. Óxidos básicos

4.1 Cal

O óxido de cálcio (conhecido como "cal") é uma das substâncias mais importantes para indústrias, sendo obtida por decomposição térmica do calcário ($CaCO_3$).

$$CaCO_3 \xrightarrow{\Delta} CaO + CO_2$$

Também chamado de **cal viva** ou **cal virgem**, é um composto sólido branco.

Aplicações:

- componente da argamassa (mistura de cal, areia e água) com que se erguem as paredes e muros;

Argamassa entre tijolos e para fixar pisos e azulejos.

- na pintura a cal (primeira tinta branca colocada na parede, principalmente em salas comerciais):

$$CaO + H_2O \longrightarrow Ca(OH)_2$$

cal extinta, cal apagada, cal hidratada

- na agricultura, para o controle de acidez dos solos (calagem do solo). CaO é um *óxido básico*, pois, ao reagir com a água, produz uma *base*.

4.2 Conceito

Óxidos básicos comuns são óxidos dos metais alcalinos (grupo 1) e alcalinoterrosos (grupo 2).

Exemplos:

Na_2O, K_2O, CaO, BaO

4.3 Principais reações dos óxidos básicos

São:

> óxido básico + água ⟶ base

$$CaO + H_2O \longrightarrow Ca(OH)_2$$
$$Na_2O + H_2O \longrightarrow 2\ NaOH$$

> óxido básico + ácido ⟶ sal + água

$$CaO + H_2SO_4 \longrightarrow CaSO_4 + H_2O$$

$$Na_2O + 2\ HCl \longrightarrow 2\ NaCl + H_2O$$

5. Óxidos ácidos ou anidridos

5.1 A chuva sem poluição já é ácida

O ar atmosférico não poluído e seco é uma mistura de gases com as seguintes porcentagens em volume: nitrogênio (N_2): 78%; oxigênio (O_2): 21%; argônio (Ar): 0,9%; gás carbônico (CO_2): 0,04%.

Em ambientes não poluídos, a chuva sem relâmpago é fracamente ácida por causa da presença de gás carbônico no ar.

O CO_2 reage com a água da chuva formando ácido carbônico (H_2CO_3), que se dissocia fracamente.

$$H_2O + CO_2 \longrightarrow H_2CO_3 \longrightarrow H^+ + HCO_3^-$$

CO_2 é um *óxido ácido*, pois, ao reagir com a água, produz um *ácido*.

5.2 A chuva com poluição é fortemente ácida

Chuva ácida é o termo utilizado para designar precipitações com valores de pH (pH = $-\log[H^+]$) inferiores a 5,6. As principais substâncias que contribuem para esse processo são os **óxidos de enxofre** e de **nitrogênio** provenientes da queima de **combustíveis fósseis** (substâncias orgânicas usadas como fonte de energia não renovável, por exemplo, carvão, petróleo) e, também, de fontes naturais.

Um combustível fóssil possui enxofre como impureza. Este, quando é queimado, produz SO_2, que é venenoso. Com o passar do tempo, o SO_2 reage com mais oxigênio, formando SO_3. Este combina-se com a água da chuva, formando o H_2SO_4, que se dissocia bastante e torna a chuva fortemente ácida.

$$S + O_2 \longrightarrow SO_2$$
$$2\,SO_2 + O_2 \longrightarrow 2\,SO_3$$
$$H_2O + SO_3 \longrightarrow H_2SO_4$$

Devido à alta temperatura na câmara de combustão de veículos automotores, o N_2 do ar combina-se com O_2, formando os óxidos de nitrogênio. O NO_2 formado reage com a água da chuva, formando HNO_3, que se dissocia bastante e torna a chuva fortemente ácida.

$$N_2 + O_2 \longrightarrow 2\,NO$$
$$2\,NO + O_2 \longrightarrow 2\,NO_2$$
$$H_2O + 2\,NO_2 \longrightarrow HNO_3 + HNO_2$$

Prejuízos da chuva ácida:

- corrói aço (Fe): $Fe + H_2SO_4 \longrightarrow FeSO_4 + Fe$;
- corrói mármore ($CaCO_3$): $CaCO_3 + H_2SO_4 \longrightarrow CaSO_4 + CO_2 + H_2O$;
- as plantam não crescem;
- mortandade de peixes nos rios e lagos.

5.3 Conceito

Óxidos ácidos comuns são óxidos dos não metais.

Exemplos:

$$CO_2,\ SO_2,\ SO_3,\ NO_2,\ Cl_2O_6$$

5.4 Principais reações dos óxidos ácidos

São:

> Óxido ácido + água $\longrightarrow$ ácido

$H_2O + CO_2 \longrightarrow H_2CO_3$
anidrido carbônico

$H_2O + SO_3 \longrightarrow H_2SO_4$
anidrido sulfúrico

$H_2O + N_2O_5 \longrightarrow 2\,HNO_3$
anidrido nítrico

NO_2: óxido ácido duplo
$H_2O + 2\,NO_2 \longrightarrow HNO_3 + HNO_2$
anidrido nítrico-nitroso

> óxido ácido + base $\longrightarrow$ sal + água

$2\,NaOH + SO_3 \longrightarrow Na_2SO_4 + H_2O$

Na(OH) SO_3
NaO\H

$Ca(OH)_2 + CO_2 \longrightarrow CaCO_3 + H_2O$

Ca(OH) CO_2
 O\H

Observe que o H e o O da água vêm da base.

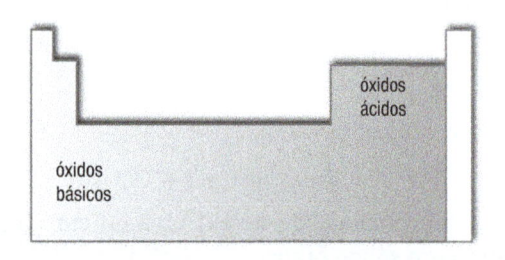

Observação:

> óxido básico + óxido ácido ⟶ sal

$CaO + CO_2 \longrightarrow CaCO_3$
$Na_2O + SO_3 \longrightarrow Na_2SO_4$

6. Óxidos anfóteros

6.1 Bauxita – produção do metal alumínio

O alumínio é o terceiro elemento mais abundante na crosta terrestre. A disponibilidade de bauxita, o minério bruto do qual é obtido o alumínio, é praticamente inesgotável.

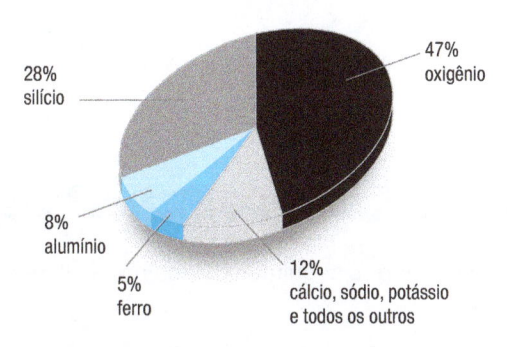

- 47% oxigênio
- 28% silício
- 8% alumínio
- 5% ferro
- 12% cálcio, sódio, potássio e todos os outros

Fonte: European Aluminion Association.

Industrialmente, o alumínio é obtido a partir da bauxita. A bauxita é composta principalmente de Al_2O_3, além de Fe_2O_3 (óxido básico) e areia.

Na primeira etapa de purificação da bauxita, ela é tratada com solução aquosa concentrada de NaOH (soda cáustica). Nesse tratamento, uma parte apreciável do Al_2O_3 solubiliza-se, formando $NaAlO_2$ (aluminato de sódio). Posteriormente, a solução é filtrada para separar o material sólido. Concentra-se o filtrado para a cristalização do Al_2O_3. Esses cristais são secos e calcinados a fim de eliminar a água. Então, o Al_2O_3 é finalmente transformado em alumínio por meio de um processo de eletrólise.

O Al_2O_3 é um **óxido anfótero**, pois reage tanto com *base* como com *ácido*.

6.2 Conceito

Os óxidos anfóteros são, em geral, sólidos, iônicos, insolúveis na água e formados por metais.

Exemplos:

ZnO, Al_2O_3, SnO, SnO_2

6.3 Principais reações dos óxidos anfóteros

São:

> óxido anfótero + ácido ⟶ sal + água

$ZnO + H_2SO_4 \longrightarrow ZnSO_4 + H_2O$

> óxido anfótero + base ⟶ sal + água

$2\,NaOH + Al_2O_3 \longrightarrow 2\,NaAlO_2 + H_2O$

$Na\boxed{OH}$
$NaO\boxed{H} + Al_2O_3 \longrightarrow Na_2Al_2O_4 \longrightarrow NaAlO_2$

7. Óxidos neutros ou indiferentes

7.1 CO – extremamente tóxico

Quando a quantidade de O_2 diminui, a combustão do álcool e da gasolina produz CO em vez de CO_2.

O CO é um gás extremamente tóxico. O O_2 e o CO se dissolvem no sangue e reagem com a hemoglobina (Hb). A toxicidade do CO é provocada pela formação de carboxi-hemoglobina (HbCO).

(1) $Hb + O_2 \longrightarrow HbO_2$

(2) $Hb + CO \longrightarrow HbCO$

A segunda reação é mais intensa que a primeira, portanto, afeta a capacidade de o sangue transportar O_2 às diversas partes do corpo, onde é essencial à vida.

O CO não tem cheiro nem cor, mas pode causar desde uma ligeira dor de cabeça até a morte, dependendo da quantidade inalada.

O CO é classificado como **óxido neutro**, pois não reage com água, ácido e base.

7.2 Conceito

Óxidos neutros são óxidos que não reagem com a água nem com os ácidos nem com as bases. Os mais importantes são:

CO, NO e N_2O (gás hilariante).

Nota: quando um metal forma vários óxidos, é interessante notar que o caráter do óxido passa, gradativamente, de **básico** para **anfótero** e depois para **ácido**, à medida que a carga do metal vai crescendo.

$\overset{2+}{Cr}O$ $\overset{3+}{Cr_2}O_3$ $\overset{6+}{Cr}O_3$

óxido básico   óxido anfótero   óxido ácido

8. Principais óxidos

Óxidos	Características
CaO	**Cal virgem ou cal viva**, pintura a cal, argamassa, adição aos solos para diminuir acidez.
CO_2	**Gás carbônico**, efeito estufa, gás da água com gás, refrigerantes e certas bebidas alcoólicas, no estado sólido é conhecido como gelo seco, extintor de incêndio.
CO	Tóxico, poluente.
SO_2	Tóxico, poluente, causa a chuva ácida (H_2SO_4).
NO_2	Gás marrom, poluente, causa a chuva ácida (HNO_3).
Fe_2O_3	**Hematita**, produção de ferro.
$Al_2O_3 \cdot x\,H_2O$	**Bauxita**, produção do alumínio.
SnO_2	**Cassiterita**, produção do estanho.

Exercícios Série Prata

1. Marque com **OI** os óxidos iônicos e com **OM** os óxidos moleculares

   a) Na_2O _____
   b) CO_2 _____
   c) NO_2 _____
   d) BaO _____
   e) SO_3 _____

2. Dê o nome dos seguintes óxidos iônicos:

   a) Na_2O _____
   b) K_2O _____
   c) CaO _____
   d) BaO _____
   e) Al_2O_3 _____
   f) FeO _____
   g) Fe_2O_3 _____
   h) Cu_2O _____
   i) CuO _____
   j) ZnO _____
   k) SnO _____
   l) SnO_2 _____

3. Dê o nome dos seguintes óxidos moleculares:

   a) CO _____
   b) CO_2 _____
   c) SO_2 _____
   d) SO_3 _____
   e) NO _____
   f) NO_2 _____
   g) N_2O _____
   h) N_2O_3 _____
   i) N_2O_5 _____

4. (PUC – MG) O quadro a seguir relaciona algumas substâncias químicas e aplicações muito comuns no nosso cotidiano.

Substâncias	Aplicações
hidróxido de amônio	produtos de limpeza e explosivos
ácido sulfúrico	solução de bateria e desidratante
óxido de cálcio	controle da acidez do solo e caiação
bicarbonato de sódio	fermento e antiácido estomacal

As fórmulas que representam as substâncias citadas nesse quadro são, respectivamente:

a) NH_3OH, H_2SO_3, CaO_2 e $Na(CO_3)_2$.
b) NH_4OH, H_2SO_4, CaO e $NaHCO_3$.
c) NH_3OH, H_2SO_4, CaO_2 e $Na(CO_3)_2$.
d) NH_4OH, H_2SO_3, CaO e $NaHCO_3$.

5. (UFSM – RS) A exposição dos atletas ao sol intenso exige cuidados especiais com a pele. O dióxido de titânio é usado em vestimentas a fim de proteger os atletas da radiação solar. A fórmula química do dióxido de titânio é _____, trata-se de um óxido _____ formado por um _____ e oxigênio.

Assinale a alternativa que completa corretamente as lacunas.

a) TiO_2 – iônico – não metal
b) Ti_2O – molecular – não metal
c) TiO_2 – iônico – metal
d) Ti_2O – iônico – não metal
e) TiO_2 – molecular – metal

6. (UFF – RJ) São óxidos básicos:

a) MgO, Cl_2O, K_2O
b) Cl_2O, CaO, MgO
c) CaO, MgO, P_2O_5
d) MgO, P_2O_5, Cl_2O
e) K_2O, MgO, CaO

7. Complete as equações químicas.

a) $Li_2O + H_2O \longrightarrow$
b) $Na_2O + H_2O \longrightarrow$
c) $CaO + H_2O \longrightarrow$
d) $BaO + H_2O \longrightarrow$

8. Complete as equações químicas.

a) $Na_2O + HCl \longrightarrow$
b) $Na_2O + H_2SO_4 \longrightarrow$
c) $CaO + HCl \longrightarrow$
d) $CaO + H_2SO_4 \longrightarrow$

9. Complete as equações químicas e dê os nomes dos óxidos.

a) $H_2O + CO_2 \longrightarrow$
 anidrido _____

b) $H_2O + SO_2 \longrightarrow$
 anidrido _____

c) $H_2O + SO_3 \longrightarrow$
 anidrido _____

d) $H_2O + N_2O_5 \longrightarrow$
 anidrido _____

e) $H_2O + Cl_2O_7 \longrightarrow$
 anidrido _____

f) $H_2O + NO_2 \longrightarrow$
 anidrido _____

10. Complete as equações químicas.

a) $Ca(OH)_2 + CO_2 \longrightarrow$
b) $NaOH + CO_2 \longrightarrow$
c) $Ca(OH)_2 + SO_2 \longrightarrow$
d) $NaOH + SO_2 \longrightarrow$
e) $Ca(OH)_2 + SO_3 \longrightarrow$

11. Complete as equações químicas.

a) $CaO + CO_2 \longrightarrow$
b) $Na_2O + SO_3 \longrightarrow$

12. Cite os três principais óxidos neutros.

13. (UFPE) Anidrido sulfúrico é a denominação do óxido de enxofre, que, ao reagir com água, forma o ácido sulfúrico, sendo assim um dos causadores das chuvas ácidas. Qual deve ser a fórmula molecular desse óxido?

a) SO_2
b) S_2O_3
c) SO_3
d) SO_4
e) S_2O_4

14. (UNEB – BA)

I. Conservantes de carnes, pescados e peles.
II. Na forma sólida é conhecido como gelo-seco e é considerado o principal responsável pelo efeito estufa.
III. Antiácido estomacal.

Associados corretamente com I, II e III estão, respectivamente, os compostos:

a) HCl, CO e NaO
b) NaCl, CO_2 e $Mg(OH)_2$
c) Na_2CO_3, H_2CO_3 e NaOH
d) NaCl, CO e NaOH
e) Na_2CO_3, CO e $Mg(OH)_2$

15. (ITA – SP) Nas condições ambientes, assinale a opção que contém apenas óxidos neutros.

a) NO_2, CO e Al_2O_3
b) N_2O, NO e CO
c) N_2O, NO e NO_2
d) SiO_2, CO_2 e Al_2O_3
e) SiO_2, CO_2 e CO

16. (ESPCEX – AMAN – RJ) O quadro a seguir relaciona algumas substâncias químicas e sua(s) aplicação(ões) ou característica(s) frequentes no cotidiano.

Ordem	Substâncias	Aplicação(ões)/característica(s)
I	hipoclorito de sódio	alvejante, agente antisséptico
II	ácido nítrico	indústria de explosivos
III	hidróxido de amônio	produção de fertilizantes e produtos de limpeza
IV	óxido de cálcio	controle de acidez do solo e caiação

As fórmulas químicas das substâncias citadas nesse quadro são, na ordem, respectivamente:

a) I. NaClO; II. HNO_3; III. NH_4OH; IV. CaO.
b) I. $NaClO_4$; II. HNO_3; III. NH_3OH; IV. CaO.
c) I. NaClO; II. HNO_3; III. NH_3OH; IV. CaO.
d) I. NaClO; II. HNO_2; III. NH_4OH; IV. CaO_2.
e) I. $NaClO_4$; II. HNO_2; III. NH_3OH; IV. CaO_2.

17. (UERJ) A chuva ácida é um tipo de poluição causada por contaminantes gerados em processos industriais que, na atmosfera, reagem com o vapor-d'água.

Dentre os contaminantes produzidos em uma região industrial, coletaram-se os óxidos SO_3, CO, Na_2O e MgO.

Nessa região, a chuva ácida pode ser acarretada pelo seguinte óxido:

a) SO_3
b) CO
c) Na_2O
d) MgO

18. Complete com **anfóteros** ou **básicos**.

Óxidos _____ são óxidos que reagem com ácido e também com bases.

19. Complete com **ácidos** ou **anfóteros**.

Al_2O_3 e ZnO são classificados como óxidos _____ .

20. (FFCL – MG) Em ambientes não poluídos e na ausência de raios e relâmpagos, a água da chuva é ácida por causa da dissolução do _____ .

A alternativa que completa corretamente a frase é:

a) dióxido de carbono.
b) gás oxigênio.
c) gás sulfúrico.
d) óxido nítrico.

21. (UEPA – adaptada) A chuva ácida gera problemas agressivos ao meio ambiente, sendo capaz de arruinar os ecossistemas terrestres e aquáticos. Tal fenômeno acontece quando os gases do tipo NO_x e SO_x entram em contato com a umidade do ar, originando um efeito de poluição que é a chuva ácida.

Isso ocorre porque se formam:

a) monóxido de nitrogênio (NO) e ácido sulfídrico (H_2S).
b) óxidos, tais como N_2O, SO_3, CO_2, todos de caráter ácido.
c) ácido nítrico (HNO_3) e ácido sulfúrico (H_2SO_4).
d) sais pouco solúveis como sulfatos de metais pesados.

22. (CEFET – PR) Em uma cidade há três indústrias, X, Y e Z, que liberam, respectivamente, trióxido de enxofre, dióxido de carbono e gás nitrogênio em iguais intensidades e quantidades. Após chover:

a) a indústria X não provocará qualquer dano ao meio ambiente.
b) as indústrias Y e Z não provocarão dano ao meio ambiente.
c) a indústria Z será a mais poluente.
d) a indústria Y será a menos poluente.
e) a indústria X provocará maiores danos ao meio ambiente.

Exercícios Série Ouro

1. (PUC – SP) Um óxido básico é um óxido iônico que reage com água tendo um hidróxido como produto.

São óxidos básicos todas as seguintes substâncias:

a) CO_2, SO_3, TiO_2.
b) CaO, Na_2O, K_2O.
c) $CaSO_4$, MgO, CO.
d) Li_2O, $Mg(OH)_2$, SiO_2.
e) KNO_3, CaO, $BaSO_4$.

2. (FUVEST – SP) A respiração de um astronauta numa nave espacial causa o aumento da concentração de dióxido de carbono na cabine. O dióxido de carbono é continuamente eliminado por meio de reação química com reagente apropriado. Qual dos reagentes abaixo é o mais indicado para retirar o dióxido de carbono da atmosfera da cabine?

a) Ácido sulfúrico concentrado.
b) Hidróxido de lítio.
c) Ácido acético concentrado.
d) Água destilada.
e) Fenol.

3. (ITA – SP) Considere os seguintes óxidos (I, II, III, IV e V):

   I. CaO
   II. N_2O_5
   III. Na_2O
   IV. P_2O_5
   V. SO_3

   Assinale a opção que apresenta os óxidos que, quando dissolvidos em água pura, tornam o meio ácido.

   a) Apenas I e IV.
   b) Apenas I, III e V.
   c) Apenas II e III.
   d) Apenas II, IV e V.
   e) Apenas III e V.

4. (FATEC – SP) Considere as seguintes informações sobre os elementos X e O.

Elemento	Nº de elétrons na última camada	Período
O	6	2
X	4	2

   A combinação de X e O pode formar substâncias não iônicas e gasosas à temperatura e pressão ambientes. As fórmulas dessas substâncias são:

   a) NO e CO.
   b) CO e CO_2.
   c) CO e SO_2.
   d) SO_3 e SO_2.
   e) NO_2 e SO_2.

   Dados: números atômicos: C = 6; N = 7; O = 8; S = 16.

5. (UFJF – MG) Considere os óxidos A, B e C e suas características abaixo:

   A – gás incolor, de caráter ácido, cujas moléculas são apolares. O excesso na atmosfera é o principal responsável pelo efeito estufa.

   B – gás incolor, extremamente tóxico, cujas moléculas são polares. Forma-se na queima (combustão) incompleta de combustíveis, como a gasolina.

   C – gás incolor, de cheiro forte e irritante. Sofre oxidação em contato com o oxigênio do ar e o produto formado pode reagir com água, originando a chuva ácida.

   Os gases A, B e C, de acordo com as suas características, correspondem, respectivamente, a:

   a) H_2S, O_3 e SO_2
   b) NO_2, CO e CO_2
   c) CO_2, CO e SO_2
   d) HCl, O_2, NH_3
   e) CO_2, N_2, O_3

6. (MACKENZIE – SP) Na terra, há dois gases no ar atmosférico que, em consequência de descargas elétricas em tempestades (raios), podem reagir formando monóxido de nitrogênio e dióxido de nitrogênio. As fórmulas dos reagentes e dos produtos da reação citada são, respectivamente:

   a) H_2 e O_2; N_2 e N_2O.
   b) O_2 e N_2O; N_2 e NO_2.
   c) N_2 e O_2; NO e NO_2.
   d) O_2 e N_2; N_2O e NO_2.
   e) N_2 e H_2; N_2O e N_2O_4.

7. (PUC – MG) A equação da reação que representa a neutralização total do ácido nítrico pela cal está *corretamente* representada em:

   a) $2\ HNO_3 + CaO \longrightarrow Ca(NO_3)_2 + H_2O$
   b) $H_2NO_3 + CaO \longrightarrow CaNO_3 + H_2O$
   c) $HNO_3 + CaOH \longrightarrow CaNO_3 + H_2O$
   d) $H_2NO_3 + Ca(OH)_2 \longrightarrow CaNO_3 + 2\ H_2O$

8. (UFSCar – SP) Para identificar dois gases incolores I e II, contidos em frascos separados, um aluno, sob a orientação do professor, reagiu cada gás, separadamente, com gás oxigênio, produzindo em cada caso outro gás, que foi borbulhado em água destilada. O gás I produziu um gás castanho e o gás II produziu um gás incolor que ao ser dissolvido em água produz uma solução fracamente ácida. A partir desses resultados, o aluno identificou corretamente os gases I e II como sendo respectivamente:

   a) CO e SO_2
   b) NO_2 e SO_2
   c) NO e CO
   d) NO_2 e CO
   e) SO_2 e NO

9. (UFSCar – SP) O reboco das paredes de casas pode ser feito com a aplicação de uma pasta feita de argamassa com água. A argamassa é uma mistura de areia com cal extinta, $Ca(OH)_2$. Nas paredes, a pasta vai endurecendo devido à evaporação da água e subsequente reação do hidróxido de cálcio com o gás carbônico do ar. O reboco seco é constituído por uma mistura rígida de areia e:

a) $Ca_3(PO_4)_2$.
b) $CaSiO_3$.
c) $CaSO_4$.
d) $Ca(HCO_3)_2$.
e) $CaCO_3$.

10. (UNICAMP – SP) Nitrogênio (N_2), oxigênio (O_2), argônio (Ar), dióxido de carbono (CO_2) e vapor-d'água são os principais componentes do ar. Quando o ar é borbulhado em uma solução de hidróxido de cálcio $Ca(OH)_2$, forma-se um precipitado branco de carbonato de cálcio.

a) A qual desses componentes do ar deve-se essa reação? Escreva a equação química correspondente.
b) Quais íons estão presentes no precipitado branco?

11. (UNESP) O "gasolixo", um combustível alternativo obtido pela fermentação anaeróbica do lixo, é composto aproximadamente por 65% de CH_4, 30% de CO_2 e 5% de uma mistura de H_2S, H_2 e traços de outros gases. Para melhorar o rendimento do "gasolixo" e diminuir a poluição provocada por sua queima, é necessário remover CO_2 e H_2S. Isto pode ser feito convenientemente borbulhando-se o "gasolixo" através de

a) água pura.
b) solução concentra de NaCl.
c) solução concentrada de H_2SO_4.
d) solução concentrada de SO_2.
e) solução concentrada de NaOH.

12. (ENEM) Sabe-se que o aumento da concentração de gases como CO_2, CH_4 e N_2O na atmosfera é um dos fatores responsáveis pelo agravamento do efeito estufa. A agricultura é uma das atividades humanas que pode contribuir tanto para a emissão quanto para o sequestro desses gases, dependendo do manejo da matéria orgânica do solo.

ROSA, A. H.; COELHO, J. C. R.
Cadernos Temáticos de Química Nova na Escola.
São Paulo, n°. 5, nov. 2003 (adaptado).

De que maneira as práticas agrícolas podem ajudar a minimizar o agravamento do efeito estufa?

a) Evitando a rotação de culturas.
b) Liberando o CO_2 presente no solo.
c) Aumentando a quantidade de matéria orgânica do solo.
d) Queimando a matéria orgânica que se deposita no solo.
e) Atenuando a concentração de resíduos vegetais do solo.

13. "Vulcão na Islândia: nuvem vulcânica causa o caos no espaço aéreo europeu." Esta notícia se espalhou na imprensa do mundo inteiro, pois, devido à erupção, no glaciar Eyjafjallajkul, foram fechados os aeroportos de vários países, como Bélgica, Dinamarca, Noruega e Suécia. A nuvem de cinzas resultante é constituída por gases como sulfeto de hidrogênio, monóxido de carbono, dióxido de carbono e dióxido de enxofre.

Com base no texto, responda aos itens abaixo:

a) O dióxido de enxofre, ao reagir com oxigênio, forma o anidrido sulfúrico, que levará à formação do ácido sulfúrico, sendo assim um dos causadores das chuvas ácidas. Explique este fenômeno por meio das reações citadas, fornecendo uma das consequências adversas sobre o meio ambiente.
b) Classifique o sulfeto de hidrogênio e o monóxido de carbono e mencione uma característica de cada um deles, relacionada com seu cotidiano.

14. (UNICAMP – SP) Dentro do programa europeu NR2C (*New Road Constructions Concepts*), um tipo de cimento que contém TiO_2 foi desenvolvido e aplicado em pavimentos de cidades como Hengelo (Holanda) e Antuérpia (Bélgica). Esse TiO_2 presente na superfície do pavimento promove a transformação dos compostos NO_x emitidos pelos automóveis. Simplificadamente, os NO_x, ao entrarem em contato com o TiO_2 da superfície e na presença de luz, são transformados em nitrato, que é absorvido pelo pavimento. Resultados recentes mostraram que houve uma redução desses poluentes no ar próximo ao pavimento em até 45%, em comparação com o ar sobre o pavimento onde não houve a adição de TiO_2.

a) Dê a fórmula das substâncias que compõem esses NO_x e explique como eles se formam no caso dos automóveis.

b) De acordo com as informações do texto e o conhecimento químico, cite dois aspectos que poderiam diminuir a eficiência do dispositivo, quando ele estiver sendo utilizado na redução dos NO_x emitidos. Explique cada caso.

15. (FATEC – SP) Dois eletrodos conectados a uma lâmpada são imersos em solução de $Ca(OH)_2$ (água de cal). A lâmpada se acende com luz intensa. Com um canudo de plástico, assopra-se o ar expirado nesta solução.

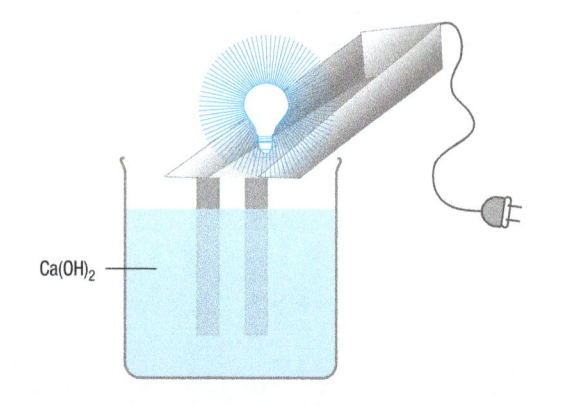

À medida que o ar é assoprado, um sólido branco vai-se depositando no fundo do béquer e a luz vai enfraquecendo, até apagar-se. Tais fatos são devidos

a) à dissolução do gás CO do ar expirado.
b) à evaporação dos íons H^+ e OH^- provenientes da água.
c) à precipitação do sólido $CaCO_3$, que reduz a quantidade de íons na solução.
d) à dissolução do gás O_2 do ar expirado.
e) ao aumento da concentração de íons H^+ e OH^- da água.

16. (UNIP – SP) Em presença de ácido sulfúrico concentrado e quente, o ácido oxálico se decompõe de acordo com a equação:

$$H_2C_2O_4 \xrightarrow[\Delta]{H_2SO_4} H_2O(g) + CO(g) + CO_2(g)$$

A reação é feita na seguinte aparelhagem:

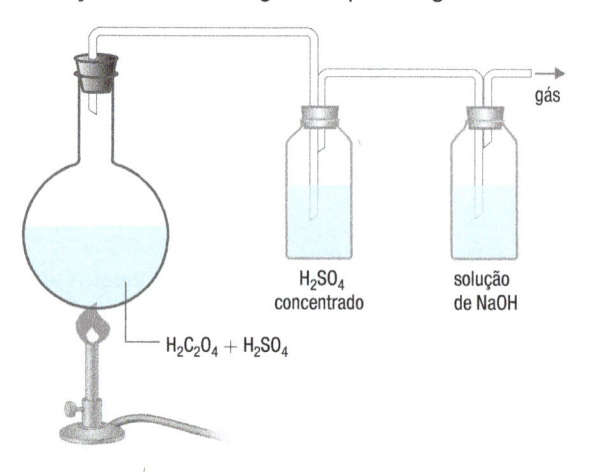

Teremos no final da aparelhagem escape de:

a) $H_2O(g)$, $CO(g)$ e $CO_2(g)$;
b) somente $CO(g)$ e $CO_2(g)$;
c) somente $H_2O(g)$;
d) somente $CO_2(g)$;
e) somente $CO(g)$.

17. (FUVEST – SP) Têm-se amostras de 3 gases incolores X, Y e Z que devem ser H_2, He e SO_2, não necessariamente nesta ordem. Para identificá-los, determinaram-se algumas de suas propriedades, as quais estão na tabela a seguir.

Propriedade	X	Y	Z
solubilidade em água	alta	baixa	baixa
reação com oxigênio na presença de catalisador	ocorre	ocorre	não ocorre
reação com solução aquosa de uma base	ocorre	não ocorre	não ocorre

Com base nessas propriedades, conclui-se que X, Y e Z são, respectivamente:

a) H_2, He e SO_2.
b) H_2, SO_2 e He.
c) He, SO_2 e H_2.
d) SO_2, He e H_2.
e) SO_2, H_2 e He.

Com base nesses dados, os gases X, Y e Z poderiam ser, respectivamente,

	X	Y	Z
a)	SO_2	O_2	N_2
b)	CO_2	H_2	NH_3
c)	He	O_2	N_2
d)	N_2	H_2	CO_2
e)	O_2	He	SO_2

19. (FUVEST – SP) Paredes pintadas com cal extinta (apagada), com o tempo, ficam recobertas por película de carbonato de cálcio devido à reação da cal extinta com o gás carbônico do ar. A equação que representa essa reação é:

a) $CaO + CO_2 \longrightarrow CaCO_3$
b) $Ca(OH)_2 + CO_2 \longrightarrow CaCO_3 + H_2O$
c) $Ca(HCO_3)_2 \longrightarrow CaCO_3 + CO_2 + H_2O$
d) $Ca(HCO_3)_2 + CaO \longrightarrow 2 CaCO_3 + H_2O$
e) $2 CaOH + CO_2 \longrightarrow Ca_2CO_3 + H_2O$

18. (FUVEST – SP) Deseja-se estudar três gases incolores, recolhidos em diferentes tubos de ensaio. Cada tubo contém apenas um gás. Em um laboratório, foram feitos dois testes com cada um dos três gases:

I. colocação de um palito de fósforo aceso no interior do tubo de ensaio;
II. colocação de uma tira de papel de tornassol azul, umedecida com água, no interior do outro tubo, contendo o mesmo gás, tampando-se em seguida.

Os resultados obtidos foram:

Gás	Teste com o palito de fósforo	Teste com o papel de tornassol azul
X	extinção da chama	continuou azul
Y	explosão e condensação de água nas paredes do tubo	continuou azul
Z	extinção da chama	ficou vermelho

20. (FUNDAÇÃO LUSÍADA – SP) Doces de frutas são muito comuns em diversas regiões do País. O de abóbora é um deles e seu preparo consiste em cortar a abóbora em pedaços e cozinhá-la. Para que os pedaços não se desmanchem, as pessoas utilizam o seguinte segredo: juntam cal. A cal reage com a água, formando um hidróxido que a seguir reage com gás carbônico, produzindo um sal pouco solúvel, que formará uma película protetora nos pedaços de abóbora. Qual das alternativas apresenta uma opção correta para representar o texto?

a) $CaO + CO_2 \longrightarrow CaCO_3$
b) $Ca(OH)_2 + CO_2 \longrightarrow CaCO_3 + H_2O$
c) $Ca(OH)_2\ 2\ CO \longrightarrow CaCO_3 + H_2O + C$
d) $2 KOH + CO_2 \longrightarrow K_2CO_3 + H_2O$
e) $CaCO_3 \xrightarrow{\Delta} CaO + CO_2$

21. (UFF – RJ) A Companhia Vale do Rio Doce foi agraciada pela agência Moody's com o "Investment Grade", o que confere elevada credibilidade à empresa no cenário mundial, possibilitando um aumento na captação de recursos de investimento a um custo bem menor. A menina dos olhos da Vale do Rio Doce é a reserva de minério de ferro existente no sul do Pará que, de tão grande, sozinha seria capaz de abastecer o mundo por mais de quatrocentos anos. Um dos minérios extraídos dessa reserva é o Fe_2O_3, que possui a propriedade de reagir com o HNO_3, dissolvendo-se completamente.

Com base na informação, pode-se dizer que os coeficentes numéricos que equilibram a equação química molecular representativa da reação entre o Fe_2O_3 e o HNO_3, são, respectivamente:

a) 1, 3, 2, 3
b) 1, 6, 1, 6
c) 1, 6, 2, 3
d) 2, 3, 2, 3
e) 2, 6, 2, 6

22. (UNESP) Uma substância sólida, branca, não hidrogenada, é solúvel em água. A solução resultante é capaz de tornar vermelha a solução de fenolftaleína. A substância é:

a) cloreto de sódio.
b) dióxido de nitrogênio.
c) hidróxido de sódio.
d) óxido de magnésio.
e) trióxido de enxofre.

23. (VUNESP – SP) Ao cozinhar repolho roxo, a água do cozimento apresenta-se azulada. Esta solução pode ser utilizada como um indicador ácido-base. Adicionando vinagre (ácido acético), a coloração mudará para o vermelho e, adicionando soda cáustica (hidróxido de sódio), a coloração mudará para o verde. Se você soprar através de um canudinho na água de cozimento do repolho roxo durante alguns segundos, sua coloração mudará do azul para o vermelho. Destas observações, pode-se concluir que:

a) no "ar" que expiramos existe vinagre, produzindo íons CH_3COO^- e H^+ na solução.
b) no "ar" que expiramos existe soda cáustica, produzindo íons Na^+ e OH^- na solução.
c) no "ar" que expiramos há um gás que, ao reagir com a água, produz íons H^+.
d) o "ar" que expiramos reage com a água do repolho formando ácido clorídrico e produzindo íons H^+ e Cl^- na solução.
e) o "ar" que expiramos comporta-se, em solução aquosa, como uma base.

24. (UFPE) Três recipientes A, B e C contêm os gases O_2, H_2 e CO_2. Introduzindo um palito de fósforo aceso em cada recipiente, observa-se que: no recipiente A, a chama imediatamente se apaga; no recipiente B, a chama se torna mais brilhante; e, no recipiente C, ocorre uma pequena explosão. De acordo com esses dados, podemos concluir que os recipientes A, B, e C contêm, respectivamente:

a) H_2, O_2 e CO_2
b) CO_2, H_2 e O_2
c) H_2, CO_2 e O_2
d) CO_2, O_2 e H_2
e) O_2, H_2 e CO_2

25. (UFRRJ) Muitas pessoas já ouviram falar de "gás hilariante". Mas será que ele é realmente capaz de provocar o riso? Na verdade, essa substância, o óxido nitroso (N_2O), descoberta há quase 230 anos, causa um estado de euforia nas pessoas que a inalam. Mas pode ser perigosa: na busca de uma euforia passageira, o gás já foi usado como droga, e, em várias ocasiões, o resultado foi trágico, como a morte de muitos jovens.

Sobre o óxido nitroso, responda:

a) Como é classificado?
b) Que tipo de ligação une seus átomos?
c) Que outra nomenclatura também pode ser usada?

26. (UFRN) Ao queimar na atmosfera, o metal (X), pertencente à família dos metais alcalinos, forma uma substância (Y), que reage com água, formando uma substância (Z), que, por sua vez, reage com ácido, formando uma substância (W). As substâncias Y, Z e W são classificadas, **respectivamente**, como

a) sal, hidróxido e óxido.
b) hidróxido, óxido e sal.
c) óxido, sal e hidróxido.
d) óxido, hidróxido e sal.

27. (ENEM) Um dos problemas ambientais decorrentes da industrialização é a poluição atmosférica. Chaminés altas lançam ao ar, dentre outros materiais, o dióxido de enxofre (SO_2), que pode ser transportado por muitos quilômetros em poucos dias. Dessa forma, podem ocorrer precipitações ácidas em regiões distantes, causando vários danos ao meio ambiente (chuva ácida). Um dos danos ao meio ambiente diz respeito à corrosão de certos materiais. Considere as seguintes obras:

I. monumento Itamarati – Brasília (mármore);
II. esculturas do Aleijadinho – MG (pedra-sabão, contém carbonato de cálcio);
III. grades de ferro ou alumínio de edifícios.

A ação da chuva ácida pode acontecer em:

a) I apenas.
b) I e II apenas.
c) I e III apenas.
d) II e III apenas.
e) I, II e III.

28. (FUVEST – SP) Observe a imagem, que apresenta uma situação de intensa poluição do ar que danifica veículos, edifícios, monumentos, vegetação e acarreta transtornos ainda maiores para a população. Trata-se de chuvas com poluentes ácidos ou corrosivos produzidos por reações químicas na atmosfera.

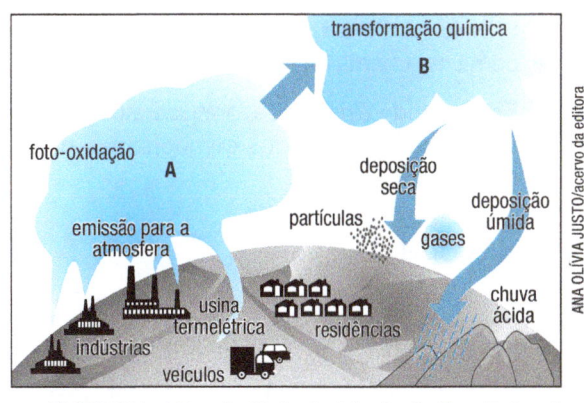

EMBRAPA. **Atlas do Meio Ambiente do Brasil**. 2. ed., rev. aum. Brasília: Embrapa/Terra Viva, 1996. Adaptado.

Com base na figura e em seus conhecimentos,

a) identifique, em **A**, dois óxidos que se destacam e, em **B**, os ácidos que geram a chuva ácida, originados na transformação química desses óxidos.
b) explique duas medidas adotadas pelo poder público para minimizar o problema da poluição atmosférica na cidade de São Paulo.

29. (FUVEST – SP) No seguinte trecho (adaptado) de uma peça teatral de C. Djerassi e R. Hoffmann, as esposas de três químicos do século XVIII conversam sobre um experimento feito com uma mistura de gases.

"SENHORA POHL – Uma vez o farmacêutico Scheele estava borbulhando [a mistura gasosa] através de uma espécie de água.

MADAME LAVOISIER – Deve ter sido água de cal.

SENHORA PRIESTLEY – A água ficou turva, não ficou?

MADAME LAVOISIER – É o mesmo gás que expiramos... o gás que removemos com a passagem através da água de cal.

SENHORA POHL – Depois ele me pediu que colocasse no gás remanescente um graveto já apagado, apenas em brasa numa das extremidades. Já estava escurecendo.

SENHORA PRIESTLEY – E o graveto inflamou-se com uma chama brilhante... e permaneceu aceso!"

Empregando símbolos e fórmulas atuais, podem-se representar os referidos componentes da mistura gasosa por:

a) CO_2 e O_2
b) CO_2 e H_2
c) N_2 e O_2
d) N_2 e H_2
e) CO e O_2

30. (UNICAMP – SP – adaptada) Em junho de 2012 ocorreu na cidade do Rio de Janeiro a Conferência Rio+20. Os principais focos de discussão dessa conferência diziam respeito à sustentabilidade do planeta e à poluição da água e do ar. Em relação a esse último aspecto, sabemos que alguns gases são importantes para a vida no planeta. A preocupação com esses gases é justificada, pois, de um modo geral, pode-se afirmar que

a) o CH_4 e o CO_2 estão relacionados à radiação ultravioleta, o O_3, à chuva ácida e os SO_x, ao efeito estufa.
b) o CH_4 está relacionado à radiação ultravioleta, o O_3 e o CO_2, ao efeito estufa e os NO_x, à chuva ácida.
c) os NO_x estão relacionados ao efeito estufa, o CH_4 e o CO_2, à radiação ultravioleta e o O_3, à chuva ácida.
d) o O_3 está relacionado à radiação ultravioleta, o CH_4 e o CO_2, ao efeito estufa e os NO_x, à chuva ácida.

31. (ENEM) Um dos índices de qualidade do ar diz respeito à concentração de monóxido de carbono (CO), pois esse gás pode causar vários danos à saúde. A tabela a seguir mostra a relação entre a qualidade do ar e a concentração de CO.

Qualidade do ar	Concentração de CO – ppm* (média de 8h)
inadequada	de 15 a 30
péssima	de 30 a 40
crítica	acima de 40

* ppm (parte por milhão) = 1 micrograma (10^{-6} g) de CO por grama de ar.

Para analisar as efeitos do CO sobre os seres humanos, dispõe-se dos seguintes dados:

Concentração de CO (ppm)	Sintomas em seres humanos
10	nenhum
15	diminuição da capacidade visual
60	dores de cabeça
100	tonturas, fraqueza muscular
270	inconsciência
800	morte

Suponha que você tenha lido em um jornal que na cidade de São Paulo foi atingido um péssimo nível de qualidade do ar. Uma pessoa que estivesse nessa área poderia:

a) não apresentar nenhum sintoma.
b) ter sua capacidade visual alterada.
c) apresentar fraqueza muscular e tontura.
d) ficar inconsciente.
e) morrer.

Capítulo 27
Reação de Neutralização

1. Antiácido

Um **antiácido** é qualquer substância, normalmente uma base, cuja função é neutralizar a acidez estomacal. Uma variedade de *antiácidos comerciais* contêm hidróxido de magnésio, hidróxido de alumínio, bicarbonato de sódio ou carbonato de cálcio.

Pastilhas antiácidas.

Tão logo os alimentos atingem o seu estômago, sucos gástricos ácidos são liberados por glândulas próximas às mucosas do estômago. A alta acidez, devido ao ácido clorídrico (HCl) dissolvido, é necessária para que a enzima pepsina consiga catalisar a digestão das proteínas no alimento. Quando você come demais ou o seu estômago é irritado por alimentos muito temperados, ele reage produzindo cada vez mais ácido e você pode se sentir desconfortável. A azia é um sintoma frequente e pode ser aliviada com um antiácido. A reação do leite de magnésia é típica de muitos antiácidos.

$$Mg(OH)_2 + 2\ HCl \longrightarrow MgCl_2 + 2\ H_2O$$

A reação acima é chamada de **reação de neutralização**.

Observe que a quantidade de OH^- (2) é igual à quantidade de H^+ (2), portanto, houve a neutralização total dos íons H^+ no estômago.

2. Reação de neutralização

É a reação entre uma *base* e um *ácido*, a qual origina um *sal* e *água*.

$$\boxed{\text{base} + \text{ácido} \longrightarrow \text{sal} + \text{água}}$$

Unindo-se o *cátion da base* e o *ânion do ácido*, obtém-se o sal.

Unindo-se o OH^- da base e o H^+ do ácido, obtém-se a água.

Exemplo:

Reação entre NaOH(aq) e HCl(aq)

$$NaOH + HCl \longrightarrow NaCl + HOH\ (H_2O)$$

Esquematicamente, temos:

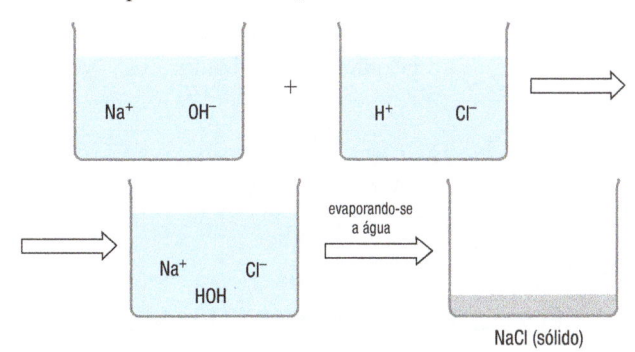

Quando misturamos as duas soluções conforme o esquema acima, ocorre uma reação entre os íons OH^- e H^+, formando água. Essa reação é chamada de **neutralização**.

3. Reação de neutralização total

Os coeficientes da base e do ácido devem igualar as quantidades de íons OH^- e H^+. O sal formado é classificado como *sal normal*. É o caso mais utilizado na prática.

Exemplos:

$$Mg(OH)_2 + HNO_3$$
$$2\ OH^- \quad 1\ H^+$$
$$2\ OH^- \quad 2\ H^+ \quad \text{neutralização total } (2\ H_2O)$$
$$Mg^{2+} + 2\ NO_3^- \longrightarrow Mg(NO_3)_2$$
$$Mg(OH)_2 + 2\ HNO_3 \longrightarrow Mg(NO_3)_2 + 2\ H_2O$$
$$\text{nitrato de magnésio (sal normal)}$$

Ba(OH)$_2$ + H$_2$SO$_4$ $\longrightarrow$ BaSO$_4$ + 2 H$_2$O
  2 OH$^-$ 2 H$^+$ neutralização total (2 H$_2$O)
Ba^{2+} + SO$_4^{2-}$ $\longrightarrow$ BaSO$_4$
BaSO$_4$: sulfato de bário (sal normal)

NaOH + H$_3$PO$_4$
1 OH$^-$ 3 H$^+$
3 OH$^-$ 3 H$^+$ neutralização total (3 H$_2$O)
3 Na$^+$ + PO$_4^{3-}$ $\longrightarrow$ Na$_3$PO$_4$
3 NaOH + H$_3$PO$_4$ $\longrightarrow$ Na$_3$PO$_4$ + 3 H$_2$O
              fosfato de sódio (sal normal)

Observe sempre o que coeficiente do sal normal é igual a 1.

4. Reação de neutralização parcial do ácido

Os coeficientes da base e do ácido são fornecidos de tal forma que nem todos os H$^+$ serão neutralizados. O sal formado é classificado como **hidrogenossal**.

Exemplo:

Reação entre NaOH(aq) e H$_2$SO$_4$(aq) na *proporção 1 : 1*

1 NaOH + 1 H$_2$SO$_4$ $\longrightarrow$ NaHSO$_4$ + H$_2$O
   OH$^-$ H$^+$ hidrogenossulfato (hidrogenossal)
         H$^+$ não é neutralizado

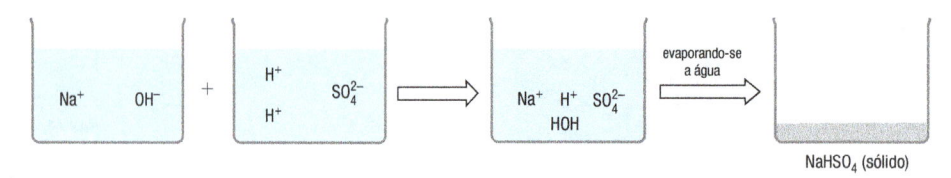

5. Reação de neutralização parcial da base

Os coeficientes da base e do ácido são fornecidos de tal forma que nem todos os OH$^-$ serão neutralizados. O sal formado é classificado como **hidroxissal**.

Exemplo:

Reação entre Ca(OH)$_2$(aq) e HCl(aq) na *proporção 1 : 1*

1 Ca(OH)$_2$ + 1 HCl $\longrightarrow$ CaOHCl + H$_2$O
    OH$^-$ H$^+$ Hidroxicloreto de cálcio (hidroxissal)
    OH$^-$ não é neutralizado

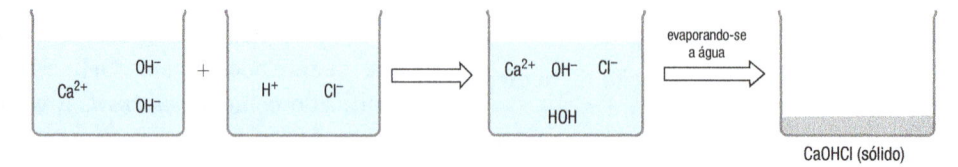

6. Reação de neutralização com NH$_3$

A reação entre NH$_3$ (base) e um ácido produz um sal de amônio (NH$_4^+$). É uma reação de adição.

NH$_3$ + ácido $\longrightarrow$ sal de amônio (NH$_4^+$)

Exemplos:

NH$_3$ + HCl $\longrightarrow$ NH$_4$Cl
2 NH$_3$ + H$_2$SO$_4$ $\longrightarrow$ (NH$_4$)$_2$SO$_4$

Exercícios Série Prata

1. Complete com **adição** ou **neutralização**.
   A reação entre uma base e um ácido é chamada de _____ .

   base + ácido ⟶ sal + água

2. Complete a equação química.

   NaOH + HCl ⟶

3. Equacione as reações de neutralização total e dê o nome dos sais formados.

   a) KOH + HNO$_3$ ⟶

   b) NaOH + HCl ⟶

   c) Mg(OH)$_2$ + HCl ⟶

   d) Ca(OH)$_2$ + HCl ⟶

   e) Al(OH)$_3$ + HCl ⟶

   f) NaOH + H$_2$SO$_4$ ⟶

   g) KOH + H$_2$SO$_4$ ⟶

   h) Mg(OH)$_2$ + H$_2$SO$_4$ ⟶

   i) NaOH + H$_3$PO$_4$ ⟶

   j) Al(OH)$_3$ + H$_3$PO$_4$ ⟶

   k) Ba(OH)$_2$ + H$_3$PO$_4$ ⟶

   l) Al(OH)$_3$ + H$_2$SO$_4$ ⟶

4. Equacione as reações de neutralização total para a produção dos seguintes sais:

   a) carbonato de cálcio
   b) nitrato de alumínio
   c) fosfato de cálcio
   d) cloreto de ferro (III)

5. Equacione as reações de neutralização entre hidróxido de potássio e ácido sulfúrico:
   a) na proporção de 2 : 1 (neutralização total do ácido);
   b) na proporção de 1 : 1 (neutralização parcial do ácido).

6. Escreva as reações de neutralização entre hidróxido de cálcio e ácido nítrico:
   a) na proporção 1 : 2 (neutralização total da base);
   b) na proporção 1 : 1 (neutralização parcial da base).

7. (UNAMA – AM) As fórmulas do **sulfato de cálcio**, do **bicarbonato de sódio** e do **nitrato de bário** são as apresentadas na alternativa:
   a) $CaSO_3$; $NaHCO_3$; $BaNO_3$
   b) $CaSO_4$; $NaHCO_3$; $Ba(NO_3)_2$
   c) $CaSO_3$; Na_2CO_3; $Ba(NO_2)_2$
   d) $CaSO_4$; Na_2CO_3; $Ba(NO_3)_2$

8. Complete as equações químicas.
   a) $NH_3 + HCl \longrightarrow$
   b) $NH_3 + H_2SO_4 \longrightarrow$
   c) $NH_3 + H_3PO_4 \longrightarrow$

Exercícios Série Ouro

1. (FUVEST – SP) Quantidades adequadas de hidróxido de magnésio podem ser usadas para diminuir a acidez estomacal.

   Qual o ácido, presente no estômago, principal responsável pela acidez do suco gástrico? Escreva a equação da reação entre esse ácido e o hidróxido de magnésio.

2. (UFRJ) O ácido clórico é um ácido forte, utilizado como catalisador em reações de polimerização e como agente oxidante.

   Soluções aquosas desse ácido podem causar grande irritação na pele e nas mucosas.
   a) Represente a fórmula estrutural do ácido clórico.
   b) Qual o nome do sal formado pela reação de neutralização do ácido clórico pelo hidróxido de alumínio?

   Dado: números atômicos: H = 1; O = 8; Cl = 17.

3. (UNIUBE/PIAS – MG) A reação entre ácido sulfúrico e hidróxido de cálcio forma um sal com aplicação médica em engessamento para imobilizações. Assinale a alternativa que apresenta essa substância.

a) $CaSO_4$, sulfato de cálcio.
b) $CaSO_3$, sulfeto de cálcio.
c) CaS, sulfeto de cálcio.
d) Ca_2SO_4, sulfato de cálcio.

4. (UNICAMP – SP) A irrigação artificial do solo pode ser feita de várias maneiras. A água utilizada para a irrigação é proveniente de lagos ou rios e contém pequenas quantidades de sais dissolvidos. Sabe-se, desde a mais remota Antiguidade, que a irrigação artificial intensa pode levar à salinização do solo, tornando-o infértil, principalmente em locais onde há poucas chuvas. Em regiões onde chove regularmente, de modo a não ser necessária a irrigação, a salinização não ocorre.

a) Como se pode explicar a salinização do solo?
b) Por que a água da chuva não provoca salinização?

5. (ENEM) Os tubos de PVC, material organoclorado sintético, são normalmente utilizados como encanamento na construção civil. Ao final da sua vida útil, uma das formas de descarte desses tubos pode ser a incineração. Nesse processo libera-se HCl(g), cloreto de hidrogênio, dentre outras substâncias. Assim, é necessário um tratamento para evitar o problema da emissão desse poluente.

Entre as alternativas possíveis para o tratamento, é apropriado canalizar e borbulhar os gases provenientes da incineração em

a) água dura.
b) água de cal.
c) água salobra.
d) água destilada.
e) água desmineralizada.

6. (UNIRIO – RJ – adaptada) Os sais são produtos também obtidos pela reação de neutralização total ou parcial dos hidrogênios ionizáveis dos ácidos com as bases ou hidróxidos, segundo a reação genérica:

$$\text{ácido} + \text{base} \longrightarrow \text{sal} + H_2O$$

Com base nessa afirmação, assinale o único ácido que não apresenta todos os seus produtos possíveis e relacionados:

a) clorídrico – só produz o sal normal cloreto.
b) nítrico – só produz o sal normal nitrato.
c) fosfórico – só produz o sal normal fosfato.
d) sulfídrico – pode produzir tanto o sal normal sulfeto como o hidrogenossal, sulfeto ácido ou hidrogenossulfeto.
e) sulfúrico – pode produzir tanto o sal normal sulfato como o hidrogenossal, sulfato ácido ou hidrogenossulfato.

7. (UERJ) Uma das substâncias responsáveis pelo odor desagradável em banheiros de muita frequência é o gás amoníaco (NH_3) resultante da degradação da ureia. Dentre as substâncias abaixo, aquela que poderia ser utilizada na neutralização do NH_3 é:

a) H_2O
b) HCl
c) KOH
d) NaCl

8. (UFABC – SP) O fertilizante sulfato de amônio pode ser obtido pela reação química que ocorre pela passagem de amônia gasosa NH_3 em ácido sulfúrico concentrado (H_2SO_4). Uma equação química que representa essa reação é:

a) $NH_3 + H_2SO_4 \longrightarrow H_2O + NH_4SO_4$
b) $2\,NH_3 + H_2SO_4 \longrightarrow (NH_4)_2SO_4$
c) $2\,NH_3 + H_2SO_4 \longrightarrow H_2O + (NH_4)_2SO_3$
d) $NH_3 + H_2SO_4 \longrightarrow H_2O + NH_3SO_3$
e) $NH_3 + H_2SO_4 \longrightarrow NH_5SO_4$

9. (FUVEST – SP) Muitos acreditam ser mais saudável consumir "produtos orgânicos" do que produtos cultivados de forma convencional. É possível diferenciar esses dois tipos de produtos, determinando-se as quantidades relativas de ^{14}N e ^{15}N em cada um deles. Essas quantidades relativas serão diferentes se o solo for adubado com esterco ou fertilizantes sintéticos. O esterco contém compostos originados no metabolismo animal, enquanto fertilizantes sintéticos, como, por exemplo, o nitrato de amônio, provêm da amônia.

Considere as afirmações:

I. ^{14}N e ^{15}N diferem quanto ao número de prótons, mas não quanto ao número de nêutrons.
II. Os fertilizantes nitrogenados, sejam sintéticos ou naturais, fornecem o nitrogênio necessário à formação de aminoácidos e proteínas nos vegetais.
III. O fertilizante nitrato de amônio pode ser obtido pela reação da amônia com o ácido nítrico.

É correto apenas o que se afirma em

a) I.
b) II.
c) III.
d) I e II.
e) II e III.

10. (MACKENZIE – SP) As fórmulas corretas do ácido e da base que, por neutralização, produzem $BaSO_4$, além de água, são, respectivamente:

a) H_2S e BaO
b) H_2S e $Ba(OH)_2$
c) H_2SO_4 e $Ba(OH)_2$
d) H_2SO_4 e $BaCl_2$
e) H_2SO_3 e BaH_2

11. (PUC – PR) A todo momento realizam-se reações de neutralização em nosso organismo e nem nos damos conta disso. Por exemplo, você fez uso de algum tipo de desodorante hoje? Então você neutralizou seus odores com características ácidas, através da adição de uma base. Quando estamos nervosos, estressados ou nos alimentamos de maneira inadequada, é comum sentirmos mal-estar e, para amenizar esses sintomas, normalmente tomamos um antiácido que no mercado é comercializado por nomes diferentes, mas basicamente contém um hidróxido, que neutraliza as ações do excesso de ácido clorídrico produzido pelo nosso organismo. Usando uma medicação que tem como princípio ativo o hidróxido de alumínio e considerando uma reação de neutralização total do ácido pela base contida no medicamento, escolha a opção que contém **CORRETAMENTE** a fórmula e o nome do sal respectivamente:

a) $AlCl_2$, clorito de alumínio.
b) $Al(ClO_3)_3$, clorato de alumínio.
c) $AlCl_3$, cloreto de alumínio.
d) $AlCl_2$, cloreto de alumínio.
e) $AlClO_3$, clorato de alumínio.

Capítulo 28
Reação de Dupla-troca

1. Tratamento da água – ETA

A **água potável** (própria para consumo humano) não deve conter *microorganismos*, pode conter pequena quantidade de *sais* e *ar* dissolvidos, deve ser *límpida* e não conter partículas em suspensão. O tratamento da água de uma cidade é feito em várias etapas na **estação de tratamento da água**.

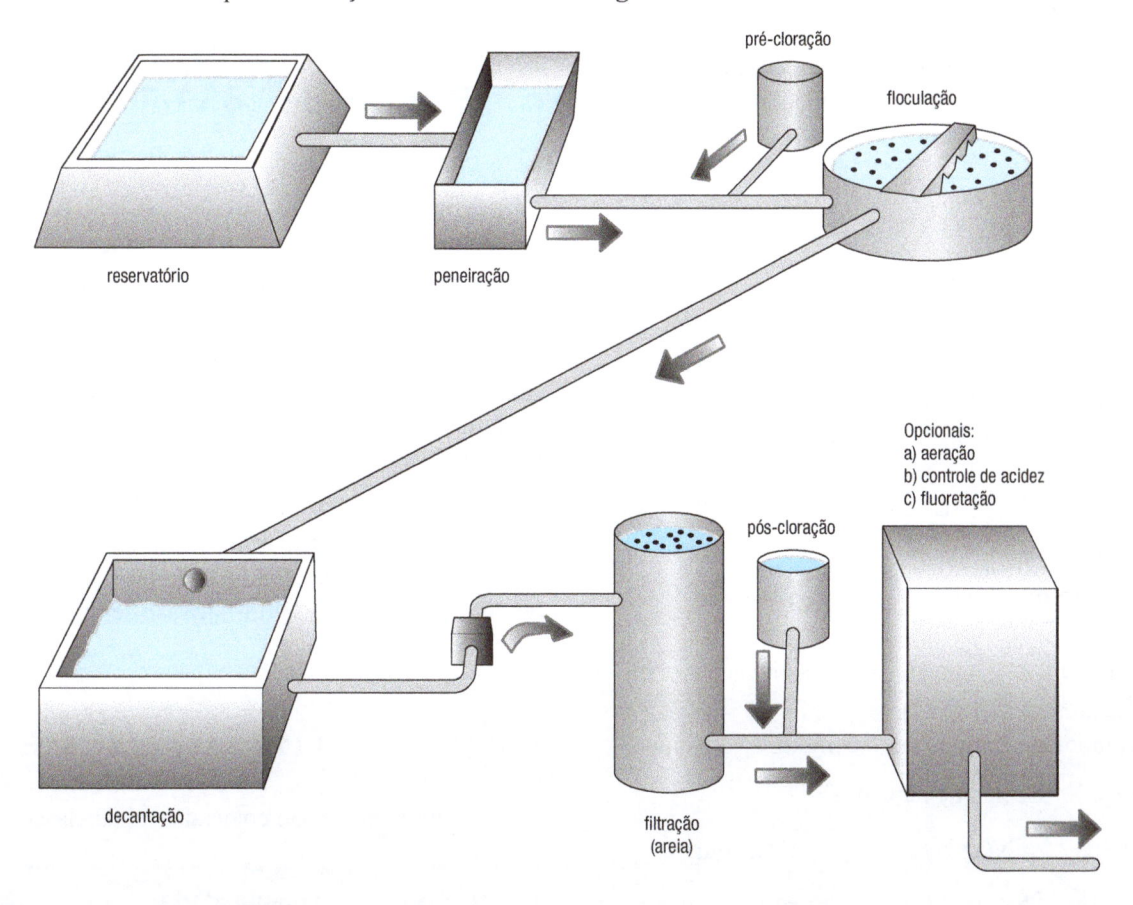

Peneiração – impede que peixes, latas, paus e outros objetos de proporções significativas entrem na instalação.

Pré-cloração – adiciona-se cloro (Cl_2) para matar microrganismos.

$$Cl_2 + HOH \longrightarrow HCl + HClO$$

Hoje, sabe-se que não é o Cl_2 que apresenta efeito bactericida, e sim o $HClO$ (ácido hipocloroso).

Floculação – adição de $Al_2(SO_4)_3$ e CaO

$$CaO + H_2O \longrightarrow Ca(OH)_2$$

$$3\,Ca(OH)_2 + Al_2(SO_4)_3 \longrightarrow 2\,Al(OH)_3 + 3\,CaSO_4$$

O $Al(OH)_3$ formado, que é insolúvel em água, tem o aspecto de *flocos de algodão*. Esse composto retém em sua superfície muitas partículas sólidas suspensas na água.

Decantação – as partículas sólidas sedimentam-se.

Filtração – o filtro de areia retém as partículas sólidas remanescentes.

Pós-cloração – ajusta a concentração do cloro.

Controle de acidez – adicionar cal, CaO, óxido de caráter básico, aumentando o pH da água para próximo de 8.

$$CaO + H_2O \longrightarrow Ca(OH)_2$$

Fluoretação – adição de compostos contendo íon F^-, para reduzir a incidência de cárie dentária.

Alguns autores chamam a reação entre $Al_2(SO_4)_3$ e $Ca(OH)_2$ de **reação de dupla-troca**, pois houve a troca entre o Ca e o Al.

2. Reações de dupla-troca

São do tipo:

> Dois compostos reagem entre si, trocando seus componentes e dando origem a dois novos compostos.

$$A^+B^- + C^+D^- \longrightarrow A^+D^- + C^+B^-$$

Exemplo:

$$Pb(NO_3)_2 + 2\,KI(aq) \longrightarrow 2\,KNO_3(aq) + PbI_2(s)$$

composto   composto   composto   composto

Pb e K "trocam de parceiros"

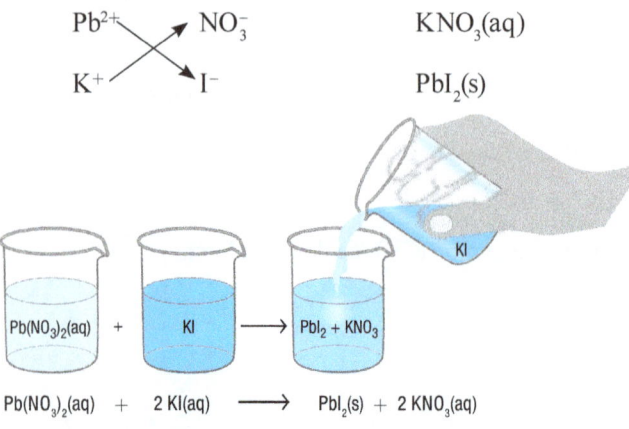

$Pb^{2+} \quad NO_3^- \qquad KNO_3(aq)$
$K^+ \quad I^- \qquad PbI_2(s)$

$Pb(NO_3)_2(aq) + 2\,KI(aq) \longrightarrow PbI_2(s) + 2\,KNO_3(aq)$

As duas soluções reagem formando um precipitado amarelo de iodeto de chumbo.

3. Previsão de ocorrência de uma reação de dupla-troca

Há três condições para a ocorrência de uma reação de dupla-troca. Basta que uma delas seja satisfeita para que a reação ocorra:

- Reagentes solúveis formando ao menos um produto **insolúvel**.
- Reagentes **não voláteis** formando ao menos um produto **volátil**.
- Reagentes **muito dissociados/ionizados** (eletrólitos fortes) formando ao menos um produto **pouco dissociado/ionizado** (eletrólito fraco).

Os reagentes usados em reação de dupla-troca são: ácidos, bases e sais.

4. Regras de solubilidade em água

Com o conhecimento de certas regras, podemos presumir se um composto é ou não solúvel em água, sem utilizar o valor da solubilidade (S) do composto.

Observação: quando se afirma que um composto é insolúvel, na verdade queremos dizer que sua solubilidade em água é muito pequena, pois nenhum composto é totalmente insolúvel.

Regra fundamental: compostos que contêm **cátions dos metais alcalinos** (grupo 1), **cátion NH_4^+** (amônio) ou **ânion NO_3^-** (nitrato) são sempre solúveis.

Exemplos:

$NaCl, (NH_4)_2SO_4, AgNO_3, KOH$

Outras regras são colocadas na tabela:

Ânions	Solubilidade em água	Exceções
Cl^-, Br^-, I^-	solúveis	Ag^+, Pb^{2+}, Hg_2^{2+} ou Hg^{1+}
SO_4^{2-}	solúveis	$Ba^{2+}, Ca^{2+}, Sr^{2+}, Pb^{2+}$
S^{2-}	insolúveis	NH_4^+ e cátions dos grupos 1 e 2
CO_3^{2-}, PO_4^{3-} outros ânions	insolúveis	NH_4^+ e cátions do grupo 1

Com relação a bases, temos:
- bases solúveis: cátions do grupo 1 e NH_4^+;
- bases parcialmente solúveis: alguns cátions do grupo 2 (Ca^{2+}, Ba^{2+}, Sr^{2+});
- bases insolúveis: as demais.

As substâncias insolúveis mais frequentes nos exercícios são:

- AgCl
- $PbCl_2$
- $CaCO_3$
- $CaSO_4$
- $Mg(OH)_2$
- HgS
- AgBr
- $PbBr_2$
- $BaCO_3$
- $BaSO_4$
- $Al(OH)_3$
- AgI
- PbI_2

5. Reações de dupla-troca com precipitação

5.1 Conceito

Uma **reação de precipitação** produz um **produto insolúvel**, um **precipitado**. Os reagentes nestas reações são, normalmente, sais e bases solúveis em água. Quando estes reagentes se dissolvem em água, eles se dissociam dando origem aos cátions e ânions correspondentes. Se um dos cátions puder formar um **composto insolúvel** com um dos ânions, uma reação de precipitação ocorrerá.

5.2 Exemplo

A reação entre NaCl e $AgNO_3$ ocorre graças à formação de um composto insolúvel (AgCl).

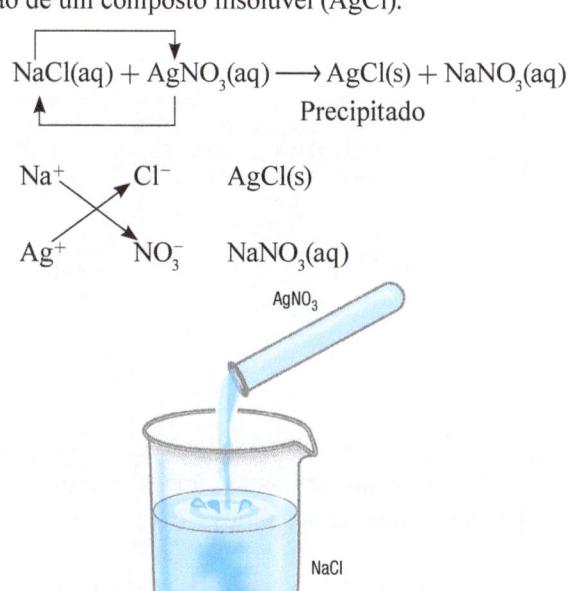

$NaCl(aq) + AgNO_3(aq) \longrightarrow AgCl(s) + NaNO_3(aq)$
Precipitado

Na^+ — Cl^- AgCl(s)
Ag^+ — NO_3^- $NaNO_3(aq)$

Precipitação de AgCl observada no momento em que uma solução aquosa de $AgNO_3$ é adicionada a uma solução aquosa de NaCl.

5.3 Equação iônica simplificada

Essa equação química mostra apenas o cátion e o ânion que forma o **precipitado** que é a razão da ocorrência da reação.

$Ag^+(aq) + Cl^-(aq) \longrightarrow AgCl(s)$

Os íons Na^+ e NO_3^- não estão envolvidos no processo efetivo da reação. Consequentemente, se a equação é escrita sem eles, pouco se perde em informação química ou estequiométrica.

Outros exemplos:

$Pb(NO_3)_2(aq) + 2\ KI(aq) \longrightarrow 2\ KNO_3(aq) + PbI_2(s)$

Pb^{2+} — NO_3^- $KNO_3(aq)$
K^+ — I^- $PbI_2(s)$

$Pb^{2+}(aq) + 2\ I^-(aq) \longrightarrow PbI_2(s)$

$FeCl_3(aq) + 3\ NaOH(aq) \longrightarrow 3\ NaCl(aq) + Fe(OH)_3(s)$

Fe^{3+} — Cl^- $NaCl(aq)$
Na^+ — OH^- $Fe(OH)_3(s)$

$Fe^{3+}(aq) + 3\ OH^-(aq) \longrightarrow Fe(OH)_3(s)$

Pelo que vimos até aqui:

> Uma reação de dupla-troca pode acontecer desde que tenhamos reagentes solúveis e ao menos um produto insolúvel.

6. Reação de dupla-troca com formação de substância volátil

6.1 Substância volátil

Dizemos que uma substância é *volátil* quando pode se transformar em vapor por um suave aquecimento, portanto, possuem baixo ponto de ebulição.

De modo geral, os ácidos são voláteis.

Ácidos voláteis:

HF, HCl, HCN, H_2S, HNO_3

Ácidos não voláteis ou fixos:

H_2SO_4 (PE = 338 °C), H_3PO_4 (PE = 220 °C)

Única base volátil:

NH_4OH

6.2 Exemplos

$$Na_2S + H_2SO_4 \longrightarrow H_2S\uparrow + Na_2SO_4$$

fixo   volátil (cheiro de ovo podre)

$Na^+ \searrow S^{2-}$ H_2S (volátil)
$H^+ \nearrow SO_4^{2-}$ $Na_2SO_4(aq)$

equação iônica: $2\,H^+(aq) + S^{2-}(aq) \rightarrow H_2S(g)$

Observe que a equação iônica só mostra a formação de H_2S que é motivo de ter ocorrido a reação.

- Se uma reação produz H_2CO_3 (ácido volátil e instável) substitua-o por $H_2O + CO_2$.

$$Na_2CO_3 + 2\,HCl \longrightarrow \cancel{H_2CO_3} + 2\,NaCl$$

$$Na_2CO_3 + 2\,HCl \longrightarrow H_2O + CO_2\uparrow + 2\,NaCl$$
gás

A reação entre as soluções de Na_2CO_3 e HCl ocorreu por causa da liberação de CO_2 gasoso proveniente do H_2CO_3 que é volátil e instável.

$Na^+ \searrow CO_3^{2-}$ $H_2CO_3 \longrightarrow CO_2 + H_2O$
$H^+ \nearrow Cl^-$ NaCl(aq)

equação iônica:

$$2\,H^+(aq) + CO_3^{2-}(aq) \longrightarrow CO_2(g) + H_2O(l)$$

Figura representando a efervescência observada após se adicionar uma solução aquosa de HCl a outra de Na_2CO_3.

- Se uma reação produz NH_4OH (base volátil e instável) substitua-a por NH_3 e H_2O.

$$NaOH + NH_4Cl \longrightarrow \cancel{NH_4OH} + NaCl$$

$$NaOH + NH_4Cl \longrightarrow NH_3\uparrow + H_2O + NaCl$$
gás

$Na^+ \searrow OH^-$ $NH_4OH \longrightarrow NH_3\uparrow + H_2O$
$NH_4^+ \nearrow Cl^-$ NaCl(aq)

equação iônica:

$$NH_4^+(aq) + OH^-(aq) \longrightarrow NH_3 + H_2O$$

A reação entre as soluções de NaOH e NH_4Cl ocorreu por causa da liberação de NH_3 gasoso proveniente de NH_4OH que é uma base volátil e instável.

Conclusão:

> Uma reação de dupla-troca pode acontecer mesmo sem haver precipitação. Para isso, basta que tenhamos reagentes não voláteis e ao menos um produto volátil.

7. Reação de dupla-troca com formação de um ácido fraco ou uma base fraca

7.1 Força dos ácidos

Em presença de água, nem todos os ácidos se ionizam com a mesma intensidade.

O HCl, por exemplo, é um tipo de ácido que é ionizado quase completamente, ou seja, a maioria da suas moléculas sofre ionização. Ácidos desse tipo são chamados de **ácidos fortes**.

Outros, como o HCN, são ionizados em pequena intensidade e, por isso, denominados **ácidos fracos**.

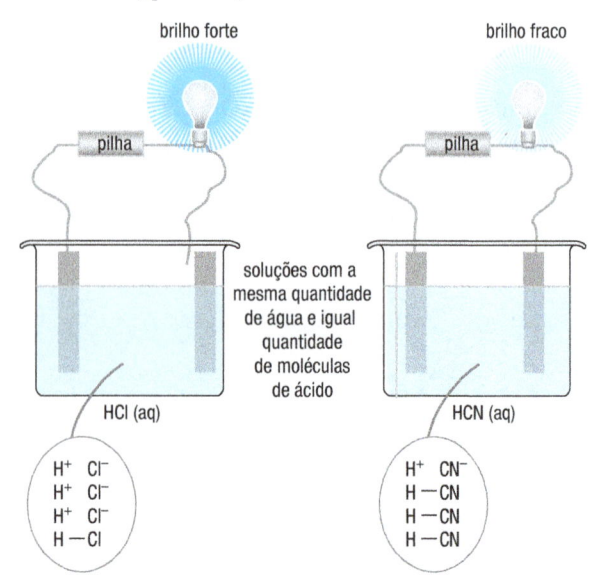

brilho forte   brilho fraco

pilha   pilha

soluções com a mesma quantidade de água e igual quantidade de moléculas de ácido

HCl (aq)   HCN (aq)

$H^+\ Cl^-$ $H^+\ CN^-$
$H^+\ Cl^-$ $H-CN$
$H^+\ Cl^-$ $H-CN$
$H-Cl$ $H-CN$

A maioria dos ácidos são fracos, portanto, é mais fácil memorizar os ácidos fortes.

> Ácidos fortes: $HClO_4$, $HClO_3$, HI, HBr, HCl, HNO_3, H_2SO_4
>
> Ácidos fracos: os demais (H_2S, HCN, HF, H_2CO_3, H_3CCOOH, H_3BO_3)

7.2 Força das bases

Ao dissolver uma *base solúvel* (NaOH) em água teremos uma grande quantidade de íons dissolvidos (Na^+ e OH^-), portanto, **base solúvel** (NaOH) é uma **base forte**

$$NaOH \longrightarrow Na^+ + OH^-$$
solúvel   muitos íons

Ao dissolver uma *base insolúvel* ($Mg(OH)_2$) em água teremos uma pequena quantidade de íons dissolvidos (Mg^{2+} e OH^-), portanto, **base insolúvel** $Mg(OH)_2$ é uma **base fraca**.

$$Mg(OH)_2 \longrightarrow Mg^{2+} + 2\ OH^-$$
insolúvel   poucos íons

Apesar de a **amônia** ser uma base solúvel em água, ela é classificada como **base fraca** porque em suas soluções há baixas concentrações de íons OH^-.

$$NH_3 + HOH \longrightarrow NH_4OH \rightarrow NH_4^+ + OH^-$$
solúvel e fraca   solúvel e fraca

Resumindo, temos:

Bases fortes	solúveis em água: NaOH, KOH (grupo 1) parcialmente solúveis em água: $Ca(OH)_2$, $Ba(OH)_2$, $Sr(OH)_2$
Bases fracas	as demais (incluindo $Mg(OH)_2$ e NH_3)

7.3 Exemplo

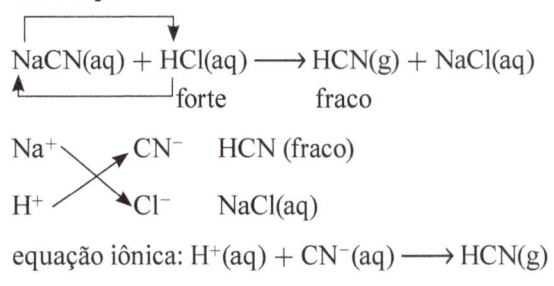

$$NaCN(aq) + HCl(aq) \longrightarrow HCN(g) + NaCl(aq)$$
                 forte   fraco

Na^+ ⟶ CN^- HCN (fraco)
H^+ ⟶ Cl^- NaCl(aq)

equação iônica: $H^+(aq) + CN^-(aq) \longrightarrow HCN(g)$

Conclusão:

Uma reação de dupla-troca também pode ocorrer se entre os produtos figurar um ácido mais fraco ou uma base mais fraca que os reagentes.

Exercícios Série Prata

1. Complete com **fraco**, **insolúvel** ou **volátil**.

Uma reação de dupla-troca ocorre quando um dos produtos for

a) mais _____ .

b) mais _____ em água.

c) mais _____ .

2. Complete com **solúveis** ou **insolúveis**.

Compostos que contêm cátions dos metais alcalinos (grupo 1), cátion NH_4^+ (amônio) ou ânion NO_3^- (nitrato) são sempre _____ em água.

3. Complete com **solúveis** ou **insolúveis**.

Ânion	solubilidade em água	exceções
a) Cl^-, Br^-, I^-	_____	Ag^+, Pb^{2+}, Hg^{1+}
b) SO_4^{2-}	_____	Ba^{2+}, Ca^{2+}, Sr^{2+}, Pb^{2+}
c) S^{2-}	_____	NH_4^+ e cátions dos grupos 1 e 2
d) outros ânions	_____	NH_4^+ e cátions do grupo 1

4. Complete com **solúveis** ou **insolúveis**.

a) Bases dos metais do grupo 1 e NH_4OH são _____ em água.

b) Algumas bases do grupo 2 (Ca^{2+}, Ba^{2+}, Sr^{2+}) são parcialmente _____ em água.

c) As demais bases são _____ em água.

5. Indique se cada composto é solúvel ou insolúvel na água.

a) $AgNO_3$ _____

b) NH_4Cl _____

c) $AgCl$ _____

d) $NaMnO_4$ _____

e) $BaSO_4$ _____

f) K_2CrO_4 _____

g) $PbCl_2$ _____

h) $Al(OH)_3$ _____

i) CaS _____

j) $Ca_3(PO_4)_2$ _____

k) CuSO$_4$ _____

l) Fe(OH)$_3$ _____

m) HgS _____

n) CaSO$_4$ _____

o) AgBr _____

p) AgI _____

q) Al(NO$_3$)$_3$ _____

r) Mg(OH)$_2$ _____

s) ZnCl$_2$ _____

6. (ITA – SP) É pouco solúvel em água o seguinte par de sais:

a) BaCl$_2$ e PbCl$_2$
b) MgSO$_4$ e BaSO$_4$
c) PbSO$_4$ e Pb(NO$_3$)$_2$
d) K$_2$CrO$_4$ e Na$_2$CrO$_4$
e) AgBr e PbS

7. Complete as equações químicas que representam as reações de dupla-troca com precipitação e identifique o precipitado por ppt.

a) NaCl + AgNO$_3$ $\longrightarrow$

b) BaCl$_2$ + H$_2$SO$_4$ $\longrightarrow$

c) FeCl$_3$ + KOH $\longrightarrow$

d) Pb(NO$_3$)$_2$ + K$_2$CrO$_4$ $\longrightarrow$

8. Escreva na forma de equação iônica simplificada, isto é, mostrando apenas o cátion e o ânion, a formação do precipitado.

a) NaCl + AgNO$_3$

b) BaCl$_2$ + H$_2$SO$_4$

c) FeCl$_3$ + KOH

d) Pb(NO$_3$)$_2$ + K$_2$CrO$_4$

9. Complete as equações de dupla-troca com precipitação e a equação iônica.

a) nitrato de chumbo (II) e cloreto de sódio

b) nitrato de prata e cloreto de potássio

c) brometo de cálcio e carbonato de sódio

d) nitrato de bário e sulfato de potássio

10. O tratamento de água de uma cidade é feito em várias etapas.

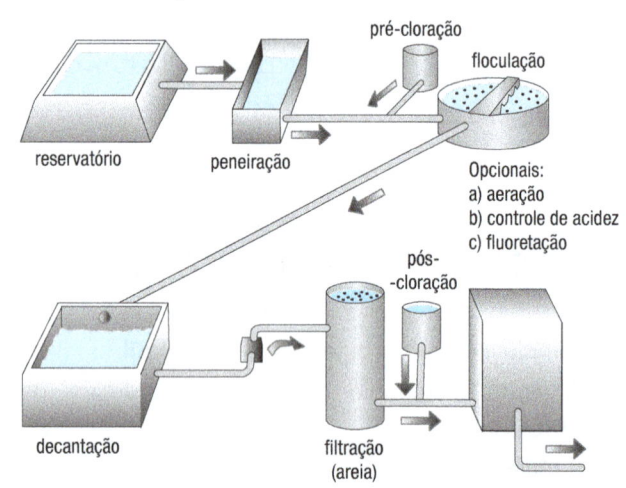

Qual o nome do processo que envolve no tratamento da água uma reação de dupla-troca?

11. No processo de floculação adiciona-se na água a ser tratada CaO e Al$_2$(SO$_4$)$_3$. Escreva as equações químicas envolvidas no processo.

12. Qual o papel do $Al(OH)_3$ no processo da floculação?

13. Complete.
A única base volátil e instável é NH_4OH.
$NH_4OH \longrightarrow$

14. Complete.
O H_2CO_3 é volátil e instável.
$H_2CO_3 \longrightarrow$

15. Complete as equações químicas que representam reações de dupla-troca.
a) $Na_2S + H_2SO_4 \longrightarrow$

b) $NaCl + H_2SO_4 \longrightarrow$

c) $NaNO_3 + H_3PO_4 \longrightarrow$

d) $CaCO_3 + HCl \longrightarrow$

e) $Na_2CO_3 + HCl \longrightarrow$

f) $NaOH + NH_4Cl \longrightarrow$

16. Complete com **bastante** ou **pouco**.
a) Ácido forte é um ácido que em água está _____ dissociado.
$HCl \longrightarrow H^+ + Cl^-$
b) Ácido fraco é um ácido que em água está _____ dissociado.
$HCN \longrightarrow H^+ + CN^-$

17. Complete.
Os principais ácidos fortes são _____ _____ .

18. Complete as equações químicas de reações de **dupla-troca**
a) $CaS + HCl \longrightarrow$

b) $H_2SO_4 + NaF \longrightarrow$

c) $HCl + NaCH_3COO \longrightarrow$

d) $FeCl_3 + NaOH \longrightarrow$

A partir da ilustração abaixo (aparelhagem que pode ser utilizada para a obtenção de um gás), responda às questões de **19** a **21**.

19. Escreva as fórmulas do sal e do ácido mencionados.

20. Ao abrirmos a torneira, o ácido entrará em contato com o sal, provocando uma reação. Equacione essa reação.

21. Escreva a fórmula do gás formado.

22. Considere a sequência de reações de formação dos compostos X, Y e Z.

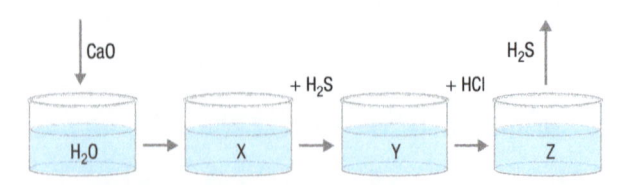

CaO → H$_2$O → X → (+H$_2$S) → Y → (+HCl) → Z → (H$_2$S↑)

As substâncias representadas por X, Y e Z são, respectivamente:

a) $Ca(OH)_2$, Ca_2S e $CaCl$.
b) CaO_2, CaS_2 e $CaCl_2$.
c) $CaOH$, CaS e $CaCl$.
d) CaO_2, Ca_2S e Ca_2Cl.
e) $Ca(OH)_2$, CaS e $CaCl_2$.

23. (FUVEST – SP) Para distinguir uma solução aquosa de ácido sulfúrico de outra de ácido clorídrico, basta adicionar a cada uma delas

a) um pouco de solução aquosa de hidróxido de sódio.
b) um pouco de solução aquosa de nitrato de bário.
c) raspas de magnésio.
d) uma porção de carbonato de sódio.
e) gotas de fenolftaleína.

24. (PUC – SP) Qual das soluções a seguir relacionadas fornece um precipitado, quando adicionada a uma solução de sulfato de sódio?

a) HBr
b) $BaCl_2$
c) $AgNO_3$
d) KI
e) CsF

25. (FATEC – SP) Além do problema da escassez de água potável em alguns pontos do planeta, a sociedade também enfrenta as dificuldades de tratamento da água disponível, cada vez mais poluída.
Uma das etapas desse tratamento envolve a adição de compostos químicos que possam facilitar a retirada de partículas suspensas na água.
Os compostos adicionados reagem formando uma substância gelatinosa, hidróxido de alumínio, que aglutina as partículas suspensas.

A seguir, temos a reação que representa o descrito:

$$3\ Ca(OH)_2 + Al_2(SO_4)_3 \longrightarrow 3\ CaSO_4 + 2\ Al(OH)_3$$

A etapa descrita é denominada

a) filtração.
b) cloração.
c) floculação.
d) destilação.
e) decantação.

Exercícios Série Ouro

1. (UFSM – RS) Após a feijoada, além da "rede e um gato para passar a mão", muitos apelam para um antiácido, como o bicarbonato de sódio, que remove o HCl em excesso no estômago, ocorrendo as reações:

(1) $HCl + NaHCO_3 \longrightarrow NaCl + H_2CO_3$

(2) $H_2CO_3 \longrightarrow H_2O + CO_2$

As reações (1) e (2) classificam-se, respectivamente, como:

a) dupla-troca – síntese.
b) simples troca – síntese.
c) dupla-troca – decomposição.
d) síntese – simples troca.
e) síntese – decomposição.

2. (FUVEST – SP) Considere soluções aquosa de nitrato de sódio ($NaNO_3$), nitrato de chumbo ($Pb(NO_3)_2$) e cloreto de potássio (KCl). Misturando-se essas soluções duas a duas, obtêm-se os seguintes resultados:

$NaNO_3 + Pb(NO_3)_2 \longrightarrow$ não há precipitação.

$NaNO_3 + KCl \longrightarrow$ não há precipitação.

$Pb(NO_3)_2 + KCl \longrightarrow$ forma-se precipitado.

a) Escreva a equação da reação de precipitação.
b) Qual substância constitui o precipitado? Justifique sua resposta, baseando-se nas informações acima.

3. (FUVEST – SP) Ao se misturar

I. solução aquosa de $Mg(NO_3)_2$ com solução aquosa de NaCl.
II. solução aquosa de $Mg(NO_3)_2$ com solução aquosa de NaOH observou-se a formação de um precipitado apenas no caso II.

a) Com base nas informações acima, identifique o precipitado.
b) Escreva a equação química, na forma iônica, que representa reação ocorrida em II.

(UFS – SE) Instruções: As questões de números **4** e **5** relacionam-se com a seguinte tabela de solubilidade de sais, em água:

Ânions	Solubilidade em água	Exceções
Cl^-, Br^- e I^-	solúveis	Ag^+, Pb^{2+} e Hg_2^{2+}
NO_3^-	solúveis	—
CO_3^{2-}	insolúveis	NH_4^+ e cátions de metais alcalinos
S^{2-}	insolúveis	NH_4^+ e cátions de metais alcalinos e alcalinosterrosos

4. Pode ser citado como sal insolúvel em água:

a) carbonato de sódio.
b) brometo de potássio.
c) cloreto de amônio.
d) iodeto de chumbo (II).
e) nitrato de prata.

5. Em quatro tubos de ensaio rotulados por I, II, III, IV misturam-se soluções aquosas de:

   I. brometo de sódio + nitrato férrico
   II. iodeto de potássio + sulfeto de amônio
   III. sulfeto de sódio + nitrato de zinco
   IV. carbonato de sódio + brometo de cálcio

Há formação de um precipitado em:
a) I e II.
b) I e III.
c) II e III.
d) II e IV.
e) III e IV.

Nota dos autores: Fe^{2+}: ferroso; Fe^{3+}: férrico.

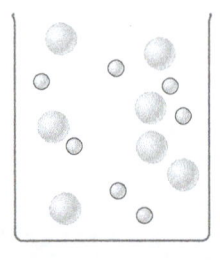

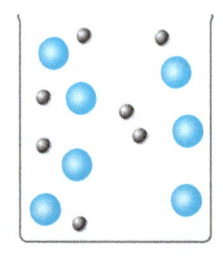

Assim, qual das seguintes equações químicas pode representar, de maneira coerente, tal transformação?

a) $H^+ + Cl^- + Na^+ + OH^- \rightleftarrows Na^+ + Cl^- + H_2O$
b) $2\,Na^+ + CO_3^{2-} + 2\,H^+ + 2\,Cl^- \rightleftarrows 2\,Na^+ + 2 + Cl^- + H_2O + CO_2$
c) $Ag^+ + NO_3^- + Na^+ + Cl^- \rightleftarrows AgCl + Na^+ + NO_3^-$
d) $Pb^{2+} + 2\,NO_3^- + 2\,H^+ + 2\,Cl^- \rightleftarrows PbCl_2 + 2\,H^+ + 2\,NO_3^-$
e) $NH_4^+ + Cl^- + H_2O \rightleftarrows NH_4OH + H^+ + Cl^-$

6. (FUVEST – SP) A figura a seguir é um modelo simplificado de um sistema em equilíbrio químico. Esse equilíbrio foi atingido ao ocorrer uma transformação química em solução aquosa.

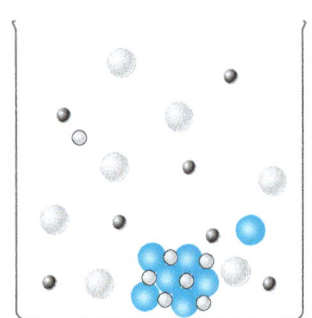

◯, ●, ● e ○ representam diferentes espécies químicas.

Moléculas de solvente não foram representadas.

Considere que as soluções dos reagentes iniciais são representadas por:

7. (FUVEST – SP) Uma estudante de química realizou quatro experimentos, que consistiram em misturar soluções aquosas de sais inorgânicos e observar os resultados. As observações foram anotadas em uma tabela:

Experimento	Solutos contidos inicialmente nas soluções que foram misturadas		Observações
1	$Ba(ClO_3)_2$	$Mg(IO_3)_2$	formação de precipitado branco
2	$Mg(IO_3)_2$	$Pb(ClO_3)_2$	formação de precipitado branco
3	$MgCrO_4$	$Pb(ClO_3)_2$	formação de precipitado amarelo
4	$MgCrO_4$	$Ca(ClO_3)_2$	nenhuma transformação observada

A partir desses experimentos, conclui-se que são poucos solúveis em água somente os compostos

a) $Ba(IO_3)_2$ e $Mg(ClO_3)_2$.
b) $PbCrO_4$ e $Mg(ClO_3)_2$.
c) $Pb(IO_3)_2$ e $CaCrO_4$.
d) $Ba(IO_3)_2$, $Pb(IO_3)_2$ e $PbCrO_4$.
e) $Pb(IO_3)_2$, $PbCrO_4$ e $CaCrO_4$.

Resolução:

No experimento 4 como não ocorreu reação concluímos que os sais resultantes (CaCrO$_4$ e Mg(ClO$_3$)$_2$) são solúveis.

1. Ba(ClO$_3$)$_2$ + Mg(IO$_3$)$_2$ ⟶ Mg(ClO$_3$)$_2$ + Ba(IO$_3$)$_2$
                                   solúvel   ppt branco

2. Mg(IO$_3$)$_2$ + Pb(ClO$_3$)$_2$ ⟶ Pb(IO$_3$)$_2$ + Mg(ClO$_3$)$_2$
                                    ppt branco   solúvel

3. MgCrO$_4$ + Pb(ClO$_3$)$_2$ ⟶ PbCrO$_4$ + Mg(ClO$_3$)$_2$
                                 ppt amarelo   solúvel

Resposta: alternativa d.

---

8. (ITA – SP) Quando soluções aquosas de sulfeto de sódio e de nitrato de prata são misturadas, observa-se uma lenta turvação da mistura, que com o passar do tempo é sedimentada na forma de um precipitado preto.

Qual das equações químicas a seguir é mais indicada para descrever a transformação química que ocorre?

a) Na$_2$S + 2 AgNO$_3$ ⟶ 2 NaNO$_3$ + Ag$_2$S
b) Na$^+$(aq) + NO$_3^-$(aq) ⟶ NaNO$_3$(s)
c) S^{2-}(aq) + 2 Ag$^+$(aq) ⟶ Ag$_2$S(s)
d) 2 Na$^+$(aq) + S^{2-}(aq) + 2 Ag$^+$(aq) + 2 NO$_3^-$(aq) ⟶
   ⟶ 2 NaNO$_3$(s) + Ag$_2$S(s)
e) Na$_2$S + 2 AgNO$_3$ ⟶ 2 NaNO$_3$ + Ag$_2$S$_2$ ↓

9. (PUC – MG) Quando uma solução de hidróxido de sódio é adicionada a uma solução de sulfato férrico, forma-se um precipitado castanho de Fe(OH)$_3$. A equação que melhor representa esse processo é aquela que só representa os participantes essenciais da reação. Trata-se da equação:

a) $\frac{1}{2}$ Fe$_2$(SO$_4$)$_3$ + 3 NaOH ⟶ Fe(OH)$_3$ + $\frac{3}{2}$ Na$_2$SO$_4$
b) Fe^{3+} + 3 OH$^-$ ⟶ Fe(OH)$_3$
c) 2 Fe^{3+} + 3 SO$_4^{2-}$ + 6 Na$^+$ + 6 OH$^-$ ⟶
   ⟶ Fe(OH)$_3$ + 3 SO$_4^{2-}$ + 6 Na$^+$
d) 2 Fe^{3+} + 3 SO$_4^{2-}$ ⟶ Fe$_2$(SO$_4$)$_3$
e) 3 SO$_4^{2-}$ + 6 Na$^+$ ⟶ 3 Na$_2$SO$_4$

10. (MACKENZIE – SP) Nas estações de tratamento de água, uma das etapas de purificação é a de floculação. Nela, processa-se a reação de formação do sulfato de cálcio e do hidróxido de alumínio, que atua como floculante, arrastando as impurezas sólidas para o fundo do tanque. As fórmulas dos reagentes que produzem as substâncias Al(OH)$_3$ e CaSO$_4$ são:

a) CaO   e   H$_2$SO$_4$.
b) Al$_2$S$_3$ e   Ca(OH)$_2$.
c) Al$_2$(SO$_4$)$_3$ e   Ca(OH)$_2$.
d) Al$_2$O$_3$ e   CaCO$_3$.
e) AlCl$_3$ e   Ca(HCO$_3$)$_2$.

11. (FUVEST – SP) A obtenção de água doce de boa qualidade está se tornando cada vez mais difícil devido ao adensamento populacional, às mudanças climáticas, à expansão da atividade industrial e à poluição. A água, uma vez captada, precisa ser purificada, o que é feito nas estações de tratamento. Um esquema do processo de purificação é:

→ A → B → C → D → E → F

em que as etapas B, D e F são:

B – adição de sulfato de alumínio e óxido de cálcio,
D – filtração em areia,
F – fluoretação.

Assim sendo, as etapas A, C e E devem ser, respectivamente,

a) filtração grosseira, decantação e cloração.
b) decantação, cloração e filtração grosseira.
c) cloração, neutralização e decantação.
d) filtração grosseira, neutralização e decantação.
e) neutralização, cloração e decantação.

12. (UEA – AM) Na apresentação de um projeto de química sobre reatividade de produtos caseiros, vinagre e bicarbonato de sódio (NaHCO$_3$) foram misturados em uma garrafa plástica; em seguida, uma bexiga vazia foi acoplada à boca da garrafa. A imagem apresenta o momento final do experimento.

O gás coletado na bexiga foi o
a) NO$_2$.
b) CO$_2$.
c) H$_2$.
d) O$_2$.
e) N$_2$.

13. (UNESP) A imagem mostra uma transformação química que ocorre com formação de precipitado. Foram adicionadas a uma solução de íons (Ba^{2+}), contida em um tubo de ensaio, gotas de uma solução que contém íons sulfato (SO$_4^{2-}$).

Escreva a equação completa dessa transformação química quando o cloreto de bário e o sulfato de magnésio, devidamente dissolvidos em água, são colocados em contato, e explique se a mesma imagem pode ser utilizada para ilustrar a transformação que ocorre se a solução de cloreto de bário for substituída por NaOH(aq).

14. (UNESP)

A imagem é a fotografia de uma impressão digital coletada na superfície de um pedaço de madeira. Para obtê-la, foi utilizada uma técnica baseada na reação entre o sal do suor (NaCl), presente na impressão digital, com solução aquosa diluída de um reagente específico. Depois de secar em uma câmara escura, a madeira é exposta à luz solar.
Considere soluções aquosas diluídas de AgNO$_3$ e de KNO$_3$. Indique qual delas produziria um registro fotográfico de impressão digital ao reagir com o sal do suor, nas condições descritas, e justifique sua resposta descrevendo as reações químicas envolvidas.

15. Os exoesqueletos de muitos corais e moluscos são formados em grande parte por carbonato de cálcio. Uma maneira de determinar o teor do cálcio em amostras de conchas consiste em solubilizá-las e separar o cálcio das demais substâncias por precipitação. O precipitado formado é separado por filtração, determinando-se sua massa e encontrando-se seu teor por cálculos estequiométricos. As equações que descrevem as reações desse processo são:

a) $CaCO_3 + 2\ HCl \longrightarrow CaCl_2 + H_2O + CO_2$
   $CaCl_2 + 2\ NaOH \longrightarrow Ca(OH)_2 + 2\ NaCl$

b) $CaCO_3 \longrightarrow CaO + CO_2$
   $CO_2 + H_2O \longrightarrow H_2CO_3$

c) $CaCO_3 + 2\ HCl \longrightarrow CaCl_2 + H_2O + CO_2$
   $CO_2 + H_2O \longrightarrow H_2CO_3$

d) $Ca(HCO_3)_2 + 2\ HCl \longrightarrow CaCl_2 + 2\ H_2O + 2\ CO_2$
   $CaCl_2 + 2\ NaOH \longrightarrow Ca(OH)_2 + 2\ NaCl$

e) $Ca(HCO_3)_2 \longrightarrow CaO + 2\ CO_2 + H_2O$
   $CO_2 + H_2O \longrightarrow H_2CO_3$

16. (UNESP) Um sistema montado com um funil de adição (A), um kitassato (B) e um béquer (C), esse último contendo, inicialmente, apenas água destilada, pode ser utilizado para a produção de uma substância de uso muito comum em laboratórios e em indústrias químicas.

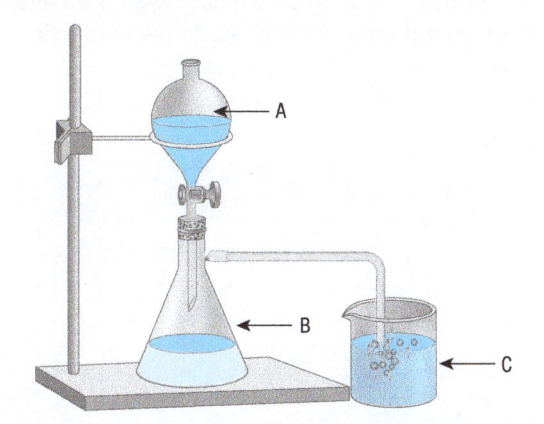

Assinale a alternativa que estabelece a correta correspondência entre os equipamentos e as substâncias neles presente durante o processo.

	Funil de adição	Kitassato	Béquer
a)	$H_2SO_4(aq)$	$NaCl(s)$	$HCl(aq)$
b)	$HCl(aq)$	$Na_2SO_4(s)$	$H_2SO_4(aq)$
c)	$NaCl(aq)$	$AgNO_3(s)$	$AgCl(aq)$
d)	$Na_2CO_3(aq)$	$CaCl_2(s)$	$CaCO_3(aq)$
e)	$HCl(aq)$	$FeS(s)$	$FeCl_3(aq)$

17. (PUC – SP) Considere o sistema abaixo:

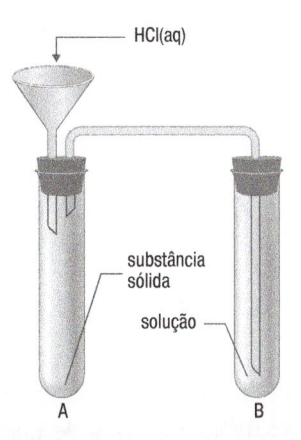

Adicionando-se HCl, observa-se, após a reação ter-se completado em A, o aparecimento de um precipitado branco em B. A substância sólida em A e a solução em B podem ser, respectivamente

a) NaCl e KOH(aq);
b) Na_2CO_3 e $Ba(OH)_2(aq)$;
c) KNO_3 e $Ca(OH)_2(aq)$;
d) $KMnO_4$ e KOH(aq);
e) K_2CO_3 e NaOH(aq).

18. (FATEC – SP) Três frascos não rotulados contêm líquidos incolores que podem ser ou solução de N_2CO_3 ou solução de NaCl. Para identificar os conteúdos dos frascos, um analista numerou-os como I, II e III e realizou os testes cujos resultados estão indicados a seguir:

Reagentes adicionados \ Solução testada	I	II	III
$BaCl_2$(aq)	ppt branco	____	ppt branco
HCl(aq)	____	____	efervescência

Com esses resultados, o analista pôde concluir que os frascos I, II e III contêm, respectivamente:

a) NaCl(aq), Na_2CO_3(aq) e Na_2SO_4(aq);
b) Na_2SO_4(aq), NaCl(aq) e Na_2CO_3(aq);
c) NaCl(aq), Na_2SO_4(aq) e Na_2CO_3(aq);
d) Na_2CO_3(aq), NaCl(aq) e Na_2SO_4(aq);
e) Na_2CO_3(aq), Na_2SO_4(aq) e NaCl(aq).

19. (UNESP) Três frascos sem rótulo contêm, separadamente, soluções aquosas de carbonato de potássio, cloreto de potássio e sulfato de potássio.

a) Indique como se pode distinguir o conteúdo de cada frasco fazendo-se reações com soluções diluídas de ácido nítrico e cloreto de bário.
b) Justifique escrevendo as equações químicas balanceadas das reações envolvidas.

20. (PUC – SP) Considere o aparelho abaixo:

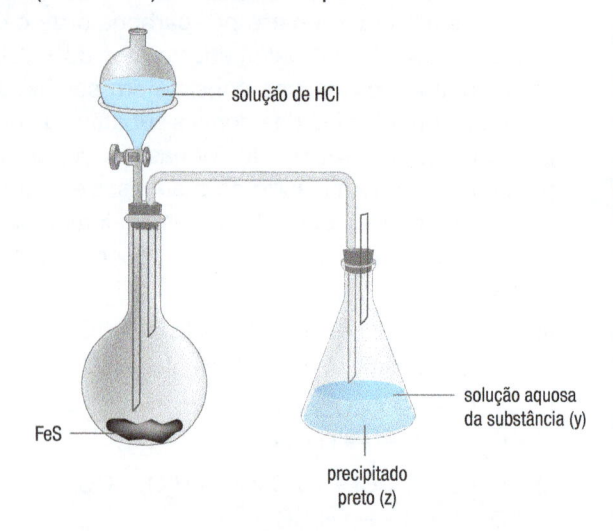

Adicionando-se ácido clorídrico ao balão, há uma reação com desprendimento de um gás (x), que, ao borbulhar na solução contida no erlenmeyer, reage, produzindo um precipitado preto (z).

O gás (x), a substância (y) e o precipitado (z) são, respectivamente:

a) SO_2, $Pb(NO_3)_2$, $PbSO_3$;
b) SO_2, $NaNO_3$, Na_2SO_3;
c) H_2S, $Pb(NO_3)_2$, PbS;
d) H_2S, $NaNO_3$, Na_2S;
e) H_2S, $Pb(NO_3)_2$, $Pb(OH)_2$.

21. (ITA – SP) Na temperatura ambiente, hidróxido de potássio sólido reage com o cloreto de amônio sólido, com a liberação de um gás. Assinale a alternativa **correta** para o gás liberado nesta reação.

a) Cl_2
b) H_2
c) HCl
d) NH_3
e) O_2

22. (FUVEST – SP) Nitrato de bário pode ser preparado, em meio aquoso, fazendo-se as transformações químicas abaixo:

$$BaCl_2 \xrightarrow[\text{etapa 1}]{Na_2CO_3} BaCO_3 \xrightarrow[\text{etapa 2}]{HNO_3} Ba(NO_3)_2$$

Nas etapas 1 e 2, ocorrem, respectivamente:

a) precipitação de carbonato de bário e desprendimento de dióxido de carbono;
b) precipitação de carbonato de bário e desprendimento de hidrogênio;
c) desprendimento de cloro e desprendimento de dióxido de carbono;
d) desprendimento de dióxido de carbono e precipitação de nitrato de bário;
e) desprendimento de cloro e neutralização de carbonato de bário.

23. (UNICAMP – SP) Você tem diante de si um frasco com um pó branco que pode ser um dos seguintes sais: cloreto de sódio (NaCl), carbonato de sódio (Na_2CO_3) ou carbonato de cálcio ($CaCO_3$). Num livro de Química, você encontrou as seguintes informações:

a) "Todos os carbonatos em presença de ácido clorídrico produzem efervescência."
b) "Todos os carbonatos são insolúveis, com exceção dos carbonatos de metais alcalinos (Li, Na, K, Rb, Cs) e de amônio (NH_4^+)."
c) "Todos os cloretos são solúveis, com exceção dos cloretos de chumbo, prata e mercúrio."

Dispondo apenas de recipientes de vidro, água e ácido clorídrico, como você faria para identificar o sal?

24. (UNICAMP – SP) O tratamento da água é fruto do desenvolvimento científico que se traduz em aplicação tecnológica relativamente simples. Um dos processos mais comuns para o tratamento químico da água utiliza cal virgem (óxido de cálcio) e sulfato de alumínio. Os íons alumínio, em presença de íons hidroxila, formam deposição dos sólidos. A água é então separada e encaminhada a uma outra fase de tratamento.

a) Que nome se dá ao processo de separação acima descrito que faz uso da ação da gravidade?
b) Por que se usa cal virgem no processo de tratamento da água? Justifique usando equação(ões) química(s).
c) Em algumas estações de tratamento de água usa-se cloreto de ferro (III) em lugar de sulfato de alumínio.

Escreva a fórmula e o nome do composto de ferro formado nesse caso.

25. Dado: Os compostos iônicos de metais alcalinos são solúveis em água.

Um técnico de laboratório distraído preparou soluções de carbonato de potássio (K_2CO_3), hidróxido de sódio (NaOH) e de hidróxido de cálcio $Ca(OH)_2$ colocando-as em três frascos não rotulados (frascos X, Y e Z).

Para identificar as soluções, um aluno misturou, em três tubos de ensaio distintos, amostras de cada frasco com solução aquosa de ácido clorídrico. Nada foi observado nas soluções dos frascos X e Z, mas ocorreu uma efervescência no tubo que continha a solução do frasco Y.

Em seguida, o aluno combinou, dois a dois, os conteúdos de cada frasco (frascos X, Y e Z) em tubos de ensaios limpos.

Observou que só houve formação de precipitado quando misturou as soluções dos frascos X e Y.

Assinale a alternativa que identifica corretamente o conteúdo dos frascos X, Y e Z.

	Frasco X	Frasco Y	Frasco Z
a)	Ca(OH)$_2$	NaOH	H$_2$CO$_3$
b)	NaOH	Ca(OH)$_2$	K$_2$CO$_3$
c)	NaOH	K$_2$CO$_3$	Ca(OH)$_2$
d)	Ca(OH)$_2$	K$_2$CO$_3$	NaOH
e)	K$_2$CO$_3$	Ca(OH)$_2$	NaOH

26. (FUVEST – SP) Para identificar quatro soluções aquosas, A, B, C e D, que podem ser soluções de hidróxido de sódio, sulfato de potássio, ácido sulfúrico e cloreto de bário, não necessariamente nessa ordem, foram efetuados três ensaios, descritos a seguir, com as respectivas observações.

I. A adição de algumas gotas de fenolftaleína a amostras de cada solução fez com que apenas a amostra de B se tornasse rosada.

II. A solução rosada, obtida no ensaio I, tornou-se incolor pela adição de amostra de A.

III. Amostras de A e C produziram precipitados brancos quando misturadas em separado, com amostras de D.

Com base nessas observações e sabendo que sulfatos de metais alcalinoterrosos são pouco solúveis em água, pode-se concluir que A, B, C e D são respectivamente, soluções aquosas de

a) H$_2$SO$_4$, NaOH, BaCl$_2$ e K$_2$SO$_4$.
b) BaCl$_2$, NaOH, K$_2$SO$_4$ e H$_2$SO$_4$.
c) NaOH, H$_2$SO$_4$, K$_2$SO$_4$ e BaCl$_2$.
d) K$_2$SO$_4$, H$_2$SO$_4$, BaCl$_2$ e NaOH.
e) H$_2$SO$_4$, NaOH, K$_2$SO$_4$ e BaCl$_2$.

Resolução:

No experimento I, a solução ficou rosada na amostra B, indicando presença de substância de caráter básico (NaOH).

No experimento II, ocorreu uma neutralização entre as amostras.

Composto A: H$_2$SO$_4$
Substância capaz de neutralizar a solução de NaOH.

Composto B: NaOH
Substância que, em solução aquosa, é capaz de tornar rosa a fenolftaleína.

Composto C: K$_2$SO$_4$
Substância que, em reação com BaCl$_2$ (substância D), forma precipitado branco e não reage com o composto A.

Composto D: BaCl$_2$
Substância que forma precipitado branco em reação com as substâncias A e C, segundo as equações abaixo:

H$_2$SO$_4$(aq) + BaCl$_2$(aq) ⟶ 2 HCl(aq) + BaSO$_4$(s)↓
composta A   composto D   precipitado branco

K$_2$SO$_4$(aq) + BaCl$_2$(aq) ⟶ 2 KCl(aq) + BaSO$_4$(s)↓
composta C   composto D   precipitado branco

Resposta: alternativa e.

Capítulo 29
Reação de Deslocamento

1. Introdução

A reação de deslocamento tem um papel importante na Química. Por exemplo, a reação entre um metal e um ácido mostrou que os ácidos eram substâncias hidrogenadas. A reação de deslocamento entre metais foi usada na fabricação das pilhas em solução aquosa e na produção de produtos como Br_2 e I_2.

2. Reação de deslocamento ou simples troca

> Uma substância simples reage com uma substância composta, originando uma nova substância simples e outra composta.

Uma **substância simples metálica** desloca o **cátion** da substância composta segundo o esquema:

$$X + AB \longrightarrow XB + A$$
X deslocou A

Uma **substância simples não metálica** desloca o **ânion** da substância composta segundo o esquema:

$$Y + AB \longrightarrow AY + B$$

Exemplo:

$$Zn(s) + 2\ HCl(aq) \longrightarrow ZnCl_2(aq) + H_2(g)$$

Diz-se, então, que o **zinco** deslocou o **hidrogênio**.

3. Reação de deslocamento entre metais

Para que essa reação ocorra é necessário que **o metal que vai deslocar seja mais reativo** do que o metal na forma de cátion.

$$X + AB \longrightarrow XB + A$$

Condição: X mais reativo que A.

Para esse tipo de reação de deslocamento, devemos usar a **fila de reatividade dos metais**, obtida experimentalmente:

$$Alc > AlcT > Al > Zn > Fe > Pb > \boxed{H} > Bi > Cu > Hg > Ag > Pt > Au$$
reatividade diminui

Por exemplo, Al desloca qualquer cátion do metal situado à sua **direita** e não desloca qualquer cátion do metal situado à sua **esquerda**.

Os metais à direita do H (Bi, Cu, Hg, Ag, Pt, Au) são chamados de **metais nobres**; portanto, maior a nobreza menor a reatividade do metal.

Embora o H não seja metal, ele foi colocado, pois os metais à sua esquerda tem a capacidade de deslocar o H de alguns ácidos.

Exemplos:

1) $Zn(s) + CuSO_4(aq) \longrightarrow ZnSO_4(aq) + Cu(s)$

Ocorre reação, pois Zn é mais reativo que o Cu

equação iônica: $Zn(s) + Cu^{2+}(aq) \longrightarrow Zn^{2+}(aq) + Cu(s)$

O ânion sulfato (SO_4^{2-}) não participa efetivamente da reação.

2) $Cu(s) + ZnSO_4(aq)$

A reação não ocorre, pois Cu é menos reativo que o Zn.

4. Reação de deslocamento entre não metais

Para que essa reação ocorra é necessário que o **não metal que vai deslocar seja mais reativo** do que o não metal na forma de ânion.

$$Y + AB \longrightarrow AY + B$$

Condição: Y mais reativo que B.

Para esse tipo de reação de deslocamento, devemos usar a **fila de reatividade dos não metais**, obtida experimentalmente.

$$F_2 > O_2 > Cl_2 > Br_2 > I_2$$
reatividade diminui

Por exemplo, Cl_2 desloca qualquer ânion do não metal situado à sua **direita** (Br, I) e não desloca qualquer ânion do não metal situado à sua esquerda (F, O).

Exemplos:

1) $Cl_2(g) + 2\ NaBr(aq) \longrightarrow 2\ NaCl(aq) + Br_2(aq)$

Ocorre reação, pois o Cl_2 é mais reativo que o Br_2
equação iônica:

$Cl_2(g) + 2\ Br^-(aq) \longrightarrow 2\ Cl^-(aq) + Br_2(aq)$
salmoura da água do mar

O cátion sódio (Na^+) não participa efetivamente da reação.

O bromo é um líquido corrosivo fumegante, marrom-avermelhado, formado por moléculas Br_2. Ele tem um odor penetrante. O bromo é muito usado na química orgânica de sínteses por causa da facilidade com que pode ser adicionado e removido dos compostos orgânicos usados como intermediários de sínteses complicadas.

2) $Cl_2(g) + 2\ NaI(aq) \longrightarrow 2\ NaCl(aq) + I_2(s)$

Ocorre reação, pois o Cl_2 é mais reativo que o I_2

equação iônica: $Cl_2(g) + 2\ I^-(aq) \longrightarrow 2\ Cl^-(aq) + I_2(s)$
salmoura de poço de petróleo
ou da água do mar

O I_2 é retirado por filtração; é um sólido brilhante, preto-azulado, sublima facilmente e forma um vapor violeta. O I_2 tem pouco uso. Ele dissolve-se em álcool (tintura de iodo) e é usado como um antisséptico. A deficiência de iodo em seres humanos provoca o aumento da glândula tireoide no pescoço. Para prevenir essa deficiência, iodetos são adicionados ao sal de cozinha (para produzir o "sal iodado").

5. Reação dos metais com ácidos diluídos

Todo metal à esquerda do H na fila de reatividade desloca o cátion H^+ do ácido. Os ácidos mais usados são HCl e H_2SO_4.

Exemplos:

1) $Zn(s) + 2\ HCl(aq) \longrightarrow ZnCl_2(aq) + H_2(g)$

Ocorre reação, pois o Zn é mais reativo que o H
equação iônica: $Zn(s) + 2\ H^+(aq) \longrightarrow Zn^{2+}(aq) + H_2(g)$.

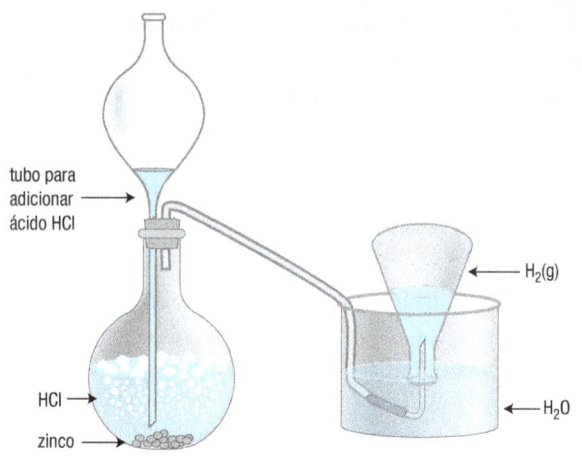

2) $Ag + HCl$

Não ocorre a reação, pois Ag é menos reativo que H.

6. Reação de metais com água

Os metais alcalinos (grupo 1) e alcalinoterrosos (grupo 2), exceto Mg e Be, reagem com água a frio, deslocando o hidrogênio.

Exemplos:

1) $2\ Na + 2\ HOH \longrightarrow 2\ NaOH + H_2$

Ocorre reação, pois o Na (grupo 1) é mais reativo que o H.

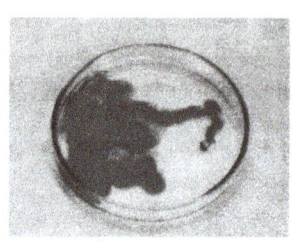

Reação do metal sódio com água contendo indicador fenolftaleína. O movimento do sódio na água origina um rastro avermelhado devido à formação de NaOH. O movimento do sódio é provocado pela liberação de H_2.

2) $Ca + 2\ HOH \longrightarrow Ca(OH)_2 + H_2$

Ocorre reação, pois o Ca (grupo 2) é mais reativo que o H.

> Mg reage a quente
>
> $Mg + 2\ HOH \xrightarrow{\Delta} Mg(OH)_2 + H_2$
>
> Os outros metais mais reativos que o hidrogênio, tais como Al, Fe e Zn, reagem com vapor de água a alta temperatura, deslocando o hidrogênio e dando os respectivos óxidos.
>
> $Zn + H_2O \xrightarrow{\Delta} ZnO + H_2$

7. O que significa deslocar?

7.1 Reação de deslocamento entre metais

Quando um metal A desloca um metal B (na forma de cátion), significa que A deu elétrons para o cátion de B.

$$A + B^+ \longrightarrow A^+ + B$$
(e⁻ transferido de A para B⁺)

O metal A ao perder um elétron transformou-se em um cátion A⁺, pois ficou com um próton a mais. O cátion B⁺ (um próton a mais em relação ao número de elétrons) ao receber um elétron transformou-se em um metal B, pois igualou o número de prótons e elétrons.

Exemplos:

$$Na + Ag^+ \longrightarrow Na^+ + Ag$$

$$Zn + Cu^{2+} \longrightarrow Zn^{2+} + Cu$$

Se, por exemplo, o metal C não desloca o metal D (na forma de cátion), significa que C não consegue dar elétrons para o cátion de D.

$$C + D^+ \longrightarrow \text{não há reação}$$

Exemplo:

$$Cu + Zn^{2+} \longrightarrow \text{não há reação}$$

$$A + B^+ \longrightarrow A^+ + B$$

metal mais reativo → metal menos reativo

7.2 Reação de deslocamento entre não metais

Quando um não metal D desloca um não metal C (na forma de ânion), significa que o ânion do não metal C deu elétrons para o não metal D.

$$D + C^- \longrightarrow C + D^-$$

não metal mais reativo → não metal menos reativo

Exemplo:

$$Cl_2 + 2\ Br^- \longrightarrow 2\ Cl^- + Br_2$$

Conclusão:

> Em toda reação de deslocamento ocorre transferência de elétrons de uma espécie química para outra. Os químicos chamam essa reação de oxidorredução (assunto tratado nos capítulos seguintes).

Exercícios Série Prata

1. Complete as equações que ocorrem e também escreva-as na forma iônica.

a) $Zn + CuSO_4 \longrightarrow$

   equação iônica:

b) $Cu + ZnSO_4 \longrightarrow$

c) $Ni + CuSO_4 \longrightarrow$

   equação iônica:

d) $Cu + NiCl_2 \longrightarrow$

e) $Na + ZnSO_4 \longrightarrow$

   equação iônica:

f) $Cu + AgNO_3 \longrightarrow$

   equação iônica:

g) Al + AgNO$_3$ ⟶

   equação iônica:

h) Ag + Al(NO$_3$)$_3$ ⟶

i) Mg + CuSO$_4$ ⟶

   equação iônica:

j) Cu + MgSO$_4$ ⟶

2. (UECE) A fila de reatividade dos metais mais comuns é a seguinte:

K, Ba, Ca, Na, Mg, Al, Zn, Fe, Cu, Hg, Ag, Au
⟵ reatividade crescente

Consultando essa fila, assinale a alternativa cuja reação química não ocorre:

a) Mg + CuBr$_2$ ⟶ Cu + MgBr$_2$
b) Ca + FeSO$_4$ ⟶ Fe + CaSO$_4$
c) Hg + ZnCl$_2$ ⟶ Zn + HgCl$_2$
d) Cu + 2 AgCl ⟶ 2 Ag + CuCl$_2$

3. (MACKENZIE – SP)

Cu(NO$_3$)$_2$ + Ag ⟶ não ocorre reação
2 AgNO$_3$ + Cu ⟶ Cu(NO$_3$)$_2$ + 2 Ag
CuSO$_4$ + Zn ⟶ ZnSO$_4$ + Cu
ZnSO$_4$ + Cu ⟶ não ocorre reação

Os resultados observados nas experiências acima equacionadas nos permitem afirmar que a ordem decrescente de reatividade dos metais envolvidos é:

a) Zn > Cu > Ag   d) Ag > Zn > Cu
b) Ag > Cu > Zn   e) Zn > Ag > Cu
c) Cu > Zn > Ag

4. Complete as equações que ocorrem e também escreva-as na forma iônica.

a) F$_2$ + NaCl ⟶

   equação iônica:

b) Cl$_2$ + NaF ⟶

c) Cl$_2$ + NaBr ⟶

   equação iônica:

d) Br$_2$ + NaCl ⟶

e) Cl$_2$ + NaI ⟶

   equação iônica:

f) I$_2$ + NaCl ⟶

g) Br$_2$ + NaI ⟶

   equação iônica:

h) I$_2$ + NaBr ⟶

5. (MACKENZIE – SP) Dada a reatividade em ordem decrescente dos halogênios, F > Cl > Br > I, a equação *incorreta* é:

a) 2 NaF + Cl$_2$ ⟶ NaCl + F$_2$
b) 2 NaI + F$_2$ ⟶ 2 NaF + I$_2$
c) 2 NaBr + Cl$_2$ ⟶ 2 NaCl + Br$_2$
d) 2 NaI + Br$_2$ ⟶ 2 NaBr + I$_2$
e) 2 NaBr + F$_2$ ⟶ 2 NaF + Br$_2$

6. Complete as equações que ocorrem e também escreva-as na forma iônica.

a) Mg + HCl ⟶

   equação iônica:

b) Cu + HCl ⟶

c) Zn + HCl ⟶

   equação iônica:

d) Ag + HCl ⟶

7. (MACKENZIE – SP) Na reação entre zinco e ácido clorídrico, há a formação de um gás altamente inflamável. Esse gás é o:

a) gás oxigênio.
b) gás carbônico.
c) gás hidrogênio.
d) gás cloro.
e) monóxido de carbono.

8. Complete as equações químicas.

a) Na + H_2O ⟶

b) Ca + H_2O ⟶

c) Mg + H_2O $\xrightarrow{\Delta}$

9. (MACKENZIE – SP)

Cs, K, Ba, Ca, Mg, Al, Zn, Fe, H, Cu, Hg, Ag, Au
⟵ reatividade crescente

Analisando a fila de reatividade dada acima, pode-se afirmar que a reação que *não* ocorrerá é:

a) $AgNO_3$ + Cu ⟶
b) HCl + Mg ⟶
c) H_2SO_4 + Fe ⟶
d) HCl + Zn ⟶
e) $ZnSO_4$ + Cu ⟶

10. (UESPI) De acordo com a ordem de reatividade, assinale a alternativa na qual a reação não ocorre.

a) Zn + 2 HCl ⟶ H_2 + $ZnCl_2$
b) Fe + 2 HCl ⟶ H_2 + $FeCl_2$
c) Mg + H_2SO_4 ⟶ H_2 + $MgSO_4$
d) Au + 3 HCl ⟶ $\frac{3}{4}H_2$ + $AuCl_3$
e) Zn + 2 $AgNO_3$ ⟶ 2 Ag + $Zn(NO_3)_2$

Exercícios Série Ouro

1. (ESPCEX – AMAN – RJ) Abaixo são fornecidos os resultados das reações entre metais e sais.

$FeSO_4$(aq) + Ag(s) ⟶ não ocorre a reação
2 $AgNO_3$(aq) + Fe(s) ⟶ $Fe(NO_3)_2$(aq) + 2 Ag(s)
3 $Fe(SO_4)$(aq) + 2 Al(s) ⟶ $Al_2(SO_4)_3$(aq) + 3 Fe(s)
$Al_2(SO_4)_3$(aq) + Fe(s) ⟶ não ocorre a reação

De acordo com as reações acima equacionadas, a ordem decrescente de reatividade dos metais envolvidos em questão é:

a) Al, Fe e Ag.
b) Ag, Fe e Al.
c) Fe, Al e Ag.
d) Ag, Al e Fe.
e) Al, Ag e Fe

Cap. 29 | Reação de Deslocamento

2. (UERJ) Os objetos metálicos perdem o brilho quando os átomos da superfície reagem com outras substâncias formando um revestimento embaçado. A prata, por exemplo, perde o brilho quando reage com enxofre, formando uma mancha de sulfeto de prata. A mancha pode ser removida colocando-se o objeto em uma panela de alumínio contendo água quente e um pouco de detergente por alguns minutos.

Nesse processo, a reação química que corresponde à remoção das manchas é:

a) $AgS + Al \longrightarrow AlS + Ag$
b) $AgSO_4 + Al \longrightarrow AlSO_4 + Ag$
c) $3\ Ag_2S + 2\ Al \longrightarrow Al_2S_3 + 6\ Ag$
d) $3\ Ag_2SO_4 + 2\ Al \longrightarrow Al_2(SO_4)_3 + 6\ Ag$

3. (IFCE) Dadas as equações:

I. $2\ Mg(s) + O_2(g) \longrightarrow \boxed{2\ MgO(s)}$

II. $H_2SO_4(aq) + CaCO_3(s) \longrightarrow \boxed{CaSO_4(s)} + H_2CO_3(aq)$

III. $H_2CO_3(aq) \longrightarrow \boxed{CO_2(g)} + H_2O(l)$

A classificação da equação e o nome do composto em destaque estão corretos em

a) I – deslocamento e óxido de magnésio.
b) II – dupla troca e sulfato de cálcio.
c) III – adição de dióxido de carbono.
d) I – decomposição e óxido de magnésio.
e) III – dupla troca e dióxido de carbono.

4. (UNIVALI – SC) Em um experimento, coloca-se um prego dentro de um béquer contendo ácido clorídrico e verifica-se uma efervescência ao redor do prego.

É correto afirmar que:

a) a efervescência ocorre devido ao aumento de temperatura do ácido, fazendo com que o mesmo entre em ebulição.
b) há desprendimento do gás hidrogênio que se forma na reação de ferro com ácido clorídrico.
c) há eliminação de gás oxigênio.
d) há desprendimento de gás cloro devido à presença do ácido clorídrico.
e) há desprendimento de gás carbônico devido à presença de ácido clorídrico.

5. (MACKENZIE – SP) Da equação

$$2\ NaBr + Cl_2 \longrightarrow 2\ NaCl + Br_2,$$

conclui-se que:

a) o bromo é mais reativo que o cloro.
b) ocorre uma reação de dupla-troca.
c) o cloro é mais reativo que o bromo, deslocando-o.
d) o sódio é mais eletronegativo que o cloro.
e) a molécula de bromo é monoatômica.

6. (UNISANTA – SP) As equações abaixo representam reações de deslocamento em meio aquoso.

$$M^0 + CuSO_4 \longrightarrow MSO_4 + Cu^0$$
$$X_2 + 2\ KBr \longrightarrow 2\ KX + Br_2$$

Para ocorrerem as duas reações, devemos substituir M^0 e X_2 por:

a) Zn^0 e Cl_2
b) $Ag^0 + F_2$
c) $Fe^0 + I_2$
d) $Au^0 + Cl_2$
e) $Na^0 + I_2$

7. (UNINOVE – SP) Uma solução aquosa contém os íons Ag^+, Cu^{2+} e Ca^{2+}. A adição de ácido clorídrico diluído é um procedimento indicado para separar esses íons, de modo a produzir uma fase sólida e uma fase aquosa que podem ser separadas por centrifugação. A separação se completa pela aplicação de novos procedimentos à fase aquosa.

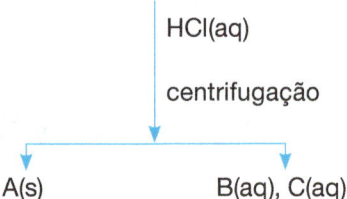

$$Ag^+(aq),\ Cu^{2+}(aq),\ Ca^{2+}(aq)$$
$$\downarrow HCl(aq)$$
$$\downarrow centrifugação$$
$$A(s) \qquad B(aq),\ C(aq)$$

a) Escreva os nomes químicos de A, B e C.
b) Escreva a equação completa da reação que ocorre para formar A(s).

8. (FIB – BA) São dadas as reações:

I. $CaO + H_2O \longrightarrow Ca(OH)_2$
II. $H_2 + F_2 \longrightarrow 2\,HF$
III. $Zn + Cu(NO_3)_2 \longrightarrow Zn(NO_3)_2 + Cu$
IV. $BaCO_3 \longrightarrow BaO + CO_2$
V. $H_2SO_4 + 2\,NaOH \longrightarrow Na_2SO_4 + 2\,H_2O$

Assinale a alternativa **falsa**.

a) As reações I e II são de síntese parcial e síntese total.
b) Na reação III, o zinco desloca o cobre.
c) Na reação IV, ocorre um deslocamento formando gás carbônico.
d) A reação V é de neutralização total.
e) Na reação II, os reagentes são substâncias simples.

9. (UECE) O sistema a seguir mostra a ocorrência de reação química entre um ácido e um metal, com liberação do gás **X**.

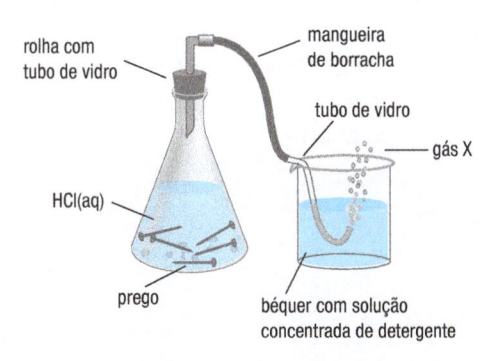

O gás X, liberado nesse sistema, é o:

a) O_2
b) Cl_2
c) O_3
d) H_2

10. (UFMG) Num laboratório, foram feitos testes para avaliar a reatividade de três metais – cobre, Cu, magnésio, Mg, e zinco, Zn.

Para tanto, cada um desses metais foi mergulhado em três soluções diferentes – uma de nitrato de cobre, $Cu(NO_3)_2$, uma de nitrato de magnésio, $Mg(NO_3)_2$, e uma de nitrato de zinco, $Zn(NO_3)_2$.

Neste quadro, estão resumidas as observações feitas ao longo dos testes.

Metais / Soluções	Cu	Mg	Zn
$Cu(NO_3)_2$	não reage	reage	reage
$Mg(NO_3)_2$	não reage	não reage	não reage
$Zn(NO_3)_2$	não reage	reage	não reage

Considerando-se essas informações, é correto afirmar que a disposição dos três metais testados, segundo a ordem crescente de reatividade de cada um deles, é:

a) Cu/Mg/Zn.
b) Cu/Zn/Mg.
c) Mg/Zn/Cu.
d) Zn/Cu/Mg.

11. (UNIMEP – SP) São dados quatro metais: X, Y, Z e W. Dos quatro, apenas os metais X e Y reagem com ácido sulfúrico, produzindo sulfato e gás hidrogênio. Em reações de deslocamento, Z é capaz de deslocar W, e Y é capaz de deslocar X. Com base nas informações, pode-se afirmar que:

a) X é o mais reativo e Z, o mais nobre.
b) W é o mais reativo e X, o mais nobre.
c) Y é o mais reativo e W, o mais nobre.
d) Z é o mais reativo e Y, o mais nobre.
e) X é o mais reativo e W, o mais nobre.

12. (FUVEST – SP – adaptada) Em um tubo de ensaio contendo água, dissolveu-se NaI, KOH, LiCl e NH_4NO_3 e cobriu-se a superfície da solução com uma camada de benzeno, conforme o esquema abaixo.

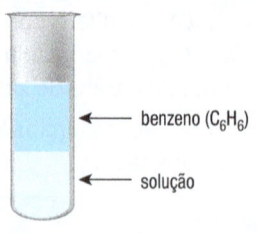

← benzeno (C_6H_6)
← solução

Adicionando algumas gotas de água de cloro (Cl_2(aq)) e agitando bem o tubo de ensaio, notamos que a fração correspondente ao benzeno se torna roxa. Assinale a alternativa que contém, respectivamente, a espécie química que reagiu com o cloro e a que coloriu o benzeno.

a) I^- e HI
b) I^- e I_2
c) NO_3^- e NO_2^-
d) Cl^- e ClO_2^-
e) KOH e HI

13. (UFRJ) A gravura em metal é uma técnica antiga que pode produzir belas obras de arte. A técnica consiste em revestir uma placa de metal com uma camada de cera protetora. Com um instrumento pontiagudo, o artista desenha a imagem riscando a cera e descobrindo o metal. A seguir, com uma solução ácida, cria na placa sulcos onde é feito o desenho. A placa é lavada, a cera é removida e, após a aplicação de tinta, é feita a impressão da gravura.

Em um estúdio, um artista utilizou a técnica de gravura sobre uma placa de zinco, empregando uma solução de ácido clorídrico para gravar a imagem.

Escreva a equação balanceada da reação que ocorre entre o metal e o ácido clorídrico.

14. (UFRJ – adaptada) Reações de deslocamento ou simples troca são aquelas em que uma substância simples de um elemento mais reativo desloca outro de uma substância composta.

Um exemplo de reação de deslocamento, em que o cálcio desloca o hidrogênio, é apresentado a seguir:

$$Ca(s) + 2\ HCl(aq) \longrightarrow CaCl_2(aq) + H_2(g)$$

a) Qual o nome do sal formado nessa reação?
b) Por analogia, apresente a equação da reação em que o alumínio desloca o hidrogênio do ácido clorídrico.

15. (UNESP) Quando se mergulha um pedaço de fio de cobre limpo em uma solução aquosa de nitrato de prata, observa-se o aparecimento gradativo de um depósito sólido sobre o cobre, ao mesmo tempo que a solução, inicialmente incolor, vai se tornando azul.

a) Por que aparece um depósito sólido sobre o cobre e por que a solução fica azul?
b) Escreva a equação química balanceada da reação que ocorre.

Capítulo 30
Reação de Oxirredução

1. Origem de oxidação e redução

Os termos **oxidação** e **redução** vêm de reações que foram conhecidas por séculos.

Exemplo:

$$Fe_2O_3 + 3\ CO \longrightarrow 2\ Fe + 3\ CO_2$$

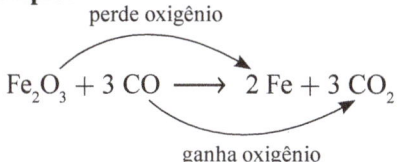

(perde oxigênio / ganha oxigênio)

O CO sofreu oxidação, pois ganhou oxigênio. O Fe_2O_3 sofreu redução, pois perdeu oxigênio.

2. Reação de oxirredução

Nem todas as reações de oxidorredução (ou oxirredução) envolvem transferência de oxigênio. *Porém, todas as reações de oxidorredução envolvem a transferência de elétrons entre substâncias.*

Exemplo:

$$Zn + Cu^{2+} \longrightarrow Zn^{2+} + Cu \quad (2e^-)$$

O metal Zn perdeu dois elétrons (sofreu oxidação), pois transformou-se em Zn^{2+}. O ânion Cu^{2+} recebeu dois elétrons (sofreu redução), pois transformou-se em Cu.

Importante:

Oxidação: perda de elétrons
Redução: ganho de elétrons

3. Números de oxidação (Nox)

Para poder acompanhar a transferência dos elétrons nas reações, os químicos introduziram uma grandeza chamada de **número de oxidação**, abreviada por **Nox** (ou N_{ox}). São as cargas que aparecem nas equações químicas.

Exemplo:

$$Zn + Cu^{2+} \longrightarrow Zn^{2+} + Cu$$
Nox = 0 Nox = +2 Nox = +2 Nox = 0

Número de oxidação de um átomo em uma molécula ou íon é a carga elétrica calculada através de determinadas regras.

4. Regras para determinar o número de oxidação

R1 **Os átomos nas substâncias simples têm Nox = 0**

$\overset{0}{Fe},\ \overset{0}{H_2},\ \overset{0}{O_2},\ \overset{0}{P_4},\ \overset{0}{Al}$

Explicações:

Nas substâncias metálicas (Fe, Al), o número de prótons é igual ao número de elétrons: Fe: +26p, −26e.
Nas substâncias simples, as moléculas são apolares não havendo formação das cargas elétricas.

R2 **Os metais alcalinos (Li, Na, K, Rb, Cs e Fr) e a prata (Ag), nos compostos, têm Nox = +1**

$\overset{1+}{Na}Cl\quad \overset{1+}{K_2}SO_4\quad \overset{1+}{Ag}NO_3\quad \overset{1+}{Li_3}PO_4$

Explicação:

Os metais alcalinos e a prata apresentam *um elétron* na camada de valência. Cedendo esse elétron, adquirem carga elétrica +1.

R3 **Os metais alcalinoterrosos (Be, Mg, Ca, Sr, Ba e Ra) e o zinco (Zn), nos compostos, têm Nox = +2**

$\overset{2+}{Ca}O\quad \overset{2+}{Ba}Cl\quad \overset{2+}{Zn}Cl_2\quad \overset{2+}{Sr}(NO_3)_2$

Explicação:

Os metais alcalinoterrosos e o zinco apresentam *dois elétrons* na camada de valência. Cedendo esses elétrons, adquirem carga elétrica +2.

R4 **O alumínio (Al), nos compostos, tem Nox = +3**

$\overset{3+}{Al_2}O_3\quad \overset{3+}{Al}(NO_3)_3\quad Na[\overset{3+}{Al}(OH)_4]$

Explicação:

O Al tem *três elétrons* na camada de valência. Cedendo esses elétrons, adquire carga elétrica +3.

R5 **Os halogênios (F, Cl, Br, I), à direita da fórmula, têm Nox = −1**

$Na\overset{1-}{Cl}\quad Ca\overset{1-}{Br_2}\quad Ag\overset{1-}{F}\quad Ca\overset{1-}{I_2}$

Explicação:

Os halogênios têm *sete elétrons* na camada de valência. Para ganhar estabilidade precisam receber um elétron, portanto, adquirem carga elétrica −1.

R6 O hidrogênio, nos compostos moleculares, tem Nox = +1

$\overset{1+}{H_2}O \quad \overset{1+}{H_3}PO_4 \quad \overset{1+}{N}H_3$

Explicação:

Quando ocorre a dissociação, o hidrogênio perde o seu elétron adquirindo carga elétrica +1.

$H \cdot \cdot \ddot{\underset{\cdot \cdot}{Cl}} \cdot \xrightarrow{H_2O} H^{1+} + :\ddot{\underset{\cdot \cdot}{Cl}}:^{1-}$

Numa molécula, o Nox dos átomos é igual aos dos íons formados devido à dissociação.

$\overset{1+\ 1-}{HCl}$

Nota: a carga elétrica real do H e do Cl na molécula do HCl é menor que 1, pois a ligação é covalente e não há transferência de elétrons.

Nos hidretos metálicos (H combinado com metal), o Nox do H é −1.

$Na \cdot \underset{\longrightarrow}{\quad+\quad} \cdot H \longrightarrow [Na^{1+}][:H^{1-}]$

$\overset{1-}{Na}H \quad \overset{1-}{K}H \quad \overset{1-}{Ca}H_2$

R7 O oxigênio, nos compostos, tem Nox = −2

$H_2\overset{2-}{O} \quad CaC\overset{2-}{O_3} \quad Zn\overset{2-}{O}$

Explicação:

O oxigênio tem *seis elétrons* na camada de valência. Para ganhar estabilidade precisa receber dois elétrons, adquirindo carga elétrica −2.

Nota: nos peróxidos, o O tem Nox igual a −1 (ver item 10).

R8 A somatória de todos os Nox em um composto é zero

$\overset{1+\ 1-}{NaCl} \quad \overset{3+\ \ 2-}{Al_2(SO_4)_3} \quad \overset{1+\ 2-}{H_2O}$

$+1 - 1 = 0 \quad +6 - 6 = 0 \quad +2 - 2 = 0$

R9 Nos íons monoatômicos, o Nox é a carga do íon

$Ag^+ \quad\quad Pb^{2+} \quad\quad Cl^-$

Nox = +1 \quad Nox = +2 \quad Nox = −1

R10 Nos íons poliatômicos, a soma do Nox dos componentes é a carga do íon

SO_4^{2-} \quad Nox S = +6 \quad Nox O = −2

NH_4^{1+} \quad Nox N = −3 \quad Nox H = +1

CO_3^{2-} \quad Nox C = +4 \quad Nox O = −2

5. Cálculo do Nox de um elemento que não se encontra nas regras

Exemplos:

1. $KMnO_4$ \quad Nox Mn?
   Nox K + Nox Mn + 4 Nox O = 0
   + 1 + Nox Mn + 4(−2) = 0 ∴ Nox Mn = +7

2. $K_2Cr_2O_7$ \quad Nox Cr?
   2 Nox K + 2 Nox Cr + 7 Nox O = 0
   2(+1) + 2 Nox Cr + 7(−2) = 0 ∴ Nox Cr = +6

3. SO_4^{2-} \quad Nox S?
   Nox S + 4 Nox O = −2
   Nox S + 4(−2) = −2 ∴ Nox S = +6

4. NH_4^{1+} \quad Nox H?
   Nox N + 4 Nox H = +1
   Nox N + 4(+1) = +1 ∴ Nox N = −3

6. Conceito de oxidação e redução utilizando o número de oxidação

Dada a equação química

$\overset{0}{Mg} + \overset{0}{S} \longrightarrow \overset{2+\ 2-}{MgS}$ (2e⁻ transferidos de Mg para S)

O Mg passou de 0 para +2, o que significa que perdeu dois elétrons e, como consequência, o **número de oxidação aumentou**.

O S passou de 0 para −2, o que significa que recebeu dois elétrons e, como consequência, o **número de oxidação diminuiu**.

Conclusões:

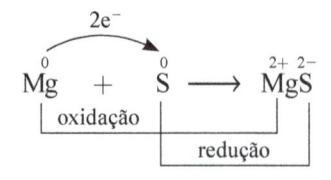

$\overset{0}{Mg} + \overset{0}{S} \longrightarrow \overset{2+\ 2-}{MgS}$

oxidação (Mg → MgS)
redução (S → MgS)

> **Oxidação** é toda transformação na qual há aumento do Nox de uma espécie química.

> **Redução** é toda transformação na qual há diminuição do Nox de uma espécie química.

> Se uma substância é oxidada (Mg), outra substância na mesma reação deve ser reduzida (S). Por isso, tais reações são chamadas de **reações de oxirredução**.

7. Agentes oxidantes e redutores

Dada a equação química.

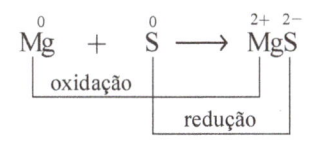

$$\overset{0}{Mg} + \overset{0}{S} \longrightarrow \overset{2+\ 2-}{MgS}$$

oxidação (Mg → MgS)
redução (S → MgS)

Mg: agente redutor
S: agente oxidante

O Mg ao reagir com S provocou uma redução, portanto, o Mg é um **agente redutor**.

O S ao reagir com Mg provocou uma oxidação, portanto, o S é um **agente oxidante**.

Conclusões:

Agente redutor é o reagente que provoca redução no outro reagente e sofre oxidação.

Agente oxidante é o reagente que provoca oxidação no outro reagente e sofre redução.

8. Significado dos termos de oxirredução

Termos	Variação do número de oxidação	Variação do número de elétrons
oxidação	aumenta	perda de elétrons
redução	diminui	ganho de elétrons
agente oxidante	diminui	recebe elétrons
agente redutor	aumenta	fornece elétrons
substância oxidada	aumenta	perde elétrons
substância reduzida	diminui	ganha elétrons

9. Reações de oxirredução

São as reações que ocorrem com transferência de elétrons e, portanto, nas equações, *há variação de número de oxidação*.

Exemplo:

$$\overset{3+}{Fe_2}O_3 + 3\overset{2+}{C}O \longrightarrow 2\overset{0}{Fe} + 3\overset{4+}{C}O_2$$

redução
oxidação

CO: agente redutor
Fe_2O_3: agente oxidante

Não são reações de oxirredução, quando não houver variação do número de oxidação.

Exemplo:

$$\overset{1+\ 2-\ 1+}{NaOH} + \overset{1+\ 1-}{HCl} \longrightarrow \overset{1+\ 1-}{NaCl} + \overset{1+\ 2-}{H_2O}$$

Um exemplo de reação de oxirredução é a formação de ferrugem.

10. Peróxidos

Os peróxidos apresentam em sua constituição a ligação [— O — O —] (peróxido), em que o *oxigênio aparece com número de oxidação igual a −1*.

Exemplo:

$$\overset{1+\ 1-}{H_2O_2} \qquad \overset{1+\ 1-}{Na_2O_2} \qquad \overset{2+\ 1-}{CaO_2}$$

$+2 - 2 = 0 \quad +2 - 2 = 0 \quad +2 - 2 = 0$

H_2O_2: H — O — O — H   peróxido de hidrogênio
Na_2O_2: $Na^+[\bar{O}-\bar{O}]Na^+$ peróxido de sódio

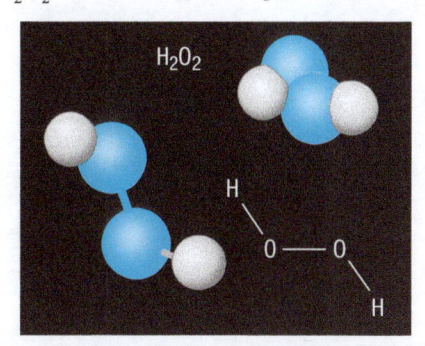

A água oxigenada foi desenvolvida na década de 1920 por cientistas para conter problemas de infecções e gangrena em soldados na frente de batalha.

O peróxido fundamental é o H_2O_2, que é vendido comercialmente com o nome de *água oxigenada*. O H_2O_2 se decompõe na presença de luz em H_2O e O_2, por isso, os frascos de H_2O_2 devem ser plásticos ou de vidro escuro para evitar a entrada da luz.

$$2\ H_2O_2 \xrightarrow{luz} 2\ H_2O + O_2$$

Uma solução de peróxido de hidrogênio a 3% é um dos mais potentes desinfetantes que existem. Isso é pouco divulgado e pode-se entender o porquê. Um produto barato e simples de usar concorre com outros desenvolvidos por laboratórios farmacêuticos e indústrias de desinfetantes domésticos e hospitalares. Portanto, não tem interesse comercial no seu uso em larga escala.

11. Número de oxidação médio

É a média dos números de oxidação dos átomos do elemento na substância. Esse número pode ser fracionário.

Exemplos:

- No Fe_3O_4 (óxido duplo), há quatro átomos de oxigênio com Nox = −2, dois átomos de ferro com Nox = +3 e um átomo de ferro com Nox = +2

$$\overset{2+}{Fe}O.\overset{3+}{Fe_2}O_3$$

Nox médio do Fe = $\dfrac{+2 + 2(+3)}{3} = +\dfrac{8}{3}$

- No ácido acético, temos

$$\overset{1+}{H}-\overset{1+}{\underset{\underset{H}{|}\ 1+}{\overset{\overset{H}{|}\ 1+}{C}}}{}^{3-}-\overset{3+}{C}\underset{OH\ 1-}{\overset{O\ 2-}{\diagup\!\!\!\diagdown}}$$

Nox médio do C = $\dfrac{-3 + 3}{2} = 0$

Nota: o agente redutor pode ser chamado de antioxidante.

Exercícios Série Prata

Para as questões **1** a **29**, calcule o Nox dos átomos assinalados.

1. $\underline{P}_4$

2. $\underline{Al}$

3. $\underline{Fe}$

4. $\underline{Fe}^{2+}$

5. $\underline{Fe}^{3+}$

6. $Ag\underline{N}O_3$

7. $\underline{Na}Cl$

8. $Ca\underline{C}O_3$

9. $K_2\underline{S}O_4$

10. $K_2\underline{S}O_4$

11. $\underline{Al}_2(SO_4)_3$

12. $Al_2(\underline{S}O_4)_3$

13. $\underline{Cu}(NO_3)_2$

14. $Cu(\underline{N}O_3)_2$

15. $\underline{N}O_2$

16. $K_2\underline{Cr}_2O_7$

17. $Na\underline{Cl}O_4$

18. $Na\underline{Cl}O_3$

19. $\underline{N}H_3$

20. $Na\underline{H}$

21. $H_2\underline{O}_2$

22. $Na_2\underline{O}_2$

23. $Ba\underline{O}$

24. $Ba\underline{O}_2$

25. $\underline{Fe}_3O_4$

26. $Na\underline{N}_3$

27. $\underline{S}O_4^{2-}$

28. $\underline{N}H_4^{1+}$

29. $\underline{P}O_4^{3-}$

30. Determine o Nox do elemento cloro nas espécies: Cl_2, $NaCl$, $CaCl_2$, HCl, $HClO$, $HClO_2$, $HClO_3$, $HClO_4$, Cl_2O_7 e ClO_4^-

31. (PUC – MG) O número de oxidação (Nox) de um elemento quantifica seu estado de oxidação. Qual é o Nox de Cr no ânion $Cr_2O_7^{2-}$?
    a) +3
    b) +5
    c) +6
    d) +7

Para responder às questões **32** a **34** usar a equação

$$Zn + Cu^{2+} \longrightarrow Zn^{2+} + Cu.$$

32. Complete **ganhou** ou **perdeu**.
    a) O Zn _____ 2 elétrons.
    b) O Cu^{2+} _____ 2 elétrons.

33. Complete **oxidação** ou **redução**.
    a) O Zn sofreu uma _____.
    b) O Cu^{2+} sofre uma _____.

34. Complete **oxidante** ou **redutor**.
    a) O Zn é o agente _____.
    b) O Cu^{2+} é o agente _____.

35. Dada a equação
    $$Fe + H_2SO_4 \longrightarrow FeSO_4 + H_2$$
    pergunta-se:
    a) Qual é o oxidante?
    b) Qual é o redutor?

36. (PUC – RJ) Sobre a reação:
    $$Zn(s) + 2\,HCl(aq) \longrightarrow ZnCl_2(aq) + H_2(g),$$
    assinale a alternativa correta.
    a) O zinco sofre redução.
    b) O cátion $H^+(aq)$ sofre oxidação.
    c) O zinco doa elétrons para o cátion $H^+(aq)$.
    d) O zinco recebe elétrons formando o cátion $Zn^{2+}(aq)$.
    e) O íon cloreto se reduz formando $ZnCl_2(aq)$.

37. (UFRGS – RS) Assinale a alternativa que apresenta uma reação que pode ser caracterizada como processo de oxidação-redução.

a) $Ba^{2+} + SO_4^{2-} \longrightarrow BaSO_4$
b) $H^+ + OH^- \longrightarrow H_2O$
c) $AgNO_3 + KCl \longrightarrow AgCl + KNO_3$
d) $PCl_5 \longrightarrow PCl_3 + Cl_2$
e) $2 NO_2 \longrightarrow N_2O_4$

38. (UEL – PR) O bromo é encontrado em níveis de traço em seres humanos. Seus compostos possuem diversas aplicações. Dentre elas, cita-se o brometo de potássio, que tem sido utilizado no tratamento de epilepsia em humanos e animais. Este elemento químico pode apresentar diferentes estados de oxidação, sendo encontrado na água do mar e na salmoura na forma de brometo. A partir da reação do íon com cloro (Cl_2), obtém-se o bromo molecular, conforme equação a seguir.

$$2 Br^- + Cl_2 \longrightarrow Br_2 + 2 Cl^-$$

Analisando a equação, é correto afirmar que:

a) o Cl_2 é o agente redutor que oxida o íon brometo.
b) o Cl^- é oxidado em função de sua reatividade.
c) o Cl_2 é o agente redutor sendo oxidado a íons cloreto.
d) o Br^- é reduzido em função de sua reatividade.
e) o Cl_2 é o agente oxidante sendo reduzido a seus íons.

39. (PUCCAMP – SP) Para evitar a poluição dos rios por cromatos, há indústrias que transformam esses ânions em cátions Cr^{3+}(reação I). Posteriormente, tratados com cal ou hidróxido de sódio (reação II), são separados na forma do hidróxido insolúvel.

As representações dessas transformações

Reação I $CrO_4^{2-}(aq) \longrightarrow Cr^{3+}(aq)$

Reação II $Cr^{3+}(aq) \longrightarrow Cr(OH)_3(s)$

Indicam tratar-se, respectivamente, de reações de:

a) oxidação e redução.
b) redução e solvatação.
c) precipitação e oxidação.
d) redução e precipitação.
e) oxidação e dissociação.

40. (UFV – MG) A seguir são apresentadas as equações de quatro reações:

I. $H_2 + Cl_2 \longrightarrow 2 HCl$
II. $SO_2 + H_2O \longrightarrow H_2SO_3$
III. $2 SO_2 + O_2 \longrightarrow 2 SO_3$
IV. $2 Al(OH)_3 \longrightarrow Al_2O_3 + 3 H_2O$

São reações de oxirredução:

a) I e II.
b) II, III e IV.
c) I e III.
d) II e IV.
e) I, II e III.

41. (UFRGS – RS) Na reação química

$$Cu^{2+}(aq) + Mg(s) \longrightarrow Cu(s) + Mg^{2+}(aq)$$

verifica-se que:

a) o Cu^{2+} é reduzido a Cu.
b) o Cu^{2+} é o agente redutor.
c) o Mg é reduzido a Mg^{2+}.
d) o Mg recebe dois elétrons.
e) o Cu perde dois elétrons.

42. (UFSM – RS) Em relação à equação

$$N_2(g) + 3 H_2(g) \rightleftarrows 2 NH_3(g),$$

analise as seguintes afirmativas:

I. Há oxidação do H_2 e redução do N_2.
II. O N_2 é o agente oxidante.
III. O número de oxidação do nitrogênio na amônia é +1.

Está(ão) correta(s):

a) apenas I.
b) apenas II.
c) apenas III.
d) apenas I e II.
e) apenas II e III.

43. (FUVEST – SP) Hidroxiapatita, mineral presente em ossos e dentes, é constituída por íons cálcio, íons fosfato (PO_4^{3-}) e íons hidróxido. A sua fórmula química pode ser representada por $Ca_x(PO_4)_3(OH)$. O valor x nessa fórmula é:

a) 1
b) 2
c) 3
d) 4
e) 5

44. (UNOPAR – PR) A brasilianita é um raro mineral que foi descoberto em 1945, em Conselheiro Pena (MG). Em sua composição aparecem os cátions sódios e alumínio e os ânions fosfato (PO_4^{3-}) e hidroxila. Sua fórmula é $NaAl_3(PO_4)_2(OH)_x$ na qual podemos afirmar que o valor de x é:

a) 1
b) 2
c) 3
d) 4
e) 5

Exercícios Série Ouro

1. (FATEC – SP) Nas latinhas de refrigerantes, o elemento alumínio (número atômico 13) está presente na forma metálica e, na pedra-ume, está presente na forma de cátions trivalentes.

Logo, as cargas elétricas relativas do alumínio nas latinhas e na pedra-ume são, respectivamente,

a) 3– e 3+.
b) 3– e 0.
c) 0 e 3+.
d) 3+ e 0.
e) 3+ e 3–.

2. (PUC – MG) O sistema de segurança *air bag*, usado em automóveis, é acionado por um microprocessador em caso de acidente. Ocorre desencadeamento de reações liberando nitrogênio, que infla prontamente o saco plástico (*air bag*). Considerando as reações:

1) $NaN_3(s) \longrightarrow Na(s) + N_2(g)$
2) $Na(s) + KNO_3(s) \longrightarrow Na_2O(s) + K_2O(s) + N_2(g)$

observa-se que o nitrogênio apresenta, na sequência das reações 1 e 2, os seguintes número de oxidação:

a) –3, 0, +3, 0.
b) –1/3, 0, +5, 0.
c) +3, 0, –3, 0.
d) +1/3, 0, +5, 0.
e) –3, +2, +3, +2.

3. (UNESP) O nitrogênio pode existir na natureza em vários estados de oxidação. Em sistemas aquáticos, os compostos que predominam e que são importantes para a qualidade da água apresentam o nitrogênio com números de oxidação –3, 0, +3 ou +5. Assinale a alternativa que apresenta as espécies contendo nitrogênio com os respectivos números de oxidação, na ordem descrita no texto:

a) NH_3, N_2, NO_2^-, NO_3^-.
b) NO_2^-, NO_3^-, NH_3, N_2.
c) NO_3^-, NH_3, N_2, NO_2^-.
d) NO_2^-, NH_3, N_2, NO_3^-.
e) NH_3, N_2, NO_3^- NO_2^-.

4. (UFSC) Os números de oxidação do calcogênio (O, S, Se, Te, Po) nos compostos H_2O_2, $HMnO_4$, Na_2O_4 e OF_2 são, respectivamente:
a) $-1, -2, -2, -0,5$.
b) $-1, -2, -0,5, +2$.
c) $-2, -2, -2, -2$.
d) $-0,5, +2, -1, +2$.
e) $-1, -0,5, +1, +2$.

5. (FGV) O molibdênio é um metal de aplicação tecnológica em compostos como MoS_2 e o espinélio, $MoNa_2O_4$, que, por apresentarem sensibilidade a variações de campo elétrico e magnético, têm sido empregados em dispositivos eletrônicos.

Os números de oxidação do molibdênio no MoS_2 e no $MoNa_2O_4$ são, respectivamente,
a) +2 e +2.
b) +2 e +3.
c) +4 e +3.
d) +4 e +4.
e) +4 e +6.

6. (UNESP – SP) Compostos de crômio têm aplicação em muitos processos industriais, como, por exemplo, o tratamento de couro em curtumes e a fabricação de tintas e pigmentos. Os resíduos provenientes desses usos industriais contêm, em geral, misturas de íons cromato (CrO_4^{2-}), dicromato e crômio, que não devem ser descartados no ambiente, por causarem impactos significativos.

Sabendo que no ânion dicromato o número de oxidação do crômio é o mesmo que no ânion cromato, e que é igual à metade desse valor no cátion crômio, as representações químicas que correspondem aos íons de dicromato e crômio são, correta e respectivamente,
a) $Cr_2O_5^{2-}$ e Cr^{4+}.
b) $Cr_2O_9^{2-}$ e Cr^{4+}.
c) $Cr_2O_9^{2-}$ e Cr^{3+}.
d) $Cr_2O_7^{2-}$ e Cr^{3+}.
e) $Cr_2O_5^{2-}$ e Cr^{2+}.

7. (UFRJ – adaptada) A produção de energia nas usinas de Angra 1 e Angra 2 é baseada na fissão nuclear de átomos de urânio radioativo ^{235}U. O urânio é obtido a partir de jazidas minerais, na região de Caetité, localizada na Bahia, onde é beneficiado até a obtenção de um concentrado bruto de U_3O_8, também chamado de "yellowcake".

O concentrado bruto de urânio é processado por meio de uma série de etapas até chegar ao hexafluoreto de urânio, composto que será submetido ao processo final de enriquecimento no isótopo radioativo ^{235}U, conforme o esquema a seguir.

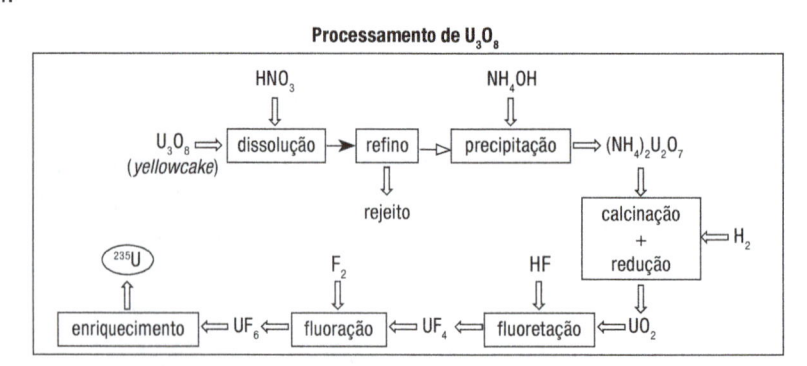

Processamento de U_3O_8

U_3O_8 (yellowcake) ⟹ dissolução [HNO_3] → refino → precipitação [NH_4OH] ⟹ $(NH_4)_2U_2O_7$ ⟹ calcinação + redução [H_2] ⟹ UO_2 ⟹ fluoretação [HF] ⟹ UF_4 ⟸ fluoração [F_2] ⟸ UF_6 ⟹ enriquecimento ⟹ ^{235}U
(rejeito)

Com base no esquema:
a) Apresente os nomes do oxiácido e da base utilizados no processo.
b) Indique os números de oxidação do átomo de urânio nos compostos U_3O_8 e $(NH_4)_2U_2O_7$.

8. (UNICAMP – SP) Também para mostrar suas habilidades químicas, Rango colocou sobre o balcão uma folha de papel que exalava um cheiro de ovo podre e que fazia recuar os "mais fracos de estômago". Sobre essa folha, via-se um pó branco misturado com limalhas de um metal de cor prata. Após algumas palavras mágicas de Rango, ouviu-se uma pequena explosão acompanhada de uma fumaça branca pairando no ar.

a) Sabendo-se que naquela mistura maluca e mau cheirosa, uma das reações ocorreu entre o clorato de potássio ($KClO_3$) e raspas de magnésio metálico, e que o pó branco formado era cloreto de potássio misturado a óxido de magnésio, teria havido ali uma reação com transferência de elétrons? Justifique.

b) A mistura mal cheirosa continha fósforo branco (P_4) dissolvido em CS_2, o que permitiu a ocorrência de reação entre o $KClO_3$ e o magnésio. A molécula P_4 é tetraédrica. A partir dessa informação, faça um desenho representando essa molécula, evidenciando os átomos e as ligações químicas.

9. (UNESP) Em contato com ar úmido, um telhado de cobre é lentamente coberto por uma camada verde de $CuCO_3$, formado pela sequência de reações representadas pelas equações a seguir:

$$2\ Cu(s) + O_2(g) + 2\ H_2O(l) \longrightarrow 2\ Cu(OH)_2(s)$$
(equação 1)

$$Cu(OH)_2(s) + CO_2(g) \longrightarrow CuCO_3(s) + H_2O(l)$$
(equação 2)

Com relação ao processo global que ocorre, pode-se afirmar:

a) as duas reações são de oxirredução.
b) apenas a reação 1 é de oxirredução.
c) apenas a reação 2 é de oxirredução.
d) nenhuma das reações é de oxirredução.
e) o Cu(s) é o agente oxidante da reação 1.

10. (PUC – RS) Vidros fotocromáticos são utilizados em óculos que escurecem as lentes com a luz solar. Esses vidros contêm nitrato de prata e nitrato de cobre (I), que reagem conforme a equação

$$Ag^+ + Cu^+ \underset{sem\ luz}{\overset{com\ luz}{\rightleftarrows}} Ag + Cu^{2+}$$

Em relação a essa reação, é correto afirmar que:

a) com luz a prata se oxida.
b) com luz o cobre se reduz.
c) com luz a prata é agente oxidante.
d) sem luz o cobre se oxida.
e) sem luz o cobre é agente redutor.

11. (FUVEST – SP) A pólvora é o explosivo mas antigo conhecido pela humanidade. Consiste na mistura de nitrato de potássio, enxofre e carvão. Na explosão, ocorre uma reação de oxirredução, formando-se sulfato de potássio, dióxido de carbono e nitrogênio molecular.

Nessa transformação, o elemento que sofre maior variação de número de oxidação é o

a) carbono.   d) oxigênio.
b) enxofre.   e) potássio.
c) nitrogênio.

12. (UNICAMP – SP) Uma mãe levou seu filho ao médico, que diagnosticou uma anemia. Para tratar o problema, foram indicados comprimidos compostos por um sulfato de ferro e vitamina C. O farmacêutico que aviou a receita informou à mãe que a associação das duas substâncias era muito importante, pois a vitamina C evita a conversão do íon ferro a um estado de oxidação mais alto, uma vez que o íon ferro só é absorvido no intestino em seu estado de oxidação mais baixo.

a) Escreva a fórmula do sulfato de ferro utilizado no medicamento. Escreva o símbolo do íon ferro que não é absorvido no intestino.
b) No caso desse medicamento, a vitamina C atua como um **oxidante** ou como um **antioxidante**? Explique.

Cap. 30 | Reação de Oxirredução

13. (UFSCar – SP) A geração de energia elétrica por reatores nucleares vem enfrentando grande oposição por parte dos ambientalistas e da população em geral ao longo de várias décadas, em função dos acidentes ocorridos nas usinas nucleares e da necessidade de controle dos resíduos radioativos por um longo período de tempo. Recentemente, o agravamento da crise energética, aliado à poluição e ao efeito estufa, resultantes do uso de combustíveis fósseis, e à redução dos resíduos produzidos nas usinas nucleares, têm levado até mesmo os críticos a rever suas posições.

O funcionamento da maioria dos reatores nucleares civis baseia-se no isótopo 235 do urânio, $^{235}_{92}U$. O urânio natural apresenta uma distribuição isotópica de aproximadamente 0,72% de ^{235}U e 99,27% de ^{238}U. Para sua utilização em reatores, o urânio deve ser enriquecido até atingir um teor de 3 a 4% em ^{235}U. Um dos métodos utilizados nesse processo envolve a transformação do minério de urânio em U_3O_8 sólido (*yellowcake*), posteriormente convertido em UO_2 sólido e, finalmente, em UF_6 gasoso, segundo as reações representadas pelas equações:

$$UO_2(s) + 4\ HF(g) \longrightarrow UF_4(s) + 2\ H_2O(g)$$
(reação 1)

$$UF_4(s) + F_2(g) \longrightarrow UF_6(g)$$
(reação 2)

$$UO_2(s) + 4\ HF(g) + F_2(g) \longrightarrow UF_6(g) + 2\ H_2O(g)$$
(reação 3)

Com relação ao processo de transformação de $UO_2(s)$ em $UF_6(g)$, pode-se afirmar que:

a) as reações 1 e 2 envolvem processos de oxidorredução.
b) apenas a reação 1 envolve processo de oxidorredução.
c) o agente oxidante na reação 2 é o UF_4 sólido.
d) o agente redutor da reação global é o HF gasoso.
e) na reação global estão envolvidos os estados +4 e +6 do urânio.

14. (UFC – CE) A dissolução do ouro em água régia (uma mistura de ácido nítrico e ácido clorídrico) ocorre segundo a equação química:

$$Au(s) + NO_3^-(aq) + 4\ H^+(aq) + 4\ Cl^-(aq) \longrightarrow$$
$$\longrightarrow AuCl_4^-(aq) + 2\ H_2O(l) + NO(g)$$

Com relação à reação, indique a alternativa correta.

a) O nitrato atua como agente oxidante.
b) O estado de oxidação do N passa de +5 para −3.
c) O cloreto atua como agente redutor.
d) O oxigênio sofre oxidação de 2 elétrons.
e) O íon hidrogênio atua como agente redutor.

15. (FUVEST – SP) Na produção de combustível nuclear, o trióxido de urânio é transformado no hexafluoreto de urânio, como representado pelas equações químicas:

I. $UO_3(s) + H_2(g) \longrightarrow UO_2(s) + H_2O(g)$
II. $UO_2(s) + 4\ HF(g) \longrightarrow UF_4(s) + 2\ H_2O(g)$
III. $UF_4(s) + F_2(g) \longrightarrow UF_6(g)$

Sobre tais transformações, pode-se afirmar, corretamente, que ocorre oxirredução apenas em

a) I. d) I e II.
b) II. e) I e III.
c) III.

16. (UNICAMP – SP) As duas substâncias gasosas presentes em maior concentração na atmosfera não reagem entre si nas condições de pressão e temperatura como as reinantes nesta sala. Nas tempestades, em consequência dos raios, há reação dessas duas substâncias entre si, produzindo óxidos de nitrogênio, principalmente NO e NO_2.

a) Escreva o nome e a fórmula das duas substâncias presentes no ar em maior concentração.
b) Escreva a equação de formação, em consequência dos raios, de um dos óxidos mencionados acima, indicando qual é o redutor.

17. (PUC – SP) As equações de algumas reações de oxirredução são representadas a seguir:

> I. $2 MnO_4^-(aq) + 16 H^+(aq) + 10 Cl^-(aq) \longrightarrow$
> $\longrightarrow 2 Mn^{2+}(aq) + 8 H_2O(l) + 5 Cl_2(g)$;
>
> II. $4 Fe(s) + 3 O_2(g) \longrightarrow 2 Fe_2O_3(s)$;
>
> III. $H_2O_2(aq) + 2 H^+(aq) + 2 I^-(aq) \longrightarrow$
> $\longrightarrow I_2(aq) + 2 H_2O(l)$;
>
> IV. $2 Na(s) + Cl_2(g) \longrightarrow 2 NaCl(s)$.

Os agentes oxidantes de cada reação são, respectivamente,

a) $H^+(aq)$, $O_2(g)$, $H^+(aq)$, $Cl_2(g)$.
b) $H^+(aq)$, $Fe(s)$, $H_2O_2(aq)$, $Na(s)$.
c) $Cl^-(aq)$, $Fe(s)$, $I^-(aq)$, $Na(s)$.
d) $MnO_4^-(aq)$, $O_2(g)$, $H^+(aq)$, $Na(s)$.
e) $MnO_4^-(aq)$, $O_2(g)$, $H_2O_2(aq)$, $Cl_2(g)$.

18. (PUC – PR) Durante a descarga de uma bateria de automóvel, o chumbo reage com o óxido de chumbo (II) e com ácido sulfúrico, formando sulfato de chumbo (II) e água:

$$Pb + PbO_2 + 2 H_2SO_4 \longrightarrow 2 PbSO_4 + 2 H_2O$$

Nesse processo, o oxidante e o oxidado são, respectivamente:

a) PbO_2 e Pb.
b) H_2SO_4 e PB.
c) PbO_2 e H_2SO_4.
d) $PbSO_4$ e Pb.
e) H_2O e $PbSO_4$.

19. (ITA – SP) Considere as reações envolvendo o sulfeto de hidrogênio representadas pelas equações seguintes:

> I. $2 H_2S(g) + H_2SO_3(aq) \longrightarrow 3 S(s) + 3 H_2O(l)$
>
> II. $H_2S(g) + 2 H^+(aq) + SO_4^{2-}(aq) \longrightarrow$
> $\longrightarrow SO_2(g) + S(s) + 2 H_2O(l)$
>
> III. $H_2S(g) + Pb(s) \longrightarrow PbS(s) + H_2(g)$;
>
> IV. $2 H_2S(g) + 4 Ag(s) + O_2(g) \longrightarrow 2 Ag_2S(s) + 2 H_2O(l)$

Nas reações apresentadas pelas equações acima, o sulfeto de hidrogênio é agente redutor em:

a) apenas I.
b) apenas I e II.
c) apenas III.
d) apenas III e IV.
e) apenas IV.

20. (PUC – MG) Uma bateria muito comum utilizada na medicina é o marca-passo, que é colocado sob a pele de pessoas com problemas cardíacos, com a finalidade de regular as batidas do coração. A reação responsável pela produção de corrente elétrica pode ser representada pela equação:

$$HgO(s) + Zn(s) + H_2O(l) \longrightarrow Zn(OH)_2(aq) + Hg(l)$$

A partir dessas informações, indique a afirmativa *incorreta*.

a) O mercúrio de HgO sofre uma redução.
b) O metal zinco atua como agente oxidante.
c) A variação do número de oxidação do mercúrio na reação é de +2 para 0.
d) O zinco aumenta o seu número de oxidação na reação.

21. (PUC – MG) Em um laboratório, um grupo de estudantes colocou um pedaço de palha de aço em um prato, cobrindo-o com água sanitária. Após 10 minutos, eles observaram, no fundo do prato, a formação de uma nova substância de cor avermelhada, cuja fórmula é Fe_2O_3.

A reação que originou esse composto ocorreu entre o ferro (Fe) e o hipoclorito de sódio (NaClO), presente na água sanitária, e pode ser representada pela seguinte equação não balanceada:

$$Fe(s) + NaClO(aq) \longrightarrow Fe_2O_3(s) + NaCl(aq)$$

Considerando-se essas informações, é incorreto afirmar:

a) O hipoclorito de sódio atua como o redutor.
b) O ferro sofre uma oxidação.
c) A soma dos coeficientes das substâncias que participam da reação é igual a 9.
d) O átomo de cloro do hipoclorito de sódio ganhou 2 elétrons.

22. (PUC – RS) Para verificar a presença de substâncias químicas usadas para mascarar o leite de má qualidade, são empregados testes de laboratório. Na análise da água oxigenada, por exemplo, são adicionadas 2 a 3 gotas de solução de iodeto de potássio a 5 mL de leite, sob agitação. Na presença do contaminante, a solução fica amarelada, pois ocorre:

a) formação de iodo molecular pela presença de soda cáustica.
b) oxidação do H_2O_2 pelo iodeto de potássio.
c) redução do iodo a iodeto pela água oxigenada.
d) reação representada por $I_2 \longrightarrow 2\ I^-$, pela ação do oxigênio dissolvido no leite.
e) oxidação do íon iodeto a iodo pelo peróxido de hidrogênio.

23. (PUC – SP) A fixação do nitrogênio é um processo que possibilita a incorporação do elemento nitrogênio nas cadeias alimentares, a partir do metabolismo dos produtores.

A fixação também pode ser realizada industrialmente gerando, entre outros produtos, fertilizantes. A produção do nitrato de amônio (NH_4NO_3) a partir do gás nitrogênio (N_2), presente na atmosfera, envolve algumas etapas. Três delas estão representadas a seguir.

I. $N_2(g) + 3\ H_2(g) \longrightarrow 2\ NH_3(g)$
II. $4\ NH_3(g) + 5\ O_2(g) \longrightarrow 4\ NO(g) + 6\ H_2O(l)$
III. $NH_3(g) + HNO_3(aq) \longrightarrow NH_4NO_3(aq)$

As etapas I, II e III podem ser descritas, respectivamente, como:

a) oxidação do nitrogênio, oxidação da amônia e oxidação da amônia.
b) oxidação do nitrogênio, redução da amônia e neutralização da amônia.
c) redução do nitrogênio, oxidação da amônia e neutralização da amônia.
d) redução do nitrogênio, redução da amônia e redução da amônia.
e) neutralização do nitrogênio, combustão da amônia e acidificação da amônia.

24. (UNESP) Insumo essencial na indústria de tintas, o dióxido de titânio sólido puro (TiO_2) pode ser obtido a partir de minérios com teor aproximado de 70% em TiO_2 que, após moagem, é submetido à seguinte sequência de etapas:

I. aquecimento com carvão sólido
$TiO_2(s) + C(s) \longrightarrow Ti(s) + CO_2(g)$

II. reação do titânio metálico com cloro molecular gasoso
$Ti(s) + 2\ Cl_2(s) \longrightarrow TiCl_4(l)$

III. reação do cloreto de titânio líquido com oxigênio molecular gasoso
$TiCl_4(l) + O_2(g) \longrightarrow TiO_2(s) + 2\ Cl_2(g)$

No processo global de purificação de TiO_2, com relação aos compostos de titânio envolvidos no processo, é correto afirmar que ocorre

a) oxidação do titânio apenas nas etapas I e II.
b) redução do titânio apenas na etapa I.
c) redução do titânio apenas nas etapas II e III.
d) redução do titânio em todas as etapas.
e) oxidação do titânio em todas as etapas.

25. (FUVEST – SP) O cientista e escritor Oliver Sacks, em seu livro *Tio Tungstênio*, nos conta a seguinte passagem de sua infância: "Ler sobre [Humphry] Davy e seus experimentos estimulou-me a fazer diversos outros experimentos eletroquímicos... Devolvi o brilho às colheres de prata de minha mãe colocando-as em um prato de alumínio com uma solução morna de bicarbonato de sódio [$NaHCO_3$]".

Pode-se compreender o experimento descrito, sabendo-se que

- objetos de prata, quando expostos ao ar, enegrecem devido a formação de Ag_2O e Ag_2S (compostos iônicos).
- as espécies químicas Na^+, Al^{3+} e Ag^+ têm, nessa ordem, tendência crescente de receber elétrons.

Assim sendo, a reação de oxidorredução, responsável pela devolução do brilho às colheres, pode ser representada por:

a) $3\ Ag^+ + Al^0 \longrightarrow 3\ Ag^0 + Al^{3+}$
b) $Al^0 + 3\ Ag^0 \longrightarrow Al^0 + 3\ Ag^+$
c) $Ag^0 + Na^+ \longrightarrow Ag^+ + Na^0$
d) $Al^0 + 3\ Na^+ \longrightarrow Al^{3+} + 3\ Na^0$
e) $3\ Na^0 + Al^{3+} \longrightarrow 3\ Na^+ + Al^0$

26. (UFRJ) A análise de água de uma lagoa revelou a existência de duas camadas com composições químicas diferentes, como mostra o desenho a seguir:

| camada superior (água morna) | CO_2 HCO_3^- H_2CO_3 SO_4^{2-} NO_3^- $Fe(OH)_3$ |
| camada profunda (água fria) | CH_4 H_2S NH_3 NH_4^+ Fe^{2+}(aq) |

Indique o número de oxidação do nitrogênio em cada uma das camadas da lagoa e apresente a razão pela qual alguns elementos exibem diferença de Nox entre as camadas.

Resolução:

- camada superior: $\overset{+5}{N}O_3^-$
- camada profunda: $\overset{-3}{N}H_3$ e $\overset{-3}{N}H_4^+$

A camada superior, por estar em contato com o ar, contém mais oxigênio dissolvido, aumentando o estado de oxidação dos elementos dissolvidos.

27. (FUVEST – SP) Um dos métodos industriais de obtenção de zinco, a partir da blenda de zinco ZnS, envolve quatro etapas em sequência:

I. Aquecimento do minério com oxigênio (do ar atmosférico), resultando na formação de óxido de zinco e dióxido de enxofre.

II. Tratamento, com carvão, a alta temperatura, do óxido de zinco, resultando na formação de zinco e monóxido de carbono.

III. Resfriamento do zinco formado, que é recolhido no estado líquido.

IV. Purificação do zinco por destilação fracionada. Ao final da destilação, o zinco líquido é despejado em moldes, nos quais se solidifica.

a) Represente, por meio de equação química balanceada, a primeira etapa do processo.
b) Indique o elemento que sofreu oxidação e o elemento que sofreu redução, na segunda etapa do processo. Justifique.
c) Indique, para cada mudança de estado físico que ocorre na etapa IV, se ela é exotérmica ou endotérmica.

Nota dos autores:
Exotérmico: processo que libera calor.
Endotérmico: processo que recebe calor.

28. (FGV) O nióbio é um metal de grande importância tecnológica e suas reservas mundiais se encontram quase completamente no território brasileiro. Um exemplo de sua aplicação é o niobato de lítio, um composto que contém apenas um íon Li^+ e o oxiânion formado pelo nióbio no estado de oxidação +5, que é usado em dispositivos ópticos e de telecomunicação de última geração.

O número de átomos de oxigênio por fórmula do niobato de lítio é:

a) 2.   b) 3.   c) 4.   d) 5.   e) 6.

Capítulo 31

Balanceamento de uma Equação de Oxirredução

1. Reação de oxirredução

A maior parte da energia utilizada pela sociedade moderna é produzida por **reações de oxidorredução** (ou **de oxirredução**).

A queima de combustíveis para aquecer, cozinhar ou produzir energia elétrica ou mecânica envolve a **transferência de elétrons**.

A combustão é exemplo de reação de oxirredução.

O processo de respiração, a fotossíntese, a produção de um espelho, a pilha, a eletrólise envolvem reações de oxirredução.

Vamos ver no próximo tópico como é feito o balanceamento de equações de oxidorredução.

2. Cálculo dos números de elétrons cedidos (agente redutor) e de elétrons recebidos (agente oxidante)

O número de elétrons depende da **variação do Nox** (Δ Nox = Nox maior − Nox menor) e da quantidade do átomo que sofreu oxidação e redução.

$$e^- = \Delta \text{Nox} \cdot \text{quantidade}$$

Exemplo 1:

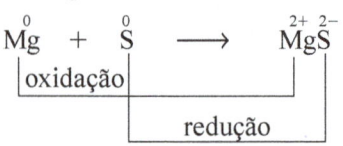

$$\overset{0}{Mg} + \overset{0}{S} \longrightarrow \overset{2+\,2-}{MgS}$$

oxidação (Mg → MgS)
redução (S → MgS)

redutor: Mg: $e^- = 2 \cdot 1 = 2$
oxidante: S: $e^- = 2 \cdot 1 = 2$

Exemplo 2:

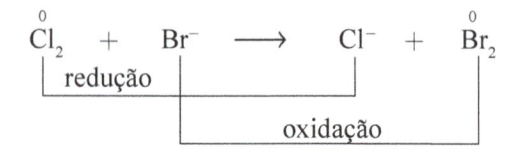

$$\overset{0}{Cl_2} + Br^- \longrightarrow Cl^- + \overset{0}{Br_2}$$

redução (Cl₂ → Cl⁻)
oxidação (Br⁻ → Br₂)

redutor: Br: $e^- = 1 \cdot 1 = 1$
oxidante: Cl$_2$: $e^- = 1 \cdot 2 = 2$

3. Balanceamento de equações de oxirredução pelo método da variação do número de oxidação

Esse método de balanceamento baseia-se em:

> O número total de elétrons cedidos pelo redutor é igual ao número total de elétrons recebidos pelo oxidante usando os menores números inteiros possíveis.

Os primeiros coeficientes a serem determinados é do redutor e do oxidante, os demais coeficientes são determinados por tentativas.

Se o número de elétrons cedidos *for igual* ao número de elétrons recebidos, a proporção dos coeficientes entre o redutor e o oxidante é 1 : 1.

$$Mg^0 + S^0 \longrightarrow Mg^{2+}S^{2-}$$

oxidação — redução
redutor — oxidante

$e^- = 2 \cdot 1 = 2 \quad e^- = 2 \cdot 1 = 2$

1 Mg + 1 S

Mg + S ⟶ MgS

Se o número de elétrons cedidos *for diferente* do número de elétrons recebidos, a proporção dos coeficientes entre o redutor e o oxidante será obtida por multiplicação para igualar o número de elétrons.

Exemplos:

redutor	oxidante	
$e^- = 2$	$(2\times)\, e^- = 1$	1 redutor 2 oxidante
$(\times 3)\, e^- = 1$	$e^- = 3$	3 redutor 1 oxidante
$(\times 3)\, e^- = 2$	$(2\times)\, e^- = 3$	3 redutor 2 oxidante

$$\overset{0}{Cl_2} + Br^- \longrightarrow Cl^- + Br_2$$
redução   oxidação
oxidante   redutor

$e^- = 1 \cdot 2 = 2 \quad e^- = 1 \cdot 1 = 1 \ (\times 2)$

$Cl_2 + 2\, Br^-$

$Cl_2 + 2\, Br^- \longrightarrow 2\, Cl^- + Br_2$

$$\overset{3+}{Fe_2}O_3 + \overset{2+}{C}O \longrightarrow \overset{0}{Fe} + \overset{4+}{C}O_2$$
redução   oxidação
oxidante   redutor

$e^- = 3 \cdot 2 = 6 \quad e^- = 2 \cdot 1 = 2 \ (\times 3)$

$1\, Fe_2O_3 + 3\, CO$

$1\, Fe_2O_3 + 3\, CO \longrightarrow 2\, Fe + 3\, CO_2$

Exercícios Série Prata

Nas questões de **1** a **13**, acerte os coeficientes pelo método de oxidorredução.

1. $Zn + Ag^+ \longrightarrow Zn^{2+} + Ag$

2. $Zn + Cu^{2+} \longrightarrow Zn + Cu$

3. $Al + Ag^+ \longrightarrow Al^{3+} + Ag$

4. $Al + Cu^{2+} \longrightarrow Al^{3+} + Cu$

5. $Cl_2 + Br^- \longrightarrow Cl^- + Br_2$

6. $Fe_2O_3 + CO \longrightarrow Fe + CO_2$

7. $P + HNO_3 + H_2O \longrightarrow H_3PO_4 + NO$

8. $NH_3 + O_2 \longrightarrow NO + H_2O$

9. $KNO_3 + Al + KOH + H_2O \longrightarrow NH_3 + K[Al(OH)_4]$

10. $As_2S_5 + HNO_3 + H_2O \longrightarrow H_2SO_4 + H_3AsO_4 + NO$

11. $MnO_4^- + H_2C_2O_4 + H^+ \longrightarrow Mn^{2+} + CO_2 + H_2O$

12. $N_2H_4 + KIO_3 + HCl \longrightarrow N_2 + ICl + KCl + H_2O$

13. $CaC_2O_4 + KMnO_4 + H_2SO_4 \longrightarrow$
    $\longrightarrow CaSO_4 + K_2SO_4 + MnSO_4 + H_2O + CO_2$

14. (UESC) Para a equação não balanceada:

    $MnO_2 + KClO_3 + KOH \longrightarrow K_2MnO_4 + KCl + H_2O$

    assinale a alternativa **incorreta**:

    a) A soma de todos os coeficientes estequiométricos, na proporção mínima de números inteiros, é 17.
    b) O agente oxidante é o $KClO_3$.
    c) O agente redutor é o MnO_2.
    d) O número de oxidação do manganês no MnO_2 é duas vezes o número de oxidação do hidrogênio.
    e) Cada átomo de cloro ganha seis elétrons.

15. (MACKENZIE – SP – adaptada) O sulfeto de hidrogênio (H_2S) é um composto corrosivo que pode ser encontrado no gás natural, em alguns tipos de petróleo, que contém elevado teor de enxofre, e é facilmente identificado por meio do seu odor característico de ovo podre.

    A equação química a seguir, não balanceada, indica uma das possíveis reações do sulfeto de hidrogênio.

    $H_2S + Br_2 + H_2O \longrightarrow H_2SO_4 + HBr$

    A respeito do processo acima, é INCORRETO afirmar que

    a) o sulfeto de hidrogênio é o agente redutor.
    b) para cada molécula de H_2S consumido, ocorre a produção de 2 moléculas de H_2SO_4.
    c) a soma dos menores coeficientes inteiros do balanceamento da equação é 18.
    d) o bromo (Br_2) sofre redução.
    e) o número de oxidação do enxofre no ácido sulfúrico é +6.

Capítulo 32
Reações de Oxirredução – Casos Especiais de Balanceamento

Produção de gás hidrogênio

O gás hidrogênio (H_2) é o gás mais leve conhecido, com uma densidade cerca de 14 vezes menor que a do ar. Industrialmente, a maior aplicação é na indústria química e petroquímica, em processos de refino do petróleo. Na indústria alimentícia, é utilizado para hidrogenar óleos e gorduras, o que permite a produção de margarinas a partir de óleos vegetais.

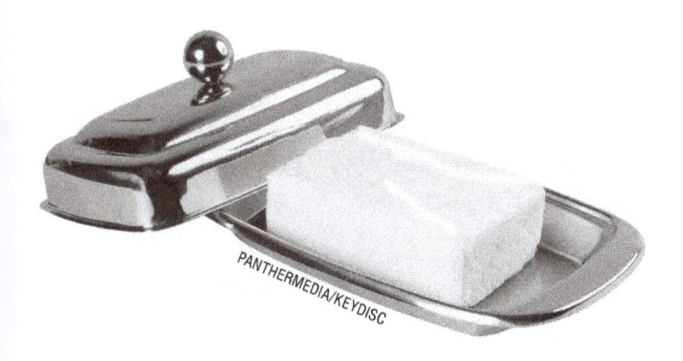

Margarina.

A produção industrial de hidrogênio é feita por meio da reforma catalítica do gás natural (CH_4), que consiste em reagir metano com água, em altas temperaturas (700-1.100 °C), para produzir monóxido de carbono e hidrogênio.

$$CH_4(g) + H_2O(g) \longrightarrow CO(g) + 3\,H_2(g)$$

Já em escala laboratorial, o gás hidrogênio é normalmente preparado por meio da reação entre ácidos, como o clorídrico, e metais, como o zinco.

$$Zn(s) + 2\,HCl(aq) \longrightarrow ZnCl_2(aq) + H_2(g)$$

Essas duas reações são exemplos de reações de oxidorredução.

1. Introdução

Os coeficientes de uma equação de oxirredução são números para igualar o número de elétrons cedidos pelo agente redutor com o número de elétrons recebidos pelo agente oxidante.

Nesse capítulo veremos casos especiais de balanceamento que em vez de usar o agente redutor e oxidante para calcular o número de elétrons usamos um produto da equação.

Lembrando

$e^- = \Delta Nox \cdot$ quantidade

$\Delta Nox = $ Nox maior $-$ Nox menor

x = quantidade do elemento que oxida ou reduz

2. Oxidação ou redução parcial

Balanceemos a equação:

$$\overset{0}{Cu} + H\overset{5+}{N}O_3 \longrightarrow \overset{2+}{Cu}(\overset{5+}{N}O_3)_2 + \overset{2+}{N}O + H_2O$$

O metal Cu sofreu oxidação (0 para 2+) portanto é um agente redutor.

O HNO_3 sofreu *redução parcial*, pois no $Cu(NO_3)_2$ o Nox do N continua 5+, portanto, é melhor calcular o número de elétrons usando NO em vez de HNO_3.

$$3\,Cu + HNO_3 \longrightarrow Cu(NO_3)_2 + 2\,NO + H_2O$$

$e^- = 2 \cdot 1 = 2\,(\times 3)$ \qquad $e^- = 3 \cdot 1 = 3\,(\times 2)$

$$3\,Cu + 8\,HNO_3 \longrightarrow 3\,Cu(NO_3)_2 + 2\,NO + 4\,H_2O$$

Observe que temos no início 8 mols de N, no final teremos 6 mols de N que não sofreram redução e apenas 2 mols que sofreram redução.

3. Equações de oxirredução na forma iônica

Em alguns casos, é mais interessante escrever as equações químicas com espécies iônicas. Quando isso ocorre, é necessário que as cargas de ambos os lados da equação sejam iguais.

Balanceemos a equação:

$$1 \overset{7+}{Mn}O_4^- + H^+ + 5\ Cl^- \longrightarrow Mn^{2+} + \overset{0}{Cl}_2 + H_2O$$

$e^- = 5 \cdot 1 = 5 \qquad e^- = 1 \cdot 1 = 1\ (\times 5)$

$$1\ MnO_4^- + H^+ + 5\ Cl^- \longrightarrow 1\ Mn^{2+} + \frac{5}{2}Cl_2 + H_2O\ (\times 2)$$

$$2\ MnO_4^- + 2\ H^+ + 10\ Cl^- \longrightarrow 2\ Mn^{2+} + 5\ Cl_2 + H_2O$$

$$2\ MnO_4^- + 16\ H^+ + 10\ Cl^- \longrightarrow 2\ Mn^{2+} + 5\ Cl_2 + 8\ H_2O$$

Para evitar coeficiente fracionário no Cl_2 podíamos ter escolhido Cl_2 em vez de Cl^- para calcular o número de elétrons.

Em uma equação iônica há conservação das cargas.

$$\underbrace{-2 + 16 - 10}_{1º\ membro} = \underbrace{+4}_{2º\ membro}$$

4. Água oxigenada: H_2O_2

A água oxigenada (H_2O_2) pode se comportar como agente redutor ou oxidante, dependendo do outro reagente que participa da reação.

Agente oxidante

– reagente que reage com H_2O_2 sofre oxidação

– H_2O_2 sofre redução ($H_2\overset{1-}{O}_2 \longrightarrow H_2\overset{2-}{O}$)

Balanceemos a equação:

$$2\ \overset{1-}{I}^- + 1\ H_2\overset{1-}{O}_2 + H^+ \longrightarrow H_2\overset{2-}{O} + \overset{0}{I}_2$$

$e^- = 1 \cdot 1 = 1\ (\times 2) \quad e^- = 1 \cdot 2 = 2$

$$2\ I^- + 1\ H_2O_2 + 2\ H^+ \longrightarrow 2\ H_2O + 1\ I_2$$

Agente redutor

– reagente que reage com H_2O_2 sofre redução

– H_2O_2 sofre oxidação ($H_2\overset{1-}{O}_2 \longrightarrow \overset{0}{O}_2$)

Balanceemos a equação:

$$2\ \overset{7+}{Mn}O_4^- + 5\ H_2\overset{1-}{O}_2 + H^+ \longrightarrow Mn^{2+} + \overset{0}{O}_2 + H_2O$$

$e^- = 5 \cdot 1 = 5\ (\times 2) \quad e^- = 1 \cdot 2 = 2\ (\times 5)$

$$2\ MnO_4^- + 5\ H_2O_2 + 6\ H^+ \longrightarrow 2\ Mn^{2+} + 5\ O_2 + 8\ H_2O$$

Observação: quando o H_2O_2 funciona como agente redutor, temos a liberação de O_2 e, como todo o O_2 é proveniente do H_2O_2, as duas substâncias apresentam o mesmo coeficiente. O átomo de oxigênio no MnO_4^- vai para o H_2O, pois ambos têm Nox igual a 2^-.

5. Auto-oxirredução (desproporcionamento)

Pode ocorrer de uma mesma espécie química sofrer oxidação e redução simultaneamente, gerando dois produtos com Nox diferentes.

Balanceemos a equação:

$$\overset{0}{Cl}_2 + OH^- \longrightarrow \overset{1-}{Cl}^- + \overset{5+}{Cl}O_3^- + H_2O$$

Para calcular o número de elétrons devemos usar os produtos Cl^- (redução) e ClO_3^- (oxidação)

$$\overset{0}{Cl}_2 + OH^- \longrightarrow 5\ \overset{1-}{Cl}^- + 1\ \overset{5+}{Cl}O_3^- + H_2O$$

$e^- = 1 \cdot 1 = 1\ (\times 5) \quad e^- = 5 \cdot 1 = 5\ (\times 1)$

$$3\ Cl_2 + OH^- \longrightarrow 5\ Cl^- + ClO_3^- + H_2O$$

O coeficiente de OH^- é acertado utilizando o princípio das cargas, portanto, o coeficiente do OH^- é 6.

$$\underbrace{-6}_{1º\ membro} = \underbrace{-5 - 1}_{2º\ membro}$$

$$3\ Cl_2 + 6\ OH^- \longrightarrow 5\ Cl^- + 1\ ClO_3^- + 3\ H_2O$$

6. Oxidações ou reduções múltiplas

Existem reações em que dois elementos diferentes podem sofrer oxidação ou redução. Nesse caso devemos somar os números de elétrons de cada elemento que sofre oxidação ou redução.

Balanceemos a equação:

$$3\ \overset{2+}{Sn}\overset{2-}{S} + HCl + 4\ H\overset{5+}{N}O_3 \longrightarrow \overset{4+}{Sn}Cl_4 + \overset{0}{S} + \overset{2+}{N}O + H_2O$$

Sn $e^- = 2 \cdot 1 = 2 \qquad e^- = 3 \cdot 1 = 3$

S $e^- = 2 \cdot 1 = 2$

e^- total $= 4\ (\times 3) \qquad e^- = 3 \cdot 1 = 3\ (\times 4)$

$$3\ SnS + 12\ HCl + 4\ HNO_3 \longrightarrow$$
$$\longrightarrow 3\ SnCl_4 + 3\ S + 4\ NO + 8\ H_2O$$

Exercícios Série Prata

1. Acertar os coeficientes pelo método de oxirredução.

   a) $P + HNO_3 + H_2O \longrightarrow H_3PO_4 + NO$

   b) $MnO_2 + KI + H_2SO_4 \longrightarrow K_2SO_4 + MnSO_4 + H_2O + I_2$

   c) $N_2H_4 + KIO_3 + HCl \longrightarrow N_2 + ICl + KCl + H_2O$

   d) $Cu + HNO_3 \longrightarrow Cu(NO_3)_2 + NO + H_2O$

   e) $MnO_4^- + H^+ + Cl^- \longrightarrow Mn^{2+} + Cl_2 + H_2O$

   f) $AsO_4^{3-} + Zn + H^+ \longrightarrow Zn^{2+} + H_2O + AsH_3$

   g) $MnO_4^- + H_2O_2 + H^+ \longrightarrow Mn^{2+} + H_2O + O_2$

   h) $FeCl_2 + H_2O_2 + HCl \longrightarrow FeCl_3 + H_2O$

   i) $Cl_2 + OH^- \longrightarrow Cl^- + ClO_3^- + H_2O$

j) $Br_2 + OH^- \longrightarrow BrO_3^- + Br^- + H_2O$

l) $As_2S_3 + HNO_3 + H_2O \longrightarrow H_2SO_4 + H_3AsO_4 + NO$

k) $SnS + HCl + HNO_3 \longrightarrow SnCl_4 + S + NO + H_2O$

m) $FeS_2 + O_2 \longrightarrow Fe_2O_3 + SO_2$

Exercícios Série Ouro

1. (IFPE) Três substâncias são de fundamental importância nas estações de tratamento de água (ETA): hipoclorito de sódio (NaClO), hipoclorito de cálcio [Ca(ClO)$_2$] e cloro gasoso (Cl$_2$), que são utilizadas como agente bactericida e são adicionadas à água durante o processo de tratamento. Essas substâncias liberam o íon hipoclorito (ClO^{1-}) que é responsável pela eliminação das bactérias. O hipoclorito pode ser determinado em laboratório pela adição de iodeto em meio ácido, como mostra a reação abaixo:

$$ClO^{1-} + I^{1-} + H^{1+} \longrightarrow Cl^{1-} + I_2 + H_2O$$

Assinale a alternativa correta quanto a essa reação.

a) O íon ClO^{1-} sofre oxidação.
b) Depois de equilibrada a soma dos menores números inteiros dos coeficientes do I^{1-} e da H$_2$O é 3.
c) O I$_2$ é o agente redutor.
d) O H^{1+} sofre oxidação.
e) O I^{1-} é o agente oxidante.

2. (MACKENZIE – SP) A respeito da equação iônica de oxirredução abaixo, não balanceada, são feitas as seguintes afirmações:

$$IO_3^- + HSO_3^- \longrightarrow I_2 + SO_4^{2-} + H^+ + H_2O$$

I. a soma dos menores coeficientes inteiros possível para o balanceamento é 17.
II. o agente oxidante é o ânion iodato.
III. o composto que ganha elétrons sofre oxidação.
IV. o Nox do enxofre varia de +5 para +6.

Das afirmações acima, estão corretas somente

a) II e III.
b) I e II.
c) I e III.
d) II e IV.
e) I e IV.

3. (UFBA) O íon sulfito reage com o íon $Cr_2O_7^{2-}$, segundo a equação:

$$Cr_2O_7^{2-}(aq) + SO_3^{2-}(aq) + H_3O^+(aq) \longrightarrow$$
$$\longrightarrow Cr^{3+}(aq) + SO_4^{2-}(aq) + H_2O(l)$$

Após o balanceamento da equação, podemos afirmar que:

(01) O íon sulfito é o agente redutor.
(02) O número de oxidação do enxofre, no SO_3^{2-}, é +4.
(08) A soma dos coeficientes estequiométricos é igual a 29.
(16) Para cada mol de íon sulfito que reage, formar-se 1 mol de íon sulfato.

Dê resposta a soma dos números associados às proposições verdadeiras.

4. (UFSCar – SP) O peróxido de hidrogênio dissolvido em água é conhecido como água oxigenada. O H_2O_2 é um agente oxidante, mas pode também atuar como agente redutor, dependendo da reação. Na equação

$$KMnO_4(aq) + H_2O_2(aq) + H_2SO_4(aq) \longrightarrow$$
$$\longrightarrow MnSO_4(aq) + K_2SO_4(aq) + O_2(g) + H_2O(l)$$

a soma dos coeficientes estequiométricos, após o balanceamento, e o agente oxidante, são:

a) 26 e $KMnO_4$
b) 24 e $KMnO_4$
c) 26 e H_2O_2
d) 24 e H_2O_2
e) 23 e O_2

5. (ESPCEX – AMAN – RJ) Dada a seguinte equação iônica de oxidorredução

$$CrI_3 + Cl_2 + OH^{1-} \longrightarrow IO_4^{1-} + CrO_4^{2-} + Cl^{1-} + H_2O$$

Considerando o balanceamento de equações químicas por oxidorredução, a soma total dos coeficientes mínimos e inteiros obtidos das espécies envolvidas e o(s) elemento(s) que sofrem oxidação, são, respectivamente,

a) 215 e cloro.
b) 187, crômio e iodo.
c) 73, cloro e iodo.
d) 92, cloro e oxigênio.
e) 53 e crômio.

6. (UNESP) Uma das maneiras de verificar se um motorista está ou não embriagado é utilizar os chamados bafômetros portáteis. A equação envolvida na determinação de etanol no hálito do motorista está representada a seguir.

$$xK_2Cr_2O_7(aq) + 4\,H_2SO_4(aq) + yCH_3CH_2OH(aq) \rightleftarrows$$
(alaranjado)

$$\rightleftarrows xCr_2(SO_4)_3(aq) + 7\,H_2O(l) + yCH_3CHO(aq) + xK_2SO_4(aq)$$
(verde)

a) Considerando os reagentes, escreva a fórmula química e o nome do agente redutor.
b) Calcule a variação do número de oxidação do crômio e forneça os valores para os coeficientes x e y na equação apresentada.

Dados: $CH_3CH_2OH = C_2H_6O$ e $CH_3CHO = C_2H_4O$.

7. (UNIFESP) Um dos processos do ciclo natural do nitrogênio, responsável pela formação de cerca de 5% do total de compostos de nitrogênio solúveis em água, essencial para sua absorção pelos vegetais, é a sequência de reações químicas desencadeada por descargas elétricas na atmosfera (raios), que leva à formação de NO_2 gasoso pela reação entre N_2 e O_2 presentes na atmosfera.

A segunda etapa do processo envolve a reação do NO_2 com a água presente na atmosfera, na forma de gotículas, representada pela equação química:

$$xNO_2(g) + yH_2O(l) \rightarrow zHNO_3(aq) + tNO(g)$$

a) O processo envolvido na formação de NO_2 a partir de N_2 é de oxidação ou de redução? Determine o número de mols de elétrons envolvidos quando 1 mol de N_2 reage.

b) Balanceie a equação química da segunda etapa do processo, de modo que os coeficientes estequiométricos x, y, z e t tenham os menores valores inteiros possíveis.

8. (UEPB) A cada ano mais de três milhões de pessoas são infectadas pelo vibrião do cólera e mais de 100 mil morrem. O não tratamento da água é o grande responsável pela transmissão, pela presença de dejetos fecais. Um tratamento eficaz da água é a adição de hipoclorito de sódio (NaOCl) em água. Para produzir o hipoclorito de sódio em larga escala é utilizado o método de Hooker, que consiste na reação do gás cloro e de hidróxido de sódio frio e são produzidos hipoclorito de sódio, cloreto de sódio e água. O fenômeno que ocorre com o cloro é denominado de:

a) auto-oxirredução.
b) autorredução.
c) auto-oxidação.
d) hidrólise.
e) desidratação.

Capítulo 33
Massa Atômica — Massa Molecular

1. Dalton foi o primeiro cientista a usar nos cálculos químicos a massa atômica

A proporção das massas em uma reação química era obtida experimentalmente de acordo com Proust.

Exemplo:

Hidrogênio + oxigênio ⟶ água

Proporção: 1 : 8 : 9

Dalton imaginou que conhecendo as massas das partículas podíamos determinar a proporção sem precisar de experiências. Ele, arbitrariamente, atribuiu à massa do átomo de hidrogênio o valor 1. Determinou a massa atômica de vários elementos que se combinavam com o hidrogênio.

De acordo com Dalton, 1 átomo de hidrogênio (⊙) combina-se com 1 átomo de oxigênio (◯), formando um átomo composto de água (⊙◯).

$$\odot \;+\; \bigcirc \;\longrightarrow\; \odot\bigcirc$$
$$1 \qquad\quad 8 \qquad\qquad 9$$

Portanto, o átomo de oxigênio deveria ter uma massa 8 vezes maior do que a massa do átomo de hidrogênio. A massa atômica do oxigênio seria 8.

Com o passar do tempo surgiram métodos e aparelhos para determinar a massa atômica com maior precisão: por exemplo, a massa atômica atual do oxigênio é 16.

2. Determinação experimental da massa do átomo

Os valores das massas dos átomos, com até 6 dígitos, são obtidos através do **espectrômetro de massa**. A unidade de massa é expressa em gramas.

Exemplos:

Massa de um átomo de carbono = $2 \cdot 10^{-23}$ g

Massa de um átomo de hidrogênio = $1{,}66 \cdot 10^{-24}$ g

Massa de um átomo de flúor = $3{,}1664 \cdot 10^{-23}$ g

3. Unidade unificada de massa atômica (u)

Em 1962, representantes da IUPAC (Química) e IUPAP (Física) transformaram os valores das massas dos átomos, até então em gramas, em uma nova unidade chamada **unidade unificada de massa atômica** (cuja abreviação é u).

Escolheram C-12 como *átomo padrão* e a sua massa vale exatamente *12,0000 u*, portanto, *$2 \cdot 10^{-23}$ g equivalem a 12 u*. Essa equivalência ($2 \cdot 10^{-23}$ g ——— 12 u) vai ser usada para transformar a massa de um átomo em u.

4. Massa atômica de um elemento que não apresenta isótopos (MA)

A massa de um átomo expressa em u é chamada de **massa atômica** (**MA**).

Vamos determinar a *massa atômica do flúor* sabendo que no espectrômetro a sua massa vale $3{,}1644 \cdot 10^{-23}$ g.

$2 \cdot 10^{-23}$ g ——— 12 u

$3{,}1664 \cdot 10^{-23}$ g ——— MA F

MA F = 18,9984 u

Nos exercícios, em geral, trabalhamos com os valores arredondados, portanto, MA F = 19 u.

Não há necessidade de decorar, pois os valores das massas atômicas são fornecidos nos exercícios.

Exemplo:

MA H = 1 u, MA O = 16 u, MA S = 32 u, MA Ag = 108 u.

4.1 Relação entre u e g

A relação entre u e g é obtida através da seguinte proporção

12 u ——— $2 \cdot 10^{-23}$ g

1 u ——— x

$$\boxed{1\text{ u} = 1{,}66 \cdot 10^{-24}\text{ g}} \quad \text{ou} \quad \boxed{1\text{ g} = 6{,}02 \cdot 10^{23}\text{ u}}$$

Observe que 1 u corresponde a $\dfrac{1}{12}$ massa do C-12.

A massa atômica do flúor é 19 u. Isso significa que a sua massa é 19 vezes maior que a massa de 1 u ou 1/12 da massa do C-12.

Conclusão:

> Massa atômica (MA) é o número que indica quantas vezes a sua massa é maior que 1 u ou $\frac{1}{12}$ da massa do C-12.

5. Massa atômica média de um elemento que apresenta isótopos

A maioria dos elementos químicos é mistura de isótopos (átomos com o mesmo número atômico). Através do espectrômetro de massa verifica-se que o elemento cloro é uma mistura de dois isótopos. O aparelho imprime um gráfico onde as massas atômicas estão no eixo das abscissas e as porcentagens em átomos de cada isótopo estão no eixo das ordenadas. Cada pico do gráfico representa um isótopo.

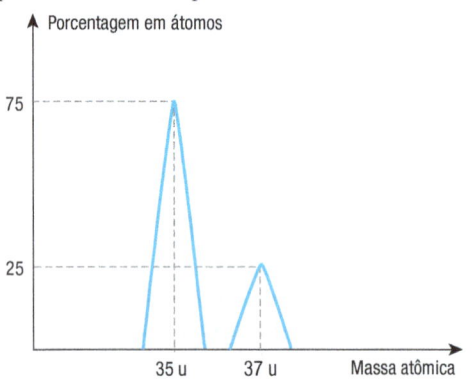

$$\text{MA Cl} = \frac{75 \cdot 35 + 25 \cdot 37}{100} \text{ u} \therefore \text{MA Cl} = 35,5 \text{ u}$$

Na Tabela Periódica é fornecido o valor médio das massas atômicas.

Nota: elétron tem massa insignificante; íons e átomos têm a mesma massa atômica.

Aprofundando:

Observe o esquema do espectro de massa.

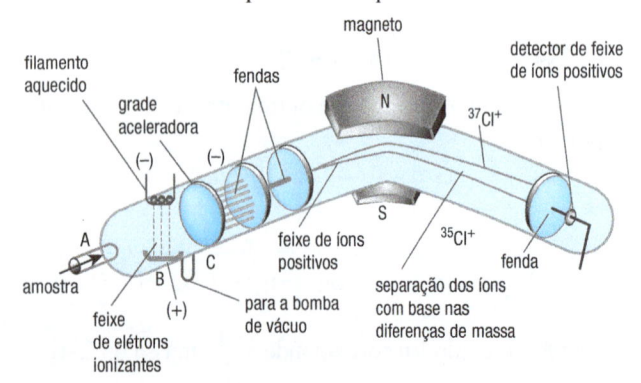

Uma amostra gasosa de átomos de cloro é introduzida em **A** e bombardeada por um feixe de elétrons de alta energia em **B**. As colisões entre os elétrons e os átomos de cloro produzem íons positivos, a maioria com carga 1+ (Cl^+). Esses íons são acelerados em direção a uma grade carregada negativamente (**C**). Depois que passam pela grade, eles encontram duas fendas que permitem a passagem de um feixe muito fino de íons. Esse feixe, então, passa entre os polos de um magneto, que desvia os íons para um caminho curvo. Para íons com a mesma carga, o grau de desvio depende da massa – **quanto maior a massa do íon, menor o desvio**. Os íons são, dessa forma, separados de acordo com suas massas. Os íons $^{35}Cl^+$ sofrem maior desvio. Variando a força do magneto, íons de massas variadas podem ser selecionados para entrar no detector no final do instrumento.

Um gráfico de intensidade do sinal do detector contra a massa do íon é chamado *espectro de massa*. O espectro de massa de átomos de cloro, mostrado na figura, revela a presença de dois isótopos. A análise de um espectro de massa fornece tanto as massas dos íons que atingem o detector quanto suas abundâncias relativas. As abundâncias são obtidas das intensidades de seus sinais. Conhecendo a massa atômica e a abundância de cada isótopo, pode-se calcular a massa atômica média de um elemento.

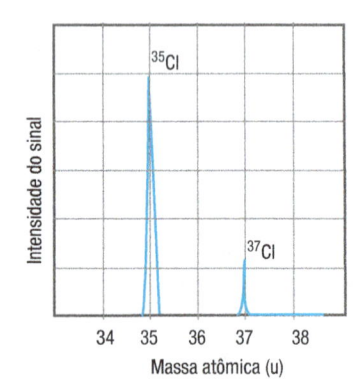

6. Massa molecular (MM)

A massa de *uma molécula* expressa em u é chamada de *massa molecular*.

A massa molecular é determinada somando-se as massas totais de cada átomo na molécula.

Exemplo:

H = 1 u, O = 16 u

MM H_2O = 2 · 1 u + 1 · 16 u = 18 u (1 molécula)

De acordo com a IUPAC, a expressão **massa molecular** deverá ser usada para qualquer tipo de substância, não importando o fato de ser molecular ou iônica.

Exemplo:

Na = 23 u, Cl = 35,5 u

MM NaCl = 23 u + 35,5 u = 58,5 u

Observação: o conhecimento das massas atômicas e moleculares fornece a proporção em massa de uma reação química.

$$2\,H_2 \;+\; O_2 \longrightarrow 2\,H_2O$$
$$2 \cdot 2\,u \quad\quad 32\,u \quad\quad\quad 2 \cdot 18\,u$$
$$4\,u \quad\quad\quad 32\,u \quad\quad\quad 36\,u$$

Essas massas formam uma proporção de 1 : 8 : 9, que era antigamente obtida experimentalmente.

Outros exemplos importantes:

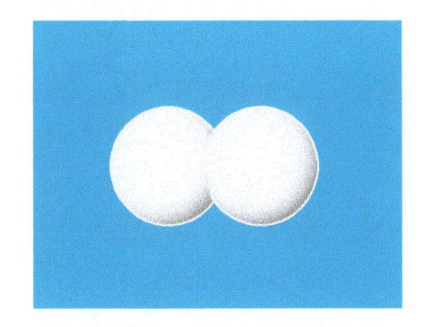

MM H_2 = 2 · 1 u = 2 u
Uma molécula de hidrogênio tem massa igual a 2 u.

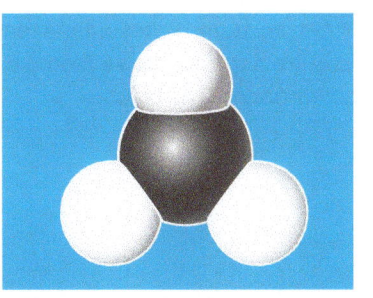

MM NH_3 = 1 · 14 u + 3 · 1 u = 17 u
Uma molécula de amônia tem massa igual a 17 u.

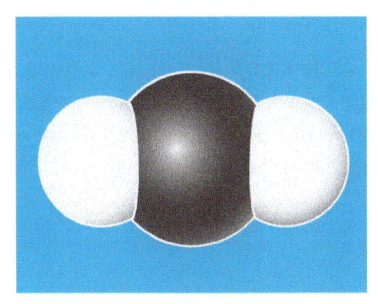

MM CO_2 = 1 · 12 u + 2 · 16 u = 44 u
Uma molécula de gás carbônico tem massa igual a 44 u.

MM CH_4 = 1 · 12 u + 4 · 1 u = 16 u
Uma molécula de metano tem massa igual a 16 u.

Exercícios Série Prata

1. Calcule a massa atômica do alumínio de acordo com os dados experimentais.

massa de um átomo de alumínio = $4{,}48 \cdot 10^{-23}$ g
massa de um átomo de carbono = $2 \cdot 10^{-23}$ g

2. A massa atômica de um elemento X é 80 u. Qual a afirmativa correta a partir desse dado?

a) Um átomo de X pesa 80 g.
b) Um átomo de X pesa menos que o átomo de carbono.
c) Um átomo de X pesa 80 u.
d) A massa da molécula formada por átomos de X é 160 u.

3. (FEI – SP) Se um átomo apresentar a massa de 60 u, a relação entre a massa desse átomo e a massa do átomo de carbono-12 valerá:

a) 1   d) 4
b) 2   e) 5
c) 3

4. (UFBP) A massa de três átomos de isótopo 12 do carbono é igual à massa de dois átomos de um certo elemento X. Pode-se dizer, então, que a massa atômica de X, em unidades de massa atômica, é:

a) 12   d) 3
b) 36   e) 24
c) 18

Dado: massa atômica do C = 12 u.

5. Leia o texto:

"O átomo padrão utilizado para medidas de massas atômicas é o carbono-12, cuja massa vale, por convenção, 12 u. Em relação a esse padrão, a massa atômica do elemento químico vale 32 u".

Baseando-se no texto acima, qual seria a massa atômica do enxofre se a massa do carbono-12 fosse igual a 3 u?

6. Determine a massa atômica do elemento magnésio, sabendo que ele apresenta três isótopos:

Massa atômica	Abundância (%)
24 u	79
25 u	10
26 u	11

7. Um elemento fictício **E** é formado por dois isótopos

E   E
50 u 54 u

Em cem átomos do elemento **E** há sessenta átomos do isótopo de massa atômica 50 u. Nessas condições, a massa atômica do elemento **E** será igual a:

a) 50,5 u   d) 53,4 u
b) 51,6 u   e) 54,0 u
c) 52,7 u

8. Um elemento A é formado pelos isótopos ^{40}A e ^{44}A e tem massa atômica média igual a 40,2 u. Calcule a composição isotópica de A, em porcentagem.

Calcular a massa molecular das seguintes espécies:

9. Gás flúor (F_2)   F = 19 u

10. $CaCO_3$ Ca = 40 u, C = 12 u, O = 16 u

11. $Fe_2(SO_4)_3$ Fe = 56 u, S = 32 u, O = 16 u

12. $C_6H_{12}O_6$ C = 12 u, H = 1 u, O = 16 u

13. Ca(OH)$_2$ Ca = 40 u, O = 16 u, H = 1 u

14. CuSO$_4$.5 H$_2$O
Cu = 63,5 u, S = 32 u, O = 16 u, H = 1 u

15. PO$_4^{3-}$ P = 31 u, O = 16 u

16. C$_{12}$H$_{22}$O$_{11}$ C = 12 u, H = 1 u, O = 16 u

Exercícios Série Ouro

1. (PUC – RJ) Oxigênio é um elemento químico que se encontra na natureza sob a forma de três isótopos estáveis: oxigênio 16 (ocorrência de 99%); oxigênio 17 (ocorrência de 0,60%) e oxigênio 18 (ocorrência de 0,40%). A massa atômica do elemento oxigênio, levando em conta a ocorrência natural dos seus isótopos, é igual a:

a) 15,84
b) 15,942
c) 16,014
d) 16,116
e) 16,188

2. (UFSCar – SP) O elemento magnésio, número atômico 12, ocorre na natureza como uma mistura de três isótopos. As massas atômicas desses isótopos, expressas em unidades atômicas (u), e suas respectivas abundâncias num dado lote do elemento, são fornecidas na tabela a seguir.

Número de massas do isótopo	Massa atômica (u)	% em abundância
24	23,98504	80
25	24,98584	10
26	25,98259	10

A massa atômica para esse lote de magnésio, expressa em u, é igual a:

a) 23,98504 exatamente.
b) 24,98584 exatamente.
c) 25,98259 exatamente.
d) Um valor compreendido entre 23,98504 e 24,98584.
e) Um valor compreendido entre 24,98584 e 25,98259.

3. O cloro é formado pelos isótopos ^{35}Cl (75%) e ^{37}Cl (25%). Com base nessa informação, podemos afirmar que:

I. Um átomo de cloro pesa 35,5 u.
II. Um átomo de cloro pesa em média 35,5 u.
III. Não existe átomo de cloro com massa 35,5 u.
IV. Um átomo de cloro tem massa aproximadamente igual a 35 u ou 37 u.

Estão corretas somente as afirmações:

a) I, III e IV.
b) II, III e IV.
c) II e IV.
d) I e IV.
e) II e III.

4. (VUNESP – SP) Na natureza, de cada cinco átomos de boro, um tem massa atômica igual a 10 u e quatro têm massa atômica igual a 11 u. Com base nesses dados, a massa atômica do boro, expressa em u, é igual a:

a) 10
b) 10,5
c) 10,8
d) 11
e) 11,5

5. (UFS – SE) Água pesada, utilizada em alguns reatores nucleares, é constituída por moléculas formadas por dois átomos do isótopo $_1^2H$ e um átomo do isótopo $_8^{16}O$. A massa de uma molécula de água pesada é:

a) 10 u
b) 12 u
c) 16 u
d) 18 u
e) 20 u

6. (ITA – SP) Pouco após o ano 1800, existiam tabelas de massas atômicas nas quais o oxigênio tinha massa atômica 100 exata. Com base nesse tipo de tabela, a massa molecular do SO_2 seria:

a) 64
b) 232
c) 250
d) 300
e) 400

Dados: S = 32 u, O = 16 u.

7. (UFAC) A massa fórmula do composto $Na_2SO_4 \cdot 3\ H_2O$ é:

a) 142 u
b) 196 u
c) 426 u
d) 44 u
e) 668 u

Dados: H = 1 u, O = 16 u, Na = 23 u e S = 32 u.

8. (FUVEST – SP) O carbono ocorre na natureza como uma mistura de átomos, dos quais 98,90% são ^{12}C e 1,10% é ^{13}C.

a) Explique o significado das representações ^{12}C e ^{13}C.
b) Com esses dados, calcule a massa atômica do carbono natural.

Dados: massas atômicas: ^{12}C = 12,000; ^{13}C = 13,003.

9. (FGV) Na figura, é representado o espectro de massa dos isótopos naturais do elemento gálio.

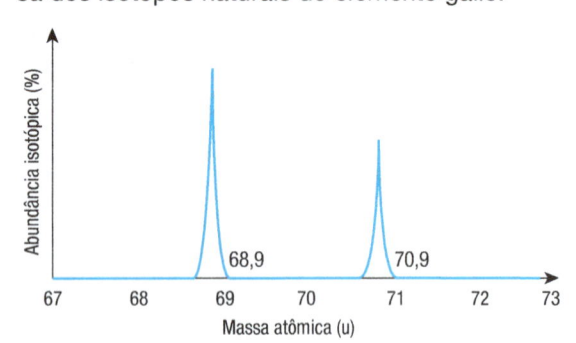

A abundância isotópica, em percentual inteiro, do isótopo do Ga-69, é

a) 50%
b) 55%
c) 60%
d) 65%
e) 70%

Dado: massa atômica do elemento gálio = 69,7 u.

Capítulo 34
Massa Molar e Mol

1. A unidade da proporção das massas foi mudada de u para g

No capítulo 33, vimos que o conhecimento das massas atômicas e moleculares fornece a proporção em massa de uma reação química.

Exemplo:

$$2\,H_2 + O_2 \longrightarrow 2\,H_2O$$
$$2 \cdot 2\,u \quad\quad 32\,u \quad\quad\quad 2 \cdot 18\,u$$

A unidade foi mudada de u para g para evitar certas situações que não ocorrem na prática, como, por exemplo, pegar duas moléculas de H_2 e a velocidade da reação seria tão baixa que levaria um tempo elevado para ocorrer. Atualmente usamos.

$$2\,H_2 + O_2 \longrightarrow 2\,H_2O$$
$$2 \cdot 2\,g \quad\quad 32\,g \quad\quad\quad 2 \cdot 18\,g$$

Os químicos chamam essas massas (2 g, 32 g e 18 g) de *massas molares*.

2. Massa molar ($\overline{M}$)

Nos cálculos químicos, usamos o valor da massa atômica ou da massa molecular expressa em gramas, que é chamada de **massa molar** como uma massa de referência.

Exemplos:

C $\begin{cases} MA = 12\,u\ (1\text{ átomo}) \\ \overline{M} = 12\,g\ (n^\circ\text{ de átomos?}) \end{cases}$

Ag $\begin{cases} MA = 108\,u\ (1\text{ átomo}) \\ \overline{M} = 108\,g\ (n^\circ\text{ de átomos?}) \end{cases}$

H_2O $\begin{cases} MA = 18\,u\ (1\text{ molécula}) \\ \overline{M} = 18\,g\ (n^\circ\text{ de moléculas?}) \end{cases}$

$C_6H_{12}O_6$ $\begin{cases} MA = 180\,u\ (1\text{ molécula}) \\ \overline{M} = 180\,g\ (n^\circ\text{ de moléculas?}) \end{cases}$

3. Constante de Avogadro: número de partículas (átomos, moléculas ou íons) na massa molar

Neste item, vamos determinar o número de átomos ou moléculas na massa molar.

Lembrando: $1\,g = 6{,}02 \cdot 10^{23}\,u$

- C

  12 u —————— 1 átomo
  12 g —————— x

  12 u —————— 1 átomo
  $12 \cdot 6{,}02 \cdot 10^{23}\,u$ —————— x

  ∴ $x = 6{,}02 \cdot 10^{23}$ átomos

- Ag

  108 u —————— 1 átomo
  108 g —————— x

  108 u —————— 1 átomo
  $108 \cdot 6{,}02 \cdot 10^{23}\,u$ —————— x

  ∴ $x = 6{,}02 \cdot 10^{23}$ átomos

- H_2O

  18 u —————— 1 molécula
  18 g —————— x

  18 u —————— 1 molécula
  $18 \cdot 6{,}02 \cdot 10^{23}\,u$ —————— x

  ∴ $x = 6{,}02 \cdot 10^{23}$ moléculas

- $C_6H_{12}O_6$

  180 u —————— 1 molécula
  180 g —————— x

  180 u —————— 1 molécula
  $180 \cdot 6{,}02 \cdot 10^{23}\,u$ —————— xwww

  ∴ $x = 6{,}02 \cdot 10^{23}$ moléculas

Conclusão:

Na massa molar sempre teremos $6{,}02 \cdot 10^{23}$ partículas.

Esse número $6{,}02 \cdot 10^{23}$ representa uma unidade de contagem chamada de mol.

$$\boxed{1 \text{ mol} \longrightarrow 6{,}02 \cdot 10^{23} \text{ partículas}}$$

Teremos múltiplos ou submúltiplos

$$2 \text{ mol} \longrightarrow 12{,}04 \cdot 10^{23} \text{ partículas}$$
$$0{,}5 \text{ mol} \longrightarrow 3{,}01 \cdot 10^{23} \text{ partículas}$$

Em homenagem ao mol, foi criado o dia do mol: **23 de outubro**, pois outubro é o décimo mês do ano (para lembrar 10^{23}).

Atualmente, a unidade da massa molar é g/mol para lembrar que é massa de 1 mol.

Exemplos:

C: $\overline{M} = 12$ g/mol   Ag: $\overline{M} = 108$ g/mol

H_2O: $\overline{M} = 18$ g/mol $C_6H_{12}O_6$: $\overline{M} = 180$ g/mol

O número $6{,}02 \cdot 10^{23}$ é chamado de **constante de Avogadro** (N_A). Ele é frequentemente aproximado para $6 \cdot 10^{23}$.

constante de Avogadro = $6{,}02 \cdot 10^{23}$/mol

constante de Avogadro = $6 \cdot 10^{23}$/mol

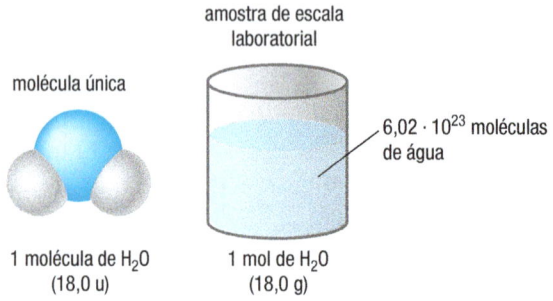

Nome	Fórmula	Massa molecular (u)	Massa molar (g/mol)	Número e tipo de partículas em um mol
nitrogênio atômico	N	14,0	14,0	$6{,}022 \cdot 10^{23}$ átomos de N
nitrogênio molecular	N_2	28,0	28,0	$6{,}022 \cdot 10^{23}$ moléculas de N_2 $2(6{,}022 \cdot 10^{23})$ átomos de N
prata	Ag	107,9	107,9	$6{,}022 \cdot 10^{23}$ átomos de Ag
íons prata	Ag^+	107,9	107,9	$6{,}022 \cdot 10^{23}$ íons de Ag^+
cloreto de bário	$BaCl_2$	208,2	208,2	$6{,}022 \cdot 10^{23}$ unidades de $BaCl_2$ $6{,}022 \cdot 10^{23}$ íons Ba^{2+} $2(6{,}022 \cdot 10^{23})$ íons de Cl^-

Observação: os índices de uma fórmula molecular também indicam quantidade em mol.

Exemplos:

1 molécula H_2O → 2 átomos de H   1 átomo de O

1 dúzia H_2O → 2 dúzias de H   1 dúzia de O

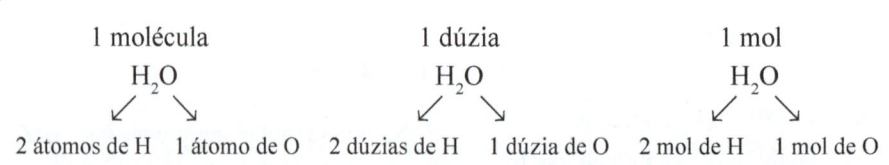

1 mol H_2O → 2 mol de H   1 mol de O

4. Quantidade de matéria em mol ou quantidade em mols (n)

A massa molar é uma massa de referência, nos cálculos químicos podemos trabalhar com massas maiores ou menores que a massa molar.

Exemplo:

Massa molar da água = 18 g/mol

Referência: 18 g ⟶ 1 mol
9 g ⟶ 0,5 mol
36 g ⟶ 2 mol

Para calcular a quantidade em mols, duas alternativas:

- Regra de três:
  18 g ——— 1 mol
  54 g ——— x
  ∴ x = 3 mol

- $n = \dfrac{m}{\overline{M}}$

- $n = \dfrac{54\ g}{18\ g/mol}$
  ∴ x = 3 mol

5. Triângulo do mol

Nos exercícios envolvendo mol, o triângulo do mol facilita a montagem da regra de três.

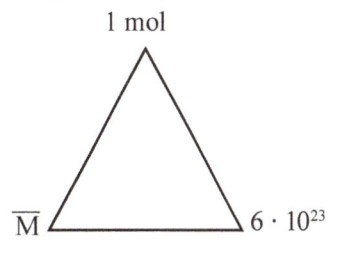

$$\overline{M} \quad \triangle \quad 6 \cdot 10^{23}$$
(1 mol no topo)

Exemplos:

Ag ⟨ constante de Avogadro = $6 \cdot 10^{23}$/mol
    $\overline{M} = 108$ g/mol

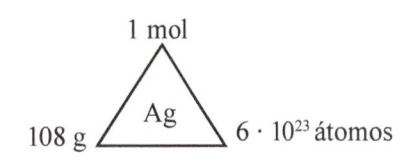

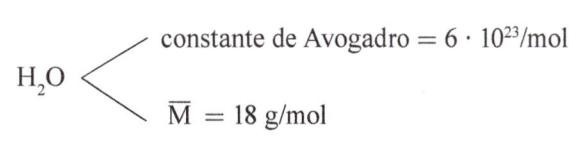

108 g — Ag — $6 \cdot 10^{23}$ átomos (1 mol)

H_2O ⟨ constante de Avogadro = $6 \cdot 10^{23}$/mol
       $\overline{M} = 18$ g/mol

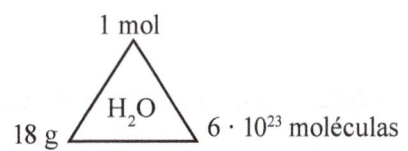

18 g — H_2O — $6 \cdot 10^{23}$ moléculas (1 mol)

Exercícios Série Prata

1. Complete com **u** ou **g/mol**.

a) Ca ⟨ MA = 40
       $\overline{M}$ = 40

b) NH_3 ⟨ MM = 17
          $\overline{M}$ = 17

Calcule a massa molar:

2. $Fe_2(SO_4)_3$
Fe = 56 g/mol
S = 32 g/mol
O = 16 g/mol

3. $Ca(OH)_2$
Ca = 40 g/mol
O = 16 g/mol
H = 1 g/mol

4. $CuSO_4 \cdot 5\ H_2O$
Cu = 64 g/mol
S = 32 g/mol
O = 16 g/mol
H = 1 g/mol

Calcule:

5. A massa em gramas de 3 mol de ferro.

6. A quantidade em mol de 7 g de ferro.

7. O número de átomos em 7 g de ferro.

8. A quantidade em mol de $2 \cdot 10^{23}$ átomos de ferro.

9. A massa em gramas de $1,5 \cdot 10^{23}$ átomos de ferro.

10. A massa de um átomo de ferro em gramas.

11. A quantidade em mol existente em $1,5 \cdot 10^{24}$ moléculas de ácido fosfórico é igual a:
a) 0,5
b) 1,0
c) 1,5
d) 2,0
e) 2,5

Dados: constante de Avogadro = $6 \cdot 10^{23}$/mol.

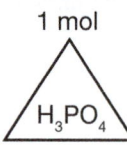

1 mol H_3PO_4 — $6 \cdot 10^{23}$ moléculas

12. Em 146 g de ácido clorídrico (HCl) encontramos:
a) $6 \cdot 10^{23}$ moléculas
b) $12 \cdot 10^{23}$ moléculas
c) $2,4 \cdot 10^{23}$ moléculas
d) $2,4 \cdot 10^{24}$ moléculas

Dados: massas molares em g/mol: H = 1, Cl = 35,5, constante de Avogadro = $6 \cdot 10^{23}$/mol.

HCl $\overline{M}$ = (1 + 35,5) g/mol = 36,5 g/mol

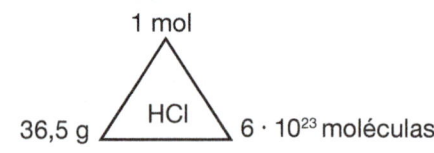

36,5 g — 1 mol HCl — $6 \cdot 10^{23}$ moléculas

13. A quantidade em mols e o número de moléculas encontradas em 90 g de ácido acético ($C_2H_4O_2$) são, respectivamente:

a) 1,5 e 9,0 · 10^{23}
b) 1,0 e 9,0 · 10^{23}
c) 1,5 e 6,0 · 10^{23}
d) 1,0 e 6,0 · 10^{23}
e) 1,5 e 7,5 · 10^{23}

Dados: massa molar do $C_2H_4O_2$ = 60 g/mol, constante de Avogadro = 6 · 10^{23}/mol.

```
            1 mol
             /\
            /  \
           / C₂H₄O₂ \
    60 g /_____\ 6 · 10²³ moléculas
```

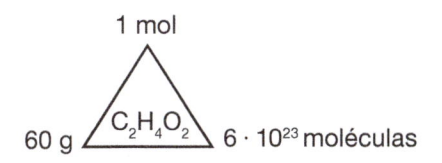

14. Uma amostra contém 12,8 g de dióxido de enxofre.

a) Calcule a massa molar do SO_2.
$\overline{M}$ = _____
Dados: S = 32, O = 16.

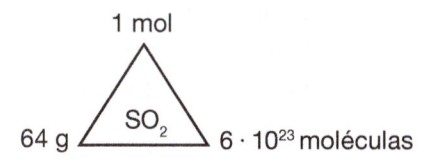

```
            1 mol
             /\
            /  \
           / SO₂ \
    64 g /_____\ 6 · 10²³ moléculas
```

b) Calcule a quantidade em mol de SO_2 na amostra.

c) Calcule o número de moléculas de SO_2 na amostra (N_A = 6 · 10^{23}).

d) Calcule o número total de átomos na amostra.

15. Calcule a massa em gramas de uma molécula de água.

Dados: massa molar da água = 18 g/mol, constante de Avogadro = 6 · 10^{23}/mol.

```
            1 mol
             /\
            /  \
           / H₂O \
    18 g /_____\ 6 · 10²³ moléculas
```

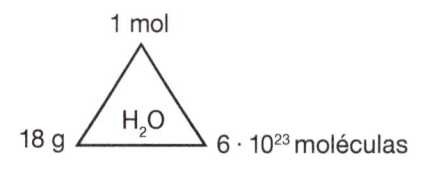

16. Se a assinatura escrita a lápis tem massa igual a 1 mg, calcule o número de átomos de carbono nessa assinatura.

Dados: massa molar do C = 12 g/mol, constante de Avogadro = 6 · 10^{23}/mol.

```
            1 mol
             /\
            /  \
           /  C  \
    12 g /_____\ 6 · 10²³ átomos
```

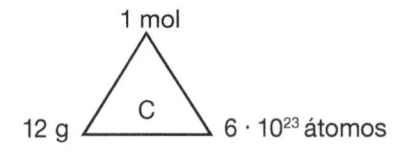

17. Calcule a massa de cálcio em 500 mg de $CaCO_3$.
Dados: massas molares em g/mol: Ca = 40, C = 12, O = 16.

18. Calcule a massa de Fe em 30,4 g de $FeSO_4$.
Dados: massas molares em g/mol de $FeSO_4$ = 152, Fe = 56.

Exercícios Série Ouro

1. (UFG – GO) O corpo humano necessita diariamente de 12 mg de ferro. Uma colher de feijão contém cerca de $4,28 \cdot 10^{-5}$ mol de ferro. Quantas colheres de feijão, no mínimo, serão necessárias para que se atinja a dose diária de ferro no organismo?

a) 1
b) 3
c) 5
d) 7
e) 9

Dado: Fe = 56 g/mol.

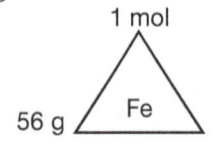

1 mol
56 g — Fe

2. (CEFET – CE) Cada página de um livro de Química Geral de 200 páginas consumiu em média 10 mg de tinta. O número de átomos de carbono, em média, utilizados para a impressão desse livro, supondo que 90% da massa de tinta seja constituída pelo elemento carbono, é:

a) $9,0 \cdot 10^{25}$
b) $1,2 \cdot 10^{24}$
c) $6,0 \cdot 10^{23}$
d) $9,0 \cdot 10^{22}$
e) $6,0 \cdot 10^{25}$

Dados: C = 12 g/mol, constante de Avogadro = $6 \cdot 10^{23}$/mol.

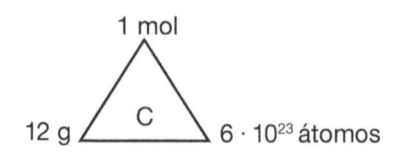

1 mol
12 g — C — $6 \cdot 10^{23}$ átomos

3. (PUC – MG) O álcool etílico pode provocar alterações no organismo humano; acima de uma concentração de 0,46 g de álcool por litro de sangue, o risco de acidentes automobilísticos é duas vezes maior. Um adulto tem, em média, 7 litros de sangue. Para que uma pessoa possa tomar uma bebida alcoólica, sem cair na faixa de risco, deve ingerir até:

a) 5 g de álcool etílico.
b) 0,07 mol de moléculas de álcool etílico.
c) 35 g de álcool etílico.
d) 0,5 mol de moléculas de álcool etílico.
e) 0,1 mol de moléculas de álcool etílico.

Dado: massa molar do álcool etílico = 46 g/mol.

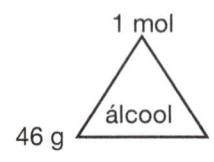

1 mol
46 g — álcool

4. (PUC – Campinas – SP – adaptada) Nitrito de sódio, $NaNO_2$, é empregado como aditivo em alimentos, tais como *bacon*, salame, presunto, linguiça e outros, principalmente com duas finalidades:

- evitar o desenvolvimento do *Clostridium botulinum*, causador do botulismo;
- propiciar a cor rósea característica desses alimentos, pois participam da seguinte transformação química:

mioglobina + $NaNO_2$ ⟶ mioglobina nitrosa
(proteína presente na   (cor rósea)
carne, cor vermelha)

A concentração máxima permitida é de 0,015 g de $NaNO_2$ por 100 g do alimento.

Os nitritos são considerados mutagênicos, pois no organismo humano produzem ácido nitroso, que interage com bases nitrogenadas alterando-as, podendo provocar erros de pareamento entre elas.

A quantidade máxima, em mol, de nitrito de sódio que poderá estar presente em 1 kg de salame é, aproximadamente,

a) $2 \cdot 10^{-3}$ d) $2 \cdot 10^{-1}$
b) $1 \cdot 10^{-3}$ e) $1 \cdot 10^{-1}$
c) $2 \cdot 10^{-2}$

Dado: massa molar do $NaNO_2$ = 69 g/mol.

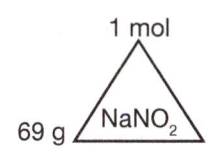

5. (FUVEST – SP) O aspartame, um adoçante artificial, pode ser utilizado para substituir o açúcar de cana. Bastam 42 miligramas de aspartame para produzir a mesma sensação de doçura que 6,8 gramas de açúcar de cana. Sendo assim, quantas vezes, aproximadamente, o número de moléculas de açúcar de cana dever ser maior do que o número de moléculas de aspartame para que se tenha o mesmo efeito sobre o paladar?

a) 30   d) 140
b) 50   e) 200
c) 100

Dados: massas molares aproximadamente (g/mol): açúcar de cana = 340; adoçante artificial = 300.

6. As canetas esferográficas utilizam, na ponta da escrita, uma esfera de tungstênio de volume igual a $4 \cdot 10^{-3}$ cm³. A densidade do tungstênio é de 20 g/cm³ e sua massa atômica é de 184 u. O número de átomos de tugstênio numa dessas esferas é, aproximadamente, de:

a) $6 \cdot 10^{23}$ d) $184 \cdot 10^{21}$
b) $2,6 \cdot 10^{20}$ e) $4 \cdot 10^{20}$
c) $1,1 \cdot 10^{26}$

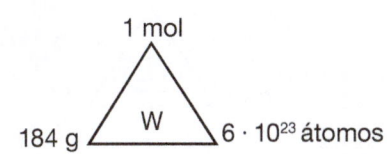

7. (UEMA) Sabendo-se que o número de Avogadro é igual a $6,0 \cdot 10^{23}$ átomos, que o número atômico do cálcio é 20 e a massa molar 40 g/mol, qual o número de prótons existente em 500 g de cálcio?

a) 1.500 prótons
b) $75 \cdot 10^{23}$ prótons
c) $7,5 \cdot 10^{23}$ prótons
d) $0,48 \cdot 10^{23}$ prótons
e) $1,5 \cdot 10^{26}$ prótons

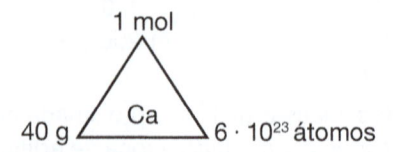

```
         1 mol
          /\
         /  \
        / Ca \
   40 g/_____\ 6 · 10²³ átomos
```

8. (UNESP) O mercúrio, na forma iônica, é tóxico, porque inibe certas enzimas. Uma amostra de 25,0 g de atum de uma grande remessa foi analisada e constatou-se que continha $2,1 \cdot 10^{-7}$ mol de Hg^{2+}. Considerando-se que os alimentos com conteúdo de mercúrio acima de $0,50 \cdot 10^{-3}$ grama por quilograma de alimento não podem ser comercializados, demonstrar se a remessa de atum deve ou não ser confiscada.

Dado: massa atômica do Hg = 200 u.

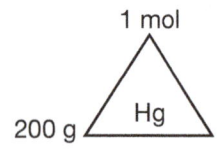

```
         1 mol
          /\
         /  \
        / Hg \
  200 g/_____\
```

9. (MACKENZIE – SP) O 1-metilciclopenteno (C_6H_{10}) é um produto bloqueador da ação do etileno e tem sido utilizado com sucesso em flores, hortaliças e frutos, retardando o amadurecimento desses vegetais, aumentando, por isso, a sua vida útil.

Considerando que sejam utilizados 8,2 kg de 1-metilciclopenteno para atrasar o amadurecimento de algumas frutas, é correto afirmar que se gastou

a) $1,0 \cdot 10^{-1}$ mol de C_6H_{10}
b) $1,0$ mol de C_6H_{10}
c) $1,0 \cdot 10^{1}$ mol de C_6H_{10}
d) $1,0 \cdot 10^{2}$ mol de C_6H_{10}
e) $1,0 \cdot 10^{3}$ mol de C_6H_{10}

Dados: massas molares (g · mol⁻¹) H = 1 e C = 12.

10. (FGV – SP) No rótulo de uma determinada embalagem de leite integral UHT, processo de tratamento térmico de alta temperatura, consta que um copo de 200 mL desse leite contém 25% da quantidade de cálcio recomendada diariamente ($2,4 \cdot 10^{-2}$ mol).

A massa, em mg, de cálcio (massa molar 40 g/mol) presente em 1 litro desse leite é:

a) 1.200   d) 240
b) 600   e) 120
c) 300

```
         1 mol
          /\
         /  \
        / Ca \
   40 g/_____\
```

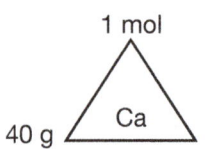

11. (UNIFESP) A nanotecnologia é a tecnologia em escala nanométrica (1 nm = 1^{-9} m). A aplicação da nanotecnologia é bastante vasta: medicamentos programados para atingir um determinado alvo, janelas autolimpantes que dispensam o uso de produtos de limpeza, tecidos com capacidade de suportar condições extremas de temperatura e impacto, são alguns exemplos de projetos de pesquisas que recebem vultuosos investimentos no mundo inteiro. Vidro autolimpante é aquele que recebe uma camada ultrafina de dióxido de titânio. Essa camada é aplicada no vidro na última etapa de sua fabricação.

A espessura de uma camada ultrafina constituída somente por TiO_2 uniformemente distribuído, massa molar 80 g/mol e densidade 4,0 g/cm³, depositada em uma janela com dimensões de 50 · 100 cm, que contém 6 · 10^{20} átomos de titânio, é igual a:

a) 4 nm
b) 10 nm
c) 40 nm
d) 80 nm
e) 100 nm

Dado: constante de Avogadro = 6 · 10^{23} mol^{-1}

$V = A \cdot e$ $d = \dfrac{m}{V}$

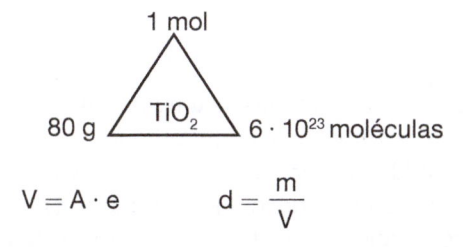

12. (UNIFESP) As lâmpadas fluorescentes estão na lista de resíduos nocivos à saúde e ao meio ambiente, já que essas lâmpadas contêm substâncias, como o mercúrio (massa molar 200 g/mol), que são tóxicas. Ao romper-se, uma lâmpada fluorescente emite vapores de mercúrio da ordem de 20 mg, que são absorvidos pelos seres vivos e, quando lançadas em aterros, contaminam o solo, podendo atingir os cursos de água. A legislação brasileira estabelece como limite de tolerância para o ser humano 0,04 mg de mercúrio por metro cúbico de ar. Num determinado ambiente, ao romper-se uma dessas lâmpadas fluorescentes, o mercúrio se difundiu de forma homogênea no ar, resultando em 3,0 · 10^{17} átomos de mercúrio por metro cúbico de ar. Dada a constante de Avogadro 6,0 · 10^{23} mol^{-1}, pode-se concluir que, para esse ambiente, o volume de ar e o número de vezes que a concentração de mercúrio excede ao limite de tolerância são, respectivamente,

a) 50 m³ e 10.
b) 100 m³ e 5.
c) 200 m³ e 2,5.
d) 250 m³ e 1,5.
e) 400 m³ e 1,25.

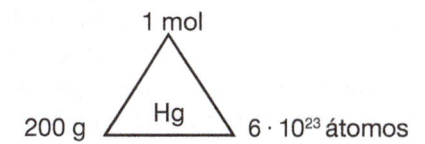

13. (UFMT – MG) Os "cianokits", que são utilizados por socorristas em outros países nos casos de envenenamento por cianeto, geralmente contêm 5 g de hidroxocobalamina injetável. Considerando a constante de Avogadro igual a $6 \cdot 10^{23}$ mol^{-1}, calcula-se que o número aproximado de moléculas existentes nessa massa de hidroxocobalamina é:

a) $2 \cdot 10^{21}$.
b) $2 \cdot 10^{25}$.
c) $3 \cdot 10^{25}$.
d) $3 \cdot 10^{21}$.
e) $1 \cdot 10^{21}$.

Dado: a massa molar da hidroxocobalamina é aproximadamente igual a $1,3 \cdot 10^3$ g/mol.

14. (ENEM) O brasileiro consome em média 500 miligramas de cálcio por dia, quando a quantidade recomendada é o dobro. Uma alimentação balanceada é a melhor decisão para evitar problemas no futuro, como a osteoporose, uma doença que atinge os ossos. Ela se caracteriza pela diminuição substancial de massa óssea, tornando os ossos frágeis e mais suscetíveis a fraturas.

Disponível em: <http://www.anvisa.gov.br>.
Acesso em: 1º ago. 2012 (adaptado).

Considerando-se o valor de $6 \cdot 10^{23}$ mol^{-1} para a constante de Avogadro e a massa molar do cálcio igual a 40 g/mol, qual a quantidade mínima diária de átomos de cálcio a ser ingerida para que uma pessoa supra suas necessidades?

a) $7,5 \cdot 10^{21}$
b) $1,5 \cdot 10^{22}$
c) $7,5 \cdot 10^{23}$
d) $1,5 \cdot 10^{25}$
e) $4,8 \cdot 10^{25}$

15. (MACKENZIE – SP) Uma pessoa que tomar, de 8 em 8 horas, um comprimido contendo 450 mg de ácido acetilsalicílico ($C_9H_8O_4$) terá ingerido, após 24 horas, um número de moléculas dessa substância igual a:

a) $10,8 \cdot 10^{25}$
b) $2,7 \cdot 10^{26}$
c) $4,5 \cdot 10^{21}$
d) $1,2 \cdot 10^{23}$
e) $1,5 \cdot 10^{21}$

Dados: massa molar do ácido acetilsalicílico = 180 g/mol; número de Avogadro = $6,0 \cdot 10^{23}$.

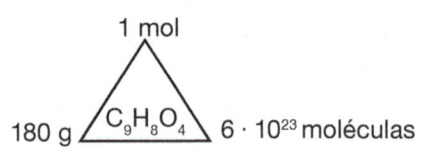

```
           1 mol
            /\
           /  \
          /C9H8O4\
   180 g /_____\ 6 · 10²³ moléculas
```

16. (UNESP) No preparo de um material semicondutor, uma matriz de silício ultrapuro é impurificada com quantidades mínimas de gálio, através de um processo conhecido como dopagem. Numa preparação típica, foi utilizada uma massa de 2,81 g de silício ultrapuro, contendo $6,0 \cdot 10^{22}$ átomos de Si. Nesta matriz, foi introduzido gálio suficiente para que o número de seus átomos fosse igual a 0,01% do número de átomos de silício. Sabendo que a massa molar do gálio vale 70 g/mol e a constante de Avogadro vale $6,0 \cdot 10^{23}$, a massa de gálio empregada na preparação é igual a:

a) 70 g.
b) 0,70 g.
c) 0,0281 g.
d) $7,0 \cdot 10^{-4}$ g.
e) $6,0 \cdot 10^{-23}$ g.

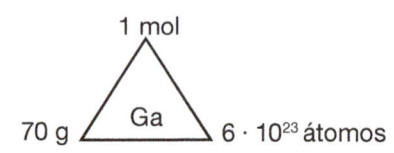

```
           1 mol
            /\
           /  \
          /  Ga \
    70 g /_____\ 6 · 10²³ átomos
```

17. (UNIFOR – CE) Numa chapa de raios X, após revelada, há, em média, $5,0 \cdot 1^{-4}$ g de prata metálica (Ag) por cm². Assim sendo, o número de átomos de prata existente em uma radiografia dentária que mede cerca de 2,5 cm por 4,0 cm é, aproximadamente, igual a

a) $5,5 \cdot 10^{27}$
b) $2,8 \cdot 10^{19}$
c) $2,8 \cdot 10^{23}$
d) $2,8 \cdot 10^{27}$
e) $5,5 \cdot 10^{19}$

Dados: massa molar da prata = 108 g mol⁻¹; constante de Avogadro = $6,0 \cdot 10^{23}$ mol⁻¹.

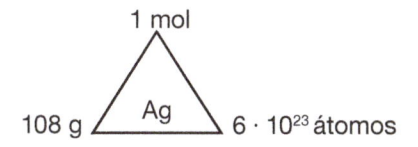

```
          1 mol
           △
     108 g Ag  6 · 10²³ átomos
```

18. (UERJ) O xilitol é um composto com o mesmo poder adoçante da sacarose, porém com menos 33% de calorias. Sua fórmula estrutural é apresentada a seguir.

```
         OH    OH    OH
         |     |     |
   H₂C — CH — CH — CH — CH₂
         |           |
         OH          OH
```

Uma quantidade de 15,2 mg de xilitol apresenta um número de moléculas igual a:

a) $6 \cdot 10^{19}$
b) $3 \cdot 10^{21}$
c) $2 \cdot 10^{23}$
d) $5 \cdot 10^{25}$

Dados: MA (C = 12; O = 16; H = 1).

19. (UNESP) A ductilidade é a propriedade de um material deformar-se, comprimir-se ou estirar-se sem se romper.

A prata é um metal que apresenta excelente ductilidade e a maior condutividade elétrica dentre todos os elementos químicos. Um fio de prata possui 10 m de comprimento (l) e área de secção transversal (A) de $2,0 \cdot 10^{-7}$ m².

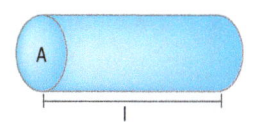

Considerando a densidade da prata igual a 10,5 g/cm³, a massa molar igual a 108 g/mol e a constante de Avogadro igual a $6,0 \cdot 10^{23}$ mol⁻¹, o número aproximado de átomos de prata nesse fio será

a) $1,2 \cdot 10^{22}$.
b) $1,2 \cdot 10^{23}$.
c) $1,2 \cdot 10^{20}$.
d) $1,2 \cdot 10^{17}$.
e) $6,0 \cdot 10^{23}$.

Capítulo 35
Determinação de Fórmulas

1. Origem das fórmulas

Atualmente, são conhecidas inúmeras substâncias químicas. Para identificá-las, são utilizados nomes e fórmulas, como em:
- ácido clorídrico: HCl
- hidróxido de magnésio: $Mg(OH)_2$
- óxido de ferro (III): Fe_2O_3
- sulfato de cobre (II): $CuSO_4$
- etanol: C_2H_6O

Essas são as chamadas **fórmulas moleculares** e representam de fato a molécula da substância considerada; por esse motivo, são as mais utilizadas nos cálculos químicos.

Contudo, elas não foram as primeiras fórmulas a aparecerem na Química. As fórmulas surgiram na segunda metade do século XIX, como consequência das leis das reações químicas (lei da conservação das massas e lei das proporções definidas) e da teoria atômico-molecular.

O primeiro tipo de fórmula sugerida foi a **fórmula percentual**, que refere-se às porcentagens em massa dos elementos formadores da substância considerada.

A partir da fórmula percentual e do conhecimento das massas atômicas dos elementos, pode-se determinar a **fórmula mínima**, que indica a proporção em números inteiros dos átomos formadores da substância.

Por fim, somente com o advento de técnicas para determinar a massa molecular das substâncias é que foi possível determinar as **fórmulas moleculares**. Se a substância é um gás ou vapor, a massa molecular pode ser obtida com o uso da equação de estado (PV = nRT); já para substâncias sólidas, pode-se empregar um equipamento chamado espectrômetro de massa.

2. Fórmula percentual ou centesimal

A **fórmula percentual** (ou **centesimal**) representa as **porcentagens em massa** dos elementos existentes na substância.

Por exemplo, a fórmula percentual do metano é $C_{75\%}H_{25\%}$. Isso significa que em cada 100 gramas de metano, há 75 gramas de carbono e 25 gramas de hidrogênio.

1º exemplo: determinação da fórmula percentual a partir de dados experimentais.

Verifica-se experimentalmente que 5 g de um composto contêm 2 g de cálcio, 0,6 g de carbono e 2,4 g de oxigênio. Determine a fórmula porcentual em massa desse composto.

Resolução:

composto	cálcio	carbono	oxigênio
5 g	2 g	0,6 g	2,4 g
100%	x	y	z

Ca   5 g ———— 2 g
     100% ———— x ∴ x = 40%

C   5 g ———— 0,6 g
     100% ———— y ∴ y = 12%

O   5 g ———— 2,4 g
     100% ———— z ∴ z = 48%

Portanto, a fórmula percentual é: $Ca_{40\%}C_{12\%}O_{48\%}$.

2º exemplo: determinação da fórmula percentual a partir da fórmula molecular ou da fórmula mínima.

Calcular a fórmula percentual da glicose ($C_6H_{12}O_6$).
Dados: C = 12, H = 1, O = 16.

Resolução:

1º passo: calcular a massa molecular.
MM = 6 · 12 u + 12 · 1 u + 6 · 16 u = 180 u
          x   y   z   100%

2º passo: calcular as porcentagens em massa usando regras de três.

C   180 u ———— 6 · 12 u
     100% ———— x ∴ x = 40%

H   180 u ———— 12 · 1 u
     100% ———— x ∴ x = 6,7%

O   180 u ———— 6 · 16 u
     100% ———— x ∴ x = 53,3%

Portanto, a fórmula percentual é: $C_{40\%}H_{6,7\%}O_{53,3\%}$

3. Fórmula mínima ou empírica

A **fórmula mínima** (ou **empírica**) indica os **elementos** formadores da substância e a **proporção em número de átomos** desses elementos expressa em números inteiros e os menores possíveis.

A fórmula molecular da glicose é $C_6H_{12}O_6$. Já a fórmula mínima é CH_2O, uma vez que trata da proporção em números inteiros e os menores possíveis.

1º exemplo: determinação da fórmula mínima a partir da fórmula molecular.

Simplificar os índices de tal modo que se obtenham os menores índices inteiros.

Substância	Fórmula molecular	Fórmula mínima
glicose	$C_6H_{12}O_6$	CH_2O
água oxigenada	H_2O_2	HO
ozônio	O_3	O
ácido acético	$C_2H_4O_2$	CH_2O
ácido sulfúrico	H_2SO_4	H_2SO_4
água	H_2O	H_2O
sacarose	$C_{12}H_{22}O_{11}$	$C_{12}H_{22}O_{11}$

Observe que a fórmula mínima não corresponde a nenhuma substância, pois sua função é apenas indicar uma proporção mínima de átomos.

2º exemplo: determinação da fórmula mínima a partir de dados experimentais, como valores de massa ou porcentagem em massa.

Calcular a fórmula mínima de um composto que apresenta: $C_{40\%}H_{6,7\%}O_{53,3\%}$. **Dados:** C = 12, H = 1, O = 16.

Resolução:

1º passo: determinar a quantidade em mols de cada elemento, por meio das fórmulas:

$$n = \frac{m}{M} \text{ ou } n = \frac{\%}{M}, \text{ onde } \overline{M} = \text{massa molar}$$

$$C_{\frac{40}{12}}H_{\frac{6,7}{1}}O_{\frac{53,3}{16}} \Rightarrow C_{3,33}H_{6,7}O_{3,33}$$

2º passo: dividir os resultados obtidos pelo menor valor encontrado. Somente arredondar para número inteiro quando a primeira casa após a vírgula for igual a 9, 1 ou 0:

$3,9\_ \rightarrow 4$
$3,1\_ \rightarrow 3$
$3,0\_ \rightarrow 3$
$3,7 \rightarrow 3,7\_(!)$

$$C_{\frac{3,33}{3,33}}H_{\frac{6,7}{3,33}}O_{\frac{3,33}{3,33}} \Rightarrow C_1H_{2,01}O_1 \Rightarrow CH_2O$$

3º passo: caso algum dos valores obtidos não possa ser arredondado, multiplicar todos os valores por 2, 3, 4 etc. até que se obtenham números inteiros.

No caso analisado, não há necessidade dessa multiplicação, uma vez que os índices obtidos após o 2º passo são todos inteiros. Portanto, a fórmula mínima do composto dado é CH_2O.

4. Fórmula molecular

A **fórmula molecular** indica os **elementos formadores da substância** e o **número de átomos** de cada elemento na molécula dessa substância.

1º exemplo: determinação da fórmula molecular a partir da fórmula mínima e da massa molecular (massa molar).

Um componente da gasolina tem fórmula mínima C_4H_9 e massa molecular igual a 114 u. Qual a fórmula molecular desse componente? **Dados:** C = 12, H = 1.

Resolução:

Já vimos que a fórmula mínima corresponde a uma "simplificação matemática" da fórmula molecular. Assim, a fórmula molecular ou coincide ou é um múltiplo exato da fórmula mínima. Portanto, deve-se determinar quantas vezes a fórmula mínima "cabe" na fórmula molecular:

(fórmula molecular) = x · (fórmula mínima)

1º passo: determinar a massa da fórmula mínima.

$MM_{\text{fórmula mínima}} = 4 \cdot 12\ u + 9 \cdot 1\ u = 57\ u$

2º passo: calcular x.

$114\ u = x \cdot 57\ u \Rightarrow x = 2$

3º passo: multiplicar a fórmula mínima por x para obter a fórmula molecular.

$(C_4H_9)_2 \Rightarrow$ A fórmula molecular é C_8H_{18}.

2º exemplo: a partir de dados experimentais (massa ou %) e massa molecular.

Calcular a fórmula molecular de um composto que apresenta $C_{80\%}H_{20\%}$ e massa molecular 30 u. **Dados:** C = 12, H = 1.

Resolução:

1º passo: determinar a fórmula mínima.

$C_{80\%}H_{20\%} \Rightarrow C_{\frac{80}{12}}H_{\frac{20}{1}} \Rightarrow C_{6,66}H_{20}$

$C_{6,66}H_{20} \Rightarrow C_{\frac{6,66}{6,66}}H_{\frac{20}{6,66}} \Rightarrow CH_3$

Portanto, a fórmula mínima é CH_3.

2º passo: repetir o procedimento do 1º exemplo.

$MM_{\text{fórmula mínima}} = 1 \cdot 12\,u + 3 \cdot 1\,u = 15\,u$

$30\,u = x \cdot 15\,u \Rightarrow x = 2$

$(CH_3)_2 \Rightarrow$ A fórmula molecular é C_2H_6.

4.1 Espectrometria de massa

A espectrometria de massa é um método que permite identificar os átomos que compõem uma substância e determinar as massas atômicas e moleculares. Um esquema de um espectrômetro de massa é apresentado na figura 1.

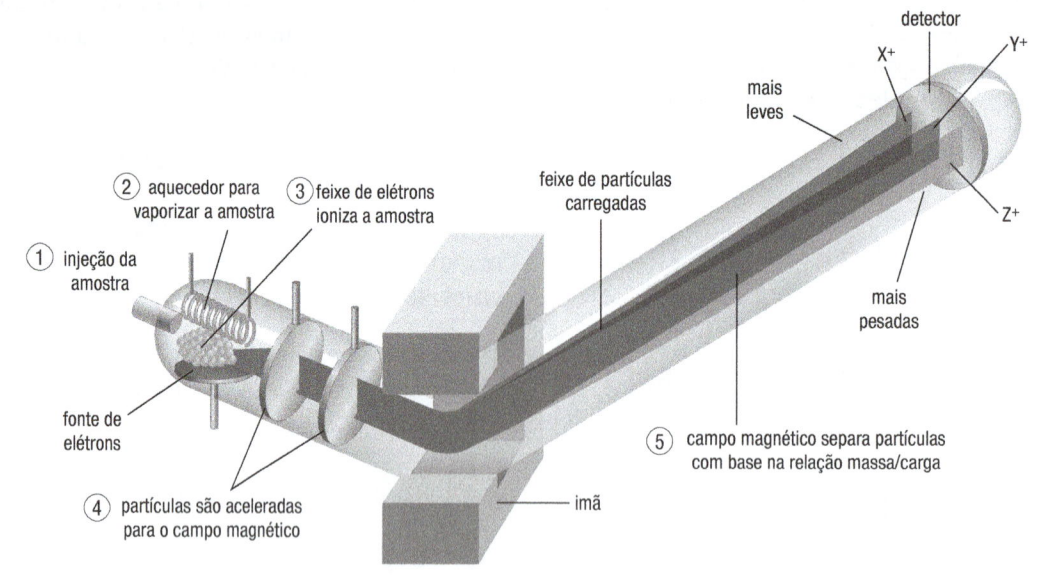

Figura 1 – Desenho esquemático do funcionamento de um espectrômetro de massa.

A amostra gasosa a ser analisada é bombardeada com um feixe de elétrons para gerar íons positivos, a maioria com carga +1. Esses íons são acelerados em direção a um campo magnético que provoca o desvio de suas trajetórias. Para íons de mesma carga, o grau de desvio depende da massa – quanto maior a massa do íon, menor o desvio. Dessa forma, os íons são separados de acordo com suas massas.

Um gráfico da intensidade do sinal em função da massa é chamado de *espectro de massa*. A figura 2 apresenta o espectro de massa para o elemento bromo (massa atômica: 79,9 u), que revela a presença de dois isótopos: o bromo-79, 55%, e o bromo-81, 45%. A análise de um espectro de massa fornece tanto as massas dos íons que atingem o detector quanto suas abundâncias relativas. Essas abundâncias são obtidas a partir da intensidade de seus sinais.

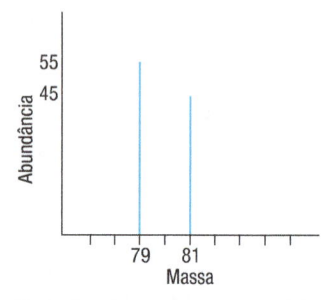

Figura 2 – Espectro de massa esquemático do bromo.

Já para compostos mais complexos, como o bromometano (CH_3Br – massa molecular: 94,9 u), o feixe de elétrons, ao incidir sobre a amostra, provoca, além da ionização da amostra, a sua fragmentação. Os espectrômetros de massa medem as massas desses fragmentos, produzindo uma impressão digital química da substância e fornecendo indícios de como os átomos estavam ligados entre si na substância original. É por esse motivo que no espectro de massa do bromometano, reproduzido na figura 3, há a presença de diversos picos.

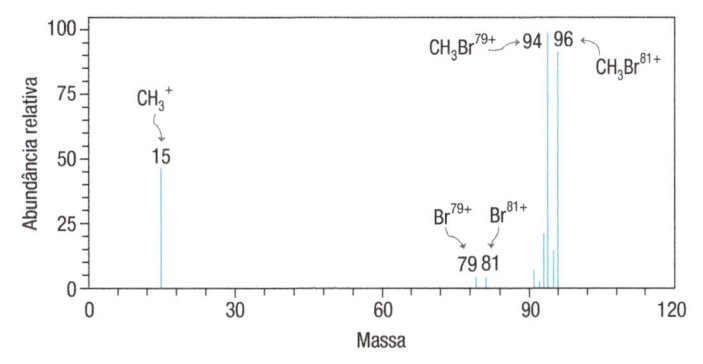

Figura 3 – Espectro de massa do bromometano.

Os picos com maior abundância são os de massa 94 e 96, que correspondem ao bromometano composto, respectivamente, por bromo-79 e por bromo-81. Os picos de massa 79 e 81 correspondem ao bromo. Já o pico de massa 15 corresponde ao fragmento $-CH_3$.

Exercícios Série Prata

1. Verifica-se experimentalmente que 5 g de um composto contêm 2 g de cálcio, 0,6 g de carbono e 2,4 g de oxigênio. Determine a fórmula porcentual em massa desse composto.

2. Verifica-se experimentalmente que, na queima de 2,4 g de magnésio, formam-se 4,0 g de um certo composto de magnésio. Qual a fórmula porcentual desse composto?

3. Verifica-se experimentalmente que 9 g de alumínio reagem completamente com 8 g de oxigênio, dando óxido de alumínio. Determine a fórmula porcentual em massa do óxido de alumínio.

4. Calcule a porcentagem em massa de H_2O no composto $CuSO_4 \cdot 5\,H_2O$.
Dados: Cu = 63,5; S = 32; O = 16; H = 1.

5. Dada a fórmula estrutural da aspirina:

Calcule a porcentagem em massa do hidrogênio.
Dados: C = 12, H = 1, O = 16.

6. Determine a fórmula porcentual do sulfato de ferro (III).
Dados: Fe = 56, S = 32, O = 16.

7. Determine a fórmula porcentual do benzeno (C_6H_6).
Dados: C = 12, H = 1.

8. Complete.

Fórmula molecular   Fórmula mínima

a) $C_6H_{12}O_6$ _____

b) $C_2H_4O_2$ _____

c) H_2O_2 _____

d) O_3 _____

e) H_2SO_4 _____

f) H_2O _____

9. Calcule a fórmula mínima sabendo que $C_{81,8\%}H_{18,2\%}$.
Dados: C = 12, H = 1.

10. Uma amostra contém 1,84 g de sódio, 1,24 g de fósforo e 2,24 g de oxigênio. Determine a fórmula mínima.
Dados: Na = 23, P = 31, O = 16.

11. Determine a fórmula mínima, sabendo que $C_{82,76\%}H_{17,24\%}$.
Dados: C = 12, H = 1.

12. Dois óxidos de enxofre foram analisados separadamente, revelando as seguintes porcentagens:

	% em enxofre	em oxigênio
óxido I	40	60
óxido II	50	50

Determine as fórmulas mínimas dos óxidos.
Dados: S = 32, O = 16.

13. Um composto orgânico é formado pelos elementos carbono, oxigênio e hidrogênio. Da análise de uma amostra, obtemos as seguintes informações de sua composição:

Elemento	Quantidade
carbono	48 g
hidrogênio	10 mol de átomos
oxigênio	$1{,}2 \cdot 10^{24}$ átomos

Determine a fórmula mínima.

Dados: $C = 12$, constante de Avogadro $= 6 \cdot 10^{23}$/mol.

14. Determine a fórmula mínima de um sal hidratado que encerra 18,5% de Na, 25,8% de S, 19,4% de O e 36,3% de H_2O.

Dados: $H = 1$, $O = 16$, $Na = 23$, $S = 32$.

15. A fórmula mínima de um composto orgânico de CH_2 e sua massa molar vale 70 g/mol. Determine a fórmula molecular desse composto.

Dados: $C = 12$, $H = 1$.

16. A análise de um composto com 284 u de massa molecular revelou a seguinte composição: $P_{43,7\%}O_{56,3\%}$. Determine a fórmula molecular desse composto.

Dados: $P = 31$, $O = 16$.

17. A análise de uma amostra pura da glicerina revelou a seguinte composição:

7,2 g de carbono
1,6 g de hidrogênio
9,6 g de oxigênio

Com base nessas informações e sabendo que a massa molar da glicerina é igual a 92 g/mol, determine a:

a) fórmula mínima.

b) fórmula molecular.

Dados: $C = 12$, $H = 1$, $O = 16$.

Exercícios Série Ouro

1. (FATEC – SP) O pigmento branco mais utilizado em tintas e em esmaltes é o dióxido de titânio, TiO_2. A porcentagem em massa de titânio nesse pigmento é de
a) 20%.
b) 40%.
c) 60%.
d) 80%.
e) 100%.

Dados: massas molares em g/mol Ti = 48; O = 16.

2. (UNICID – SP) A piperazina é o princípio ativo de medicamentos anti-helmínticos de usos humano e veterinário. Suas fórmulas estrutural e molecular estão representadas abaixo:

piperazina

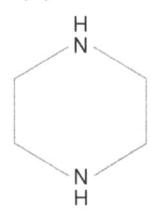

Fórmula molecular: $C_4H_{10}N_2$
Massa molar = 86 g/mol

A porcentagem em massa de nitrogênio (14 g/mol) na piperazina é próxima de
a) 11,1.
b) 32,6.
c) 1,5.
d) 6,4.
e) 24,2.

3. (PUC – PR) O diabetes é uma doença causada pela deficiência na produção de insulina pelo pâncreas e sua principal função é reduzir a taxa de glicose no sangue. A molécula de insulina tem massa aproximadamente igual a 5.800 u e sua composição consiste em carbono, hidrogênio, nitrogênio, oxigênio e enxofre. O elemento químico nitrogênio corresponde a 15,68% da massa de sua molécula; portanto, o número aproximado de átomos de nitrogênio existentes na molécula de insulina é de:
a) 257
b) 909
c) 65
d) 77
e) 56

Dado: N = 14 u.

4. (MACKENZIE – SP) Existe uma classe muito comum de fertilizantes minerais mistos denominada NPK. Essa sigla deve-se à presença na composição desses fertilizantes de substâncias, contendo nitrogênio, fósforo e potássio. O nitrogênio age nas folhas das plantas, bem como em seu crescimento, o fósforo atua na floração e no amadurecimento de frutos além do crescimento das raízes e, finalmente, o potássio, responsável pelo equilíbrio da água no vegetal como também em seu crescimento. Nas embalagens comerciais desses fertilizantes, após a sigla NPK, é citada uma sequência numérica que expressa os percentuais em massa de nitrogênio, fósforo e potássio, respectivamente. Considerando um fertilizante NPK 04-14-08, é correto dizer que, para uma embalagem comercial de 500 g, há:
a) 40 g de nitrogênio, 140 g de fósforo e 80 g de potássio.
b) 20 g de nitrogênio, 70 g de fósforo e 40 g de potássio.

c) 2 g de nitrogênio, 7 g de fósforo e 4 g de potássio.
d) 4 g de nitrogênio, 14 g de fósforo e 8 g de potássio.
e) 0,4 g de nitrogênio, 1,4 g de fósforo e 0,8 g de potássio.

5. (UNIRIO – RJ) O etileno glicol, substância muito usada como agente anticongelante em motores automotivos, é um álcool e possui 38,7% de C, 9,75% de H e 51,6% de O. A fórmula mínima desse composto é:

a) CHO_3
b) CH_3O
c) CH_3O_2
d) C_2H_3O
e) C_3HO

Dados: massas atômicas: H = 1 u, C = 12 u, O = 16 u.

6. (UFAL) Num composto formado por alumínio, magnésio e oxigênio, para cada 0,703 mol de átomos de magnésio, há 1,406 mol de átomos de alumínio e 2,812 mol de átomos de oxigênio. A fórmula empírica (mínima) desse composto é:

a) $MgAl_2O_4$
b) $MgAl_2O_3$
c) $MgAlO_4$
d) Mg_2AlO_3
e) Mg_2AlO_4

7. (UNIFESP) Estanho e iodo reagem quantitativamente formando um produto cuja fórmula pode ser determinada reagindo-se quantidades conhecidas de iodo (dissolvido em um solvente) com excesso de estanho e determinando-se a massa do metal remanescente após a reação. Os resultados de uma experiência foram:

massa de iodo utilizado: 5,08 g
massa inicial de estanho: 4,18 g
massa final de estanho: 3,00 g

Dadas as massas molares, em g/mol, Sn = 118 e I = 127, pode-se concluir que a fórmula mínima do composto obtido é:

a) SnI
b) SnI_2
c) SnI_3
d) SnI_4
e) SnI_5

8. (IME – RJ) Em 19,9 g de um sal de cálcio encontra-se 0,15 mol desse elemento. Qual a massa molar do ânion trivalente que forma esse sal?

a) 139 g/mol
b) 278 g/mol
c) 63,3 g/mol
d) 126,6 g/mol
e) 95 g/mol

Dado: Ca = 40 g/mol.

9. (FUVEST – SP) A partir de considerações teóricas, foi feita uma estimativa do poder calorífico (isto é, da quantidade de calor liberada na combustão completa de 1 kg de combustível) de grande número de hidrocarbonetos. Dessa maneira, foi obtido o seguinte gráfico de valores teóricos:

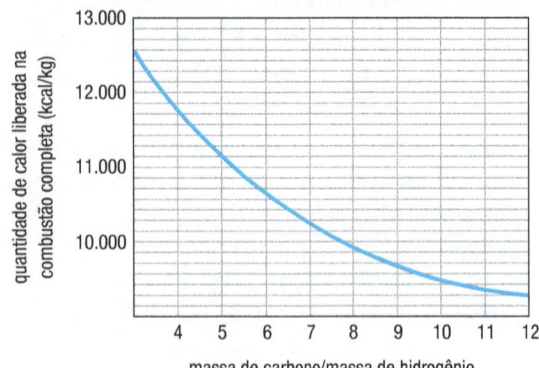

[gráfico: quantidade de calor liberada na combustão completa (kcal/kg) vs. massa de carbono/massa de hidrogênio na composição de hidrocarboneto]

Com base no gráfico, um hidrocarboneto que libera 10.700 kcal/kg em sua combustão completa pode ser representado pela fórmula

a) CH_4
b) C_2H_4
c) C_4H_{10}
d) C_5H_8
e) C_6H_6

Dados: massas molares (g/mol) C = 12,0; H = 1,00.

Capítulo 36
Introdução ao Estudo dos Gases e Lei Geral dos Gases

Balões de ar quente

Balões de ar quente não tripulados são populares na história chinesa desde o século III. Conhecidos como lanternas voadoras, eram utilizados como sinalizadores para propósitos militares.

Figura 1 – Festival de lanternas voadoras em Pingsi, Taiwan, em 2007.

Já a primeira demonstração de um objeto voador foi feita pelo padre português Bartolomeu de Gusmão. Em 1709, ele conseguiu elevar um pequeno balão de papel cheio de ar quente a cerca de 4 metros na frente do rei João V e sua corte. Contudo, esse pequeno balão chocou-se com o teto e incendiou-se, o que custou ao padre a chance de ser reconhecido como o Pai dos Balões.

O surgimento oficial do balão remonta ao ano 1783, na França. Os irmãos Joseph e Étienne Montgolfier projetaram um balão que foi pilotado por Pilatre de Rozier e o marquês d'Arlandes. Os dois pilotos percorreram 12 quilômetros em menos de meia hora a 900 metros de altitude.

Figura 2 – Balão projetado pelos irmãos Montgolfier, em 1783.

Hoje, mais de 200 anos depois do surgimento oficial, os balões têm mais de 26 metros de altura, o que equivale a um prédio de 7 andares; possuem uma área superior à de 5 *outdoors*; alcançam altitudes de mais de 20.000 metros e podem voar por dias seguidos sem a necessidade de aterrissar.

Figura 3 – Balão de ar quente nos dias de hoje.

Mas como será que um balão de ar quente voa? Como você aprenderá nas próximas aulas, os balões são capazes de ascender porque o aquecimento afeta a densidade do ar no interior do balão. Quando o ar é aquecido, ele se expande, inflando o balão. Quando o tamanho do balão chega ao máximo, o ar é então forçado para fora, uma vez que ele continua se expandindo em função do aquecimento. Como resultado, o volume do balão mantém-se constante enquanto a massa diminui, levando a uma diminuição da densidade do ar no interior do balão.

1. O estado gasoso

Toda matéria é formada por partículas (átomos, moléculas ou íons), que interagem entre si e arranjam-se em diferentes formas. Os diferentes estados de agregação da matéria correspondem ao maior ou menor grau de liberdade das partículas.

No estado sólido, as partículas encontram-se muito próximas umas das outras e formam com frequência estruturas ordenadas, conhecidas como retículos cristalinos. A matéria no estado sólido apresenta forma e volume constantes.

Transferindo-se energia a essas partículas, por exemplo, por meio do aumento da temperatura, essas partículas podem afastar-se das posições fixas, destruindo a estrutura sólida. Porém, se mantiverem as forças de coesão (forças intermoleculares) entre elas, diz-se que a substância encontra-se no estado líquido. No estado líquido, a matéria mantém volume constante. Entretanto, sua forma não é constante, correspondendo àquela do recipiente que a contém.

Elevando ainda mais a temperatura, as partículas podem adquirir energia cinética suficiente para abandonar a superfície do líquido passando para o estado gasoso. No estado gasoso, a matéria não apresenta volume nem forma constantes.

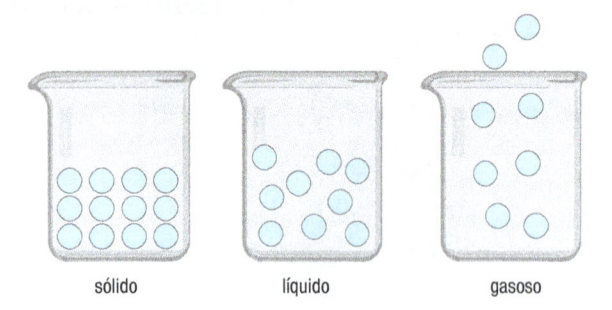

Figura 4 – Estados sólido, líquido e gasoso.

No estado gasoso, as forças entre as partículas são mais fracas e tornam-se mais importantes as interações por meio de colisões. O número de colisões depende do número médio de partículas presentes por unidade de volume, isto é, da densidade numérica e da energia das partículas. Essa energia está relacionada com a *temperatura* do gás. A terceira característica do sistema gasoso a ter em conta é a *pressão*.

1.1 Temperatura

As partículas constituintes de um gás estão em movimento desordenado, que é denominado agitação térmica. Dessa forma, cada partícula é dotada de energia cinética própria e a soma dessas energias cinéticas individuais constitui a energia térmica do gás.

Quanto mais intensa a agitação térmica, maior será a energia cinética de cada partícula e, em consequência, maior será a temperatura. Portanto, a temperatura pode ser entendida como uma medida do nível energético dos sistemas.

No dia a dia, estamos acostumados a utilizar a escala Celsius, em que a água, ao nível do mar, solidifica-se a 0 °C e entra em ebulição a 100 °C. Nessa escala, há a presença de valores negativos, o que inviabiliza a sua utilização como medida do nível energético. Além disso, o valor nulo (0 °C) é bastante utilizado, inclusive como ponto de fusão da água. Esse valor nulo atrapalharia, por exemplo, caso a grandeza temperatura fosse empregada no denominador de uma fração, uma vez que não se define divisão por zero.

Dessa forma, para o estudo dos gases, é comum a utilização da escala absoluta, estabelecida em 1848 pelo físico irlandês William Thomson, conhecido como lorde Kelvin (1824-1907). Ele propôs que a temperatura mais baixa que pode existir corresponde a um estado térmico em que cessaria a agitação térmica. A esse limite inferior de temperatura dá-se o nome de zero absoluto, que corresponde à temperatura de –273,15 °C (aproximadamente –273 °C).

A escala absoluta tem origem no zero absoluto e adota como unidade o kelvin (símbolo K), cuja extensão é igual à do grau Celsius (°C). Assim, uma variação de temperatura de 1 °C é igual a uma variação de 1 K. Dessa forma, o ponto de congelamento da água (0 °C) corresponde a 273 K e o ponto de ebulição da água (100 °C) corresponde a 373 K. Assim, nota-se que, para um mesmo estado térmico, a temperatura absoluta (T) é sempre 273 unidades mais alta que a correspondente temperatura Celsius (t_C).

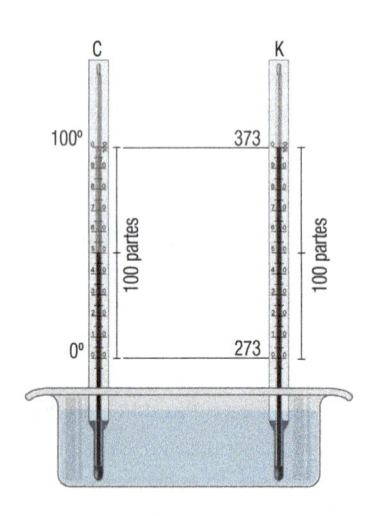

$$T(K) = t_C(°C) + 273$$

Figura 5 – A temperatura absoluta T é igual à temperatura Celsius t_C somada a 273.

1.2 Pressão

A pressão é definida como força dividida pela área sobre a qual a força é aplicada. Quanto maior a força que atua sobre uma área, maior será a pressão.

$$\text{Pressão} = \frac{\text{Força}}{\text{Área}}$$

A origem da força exercida por um gás sobre as paredes de um recipiente que o contém é consequência das incessantes colisões das partículas com as paredes do recipiente. Essas colisões são tão numerosas que o gás exerce uma força praticamente constante que se manifesta como uma pressão constante.

A unidade SI (Sistema Internacional de Unidades) é o pascal (Pa), definido como 1 newton por metro quadrado:

$$1 \text{ Pa} = 1 \frac{\text{N}}{\text{m}^2}$$

Entretanto, muitas outras unidades de pressão ainda são bastante empregadas, como apresentado na tabela 1.

Tabela 1 – Unidades de pressão.

Nome	Símbolo	Valor
pascal	1 Pa	1 N/m²
bar	1 bar	10^5 Pa
atmosfera	1 atm	101.325 Pa
milímetro de mercúrio*	1 mmHg	(101.325/760) Pa = = 133,32 Pa

* 760 mmHg = 1 atm

1.2.1 A medida da pressão

A pressão exercida pela atmosfera é medida por um **barômetro**. Esse equipamento foi inventado pelo físico italiano Evangelista Torricelli (1608-1647) em 1643. A versão original de Torricelli era um tubo cheio de mercúrio, selado em uma extremidade, mergulhado com a outra extremidade, aberta, em uma cuba também cheia de mercúrio.

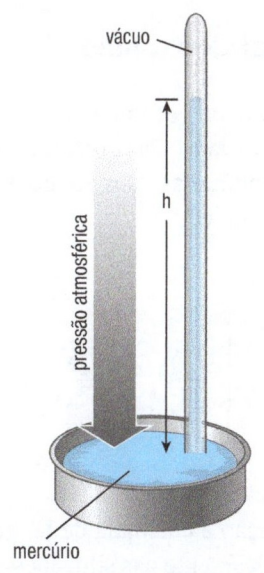

Figura 6 – Barômetro de Torricelli.

Quando a coluna de mercúrio está em equilíbrio mecânico com a atmosfera, a pressão na base da coluna é proporcional à pressão externa. Então, a altura da coluna de mercúrio é proporcional à pressão externa. Ao nível do mar, a pressão atmosférica é de cerca de 760 mmHg, razão pela qual 1 atm = 760 mmHg.

Por outro lado, quando se necessita medir a pressão de uma amostra de gás no interior de um recipiente, usa-se um **manômetro**. Na sua versão mais simples, um manômetro é um tubo em U cheio de um líquido. A pressão da amostra gasosa equilibra a pressão exercida pela coluna do líquido mais a pressão externa presente no outro ramo. É evidente, então, que a pressão da amostra gasosa pode ser medida pela determinação da altura da coluna e pelo conhecimento da pressão externa.

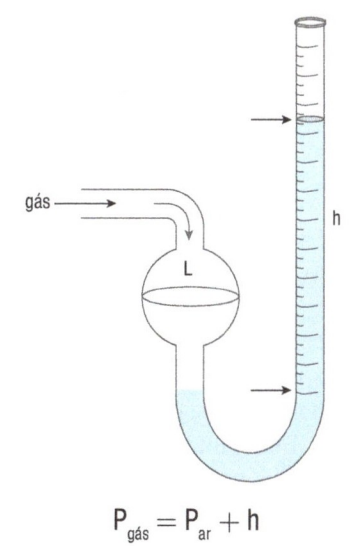

$$P_{gás} = P_{ar} + h$$

Figura 7 – Manômetro em U com extremidade aberta.

2. As leis dos gases

2.1 Lei de Boyle

Uma das propriedades dos gases é a **compressibilidade**, que consiste na capacidade de um corpo ou substância ter seu volume reduzido quando se encontra submetido a pressões. Essa propriedade permite, por exemplo, calibrar o pneu dos carros e motos por meio de um compressor.

Ao estudar a compressibilidade dos gases, o físico irlandês Robert Boyle (1627-1691) observou que o volume (V) de uma quantidade fixa de um gás (n) a uma dada temperatura (T) é inversamente proporcional à pressão (P) exercida pelo gás. Por se dar a uma temperatura constante, essa transformação é conhecida como **isotérmica**.

$$P \propto \frac{1}{V}, \text{ n e T constantes}$$

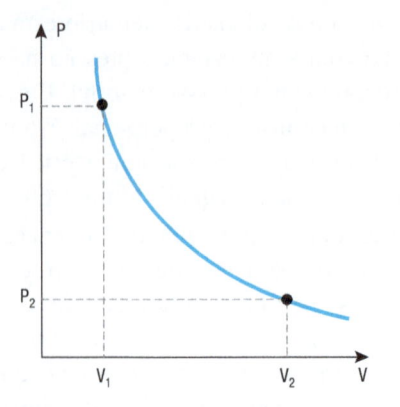

Figura 8 – Gráfico da pressão (P) em função do volume (V) para uma transformação isotérmica.

A lei de Boyle pode ser reescrita de forma a possibilitar determinar o volume de uma determinada pressão de gás quando a pressão se altera a uma temperatura constante. Se P é inversamente proporcional a V, então o produto PV é constante quando n e T são constantes, ou seja:

$$P_1 V_1 = P_2 V_2, \text{ n e T constantes}$$

2.2 1ª Lei de Charles e Gay-Lussac

Em 1787, o cientista francês Jacques Charles (1746-1823) descobriu que o volume (V) de uma quantidade fixa de gás (n) a pressão constante (P) diminui com a diminuição da temperatura (T), ou seja, V é diretamente proporcional a T. Entretanto, Charles não publicou seus resultados, que foram posteriormente confirmados pelo físico e químico francês Joseph Louis Gay-Lussac (1778-1850). Uma transformação a pressão constante é conhecida como **isobárica**.

$$V \propto T, \text{ n e P constantes}$$

Rearranjando de forma conveniente para analisar o efeito da temperatura sobre o volume, chega-se em:

$$\frac{V_1}{T_1} = \frac{V_2}{T_2}, \text{ n e P constantes}$$

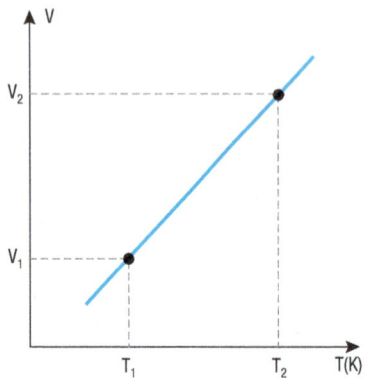

Figura 9 – Gráfico do volume (V) em função da temperatura (T) para uma transformação isobárica.

2.3 2ª Lei de Charles e Gay-Lussac

Gay-Lussac também confirmou as conclusões obtidas por Charles de que a pressão (P) de uma quantidade fixa de gás (n) a volume (V) constante diminui com a diminuição da temperatura (T), ou seja, P é diretamente proporcional a T. Uma transformação a volume constante é conhecida como **isocórica**, **isométrica** ou **isovolumétrica**.

$$P \propto T, \text{ n e V constantes}$$

Rearranjando, chega-se em:

$$\frac{P_1}{T_1} = \frac{P_2}{T_2}, \text{ n e V constantes}$$

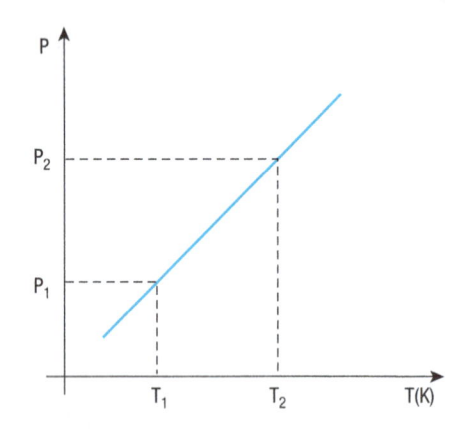

Figura 10 – Gráfico da pressão (P) em função da temperatura (T) para uma transformação isocórica, isométrica ou isovolumétrica.

2.4 Lei geral dos gases

Mas o que acontece quando dois dos três parâmetros (P, V e T) variam? Para resolver problemas desse tipo, pode-se combinar as duas equações que expressam as leis de Boyle e de Charles.

$$\left. \begin{array}{l} P_1 V_1 = P_2 V_2 \\ \dfrac{V_1}{T_1} = \dfrac{V_2}{T_2} \end{array} \right\} \quad \dfrac{P_1 V_1}{T_1} = \dfrac{P_2 V_2}{T_2}, \text{ n constante}$$

Essa equação é chamada de **lei geral dos gases** e se aplica especificamente nas situações em que a *quantidade de gás não varia*.

3. Quadro resumo

Lei	Transformação	Equação	Gráfico
Boyle	isotérmica $T = $ cte.	$P_1 V_1 = P_2 V_2$	P × V (hipérbole), $P\downarrow V\uparrow$
Charles e Gay-Lussac 1ª Lei	isobárica $P = $ cte.	$\dfrac{V_1}{T_1} = \dfrac{V_2}{T_2}$	V × T (reta), $V\uparrow T\uparrow$
Charles e Gay-Lussac 2ª Lei	isométrica ou isocórica $V = $ cte.	$\dfrac{P_1}{T_1} = \dfrac{P_2}{T_2}$	P × T (reta), $P\uparrow T\uparrow$

Exercícios Série Prata

1. (FMTM – MG) Considere o diagrama:

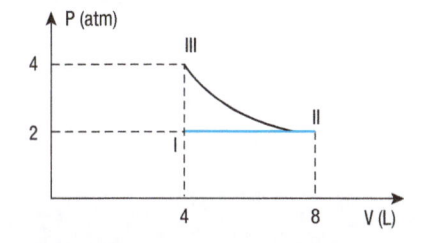

P (atm): 4 ---- III; 2 ---- I ---- II; V (L): 4, 8

Agora, responda:

a) Qual o nome das transformações gasosas verificadas quando passamos de I para II, de II para III e de III para I?

b) Se a temperatura em II é igual a 227 °C, qual a temperatura em III e em I?

2. (CESGRANRIO – RJ)

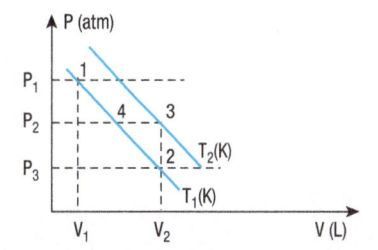

P (atm): P_1, P_2, P_3; pontos 1, 2, 3, 4; $T_1(K)$, $T_2(K)$; V (L): V_1, V_2

A análise do gráfico acima mostra as transformações sofridas por um gás ideal, quando variamos a sua temperatura, pressão ou volume e nos permite afirmar que o gás evolui:

a) isobaricamente de 1 a 2;
b) isotermicamente de 2 a 3;
c) isobaricamente de 3 a 4;
d) isometricamente de 4 a 2;
e) isometricamente de 3 a 4.

3. (UFSC) O gráfico representa o comportamento de uma certa massa de gás ideal, mantida sob pressão constante:

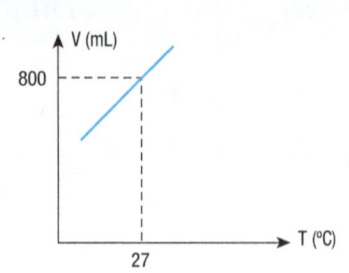

V (mL)
800
27 T (°C)

Determine o volume, em litros, dessa massa gasosa, quando a temperatura do sistema atingir 77 °C. Justifique sua resposta efetuando os cálculos.

4. Observe a figura da aparelhagem abaixo. A torneira da aparelhagem será aberta e a temperatura mantida constante.

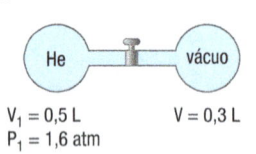

He — vácuo
$V_1 = 0,5$ L $V = 0,3$ L
$P_1 = 1,6$ atm

Desprezando o volume do tubo que interliga os balões, a pressão final do sistema será:

a) 0,9 atm
b) 1,0 atm
c) 1,2 atm
d) 1,3 atm
e) 1,4 atm

5. Considere a transformação isotérmica de uma massa fixa de gás. Qual deverá ser o percentual de redução da pressão para que o volume aumente em 25%?

6. Um balão de borracha contendo 1 L de gás hélio a 27 °C e 1 atm, foi solto numa praia. Calcule o volume do balão, numa altitude em que a pressão atmosférica é 0,8 atm e a temperatura é 17 °C.

7. (UFV – MG) Em relação ao estudo dos gases ideais, identifique a representação falsa:

a) P   T = constante
   V

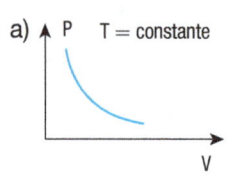

b) V   P = constante
   T

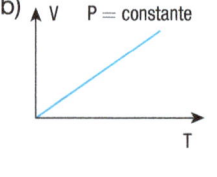

c) PV   P = constante
   T

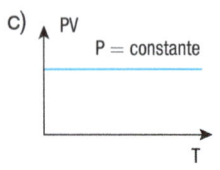

d) P   V = constante
   T

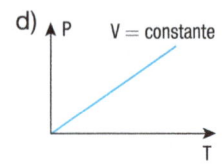

e) PV   T = constante
   P

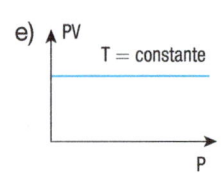

8. Uma certa massa de gás, ocupando um volume de 5 L à pressão de 2,5 atm, sofre uma transformação isotérmica e, no estado final, a sua pressão é o dobro da inicial. Qual é o volume final da massa gasosa?

9. 2,5 g de certo gás ocupam o volume de 17,2 L sob pressão de 500 mmHg. Qual o volume ocupado pelo gás a 750 mmHg, mantendo a temperatura constante?
a) 18 L
b) 15,5 L
c) 14 L
d) 11,5 L
e) 9,5 L

10. A que temperatura devemos aquecer um gás, inicialmente a 27 °C, a fim de aumentar o seu volume em 20%, mantendo a pressão constante?

11. Duplicando, simultaneamente, a pressão em mmHg e a temperatura absoluta de um gás, cujo volume vale 200 mL, qual será o volume final?

12. Certa massa de um gás, a 27 °C, está submetida à pressão de 3 atm e ocupa o volume de 1,5 L. Reduzindo-se, isotermicamente, a pressão para 2 atm, qual será o volume ocupado?
a) 5 L
b) 4,5 L
c) 3,25 L
d) 2,25 L
e) 1,75 L

13. Um frasco rígido, contendo um gás a 27 °C a certa pressão, foi resfriado até $\frac{2}{3}$ da pressão inicial. Qual a temperatura final?

Exercícios Série Ouro

1. (UEA – AM) Uma bolha de volume igual a 2 mL foi formada no fundo do oceano, em um local onde a pressão é de 4 atm. Considerando que a temperatura permaneceu constante, o volume final da bolha ao atingir a superfície do oceano, local em que a pressão é igual a 1 atm, foi de

a) 20 mL.
b) 10 mL.
c) 8 mL.
d) 4 mL.
e) 2 mL.

2. (UECE) Uma amostra de nitrogênio gasoso de volume conhecido V_1 é mantida sob pressão constante a uma temperatura de 200 °C. Reduzindo-se essa temperatura Celsius pela metade, e sem necessitar fazer conversão de escala termométrica, o volume V_2 será obtido, em termos aproximados, multiplicando-se V_1 por:

a) 0,79.
b) 0,69.
c) 0,50.
d) 1,58.

3. (UNESP) Os desodorantes do tipo aerossol contêm em sua formulação solventes e propelentes inflamáveis. Por essa razão, as embalagens utilizadas para a comercialização do produto fornecem no rótulo algumas instruções, tais como:
- Não expor a embalagem ao sol.
- Não usar próximo a chamas.
- Não descartar em incinerador.

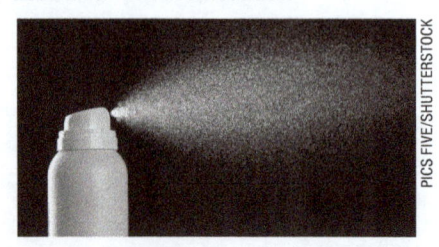

Uma lata desse tipo de desodorante foi lançada em um incinerador a 25 °C e 1 atm. Quando a temperatura do sistema atingiu 621 °C, a lata explodiu. Considere que não houve deformação durante o aquecimento. No momento da explosão a pressão no interior da lata era

a) 1,0 atm.
b) 2,5 atm.
c) 3,0 atm.
d) 24,8 atm.
e) 30,0 atm.

4. (UFG – GO) Analise o esquema a seguir.

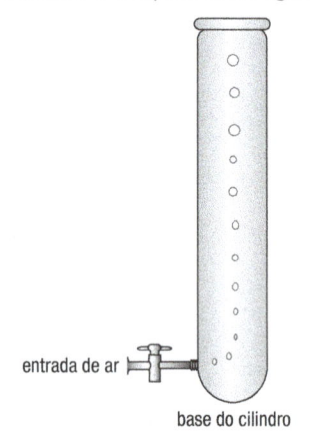

Ao se introduzir uma bolha de gás na base do cilindro, ela inicia sua ascensão ao longo da coluna de líquido, à temperatura constante. A pressão interna da bolha e a pressão a que ela está submetida, respectivamente,

a) aumenta e diminui.
b) diminui e diminui.
c) aumenta e permanece a mesma.
d) permanece a mesma e diminui.
e) diminui e permanece a mesma.

Capítulo 37
Lei Química dos Gases, Hipótese de Avogadro e Lei dos Gases Ideais

Air bags

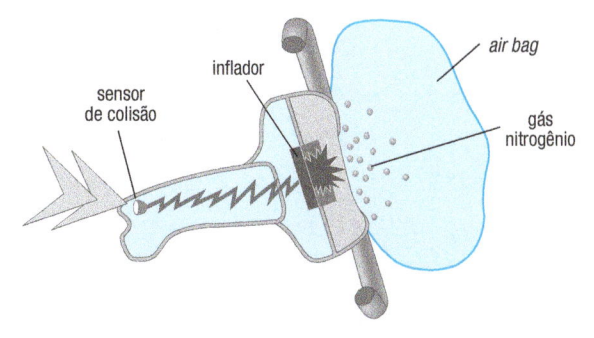

Figura 1 – Desenho esquemático do sistema de *air bags*.

O *air bag* é um dispositivo de segurança encontrado em automóveis modernos. Em caso de acidentes, ele é rapidamente inflado com gás nitrogênio gerado por meio de uma reação química. Basicamente, os *air bags* possuem três componentes:

- a bolsa, feita de náilon;
- o sensor, que responde à desaceleração do veículo e envia o comando para inflar a bolsa;
- o sistema de inflação, que consiste na decomposição da azida de sódio (NaN_3) em sódio (Na) e gás nitrogênio (N_2). São os deslocamentos desse gás que inflam a bolsa.

$$2\ NaN_3(s) \longrightarrow 2\ Na(s) + 3\ N_2(g)$$

Os *air bags* do lado do motorista são inflados com 35-70 L de N_2 e os do lado do passageiro com 60-160 L, sendo que o volume final do *air bag* irá depender da quantidade de gás nitrogênio gerada.

Atualize-se!

Em 18 de março de 2009, o então presidente Luiz Inácio Lula da Silva sancionou a lei nº 11.190, que obriga todos os automóveis leves a virem equipados de série com *air bag* duplo (motorista e passageiro). Nos cinco anos seguintes, os fabricantes instalados no país tiveram de adaptar suas frotas, incluindo os modelos importados, à nova legislação, pois a partir de 2014 toda a frota produzida deve ser equipada com esse dispositivo.

1. Lei volumétrica de Gay-Lussac

Em 1808, Gay-Lussac realizou uma série de experimentos com gases (que também levaram as leis apresentadas no capítulo 36) que culminaram com a publicação de sua lei volumétrica, cujo enunciado é:

Figura 2 – Gay-Lussac.

"Quando medidos nas mesmas condições de temperatura e pressão, os volume dos reagentes e dos produtos gasosos formam uma proporção constante, de números inteiros e pequenos".

1º exemplo (nas mesmas condições de temperatura e pressão):

Hidrogênio	+	Cloro	⟶	Cloreto de hidrogênio
10 L		10 L		20 L
15 L		15 L		30 L

Proporção volumétrica: 1 : 1 : 2.

Observe que nesse caso o volume inicial é igual ao volume final.

2º exemplo (nas mesmas condições de temperatura e pressão):

Nitrogênio	+	Hidrogênio	⟶	Amônia
10 L		30 L		20 L
20 L		60 L		40 L

Proporção volumétrica: 1 : 3 : 2.

Observe que nesse caso o volume inicial é maior que o volume final, ou seja, houve contração de volume.

3º exemplo (nas mesmas condições de temperatura e pressão):

Propano	+	Oxigênio	⟶	Gás carbônico	+	Vapor-d'água
10 L		50 L		30 L		40 L
20 L		100 L		60 L		80 L

Proporção volumétrica: 1 : 5 : 3 : 4.

Observe que nesse caso o volume inicial é menor que o volume final, ou seja, houve expansão de volume.

2. Princípio ou hipótese de Avogadro

A relação entre volume e quantidade de gás foi notada pela primeira vez pelo físico italiano Amedeo Avogadro (1776-1856). Em 1811, ele baseou-se no trabalho do químico Gay-Lussac para propor que:

"Volumes iguais de gases quaisquer, sob as mesmas condições de temperatura e pressão, possuem iguais números de moléculas (ou quantidade em mol)".

Essa ideia ficou conhecida como o princípio ou hipótese de Avogadro. Colocada de outra forma, ela diz que o volume de um gás, a uma determinada temperatura e pressão, é diretamente proporcional à quantidade (em mol) de gás.

$V \propto n$, temperatura e pressão constantes

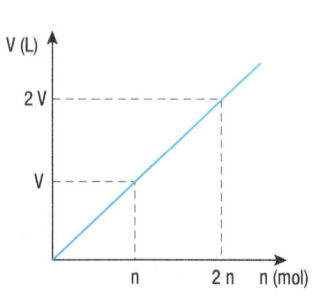

Figura 3 – Gráfico do volume (V) em função da quantidade em mol (n) para temperatura e pressão constantes.

3. Lei dos gases ideais

Um gás pode ser descrito qualitativamente e quantitativamente por meio de quatro variáveis: pressão, volume, temperatura e quantidade (mols). Sabe-se, a partir de dados experimentais, que:

Lei de Boyle	1ª Lei de Charles e Gay-Lussac	Hipótese de Avogadro
$V \propto (1/P)$ (n, T constantes)	$V \propto T$ (n, P constantes)	$V \propto n$ (P, T constantes)

Se essas três leis forem combinadas, chega-se em:

$$V \propto \frac{nT}{P}$$

Introduzindo uma constante de proporcionalidade, chamada de **constante universal dos gases**, cujo símbolo é **R**, a relação acima pode ser transformada para:

$$V = R\left(\frac{nT}{P}\right) \text{ ou } PV = nRT$$

A equação $PV = nRT$ é conhecida como **lei dos gases ideais**. Essa lei descreve o comportamento dos gases "ideais", que são simplificações dos gases reais. Entretanto, gases reais em pressões baixas (em torno de 1 atm ou menores) e temperaturas elevadas (ao redor da temperatura ambiente) apresentam um comportamento bastante próximo da idealidade, de modo que a equação $PV = nRT$ pode ser usada para descrever seu comportamento.

Nos gases ideais, considera-se que não há forças de atração entre as moléculas e que as próprias moléculas não ocupam volume.

3.1 Valores de R

Para utilização da lei dos gases ideais, é necessário conhecer um valor para R. Isso pode ser realizado de maneira experimental, através da determinação cuidadosa de P, V, n e T para uma amostra de gás. Como os valores de pressão e volumes podem ser expressos em diferentes unidades, o valor, e consequentemente a unidade de R também podem variar. A seguir vamos analisar os casos mais comuns:

1º caso:

pressão em atm e volume em litros.

Para $P = 1$ atm,
$V = 22,4$ L,
$n = 1$ mol e
$T = 273$ K (0 °C), tem-se:

$$R = \frac{PV}{nT} = \frac{(1 \text{ atm}) \cdot (22,4 \text{ L})}{(1 \text{ mol}) \cdot (273 \text{ K})} \Rightarrow R = 0,082 \frac{\text{atm} \cdot \text{L}}{\text{mol} \cdot \text{K}}$$

2º caso:

pressão em mmHg e volume em litros.

Lembrando que

$P = 1$ atm $= 760$ mmHg, tem-se:

$$R = 0,082 \frac{\text{atm} \cdot \text{L}}{\text{mol} \cdot \text{K}} \cdot 760 \frac{\text{mmHg}}{\text{atm}} \Rightarrow$$

$$\Rightarrow R = 62,3 \frac{\text{mmHg} \cdot \text{L}}{\text{mol} \cdot \text{K}}$$

3º caso:

pressão em Pa e volume em m³.

Lembrando que
$P = 1$ atm $= 101.325$ Pa e
$V = 1$ L $= 10^{-3}$ m³, tem-se:

$$R = 0,082 \frac{\text{atm} \cdot \text{L}}{\text{mol} \cdot \text{K}} \cdot 101.325 \frac{\text{Pa}}{\text{atm}} \cdot 10^{-3} \frac{\text{m}^3}{\text{L}} \Rightarrow$$

$$\Rightarrow R = 8,31 \frac{\text{Pa} \cdot \text{m}^3}{\text{mol} \cdot \text{K}}$$

3.2 Volume molar ($\overline{V}$) e CNTP

Volume molar ($\overline{V}$) é o volume ocupado por **1 mol** de um gás numa certa pressão e temperatura.

Vamos calcular o volume molar de um gás nas **condições normais de temperatura e pressão (CNTP)**, que correspondem a uma pressão de 1 atm e temperatura de 0 °C (273 K). Substituindo na lei dos gases ideais, vem que:

$$PV = nRT \Rightarrow (1 \text{ atm}) \cdot \overline{V} =$$
$$= (1 \text{ mol}) \cdot \left(0,082 \frac{\text{atm} \cdot \text{L}}{\text{mol} \cdot \text{K}}\right) \cdot (273 \text{ K}) \Rightarrow$$
$$\Rightarrow \overline{V} = 22,4 \text{ L/mol}$$

Portanto, o volume molar depende das condições do gás. Mantendo-se a pressão constante em 1 atm e variando a temperatura, já é possível notar alterações no volume molar.

Temperatura	Volume molar
10 °C	23,2 L/mol
20 °C	24,0 L/mol
25 °C	24,5 L/mol

Exercícios Série Prata

1. (FUVEST – SP) A combustão do gás metano, CH_4, dá como produtos CO_2 e H_2O, ambos na fase gasosa. Se 1 L de metano queimado na presença de 10 L de O_2, qual o volume final da mistura resultante?

2. Para a obtenção de amônia (NH_3) foram usados 100 mL de gás N_2 e 240 mL de gás H_2 nas mesmas condições de pressão e temperatura.

Determine:

a) o reagente limitante;
b) o volume final do reagente em excesso;
c) o volume de amônia produzido.

3. Qual é o volume do ar necessário para oxidar 28 L de SO_2 (medidos nas condições normais), transformando-o em SO_3?

Dado: o ar contém aproximadamente 20% de O_2 em volume.

4. (UNIFOR – CE) Um recipiente de 6,0 L, contém hélio exercendo a pressão de 0,82 atm a 27 °C. A quantidade de mols do gás no recipiente é igual a:

a) 0,10
b) 0,20
c) 0,60
d) 0,82
e) 1

Dado: $R = 0{,}082 \; \dfrac{m \cdot L}{mol \cdot K}$.

5. Em um vaso, cuja capacidade é de 2,46 litros, encontra-se confinado um gás sob pressão de 2 atmosferas e a 27 °C. Qual o número de moléculas desse gás existente no vaso?

Dados: $R = 0{,}082 \; \dfrac{atm \cdot L}{mol \cdot K}$, número de Avogadro $= 6{,}0 \cdot 10^{23}$.

6. (UNICID – SP – adaptada) Na medicina veterinária há necessidade de se aplicar sedativos ou anestésicos na realização de alguns procedimentos. Um dos primeiros gases usados como anestésico foi o óxido nitroso (N_2O), que pode ser comercializado em cilindros de 40 litros. Considere $P \cdot V = n \cdot R \cdot T$, em que $R = 0{,}08 \; atm \cdot L \cdot K^{-1} \cdot mol^{-1}$, $N = 14$, $O = 16$.

Dessa forma, o valor aproximado da pressão, em atm, que 22 kg de óxido nitroso exercem dentro deste cilindro a 300 K, é:

a) 500.
b) 300.
c) 100.
d) 400.
e) 200.

7. (PUC – PR) O estado gasoso caracteriza-se pela distância e agitação das moléculas. Para definir volume de um gás é necessário mencionar a temperatura e a pressão a que a massa gasosa está submetida. Considerando que $1,2 \cdot 10^{21}$ moléculas de gás carbônico estão armazenadas em um recipiente de 50 mL e exercem uma pressão aproximada de 744 mmHg, qual será, em Celsius, a temperatura aproximada do recipiente?

a) 298 °C
b) 100 °C
c) 10 °C
d) 50 °C
e) 25 °C

Dado: R = 62,4mm Hg · L/mol · K.

8. (PUC – SP) Para a realização de um experimento, será necessário encher de gás um balão de 16,4 L, que a 127 °C, suporta a pressão máxima de 2,0 atm. Nestas condições, a quantidade mais adequada para encher o balão é:

a) 10 g de hidrogênio ($\overline{M}$ = 2 g/mol).
b) 24 g de metano ($\overline{M}$ = 16 g/mol).
c) 45 g de etano ($\overline{M}$ = 30 g/mol).
d) 64 g de dióxido de enxofre ($\overline{M}$ = 64 g/mol).
e) 78 g de acetileno (etino) ($\overline{M}$ = 26 g/mol).

Dado: R = 0,082 atm · L · K^{-1} · mol^{-1}.

9. (ITA – SP) A que temperatura deve ser aquecido um frasco aberto para expulsar a metade da massa de cloro gasoso que nele se encontra a 25 °C?

a) 50 °C
b) 75 °C
c) 298 °C
d) 323 °C
e) 596 °C

10. (UNIFICADO – RJ) Um cilindro rígido contém 1.400 g de nitrogênio puro. Aberto a 27 °C e 1 atm, até esgotar todo o contéudo, o volume de N_2 liberado terá sido de:

a) 110,7 L
b) 1.119,3 L
c) 1.230 L
d) 2.240 L
e) 2.460 L

Dados: N = 14 u, R = 0,082 atm · L/K · mol.

Exercícios Série Ouro

1. (UNESP) Considere a reação em fase gasosa:

$$N_2 + 3\,H_2 \longrightarrow 2\,NH_3$$

Fazendo-se reagir 4 L de N_2 com 9 L de H_2 em condições de pressão e temperatura constantes, pode-se afirmar que:

a) os reagentes estão em quantidades estequiométricas.
b) o N_2 está em excesso.
c) após o término da reação, os reagentes serão totalmente convertidos em amônia.
d) a reação se processa com aumento do volume total.
e) após o término da reação, serão formados 8 L de NH_3.

2. (PUC – SP – adaptada) A combustão completa de 1,0 L de um hidrocarboneto gasoso gera 4,0 L de dióxido de carbono medidos na mesma temperatura e pressão. Sabe-se também que a proporção entre a massa dessa substância e a massa de seus átomos de hidrogênio é de 7 : 1. A fórmula molecular desse hidrocarboneto é

a) C_2H_6.
b) C_2H_4.
c) C_4H_8.
d) C_4H_{10}.
e) C_6H_6.

Dados: C = 12, H = 1.

3. (Simulado – ENEM) Durante o final do século XVIII e o início do XIX, a Química viveu um período de grande movimentação rumo à sua constituição como disciplina científica, em que dados empíricos são compreendidos a partir de teorias e modelos explicativos racionais. Desse período, são as famosas leis ponderais e a teoria atômica de Dalton. Conforme a hipótese de Avogadro, datada de 1811, sob as mesmas condições de **T** e **P**, volumes iguais de quaisquer gases contêm o mesmo número de partículas. Utilizando um modelo de bolas, uma reação química em que a combinação de dois volumes do gás **A** com um volume do gás **B** resulta na formação de dois volumes de gás **C** poderia ser representada por

4. (PUC – RJ) Diariamente diversos gases são lançados na atmosfera, contribuindo para o aumento da poluição atmosférica. Considere que as amostras de gases poluentes indicados na tabela possuem comportamento ideal e encontram-se, cada um, em recipientes fechados de 1 L na mesma temperatura.

Amostra	Massa molar
10 g de CO	CO = 28 g/mol
10 g de CO_2	CO_2 = 44 g/mol
60 g de NO	NO = 30 g/mol
50 g de NO_2	NO_2 = 46 g/mol
80 g de SO_3	SO_3 = 80 g/mol

A amostra que exerce maior pressão é a de:
a) monóxido de carbono.
b) dióxido de carbono.
c) monóxido de nitrogênio.
d) dióxido de nitrogênio.
e) trióxido de enxofre.

6. (UNESP) Nos frascos de *spray*, usavam-se como propelentes compostos orgânicos conhecidos como clorofluorcarbonos. As substâncias mais empregadas eram $CClF_3$ (Fréon 12) e $C_2Cl_3F_3$ (Fréon 113). Num depósito abandonado, foi encontrado um cilindro supostamente contendo um destes gases. Identifique qual é o gás, sabendo-se que o cilindro tinha um volume de 10,0 L, a massa do gás era de 85 g e a pressão era de 2,00 atm a 27 °C.

$R = 0,082$ atm $\cdot$ L $\cdot$ mol^{-1} $\cdot$ K^{-1}.

Dados: massas molares em g $\cdot$ mol^{-1}: H = 1, C = 12, F = 19, Cl = 35,5.

5. (UNESP) Enquanto estudava a natureza e as propriedades dos gases, um estudante anotou em seu caderno as seguintes observações sobre o comportamento de 1 litro de hidrogênio e 1 litro de argônio, armazenados na forma gasosa à mesma temperatura e pressão:

I. Têm a mesma massa.
II. Comportam-se como gases ideais.
III. Têm o mesmo número de átomos.
IV. Têm o mesmo número de mols.

É correto o que o estudante anotou em

a) I, II, III e IV.
b) I e II, apenas.
c) II e III, apenas.
d) II e IV, apenas.
e) III e IV, apenas.

7. (FGV – adaptada) Créditos de carbono são certificações dadas a empresas, indústrias e países que conseguem reduzir a emissão de gases poluentes na atmosfera. Cada tonelada de CO_2 não emitida ou retirada da atmosfera equivale a um crédito de carbono.

http://www.brasil.gov.br/meio-ambiente/2012/04/
credito-carbono. Adaptado.

Utilizando-se $R = 0,082$ atm $\cdot$ L $\cdot$ mol^{-1} $\cdot$ K^{-1}, a quantidade de CO_2 equivalente a 1 (um) crédito de carbono, quando coletado a 1,00 atm e 300 K, ocupa um volume aproximado, em m³, igual a

a) 100.
b) 200.
c) 400.
d) 600.
e) 800.

Dados: C = 12, O = 16.

8. (UFSCar – SP) A hemoglobina presente em nosso sangue além de transportar oxigênio também transporta dióxido de carbono. Dada a constante universal dos gases = 0,082 atm · L · mol^{-1} · K^{-1} e sabendo-se que cada molécula de hemoglobina é capaz de transportar até 4 moléculas de dióxido de carbono, o volume máximo deste gás, medido a 37 °C e sob pressão de 1 atm, que pode ser carregado por 1 mol de hemoglobina é igual a

a) 0,1 L.
b) 10 L.
c) 51 L.
d) 102 L.
e) 204 L.

9. (FUVEST – SP) A tabela abaixo apresenta informações sobre cinco gases contidos em recipientes separados e selados.

Recipiente	Gás	Temperatura (K)	Pressão (atm)	Volume (L)
1	O_3	273	1	22,4
2	Ne	273	2	22,4
3	He	273	4	22,4
4	N_2	273	1	22,4
5	Ar	273	1	22,4

Qual recipiente contém a mesma quantidade de *átomos* que um recipiente selado de 22,4 L, contendo H_2, mantido a 2 atm e 273 K?

a) 1
b) 2
c) 3
d) 4
e) 5

Capítulo 38
Misturas Gasosas

O ar

O ar que respiramos é uma mistura de nitrogênio, oxigênio, argônio, dióxido de carbono, vapor-d'água e pequenas frações de outros gases. A tabela 1 apresenta a composição do ar atmosférico seco (sem presença de vapor-d'água).

Tabela 1 – Componentes do ar atmosférico seco.

Constituinte	Porcentagem Volumétrica (%)
N_2 (nitrogênio)	78,08
O_2 (oxigênio)	20,95
Ar (argônio)	0,934
CO_2 (gás carbônico)	0,037

Cada um desses gases exerce uma pressão, e a pressão atmosférica é a soma das pressões exercidas por cada um dos gases. A pressão de cada gás na mistura é chamada de **pressão parcial**.

1. Lei de Dalton das pressões parciais

O inglês John Dalton (1766-1844) foi o primeiro a deduzir que a pressão de uma mistura de gases é a soma das pressões parciais dos diferentes gases na mistura. Essa observação é conhecida como **lei de Dalton das pressões parciais**. Matematicamente, é escrita como:

$$P_{total} = p_A + p_B + p_C + ...$$

onde p_A, p_B e p_C são as pressões parciais dos diferentes gases em uma mistura e P_{total} é a pressão total da mistura.

Para o ar atmosférico seco, a aplicação da lei de Dalton levaria à seguinte expressão:

$$P_{atm} = p_{N_2} + p_{O_2} + p_{Ar} + p_{CO_2} + ...$$

2. Cálculo das pressões parciais (p) e da pressão total (P)

Em uma mistura de gases, cada gás se comporta de maneira independente em relação aos outros gases da mistura. Dessa forma, pode-se considerar o comportamento de cada gás separadamente.

Como exemplo, tomemos uma mistura de 0,1 mol de N_2 e 0,3 mol de He, ambos gases ideais, em um recipiente com capacidade de 10 L e a 27 °C. Como cada gás é independente do outro, podemos calcular a pressão de cada gás como se ambos estivessem isolados.

$$p_{N_2}V = n_{N_2}RT \Rightarrow p_{N_2} \cdot (10\,L) =$$
$$= (0,1\,mol) \cdot \left(0,082\,\frac{atm \cdot L}{mol \cdot K}\right) \cdot (300\,K) \Rightarrow p_{N_2} = \mathbf{0,246\,atm}$$

$$p_{He}V = n_{N_2}RT \Rightarrow p_{He} \cdot (10\,L) =$$
$$= (0,3\,mol) \cdot \left(0,082\,\frac{atm \cdot L}{mol \cdot K}\right) \cdot (300\,K) \Rightarrow p_{He} = \mathbf{0,738\,atm}$$

Portanto, de acordo com a lei de Dalton, a pressão total da mistura gasosa é dada por:

$$P_{total} = p_{N_2} + p_{He} = 0,246\,atm + 0,738\,atm = \mathbf{0,984\,atm}$$

Para calcular apenas a pressão total, será que não há uma maneira mais direta, sem a necessidade de calcular as pressões parciais de cada constituinte? Sim, da seguinte forma:

$$\boxed{p_{N_2}V = n_{N_2}RT} \quad + \quad \boxed{p_{He}V = n_{N_2}RT}$$

$$(p_{N_2} + p_{He})V = (n_{N_2} + n_{N_2})RT \Rightarrow P_{total}V = n_{total}RT$$

Logo:

$$P_{total}V = n_{total}RT$$
$$P_{total} \cdot (10\,L) =$$
$$= (0,1\,mol + 0,3\,mol) \cdot \left(0,082\,\frac{atm \cdot L}{mol \cdot K}\right) \cdot (300\,K)$$
$$P_{total} \cdot (10\,L) = \mathbf{(0,4\,mol)} \cdot \left(0,082\,\frac{atm \cdot L}{mol \cdot K}\right) \cdot (300\,K) \Rightarrow$$
$$\Rightarrow P_{total} = \mathbf{0,984\,atm}$$

Em muitos casos, é conhecida a pressão total da mistura e a sua composição e queremos determinar a pressão parcial dos componentes. Com base no exemplo anterior, esse procedimento pode ser realizado através de uma regra de três simples. Veja:

	Quantidade		Pressão
N_2	0,1	-------	p_{N_2}
mistura	0,4	-------	0,984 atm

$\therefore p_{N_2} = 0{,}246$ atm

	Quantidade		Pressão
He	0,3	-------	p_{He}
mistura	0,4	-------	0,984 atm

$\therefore p_{He} = 0{,}738$ atm

2.1 Fração em mol (X)

Para misturas de gases, é interessante introduzir uma quantidade chamada **fração em mol**, **X**, que é definida como quantidade em mols de determinada substância em uma mistura dividida pela quantidade em mols total de todas as substâncias presentes. Matematicamente, temos:

$$X_A = \frac{n_A}{n_{total}}$$

Agora, podemos combinar a fração em mol com as equações de pressão parcial e pressão total, chegando a uma equação bastante útil:

$$p_A = X_A P_{total}$$

Essa nova equação permite resolver o problema da determinação das pressões parciais a partir da pressão total e da composição da mistura de outra maneira. Consideremos ainda o exemplo da mistura de N_2 e He:

$$X_{N_2} = \frac{n_{N_2}}{n_{total}} = \frac{0{,}1 \text{ mol}}{0{,}1 \text{ mol} + 0{,}3 \text{ mol}} = \frac{0{,}1 \text{ mol}}{0{,}4 \text{ mol}} = 0{,}25$$

$P_{N_2} = X_{N_2} P_{total} = 0{,}25 \cdot 0{,}984 \text{ atm} = \mathbf{0{,}246 \text{ atm}}$

$$P_{N_2} = X_{N_2} P_{total}$$

E para o He temos:

$$X_{He} = \frac{n_{He}}{n_{total}} = \frac{0{,}3 \text{ mol}}{0{,}1 \text{ mol} + 0{,}3 \text{ mol}} = \frac{0{,}3 \text{ mol}}{0{,}4 \text{ mol}} = 0{,}75$$

$P_{He} = X_{He} P_{total} = 0{,}75 \cdot 0{,}984 \text{ atm} = \mathbf{0{,}738 \text{ atm}}$

Observação: é importante ressaltar que, para gases ideais, a fração em mol é numericamente igual à fração volumétrica. Assim, se considerarmos o ar um gás ideal, a fração em mol de nitrogênio será de $x_{N_2} = 0{,}78$, uma vez que a porcentagem em volume de nitrogênio é cerca de 78%.

3. Dois recipientes ligados por uma válvula

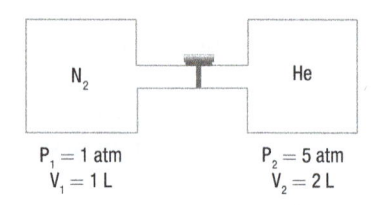

N_2 — He
$P_1 = 1$ atm $P_2 = 5$ atm
$V_1 = 1$ L $V_2 = 2$ L

a) Cálculo da pressão da mistura.

Ao abrir a torneira os gases se misturam e o volume fica igual a 3 L.

$n_{N_2} + n_{He} = n$

$$\frac{P_1 V_1}{RT} + \frac{P_2 V_2}{RT} = \frac{PV}{RT}$$

$P_1 V_1 + P_2 V_2 = PV$

$1 \cdot 1 + 5 \cdot 2 = P \cdot 3 \therefore P = \dfrac{11}{3}$ atm

b) Cálculo da pressão parcial de N_2.

n_{N_2} (torneira fechada) $= n_{N_2}$ (torneira aberta)

$$\frac{P_1 V_1}{RT} = \frac{p_{N_2} V}{RT}$$

$P_1 V_1 = p_{N_2} V$

$1 \cdot 1 = p_{N_2} \cdot 3$

$p_{N_2} = \dfrac{1}{3}$ atm

4. Massa molecular média de uma mistura gasosa

É a média ponderada das massas moleculares dos gases componentes da mistura, usando as porcentagens em volume ou as porcentagens em mol ou as frações em mol.

Exemplo:

78% de N_2
21% de O_2
1% de Ar

% em volume ou em mol:
$N_2 = 28$, $O_2 = 32$, Ar = 40

- Usando as porcentagens:

$$MM = \frac{78 \cdot 28 + 21 \cdot 32 + 1 \cdot 40}{100} \therefore MM = 28,9 \text{ u}$$

- Usando as frações em mol:

$x_{N_2} = 0,78 \quad x_{O_2} = 0,21 \quad x_{Ar} = 0,01$

$MM = x_{N_2} \cdot MM_{N_2} + x_{O_2} \cdot MM_{O_2} + x_{Ar} \cdot MM_{Ar}$

$MM = 0,78 \cdot 28 + 0,21 \cdot 32 + 0,01 \cdot 40$

$MM = 28,9$ u

Exercícios Série Prata

1. Uma mistura gasosa contém 0,15 mol de CO_2, 0,25 mol de CH_4 e 0,40 mol de O_2. Sabendo que essa mistura ocupa um volume de 41 L sob uma temperatura de −23 °C. Determine a pressão da mistura.

Dado: R = 0,082 $\frac{atm \cdot L}{mol \cdot K}$.

2. Uma mistura gasosa, constituída por 12 g de H_2 e 32 g de CH_4 e exerce uma pressão de 2 atm. Determine para cada componente:

a) a pressão parcial.
b) a fração em mols.

Dados: massa molar em g/mol — $H_2 = 2$, $CH_4 = 16$.

3. Uma mistura gasosa é formada por 4 mols de He e 1 mol de CO. Sabendo que a pressão total da mistura é 100 kPa. Calcule a pressão parcial do He.

4. A porcentagem em volume de nitrogênio no ar é 78%. Qual é a pressão parcial do nitrogênio no interior de um pneu calibrado com 180 kPa de ar?

5. (UEPB) 64 g de oxigênio (g) e 6 g de hidrogênio (g) são encerrados num recipiente de 22,4 L de capacidade, mantidos a uma temperatura de 0 °C.

a) Calcular a pressão da mistura.
b) Calcular a pressão parcial do O_2.

Dados: R = 0,082 atm · L · mol^{-1} · K^{-1}; massas molares em g/mol — $O_2 = 32$, $H_2 = 2$.

6. Considere uma mistura de 0,44 g de CO_2, 2 g de H_2 e 2,8 g de N_2, a 27 °C, e ocupando o volume de 10 L. Calcular:

a) a presão total da mistura gasosa;
b) a pressão parcial de cada gás.

Dados: C = 12; O = 16; H = 1; N = 14;

R = 0,082 $\frac{atm \cdot L}{mol \cdot K}$.

7. Um balão contendo CO e outro contendo He possuem volumes e pressões iniciais fornecidas no esquema. Abrindo-se a válvula, os gases se misturam. Responda:

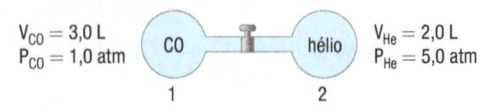

$V_{CO} = 3,0$ L
$P_{CO} = 1,0$ atm

CO — hélio

$V_{He} = 2,0$ L
$P_{He} = 5,0$ atm

1   2

a) Qual a pressão total do sistema?
b) Qual a pressão de CO?

8. (UFPE) Dois recipientes encontram-se ligados por uma válvula inicialmente fechada, como mostra a figura abaixo. No recipiente menor, com volume de 1 L, encontra-se gás carbônico na pressão de 1 atm. No recipiente maior, com volume de 3 L, encontra-se oxigênio na pressão de 6 atm. Considerando que a válvula é aberta e os dois gases se misturam, ocupando o volume dos dois recipientes, classifique os itens a seguir em verdadeiros ou falsos.

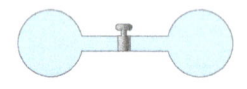

a) A pressão parcial de gás carbônico será 0,25 atm.
b) A pressão parcial de oxigênio será 4,5 atm.
c) A pressão total no interior dos recipientes será 4,75 atm.
d) A pressão total no interior dos recipientes será 7 atm.
e) A pressão no interior do recipiente maior será menor que a pressão no interior do recipiente menor.

9. Em um recipiente temos uma mistura de hélio e neônio. A pressão parcial de neônio é $\frac{1}{10}$ da pressão parcial do hélio.
Sabendo-se que as massas atômicas são: He = 4 u, Ne = 20 u, qual é a relação entre as massas do neônio e do hélio?

10. (UNIP – SP) Recolheu-se o gás hidrogênio produzido pela reação

$$Mg(s) + 2\ HCl(aq) \longrightarrow MgCl_2(aq) + H_2(g)$$

sobre água na aparelhagem representada no desenho.

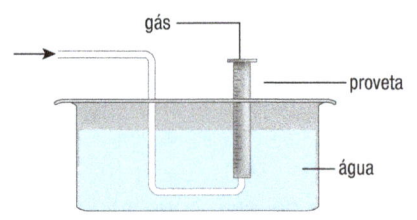

Sendo: $P_{atmosférica}$ = pressão atmosférica
P_{H_2} = pressão parcial de $H_2(g)$
P_{H_2O} = pressão parcial de $H_2O(g)$

quando os níveis da água dentro e fora da proveta forem iguais, pode-se afirmar que:

a) $P_{H_2} = P_{atmosférica} + P_{H_2O}$
b) $P_{H_2} = P_{atmosférica} - P_{H_2O}$
c) $P_{H_2} = $ zero
d) $P_{H_2} = P_{H_2O}$
e) $P_{H_2} = P_{atmosférica}$

11. Calcular a massa molar média do ar.
Dados: 78% em mol de N_2 (28 g/mol); 21% em mol de O_2 (32 g/mol); 1% em mol de Ar (40 g/mol).

Exercícios Série Ouro

1. (U. ANHEMBI MORUMBI – SP) O esquema abaixo representa quatro frascos de mesmo volume ligados entre si por tubulações e válvulas de volumes desprezíveis. Nos frascos "1" e "3", existe uma certa massa de gás de modo que os frascos apresentam pressões de 2 atm e 4 atm, respectivamente, enquanto nos frascos "2" e "4" existe vácuo.

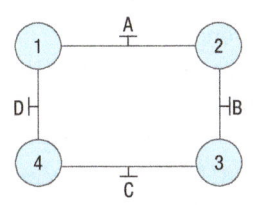

Qual será a pressão estabilizada, quando se abrirem as válvulas "A" e "B" e, posteriormente, quando se abrirem todas as válvulas?

a) 2 atm e 1,5 atm   d) 2 atm e 2 atm
b) 1,5 atm e 2 atm   e) 1,5 atm e 3 atm
c) 3 atm e 2 atm

2. (UFPR) Num depósito há três cilindros idênticos de gás, numa mesma temperatura, e cada cilindro possui um rótulo com as seguintes informações:

Cilindro 1	7 g de N_2	16 g de O_2	6 g de He
Cilindro 2	14 g N_2	8 g de O_2	13 g de CO_2
Cilindro 3	8 g de CH_4	13 g de O_2	4 g H_2

Dados: MM(g/mol): C = 12,01; H = 1,008; O = 15,999; N = 14,007; He = 4,003.

Com base nesse quadro, considere as seguintes afirmativas:

1. O cilindro 1 apresenta a maior pressão parcial de O_2.
2. O cilindro 2 apresenta a menor pressão parcial de N_2.
3. O cilindro 3 apresenta a menor pressão parcial de O_2.
4. O cilindro 3 apresenta a maior pressão total.

Assinale a alternativa correta.

a) Somente as afirmativas 1 e 4 são verdadeiras.
b) Somente as afirmativas 2 e 3 são verdadeiras.
c) Somente as afirmativas 1, 2 e 4 são verdadeiras.
d) Somente as afirmativas 2, 3 e 4 são verdadeiras.
e) As afirmativas 1, 2, 3 e 4 são verdadeiras.

3. (PUC – SP) Uma mistura gasosa, constituída por 14 g de nitrogênio (N_2) e 9 g de hidrogênio (H_2), está num recipiente fechado, exercendo uma pressão de 1,0 bar. As pressões parciais de nitrogênio e de hidrogênio exercidas nas paredes desse recipiente são, respectivamente:

a) 0,5 bar e 0,5 bar
b) 1,0 bar e 1,0 bar
c) 0,1 bar e 0,9 bar
d) 0,61 bar e 0,39 bar
e) 0,75 bar e 0,25 bar

Dados: H = 1, N = 14.

4. (FUVEST – SP) Na respiração humana, o ar inspirado e o ar expirado têm composições diferentes. A tabela a seguir apresenta as pressões parciais, em mmHg, dos gases da respiração em determinado local.

Gás	Ar inspirado	Ar expirado
oxigênio	157,9	115,0
dióxido de carbono	0,2	x
nitrogênio	590,2	560,1
argônio	7,0	6,6
vapor-d'água	4,7	46,6

Qual é o valor de x, em mmHg?
a) 12,4
b) 31,7
c) 48,2
d) 56,5
e) 71,3

5. Uma mistura gasosa contém 10 g de H_2, 84 g de N_2 e 56 g de CO. Calcule:

a) a composição porcentual em volume da mistura;
b) a massa molecular aparente (média) da mistura;
c) o volume ocupado por 15,0 g dessa mistura a 27 °C e 600 mmHg.

Dados: H = 1; C = 12; O = 16; $R = 62{,}3 \dfrac{mmHg \cdot L}{mol \cdot K}$.

6. (UFG – GO) Um cilindro contendo 64 g de O_2 e 84 g de N_2 encontra-se em um ambiente refrigerado a −23 °C. O manômetro conectado a esse cilindro indica uma pressão interna de 4 atm. Além disso, o manômetro também indica um alerta de que as paredes do cilindro suportam, no máximo, 4,5 atm de pressão. Devido a uma falha elétrica, a refrigeração é desligada e a temperatura do ambiente, em que o cilindro se encontra, se eleva a 25 °C.

a) Calcule o volume do cilindro e a pressão parcial de cada gás nas condições iniciais em que o cilindro se encontrava.
b) Demonstre, por meio de cálculos, se as paredes do cilindro vão resistir à nova pressão interna, a 25 °C, após a falha elétrica.

Dados: R = 0,082 atm · L · mol⁻¹ · K⁻¹; massas molares, em g/mol: O_2 = 32, N_2 = 28.

7. (FUVEST – SP) Os humanos estão acostumados a respirar ar com pressão parcial de O_2 próxima de $2{,}1 \cdot 10^4$ Pa, que corresponde, no ar, a uma porcentagem (em volume) desse gás igual a 21%. No entanto, podem-se adaptar a uma pressão parcial de O_2 na faixa de $(1 \text{ a } 6) \cdot 10^4$ Pa, mas não conseguem sobreviver se forçados a respirar O_2 fora desses limites.

a) Um piloto de uma aeronave, em uma cabine não pressurizada, voando a uma altitude de 12 km, onde a pressão atmosférica é $2{,}2 \cdot 10^4$ Pa, poderá sobreviver se a cabine for alimentada por O_2 puro? Explique.

b) Um mergulhador no mar a uma profundidade de 40 m, está sujeito a uma pressão cinco vezes maior do que na superfície. Para que possa sobreviver, ele deve respirar uma mistura de gás He com O_2 em proporção adequada. Qual deve ser a porcentagem de O_2, nessa mistura, para que o mergulhador respire um "ar" com a mesma pressão parcial de O_2 existente no ar da superfície, ou seja, $2,1 \cdot 10^4$ Pa? Justifique.

Observação: o He substitui com vantagem o N_2.

8. (PUC – RJ) O gás natural, embora também seja um combustível fóssil, é considerado mais limpo do que a gasolina, por permitir uma combustão mais completa e maior eficiência do motor. Assim, um número crescente de táxis rodam na cidade movidos por esse combustível. Esses veículos podem ser reconhecidos por terem parte de seus porta-malas ocupado pelo cilindro de aço que contém o gás. Um cilindro destes, com volume de 82 litros, foi carregado em um posto, numa temperatura de 27 °C, até uma pressão de 6 atm. Qual a massa de gás natural nele contido, considerando o gás natural formado (em mol) por 50% de metano (CH_4) e 50% de etano (C_2H_6)?

Dados: $R = 0,082$ atm · L/K · mol; $CH_4 = 16$; $C_2H_6 = 30$.

9. (UNIFESP) A figura representa um experimento de coleta de 0,16 g de gás oxigênio em um tubo de ensaio inicialmente preenchido com água destilada a 27 °C.

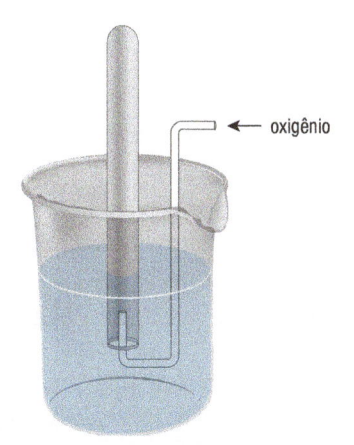

Quando o nível de água dentro do tubo de ensaio é o mesmo que o nível de fora, a pressão no interior do tubo é de 0,86 atm. Dadas a pressão de vapor (H_2O) a 27 °C = 0,040 atm e $R = 0,082$ atm · L · K^{-1} · mol^{-1}, o volume de gás, em mL, dentro do tubo de ensaio é igual a

a) 30
b) 140
c) 150
d) 280
e) 300

10. (UEL) Um cilindro com volume constante igual a 1 L e a 25 °C contém inicialmente no seu interior 0,2 mol de argônio e 0,8 mol de nitrogênio gasoso (mistura 1). Em um determinado momento, foi adicionado no interior do cilindro, a cada 1 minuto até completar 3 minutos, 0,2 mol de acetileno originando as misturas 1.1, 1.2 e 1.3, respectivamente.

Dados: constantes dos gases (R): 0,082 atm · 1/mol · K (equação geral dos gases: PV = nRT)

Com base no texto e nos conhecimentos sobre gases, considere as afirmativas a seguir.

I. A pressão parcial do argônio no cilindro na mistura 1 é a maior que a sua pressão parcial na mistura 1.1.
II. A pressão parcial do gás nitrogênio no cilindro na mistura 1.1 é menor que a sua pressão parcial na mistura 1.3.
III. A pressão parcial do gás acetileno no cilindro na mistura 1.3 é três vezes maior que na mistura 1.1.
IV. A pressão total no interior do cilindro após os três primeiros minutos da adição do gás acetileno é aproximadamente 39,1 atm.

Assinale a afirmativa correta.

a) Somente as afirmativas I e II são corretas.
b) Somente as afirmativas I e IV são corretas.
c) Somente as afirmativas III e IV são corretas.
d) Somente as afirmativas I, II e III são corretas.
e) Somente as afirmativas I, III e IV são corretas.

11. (UERJ – adaptada) O oxigênio gasoso pode ser obtido em laboratório por meio da decomposição térmica do clorato de potássio ($KClO_3$).

Em um experimento, o gás foi produzido em um frasco A e recolhido em um frasco B que, inicialmente, continha apenas água. Observe o esquema:

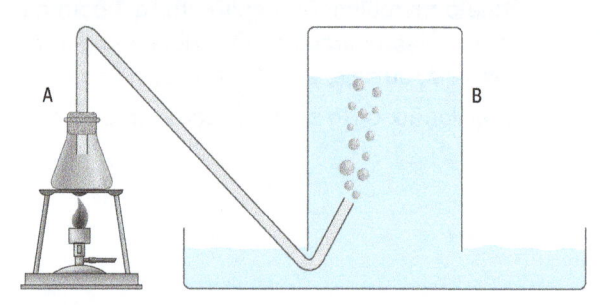

Ao final do experimento, verificaram-se as seguintes medidas no interior do frasco B:

- volume do gás recolhido: 123 mL
- temperatura interna: 27 °C
- pressão atmosférica no nível da água: 786,7 mmHg
- pressão de vapor-d'água: 26,7 mmHg

a) Determine a pressão parcial do oxigênio gasoso, em atm, presente no frasco B.
b) Determine a massa de oxigênio gasoso, em gramas, presente no frasco B.

Dado: R = 0,082 atm · L · K^{-1} · mol^{-1}

Capítulo 39
Densidade dos Gases, Lei de Graham, Teoria Cinético-molecular e Gases Reais

Balão dirigível contendo gás hélio.

1. Densidade dos gases

Como visto no capítulo 36, os balões de ar quente sobem porque estão preenchidos por um gás que apresenta uma densidade menor que a do ar atmosférico do lado externo do envelope do balão.

De maneira geral, a densidade (d) de um sólido, líquido ou gás pode ser definida conhecendo-se os valores de volume (V) e massa (m) a uma dada temperatura.

$$d = \frac{m}{V}$$

Para o caso de gases ideais, é possível relacionar a densidade à lei dos gases ideais. Como a quantidade em mols (n) de um gás é dada por sua massa (m) dividida por sua massa molar ($\overline{M}$), podemos substituir n por $\frac{m}{\overline{M}}$ na lei dos gases ideais:

$$PV = nRT \Rightarrow PV = \left(\frac{m}{\overline{M}}\right)RT \Rightarrow d = \frac{m}{V} = \frac{P\overline{M}}{RT}$$

Assim, vemos que a densidade de um gás é proporcional à pressão e à massa molar e inversamente proporcional à temperatura.

$$d = \frac{P\overline{M}}{RT}$$

1.1 Densidade relativa

A densidade relativa é definida como a relação entre a densidade de dois gases nas mesmas condições de pressão e temperatura.

$$\left.\begin{array}{l} d_A = \dfrac{P\overline{M}_A}{RT} \\ \div \\ d_B = \dfrac{P\overline{M}_B}{RT} \end{array}\right\} \quad d_{A,B} = \dfrac{d_A}{d_B} = \dfrac{\overline{M}_A}{\overline{M}_B}$$

Para comparar a densidade de um gás com a densidade do ar, nas mesmas condições de pressão e temperatura, é necessário relacionar as massas molares.

Contudo, o ar é na realidade uma mistura gasosa, o que leva à pergunta: Qual "massa molar" utilizar? No caso de misturas gasosas, utiliza-se a *massa molecular média*. Ela é definida como a média ponderada das massas moleculares dos gases componentes da mistura, usando-se as porcentagens em volume ou as porcentagens em mol ou as frações em mol.

A composição simplificada do ar é 78% de nitrogênio (N_2 – 28 g/mol), 21% de oxigênio (O_2 – 32 g/mol) e 1% de argônio (Ar – 40 g/mol), com as % em volume ou em mol.

$$\overline{M}_{ar} = \frac{78 \cdot 28 + 21 \cdot 32 + 1 \cdot 40}{100} = 28,9 \text{ g/mol}$$

Portanto, a densidade relativa de um gás A em relação ao ar seria dada por:

$$d_{A, Ar} = \frac{d_A}{d_{Ar}} = \frac{\overline{M}_A}{\overline{M}_{Ar}} = \frac{\overline{M}_A}{28,9}$$

Os gases ou vapores com massas molares maiores do que 28,9 g/mol apresentam densidades maiores que a do ar sob as mesmas condições de pressão e temperatura. Gases como CO_2 (44 g/mol) e o SO_2 (64 g/mol), por exemplo, descem ao nível do solo se liberados na atmosfera. Por outro lado, gases como H_2 (2 g/mol), He (4 g/mol), CO (28 g/mol), CH_4 (16 g/mol) e NH_3 (17 g/mol) sobem se liberados na atmosfera.

2. Difusão e efusão

Quando uma pessoa perfumada entra em uma sala, as moléculas voláteis responsáveis por seu aroma são vaporizadas e misturam-se com o ar presente na sala. Mesmo que não houvesse movimento do ar, o aroma se espalharia por toda a sala. Essa mistura de dois ou mais gases devido ao seu movimento molecular aleatório é chamada de **difusão**.

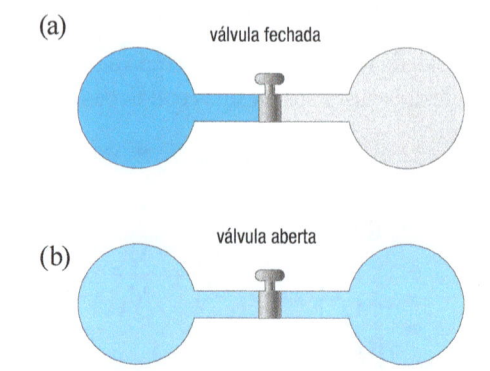

Figura 1 – O gás Br_2, de coloração marrom, presente no frasco em (a) difunde-se para o frasco da direita quando os dois frascos são conectados. Depois de um intervalo de tempo (em b), os dois frascos apresentam a mesma coloração (e concentração) de Br_2.

A difusão também é ilustrada pelo experimento mostrado na figura 2. Nele, um chumaço de algodão embebido com ácido clorídrico é colocado em uma das extremidades de um tubo, e um chumaço de algodão embebido em amônia aquosa é colocado no outra extremidade. Moléculas de HCl (36,5 g/mol) e NH_3 (17 g/mol) difundem-se no tubo e, ao se encontrarem, produzem o sólido branco NH_4Cl.

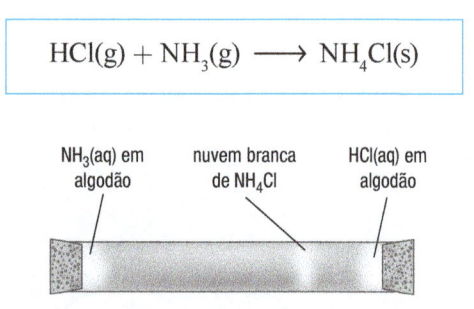

$$HCl(g) + NH_3(g) \longrightarrow NH_4Cl(s)$$

Figura 2 – Gás HCl e gás NH_3 difundem-se pelo tubo e, ao se encontrarem, reagem para formar o sólido branco NH_4Cl.

Note que os gases não se encontram na metade do tubo. Como as moléculas mais pesadas de HCl difundem-se mais lentamente que as moléculas mais leves de NH_3, o encontro ocorre mais próximo da extremidade do tubo que contém o HCl.

Bastante relacionada com a difusão, está a **efusão**, que é o movimento do gás através de um pequeno orifício ou de paredes porosas. Thomas Graham (1805-1869), químico escocês, estudou a efusão dos gases e descobriu que as velocidades de efusão (v) de dois gases, em uma mesma pressão e temperatura, são inversamente proporcionais às raízes quadradas de suas densidades. Contudo, como a densidade de um gás é diretamente proporcional a sua massa molar, as velocidades de efusão também são inversamente proporcionais às raízes quadradas das massas molares.

$$\frac{v_a}{v_b} = \sqrt{\frac{d_B}{d_A}} \quad \text{ou} \quad \frac{v_a}{v_b} = \sqrt{\frac{\overline{M}_B}{\overline{M}_A}}$$

3. Aprofundando: teoria cinético-molecular

As equações apresentadas e analisadas até agora estão relacionadas com as propriedades macroscópicas dos gases, como pressão e volume. Nesta seção, descreveremos o comportamento da matéria no nível molecular ou atômico, que é estudado pela teoria cinético-molecular. Por meio de uma série de experimentos, foram estabelecidos os postulados abaixo (afirmações que não necessitam de provas ou demonstrações):

- A distância das partículas (átomos ou moléculas) de um gás é muito maior que o tamanho das próprias partículas.
- As partículas de um gás estão em movimento contínuo, aleatório e rápido, sendo que nas colisões entre elas e com as paredes do recipiente, não há perda de energia.
- A energia cinética média das partículas do gás é proporcional à temperatura do gás. Todos os gases, independentemente da sua massa molecular, têm a mesma energia cinética média na mesma temperatura.

3.1 Velocidade molecular e energia cinética

As partículas de um gás não se movem todas à mesma velocidade. Na realidade, como mostrado na figura 3 para o gás argônio, existe uma distribuição de velocidades. A partir dessa figura, pode-se concluir que com o aumento da temperatura, a velocidade mais provável dos átomos de argônio aumenta, assim como o número de átomos que se move mais rápido.

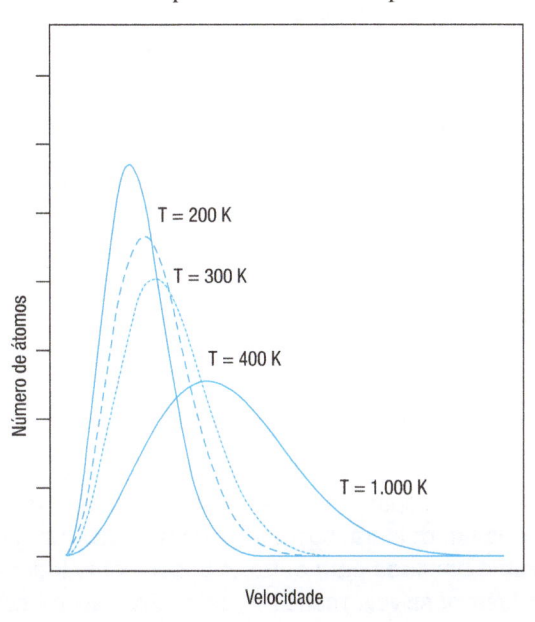

Figura 3 – Distribuição de velocidade dos átomos de argônio em função da temperatura.

Experimentos também mostraram que a energia cinética média é diretamente proporcional à temperatura, não dependendo da massa molar do gás. Entretanto, se você comparar uma amostra de argônio com uma de hélio, isso não significa que as partículas têm a mesma velocidade, ou seja, que ambos os gases possuem a mesma distribuição de velocidades, como mostrado na figura 4. Em vez disso, quanto menor a massa molar do gás, maior será sua velocidade média, uma vez que a energia cinética média ($\overline{E}_C$) é dada por:

$$\overline{E}_C = \frac{1}{2} \text{(massa)} \cdot \text{(velocidade média)}^2$$

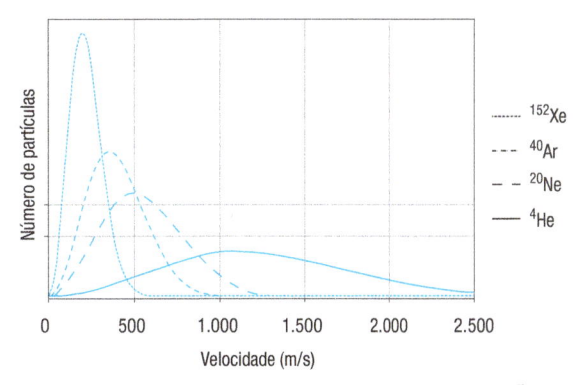

Figura 4 – Efeito da massa molar na distribuição das velocidades. A determinada temperatura, átomos com mais massa apresentam velocidades mais baixas.

4. Aprofundando: gases reais

Em condições próximas da temperatura ambiente e da pressão de 1 atm, a lei dos gases ideais é bem-sucedida para relacionar a quantidade em mols de gás com a sua pressão, volume e temperatura. Entretanto, em pressões mais elevadas ou temperaturas mais baixas, ocorrem desvios da lei dos gases ideais. Esses desvios estão relacionados com as suposições usadas no modelo dos gases ideais, que pressupõe que as partículas não possuem volume e que não há atração ou repulsão entre elas.

Nas condições normais de temperatura e pressão (CNTP – 0 °C e 1 atm), o volume ocupado por uma única molécula é muito pequeno em relação ao volume total do gás. Nessas condições, um átomo de hélio com um raio de 31 pm (1 pm = 10^{-12} m) tem um espaço para corresponder a uma esfera com raio da ordem de 2.000 pm. Contudo, se a pressão for aumentada para 1.000 atm, o volume disponível para esse mesmo átomo seria equivalente ao de uma esfera de 200 pm de raio.

A teoria cinético-molecular e a lei dos gases ideais estão relacionadas com o volume disponível para as partículas se moverem, e não com o volume das próprias partículas. E, pelo exemplo acima, fica claro que o volume ocupado pelas partículas de gás não é insignificante a pressões mais elevadas. Portanto, o volume disponível para essas partículas é menor do que o previsto pela lei dos gases ideais.

Outra suposição da teoria cinético-molecular é que os átomos ou as moléculas do gás nunca ficam unidos uns aos outros por algum tipo de força intermolecular. Isso claramente não é verdadeiro, uma vez que todos os gases podem ser liquefeitos. A única maneira pela qual essa mudança pode ocorrer é se houver forças entre as partículas do gás. Como resultado das forças intermoleculares, as moléculas ou átomos atingem a parede com menos força do que o fariam na ausência dessas forças. Assim, a pressão observada do gás é menor do que aquela prevista pela lei dos gases ideais. Esse efeito pode ser particularmente pronunciado quando a temperatura é baixa.

O físico holandês Johannes van der Waals (1837--1923) estudou os desvios da equação da lei dos gases ideais e desenvolveu os erros que resultam da não idealidade. Essa equação é conhecida como Equação de van der Waals, onde a e b são constantes determinadas experimentalmente. A constante a tem em geral valores na faixa de 0,01 a 10 atm · L^2/mol^2, enquanto os valores típicos de b variam de 0,01 a 0,1 L/mol.

$$\left(P + a\left[\frac{n}{V}\right]^2\right)(V - bn) = nRT$$

Os termos entre parênteses são aqueles da lei dos gases, cada um corrigido para os efeitos discutidos. O termo de correção da pressão, $a(n/V)^2$, corrige para forças intermoleculares. Como a pressão observada é mais baixa do que a pressão calculada usando-se a equação PV = nRT devido às forças intermoleculares, o termo $a(n/V)^2$ é adicionado à pressão observada. O termo bn corrige o volume observado para um valor menor, o volume realmente disponível para as moléculas do gás.

Exercícios Série Prata

1. Deduza a equação da densidade de um gás a partir da equação PV = nRT.

2. (FEI – SP) Um gás que está inicialmente a uma pressão de 1 atm e temperatura de 273 K sofre uma transformação de estado, adquirindo uma pressão de 3 atm e temperatura de 546 K. Com relação à densidade inicial, a densidade final é:

a) 1,5 vez maior.
b) 3 vezes maior.
c) 2 vezes menor.
d) 1,5 vez menor.
e) 3 vezes menor.

3. A densidade do gás X a 127 °C e 0,82 atm é igual a 2,0 g/L. Calcule:

a) a massa molar desse gás.
b) a sua densidade em relação ao H_2.
c) a sua densidade em relação ao ar.

Dados: massas molares: H_2 = 2 g/mol; ar = 28,9 g/mol; R = 0,082 $\frac{atm \cdot L}{mol \cdot K}$.

4. Os gases metano (CH_4) e butano (C_4H_{10}) foram produzidos separadamente num laboratório e recolhidos em dois frascos para serem transportados de uma bancada para outra. A seguir estão indicadas duas possíveis maneiras de esses frascos serem transportados. Quais as maneiras adequadas para cada um dos frascos?

Dados: massas molares – CH_4 = 16 g/mol; C_4H_{10} = 58 g/mol; ar = 28,9 g/mol.

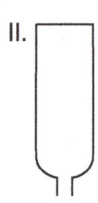

5. (UnB – DF) A densidade de um gás desconhecido, a 98 °C e 742 mmHg, é 2,50 g por litro. Calcular a massa molecular do gás.

Dados: R = 0,082 $\frac{atm \cdot L}{mol \cdot K}$, 1 atm = 760 mmHg.

8. O gás hélio atravessa um pequeno orifício com velocidade $\sqrt{7}$ vezes maior que um gás X nas mesmas condições. Qual a densidade do gás X nas CNTP?

a) 1,8 g/L
b) 1,25 g/L
c) 0,5 g/L
d) 1,0 g/L
e) 2,5 g/L

Dados: R = 0,082 $\frac{atm \cdot L}{mol \cdot K}$; He = 4 u.

6. Coloque os gases He, CH_4, O_2, H_2S e NH_3 em ordem crescente de suas velocidades de efusão.

Dados: massa atômica: He = 4; H = 1; N = 14; S = 32, O = 16, C = 12.

9. Sabendo-se que a densidade do hélio é $\frac{1}{4}$ da do metano, qual o valor da relação entre a velocidade de efusão do metano e a do hélio?

7. O hidrogênio atravessa um pequeno orifício com velocidade igual a 5,0 L/min, numa dada P e T. Qual a velocidade com a qual o oxigênio atravessa o mesmo orifício, nas mesmas P e T?

Dados: massas atômicas – H = 1; O = 16.

10. Seja o esquema abaixo:

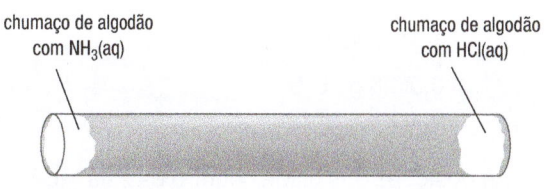

chumaço de algodão com NH_3(aq) • chumaço de algodão com HCl(aq)

A melhor previsão do que acontecerá é que se formarão anéis brancos dentro do tubo.

a) no ponto médio.
b) mais perto do HCl.
c) mais perto do NH_3.
d) impossível de se prever.

Dados: massas atômicas: Cl = 35,5 u; N = 14 u; H = 1 u.

11. (UPE) Dois chumaços de algodão, I e II, embebidos com soluções de ácido clorídrico, HCl, e amônia, NH$_3$, respectivamente, são colocados nas extremidades de um tubo de vidro mantido fixo na horizontal por um suporte, conforme representação abaixo. Após um certo tempo, um anel branco, III, forma-se próximo ao chumaço de algodão I.

Dados: massas molares: H = 1 g/mol; Cl = 35,5 g/mol; N = 14 g/mol.

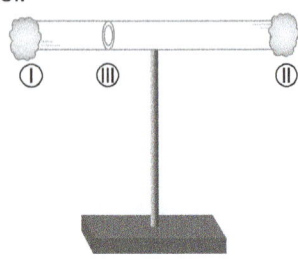

Baseando-se nessas informações e no esquema experimental, analise as seguintes afirmações:

I. O anel branco forma-se mais próximo do HCl, porque este é um ácido forte, e NH$_3$ é uma base fraca.

II. O anel branco formado é o NH$_4$Cl sólido, resultado da reação química entre HCl e NH$_3$ gasosos.

III. O HCl é um gás mais leve que NH$_3$, logo se movimenta mais lentamente, por isso o anel branco está mais próximo do ácido clorídrico.

Está CORRETO o que se afirma em
a) II.
b) III.
c) I e II.
d) I e III.
e) II e III.

Exercícios Série Ouro

1. (FATEC – SP) Três balões A, B e C foram enchidos, respectivamente, com os gases nitrogênio, oxigênio e hidrogênio. Os três balões foram soltos numa sala cheia de ar, a 25 °C e 1 atm. São dadas as densidades, a 25 °C e 1 atm:

$d_{N_2} = 1{,}14$ g · L^{-1}

$d_{O_2} = 1{,}31$ g · L^{-1}

$d_{H_2} = 0{,}0820$ g · L^{-1}

$d_{ar} = 1{,}10$ g · L^{-1}

As posições dos balões dentro da sala, após terem sido soltos, estão representadas em:

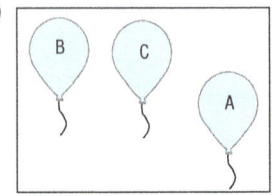

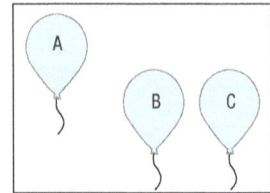

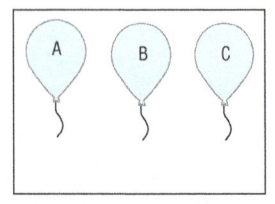

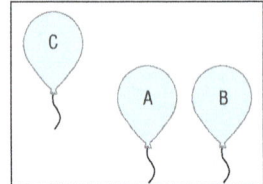

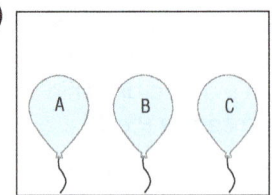

2. (FGV) O Brasil é um grande exportador de frutas frescas, que são enviadas por transporte marítimo para diversos países da Europa. Para que possam chegar com a qualidade adequada ao consumidor europeu, os frutos são colhidos prematuramente e sua completa maturação ocorre nos navios, numa câmara contendo um gás que funciona como um hormônio vegetal, acelerando seu amadurecimento. Esse gás a 27 °C tem densidade 1,14 g · L⁻¹ sob pressão de 1,00 atm. A fórmula molecular desse gás é:

a) Xe.
b) O_3.
c) CH_4.
d) C_2H_4.
e) N_2O_4.

Dado: R = 0,082 atm · L · mol⁻¹ · K⁻¹.

3. A maioria dos gases industriais, exceto hidrogênio, amônia e metano, é mais densa que o ar. Considerando essa informação, em caso de acidente com liberação de gases na estrada, assinale a opção que associa a orientação correta para as pessoas próximas ao local do acidente com a natureza do gás envolvido.

Recomendação 1: dirija-se para o lugar mais alto possível.

Recomendação 2: situar-se em depressões ou lugar mais baixo possível.

Recomendação 1	Recomendação 2
a) cloro	amônia
b) metil isocianato	dióxido de carbono
c) amônia	metano
d) propano	metil isocianato
e) butano	propano

4. (FUVEST – SP) Deseja-se preparar e recolher os gases metano, amônia e cloro. As figuras I, II e III mostram dispositivos de recolhimento de gases em tubos de ensaio.

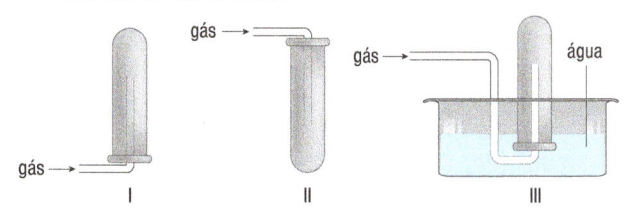

Considerando os dados da tabela abaixo:

	Massa molar g/mol	Solubilidade em água
Metano	16	desprezível
Amônia	17	alta
Cloro	71	alta
Ar	29 (valor médio)	baixa

escolha, dentre os dispositivos apresentados, os mais adequados para recolher, nas condições ambientes, metano, amônia e cloro. Esses dispositivos são, respectivamente:

a) II, II e III.
b) III, I e II.
c) II, III e I.
d) II, I e III.
e) III, III e I.

5. (FASM – SP) *Crioterapia*

Crioterapia é uma técnica utilizada para destruição de lesões dos órgãos e da pele, sejam elas benignas, pré-malignas e malignas, através de congelamento. A destruição ocorre por formação de cristais de gelo intra e extracelular levando a uma série de reações como alterações osmóticas, dano às membranas celulares e à microcirculação da pele. Criocirurgia é o termo mais atual quando se usa uma substância refrigerante, como o nitrogênio líquido o qual é aplicado por meio de pistola spray.

www.nitrothel.com.br

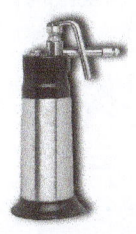

Pistola *spray* utilizada em criocirurgias.
(www.saudeshop.com.br)

Utilizar o produto somente em áreas bem ventiladas. Um litro de nitrogênio líquido no ponto de ebulição vaporizará aproximadamente 695 litros de nitrogênio gasoso a 21 °C e 1 atm.

www.linde-gas.com.br

A partir das informações apresentadas e sabendo-se que a massa molar do N_2 é 28 g/mol e a constante universal dos gases é 0,082 atm · L · mol⁻¹ · K⁻¹, a densidade do nitrogênio líquido no ponto de ebulição, em g/L, é aproximadamente,

a) 3.200.
b) 800.
c) 1.600.
d) 400.
e) 200.

6. (UNIFEV – SP) Alguns gases possuem aplicações em tratamento estéticos e de saúde, a seguir são reportados três deles e algumas de suas aplicações.

- Heliox (mistura de gases contendo 79% de hélio, He, e 21% de oxigênio, O_2, em volume): utilizado para aliviar os sintomas de obstrução das vias aéreas superiores.
- Oxigênio medicinal (O_2): utilizado em anestesias, reanimações cardiorrespiratórias e terapias profilática e curativa para diversos tipos de doenças.
- Dióxido de carbono (CO_2): utilizado na carboxiterapia para o combate de celulites e estrias.

A figura representa dois balões de borracha que foram fixados ao solo, por meio de barbantes, em um ambiente com temperatura de 25 °C e 1 atm de pressão. O balão 1 foi preenchido com heliox e o balão 2 com gás carbônico.

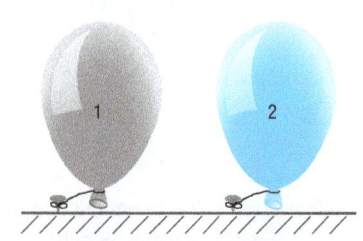

a) Considerando desprezíveis a massa da borracha dos balões e a dos barbantes, o que acontecerá com os balões 1 e 2 quando, ao mesmo tempo, os barbantes forem cortados? Justifique.

b) Considerando R = 0,08 atm · L · K⁻¹ · mol⁻¹, calcule a pressão que 6,4 kg de gás oxigênio medicinal exercem em um cilindro de 50 L a 300 K.

Dados: He = 4 g/mol, O_2 = 32 g/mol, CO_2 = 44 g/mol.

7. (UNICAMP – SP) Hélio gasoso e dióxido de enxofre gasoso são introduzidos em um tubo de 50 cm, num mesmo instante, como mostra a figura abaixo. A que distância, em centímetros, do ponto A eles irão se encontrar?

Dados: massas molares em g/mol: He = 4; O = 16 e S = 32.

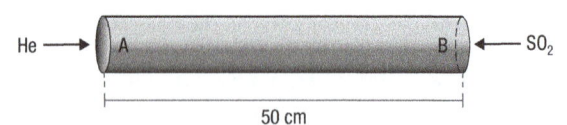

8. (FUVEST – SP) Uma estudante de Química realizou um experimento para investigar as velocidades de difusão dos gases HCl e NH_3.

Para tanto, colocou, simultaneamente, dois chumaços de algodão nas extremidades de um tubo de vidro, como mostrado na figura a seguir. Um dos chumaços estava embebido de solução aquosa de HCl(g), e o outro, de solução aquosa de NH_3(g). Cada um desses chumaços liberou o respectivo gás.

No ponto de encontro dos gases, dentro do tubo, formou-se, após 10 s, um anel de sólido branco (NH_4Cl), distante 6,0 cm do chumaço que liberava HCl(g).

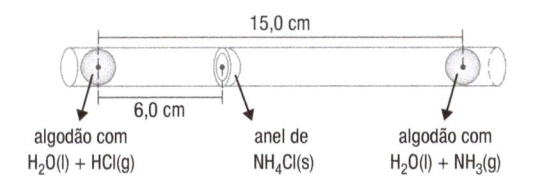

```
          15,0 cm
   ┌─────────────────────┐
   │    ●       ◯       ●│
   └─────────────────────┘
       6,0 cm
   ↓          ↓         ↓
algodão com  anel de   algodão com
H₂O(l) + HCl(g)  NH₄Cl(s)  H₂O(l) + NH₃(g)
```

a) Qual dos dois gases, desse experimento, tem maior velocidade de difusão? Explique.

b) Quando o experimento foi repetido a uma temperatura mais alta, o anel de $NH_4Cl(s)$ se formou na mesma posição. O tempo necessário para a formação do anel, a essa nova temperatura, foi igual a, maior ou menor do que 10 s? Justifique.

c) Com os dados do experimento descrito, e sabendo-se a massa molar de um dos dois gases, pode-se determinar a massa molar do outro. Para isso, utiliza-se a expressão

$$\frac{\text{velocidade de difusão do } NH_3(g)}{\text{velocidade de difusão do } HCl(g)} = \sqrt{\frac{\text{massa molar HCl}}{\text{massa molar do } NH_3}}$$

Considere que se queira determinar a massa molar do HCl. Caso o algodão embebido de solução aquosa de $NH_3(g)$ seja colocado no tubo um pouco antes do algodão que libera HCl(g) (e não simultaneamente), como isso afetará o valor obtido para a massa molar do HCl? Explique.

9. (PUC – SP) Em decorações de festa de aniversário, ou em parques de diversões, é muito comum encontrarmos balões coloridos cheios de gás hélio.

Uma empresa especializada em balões decorativos pretendia acrescentar em sua página na *internet* informações a respeito do comportamento desses balões. Um dos sócios, lembrando-se de suas aulas de Química, fez as seguintes afirmações:

I. O balão flutua no ar, pois, apesar de sua pressão interna ser maior do que a pressão atmosférica, o gás hélio apresenta uma massa molar muito menor do que os gases nitrogênio e oxigênio, principais componentes do ar.

II. Se o balão escapar, o seu volume vai aumentando à medida que sobe, estourando em determinada altitude. Essa expansão ocorre devido à menor pressão atmosférica em altitudes maiores.

III. O balão de látex preenchido com hélio murcha mais rapidamente que o balão preenchido com ar, uma vez que a difusão do gás hélio pelos poros da borracha é mais rápida, devido à sua menor massa molar.

Sobre essas sentenças pode-se afirmar que

a) apenas a I é verdadeira.
b) apenas a II é verdadeira.
c) apenas a I e a III são verdadeiras.
d) apenas a II e a III são verdadeiras.
e) todas são verdadeiras.

10. (UEL – PR) As moléculas que compõem o ar estão em constante movimento, independentemente do volume no qual estejam contidas. Ludwig Boltzmann (1844-1906) colaborou para demonstrar matematicamente que, em um determinado volume de ar, as moléculas possuem diferentes velocidades de deslocamento, havendo maior probabilidade de encontrá-las em velocidades intermediárias.

Assinale a alternativa que contém o gráfico que melhor representa a distribuição de velocidades moleculares de um gás dentro de certo volume, sob uma temperatura T.

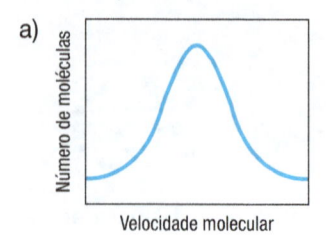

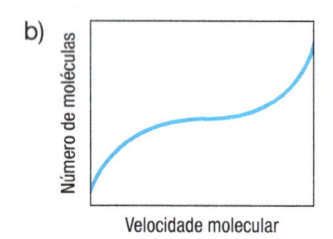

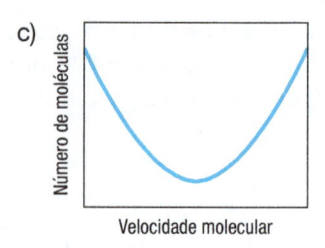

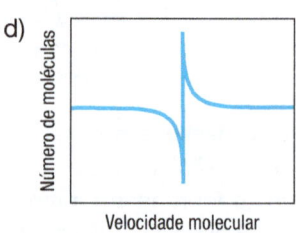

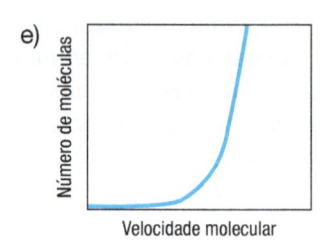

Capítulo 40
Estequiometria I: Caso Geral

1. Definição de estequiometria

Através da proporção das massa molares podemos calcular a massa de qualquer reagente ou produto de uma reação química utilizando a lei de Proust.

Exemplo:

$$2\,H_2 + O_2 \longrightarrow 2\,H_2O$$
$$2 \cdot 2\,g \quad 32\,g \quad 2 \cdot 18\,g$$

Calcule a massa de O_2 e do H_2O a partir de 12 g de H_2

$$2\,H_2 + O_2 \longrightarrow 2\,H_2O$$
$$2 \cdot 2\,g \quad 32\,g \quad 2 \cdot 18\,g$$
$$12\,g \quad\; x \quad\quad\; y$$

$\dfrac{4\,g}{12\,g} = \dfrac{32\,g}{x}$ ou 4 g ———— 32 g
12 g ———— x ∴ x = 96 g

$\dfrac{4\,g}{12\,g} = \dfrac{32\,g}{y}$ ou 4 g ———— 36 g
12 g ———— y ∴ y = 108 g

Estequiometria é a parte da Química que calcula as quantidades dos reagentes e produtos de uma reação química, utilizando os coeficientes estequiométricos da equação química.

Observação: numa reação química ocorre um **rearranjo dos átomos** devido às colisões das partículas dos reagentes.

2 H_2 O_2 2 H_2O
(esquema de átomos/moléculas)

átomos: 6   átomos: 6
moléculas: 3   moléculas: 2

2. Coeficientes: proporção em massas molares ou proporção em mols

Utilizando a síntese da água

$$2\,H_2 + O_2 \longrightarrow 2\,H_2O$$
$$2 \cdot 2\,g \quad 32\,g \quad 2 \cdot 18\,g$$

proporção em massas molares

Como a massa molar é a massa de 1 mol, temos:

$$2\,H_2 + O_2 \longrightarrow 2\,H_2O$$
$$2 \cdot 2\,g \quad 32\,g \quad 2 \cdot 18\,g$$
$$\downarrow \qquad \downarrow \qquad \downarrow$$
1 mol   1 mol   1 mol
2 mol   1 mol   2 mol

proporção em mol

3. Montagem da regra de três

Proporção $2\,H_2 + O_2 \longrightarrow 2\,H_2O$
Equação
Exercício

A 1ª linha representa a proporção da equação que pode ser em massa molar ou mol.

A 2ª linha representa os dados provenientes do exercício que pode ser em massa ou em mol.

Exemplos:

1) proporção $2\,H_2 + O_2 \longrightarrow 2\,H_2O$
   Equação   2 mol ———————— 1 mol
   Exercício 4 mol ———————— mol (x)
   x = 2 mol

2) proporção $2\,H_2 + O_2 \longrightarrow 2\,H_2O$
   Equação   2 mol ———————— 2 · 18 g
   Exercício 4 mol ———————— massa (x)
   x = 72 g

3) proporção $2\,H_2 + O_2 \longrightarrow 2\,H_2O$
   Equação   2 · 2 g ———————— 32 g
   Exercício 12 g ———————— massa (x)
   x = 96 g

Exercícios Série Prata

1. Complete a tabela.
   Dados: N = 14, H = 1.

	$N_2(g)$ +	$3 H_2(g)$ →	$2 NH_3(g)$
Mol			
Massa molar			

2. Calcular a quantidade em mols de amônia produzida na reação de 5 mol de gás nitrogênio.

   $$N_2 + 3 H_2 \longrightarrow 2 NH_3$$

3. Dada a equação química:

   $$2 NaHCO_3 \longrightarrow Na_2CO_3 + CO_2 + H_2O$$

   Determine quantos mols de bicarbonato de sódio devem ser decompostos para produzir 20 mol de CO_2.

4. A combustão completa do metano pode ser representada pela equação

   $$CH_4 + 2 O_2 \longrightarrow CO_2 + 2 H_2O$$
   Equação
   Exercício

   Calcule o número de mols de CO_2 e H_2O produzido na queima completa de 5 mol de CH_4.

5. As reações de neutralização ácido-base são muito importantes na Química. Qual é a quantidade em mols de NaOH necessária à completa neutralização de 5 mol de H_2SO_4?

6. Calcular a massa de amônia produzida na reação de 5 mol de N_2.

   Dado: massa molar do NH_3 = 17 g/mol.

   $$N_2 + 3 H_2 \longrightarrow 2 NH_3$$
   Equação
   Exercício

7. Calcular a massa de amônia na reação de 140 g de N_2.

   Dados: massas molares: NH_3 = 17, N_2 = 28.

   $$N_2 + 3 H_2 \longrightarrow 2 NH_3$$
   Equação
   Exercício

8. A reação de sódio com água pode ser representada pela equação:

   $$2 Na + 2 H_2O \longrightarrow 2 NaOH + H_2$$
   Equação
   Exercício

   Calcule a massa de NaOH obtida se reagirmos 11,5 g de Na.

   Dados: massas molares em g/mol: Na = 23, NaOH = 40.

9. (UFF – RJ) Marque a opção que indica quantos mols de HCl são produzidos na reação de 0,43 mol de fosgênio ($COCl_2$) com água, conforme a reação:

$$COCl_2 + H_2O \longrightarrow CO_2 + 2\,HCl$$

a) 0,43
b) 1,00
c) 0,86
d) 2,00
e) 0,56

10. Dada a reação

$1\,Zn + 2\,HCl \longrightarrow 1\,ZnCl_2 + 1\,H_2$, e sabendo-se que as massas molares em g/mol são Zn: 65; HCl: 36,5, responda:

Qual a massa de Zn necessária para reagir com 109,5 g de HCl?

11. (UNESP) A reação entre os gases hidrogênio e oxigênio libera energia que pode ser utilizada, por exemplo, em automóveis. A massa de água produzida por um automóvel movido a hidrogênio, após consumir 2.000 g deste gás, é

a) 2.000 g
b) 16.000 g
c) 18.000 g
d) 32.000 g
e) 36.000 g

Dados: massas molares em g/mol: $H_2 = 2$; $H_2O = 18$.

12. (FMTM – MG) No motor de um carro a álcool, o vapor do combustível é misturado com o ar e se queima á custa de faísca elétrica produzida pela vela no interior do cilindro.

A queima do álcool pode ser representada pela equação:

$$C_2H_6O(g) + 3\,O_2(g) \longrightarrow$$
$$\longrightarrow 2\,CO_2(g) + 3\,H_2O(g) + energia$$

A quantidade, em mols, de água formada na combustão completa de 138 gramas de etanol é igual a:

a) 1   b) 3   c) 6   d) 9   e) 10

Dado: massa molar $C_2H_6O = 46$ g/mol.

13. (FATEC – SP) Considere a reação química entre soluções aquosas de carbonato de sódio (Na_2CO_3) e cloreto de cálcio ($CaCl_2$), produzindo carbonato de cálcio sólido ($CaCO_3$) e cloreto de sódio (NaCl) em solução aquosa.

Supondo rendimento de 100%, a massa, em gramas, de cloreto de cálcio que deve reagir para produzir 10 g de carbonato de cálcio é, aproximadamente,

a) 5.   b) 7.   c) 11.   d) 14.   e) 22.

Dados: massas molares (g/mol): C = 12,0; O = 16,0; Na = 23,0; Cl = 35,5 e Ca = 40,0.

14. (UCSal – BA) Na reação de óxido de alumínio com ácido sulfúrico forma-se sulfato de alumínio, $Al_2(SO_4)_3$. Para se obterem 3 mol desse sulfato, quantos mols do ácido são necessários?

a) 3   b) 6   c) 9   d) 12   e) 15

15. (FUVEST – SP)

Massas molares	
SO_2	64 g/mol
MgO	40 g/mol

Uma das maneiras de impedir que o SO_2, um dos responsáveis pela "chuva ácida", seja liberado para a atmosfera é tratá-lo previamente com óxido de magnésio, em presença de ar, como equacionado a seguir:

$$MgO(s) + SO_2(g) + \frac{1}{2}O_2(g) \longrightarrow MgSO_4(s)$$

Quantas toneladas de óxido de magnésio são consumidas no tratamento de $9,6 \cdot 10^3$ t de SO_2?

a) $1,5 \cdot 10^2$
b) $3,0 \cdot 10^2$
c) $1,0 \cdot 10^3$
d) $6,0 \cdot 10^3$
e) $2,5 \cdot 10^4$

Exercícios Série Ouro

1. (UNICAMP – SP) Apesar de todos os esforços para se encontrar fontes alternativas de energia, estima-se que em 2030 os combustíveis fósseis representarão cerca de 80% de toda a energia utilizada. Alguns combustíveis fósseis são: carvão, metano e petróleo, do qual a gasolina é um derivado.

O hidrocarboneto n-octano é um exemplo de substância presente na gasolina. A reação de combustão completa do n-octano pode ser representada pela seguinte equação não balanceada:

$$C_8H_{18}(g) + O_2(g) \longrightarrow CO_2(g) + H_2O(g).$$

Após balancear a equação, pode-se afirmar que a quantidade de

a) gás carbônico produzido, em massa, é maior que a de gasolina queimada.
b) produtos, em mol, é menor que a quantidade de reagentes.
c) produtos, em massa, é maior que a quantidade de reagentes.
d) água produzida, em massa, é maior que a de gás carbônico.

Dados: massas molares em g mol^{-1}: $C_8H_{18} = 114$; $O_2 = 32$; $CO_2 = 44$; $H_2O = 18$.

2. Uma amostra de 5,0 g de sulfato de sódio hidratado foi aquecida até a desidratação completa e foram obtidos 2,2 g do sal anidro. O processo pode ser representado pela equação:

$$Na_2SO_4 \cdot x\, H_2O \xrightarrow{\Delta} Na_2SO_4 + x\, H_2O$$

Determine a fórmula do sal hidratado.

Dados: massas molares: Na_2SO_4 = 142 g/mol, H_2O = 18 g/mol.

3. (UNICAMP – SP) A obtenção de etanol a partir de sacarose (açúcar), por fermentação, pode ser representada pela seguinte equação:

$$\underset{\text{sacarose}}{C_{12}H_{22}O_{11}} + H_2O \longrightarrow 4\, \underset{\text{etanol}}{C_2H_5OH} + 4\, CO_2$$

Admitindo-se que o processo tenha rendimento de 100% e que o etanol seja anidro (puro), calcule a massa (em kg) de açúcar necessária para produzir um volume de 50 litros de etanol, suficiente para encher um tanque de um automóvel.

Dados: densidade do etanol = 0,8 g/cm³; massa molar da sacarose = 342 g/mol; massa molar do etanol = 46 g/mol.

$d = \dfrac{m}{V}$

4. (FUVEST – SP) Coletou-se água do Rio Tietê, na cidade de São Paulo. Para oxidar completamente toda a matéria orgânica contida em 1,00 L, dessa amostra, microrganismos consumiram 48,0 mg de oxigênio (O_2). Admitindo que a matéria orgânica possa ser representada por $C_6H_{10}O_5$ e sabendo que sua oxidação completa produz CO_2 e H_2O, qual é a massa de matéria orgânica por litro de água do rio?

a) 20,5 mg
b) 40,5 mg
c) 80,0 mg
d) 160 mg
e) 200 mg

Dados: massas molares em g/mol: C = 12, H = 10, O = 16.

Dados	$C_6H_{10}O_5 + O_2 \longrightarrow CO_2 + H_2O$
Equação	
Exercício	

5. (UNIFESP) Existem diferentes formas pelas quais a água pode fazer parte da composição dos sólidos, resultando numa grande variedade de substâncias encontradas na natureza que contêm água ou elementos que a formam. A água de estrutura é denominada água de absorção. A água de constituição é uma forma de água em sólidos, que é formada quando estes se decompõem pela ação do calor.

a) O $NaHCO_3$ e $Ca(OH)_2$ são sólidos que apresentam água de constituição. Escreva as equações devidamente balanceadas, que evidenciam essa afirmação, sabendo-se que na decomposição de bicarbonato de sódio é produzido um óxido de caráter ácido.

b) No tratamento pós-operatório, um medicamento usado para estimular a cicatrização é o sulfato de zinco hidratado, $ZnSO_4 \cdot x\, H_2O$. A análise desse sódio indicou 43,9% em massa de água. Determine neste composto o número de moléculas de água por formula unitária.

Dados: massas molares (g/mol): $ZnSO_4$ = 161,5 e H_2O = 18,0.

a) NaHCO$_3$ ⟶

   Ca(OH)$_2$ ⟶

b)
Dados	ZnSO$_4$·x H$_2$O ⟶ ZnSO$_4$ + x H$_2$O
Equação	
Exercício	

6. (FGV) O composto inorgânico alaranjado dicromato de amônio, (NH$_4$)$_2$Cr$_2$O$_7$, quando aquecido sofre decomposição térmica em um processo que libera água na forma de vapor, gás nitrogênio e também forma o óxido de cromo (III). Esse fenômeno ocorre com uma grande expansão de volume e, por isso, é usado em simulações de efeitos de explosões vulcânicas com a denominação de vulcão químico.

(http://pontociencia.org.br/experimentosinterna.php?experimento=204)
Vulcão químico

Quando 0,50 mol de dicromato de amônio decompõe-se termicamente, a quantidade em mol de vapor-d'água formado é igual a

a) 0,25.   d) 2,00.
b) 0,50.   e) 4,00.
c) 1,00.

7. (FGV) O hidrogenossulfito de sódio, NaHSO$_3$, é um insumo usado na indústria de fabricação de papel e de curtume. Pode ser obtido a partir da reação representada na seguinte equação:

Na$_2$CO$_3$(aq) + 2 SO$_2$(g) + H$_2$O(l) ⟶
⟶ 2 NaHSO$_3$(aq) + CO$_2$(g)

A quantidade máxima de NaHSO$_3$, em mols, produzida a partir de 42,4 toneladas de Na$_2$CO$_3$, é:

a) 4 · 10^4.   d) 8 · 10^5.
b) 4 · 10^5.   e) 8 · 10^6.
c) 8 · 10^4.

Dado: massa molar em g/mol: Na$_2$CO$_3$ = 106.

8. (UFSCar – SP) O etanol, proveniente da cana-de-açúcar, é um combustível de fonte renovável. A queima do etanol praticamente não contribui para o aumento do gás do efeito estufa, como ocorre com a queima da gasolina, que é um combustível de fonte não renovável. A equação da reação de combustão do etanol é representada na equação:

CH$_3$CH$_2$OH(l) + 3 O$_2$(g) ⟶ 2 CO$_2$(g) + 3 H$_2$O(l)

Na combustão completa de 2 mol de etanol, a massa produzida de CO$_2$, em gramas, é

a) 22.   d) 132.
b) 44.   e) 176.
c) 88.

Dado: massa molar do CO$_2$ = 44 g/mol.

9. (UFF – RJ) Em relação à produção de fosfato de sódio por meio da reação do ácido fosfórico com um excesso de hidróxido de sódio, pede-se:

a) equação balanceada para a reação;
b) a quantidade, em gramas, de fosfato de sódio produzido ao utilizar $2,5 \cdot 10^{23}$ moléculas de ácido fosfórico.

Dados: massas molares em g/mol – Na = 23, P = 31, O = 16 e constante de Avogadro = $6,0 \cdot 10^{23}$/mol.

10. (UFRJ) A acidez estomacal é causada pelo excesso de ácido clorídrico. Os medicamentos à base de hidróxido de alumínio vêm sendo cada vez mais utilizados com o objetivo de diminuir essa acidez. A posologia recomendada para um adulto é de 10 a 14 colheres de 5 mL, ao dia, contendo cada uma delas 0,3 g de hidróxido de alumínio.

a) Qual a fórmula e o nome do sal formado no estômago pela ação do medicamento que contém o hidróxido de alumínio?
b) Quantos mol de ácido são neutralizados quando se tem um consumo diário de 13 colheres, de 5 mL, do medicamento?

Dados: massas molares em g/mol – Al = 27, O = 16, H = 1.

11. (UFF – RJ) Acompanhando a evolução dos transportes aéreos, as modernas caixas-pretas registram centenas de parâmetros a cada segundo, constituindo recurso fundamental na determinação das causas de acidentes aeronáuticos. Esses equipamentos devem suportar ações destrutivas, e o titânio, metal duro e resistente, pode ser usado para revesti-los externamente.

O titânio é um elemento possível de ser obtido a partir do tetracloreto de titânio por meio da reação não balanceada:

$$TiCl_4(g) + Mg(s) \longrightarrow MgCl_2(l) + Ti(s)$$

Considere que essa reação foi iniciada com 9,5 g de $TiCl_4(g)$. Supondo que tal reação seja total, a massa de titânio obtida será, aproximadamente:

a) 1,2 g
b) 2,4 g
c) 3,6 g
d) 4,8 g
e) 7,2 g

Dados: Ti = 48 g/mol; Cl = 35,5 g/mol; Mg = 24 g/mol.

12. (FUVEST – SP) Nas estações de tratamento de água, eliminam-se as impurezas sólidas em suspensão por meio do arraste por flóculos de hidróxido de alumínio, produzidos na reação representada por:

$$Al_2(SO_4)_3 + 3\ Ca(OH)_2 \longrightarrow 2\ Al(OH)_3 + 3\ CaSO_4$$

Para tratar $1,0 \cdot 10^6$ m³ de água, foram adicionadas 17 toneladas de $Al_2(SO_4)_3$.

Qual a massa de $Ca(OH)_2$ necessária para reagir completamente com esse sal?

a) 150 quilogramas
b) 300 quilogramas
c) 1,0 tonelada
d) 11 toneladas
e) 30 toneladas

Dados: massas molares: $Al_2(SO_4)_3$ = 342 g/mol; $Ca(OH)_2$ = 74 g/mol.

13. (UNESP) O carbonato de cálcio ($CaCO_3$), principal constituinte do calcário, é um sal usado na agricultura para corrigir a acidez do solo. Este sal, ao ser aquecido vigorosamente, sofre decomposição térmica, produzindo óxido de cálcio (CaO) e gás carbônico (CO_2). Considerando a massa molar do $CaCO_3$ = 100 g/mol, do CaO = 56 g/mol e do CO_2 = 44 g/mol, e que 10 kg de carbonato de cálcio puro sofreram decomposição térmica, a quantidade de óxido de cálcio produzido será de:

a) 2.200 g
b) 2.800 g
c) 4.400 g
d) 5.600 g
e) 11.200 g

O leite de magnésia possui 64,8 g de hidróxido de magnésio $Mg(OH)_2$ por litro da solução. Qual a quantidade de ácido neutralizado ao se ingerir 9 mL de leite de magnésia?

a) 20 mol
b) 0,58 mol
c) 0,2 mol
d) 0,02 mol
e) 0,01 mol

Dados: massas molares (em g mol^{-1}): Mg = 24,3; Cl = 35,4; O = 16; H = 1.

14. (UNESP) O óxido nitroso, N_2O, é conhecido como "gás hilariante" e foi um dos primeiros anestésicos a serem descobertos. Esse gás pode ser obtido pelo aquecimento cuidadoso de nitrato de amônio sólido (NH_4NO_3).

a) Escreva a equação da decomposição por aquecimento do nitrato de amônio em óxido nitroso e água.
b) Calcule a massa de nitrato de amônio necessária para se obterem 880 g de óxido nitroso.

Dados: massas atômicas: H (1,0 u); N (14 u); O (16 u).

16. (ENEM) No Japão, um movimento nacional para a promoção da luta contra o aquecimento global leva o *slogan*: **1 pessoa, 1 dia, 1 kg de CO_2 a menos!** A ideia é cada pessoa reduzir em 1 kg a quantidade de CO_2 emitida todo dia, por meio de pequenos gestos ecológicos, como diminuir a queima de gás de cozinha.

Um Hamburguer ecológico? É pra já!
Disponível em: http://lqes.iqm.unicamp.br.
Acesso em: 24 fev. 2012 (adaptado).

Considerando um processo de combustão completa de um gás de cozinha composto exclusivamente por butano (C_4H_{10}), a mínima quantidade desse gás que um japonês deve deixar de queimar para atender à meta diária, apenas com esse gesto, é de

a) 0,25 kg.
b) 0,33 kg.
c) 1,0 kg.
d) 1,3 kg.
e) 3,0 kg.

Dados: CO_2 (44 g/mol); C_4H_{10} (58 g/mol).

15. (ENEM) Os exageros do final de semana podem levar o indivíduo a um quadro de azia. A azia pode ser descrita como uma sensação de queimação no esôfago, provocada pelo desbalanceamento do pH estomacal (excesso de ácido clorídrico). Um dos antiácidos comumente empregados no combate à azia é o leite de magnésia.

Capítulo 41
Estequiometria II: Pureza

1. Pureza

Quando uma determinada indústria adquire *calcário* para produzir cal (CaO), essa amostra (total), além do $CaCO_3$, contém outras substâncias que são chamadas de **impurezas**, portanto é importante saber a quantidade de $CaCO_3$ na amostra.

A indústria que vende o *calcário* fornece ao comprador a quantidade do $CaCO_3$ na amostra. Essa quantidade expressa em porcentagem em massa é chamada de **pureza**, por exemplo, a *pureza do calcário é 80%*.

$CaCO_3$ —— 80%
Impurezas —— 20%

Calcário

> Pureza indica a porcentagem em massa da substância que vai ser usada na estequiometria.

Notas:
- as impurezas não são usadas na estequiometria;
- o preço de um reagente impuro é bem menor que de um reagente puro.

Exemplo:

Calcule a massa, em gramas, de CaO produzido a partir de 200 g de uma amostra de calcário cuja pureza é 80%.
Massas molares: CaO = 56 g/mol, $CaCO_3$ = 100 g/mol

$CaCO_3$ —— 80%

200 g
Calcário

100% —————— 200 g
80% —————— x ∴ x = 160 g ($CaCO_3$ puro)

Proporção $CaCO_3 \longrightarrow CaO + CO_2$
Equação 100 g —————— 56 g
Exercício 160 g —————— massa (x)
x = 89,6 g

Exercícios Série Prata

1. Uma amostra de 120 g de magnésio com 80% de pureza reage com oxigênio, produzindo óxido de magnésio. Determine a massa de óxido de magnésio produzida.

Dados: Mg = 24 g/mol; MgO = 40 g/mol.

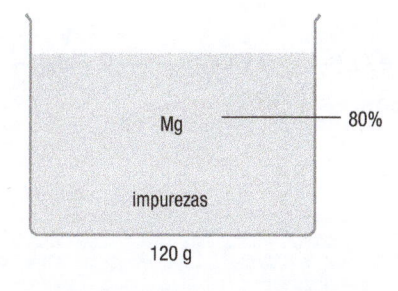

Mg —— 80%
impurezas
120 g

$2 Mg + O_2 \longrightarrow 2 MgO$

Equação

Exercício

Considere as informações a seguir e responda às questões **2** a **4**.

Massa total da amostra de $CaCO_3$ = 200 g
Pureza = 80%

Dados: massas molares: CaO = 56 g/mol, $CaCO_3$ = 100 g/mol.

2. Determine a massa de CaCO₃ na amostra.

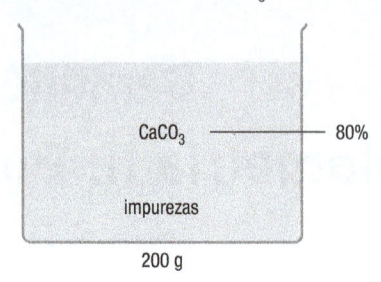

[Figura: recipiente com 200 g contendo CaCO₃ (80%) e impurezas]

3. Escreva a equação química da decomposição térmica do CaCO₃.

4. Determine a massa, em gramas, de CaO produzido.

$$CaCO_3 \longrightarrow CaO + CO_2$$

Equação

Exercício

5. Determine a massa de uma amostra de CaCO₃ com 80% de pureza, que na decomposição térmica produziu 84 g de CaO, segundo a equação:

$$CaCO_3 \longrightarrow CaO + CO_2$$

Dados: massas molares: CaCO₃ = 100 g/mol, CaO = 56 g/mol.

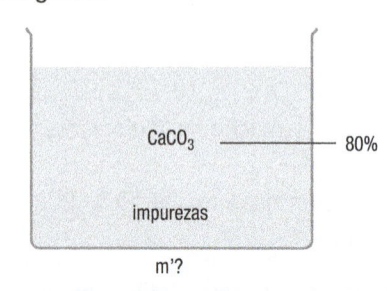

[Figura: recipiente com m'? contendo CaCO₃ (80%) e impurezas]

$$CaCO_3 \longrightarrow CaO + CO_2$$

Equação

Exercício

6. (ENEM) Atualmente, sistemas de purificação de emissões poluidoras estão sendo exigidos por lei em um número cada vez maior de países. O controle das emissões de dióxido de enxofre gasoso, provenientes da queima de carvão que contém enxofre, pode ser feito pela reação desse gás com uma suspensão de hidróxido de cálcio em água, sendo formado um produto não poluidor do ar.

A queima do enxofre e a reação do dióxido de enxofre com o hidróxido de cálcio, bem como as massas de algumas das substâncias envolvidas nessas reações, podem ser assim representadas:

enxofre (32 g) + oxigênio (32 g) ⟶
⟶ dióxido de enxofre (64 g)

dióxido de enxofre (64 g) + hidróxido de cálcio (74 g)
⟶ produto não poluidor.

Dessa forma, para absorver todo o dióxido de enxofre produzido pela queima de uma tonelada de carvão (contendo 1% de enxofre), é suficiente a utilização de uma massa de hidróxido de cálcio de, aproximadamente,

a) 23 kg
b) 43 kg
c) 64 kg
d) 74 kg
e) 138 kg

7. Determine a massa de ferro que pode ser obtida a partir de 1.000 t de minério hematita contendo 80% de Fe₂O₃:

$$Fe_2O_3(s) + 3\ CO(g) \longrightarrow 2\ Fe(s) + 3\ CO_2(g)$$

Dados: Fe = 56, O = 16.

8. (FAMECA – SP) Para neutralizar completamente 7,3 g de ácido clorídrico (HCl), foi usado um total de 10 g de soda cáustica (NaOH impuro). Com base nessa afirmação, conclui-se que o grau de pureza dessa amostra de soda cáustica era de:

a) 40%
b) 50%
c) 60%
d) 70%
e) 80%

Dados: massas atômicas H = 1 u; O = 16 u; Na = 23 u; Cl = 35,5 u.

9. (MACKENZIE – SP) Na queima de 10 kg de carvão de 80% de pureza, a quantidade de moléculas de gás carbônico produzida é:

a) $17,6 \cdot 10^{28}$
b) $6,25 \cdot 10^{27}$
c) $57,6 \cdot 10^{19}$
d) $4,8 \cdot 10^{26}$
e) $4,0 \cdot 10^{26}$

Dados: massa molar (g/mol) C = 12; O = 16; N = $6 \cdot 10^{23}$

Exercícios Série Ouro

1. No processo de obtenção da amônia, representado pela equação:

$$1 \; N_2(g) + 3 \; H_2(g) \longrightarrow 2 \; NH_3(g)$$

Uma amostra de 200 g de gás nitrogênio produziu 170 g de gás amônia (NH_3), em uma reação com rendimento total. Determine a porcentagem de pureza da amostra de gás nitrogênio.

Dados: massas molares: N_2 = 28 g · mol^{-1}; H_2 = 2 g · mol^{-1}; NH_3 = 17 g · mol^{-1}.

$$N_2 + 3 \; H_2 \longrightarrow 2 \; NH_3$$

Assinale a massa de ferro metálico, em gramas, obtida quando se faz reagir 200 kg de hematita que apresenta 20% de impurezas.

a) $5,60 \cdot 10^5$
b) $1,12 \cdot 10^5$
c) $5,60 \cdot 10^3$
d) $1,12 \cdot 10^3$

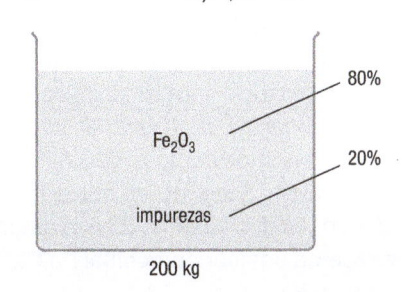

(diagrama: recipiente de 200 kg com 80% Fe_2O_3 e 20% impurezas)

$$Fe_2O_3 + 3 \; CO \longrightarrow 2 \; Fe + 2 \; CO_2$$

2. (PUC – MG) Nas usinas siderúrgicas, a obtenção do ferro metálico, Fe ($\overline{M}$ = 56 g · mol^{-1}), a partir da hematita, Fe_2O_3 ($\overline{M}$ = 160 g · mol^{-1}), envolve a seguinte equação, não balanceada:

$$Fe_2O_3(g) + CO(g) \longrightarrow Fe(s) + CO_2(g)$$

3. (PUC – SP) A pirolusita é um minério do qual se obtém o metal manganês (Mn), muito utilizado em diversos tipos de aços resistentes. O principal componente da pirolusita é o dióxido de manganês (MnO_2).

Para se obter o manganês metálico com elevada pureza, utiliza-se a aluminotermia, processo no qual o óxido reage com o alumínio metálico, segundo a equação:

$$3\ MnO_2(g) + 4\ Al(s) \longrightarrow 2\ Al_2O_3(g) + 3\ Mn(s)$$

Considerando que determinado lote de pirolusita apresenta teor de 80% de dióxido de manganês (MnO_2), a massa mínima de pirolusita necessária para se obter 1,10 t de manganês metálico é:

a) 1,09 t
b) 1,39 t
c) 1,74 t
d) 2,18 t
e) 2,61 t

Dados: massas molares em g/mol: Mn = 55, O = 16.

$$3\ MnO_2 \qquad 3\ Mn$$

Equação

Exercício

4. (FUVEST – SP) O $CaCO_3$ é um dos constituintes do calcário, importante matéria-prima utilizada na fabricação do cimento. Uma amostra de 7,50 g de carbonato de cálcio impuro foi colocada em um cadinho de porcelana de massa 38,40 g e calcinada a 900 °C, obtendo-se como resíduo sólido somente o óxido de cálcio. Sabendo-se que a massa do cadinho com o resíduo foi de 41,97 g, a amostra analisada apresenta um teor percentual de $CaCO_3$, igual a:

$$CaCO_3(g) \longrightarrow CaO(s) + CO_2(g)$$

a) 70%
b) 75%
c) 80%
d) 85%
e) 90%

Dados: massas molares em g/mol: $CaCO_3 = 100$, $CaO = 56$; massa do CaO = 41,97 g – 38,40 g =

$$CaCO_3 \longrightarrow CaO + CO_2$$

Equação

Exercício

5. (UFRGS – RS) Em um experimento, 10 g de uma liga de latão, constituída por Cu e Zn, foram tratados com uma solução de HCl. O Cu não reagiu, mas o Zn reagiu de acordo com:

$$Zn(s) + 2\ H^+(aq) \longrightarrow Zn^{2+}(aq) + H_2(g)$$

Após o ataque por HCl, a massa do sólido remanescente, filtrada e seca, era igual a 7,8 g.

Com base nesses dados, é correto afirmar que a porcentagem ponderal de Zn na liga era, aproximadamente, igual a:

a) 2,2%
b) 10%
c) 22%
d) 50%
e) 78%

6. (FMABC – SP) A bauxita é um minério de alumínio que apresenta alto teor de óxido de alumínio além de impurezas de óxidos de ferro (responsáveis pela tonalidade avermelhada do mineral) e óxidos de silício. A bauxita é purificada, obtendo-se a alumina (Al_2O_3) de alto teor de pureza que, posteriormente, por eletrólise ígnea resulta no metal alumínio.

Considere que a partir de 6,0 t de bauxita obtém-se 2,7 t de metal alumínio. Nesse caso, a pureza do minério em questão é de

a) 27%.
b) 45%.
c) 53%.
d) 85%.
e) 100%.

Dados: massa molares em g/mol: $Al_2O_3 = 102$, $Al = 27$.

7. (PUC – RJ) Uma aliança de 10 g contém uma quantidade desconhecida de prata. Para se determinar essa quantidade, a aliança foi tratada com solução aquosa de ácido nítrico, de modo a transformar toda a prata presente em íons $Ag^+(aq)$. Em seguida, foi adicionado excesso de cloreto (Cl^-) para precipitar o $Ag^+(aq)$, na forma de cloreto de prata, AgCl(s), conforme equação abaixo:

$$Ag^+(aq) + Cl^-(aq) \longrightarrow AgCl(s)$$

Sendo a massa de cloreto de prata igual a 2,87 g, após filtração e secagem, é correto afirmar que a opção que mais se aproxima de percentagem de prata na aliança é

a) 10%
b) 22%
c) 48%
d) 75%
e) 99%

Dados: Ag = 108 g/mol; Cl = 35,5 g/mol.

$$Ag^+ + Cl^- \longrightarrow AgCl$$

Equação

Exercício

9. (ENEM) No processo de produção do ferro, a sílica é removida do minério por reação com calcário ($CaCO_3$). Sabe-se, teoricamente (cálculo estequiométrico), que são necessários 100 g de calcário para reagir com 60 g de sílica.

Dessa forma, pode-se prever que, para a remoção de toda a sílica presente em 200 toneladas do minério na região 1, a massa de calcário necessária é, aproximadamente, em toneladas, igual a:

a) 1,9   b) 3,2   c) 5,1   d) 6,4   e) 8,0

Texto para as questões **8** e **9**.

O ferro pode ser obtido a partir da hematita, minério rico em óxido de ferro, pela reação com carvão e oxigênio. A tabela a seguir apresenta dados da análise de minério de ferro (hematita) obtido de varias regiões da Serra de Carajás.

Minério da região	Teor de enxofre (S) (% em massa)	Teor de ferro (Fe) (% em massa)	Teor de sílica (% em massa)
1	0,019	63,5	0,97
2	0,020	68,1	0,47
3	0,003	67,6	0,61

Fonte: ABREU, S. F. **Recursos Minerais do Brasil.** v. 2. São Paulo: Edusp.

8. (ENEM) No processo de produção do ferro, dependendo do minério utilizado, forma-se mais ou menos SO_2, um gás que contribui para o aumento da acidez da chuva. Considerando esse impacto ambiental e a quantidade de ferro produzida, pode-se afirmar que seria mais conveniente o processamento do minério da(s) região(ões):

a) 1, apenas.
b) 2, apenas.
c) 3, apenas.
d) 1 e 3, apenas.
e) 2 e 3, apenas.

10. (FCAPA) Partindo-se de $Ca(OH)_2$ contendo 10% de impurezas, e tratando-se 175 g do mesmo com H_2SO_4, a massa de sulfato de cálcio obtida será de

a) 289,46 g
b) 175 g
c) 90,82 g
d) 157,50 g
e) 17,50 g

Dados: masas molares em g/mol: Ca = 480, O = 16, H = 1, S = 32.

11. (PUC – SP) O cloreto de potássio (KClO$_3$) pode ser decomposto por aquecimento, segundo a equação.

$$2 \, KClO_3(s) \longrightarrow 2 \, KCl(s) + 3 \, O_2(g)$$

A decomposição de 2,45 g de uma amostra contendo KClO$_3$ produziu 0,72 g de O$_2$.

Considerando que a reação foi completa, e que somente o KClO$_3$ reagiu sob o aquecimento, essa amostra contém:

a) 100% de KClO$_3$.
b) 90% de KClO$_3$.
c) 75% de KClO$_3$.
d) 60% de KClO$_3$.
e) 30% de KClO$_3$.

Dados: K = 39, Cl = 35,5, O = 16.

Pode-se avaliar o esforço de mobilização que deveria ser empreendido para enfrentar tal situação, estimando a quantidade de caminhões necessária para carregar o material neutralizante. Para transportar certo calcário que tem 80% de CaCO$_3$, esse número de caminhões, cada um com carga de 30 toneladas, seria próximo de

a) 100.
b) 200.
c) 300.
d) 400.
e) 500.

13. (UFTM – MG) O ácido fluorídrico, por reagir com o vidro, pode ser utilizado na gravação do número de chassi em vidros de automóveis. É produzido a partir da reação do minério fluorita com ácido sulfúrico, a 250 °C, representada pela equação

$$CaF_2(s) + H_2SO_4(l) \longrightarrow CaSO_4(s) + 2 \, HF(g)$$

Considere que a massa molar do HF seja igual a 20 g · mol^{-1} e que a massa molar do CaF$_2$ seja igual a 78 g · mol^{-1}. Se 100 kg de ácido fluorídrico são obtidos a partir de 260 kg de fluorita impura, é correto afirmar que o teor percentual, em massa, de CaF$_2$ nesse minério é

a) 70.
b) 80.
c) 65.
d) 75.
e) 60.

12. (ENEM) Em setembro de 1998, cerca de 10.000 toneladas de ácido sulfúrico (H$_2$SO$_4$) foram derramadas pelo navio Bahamas no litoral do Rio Grande do Sul. Para minimizar o impacto ambiental de um desastre desse tipo, é preciso neutralizar a acidez resultante. Para isso, pode-se, por exemplo, lançar calcário, minério rico em carbonato de cálcio (CaCO$_3$), na região atingida.

A equação química que representa a neutralização do H$_2$SO$_4$ pelo CaCO$_3$, com a proporção aproximada entre as massas dessas substâncias, é:

$$H_2SO_4 + CaCO_3 \longrightarrow CaSO_4 + H_2O + CO_2$$

1 tonelada   1 tonelada   sólido sedimentado   gás

14. (UERJ) O químico francês Antoine Laurent de Lavoisier ficaria surpreso se conhecesse o município de Resende, a 160 quilômetros do Rio. É lá, às margens da Via Dutra, que moradores, empresários e o poder público seguem à risca a máxima do cientista que revolucionou o século XVIII ao provar que, na natureza, tudo se transforma. Graças a uma campanha que já reúne boa parte da população, Resende é forte concorrente ao título de capital nacional da reciclagem. Ao mesmo tempo em que diminui a quantidade de lixo jogado no aterro sanitário, a comunidade faz sucata virar objeto de consumo. Nada se perde.

Revista **Domingo**

Assim, com base na equação

$$2\ Al_2O_3(s) \longrightarrow 4\ Al(s) + 3\ O_2(g)$$

e supondo-se um rendimento de 100% no processo, a massa de alumínio que pode ser obtida na reciclagem de 255 kg de sucata contendo 80% de Al_2O_3, em massa, é:

a) 540 kg
b) 270 kg
c) 135 kg
d) 108 kg
e) 96 kg

Dados: Al (27 u); O (16 u).

15. (FUVEST – SP) Uma moeda antiga de cobre estava recoberta com uma camada de óxido de cobre (II). Para restaurar seu brilho original, a moeda foi aquecida ao mesmo tempo em que se passou sobre ela gás hidrogênio. Nesse processo, formou-se vapor-d'água e ocorreu a redução completa do cátion metálico.

As massas da moeda, antes e depois do processo descrito, eram, respectivamente, 0,795 g e 0,779 g.

Assim sendo, a porcentagem em massa do óxido de cobre (II) presente na moeda, antes do processo de restauração, era:

a) 2%
b) 4%
c) 8%
d) 10%
e) 16%

Dados: massas molares (g/mol): H = 1,00, O = 16,0 e Cu = 63,5

Capítulo 42
Estequiometria III: Rendimento

1. Rendimento (R)

Voltando à obtenção da cal (CaO) por intermédio da pirólise do $CaCO_3$, vamos calcular a massa de CaO (56 g/mol) a partir de 50 t de $CaCO_3$ puro (100 g/mol).

proporção $CaCO_3 \xrightarrow{\Delta} CaO + CO_2$

equação 100 g ——————— 56 g

exercício 50 t ——————— massa (x) ∴ x = 28 t

Na prática, a massa de CaO obtida é menor que 28 t. O valor encontrado experimentalmente é 25,2 t de CaO.

O valor de 28 t corresponde a uma situação ideal, isto é, com uma eficiência ou rendimento de 100%.

Para calcular o rendimento dessa reação é só lembrar que o valor obtido pela proporção da equação é 100%.

28 t ——————— 100%

25,2 t ——————— R ∴ R = 90%

O motivo principal pelo qual o rendimento das reações não é 100% é que as reações são **reversíveis**, isto é, reagentes originam os produtos e os produtos originam os reagentes, portanto, produto também é consumido.

Sempre que um exercício fornece ou pede o rendimento, devemos calcular a quantidade do produto em relação ao rendimento de 100% e depois fazer uma outra proporção usando o rendimento fornecido ou que vai ser calculado.

Conclusão:

Rendimento é a quantidade do produto expressa em porcentagem obtida experimentalmente.

Exercícios Resolvidos

1. Determine o rendimento da reação da síntese da água sabendo que 2 g de H_2 (2 g/mol) produzem 14,4 g de H_2O (18 g/mol).

Resolução:

proporção $2 H_2 + O_2 \longrightarrow 2 H_2O$

equação 2 · 2 g ——————— 2 · 18 g

exercício 2 g ——————— massa (x)   R = 100%

x = 18 g

18 g ——————— 100%

14,4 g ——————— R ∴ R = 80%

2. Queimando-se 3 kg de carvão, com rendimento de 90%, quantos quilogramas de CO_2 são formados?
Dados: C = 12 g/mol ∴ O = 16 g/mol

Resolução:

proporção $C + O_2 \longrightarrow CO_2$

equação 12 g ——————— 44 g

exercício 3 kg ——————— massa (x)   R = 100%

x = 11 kg

100% ——————— 11 kg

90% ——————— y ∴ y = 9,9 kg

Exercícios Série Prata

1. (PUC – RJ) Queimando-se um saco de carvão de 3 kg numa churrasqueira, com rendimento de 90%, quantos quilogramas de CO_2 são formados?
a) 2,7
b) 3,0
c) 4,4
d) 9,9
e) 11

Dados: C = 12, O = 16.

2. (VUNESP) O inseticida DDT (massa molar = 354,5 g/mol) é fabricado a partir de clorobenzeno (massa molar = 112,5 g/mol) e cloral, de acordo com a equação:

$$2\ C_6H_5Cl\ +\ C_2HCl_3O \longrightarrow C_{14}H_9Cl_5 + H_2O$$
clorobenzeno   cloral   DDT

Partindo-se de 1 t de clorobenzeno e admitindo-se rendimento do 80%, a massa de DDT produzida é igual a:
a) 1,575 t
b) 1,260 t
c) 800,0 kg
d) 354,5 kg

3. Por decomposição térmica de 50 g de $CaCO_3$ obtêm-se 25,2 g de CaO. Calcule o rendimento da reação.

Dados: massas molares em g/mol: $CaCO_3$ = 100, CaO = 56.

4. (UFMG) 65 kg de zinco em pó foram atacados por ácido clorídrico, produzindo um sal e liberando gás hidrogênio.

$$Zn(s) + 2\ HCl(aq) \longrightarrow ZnCl_2(aq) + H_2(g)$$

Determine o rendimento desta reação, sabendo que a massa de hidrogênio obtida foi de 1,5 kg.

Dados: massas atômicas: Zn = 65 u; H = 1 u.

5. Fazendo-se reagir 3,4 g de NH_3 com quantidade suficiente de O_2, segundo a reação

$$4\ NH_3 + 3\ O_2 \longrightarrow 2\ N_2 + 6\ H_2O,$$

obtiveram-se 2,1 g de N_2. O rendimento dessa reação foi de aproximadamente:
a) 75%
b) 70%
c) 50%
d) 25%
e) 20%

Dados: massas molares em g/mol: H = 1,0; N = 14,0; O = 16,0.

6. (PUC – PR) O elemento boro pode ser preparado pela redução do B_2O_3, segundo a equação abaixo.

$$B_2O_3 + 3\ Mg \longrightarrow 2\ B + 3\ MgO$$

Partindo-se de 262,5 g do óxido de boro em excesso de magnésio, obteve-se 33 g de B, o que significa que o rendimento percentual (%) da reação foi mais próximo de:
a) 30
b) 35
c) 40
d) 45
e) 50

Dados: B = 11; O = 16.

7. (UFJF – MG) O cromo é um metal empregado na produção do aço inox e no revestimento (cromação) de algumas peças metálicas. Esse metal é produzido por meio da reação abaixo:

$$Cr_2O_3(s) + 2\ Al(s) \longrightarrow 2\ Cr(s) + Al_2O_3(s)$$

Partindo-se de 15,2 gramas de Cr_2O_3 e admitindo-se que este processo tem um rendimento de 75%, a massa produzida de cromo é igual a:

a) 1,8 g
b) 10,4 g
c) 13,8 g
d) 15,2 g
e) 7,8 g

Dados: Cr = 52 e O = 16.

8. (UFJF – MG) Para retirar SO_2 da fumaça gerada na produção de carvão vegetal, pode-se passar o gás através de carbonato de cálcio. A seguinte reação ocorre:

$$CaCO_3(s) + SO_2(g) + \frac{1}{2}O_2(g) \rightarrow CaSO_4(s) + CO_2(g)$$

a) Calcule a massa de $CaCO_3$ necessária para remover 32 g de SO_2, obtida em um processo de produção de carvão vegetal.
b) Calcule a massa de $CaCO_3$ necessária para remover a quantidade de SO_2 do item (a), se o processo for apenas 50% eficiente.
c) O dióxido de enxofre pode reagir com o oxigênio atmosférico, produzindo trióxido de enxofre. Esse, por sua vez, reage com a água, levando à formação de ácido sulfúrico. Represente as reações mencionadas, através de equações química balanceadas.

Dados: Ca = 40, C = 12, O = 16 e S = 32.

9. (UFU – MG) Encontrou-se uma amostra de mármore ($CaCO_3$), cuja pureza era de 60%. Decompondo-se 50 gramas dessa amostra, obteve-se cal virgem (CaO) e gás carbônico (CO_2). Admitindo-se um rendimento de 70% para essa reação, quantos mols de gás carbônico foram conseguidos?

Dados: massas molares (g/mol): C = 12; O = 16; Ca = 40.

10. (UFG – GO – adaptada) A combustão da gasolina e do óleo diesel libera quantidades elevadas de poluentes para a atmosfera. Para minimizar esse problema, tem-se incentivado a utilização de biocombustíveis como o biodiesel e o etanol. O etanol pode ser obtido a partir da fermentação da sacarose, conforme a equação balanceada apresentada a seguir.

$$C_{12}H_{22}O_{11}(s) + H_2O(l) \longrightarrow 4\ C_2H_6O(l) + 4\ CO_2(g)$$

Considerando-se o exposto e o fato de que uma indústria alcooleira utilize 100 mols de sacarose e que o processo tenha rendimento de 85%, conclui-se que a quantidade máxima obtida do álcool será de:

a) 27,60 kg.
b) 23,46 kg.
c) 18,40 kg.
d) 15,64 kg.
e) 9,20 kg.

Dados: C = 12, H = 1, O = 16.

Exercícios Série Ouro

1. Balanceie a equação química e determine a massa, em gramas, de água pela combustão de 42,5 g de amônia, em que o rendimento é de 95%.

$$NH_3 + O_2 \longrightarrow N_2 + H_2O$$

Dados: N = 14, H = 1, O = 16.

2. O minério pirolusita (MnO_2) é usado para obter os metais Mn e Fe, de acordo com a equação química:

$$MnO_2 + Fe_2O_3 + 5\,C \longrightarrow Mn + 2\,Fe + 5\,CO$$

Em uma reação com 70% de rendimento, qual é a massa de Fe que é obtida a partir de 173,8 g de pirolusita com 20% de impurezas?

Dados: Mn = 55, Fe = 56,0, O = 16.

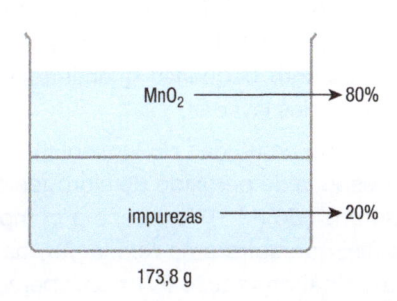

- MnO_2 → 80%
- impurezas → 20%
- 173,8 g

3. (FATEC – SP) A ureia, $CO(NH_2)_2$, substância utilizada como fertilizante, é obtida pela reação entre CO_2 e NH_3, conforme mostra a equação:

$$CO_2 + 2\,NH_3 \longrightarrow CO(NH_2)_2 + H_2O$$

Se 340 toneladas de amônia produzem 540 toneladas de ureia, o rendimento desse processo é:

a) 80%
b) 85%
c) 90%
d) 95%
e) 100%

Dados: C = 12, O = 16, H = 1, N = 14.

4. (VUNESP) A reação entre amônia e metano (CH_4) é catalisada por platina, formando cianeto de hidrogênio e hidrogênio gasosos.

a) Escreva a equação química balanceada da reação.
b) Calcule as massas dos reagentes para obtenção de 2,70 kg de cianeto de hidrogênio, supondo 80% de rendimento da reação.

Dados: H = 1, N = 14, C = 12.

5. (FASM – SP) O bicarbonato de sódio pode ser produzido a partir da reação química entre carbonato de sódio, gás carbônico e água, indicada na equação:

$$Na_2CO_3 + CO_2 + H_2O \longrightarrow 2\,NaHCO_3$$

Quando são produzido 126 g do antiácido a partir de 1,0 mol de carbonato de sódio, o rendimento para esta reação em termos de produção de bicarbonato de sódio é igual a:

a) 65%
b) 75%
c) 60%
d) 70%
e) 80%

Dados: Na = 23, H = 1, C = 12, O = 16.

Considerando que devido às impurezas do calcário, o rendimento da reação seja de 90%, a massa de gás carbônico liberado no ar atmosférico na queima de uma tonelada de calcário é:

a) 440.000 gramas.
b) 440 quilogramas.
c) 396 quilogramas.
d) 0,44 toneladas.
e) 396 gramas.

Dados: 1 tonelada: 1.000 kg (quilogramas); massa molar $CaCO_3$: 100 gramas/mol; massa molar do CO_2: 44 gramas/mol.

6. (IFMT) A Copa do Mundo de 2014, no Brasil, tem movimentado um grande número de obras de mobilidade urbana e a construção de estádios nas cidades sedes, o que consome uma grande quantidade de cimento. Sabia que isso também tem contribuído para o efeito estufa? Sim, além da preocupação com a queima de combustíveis fósseis que tem aumentado assustadoramente o efeito estufa, a produção do cimento vem ganhando importância nesse contexto. Quando rochas de calcário (matéria-prima do cimento) são aquecidas para a obtenção da cal viva ou cal virgem há uma grande liberação de gás carbônico, conforme é apresentado na reação a seguir:

$$\underset{\text{calcário}}{CaCO_3} \longrightarrow \underset{\text{cal viva}}{CaO} + CO_2$$

(ENEM) Texto para as questões **7** e **8**.

Na investigação forense, utiliza-se luminol, uma substância que reage com o ferro presente na hemoglobina do sangue, produzindo luz que permite visualizar locais contaminados com pequenas quantidades de sangue, mesmo superfícies lavadas.

É proposto que, na reação do luminol (I) em meio alcalino, na presença de peróxido de hidrogênio (II) e de um metal de transição (M^{n+}), forma-se o composto 3-aminoftalato (III), que sofre uma relaxação, dando origem ao produto final da reação (IV), com liberação de energia (hv) e de gás nitrogênio (N_2).

Adaptado. **Química Nova**, 25, n. 6, pp. 1003-10.

Dados: massas molares em g/mol: luminol = 177, 3-aminoftalato = 179.

7. Na reação do **luminol**, está ocorrendo o fenômeno de

a) fluorescência, quando espécies excitadas por absorção de uma radiação eletromagnética relaxam liberando luz.
b) incandescência, um processo físico de emissão de luz que transforma energia elétrica em energia luminosa.
c) quimioluminescência, uma reação química que ocorre com liberação de energia eletromagnética na forma de luz.
d) fosforescência, em que átomos excitados pela radiação visível sofrem decaimento, emitindo fótons.
e) fusão nuclear a frio, por reação química de hidrólise com liberação de energia.

8. Na análise de uma amostra biológica para análise forense, utilizou-se de 54 g de luminol e peróxido de hidrogênio em excesso, obtendo-se um rendimento final de 70%. Sendo assim, a quantidade do produto final (IV) formada na reação foi de

a) 123,9 g d) 38,2 g
b) 114,8 g e) 16,2 g
c) 86,0 g

9. (UNIRIO – RJ) A hidrazina, N_2H_4, e o peróxido de hidrogênio, H_2O_2, têm sido usados como combustíveis de foguetes. Eles reagem de acordo com a equação:

$$7\ H_2O_2 + N_2H_4 \longrightarrow 2\ HNO_3 + 8\ H_2O$$

A reação de hidrazina com 75% de pureza com peróxido de hidrogênio suficiente produziu 3,78 kg de ácido nítrico, com rendimento de 80%.

a) Determine a massa, em gramas, de hidrazina impura utilizada.
b) Determine a massa, em gramas, de água formada.

Dados: massas atômicas: H = 1 u; O = 16 u; N = 14 u.

10. (PUC – PR) A pirita é uma liga de ferro e enxofre e possui características muito parecidas com as do ouro: cor e mesmo brilho, por isso foi apelidada de "ouro dos tolos". Mas facilmente é possível perceber as diferenças existentes entre o ouro e a pirita, testes simples como da condutividade elétrica já mostram as propriedades distintas dessas substâncias. A composição da pirita é principalmente ferro, mas existem pequenas quantidades de níquel, cobalto, ouro e cobre. Na reação com o gás oxigênio, produz dióxido de enxofre e óxido de ferro III, segundo a equação:

$$FeS_2 + O_2 \longrightarrow SO_2 + Fe_2O_3$$
(equação não balanceada)

Considerando um grau de pureza da pirita de 92% e uma reação com rendimento de 80%, qual massa aproximada de Fe_2O_3 se forma quando reagem 8,8 toneladas de pirita?

a) 5,39 t d) 4,32 t
b) 8,09 t e) 6,42 t
c) 4,70 t

Cap. 42 | Estequiometria III: Rendimento

Capítulo 43
Estequiometria IV: Excesso de Reagente

1. Por que se usa reagente em excesso?

A amônia é de importância fundamental para a humanidade, pois a partir dela são produzidos os fertilizantes, que permitem que se aumente a produção de alimentos. Considere a síntese da amônia.

Proporção N_2 + $3\,H_2$ ⟶ $2\,NH_3$
Equação   28 g   3 · 2 g   2 · 17 g

Através da equação podemos afirmar que 28 t de N_2 reage com 6 t de H_2. Como o H_2 é um reagente caro e o N_2 é um reagente barato, a indústria coloca o N_2 em excesso, isto é, uma massa maior que 28 t para garantir o consumo total de 6 t de H_2. O N_2 em excesso também aumenta a velocidade da reação, isto é, o NH_3 forma-se em um tempo menor.

O reagente que não está em excesso é consumido totalmente – e por esse motivo determina o fim da reação – é chamado de **reagente limitante.**

Reagente em excesso: N_2 massa > 28 t

Reagente limitante: H_2 (6 t)

2. Regra prática para descobrir o reagente em excesso

Sempre que um exercício fornecer a quantidade dos *dois reagentes*, devemos verificar se há ou não excesso de um reagente, isto é, quantidade maior necessária a reagir.

Através da lei de Proust, a relação entre as quantidades de equação e do exercício para cada reagente deve ser igual.

1º caso: não há excesso de reagente

N_2 : $\dfrac{28\,g}{28\,t} = 1$ H_2 : $\dfrac{6\,g}{6\,t} = 1$ ou N_2 28 g $\diagdown$ H_2 6 g
                                                       28 t $\diagup$ 6 t
Produto das diagonais é igual

2º caso: há excesso de reagente

N_2 : $\dfrac{28\,g}{30\,t} = 0{,}9$ H_2 : $\dfrac{6\,g}{6\,t} = 1$ ou N_2 28 g maior⟵ H_2 6 g
                                                                         30 t   6 t
excesso   limitante   excesso   limitante

A relação do N_2 deu menor (0,9) significa que 30 t está em excesso.

Exercício Resolvido

Dada a equação química:

$$N_2 + 3\,H_2 \longrightarrow 2\,NH_3$$

Ao empregar 16 g de N_2 (28 g/mol) e 3 g de H_2 (2 g/mol):

a) haverá reagente em excesso? Se houver, calcule esse excesso;

b) calcule a massa de NH_3 (17 g/mol) formada.

Resolução:

a) N_2 : $\dfrac{28\,g}{16\,g} = 1{,}75$ H_2 : $\dfrac{6\,g}{3\,g} = 2$ ou N_2 28 g maior⟵ H_2 6 g
                                                                            16 g   3 g
excesso   limitante   excesso   limitante

proporção N_2 + $3\,H_2$ ⟶ $2\,NH_3$
equação   28 g   6 g   34 g
exercício   massa (x)   3 g

x = 14 g   16 g – 14 g = 2 g

b) proporção $N_2 + 3\,H_2$ ⟶ $2\,NH_3$
   equação   6 g ———————— 34 g
   exercício   3 g ———————— massa (x)

x = 17 g

Exercícios Série Prata

1. As esferas pretas representam átomos de oxigênio e as azuis, átomos de nitrogênio.
   a) Equacione a reação envolvida.
   b) Há algum reagente em excesso?

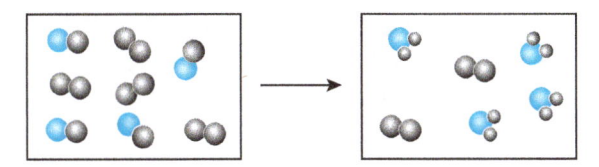

2. Numa das etapas da fabricação de ácido nítrico, a amônia reage com oxigênio de acordo com a seguinte equação:

$$4\ NH_3(g) + 5\ O_2(g) \longrightarrow 4\ NO(g) + 6\ H_2O(g)$$

Ao empregar 10 mol de amônia e 15 mol de gás oxigênio:
   a) Haverá reagente em excesso? Explique.
   b) Qual a quantidade em mol de NO que se poderá obter?

3. Foram misturados 40 g de H_2 com 40 g de O_2, com a finalidade de produzir água. Determine:
   a) o reagente limitante;
   b) a massa do reagente em excesso;
   c) a massa do produto formado.

Dados: massas molares: $H_2 = 2$ g/mol, $O_2 = 32$ g/mol, $H_2O = 18$ g/mol.

4. (FEI – SP) Um químico fez reagir 40 g de água oxigenada com 50 g de ácido nitroso, segundo a equação

$$H_2O_2 + HNO_2 \longrightarrow HNO_3 + H_2O$$

Assinale a alternativa que indica a massa de HNO_3 produzida, em gramas, e o reagente que está em excesso.

a) 37 e H_2O_2
b) 67 e HNO_2
c) 74 e HNO_2
d) 74 e H_2O_2
e) 67 e H_2O_2

Dados: massas atômicas: H = 1 u, N = 14 u, O = 16 u.

5. 4 gramas de hidróxido de sódio são adicionados a 4 gramas de ácido clorídrico, produzindo cloreto de sódio e água. Pergunta-se: há excesso de qual reagente?

Dados: massas molares (g/mol): Na (23); H (1); O (16); Cl (35,5).

6. (UFRGS – RS) Quando 56 g de ferro são colocados para reagir com 40 g de enxofre, de acordo com a reação:

$$Fe + S \longrightarrow FeS$$

formam-se

a) 40 g de FeS e sobram 16 g de ferro.
b) 56 g de FeS e sobram 8 g de enxofre.
c) 96 g de FeS.
d) 88 g de FeS e sobram 8 g de enxofre.
e) 40 g de FeS e sobram 8 g de ferro.

Dados: Fe (56 u); S (32 u).

Exercícios Série Ouro

1. Calcule a massa de Na_2SO_4 formada pela mistura de 10 g de H_2SO_4 com 8,0 g de NaOH.

$$2\ NaOH + H_2SO_4 \longrightarrow Na_2SO_4 + 2\ H_2O$$

Dados: massa molar do H_2SO_4 = 98 g/mol, do NaOH = 40 g/mol, Na_2SO_4 = 142 g/mol.

Deseja-se produzir o sal a partir de 55 g de amônia, 110 g de dióxido de carbono e de quanta água for necessária.

a) Qual dos reagentes, amônia ou dióxido de carbono, está em excesso?
b) Qual a massa de água que será consumida na reação?
c) Qual a massa de sal produzida?

Dados: massas molares em g/mol: NH_3 = 17, CO_2 = 44, H_2O = 18, NH_4HCO_3 = 79.

2. O bicarbonato de amônio, NH_4HCO_3, é um sal usado como fermento nas fábricas de biscoito. Sua produção industrial envolve a reação, sob condições apropriadas, de amônia, água e dióxido de carbono, de acordo com a equação:

$$NH_3(aq) + H_2O(l) + CO_2(aq) \longrightarrow NH_4HCO_3(s)$$

3. (UFG – GO) As pérolas contêm, majoritariamente, entre diversas outras substâncias, carbonato de cálcio ($CaCO_3$). Para obtenção de uma pérola artificial composta exclusivamente de $CaCO_3$, um analista, inicialmente, misturou 22 g de CO_2 e 40 g de CaO. Nesse sentido, conclui-se que o reagente limitante e a massa em excesso presente nessa reação são, respectivamente,

a) CO_2 e 22 g
b) CaO e 10 g
c) CO_2 e 12 g
d) CaO e 20 g
e) CO_2 e 8 g

Dados: Ca = 40; C = 12; O = 16.

4. (PUC – SP) Ao adicionar uma solução aquosa de nitrato de prata ($AgNO_3$) a uma solução aquosa de fosfato de sódio (Na_3PO_4), forma-se um sal branco e insolúvel, o fosfato de prata (Ag_3PO_4). Essa reação foi realizada utilizando-se quantidades variadas dos reagentes, segundo a tabela abaixo:

Tubo número	1	2	3	4	5
$AgNO_3$ Quantidade de matéria adicionada (10^{-3} mol)	4	6	8	12	14
Na_3PO_4 Quantidade de matéria adicionada (10^{-3} mol)	12	10	8	4	2

Com base nessa tabela, é possível prever que o tubo em que se formará a maior quantidade de Ag_3PO_4 é o:

a) tubo 1.
b) tubo 2.
c) tubo 3
d) tubo 4.
e) tubo 5.

5. (UEL – PR) O ácido acetilsalicílico (AAS), comumente chamado de aspirina, é obtido a partir da reação do ácido salicílico com anidrido acético. Essa reação é esquematizada do seguinte modo:

ácido salicílico + anidrido acético → ácido acetilsalicílico + ácido acético
$C_7H_6O_3(s)$ $C_4H_6O_3$ $C_9H_8O_4$ CH_3COOH

a) Qual é o reagente limitante da reação, partindo-se de 6,90 g de ácido salicílico e 10,20 g de anidrido acético? Justifique sua resposta apresentando os cálculos.
b) Foram obtidos 5,00 g de AAS. Calcule o rendimento da reação.

Dados: C = 12; H = 1; O = 16.

6. (UFF – RJ) O cloreto de alumínio é um reagente muito utilizado em processos industriais que pode ser obtido por meio da reação entre alumínio metálico e cloro gasoso. Se 2,70 g de alumínio são misturados a 4,0 g de cloro, a massa produzida, em gramas, de cloreto de alumínio é:

a) 5,01
b) 5,52
c) 9,80
d) 13,35
e) 15,04

Dados: Al = 27, Cl = 35,5.

7. (UEPA) As chamas de oxiacetileno são usadas para soldas, atingindo temperaturas próximas a 2.000 °C. Essas temperaturas são devidas à combustão do acetileno:

$$2\ C_2H_2 + 5\ O_2 \longrightarrow 4\ CO_2 + 2\ H_2O$$

Partindo de 125 g de cada reagente, C_2H_2 e O_2, e obtendo-se 22,5 g de água, o rendimento da reação é de
a) 20%.
b) 30%.
c) 50%.
d) 70%.
e) 80%.

Dados: massas molares (g/mol): H = 1,0; C = 12,0; O = 16,0.

8. (UNIP – SP) Certas naves espaciais utilizam hidrazina (N_2H_4) como combustível e peróxido de hidrogênio (H_2O_2) como comburente.

Estas substâncias reagem pelo simples contato, de acordo com a equação química:

$$N_2H_4(l) + 2\ H_2O_2(l) \longrightarrow N_2(g) + 4\ H_2O(g)$$

Uma nave foi lançada contendo 16.000 kg de hidrazina e 32.000 kg de peróxido de hidrogênio. A afirmação correta é:

a) Faltarão 2.000 kg de peróxido de hidrogênio.
b) Sobrarão 2.000 kg de peróxido de hidrogênio.
c) Faltarão 1.000 kg de hidrazina.
d) Sobrarão 1.000 kg de hidrazina.
e) As substâncias reagirão sem sobrar nenhum reagente.

Dado: massas molares em g/mol: N_2H_4 = 32; H_2O_2 = = 34.

9. (PUC – SP) O gás oxigênio reage com a substância elementar X para formar óxido de *xis* (X_2O). Em determinado experimento, 32,0 g de gás oxigênio são completamente consumidos na reação com 100,0 g de X formando X_2O e restando 8,0 g de *xis* sem reagir. Conclui-se que o elemento X é
a) Na
b) Ag
c) Cl
d) Rb
e) Nb

Dados: Na = 23; Ag = 108; Cl = 35,5; Rb = 85,5; Nb = 93.

10. (UFSCar – SP) O estanho é usado na composição de ligas metálicas, como bronze (Sn-Cu) e solda metálica (Sn-Pb). O estanho metálico pode ser obtido pela reação do minério cassiterita (SnO_2) com carbono, produzindo também monóxido de carbono. Supondo que o minério seja puro e o rendimento da reação seja 100%, a massa, em quilogramas, de estanho produzida a partir de 453 kg de cassiterita com 96 kg de carbono é
a) 549
b) 476
c) 357
d) 265
e) 119

Dados: C = 12 u; O = 16 u; Sn = 119 u.

11. (UFES) O cromato de bário (cromo limão), usado como pigmento em pintura, é obtido pela reação do dicromato de potássio com o cloreto de bário.

$$K_2Cr_2O_7 + 2\ BaCl_2 + H_2O \longrightarrow 2\ BaCrO_4 + 2\ KCl + 2\ HCl$$

Para uma mistura de 8,65 g de cloreto de bário com 5,88 g de dicromato de potássio em determinado volume de água, calcule

a) a massa do reagente em excesso, em gramas, após completada a reação;

b) a massa do $BaCrO_4$ produzida, em gramas.

Dados: massas molares em g/mol: Cr = 52,0; Ba = 137,0; K = 39,0; O = 16,0; Cl = 35,5.

12. (UFC – CE) O ácido fosfórico, H_3PO_4, pode ser produzido a partir da reação entre a fluoropatita, $Ca_5(PO_4)_3F$, e o ácido sulfúrico, H_2SO_4, de acordo com a seguinte equação química:

$$Ca_5(PO_4)_3F(s) + 5\ H_2SO_4(l) \longrightarrow 3\ H_3PO_4(l) + 5\ CaSO_4(s) + HF(g)$$

Considere a reação completa entre 50,4 g de fluoropatita com 98 g de ácido sulfúrico.

a) Qual é o reagente limitante da reação?

b) Determine a quantidade máxima de ácido fosfórico produzida.

Dados: massas molares em g/mol: $Ca_5(PO_4)_3F$: 504; H_4SO_4: 98; H_3PO_4: 98.

13. (FUVEST – SP) Para estudar a variação de temperatura associada à reação entre Zn(s) e Cu^{2+}(aq), foram realizados alguns experimentos independentes, nos quais diferentes quantidades de Zn(s) foram adicionadas a 100 mL de diferentes soluções aquosas de $CuSO_4$. A temperatura máxima (T_f) de cada mistura, obtida após a reação entre as substâncias, foi registrada conforme a tabela:

Experimento	Quantidade de matéria de Zn(s) (mol)	Quantidade de matéria de Cu^{2+}(aq) (mol)	Quantidade de matéria total* (mol)	T_f (°C)
1	0	1,0	1,0	25,0
2	0,2	0,8	1,0	26,9
3	0,7	0,3	1,0	27,9
4	X	Y	1,0	T_4

*Quantidade de matéria total = soma das quantidades de matéria iniciais de Zn(s) e Cu^{2+}(aq).

a) Escreva a equação química balanceada que representa a transformação investigada.

b) Qual é o reagente limitante no experimento 3? Explique.

c) No experimento 4, quais deveriam ser os valores de X e Y para que a temperatura T_4 seja a maior possível? Justifique sua resposta.

Capítulo 44
Estequiometria V: Reações Consecutivas

Trajeto perigoso

Os produtos químicos são geralmente transportados de um lugar para outro porque as indústrias químicas ficam localizadas longe dos centros consumidores. No Brasil, este transporte é realizado principalmente por caminhões, que circulam a toda hora pelas estradas. Esses produtos são perigosos e, por este motivo, os veículos que os transportam são dirigidos com muito cuidado. Contudo, não são incomuns acidentes envolvendo cargas perigosas:

> "Acidente com caminhão que transportava ácido sulfúrico mata quatro."
> **Folha.com** (06/08/2002).

> "Acidente com caminhão de ácido nítrico faz um morto na Dutra."
> **Globo.com** (26/10/2009).

Para facilitar a determinação da carga transportada no caso de acidentes, todos os caminhões que carregam produtos perigosos devem ter placas que indiquem o produto e a classe de risco do mesmo. Para fazer a sinalização dos caminhões, são seguidas recomendações da ONU (Organização das Nações Unidas). De acordo com essas recomendações, os caminhões são identificados com uma placa chamada de **painel de segurança** (figura 1), que deve ser afixada em diversos lugares na carroceria, como mostrado na figura 2.

Figura 1 – Classe de risco.

O painel de segurança contém dois números que permitem identificar o produto e o possível risco. O número na parte de cima mostra a **classe de risco** (tabela 1) – neste caso, trata-se de um produto corrosivo (classe 8). Já o número na parte de baixo (1830) é chamado **Número ONU**. Consultando uma tabela, é possível identificar a substância transportada como sendo ácido sulfúrico (Número ONU 1830).

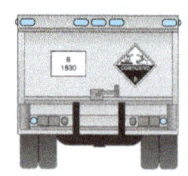

Figura 2 – Locais de fixação do painel de segurança.

Tabela 1 – Classes de risco.

1	Explosivo – substâncias com risco de explosão.
2	Gases comprimidos, liquefeitos, dissolvidos sob pressão ou altamente refrigerados.
3	Líquidos inflamáveis.
4	Sólidos inflamáveis: substâncias sujeitas à combustão espontânea ou substâncias que em contato com a água emitem gases inflamáveis.
5	Substâncias oxidantes.
6	Substâncias tóxicas.
7	Substâncias radioativas.
8	Corrosivo.
9	Perigo de reação violenta.

Além do painel de segurança, o caminhão deve mostrar o **rótulo de segurança** (figura 3), que tem o formato de um losango e indica também a classe de risco.

Figura 3 – Rótulo de segurança.

Agora, você já sabe como produtos perigosos, como o ácido sulfúrico e o ácido nítrico, devem ser transportados. Neste capítulo, você vai aprender como esses ácidos são produzidos industrialmente e como trabalhar com a estequiometria de reações consecutivas.

1. Ácido sulfúrico – H_2SO_4

O ácido sulfúrico, H_2SO_4 (98 g/mol), é o produto químico inorgânico de maior produção mundial. O relativo baixo custo do ácido sulfúrico tornou comum seu uso na indústria, particularmente na produção de fertilizantes, tintas e detergentes. Aproximadamente dois terços da produção são usados na fabricação dos fertilizantes (fosfato de amônio e sulfato de amônio).

O ácido sulfúrico é um líquido oleoso, incolor e corrosivo (vide o diamante de Hommel na figura 4), que ferve (e se decompõe) em 300 °C, aproximadamente. Ele tem três importantes propriedades químicas: é um ácido forte, um agente desidratante e um agente oxidante.

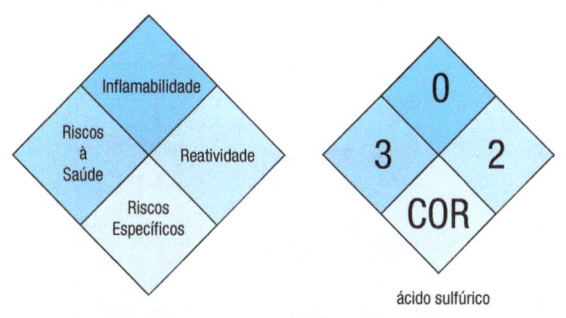

Figura 4 – Diamante de Hommel para o ácido sulfúrico: inflamabilidade = 0: "substância que não queima"; reatividade = 2: "reage violentamente com a água"; riscos à saúde = 3: "exposição curta pode causar sérios danos residuais temporários, substância se-veramente perigosa"; riscos específicos = COR: "corrosivo".

2. Produção industrial

Ácido sulfúrico foi produzido pela primeira vez no século X. Ele foi feito pela decomposição de minerais sulfatados hidratados naturais, seguida da condensação do gás resultante. A decomposição térmica de sulfatos ainda era utilizada no século XIX para produção de ácido sulfúrico 90% H_2SO_4.

A produção industrial de ácido sulfúrico iniciou-se no século XVIII com a queima de enxofre na presença de KNO_3 e vapor. Isto se desenvolveu para os processos de câmara de chumbo, que usavam óxidos de nitrogênio (catalisador). Entretanto, a concentração do H_2SO_4 era limitada a menos de 70% em massa de H_2SO_4 e, portanto, durante o século XX, esse processo foi completamente substituído pelo processo de contato, onde há a oxidação catalítica de SO_2/SO_3 em contato com ácido sulfúrico. Platina em pó era o catalisador dominante até a década de 1930, mas outros catalisadores, como o V_2O_5, também são utilizados atualmente.

As reações presentes no **processo de contato** são:

1) Queima de enxofre elementar (proveniente da purificação de gás natural e do refino do petróleo).

$$S(s) + O_2(g) \xrightarrow{1.000\ °C} SO_2(g)$$

Minas de enxofre

A maioria do enxofre da Terra está presa no centro do planeta, o que inviabiliza a sua utilização. Contudo, os gases que saem dos vulcões trazem o enxofre para a superfície, permitindo a sua extração.

O enxofre forma depósitos que ficam embaixo da terra. Para extrair o enxofre, abre-se um buraco em cima da mina e injeta-se vapor-d'água. Com o calor do vapor, o enxofre se liquefaz e é expelido para cima devido à pressão do vapor. Esse procedimento foi desenvolvido em 1890 por Hermann Frasch (1851-1914) e é conhecido por Processo Frasch. Até o final do século XX, a maioria do enxofre era obtido através desse processo, mas ele passou a ser substituído pela recuperação a partir do petróleo ou de gases siderúrgicos. O equipamento utilizado para extração do enxofre é mostrado na figura 5.

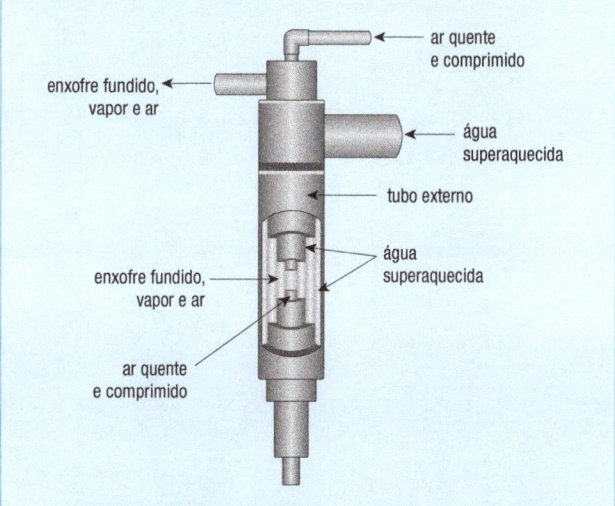

Figura 5 – Equipamento para extração de enxofre.

2) Reação catalítica entre SO_2 e O_2 para formar $SO_3(g)$.

$$SO_2(s) + \frac{1}{2}O_2(g) \xrightarrow{Pt\ ou\ V_2O_5,\ 430-530\ °C} SO_3(g)$$

Outra fonte de SO_2

A ustulação (queima de sulfeto) da pirita: FeS_2.

$$2\ FeS_2 + \frac{11}{2}O_2 \longrightarrow Fe_2O_3 + 4\ SO_2$$

3) Reação do produto $SO_3(g)$ com $H_2O(l)$.

$$SO_3(g) + H_2O(l) \xrightarrow{80\text{-}110\,°C} H_2SO_4(l)$$

Neste processo, o SO_2 e o SO_3 são substâncias intermediárias. Somando-se as três reações anteriores, obtém-se a equação global do processo de contato:

$$S(s) + \frac{3}{2}O_2(g) + H_2O(l) \longrightarrow H_2SO_4(l)$$

A produção de H_2SO_4 é feita através de três reações que são chamadas de reações consecutivas, pois o produto da primeira reação vira reagente da segunda reação.

A figura 6 apresenta, de forma esquemática, o processo de produção de ácido sulfúrico.

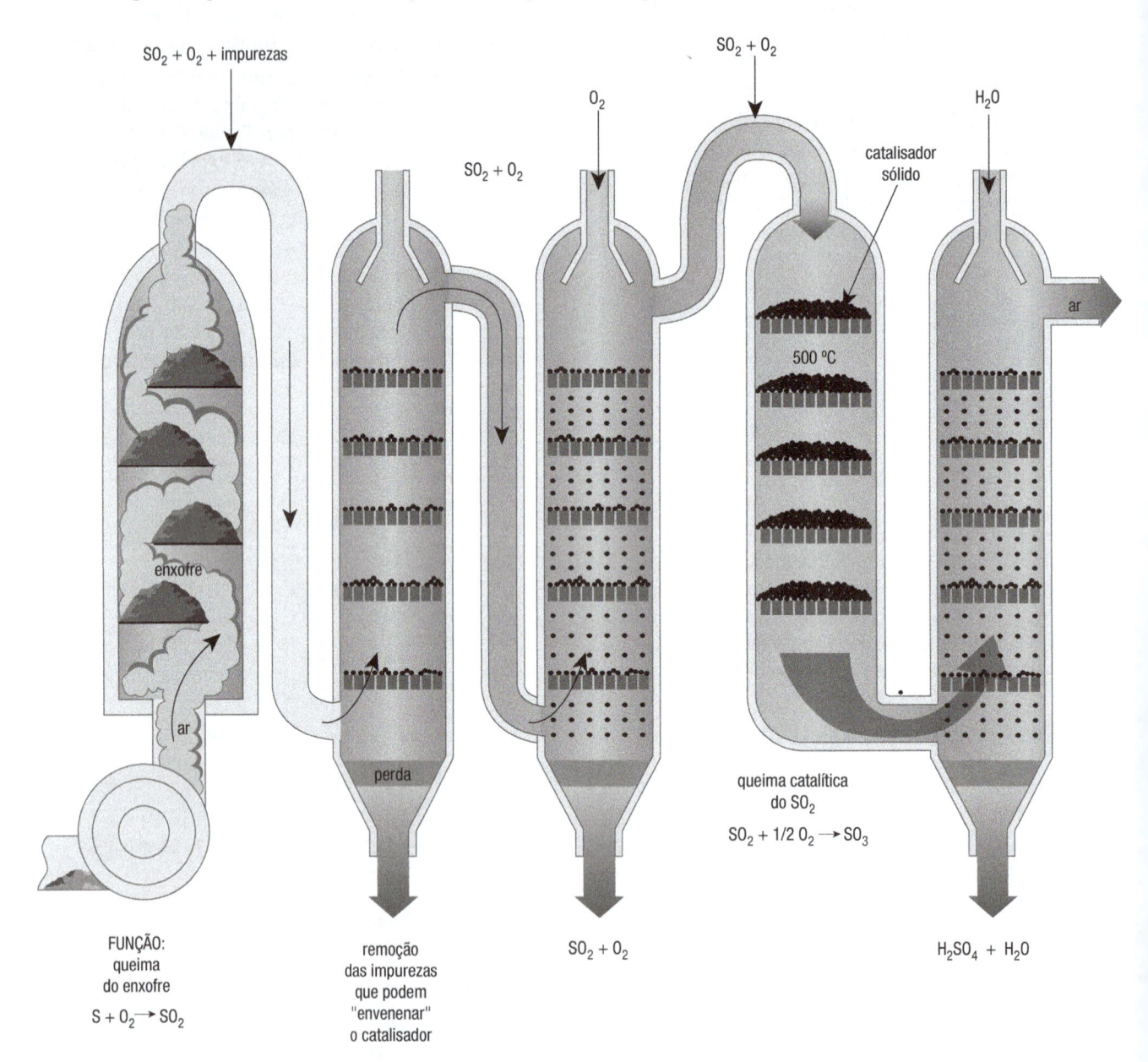

Figura 6 – Processo de contato para fabricação de ácido sulfúrico.

3. Ácido nítrico

O ácido nítrico, HNO_3 (63 g/mol), é bastante utilizado na produção de fertilizantes e explosivos (número ONU 2031 e classe de risco 8 – corrosivo).

O ácido nítrico é um líquido incolor, oxidante (vide o diamante de Hommel na figura 7), volátil a temperatura ambiente e que possui ponto de ebulição de 83 °C. Ele é tanto um ácido forte quanto um forte agente oxidante, sendo miscível com a água em todas as proporções.

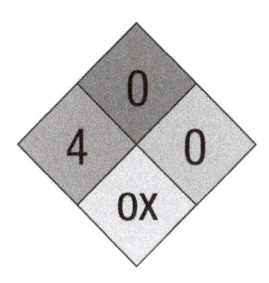

Figura 7 – Diagrama de Hommel para o ácido nítrico: inflamabilidade = 0: "substância que não queima"; reatividade = 0: "normalmente estável"; riscos à saúde = 4: "exposição muita curta pode causar morte ou sérios danos residuais"; riscos específicos = OX: "oxidante".

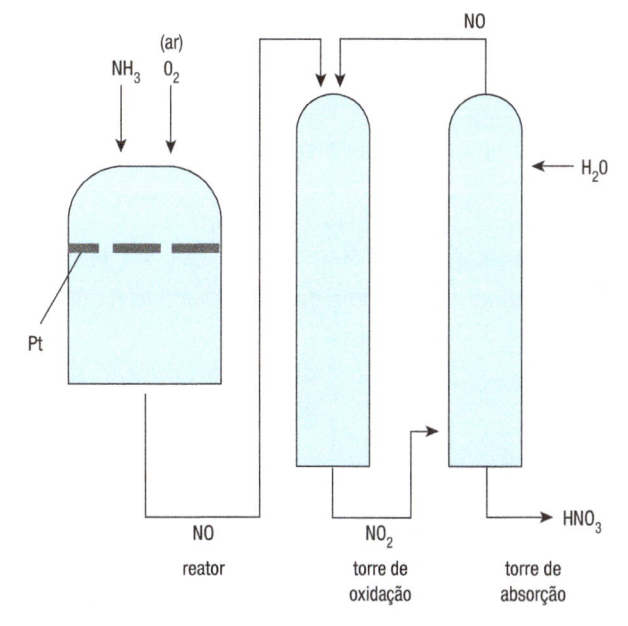

Figura 8 – Processo de Ostwald para fabricação de ácido nítrico.

3.1 Produção industrial

Atualmente, o ácido nítrico é fabricado em três etapas pelo **processo de Ostwald**, que foi patenteado em 1902 por Wilhelm Ostwald (1853-1932):

1) Oxidação da amônia.

$$2\,NH_3(g) + \frac{5}{2}O_2(g) \xrightarrow{850\,°C,\,5\,atm,\,Pt/Rh} 2\,NO(g) + 3\,H_2O(g)$$

2) Oxidação do óxido de nitrogênio (NO).

$$2\,NO(g) + O_2(g) \longrightarrow 2\,NO_2(g)$$

3) Hidratação do NO_2

$$3\,NO_2(g) + H_2O(l) \xrightarrow{\Delta} 2\,HNO_3(aq) + NO(g)$$

O NO obtido nesta etapa é reciclado para a 2ª etapa, como pode ser observado pelo fluxograma do processo de Ostwald apresentado na figura 8.

4. Estequiometria de reações consecutivas

Nos dois processos anteriores, os produtos finais (ácidos sulfúrico e nítrico) são obtidos a partir de reações em sequência ou consecutivas. Nesses casos, é interessante, por exemplo, calcular qual a necessidade de matéria-prima (enxofre e amônia) necessária para produção de determinada quantidade de ácido.

Para evitar cálculos desnecessários, deve-se somar algebricamente as equações químicas de tal forma a eliminar as substâncias intermediárias. No caso do processo de Ostwald, deve-se multiplicar a 1ª etapa e a 2ª etapa por 3 e a 3ª etapa por 2.

$$6\,NH_3(g) + \frac{15}{2}O_2(g) \longrightarrow 6\,NO(g) + 9\,H_2O(g)$$
$$6\,NO(g) + 3\,O_2(g) \longrightarrow 6\,NO_2(g)$$
$$6\,NO_2(g) + 2\,H_2O(l) \longrightarrow 4\,HNO_3(aq) + 2\,NO(g)$$
$$\overline{6\,NH_3(g) + \frac{21}{2}O_2(g) \longrightarrow 4\,HNO_3(aq) + 2\,NO(g) + 7\,H_2O(g)}$$

Então, basta efetuar o cálculo estequiométrico com auxílio da equação global.

Exercícios Série Prata

1. O gás natural sintético pode ser obtido pelo processo:

1ª etapa: $CO + 2 H_2 \longrightarrow CH_3OH$

2ª etapa: $4 CH_3OH \longrightarrow 3 CH_4 + CO_2 + 2 H_2O$

A quantidade em mols de H_2 consumido na obtenção de 600 g de CH_4 é:

a) 25
b) 50
c) 75
d) 100
e) 125

Dados: C = 12, H = 1.

Qual a massa mínima de calcário (em kg), por dia, necessária para eliminar todo o SO_2 formado?

a) 128
b) 240
c) 480
d) 720
e) 1.200

Dados: massas molares em g/mol – $CaCO_3$ = 100; SO_2 = 64.

2. Determine a massa, em toneladas, de ácido sulfúrico obtida a partir de 48 t de pirita (FeS_2). A primeira etapa deste processo consiste na reação de FeS_2 com O_2 para produção de Fe_2O_3 e SO_2.

Dados: massas molares em g/mol – FeS_2 = 120, H_2SO_4 = 98.

4. (UnB – DF) Na sequência de reações:

$$Na_2O + H_2O \longrightarrow 2 NaOH$$
$$H_3PO_4 + 3 NaOH \longrightarrow Na_3PO_4 + 3 H_2O$$

se partirmos de 10 mol de Na_2O, obteremos:

a) 10 mol de H_2O
b) 20 mol de H_2O
c) $\dfrac{40}{2}$ mol de Na_3PO_4
d) 15 mol de Na_3PO_4
e) 20 mol de Na_3PO_4

3. (FUVEST – SP) Uma instalação petrolífera produz 12,8 kg de SO_2 por hora. A liberação desse gás poluente pode ser evitada usando-se calcário, o qual por decomposição fornece cal, que reage com o SO_2 formando $CaSO_3$, de acordo com as equações:

$$CaCO_3 \longrightarrow CaO + CO_2$$
$$CaO + SO_2 \longrightarrow CaSO_3$$

5. (UFPA) Dadas as equações químicas:

$$S + O_2 \longrightarrow SO_2$$
$$2\,SO_2 + O_2 \longrightarrow 2\,SO_3$$
$$SO_3 + H_2O \longrightarrow H_2SO_4$$

Considerando-se que em 100 L de gasolina encontram-se 3,2 mg de enxofre, a quantidade (em gramas) de ácido sulfúrico formada pela queima desse volume de combustível será de:

a) 98
b) $98 \cdot 10^{-1}$
c) $98 \cdot 10^{-2}$
d) $98 \cdot 10^{-3}$
e) $98 \cdot 10^{-4}$

Dados: H = 1, S = 32, O = 16.

6. (FUVEST – SP) Duas das reações que ocorrem na produção do ferro são representadas por:

$$2\,C + O_2 \longrightarrow 2\,CO$$
$$Fe_2O_3 + 3\,CO \longrightarrow 2\,Fe + 3\,CO_2$$

Calcule a massa aproximada, em quilogramas, de carvão consumido na produção de 1 t de Fe.

Dados: Fe = 56, C = 12.

7. (PUC – SP) A queima de combustíveis fósseis é uma das principais fontes de poluentes causadores da chuva ácida. Tanto o carvão mineral quanto os derivados de petróleo de maior massa molecular (como o óleo diesel) apresentam teores relativamente elevados de X, gerando o Y durante a combustão. A reação entre o oxigênio atmosférico e Y pode formar o gás Z, outro poluente atmosférico. A reação entre Z e a água produz o A, responsável pelo abaixamento do pH da chuva. Os símbolos e fórmulas que substituem X, Y, Z e A apropriadamente são, respectivamente,

a) C, CO, CO_2 e H_2CO_3
b) C, CO_2, CO e H_2CO_3
c) S, SO_2, SO_3 e H_2SO_4
d) N, NO, NO_2 e H_2NO_3
e) S, SO_3, SO_2 e H_2SO_3

8. (MACKENZIE – SP) A produção industrial do ácido sulfúrico é realizada a partir do enxofre, extraído de jazidas localizadas normalmente em zonas vulcânicas. O enxofre extraído é queimado ao ar atmosférico produzindo o anidrido sulfuroso (etapa I). Após essa reação, o anidrido sulfuroso é oxidado a anidrido sulfúrico, em alta temperatura e presença de um catalisador adequado (etapa II). Em seguida, o anidrido sulfúrico é borbulhado em água, formando o ácido sulfúrico (etapa III). As reações referentes a cada uma das etapas do processo encontram-se abaixo equacionadas:

Etapa I. $S(s) + O_2(g) \longrightarrow SO_2(g)$
Etapa II. $2\,SO_2(g) + O_2(g) \longrightarrow 2\,SO_3(g)$
Etapa III. $SO_3(g) + H_2O(l) \longrightarrow H_2SO_4(l)$

Desse modo, ao serem extraídos 200,0 kg de enxofre com 80% de pureza de uma jazida, considerando-se que o rendimento global do processo seja de 90%, a massa máxima de ácido sulfúrico que pode ser produzida será de

a) 612,5 kg.
b) 551,2 kg.
c) 490,0 kg.
d) 441,0 kg.
e) 200,0 kg.

Dados: massas molares (g/mol): H = 1, O = 16 e S = 32.

Capítulo 45
Estequiometria VI: Volume Molar e PV = nRT

1. Introdução

Vimos que a proporção dos coeficientes de uma equação química podem ser representados pela proporção em massas molares e proporção em quantidades em mols.

Exemplo:

$$N_2(g) + 3\,H_2(g) \longrightarrow 2\,NH_3(g)$$
28 g	3 · 2 g	2 · 17 g
1 mol	3 mol	2 mol

Quando temos um participante gasoso podemos também usar a proporção em volume molar. Se o processo estiver nas CNTP vamos utilizar 22,4 L/mol.

Exemplo:

$$N_2(g) + 3\,H_2(g) \longrightarrow 2\,NH_3(g)$$
CNTP	22,4 L	3 · 22,4 L	2 · 22,4 L
25 °C e 1 atm	25 L	3 · 25 L	2 · 25 L

Exercícios Resolvidos

1. Calcular o volume, em litros, de hidrogênio a 27 °C e 623 mmHg, obtido pela reação completa do ácido clorídrico com 1,2 g de Mg

$$Mg + 2\,HCl \longrightarrow MgCl_2 + H_2$$

Dados: massa molar do Mg = 24 g/mol

$$R = 62{,}3\,\frac{mmHg \cdot L}{mol \cdot K}$$

Resolução:

$Mg + 2\,HCl \longrightarrow MgCl_2 + H_2$

24 g ——————— 1 mol
1,2 g ——————— n ∴ n = 0,05 mol

$PV = nRT \Rightarrow 623 \cdot V = 0{,}05 \cdot 62{,}3 \cdot 300$
$V = 1{,}5$ L

2. Calcule a massa de NaN_3 necessária para gerar um volume de 50 L de N_2 à temperatura de 27 °C e pressão de 2 atm.

$$2\,NaN_3(s) \longrightarrow 2\,Na(s) + 3\,N_2(g)$$

Dados: massas molares em g/mol: Na = 23, N = 14

$$R = 0{,}082{,}3\,\frac{atm \cdot L}{mol \cdot K}$$

Resolução:

$PV = nRT \Rightarrow 2 \cdot 50 = n \cdot 0{,}082 \cdot 300$
$n = 4$ mol

2 NaN_3 ——————— 3 N_2
2,65 g ——————— 3 mol
m ——————— 4 mol ∴ m = 173 g

Exercícios Série Prata

1. Qual o volume ocupado por 0,75 mol de gás nitrogênio nas CNTP?
Dado: volume molar dos gases nas CNTP = 22,4 L/mol.

2. A 25 °C e 1 atm o volume molar dos gases é 24,5 L. Nessas condições de pressão e temperatura, qual será o volume ocupado por 64 g de gás ozônio, O_3?

Dado: massa molar do O = 16 g/mol.

3. O dióxido de nitrogênio é um dos principais poluentes atmosféricos, sendo ele um gás de cor castanha, que é formado pela reação entre os gases nitrogênio e oxigênio.

$$N_2(g) + 2\ O_2(g) \longrightarrow 2\ NO_2(g)$$

Determine o volume de NO_2 obtido a 25 °C e 1 atm quando reagirmos 4,0 mol de N_2.

Dado: volume molar de gás a 25 °C e 1 atm = 25 L/mol.

4. Durante um churrasco, foram queimados 2,4 kg de carbono grafite, C(graf), constituinte principal do carvão. Essa queima ocorre de acordo com a seguinte equação química:

$$C(graf) + O_2(g) \longrightarrow CO_2(g)$$

Juntamente com o carbono, gás oxigênio é consumido e gás carbônico é produzido. Considere que os volumes desses gases fossem medidos a 25 °C e 1 atm, situação em que o volume molar dos gases é 24,5 L.

a) Determine o volume do oxigênio consumido.
b) Determine o volume de gás carbônico produzido.

Dado: massa molar do C = 12 g/mol.

5. (CEETEPS – SP) Antiácido estomacal, preparado à base de bicarbonato de sódio ($NaHCO_3$), reduz a acidez estomacal provocada pelo excesso de ácido clorídrico segundo a reação:

$$HCl(aq) + NaHCO_3(aq) \longrightarrow NaCl(aq) + H_2O(l) + CO_2(g)$$

Para cada 1,87 g de bicarbonato de sódio, o volume de gás carbônico liberado a 0 °C e 1 atm é de aproximadamente:

a) 900 mL
b) 778 mL
c) 645 mL
d) 499 mL
e) 224 mL

Dados: massa molar $NaHCO_3$ = 84 g/mol; volume molar = 22,4 L/mol a 0 °C e 1 atm.

6. (CESGRANRIO – RJ) Numa estação espacial, emprega-se óxido de lítio para remover o CO_2 no processo de renovação do ar de respiração, segundo a equação:

$$Li_2O + CO_2 \longrightarrow Li_2CO_3$$

Sabendo-se que são utilizadas unidades de absorção contendo 1,8 kg de Li_2O, o volume máximo de CO_2, medido nas CNTP, que cada uma delas pode absorver é:

a) 1.800 L
b) 1.344 L
c) 1.120 L
d) 980 L
e) 672 L

Dados: C = 12, O = 16, Li = 7, volume molar dos gases nas CNTP = 22,4 L/mol.

7. (UFPI) Pilotos levam tabletes de LiH para, no caso de acidente no mar, encher barcos ou coletes salva-vidas com gás hidrogênio obtido da reação desse composto com água:

$$LiH + H_2O \longrightarrow LiOH + H_2$$

Considerando $R = 0,082 \dfrac{atm \cdot L}{mol \cdot K}$, indique quantos gramas de LiH são necessários para inflar um barco salva-vidas, de volume igual a 8,20 L, pressão de 3,00 atm e temperatura de 27,0 °C.

a) 8,0 g
b) 11,1 g
c) 37,8 g
d) 44,4 g
e) 87,7 g

Dados: massa molar do LiH = 8 g/mol.

8. (UFTM – MG) Hidrogênio gasoso (H_2) pode ser obtido em laboratório pela reação de magnésio com ácido clorídrico. Admitindo comportamento ideal, calcula-se que o volume, em litros, de hidrogênio a 27 °C e 623 mmHg, obtido pela reação completa de 1,2 g de magnésio é, aproximadamente,

a) 0,5
b) 1,0
c) 1,5
d) 2,0
e) 2,5

Dados: R = 62,3 mmHg · L · mol⁻¹ · K⁻¹; massa molar do magnésio = 24 g · mol⁻¹.

9. (UFSCar – SP) Em uma aula de laboratório de Química, um aluno montou a seguinte aparelhagem:

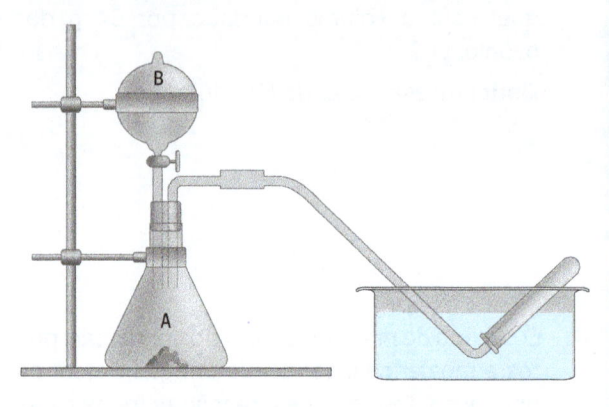

No frasco de Kitassato (A), foram colocados 32,5 g de zinco metálico e no funil de separação (B), foi adicionado solução de ácido clorídrico concentrado. Ao abrir cuidadosamente a válvula do funil, o ácido reagiu com o zinco, produzindo um gás, que foi coletado em um tubo de ensaio inicialmente cheio de água destilada, dentro de cuba cheia de água.

a) Considere que o zinco reage completamente com o ácido clorídrico em excesso e que não há perda na coleta do gás. Escreva a equação balanceada da reação química e calcule o volume, em litros, de gás a 300 K e 0,82 atm de pressão.
b) O gás produzido é praticamente insolúvel em água. Justifique essa propriedade.

Dados: Zn = 65 g/mol, equação dos gases ideais; PV = nRT, R = 0,082 atm · L · mol⁻¹ · K⁻¹.

10. (UFES) A reação abaixo é realizada para obtenção de cloro:

$$2\ NaCl + MnO_2 + 2\ H_2SO_4 \longrightarrow$$
$$\longrightarrow Na_2SO_4 + MnSO_4 + Cl_2 + 2\ H_2O$$

Admitindo na utilização de 500 g de sal para a realização deste reação a 27 °C e 1,5 atm, com rendimento 85%, o volume em litros de cloro obtido:

a) 59,0
b) 82,5
c) 119,2
d) 280,5
e) 1.650

Dados: massa molar de NaCl = 58,5 g/mol,

$R = 0,082\ \dfrac{atm \cdot L}{mol \cdot K}$.

11. (UNESP) Uma amostra de 12,5 g de carbonato de magnésio foi tratada com excesso de solução de ácido sulfúrico. Nessa reação, obtiveram-se 600 cm³ de gás carbônico, medidos à temperatura de 27 °C e 5 atm.

A porcentagem de pureza da amostra inicial é:

a) 84
b) 18
c) 22
d) 43
e) 75

Dados: massa molar de $MgCO_3$ = 84 g/mol,

$R = 0,08\ \dfrac{atm \cdot L}{mol \cdot K}$.

12. (ITA – SP) 1,31 g de uma mistura de limalhas de cobre e zinco reagiram com excesso de solução de ácido clorídrico, numa aparelhagem adequada, produzindo gás hidrogênio. Esse gás, depois de seco, ocupou um volume de 269 mL sob pressão de 0,90 atm e 300 K. Calcule a massa de cobre presente na mistura.

Dados: massa molar do Zn = 65 g/mol,

$R = 0,082\ \dfrac{atm \cdot L}{mol \cdot K}$.

Exercícios Série Ouro

1. (MACKENZIE – SP) A calcita é um mineral encontrado na forma de cristais e em uma grande variedade de formas, como também nas estalactites e estalagmites. É o principal constituinte dos calcários e mármores, ocorrendo também em conchas e rochas sedimentares. Pelo fato de ser composta por $CaCO_3$, a calcita reage facilmente com HCl, formando cloreto de cálcio, gás carbônico e água.

Considerando que uma amostra de 10 g de calcita, extraída de uma caverna, ao reagir com quantidade suficiente de HCl, produziu 1,792 L de gás carbônico, medido nas CNTP, é correto afirmar que, essa amostra apresentava um teor de $CaCO_3$ da ordem de

a) 75%
b) 80%
c) 85%
d) 90%
e) 95%

Dados: massa molar (g/mol) $CaCO_3 = 100$.

2. (UNESP – SP) A hidrazina, substância com fórmula molecular N_2H_4, é um líquido bastante reativo na forma pura. Na forma de seu monoidrato, $N_2H_4 \cdot H_2O$, a hidrazina é bem menos reativa que na forma pura e, por isso, de manipulação mais fácil. Devido às suas propriedades físicas e químicas, além de sua utilização em vários processos industriais, a hidrazina também é utilizada como combustível de foguetes e naves espaciais, e em células de combustível.

A atuação da hidrazina como propelente de foguetes envolve a seguinte sequência de reações, iniciada com o emprego de um catalisador adequado, que rapidamente eleva a temperatura do sistema acima de 800 °C:

$$3\ N_2H_4(l) \longrightarrow 4\ NH_3(g) + N_2(g)$$
$$N_2H_4(l) + 4\ NH_3(g) \longrightarrow 3\ N_2(g) + 8\ H_2(g)$$

Calcule a massa de H_2 e o volume total dos gases formados, medido nas CNTP, gerados pela decomposição estequiométrica de 1,0 g de $N_2H_4(l)$.

Dados: massas molares, em g · mol⁻¹: N = 14,0; H = 1,0; volume molar, medido nas Condições Normais de Temperatura e Pressão (CNTP) = 22,4 L.

3. (MACKENZIE – SP – adaptada) As reações de combustão são responsáveis pela produção de energia, como, por exemplo, em transporte (carros, aviões, trens, navios, etc.), usinas termoelétricas, processos industriais, geradores, e outros. O processo de combustão completa, além de produzir energia, libera uma certa quantidade de dióxido de carbono e de vapor-d'água, na atmosfera.

Assim, a relação entre os volumes de gás oxigênio, nas CNTP, necessária para consumir, em um processo de combustão completa, um mol de metanol, um mol de butano, e um mol de octano, é, respectivamente,

a) 2 : 4 : 6.
b) 1 : 8 : 16.
c) 3 : 13 : 25.
d) 1 : 2 : 4.
e) 4 : 13 : 25.

Dados: volume de um mol de gás nas CNTP = 22,4 L; metanol: CH_3OH; butano: C_4H_{10}; octano: C_8H_{18}.

4. (UNIFESP – adaptada) O bicarbonato de sódio em solução injetável, indicado para tratamento de acidose metabólica ou de cetoacidose diabética, é comercializado em ampolas de 10 mL, cuja formulação indica que cada 100 mL de solução aquosa contém 8,4 g de $NaHCO_3$.

Uma análise mostrou que o conteúdo das ampolas era apenas água e bicarbonato de sódio; quando o conteúdo de uma ampola desse medicamento reagiu com excesso de HCl, verificou-se que foi produzido $8,0 \cdot 10^{-3}$ mol de gás carbônico, uma quantidade menor do que a esperada.

a) Utilizando $R = 0,08$ atm $\cdot$ L $\cdot$ K^{-1} $\cdot$ mol^{-1}, calcule a pressão exercida pelo gás liberado na análise do medicamento, quando confinado em um recipiente de 96 mL a 300 K.

b) Considerando a equação para reação entre o bicarbonato de sódio e o ácido clorídrico,

$NaHCO_3(aq) + HCl(aq) \longrightarrow NaCl(aq) + CO_2(g) + H_2O(l)$

determine a porcentagem em massa de bicarbonato de sódio presente na ampola analisada, em relação ao teor indicado em sua formulação. Apresente os cálculos efetuados.

Dados: Na = 23; H = 1; C = 12; O = 16.

Nessa transformação, o ácido sulfúrico era o reagente em excesso.

a) Escreva a equação química balanceada que representa a transformação que ocorreu dentro do recipiente.

b) O experimento descrito foi repetido utilizando-se carbonato de potássio em lugar de carbonato de sódio. A massa de carbonato de potássio utilizada nesse segundo experimento também foi m. A altura atingida pelo êmbolo foi a mesma nos dois experimentos? Explique. (Considere desprezível a variação de temperatura no sistema.)

c) Escreva a expressão matemática que relaciona a altura x, atingida pelo êmbolo, com a massa m de carbonato de sódio.

Para isso, considere que

– a solubilidade do gás, na solução, é desprezível, e não há perda de gás para a atmosfera;

– nas condições do experimento, o gás formado se comporta como um gás ideal, cujo volume é dado por $V = nRT/P$, em que:

P = pressão do gás
n = quantidade de matéria do gás (em mol)
R = constante universal dos gases
T = temperatura do gás (em K)

Observação: Use a abreviatura MM para representar a massa molar do carbonato de sódio.

5. (FUVEST – SP) A um recipiente, contendo solução aquosa de ácido sulfúrico, foi adicionada uma massa m de carbonato de sódio. Imediatamente após a adição desse sal, foi adaptado, à boca do recipiente, um cilindro de raio r, no interior do qual um êmbolo, de massa desprezível, pode se deslocar sem atrito. Após algum tempo, o carbonato de sódio foi totalmente consumido, e o gás liberado moveu o êmbolo para cima.

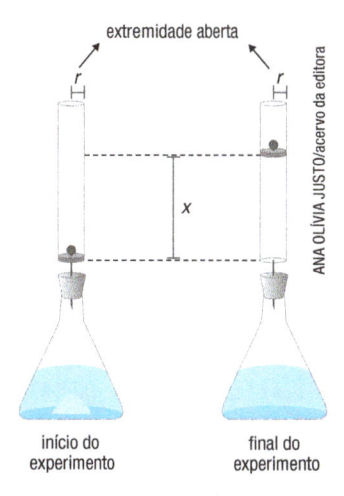

Capítulo 46
Estequiometria VII: Gráficos

A importância dos gráficos

Os gráficos são uma tentativa de se expressar visualmente dados ou valores numéricos, de maneiras diferentes, facilitando a compreensão dos mesmos.

Existem vários tipos de gráficos, sendo que os mais comuns são os de barras ou de linhas. Por exemplo, ao abrir um jornal, nos deparamos com uma série de gráficos e tabelas que têm o intuito de transmitir ao leitor informações de uma maneira mais fácil e rápida.

"Teles vão assumir controle de TVs a cabo"

TV POR ASSINATURA
Raio-X da TV paga no Brasil

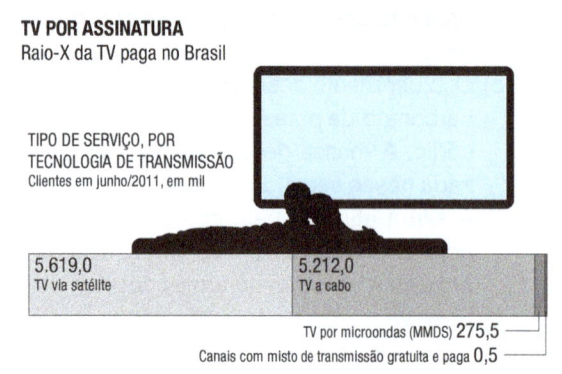

TIPO DE SERVIÇO, POR TECNOLOGIA DE TRANSMISSÃO
Clientes em junho/2011, em mil

- 5.619,0 — TV via satélite
- 5.212,0 — TV a cabo
- TV por microondas (MMDS) 275,5
- Canais com misto de transmissão gratuita e paga 0,5

DIVISÃO POR GRUPOS EMPRESARIAIS NO TOTAL DE ASSINANTES

Empresas	Total de clientes em jun. 2011, em mil	Participação no mercado Em %
Net	4.433,8	40
Sky	3.172,6	29
Embratel	1.589,6	14
Telefônica	531,7	6
OiTV	357,2	3
Abril	160,1	1
Outros	863,0	7

Fontes: ABTA (Associação Brasileira de Televisão por Assinatura) e Anatel (Agência Nacional de Telecomunicações).
Adaptado de: **Folha de S.Paulo**, 18 out. 2011.

"Lixo 'útil' poupa recursos naturais e energia, mas importação ainda é tabu"

DESTINAÇÃO DO LIXO QUE MIGRA

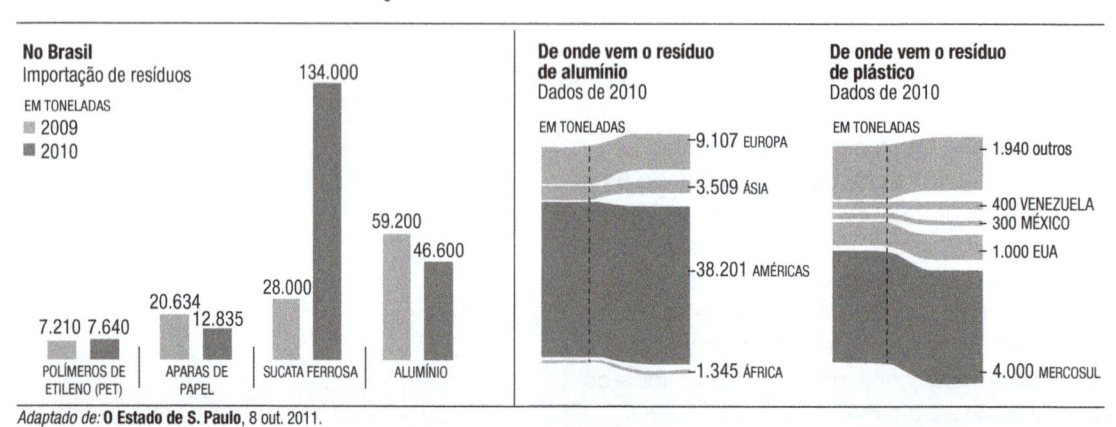

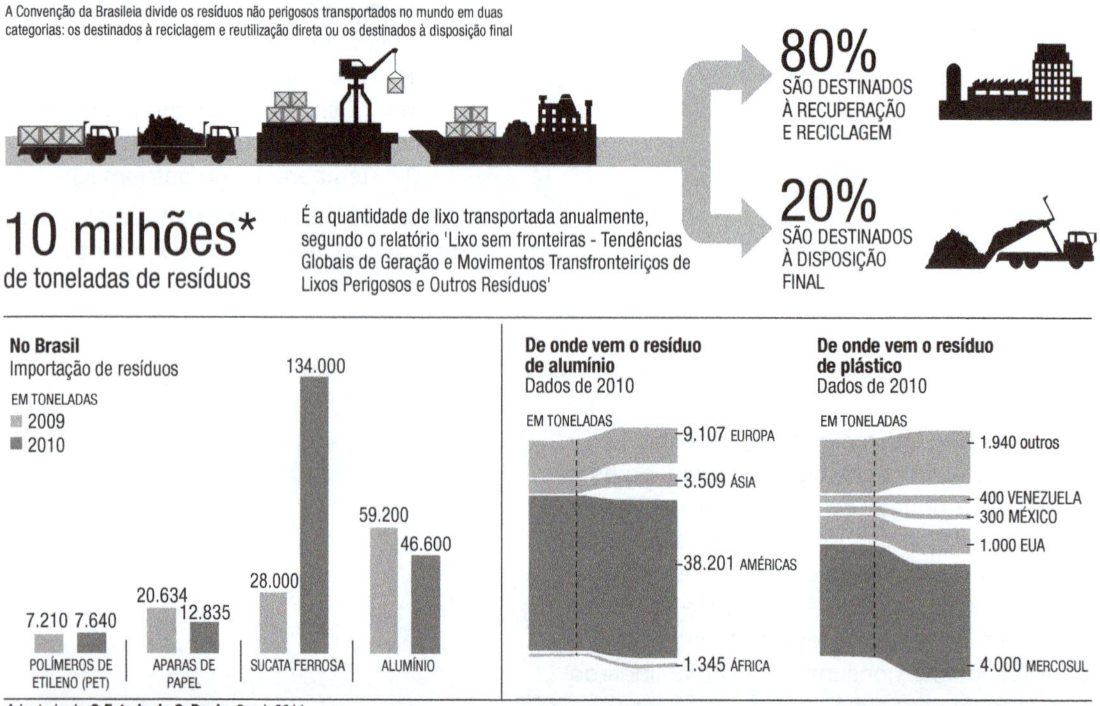

A Convenção da Brasileia divide os resíduos não perigosos transportados no mundo em duas categorias: os destinados à reciclagem e reutilização direta ou os destinados à disposição final

80% SÃO DESTINADOS À RECUPERAÇÃO E RECICLAGEM

20% SÃO DESTINADOS À DISPOSIÇÃO FINAL

10 milhões* de toneladas de resíduos
É a quantidade de lixo transportada anualmente, segundo o relatório 'Lixo sem fronteiras - Tendências Globais de Geração e Movimentos Transfronteiriços de Lixos Perigosos e Outros Resíduos'

No Brasil
Importação de resíduos
EM TONELADAS
- 2009
- 2010

	2009	2010
POLÍMEROS DE ETILENO (PET)	7.210	7.640
APARAS DE PAPEL	20.634	12.835
SUCATA FERROSA	28.000	134.000
ALUMÍNIO	59.200	46.600

De onde vem o resíduo de alumínio
Dados de 2010
EM TONELADAS
- 9.107 EUROPA
- 3.509 ÁSIA
- 38.201 AMÉRICAS
- 1.345 ÁFRICA

De onde vem o resíduo de plástico
Dados de 2010
EM TONELADAS
- 1.940 outros
- 400 VENEZUELA
- 300 MÉXICO
- 1.000 EUA
- 4.000 MERCOSUL

Adaptado de: **O Estado de S. Paulo**, 8 out. 2011.

Essa ferramenta também é encontrada em assuntos relacionados com a Química, como o efeito estufa. O aumento da concentração de CO_2 na atmosfera, decorrente da queima de combustíveis fósseis, por exemplo, é associado ao aumento da temperatura global, como mostrado no gráfico abaixo.

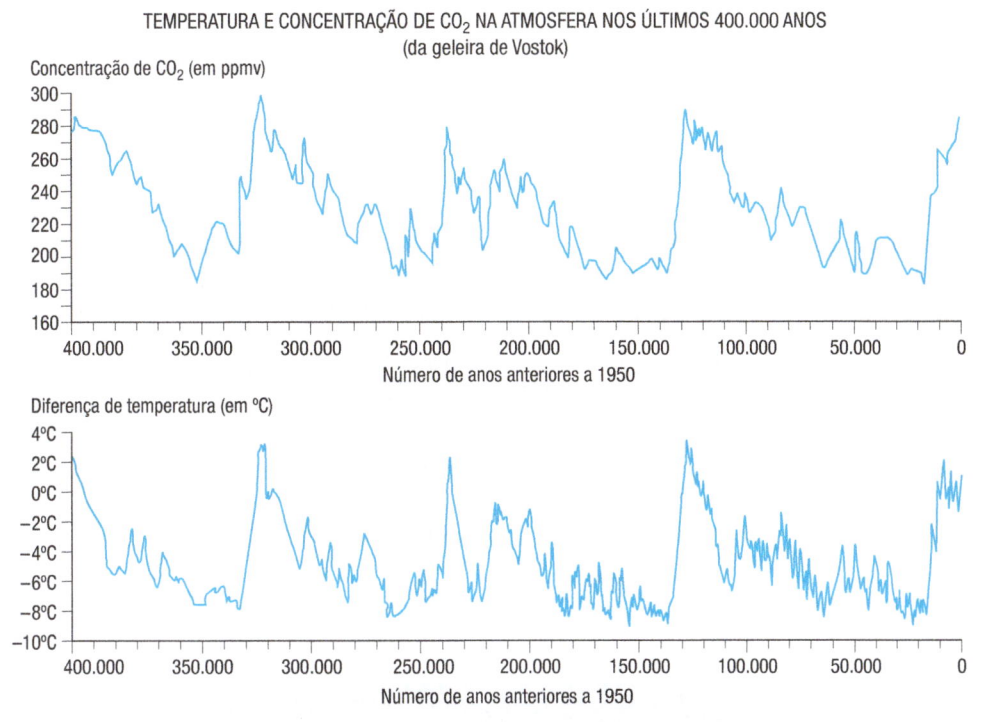

TEMPERATURA E CONCENTRAÇÃO DE CO_2 NA ATMOSFERA NOS ÚLTIMOS 400.000 ANOS
(da geleira de Vostok)

Disponível em: <http://www.ruthrosita.com/projetos/gráficos.html>. *Acesso em:* 18 out. 2011.

Dessa forma, a interpretação correta de gráficos é uma habilidade importante atualmente, visto que grande parte das informações é transmitida visualmente. Neste capítulo, foram selecionados uma série de exercícios que envolvem ou a interpretação ou a construção de gráficos e têm por objetivo auxiliá-lo no desenvolvimento desta habilidade.

Exercícios Série Prata

1. (PUC – Campinas – SP) A *força motriz* que movimenta a economia de um país é a energia. Sobre o assunto, analise os gráficos apresentados a seguir.

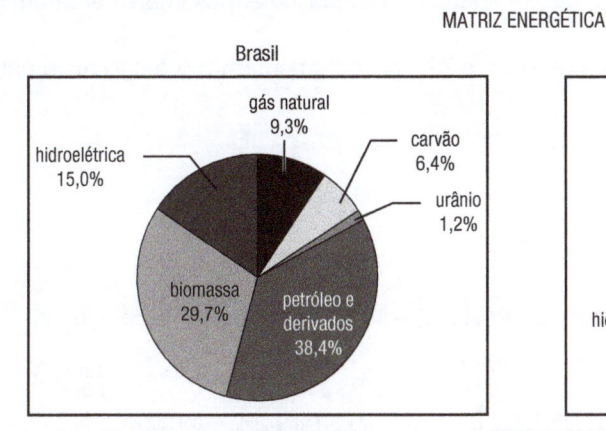

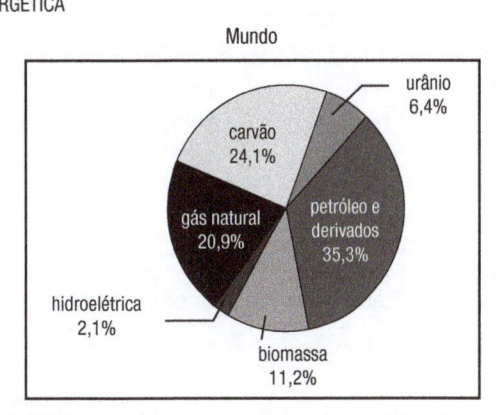

MATRIZ ENERGÉTICA

Brasil
- gás natural 9,3%
- carvão 6,4%
- urânio 1,2%
- petróleo e derivados 38,4%
- biomassa 29,7%
- hidroelétrica 15,0%

Mundo
- urânio 6,4%
- carvão 24,1%
- petróleo e derivados 35,3%
- gás natural 20,9%
- hidroelétrica 2,1%
- biomassa 11,2%

http://revistaculturacidadania.blogspot.com.br/2012/05/artigos-matrizes-energeticas-do-brasil.html.

A leitura dos gráficos permite afirmar que:
a) o Brasil é um dos que menos utiliza o gás natural, em termos mundiais.
b) o peso dos combustíveis fósseis é semelhante na matriz energética brasileira e na mundial.

c) a produção e o consumo de energia nuclear, no Brasil, são dos mais baixos do mundo.
d) o Brasil se caracteriza pelo elevado consumo de energia renovável.
e) o consumo de termoeletricidade é muito reduzido tanto no Brasil como no mundo.

2. (FATEC – SP) A Pesquisa de Inovação Tecnológica, realizada pelo Instituto Brasileiro de Geografia e Estatística (IBGE), visa fornecer informações para a construção de indicadores setoriais, nacionais e regionais das atividades de inovação tecnológica das empresas brasileiras com 10 ou mais pessoas ocupadas, tendo como universo de investigação as atividades das indústrias, de serviços selecionados (edição, telecomunicações, informática) e de Pesquisa e Desenvolvimento (P&D).

www.ibge.gov.br/home/estatistica/economia/industria/pintec/2008/default.shtm. *Acesso em:* 8 out. 2012. Adaptado.

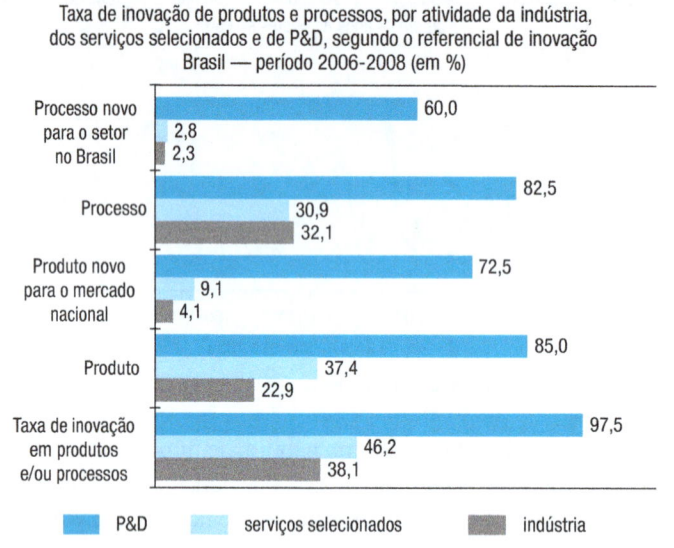

Taxa de inovação de produtos e processos, por atividade da indústria, dos serviços selecionados e de P&D, segundo o referencial de inovação
Brasil — período 2006-2008 (em %)

Categoria	P&D	serviços selecionados	indústria
Processo novo para o setor no Brasil	60,0	2,8	2,3
Processo	82,5	30,9	32,1
Produto novo para o mercado nacional	72,5	9,1	4,1
Produto	85,0	37,4	22,9
Taxa de inovação em produtos e/ou processos	97,5	46,2	38,1

Fonte: IBGE, Diretoria de Pesquisas, Coordenação de Indústria, Pesquisa de Inovação Tecnológica 2008. Adaptado.

Considerando o gráfico sobre os dados dessa pesquisa, é correto afirmar que, no período de 2006-2008,

a) as indústrias apresentaram a maior taxa de inovação de produto novo para o mercado nacional.
b) as empresas de P&D apresentaram a menor taxa de inovação de processo novo para o setor no Brasil.
c) o setor que apresentou maior taxa de inovação em produtos e/ou processos é o das empresas de serviços selecionados.
d) 22,9% das indústrias inovaram no produto, porém apenas 9,1% das indústrias implementaram produto novo para o mercado nacional.
e) 82,5% das empresas de P&D inovaram no processo e 72,5% implementaram produto novo para o mercado nacional.

3. (ENEM) O esquema ilustra o processo de obtenção do álcool etílico a partir da cana-de açúcar.

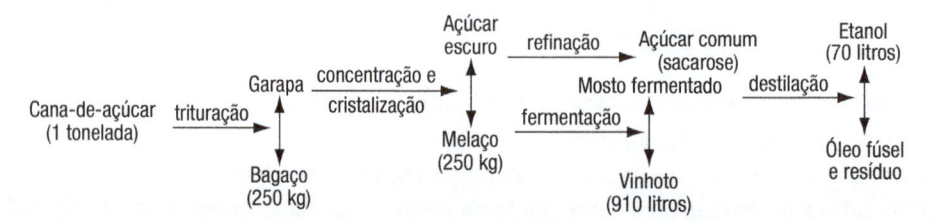

Cana-de-açúcar (1 tonelada) →trituração→ Garapa →concentração e cristalização→ Açúcar escuro →refinação→ Açúcar comum (sacarose)
Bagaço (250 kg)
Melaço (250 kg) →fermentação→ Mosto fermentado →destilação→ Etanol (70 litros)
Vinhoto (910 litros)
Óleo fúsel e resíduo

Em 1996, foram produzidos no Brasil 12 bilhões de litros de álcool. A quantidade de cana-de-açúcar, em toneladas que teve de ser colhida para esse fim foi aproximadamente

a) $1,7 \cdot 10^8$.
b) $1,2 \cdot 10^9$.
c) $1,7 \cdot 10^9$.
d) $1,2 \cdot 10^{10}$.
e) $7,0 \cdot 10^{10}$.

4. (ENEM) O gráfico abaixo refere-se às variações das concentrações de poluentes na atmosfera, no decorrer de um dia útil, em um grande centro urbano.

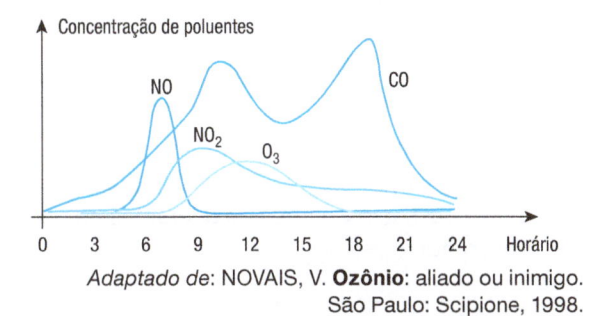

Adaptado de: NOVAIS, V. **Ozônio**: aliado ou inimigo. São Paulo: Scipione, 1998.

As seguintes explicações foram dadas para essas variações:

I. A concentração de NO diminui, e a de NO_2 aumenta em razão da conversão de NO em NO_2.
II. A concentração de monóxido de carbono no ar está ligada à maior ou à menor intensidade de tráfego.
III. Os veículos emitem óxidos de nitrogênio apenas nos horários de pico de tráfego do período da manhã.
IV. Nos horários de maior insolação, parte do ozônio da estratosfera difunde-se para camadas mais baixas da atmosfera.

Dessas explicações, são plausíveis somente:

a) I e II.
b) I e III.
c) II e III.
d) II e IV.
e) III e IV.

5. (ENEM) O gráfico abaixo ilustra o resultado de um estudo sobre o aquecimento global. A curva mais escura e contínua representa o resultado de um cálculo em que se considerou a soma de cinco fatores que influenciaram a temperatura média global de 1900 a 1990, conforme mostrado na legenda do gráfico. A contribuição efetiva de cada um desses cincos fatores isoladamente é mostrada na parte interior do gráfico.

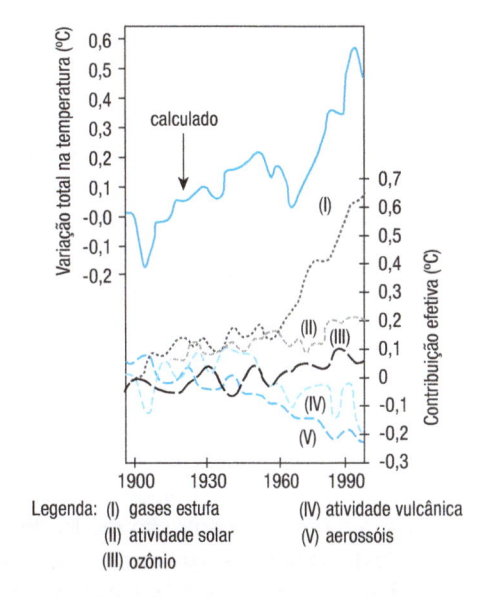

Legenda: (I) gases estufa (IV) atividade vulcânica
(II) atividade solar (V) aerossóis
(III) ozônio

Os dados apresentados revelam que, de 1960 a 1990, contribuíram de forma efetiva e positiva para aumentar a temperatura atmosférica:

a) aerossóis, atividade solar e atividade vulcânica.
b) atividade vulcânica, ozônio e gases estufa.
c) aerossóis, atividade solar e gases estufa.
d) aerossóis, atividade vulcânica e ozônio.
e) atividade solar, gases estufa e ozônio.

6. (ENEM) As características dos vinhos dependem do grau de maturação das uvas nas parreiras porque as concentrações de diversas substâncias da composição das uvas variam à medida que as uvas vão amadurecendo. O gráfico a seguir mostra a variação da concentração de três substâncias presentes em uvas, em função do tempo.

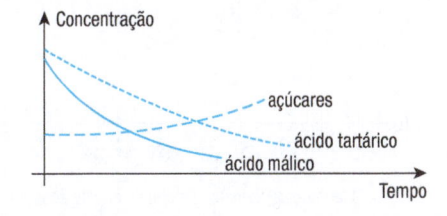

O teor alcoólico do vinho deve-se à fermentação dos açúcares do suco da uva. Por sua vez, a acidez do vinho produzido é proporcional à concentração dos ácidos tartárico e málico.

Considerando-se as diferentes características desejadas, as uvas podem ser colhidas

a) mais cedo, para a obtenção de vinhos menos ácidos e menos alcoólicos.
b) mais cedo, para a obtenção de vinhos mais ácidos e mais alcoólicos.
c) mais tarde, para a obtenção de vinhos mais alcoólicos, e menos ácidos.
d) mais cedo e ser fermentadas por mais tempo, para a obtenção de vinhos mais alcoólicos.
e) mais tarde e ser fermentadas por menos tempo, para a obtenção de vinhos menos alcoólicos.

Comparando-se a emissão média de monóxido de carbono dos veículos a gasolina e a álcool, pode-se afirmar que

I. no transcorrer do período 1992-2000, a frota a álcool emitiu menos monóxido de carbono.
II. em meados de 1997, o veículo a gasolina passou a poluir menos que o veículo a álcool.
III. o veículo a álcool passou por um aprimoramento tecnológico.

É correto o que se afirma apenas em

a) I.
b) I e II.
c) II.
d) III.
e) II e III.

7. (ENEM) A tabela mostra a evolução da frota de veículos leves, e o gráfico, a emissão média do poluente monóxido de carbono (em g/km) por veículo da frota, na região metropolitana de São Paulo, no período de 1992 e 2000.

Ano	Frota a álcool (em milhares)	Frota a gasolina (em milhares)
1992	1.250	2.500
1993	1.300	2.750
1994	1.350	3.000
1995	1.400	3.350
1996	1.350	3.700
1997	1.250	3.950
1998	1.200	4.100
1999	1.100	4.400
2000	1.050	4.800

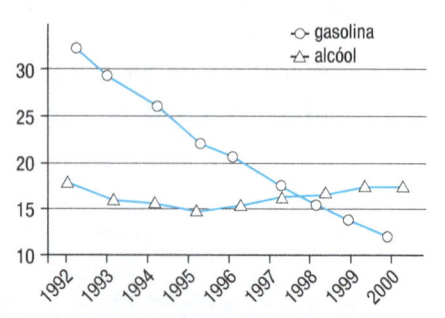

Adaptado de: Cetesb: relatório do ano de 2000.

8. (FATEC – SP) Considere o gráfico seguinte, que relaciona massas e volumes de diferentes amostras de titânio puro.

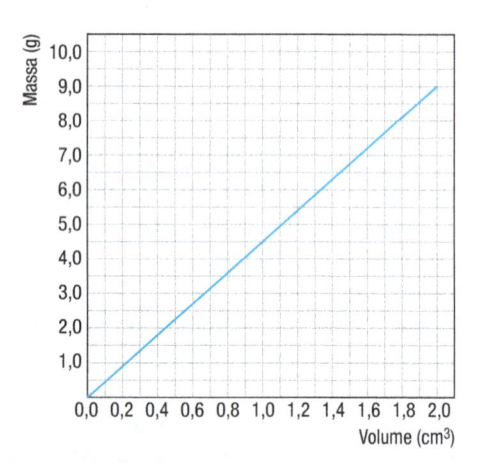

Analisando-se esse gráfico, conclui-se que a densidade do metal em questão é, em g/cm^3, igual a aproximadamente;

a) 1,5.   b) 2,5.   c) 3,0.   d) 4,5.   e) 6,0.

9. (FATEC – SP) O gráfico relaciona as massas de magnésio que reagem com oxigênio para formar óxido de magnésio.

Considere os reagentes em extrema pureza e reação completa. A análise desse gráfico permite afirmar que

a) as massas de oxigênio e magnésio, envolvidas nas reações, são inversamente proporcionais.
b) a massa de oxigênio, necessária para reagir com 48 g de magnésio, é de 4,8 g.
c) usando 60 g de magnésio e 60 g de oxigênio, formam-se 100 g de óxido de magnésio, havendo um excesso de 20 g de oxigênio.
d) usando-se 60 g de magnésio e 60 g de oxigênio, formam-se 120 g de óxido de magnésio.
e) a proporção entre as massas de magnésio e oxigênio que reagem para formar óxido de magnésio é de 2 de Mg para 3 de O.

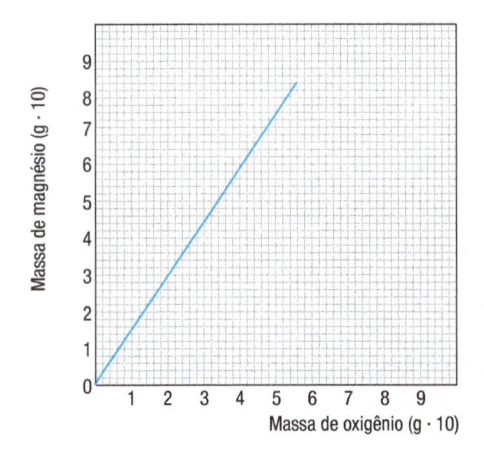

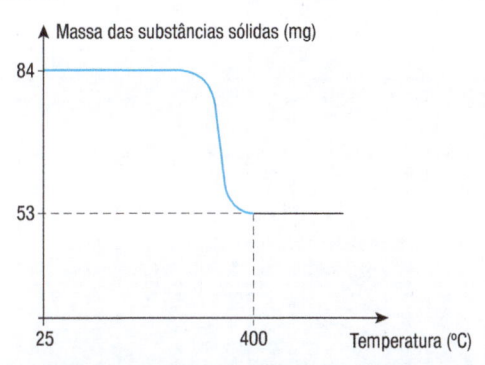

Considerando o gráfico, indique a alternativa que apresenta uma reação compatível com a variação de massa observada.

a) $NaHCO_3(s) \longrightarrow \frac{1}{2} Na_2CO_3(s) + \frac{1}{2} CO_2(g) + \frac{1}{2} H_2O(g)$

b) $NaHCO_3(s) \longrightarrow NaOH(s) + CO_2(g)$

c) $NaHCO_3(s) \longrightarrow \frac{1}{2} Na_2O(s) + \frac{1}{2} H_2O(g) + CO_2(g)$

d) $NaHCO_3(s) \longrightarrow NaH(s) + CO_2(g) + \frac{1}{2} O_2(g)$

Dados: massas molares (g/mol): H = 1; C = 12; O = 16; Na = 23.

10. (UFMG) O gráfico descreve a variação de massa observada quando 84 mg de bicarbonato de sódio, NaHCO₃(s), são submetidos a aquecimento. A diminuição de massa deve-se à perda dos produtos gasosos.

11. (UNIFESP) O gráfico apresenta a curva da decomposição térmica do oxalato de magnésio, MgC_2O_4. Nessa reação, os produtos da decomposição são CO, CO_2 e MgO (massa molar 40 g/mol). Neste gráfico, são apresentados os valores da massa da amostra em função da temperatura.

Dados: massas molares (g/mol): Mg = 24; C = 12; O = 16.

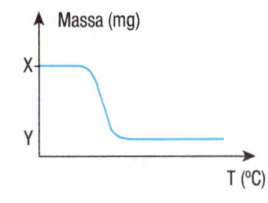

Se a diferença entre as massas X e Y no gráfico for 576 mg, e valor de Y e a porcentagem de perda da massa da reação de decomposição térmica do oxalato de magnésio são, respectivamente,

a) 320 e 35,7%.
b) 320 e 64,3%.
c) 352 e 39,2%.
d) 576 e 35,7%.
e) 576 e 64,3%.

12. A tabela fornece dados sobre a "desativação" da hemoglobina (perda da função transportadora de oxigênio), causada pela presença de monóxido de carbono no ar.

Hemoglobina desativada (%)	Concentração de CO (ppm em massa)
0	0
7	50
14	100
27	200
37	300
45	400
51	500
56	600
61	700
65	800
68	900
70	1.000

O esboço que melhor representa o gráfico que pode ser construído com os dados da tabela, estando a porcentagem de hemoglobina desativada no eixo **y** e a concentração de CO no eixo **x**, é

a)
b)
c)
d)
e)

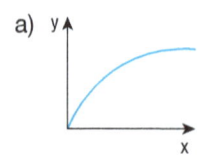

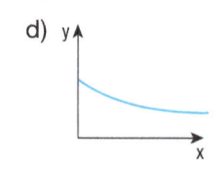

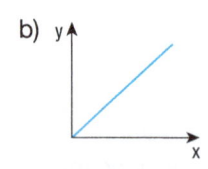

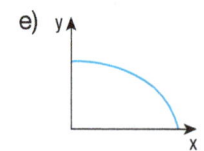

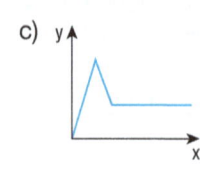

13. A aluminotermia é um processo para se obter metais a partir dos seus óxidos. Ao reagirmos óxido de zinco (ZnO) com alumínio metálico (Al), obtemos óxido de alumínio (Al_2O_3) e Zn metálico segundo a equação:

$$3\ ZnO(s) + 2\ Al(s) \longrightarrow Al_2O_3(s) + 3\ Zn(s)$$

A proporção entre as massas dos reagentes é melhor representada pelo gráfico.

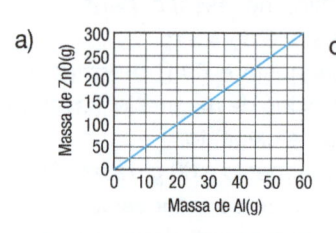

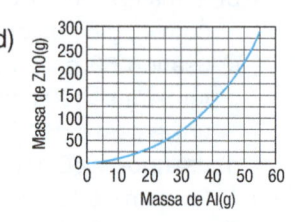

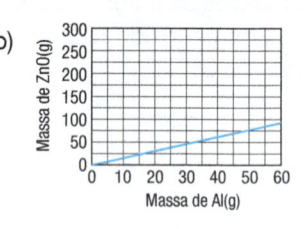

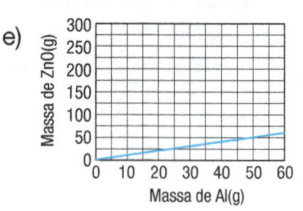

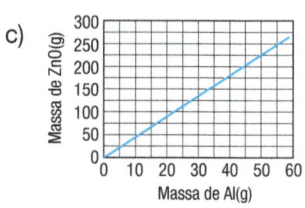

a)
b)
c)
d)
e)

Dados: massas molares (g/mol): Zn = 65; O = 16; Al = 27.

14. A reação de acetato de fenila com água, na presença de catalisador, produz ácido acético e fenol. Os seguintes dados de concentração de acetato de fenila, C, em função do tempo de reação, t, foram obtidos na temperatura de 5 °C:

t/min	0	0,25	0,50	0,75	1,00	1,25	1,50
C/gL^{-1}	0,80	0,64	0,48	0,32	0,24	0,17	0,16

Com esses dados, construa um gráfico da concentração de acetato de fenila (eixo y) em função do tempo de reação (eixo x), utilizando o quadriculado da figura.

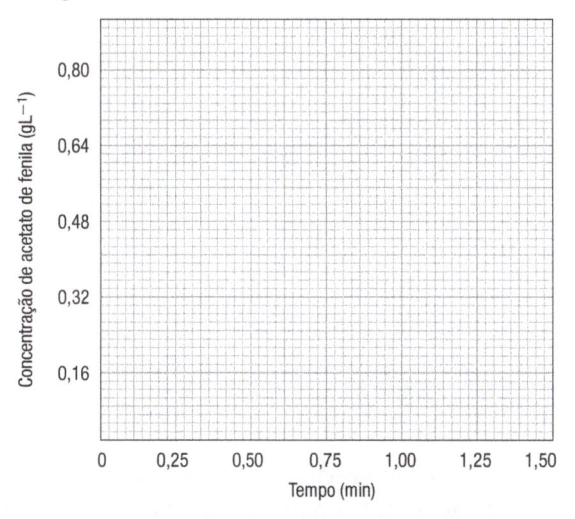

Exercícios Série Ouro

1. (UFPR) A tabela abaixo mostra como é distribuída a população brasileira por regiões da Federação, com base em dados do censo de 2010. Qual dos gráficos de setores a seguir melhor representa os dados dessa tabela?

Região	População (em milhões)
Norte	15,8
Nordeste	53,0
Sudeste	80,3
Sul	27,3
Centro-Oeste	14,0

Fonte: IBGE.

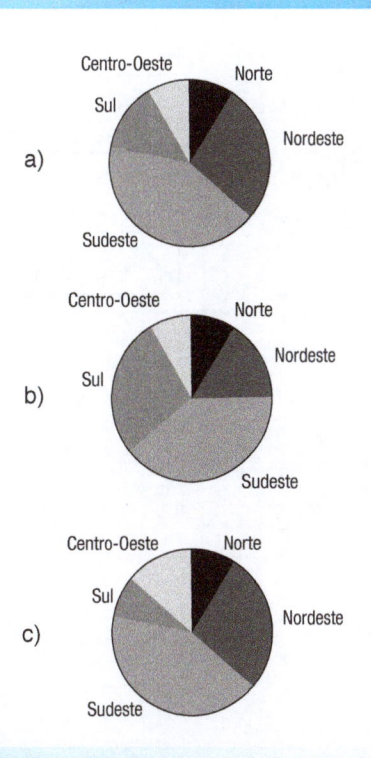

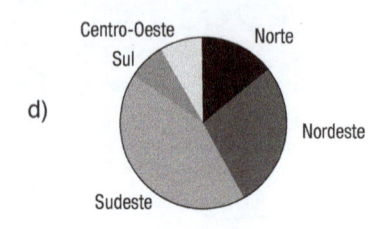

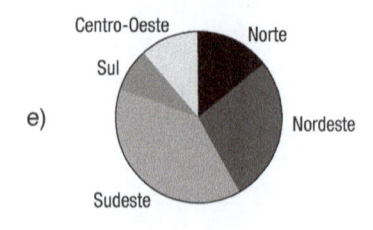

d) [gráfico de pizza: Centro-Oeste, Norte, Sul, Nordeste, Sudeste]

e) [gráfico de pizza: Centro-Oeste, Norte, Sul, Nordeste, Sudeste]

2. (UFT – TO) Em experimento para obtenção do gás hidrogênio, o aluno adicionou um pedaço de fita de magnésio a uma solução aquosa de ácido clorídrico, e observou o consumo da fita e a formação do gás hidrogênio.

Para este experimento, qual dos gráficos abaixo melhor representa o comportamento dos íons na solução durante o processo.

Considere t = tempo em minuto e concentração [ ] = mol/L.

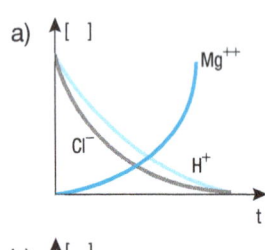

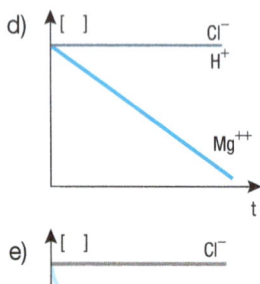

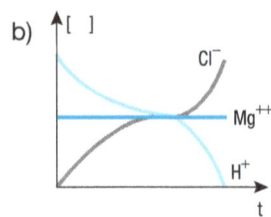

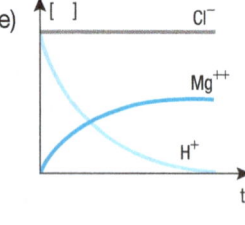

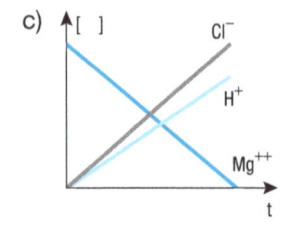

a) [gráfico: Mg++ crescente, Cl− e H+ decrescentes]

b) [gráfico: Cl− crescente, Mg++ constante, H+ decrescente]

c) [gráfico: Cl− crescente linear, H+ crescente, Mg++ decrescente]

d) [gráfico: Cl− e H+ constantes, Mg++ decrescente linear]

e) [gráfico: Cl− constante, Mg++ crescente, H+ decrescente]

3. (UNIFESP) A prata é um elemento muito utilizado nas indústrias de fotografia e imagem e seu descarte no meio ambiente representa risco para organismos aquáticos e terrestres. Por ser um dos metais com risco de escassez na natureza, apresenta um alto valor agregado. Nesses aspectos, a recuperação da prata de resíduos industriais e de laboratórios associa a mitigação do impacto ambiental à econômica. O fluxograma representa o tratamento de um resíduo líquido que contém íons de prata (Ag^+) e de sulfato (SO_4^{2-}) em meio aquoso.

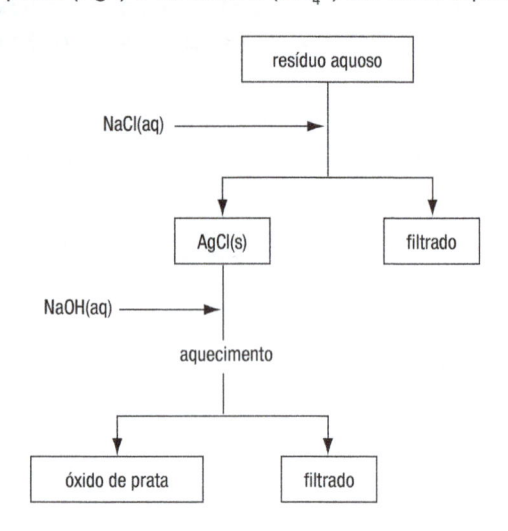

[Fluxograma: resíduo aquoso + NaCl(aq) → AgCl(s) + filtrado; AgCl(s) + NaOH(aq) → aquecimento → óxido de prata + filtrado]

a) Escreva as equações das reações, devidamente balanceadas, da formação do cloreto de prata e do óxido de prata.
b) No tratamento de um resíduo aquoso que continha 15,6 g de sulfato de prata foram obtidos 8,7 g de óxido de prata. Calcule o rendimento em Ag_2O deste processo.

Dados: massas molares (g/mol): Ag = 108; S = 32; O = 16.

4. (UFG – GO) Os clorofluorcarbonos (CFCs), ao atingirem altitudes entre 15 e 30 km (estratosfera), são decompostos em reações de fotólise, liberando átomos de cloro livre (Cl·) que participam de ciclos de reações catalíticas que destroem o ozônio, conforme as equações químicas apresentadas.

$$Cl\cdot + O_3 \longrightarrow ClO\cdot + O_2$$
$$ClO\cdot + O\cdot \longrightarrow Cl\cdot + O_2$$

Em 16 de setembro de 1987, dados coletados na Antártida a respeito da camada de ozônio originaram o gráfico a seguir.

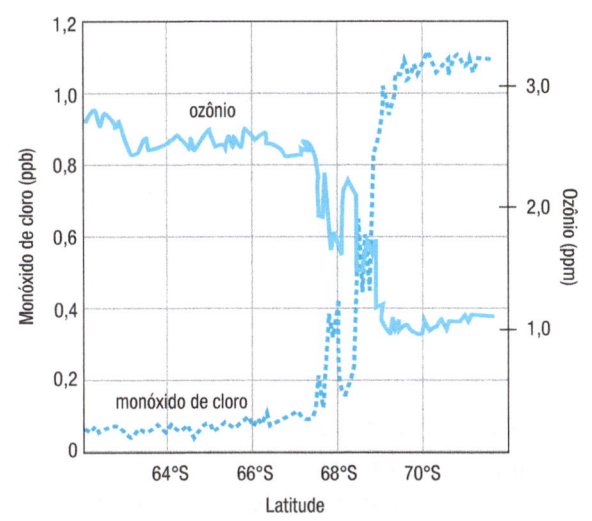

MEADOWS, D. et al. **Os Limites do Crescimento:** a atualização de 30 anos. Rio de Janeiro: Qualitymark, 2007.

Considerando-se as informações apresentadas,

a) explique o gráfico relacionando os dados, nele apresentados, com as equações químicas de decomposição do ozônio;
b) explique por que, com base nesses dados, foi proposto na Conferência de Montreal, em 1987, o congelamento da produção mundial de CFCs.

5. (FUVEST – SP) Os automóveis movidos à gasolina, mesmo que utilizem uma relação ar/combustível adequada, produzem substâncias poluentes tais como hidrocarboneto não queimado (HC), CO e NO. Atualmente, os automóveis são equipados com catalisadores que promovem as transformações dos referidos poluentes gasosos, conforme as seguintes equações:

$$2\ CO + O_2 \longrightarrow 2\ CO_2$$
$$2\ NO + 2\ CO \longrightarrow N_2 + 2\ CO_2$$
$$HC + oxigênio \longrightarrow dióxido\ de\ carbono + água$$

O gráfico dá a porcentagem de poluentes transformados (Y), em função da porcentagem de oxigênio (X) presente na mistura do combustível com ar.

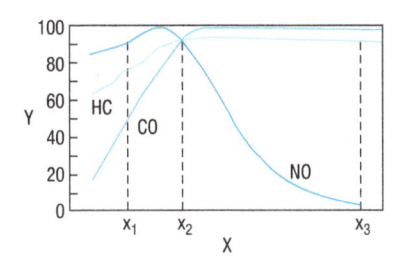

Logo, se a porcentagem de oxigênio na mistura for:

I. x_1, a porcentagem de HC transformado será menor que a de CO transformado.
II. x_2, a soma das quantidades de HC, CO e NO, nos gases de escape, será menor do que aquela obtida se a porcentagem de oxigênio for x_1 ou x_3.
III. x_3, restará menos CO, para transformar NO em N_2, do que se a porcentagem de oxigênio for x_1.

É, pois, *correto* o que se afirma:

a) em I apenas
b) em II apenas
c) em III apenas
d) em II e IIII apenas
e) em I, II e III

6. (FGV – SP) A dolomita, CaMg(CO₃), é um minério utilizado como fonte de magnésio e para fabricação de materiais refratários. A figura apresenta a curva da decomposição térmica de uma mistura de carbonatos de cálcio e magnésio e é o resultado de medidas de variação da massa da amostra em função do aumento da temperatura. A decomposição desses carbonatos resulta na liberação de CO_2 e na formação do respectivo óxido. Cada carbonato decompõe-se totalmente em diferentes temperaturas, sendo que o carbonato de cálcio apresenta maior estabilidade térmica.

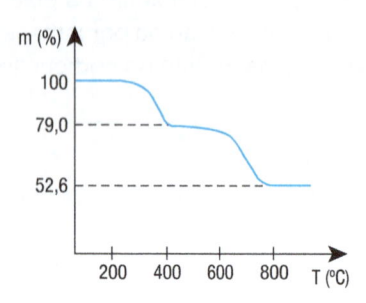

Pode-se concluir que a mistura de carbonatos analisada contém a composição em massa de carbonato de cálcio igual a

a) 40%
b) 45%
c) 50%
d) 55%
e) 60%

Dados: massas molares em g/mol: $CO_2 = 44$; $MgCO_3 = 84$; $CaCO_3 = 100$.

7. (FUVEST – SP) Uma técnica de análise química consiste em medir, continuamente, a massa de um sólido, ao mesmo tempo em que é submetido a um aquecimento progressivo. À medida em que o sólido vai se decompondo e liberando produtos gasosos, sua massa diminui e isso é registrado graficamente. Por exemplo, se aquecermos $AgNO_3(s)$ anidro, por volta de 470 °C, esse sal começará a se decompor, restando prata metálica ao final do processo.

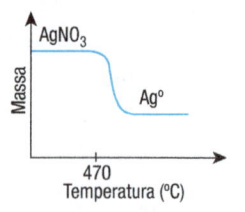

$$2\ AgNO_3(s) \longrightarrow 2\ Ag^0(s) + 2\ NO_2(g) + O_2(g)$$

No caso do oxalato de cálcio monoidratado, $CaC_2O_4 \cdot H_2O(s)$, ocorre perda de moléculas de água de hidratação, por volta de 160 °C; o oxalato de cálcio anidro então se decompõe, liberando monóxido de carbono (na proporção de 1 mol: 1 mol), por volta de 500 °C; e o produto sólido resultante, finalmente, se decompõe em óxido de cálcio, por volta de 650 °C.

a) Escreva as equações químicas balanceadas, correspondentes aos três processos sucessivos de decomposição descritos para o $CaC_2O_4 \cdot H_2O(s)$.

b) Esboce o gráfico que mostra a variação de massa, em função da temperatura, para o experimento descrito.

8. (FUVEST – SP) Volumes iguais de uma solução de I_2 (em solvente orgânico apropriado) foram colocados em cinco diferentes frascos. Em seguida, a cada um dos frascos foi adicionada uma massa diferente de estanho (Sn), variando entre 0,2 e 1,0 g. Em cada frasco, formou-se uma certa quantidade de SnI_4, que foi, então, purificado e pesado. No gráfico abaixo, são apresentados os resultados desse experimento.

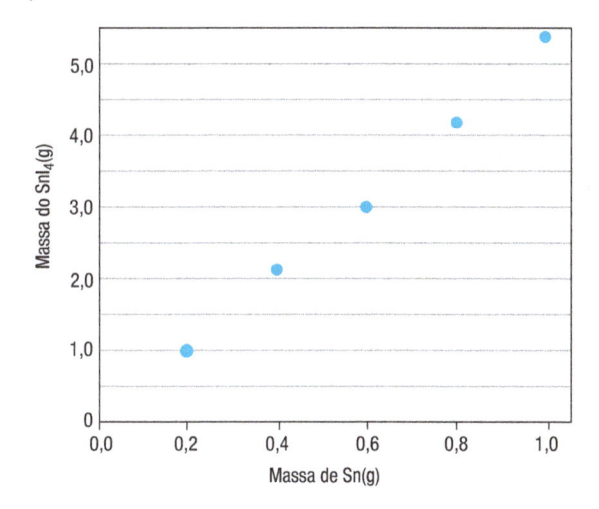

Com base nesses resultados experimentais, é possível afirmar que o valor da relação

$$\frac{\text{massa molar de } I_2}{\text{massa molar do Sn}}$$

é, aproximadamente,

a) 1 : 8
b) 1 : 4
c) 1 : 2
d) 2 : 1
e) 4 : 1

9. (FUVEST – SP) Adicionando-se solução aquosa de sal A a uma solução aquosa de sal B, forma-se um precipitado em uma reação praticamente completa. Para se determinar os coeficientes estequiométricos dos reagentes, na equação dessa reação, fez-se uma série de 6 experimentos. Em cada um, a quantidade de A era fixa e igual $4,0 \cdot 10^{-3}$ mol. A quantidade de B era variável. Os dados destes experimentos estão na tabela abaixo:

Experimento	Volume (mL) da solução do sal B, 0,10 mol/L	Massa (g) do precipitado formado
1	6,0	0,20
2	12,0	0,40
3	18,0	0,60
4	24,0	0,66
5	30,0	0,66
6	36,0	0,66

a) Calcule as quantidades, em mol, do sal B utilizadas nesses experimentos.
b) No quadriculado abaixo, construa o gráfico: massa de precipitado versus quantidade, em mol, de sal B. Através deste gráfico justifique quais devem ser os coeficientes estequiométricos de A e B.

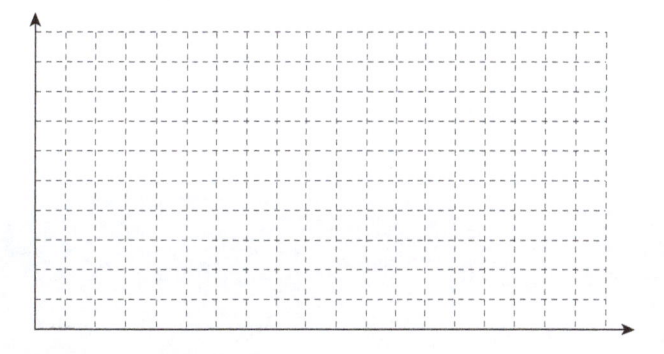

10. (FUVEST – SP) Um determinado agente antimofo consiste em um pote com tampa perfurada, contendo 80 g de cloreto de cálcio anidro que, ao absorver água, se transforma em cloreto de cálcio di-hidratado ($CaCl_2 \cdot 2\ H_2O$). Em uma experiência, o agente foi mantido durante um mês em ambiente úmido. A cada 5 dias, o pote foi pesado e registrado o ganho de massa:

Dias	Ganho de massa/g
0	0
5	7
10	15
15	22
20	30
25	37
30	45

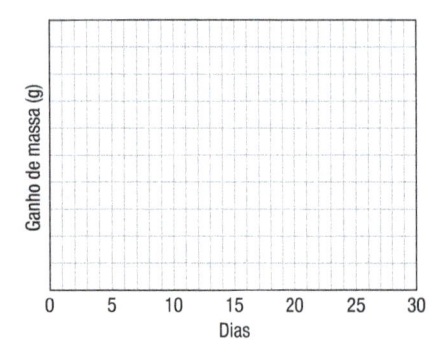

a) Construa no gráfico que representa o ganho de massa *versus* o número de dias.
b) Qual o ganho de massa quando todo o cloreto de cálcio, contido no pote, tiver se transformado em cloreto de cálcio di-hidratado? Mostre os cálculos.
c) A quantos dias corresponde o ganho de massa calculado no item anterior? Indique o gráfico, utilizando linhas de chamada.

Dados: massas molares (g/mol): água = 18; cloreto de cálcio = 111.

Capítulo 47
Metalurgia

Aço: um termômetro da economia

O aço (mistura de ferro e carbono) é a liga metálica produzida em maior quantidade no mundo. Esse material encontra aplicações em diversas áreas, como na automotiva e na construção civil.

Apesar de a utilização de materiais plásticos nos automóveis ter aumentado nos últimos anos, passando de 2% em 1965 para 18% em 2007, os metais, com destaque para o aço, ainda representam cerca de 70% de um automóvel. Já na construção civil, o aço é utilizado tanto para construção das fundações (parte estrutural) como para acabamento. Assim, a quantidade de aço produzida pode ser um indicativo do andamento da economia. O gráfico da figura 1 apresenta a quantidade de aço produzida no mundo nos últimos 10 anos.

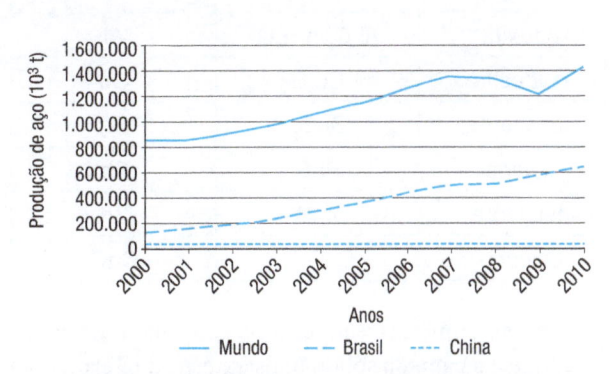

Figura 1 – Produção de aço no mundo (2000-2010).

Como pode ser visto, o crescimento nos últimos anos foi sustentado pelo avanço da economia chinesa. No gráfico, também é possível notar como o aço está ligado com a situação econômica mundial: em 2008, ocorreu o estouro da crise de crédito nos Estados Unidos, que repercutiu em todo o mundo. Com a redução do crédito, houve uma queda no consumo de maneira geral. Essa queda levou a uma diminuição da produção de aço. A situação foi tão crítica que algumas fábricas chegaram a desligar seus fornos. Somente 2 anos depois, em 2010, é que a produção recuperou-se ao nível anterior da crise.

Neste capítulo, você vai aprender como o aço é produzido a partir da matéria-prima encontrada na natureza e como a adição de outros elementos pode alterar as suas propriedades.

1. Metalurgia

Metalurgia é a ciência que estuda e gerencia os metais desde sua extração do subsolo até sua transformação em produtos adequados ao uso. Este processo é composto pelas seguintes etapas:
- extração do minério,
- purificação do minério,
- redução do minério para obtenção do metal,
- refino do metal para aumentar seu grau de pureza,
- formação de ligas, caso desejado.

2. Minérios e minerais

Define-se **minério** como um **mineral** (substância presente naturalmente na crosta terrestre) cuja extração é economicamente viável. A tabela 1 apresenta alguns minérios e as substâncias que podem ser extraídas deles.

Tabela 1 – Substâncias extraídas de alguns minérios.

Minério	Substância principal	Substância extraída
hematita	Fe_2O_3	Fe
bauxita	$Al_2O_3 \cdot n\, H_2O$	Al
calcosita	Cu_2S	Cu
cassiterita	SnO_2	Sn
galena	PbS	Pb
esfalerita	ZnS	Zn
calcário	$CaCO_3$	CaO

Esses minerais são encontrados na crosta terrestre, que é a camada sólida mais externa da Terra, com profundidade de até 30 km. O oxigênio e o silício são os elementos mais abundantes na crosta terrestre, enquanto que o alumínio é o metal mais abundante. Em relação à composição da crosta, 99,7% da sua massa é constituída por oxigênio, silício, alumínio, ferro, cálcio, magnésio, sódio, potássio, titânio, hidrogênio, fósforo e manganês (por ordem decrescente de abundância).

3. Siderurgia – metalurgia do ferro e do aço

O ferro isolado não apresenta boas propriedades mecânicas para ser utilizado, por exemplo, na construção civil ou na indústria automobilística. Para essas e outras aplicações, o aço é a liga metálica (mistura de dois ou mais elementos, onde o mais abundante é o ferro) produzida em maior quantidade atualmente. É formado em sua maior parte por ferro com adição de carbono, elemento responsável por melhorar algumas propriedades mecânicas, como o limite de resistência.

Hoje, o aço pode ser produzido tanto a partir da redução carbotérmica (redução por carbono em alta temperatura) do minério de ferro (hematita – Fe_2O_3) como da reciclagem de sucata de aço. No primeiro caso, as principais reações de redução ocorrem em um reator chamado de alto-forno (figura 2), que apresenta diâmetro de 10 a 14 metros por 60 a 70 metros de altura.

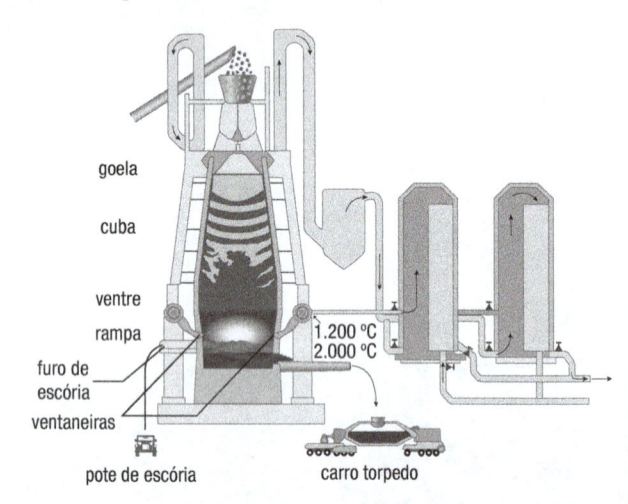

Figura 2 – Alto-forno.

Pela parte superior do alto-forno, são carregados minério de ferro, coque (composto basicamente por carbono) e calcário (fundente utilizado para que os subprodutos sejam obtidos no estado líquido). As impurezas presentes no minério de ferro são geralmente sílica (SiO_2) e alumina (Al_2O_3), de difícil fusão. O calcário decompõe-se em CO_2 e CaO e o último reage com as impurezas, produzindo compostos que são líquidos na temperatura do **alto-forno** (escória).

$$CaCO_3(s) \longrightarrow CaO(s) + CO_2(g)$$
$$SiO_2(s) + CaO(s) \longrightarrow CaSiO_3(l)$$
$$Al_2O_3(s) + CaO(s) \longrightarrow CaAl_2O_4(l)$$

Nas ventaneiras, localizadas na parte inferior, é soprado ar aquecido a alta pressão.

A queima do coque na região das ventaneiras produz o gás dióxido de carbono e o calor necessário para o funcionamento do forno. Contudo, o CO_2, em alta temperatura, é instável e reage com o carbono para produzir monóxido de carbono, que é o principal redutor do minério de ferro.

$$C(coque) + O_2(ar) \longrightarrow CO_2(g)$$
$$CO_2(g) + C(coque) \longrightarrow 2\,CO(g)$$
$$2\,C(coque) + O_2(ar) \longrightarrow 2\,CO_2(g)$$

O CO, ao subir pelo forno, reduz o minério de ferro na seguinte sequência:

$$3\,Fe_2O_3(s) + CO(g) \longrightarrow 2\,Fe_3O_4(s) + CO_2(g)$$
$$Fe_3O_4(s) + CO(g) \longrightarrow 3\,FeO(s) + CO_2(g)$$
$$FeO(s) + CO(g) \longrightarrow Fe(l) + CO_2(g)$$

A equação global do processo de redução é dada por:

$$Fe_2O_3(s) + 3\,CO(g) \longrightarrow 2\,Fe(l) + 3\,CO_2(g)$$

A liga que sai diretamente do alto-forno é chamada de **ferro-gusa** e contém cerca de 4,5-5% de carbono e diversas impurezas, razão pela qual é quebradiça e não serve para as aplicações previstas. Por este motivo, o ferro-gusa deve ser purificado. Isto é realizado através da queima controlada das impurezas (inclusive carbono) por oxigênio em um reator conhecido como **conversor a oxigênio**.

Com a redução das impurezas, o ferro-gusa passa a ser chamado de **ferro fundido** quando o teor de carbono está entre 2 e 5%. Quando a liga contém entre 0,2 e 1,5% de carbono, ela é chamada simplesmente de **aço**. Já quando há menos que 0,2% de carbono, tem-se o **aço doce** ou **ferro doce**.

Uma série de outros elementos pode ser adicionada ao aço, de modo a alterar as suas propriedades. Para produção de **aço inoxidável**, usam-se como elementos de liga (aditivos ao aço) cromo para aumentar sua resistência à oxidação. Já para os aços utilizados para fabricação de trilho, adiciona-se manganês para aumentar a resistência ao impacto das rodas dos trens.

Por que o cromo melhora a resistência à corrosão?

Os aços inoxidáveis são ligas de ferro (Fe), carbono (C) e cromo (Cr) com um teor mínimo de 10,50% de Cr. Outros elementos metálicos também são adicionados, mas o Cr é considerado o elemento mais importante porque é o que garante aos aços inoxidáveis elevada resistência à corrosão. Pode ser observado no gráfico da figura 3 uma diminuição da velocidade de oxidação (corrosão) à medida que aumenta o teor de Cr. A partir de 10,50% de Cr, constata-se que a liga não sofre corrosão atmosférica e esse é o critério adotado para a escolha desse valor como teor mínimo dos aços inoxidáveis.

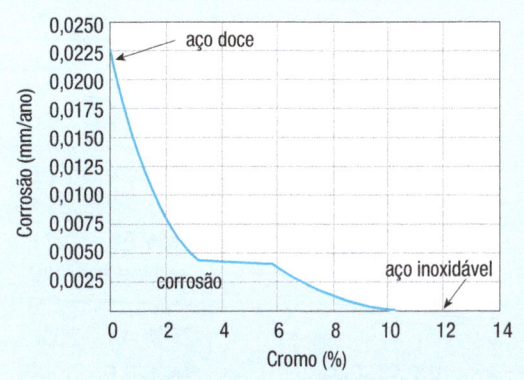

Fonte: José Antonio Nunes de Carvalho. Aços Inox – Características e propriedades de uso. Seminário Inox 2000. ACESITA.

Figura 3 – Melhora da resistência à corrosão com aumento do teor de Cr.

O cromo e um elemento que oxida-se preferencialmente ao ferro e forma uma camada de óxido (Cr_2O_3) muito fina e compacta sobre o metal, como mostrado na figura 4. Essa camada passiva (protetora) evita o contato do agente oxidante com o aço, melhorando a resistência do mesmo contra a corrosão. Na ausência de cromo, o ferro é oxidado a Fe_2O_3, contudo a camada de óxido formada é porosa, não protegendo o restante do material do ataque do agente oxidante.

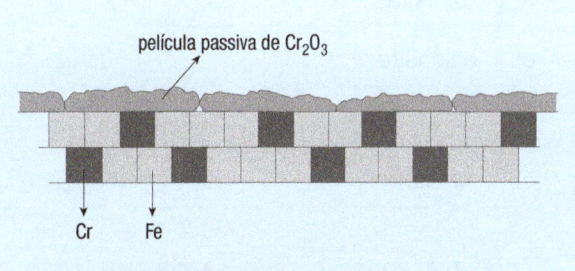

Figura 4 – Camada passiva de Cr_2O_3.

Uma vez solidificado com a composição correta, o aço é então trabalhado de modo a adquirir a forma mais adequada para sua aplicação: fios, chapas, tubos, lingotes, tarugos ou barras. O produto na sua forma final ainda pode ter sua superfície tratada para melhorar suas propriedades mecânicas ou até mesmo por questões estéticas.

4. Outras ligas metálicas

Outras ligas metálicas são apresentadas na tabela 2.

Tabela 2 – Algumas ligas metálicas (misturas que predominam metais).

Nome	Componentes	Aplicação
solda	Pb – Sn	soldagem
latão	Cu – Zn	armas, torneiras, terminais elétricos, ornamentos
bronze	Cu – Sn	esculturas, instrumentos musicais, medalhas
ouro 18 quilates	75% Au – 25% outros metais	joias
ouro branco	75% Au – 25% metais brancos (como Pd ou Pt)	

Exercícios Série Prata

1. Complete a tabela.

	Minério	Substância principal	Substância extraída
a)	hematita		
b)	bauxita		
c)	calcosita		
d)	cassiterita		
e)	calcário		

2. Escreva a equação química da ustulação da calcosita.

3. Complete.

  a) latão: _____

  b) bronze: _____

  c) ouro 18 K: _____

4. O metal cobre lentamente se oxida quando exposto ao ar úmido contendo gás carbônico, ficando coberto por uma camada esverdeada, o azinhavre, cuja composição é uma mistura de $Cu(OH)_2$ e $CuCO_3$. Escreva a equação química desse processo.

5. Escreva as duas principais equações químicas que ocorrem no alto-forno.

6. Complete com o teor de carbono.

  a) ferro-gusa: Fe _____

  b) aço: Fe _____

  c) ferro-doce: Fe _____

Exercícios Série Ouro

1. (UFAL) O elemento mais abundante da crosta terrestre, em termos de número total de átomos, é o:
   a) nitrogênio.
   b) hidrogênio.
   c) oxigênio.
   d) carbono.
   e) silício.

2. (FUVEST – SP) A exploração econômica de alumínio, carvão, ferro e ouro é feita pela retirada de depósitos naturais seguido de processamento para purificação. Por já se apresentarem isolados na natureza, não é necessário fazer transformações químicas na fase de purificação de:
   a) alumínio e ouro.
   b) carvão e ouro.
   c) ferro e ouro.
   d) alumínio e ferro.
   e) carvão e ferro.

3. (FUVEST – SP) O alumínio é produzido a partir do minério bauxita, do qual é separado o óxido de alumínio que, em seguida, junto a um fundente, é submetido à eletrólise. A bauxita contém cerca de 50%, em massa, de óxido de alumínio. De modo geral, desde que o custo da energia elétrica seja o mesmo, as indústrias de alumínio procuram estabelecer-se próximas a:
   a) zonas litorâneas, pela necessidade de grandes quantidades de salmoura para a eletrólise.
   b) centros consumidores de alumínio, para evitar o transporte de material muito dúctil e maleável e, portanto, facilmente deformável.
   c) grandes reservatórios de água, necessária para separar o óxido de alumínio da bauxita.
   d) zonas rurais, onde a chuva ácida, que corrói o alumínio, é menos frequente.
   e) jazidas de bauxita, para não se ter de transportar a parte do minério (mais de 50%) que não resulta em alumínio.

4. (FUVEST – SP) As esculturas de Rodin, recentemente expostas em São Paulo, foram feitas em sua maioria em bronze e algumas em mármore. Os principais componentes dessas matérias são:

	Bronze	Mármore
a)	Cu, Zn	CaO
b)	Fe, Sn	$CaCO_3$
c)	Fe, Zn	CaO
d)	Cu, Zn	$CaSO_4$
e)	Cu, Sn	$CaCO_3$

(MACKENZIE – SP) O texto abaixo se refere às duas próximas questões.

A figura abaixo representa simplificadamente um alto-forno, uma espécie de cilindro vertical de grande altura, utilizado na indústria siderúrgica, dentro do qual a hematita, um minério de ferro composto de 70% de óxido de ferro (III) (Fe_2O_3) e impurezas como a sílica (SiO_2) e a bauxita (Al_2O_3), é transformada, após uma série de reações, em ferro-gusa (Fe). Na entrada do alto-forno, são colocados carvão coque (C) isento de impurezas, calcário ($CaCO_3$) e hematita.

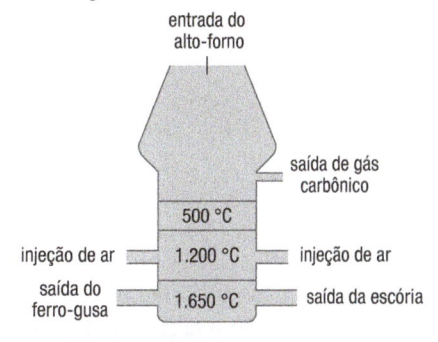

Na tabela abaixo aparecem as temperaturas, as equações das reações químicas que ocorrem no alto-forno bem como o processo ocorrido.

Temperatura	Processo ocorrido	Equações
1.600 °C	formação do gás redutor	$2\,C + O_2 \longrightarrow 2\,CO$
700 °C	redução do ferro	$Fe_2O_3 + 3\,CO \longrightarrow 2\,Fe + 3\,CO_2$
1.000 °C	formação da escória ($CaSiO_3$ e $CaAl_2O_4$)	$CaCO_3 \longrightarrow CaO + CO_2$ $CaO + SiO_2 \longrightarrow CaSiO_3$ $CaO + Al_2O_3 \longrightarrow CaAl_2O_4$

5. De acordo com o texto e com o processo ilustrado anteriormente, para se obter 28 kg de ferro-gusa, além dos demais reagentes, será necessário adicionar, ao alto-forno,
   a) 40 kg de hematita.
   b) 24 kg de carvão coque.
   c) 70 kg de hematita.
   d) 9 kg de carvão coque.
   e) 18 kg de hematita.

   Dados: massas molares (g/mol): C = 12; Fe = 56 e Fe_2O_3 = 160.

6. De acordo com as equações das reações químicas mostradas na tabela, é correto afirmar que

a) são agentes oxidantes, o carvão coque (C) e o óxido de ferro (III).
b) os números de oxidação do carbono, a 1.600 °C, e do ferro, a 700 °C, variam, respectivamente, de zero para +2 e de +3 para zero.
c) o gás oxigênio atua como gás redutor do carvão coque (C).
d) o número de oxidação do carbono, na reação de redução do ferro, varia de +4 para +2.
e) as reações envolvidas na formação da escória são de oxirredução.

7. (ENEM) A produção de aço envolve o aquecimento do minério de ferro, junto com carvão (carbono) e ar atmosférico em uma série de reações de oxidorredução. O produto é chamado de ferro-gusa e contém cerca de 3,3% de carbono. Uma forma de eliminar o excesso de carbono é a oxidação a partir do aquecimento do ferro-gusa com gás oxigênio puro. Os dois principais produtos formados são aço doce (liga de ferro com teor de 0,3% de carbono restante) e gás carbônico. As massas molares aproximadas dos elementos carbono e oxigênio são, respectivamente, 12 g/mol e 16 g/mol.

LEE, J. D. **Química Inorgânica não tão Concisa**. São Paulo: Edgard Blucher, 1999 (adaptado).

Considerando que um forno foi alimentado com 2,5 toneladas de ferro-gusa, a massa de gás carbônico formada, em quilogramas, na produção de aço doce, é mais próxima de:

a) 28.   b) 75.   c) 175.   d) 275.   e) 303.

8. (UNICAMP – SP) Na manhã de 11 de setembro de 2013, a Receita Federal apreendeu mais de 350 toneladas de vidro contaminado por chumbo no Porto de Navegantes (Santa Catarina). O importador informou que os contêineres estavam carregados com cacos, fragmentos e resíduos de vidro, o que é permitido pela legislação. Nos contêineres, o exportador declarou a carga corretamente – tubos de raios catódicos. O laudo técnico confirmou que a porcentagem em massa de chumbo era de 11,5%. A importação de material (sucata) que contém chumbo é proibida no Brasil.

a) O chumbo presente na carga apreendida estava na forma de óxido de chumbo II. Esse chumbo é recuperado como metal a partir do aquecimento do vidro a aproximadamente 800 °C na presença de carbono (carvão), processo semelhante ao da obtenção do ferro metálico em alto-forno. Considerando as informações fornecidas, escreva a equação química do processo de obtenção do chumbo metálico e identifique o agente oxidante e o redutor no processo.
b) Considerando que o destino do chumbo presente no vidro poderia ser o meio ambiente aqui no Brasil, qual seria, em mols, a quantidade de chumbo a ser recuperada para que isso não ocorresse?

Dado: massa molar do Pb = 207 g/mol.

Bibliografia

ATKINS, P.; JONES, L. **Princípios de Química** – Questionando a vida moderna e o meio ambiente. 2. ed. Porto Alegre: Bookman, 2001.

EBBING, D. D. **Química Geral**. 5. ed. Rio de Janeiro: LTC, 1998.

HOLMAN, J. **Chemical Ideas**. Portsmoreth: Heinemann, 2000.

KOTZ, J.; TREICHEL Jr., P. M. **Química Geral e Reações Químicas**. 4. ed. Rio de Janeiro: LTC, 2002. 2 v.

PERUZZO, F. M.; CANTO, E. L. de. **Química na Abordagem do Cotidiano**. 4. ed. São Paulo: Moderna, 2006.

RUSSEL, J. B. **Química Geral**. 2. ed. São Paulo: Pearson Education, 1995.